高速铁路新技术系列教材——机车车辆

西南交通大学出版社出版基金资助

动车组车辆构造与设计

（第 2 版）

商跃进　董雅宏　编著

西南交通大学出版社
·成　都·

内容简介

本书主要介绍动车组车辆的基本概念、结构组成、作用原理、相关理论及设计方法。全书包括动车组基础知识、转向架构造与原理、车体结构及内装设备、车端连接装置、城市轨道交通车辆、列车牵引运行原理、车辆动力性能分析与评价、车辆现代设计技术 8 章内容。

本书是高等学校轨道交通车辆专业教材,也可供铁路职业院校师生及从事轨道交通车辆工作的工程技术人员学习参考。

图书在版编目(CIP)数据

动车组车辆构造与设计 / 商跃进,董雅宏编著. —2 版. —成都:西南交通大学出版社,2019.1(2024.1 重印)
高速铁路新技术系列教材. 机车车辆
ISBN 978-7-5643-6740-4

Ⅰ.①动… Ⅱ.①商… ②董… Ⅲ.①动车-车体结构-高等学校-教材②动车-设计-高等学校-教材
Ⅳ.①U266

中国版本图书馆 CIP 数据核字(2019)第 017775 号

高速铁路新技术系列教材——机车车辆

动车组车辆构造与设计
（第 2 版）

商跃进　董雅宏 / 编　著

责任编辑 / 李　伟
封面设计 / 本格设计

西南交通大学出版社出版发行
（四川省成都市金牛区二环路北一段 111 号西南交通大学创新大厦 21 楼　610031）
营销部电话　028-87600564　028-87600533
网址　http://www.xnjdcbs.com
印刷：四川森林印务有限责任公司

成品尺寸　185 mm×260 mm
印张　25.5　字数　638 千
版次　2019 年 1 月第 2 版
印次　2024 年 1 月第 6 次

书号　ISBN 978-7-5643-6740-4
定价　59.00 元

课件咨询电话：028-81435775
图书如有印装质量问题　本社负责退换
版权所有　盗版必究　举报电话：028-87600562

第 2 版前言

自 2008 年 8 月 1 日中国第一条 350 km/h 的高速铁路——京津城际铁路开通运营以来，高速铁路在我国迅猛发展。按照国家中长期铁路网规划和铁路"十三五"规划，以"八纵八横"快速客运网为主骨架的高速铁路建设全面加快推进，建成了京津、沪宁、京沪、京广、哈大等一批设计速度 350 km/h、具有世界先进水平的高速铁路，形成了比较完善的高铁技术体系。截至 2018 年 3 月 5 日，高速铁路运营里程达到 2.5 万千米，占世界高速铁路运营里程的 2/3，2025 年高速铁路运营里程将达到 3.8 万千米。通过引进消化吸收再创新，我国已系统掌握了 200～250 km/h 动车组制造技术，成功搭建了 350 km/h 动车组技术平台，2017 年 6 月研制了具有完全自主知识产权的 CR400AF 和 CR400BF 型 400 km/h 中国标准动车组。为了管好、用好和维护好这些高速动车组，必须要有一大批具有相关专业知识的工程技术人员和管理人员。

无论是从事动车组设计制造的人员，还是从事动车组运用维修的人员，尤其是大专院校的相关师生都迫切需要一本全面、系统论述动车组车辆结构与工作原理及相关分析与设计理论的书籍。为此，作者撰写了《动车组车辆构造与设计》一书，按"看长相、记名字、找关系"的思路详述动车组车辆构造与原理，按"识现象、找原因、定参数"的思路概论动车组车辆相关理论，按"照标准、选方法、搞设计"的思路讲解动车组车辆设计技术。

全书共分 8 章。第 1 章介绍了动车组的基本概念、特点和分类，动车组的发展历程和发展趋势。第 2 章介绍了动车组的转向架技术，论述了转向架的作用、组成、类型及各部件的结构和工作原理，并对动车组制动系统做了简要介绍。第 3 章介绍了车体结构及内装设备，论述了动车组车体结构及车体轻量化，车体的密封、噪声及其控制，车辆防火等相关技术；另外，还介绍了动车组车辆车内设备布置技术。第 4 章介绍了动车组车辆的车体连接技术，其中包括高速动车组车体连接要求，动车组密封式车钩缓冲装置、车端阻尼装置、密接式风挡等结构。第 5 章介绍了城市轨道交通车辆，其中包括地铁与轻轨（现代有轨电车）、独轨铁路、导轨交通与磁悬浮铁路。第 6 章介绍了轨道交通车辆牵引理论，主要包括牵引力、制动力和列车阻力产生的原理及与其相关的防空转装置和电子防滑器等设备的作用与工作原理。第 7 章介绍了轨道交通车辆动力性能分析与评价的理论，主要包括垂向动力性能分析理论与影响因素、横向稳定性的分析理论与影响因素、曲线通过性能分析理论与影响因素、动力性能的评价方法与评价指标及径向转向架和摆式列车的相关知识。第 8 章介绍了车辆现代设计技术，包括车辆上所受载荷分析、车辆零部件应力确定和强度评价方法，车辆总体设计的内容与方法，螺旋弹簧等悬挂元件，车轮、车轴、构架和车体等车辆主要承载零部件的设计标准及设计方法。

本书主要侧重于动车组车辆的基本原理、基本构造、共有设备、通用理论及设计技术；力求做到内容系统全面，知识通用实用，理论通俗易懂，讲述图文并茂。

本书由兰州交通大学商跃进和董雅宏统稿，其中第 8 章由商跃进编写，第 2 章由董雅宏编写，第 1 章、第 6 章、第 7 章由苏程编写，第 3 章由曹兴潇编写，第 4 章由曹茹编写，第 5 章由李振华编写。

本书在第 2 版的编写过程中，更正了多位教师讲课过程中发现的第 1 版中的问题，并吸收了大家的意见和建议，精简突出了基本知识，增加了新的车型相关内容。

本书的编写得到了西南交通大学出版社出版基金的资助，兰州交通大学机电工程学院有关老师及西南交通大学出版社的编辑给予了大力支持和帮助，在此表示衷心的感谢。

由于作者水平所限，编写时间仓促，书中难免有不妥之处，恳请读者批评指正。

作 者

2018 年 8 月于兰州

第 1 版前言

高速动车组与普通客运列车（指机车牵引车辆的旅客列车）相比在结构等方面有许多不同。随着 2007 年 4 月我国铁路第六次大提速后高速动车组在我国铁路上的顺利运行，无论是从事动车组运用维修管理的人员，还是从事动车组研究的人员，尤其是大专院校的相关师生都急需一本全面、系统地论述动车组车辆结构与工作原理及相关分析与设计理论的书籍，基于这样的目的，作者撰写了《动车组车辆构造与设计》一书，从动车组车辆构造与工作原理、轨道交通车辆相关理论和轨道交通车辆设计方法三个方面进行了详细论述。

全书共分 11 章。第 1 章介绍了动车组的基本概念和分类，动车组的发展历程和发展趋势。第 2 章介绍了高速动车组的转向架技术，论述了动车组转向架的特点，动车组车辆转向架的作用、组成、类型及各部件的结构和工作原理，转向架悬挂技术、牵引电动机悬挂和驱动技术，并对动车组制动系统做了简要的介绍。第 3 章介绍了动车组车辆车体构造及车内布置，论述了动车组车体结构及车体轻量化、车体的密封、噪声及其控制、车辆防火等相关技术；另外，还介绍了动车组车辆车内设备布置技术。第 4 章介绍了动车组车辆的车体连接技术，其中包括高速动车组车体连接要求，动车组密封式车钩缓冲装置、车端阻尼装置、密封式风挡等的结构。第 5 章介绍了其他类型的动车组车辆，其中包括独轨铁路、导轨交通与磁悬浮铁路。第 6 章介绍了轨道交通车辆牵引理论，主要包括牵引力、制动力和列车阻力产生的原理和与其相关的防空转装置和电子防滑器等设备的作用与工作原理。第 7 章介绍了轨道交通车辆动力性能分析与评价的理论，主要包括垂向动力性能分析理论与影响因素、横向稳定性的分析理论与影响因素、曲线通过性能分析理论与影响因素、动力性能的评价方法与评价指标及径向转向架和摆式列车的相关知识。第 8 章介绍了轨道交通车辆结构强度分析的方法，包括车辆上所受载荷分析，车辆零部件应力确定方法和强度评价方法等。第 9 章介绍了轨道交通车辆总体设计的内容与方法。第 10 章介绍了轨道交通车辆悬挂系统设计，包括悬挂系统参数的确定方法和螺旋弹簧等悬挂元件的结构设计方法。第 11 章介绍了车辆结构强度设计，包括车体、构架、车轮和车轴等车辆主要承载零部件的设计标准及设计方法。

本书主要侧重于动车组车辆的基本原理、基本构造、共有设备、通用理论及设计方法；

力求理论联系实际，内容系统全面，图文并茂，知识性与趣味性相结合。

本书由兰州交通大学商跃进主编，其中第4章、第11章由商跃进编写，第2章由张喜全编写，第3章、第8章、第9章由左丽娟编写，第7章、第5章由朱喜锋编写，第1章、第6章、第10章由吴国祥编写。

本书在编写过程中得到了兰州交通大学机电学院领导及其他老师的大力帮助。本书的出版还得到了西南交通大学出版社出版基金的资助和该社编辑人员的大力帮助。在此，向所有为该书出版提供过支持和帮助的人们致以衷心的感谢。

由于编写时间仓促，作者水平所限，书中难免有疏漏和不妥之处，恳请读者批评指正。

作 者

2010年1月于兰州

目 录

第1章 绪 论 ········1

1.1 高速铁路概述 ········1
1.2 动车组概述 ········4
1.3 动车组车辆概述 ········14
1.4 铁路限界与线路概述 ········23
复习思考题 ········30

第2章 转向架构造与原理 ········32

2.1 概 述 ········32
2.2 轮对轴箱装置 ········37
2.3 弹性悬挂装置 ········42
2.4 构 架 ········55
2.5 基础制动装置 ········59
2.6 驱动装置 ········66
2.7 典型转向架 ········78
复习思考题 ········105

第3章 车体结构及内装设备 ········106

3.1 车体结构 ········106
3.2 车体相关技术 ········131
3.3 车体内装与附件 ········140
3.4 车内设备及其总体布置 ········146
3.5 典型动车组总体布置 ········159
复习思考题 ········174

第4章 车端连接装置 ········175

4.1 概 述 ········175
4.2 车 钩 ········179
4.3 缓冲器 ········185
4.4 国内外典型的车钩缓冲装置 ········189

4.5 风挡与车端阻尼 192
4.6 典型的车端连接装置 196
复习思考题 217

第5章 城市轨道交通车辆 218
5.1 地铁和轻轨动车组 218
5.2 磁悬浮列车 221
5.3 导轨交通系统 226
5.4 单轨交通 227
复习思考题 230

第6章 列车牵引运行原理 231
6.1 列车牵引力 231
6.2 列车制动力 235
6.3 列车运行阻力 237
6.4 列车运动分析 240
复习思考题 243

第7章 车辆动力性能分析与评价 244
7.1 概述 244
7.2 车辆浮沉振动分析 247
7.3 车辆蛇行运动分析 256
7.4 曲线通过分析 268
7.5 车辆系统动力学性能及其评价指标 287
复习思考题 294

第8章 车辆现代设计技术 295
8.1 概述 295
8.2 动车组车辆总体设计 302
8.3 车辆动力性能仿真 323
8.4 结构强度设计基础 340
8.5 转向架零部件设计 349
8.6 动车组车辆车体设计 384
复习思考题 398

参考文献 400

第1章 绪 论

1.1 高速铁路概述

1.1.1 高速铁路定义

铁路运输是一种陆上运输方式,以列车在两条平行的铁轨上行驶。传统方式是钢轮行进,但广义的铁路运输还包括磁悬浮列车、缆车、索道等非钢轮行进的方式,或称轨道运输。通常根据线路允许运行的最高速度对列车做如下划分:

普通列车:最高运行速度 100~160 km/h;

快速列车:最高运行速度 160~200 km/h;

高速列车:最高运行速度 ≥200 km/h。

高速铁路(简称"高铁"),是指通过改造原有线路(直线化、轨距标准化),使最高营运速度达到不小于 200 km/h,或者专门修建新的"高速新线",使营运速度达到至少 250 km/h 的铁路系统。高速铁路除了列车在营运达到一定速度标准外,车辆、路轨、操作都需要配合提升。

高速铁路之所以得到快速发展并受到世人青睐,主要是因为它具有以下特点:一是运量大,一列列车可载运近千人;二是能耗低,运送每位旅客消耗的能源仅为飞机的 1/5~1/4,汽车的 1/2;三是安全可靠,日本东海道新干线运用 50 多年未发生重大行车事故;四是舒适快捷,对于中等运程(600~700 km)的旅客,乘坐高速列车与乘坐飞机的旅行时间相当(因大部分机场均远离市中心)。

从人们节省时间的需求出发,在相同的距离情况下,如果铁路平均速度低于 100 km/h 就竞争不过公路;在 500~600 km 距离内,如果铁路平均速度低于 250 km/h 就竞争不过航空。欧洲一些国家和日本均认为,实用的最高速度在高速新线上应以 250~300 km/h 为宜;在改造的既有线上则以 200 km/h 为宜。近年来,200 km/h 以上的高速技术日臻成熟,而且运行速度纪录还在被不断刷新。1990 年 5 月 18 日,法国新一代 TGV(Train à Grange Vitesse)高速列车创造了当时 515.3 km/h 的世界铁路最高试验速度纪录,改变了人们对轮轨系统牵引工况下的最高速度限界的传统观念。2007 年 4 月 3 日,法国 TGV 高速列车又将这一试验速度纪录提高到 574.8 km/h。

1.1.2 高速铁路发展概况

世界高速铁路大致经历了探索初创、扩大发展和快速发展 3 个阶段,其中,前两个阶段以日本和欧洲的高速铁路发展为代表,第 3 个阶段以中国高速铁路的快速崛起为代表。迄今为止,全球已运营的高速铁路线路里程已超过 3 万千米。

伴随着世界高速铁路的快速增长,高速列车试验速度也不断攀升。2007 年 4 月,法国 TGV 试验列车最高速度达到 574.8 km/h,创下轮轨铁路试验速度世界纪录。2008 年 6 月,我国 CRH3 型高速动车组在京津城际铁路上跑出了 394.3 km/h 的最高试验速度;2010 年 9 月,CRH380A 型高速动车组在沪杭高速铁路运行试验中,将最高试验速度纪录改写为 416.6 km/h;同年 12 月,CRH380A 在京沪高速铁路的试验速度达到 486.1 km/h,刷新中国纪录的同时,也成为世界铁路运营列车试验的第一速度。

随着高速铁路在全世界的不断延伸,逐渐形成了高速铁路建设与运营的 4 种模式:

(1) 日本新干线模式:即全部修建新线,旅客列车专用。

(2) 法国 TGV 模式:即部分修建新线,部分旧线改造,旅客列车专用。

(3) 德国 ICE 模式:即全部修建新线,旅客列车及货物列车混用。

(4) 英国 APT 模式:即既不修建新线,也不对旧线进行大量改造,主要采用由摆式车辆组成的动车组,旅客列车及货物列车混用。

1. 日本高速铁路——新干线(日语:新幹線,しんかんせん,Shinkansen)

1964 年,世界上第一条高速铁路——日本东海道新干线开通运营,全程 515.4 km,列车最高运行速度 210 km/h;随后日本大力发展新干线(见表 1.1),截至 2016 年 3 月,日本有 8 条投入运营的新干线,最高运营速度 320 km/h,营业里程合计 2 765 km。

表 1.1 日本运营中的高速铁路

线路名称	起讫地点	长度/km	最高速度/(km/h)	最小曲线半径/m	最大坡度/‰	线间距/m
东海道新干线	东京—新大阪	515.4	270	2 500	15	4.20
山阳新干线	新大阪—博多	554	300	4 000	15	4.30
东北新干线	东京—八户	594	275	4 000	15	4.30
上越新干线	东京—新泻	270	275	4 000	15	4.30
北陆新干线	高崎—长野	118	260	—	—	—

日本的既有线都是窄轨铁路,而新干线是准轨铁路。为了实现新干线与既有线之间的直通运行,日本对一些既有线进行了改造,改为准轨铁路或增加一条第三轨,成为准轨铁路。这些铁路允许速度不高,仅 130～140 km/h,不属于高速铁路范畴。但是在日本称为迷你(mini)新干线,例如秋田和山形新干线。

2. 法国高速铁路——TGV(法语:Train à Grande Vitesse,TGV)

法国 TGV 高速列车试验速度屡创世界纪录,1981 年建成欧洲第一条高速铁路——巴黎至里昂东南线,全程 417 km;法国共有 7 条投入运营的高速铁路(见表 1.2),营业里程合计 2 036 km。

表 1.2　法国运营中的高速铁路

线路名称	起讫地点	长度/km	最高速度/(km/h)	最小曲线半径/m	最大坡度/‰	线间距/m
TGV 巴黎东南线	巴黎—里昂	427	270	3 200	35	4.20
TGV 大西洋线	巴黎—勒芒/图尔	282	300	3 200	25	4.20
TGV 东南延长线	里昂—瓦朗斯	117	300	—	—	—
TGV 北方线	巴黎—加莱	350	300	—	—	—
TGV 地中海线	瓦朗斯—马赛	250	300	7 000	35	—

3. 德国高速铁路——ICE（德语：Inter City Express，ICE）

1991 年，德国建成本国第一条高速铁路，目前投入运营的新建高速铁路有 5 条（部分线路见表 1.3），营业里程合计 949 km，最高运营速度 320 km/h；德国还改建了部分既有铁路，新建和改建高速铁路线路总长约 1 560 km。

表 1.3　德国运营中的高速铁路

起讫地点	长度/km	最高速度/(km/h)	最小曲线半径/m	最大坡度/‰	线间距/m
汉诺威—维尔茨堡	327	—	—	—	—
曼海姆—斯图加特	99	—	—	—	—
柏林—汉诺威	264	—	—	—	—
科隆—法兰克福	180	280~300	7 000（5 100）	12.5	4.50~4.70

4. 中国高速铁路——CRH（China Railway High-Speed，CRH）

近年来，中国高速铁路发展突飞猛进，逐渐成为世界高速铁路的领跑者。自 2008 年开通第一条速度 350 km/h 的京津城际高速铁路以来，我国陆续建成世界上等级最高的高速铁路——京沪高速铁路，世界上首条高寒高速铁路——哈大高速铁路，世界上最长的高速铁路——京广高速铁路（全长 2 298 km）等。截至 2015 年年底，中国已基本建成"四横四纵"和"三个城际客运系统"高速铁路骨干网，高速铁路营业里程达 1.9 万千米，居世界第一位，占世界高速铁路总里程的 60% 以上。国家"十三五"规划又指出：将加快完善高速铁路网，至 2020 年高速铁路营业里程将达到 3 万千米，覆盖 80% 以上的大城市。

1）"四纵"客运专线

（1）北京—上海：全长约 1 318 km，纵贯京津沪和冀鲁皖苏 4 省，连接环渤海和长江三角洲两大经济区。

（2）北京—武汉—广州—深圳：全长 2 260 km，连接华北、华中和华南地区。

（3）北京—沈阳—哈尔滨（大连）：全长约 1 700 km，连接东北和关内地区。

（4）杭州—宁波—福州—深圳：全长约 1 600 km，连接长江、珠江三角洲和东南沿海地区。

2）"四横"客运专线

（1）徐州—郑州—兰州：全长约 1 400 km，连接西北和华东地区。

(2)杭州—南昌—长沙:全长约 880 km,连接华中和华东地区。

(3)青岛—石家庄—太原:全长约 770 km,连接华北和华东地区。

(4)南京—武汉—重庆—成都(宁汉蓉):全长约 1 600 km,连接西南和华东地区。

3)三个城际客运系统

城际客运系统覆盖区域内主要城镇。

(1)环渤海地区:北京—天津。

(2)长江三角洲地区:南京—上海—杭州。

(3)珠江三角洲地区:广州—深圳、广州—珠海、广州—佛山。

1.1.3 高速铁路系统构成

铁路运输业具有安全程度高、运输速度快、运输距离长、运输能力大、运输成本低等优点,且具有污染小、潜能大、不受天气条件影响的优势,是公路、水运、航空、管道运输所无法比拟的。

铁路运输由运输、机务、车辆、工务、电务等业务部门组成,要具备较强的准确性和连贯性,各业务部门之间必须协调一致,这就要求在运输指挥方面实行统筹安排,统一领导。铁路运输业是高度集中的国家基础产业,人们常用"高、大、半"来形容,即高度集中、大联动机、半军事化。

无论普速铁路还是高速铁路,都是一个运行着的庞大的系统工程,主要由"车务、机务、工务、电务、车辆、供电"六大子系统构成。

(1)车务段(系统):担负车站的管理、旅客或货物的承运、列车运行组织(调度)等职能。

(2)机务段(系统):担负机车管理、检修、整备、列车牵引运行等职能。

(3)工务段(系统):担负铁路线路、桥梁、隧道的维护保养等职能。

(4)电务段(系统):担负通信、信号设备的维护保养等职能。

(5)车辆段(系统):担负客货车辆的运营检查与保养维修等职能。其中,高速铁路动车组的维护保养职能,由动车组基地(动车组检修段)担任。

(6)供电段(系统):担负接触网输供电和检修保养职能。

1.2 动车组概述

1.2.1 动车组的定义与类型

我们通常看到的电力机车和内燃机车,其动力装置都集中安装在机车上,在机车后面挂着许多没有动力装置的客车车厢。目前,国外的列车运行速度一般达到 200~300 km/h,光靠机车来拉已经很吃力。所以在每辆车上都装上动力装置是一个有效的解决提速问题的方法，通常将这种列车叫作动车组。

1. 动车组的定义

动车组，亦称多动力单元列车（Multiple Units，MU），它是由动车和拖车或全部动车长期固定连挂在一起运行的铁路列车。其特点是动力来源于分布在列车各个车辆上的发动机，而不是集中在机车上。动车组内有动力的车辆称为动车，没有动力的车辆称为拖车。

动车组不等于高速列车，只有动车组速度超过 250 km/h 的才能称之为高速列车，城市轨道交通列车（包括地铁等）一般都不是高速列车，但它们都属于动车组。

动车组的司机驾驶室一般都大为缩短，放在列车的两端。其结构特征是：动车组内包含可操纵的动车和各种功能的拖车，以固定编组进行运营，运用时不能解编；往返运行不需换头，只需改变操纵端；某些动车组允许重联运行。动车组以其编组灵活、方便、快捷、安全、可靠、舒适为特点备受世界各国铁路运输和城市轨道交通运输的青睐。

2. 动车组的分类

1）按动拖比分

这是最常见的动车组分类方式。列车中，有动力的车轴所承载的车重与无动力的车轴所承载的车重之比称为动拖比。列车动拖比小于 1∶3 为动力集中动车组；不小于 1∶3 为动力分散动车组，其中小于 1∶1 但不小于 1∶3 为弱动力分散，等于和大于 1∶1 为强动力分散。如图 1.1 所示，动力集中式的头尾两端为带司机室的动车，中部为供旅客乘坐的拖车，也有一端为带司机室并有座席的可操纵的拖车。动力分散式动车组全部或部分车辆带有动力，头车和尾车除了有司机室外也带有座席。

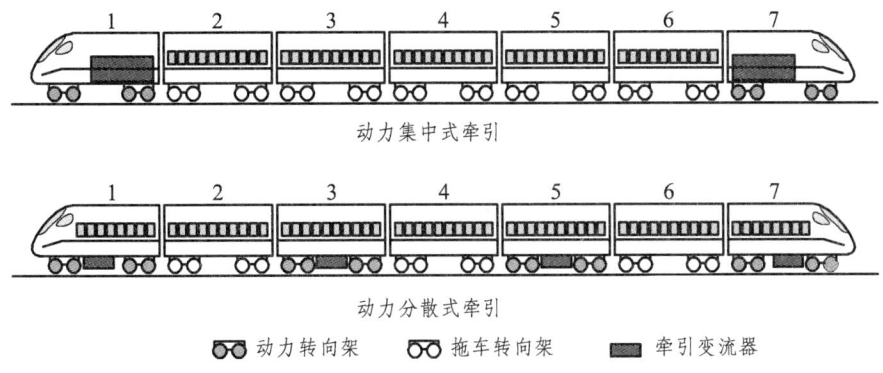

图 1.1 动车组牵引动力布置示意图

动力分散电动车组的优点是：动力装置分布在列车不同的位置上，如图 1.2 所示，能够实现较大的牵引力，编组灵活。由于采用动力制动的轮对多，制动效率高，且调速性能好，制动减速度大，动力分散电动车组适用于限速区段较多的线路。另外，列车中一节动车的牵引动力发生故障对全列车的牵引指标影响不大。动力分散的电动车组的缺点是：牵引力设备的数量多，总质量大。动力集中的电动车组也有其优点，动力装置集中安装在 2~3 节车上，检查维修比较方便，电气设备的总质量小于动力分散的电动车组。动力集中布置的缺点是动车的轴重较大，对线路不利。必须指出的是，随着最高运行速度的进一步提高，尤其是当最高运行速度超过 300 km/h 时，世界各国的高速动车组有向动力分散方向发展的趋势。

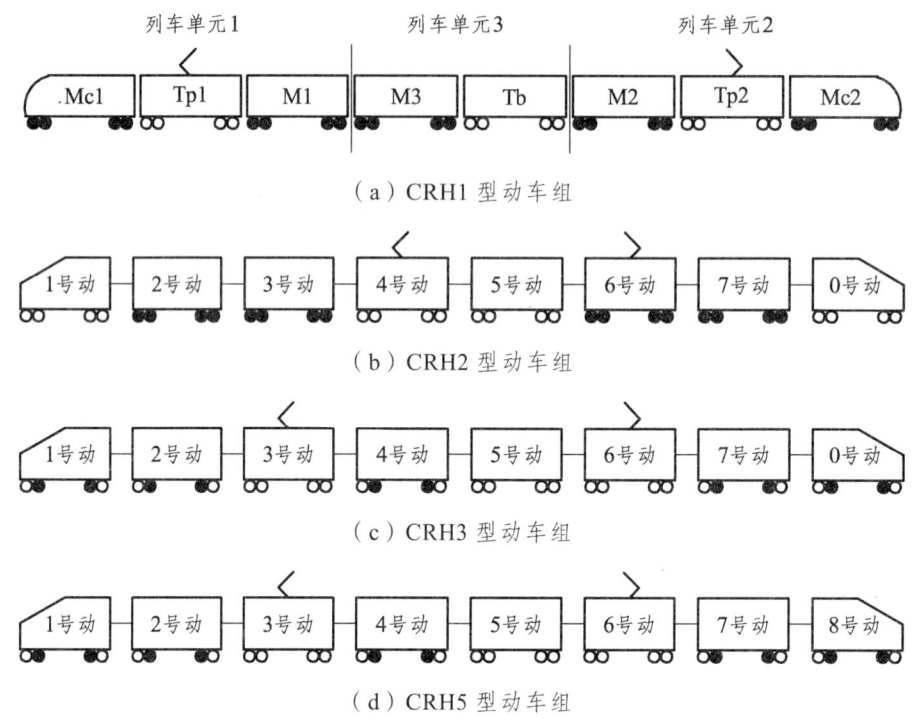

图 1.2　CRH 动车组动力布置示意图

2）按动力装置分

用内燃机作动力，通过电传动装置或者液力传动装置驱动动轮的动车组，叫内燃动车组（Diesel Multiple Unit，DMU）。内燃动车组按传动方式又分为电力传动和液力传动两种。高速内燃动车组有日本的 181 系特快内燃动车组，由 8 节动车和 1 节拖车编成，共有 8 台 500 柴油机，总功率 3 650 kW，最高速度 120 km/h；还有英国投入运用的高速内燃动车组，两端各有 1 节内燃动车，中间有 7~8 节拖车，速度最高达 229 km/h。

靠电气化铁路接触网供电，由牵引电动机驱动的动车组，叫电动车组（Electric Multiple Unit，EMU）。电动车组按电流制分为直流和交流两种，按传动方式又可分为直-直流传动、交-直流传动和交-直-交流传动 3 种。世界上已运营的动车组绝大多数为电动车组，多数动车组都是用作客运，用作货运的很少。具有代表性的高速电动车组有：日本的 200 系电动车组，由 2 节控制车和 12 节动车编成，总功率 12 880 kW，最高速度 260 km/h；法国的 TGV 电动车组，由 2 节动车和 8 节拖车编成，最高速度可达 260 km/h；英国的 APT 高速电动车组，采用摆式车体，由 2 节动力集中式动车和 12 节拖车编成，总功率 6 000 kW。

3）按服务对象分

动车组根据服务的旅客不同可分为：一是在城市之间运行，服务于长途旅行旅客的长途高速电动车组，如日本新干线、德国 ICE、法国 TGV、我国的 CRH 动车组等；二是在城市内部运行，服务于通勤旅客的城市轨道交通动车组。城市轨道交通动车组站间距离短、行车密度高、客运量大、加减速快、车厢容量大、车门多、旅客上下车方便。如日本 8000 系斩波器控制电动车组,由 4 节动车和 2 节控制车编成,每节车有 4 个宽 1.3 m 的侧门供旅客上下。

1.2.2 动车组发展概况

20 世纪中后期以来,许多国家在客运繁忙的铁路干线上开行了大量的动车组。使用动车的比例以日本为最大,占 87%;荷兰、英国次之,分别占 83% 和 61%;法国、德国又次之,分别占 22% 和 12%。动车组称得上是铁路旅客运输的生力军。

1. 日本新干线动车组

日本新干线动车组为动力分散型,便于编组,日本各型动车组见表 1.4。其中,新干线 700 系电车于 1997 年至 2003 年间建造,是日本 JR 东海道与 JR 西日本共同开发、主要行驶于东海道与山阳新干线上作为部分希望号(のぞみ)与光号(ひかり)列车使用。700 系与 500 系速度相当,但制造和运营成本低。现时共有 67 列列车,其最高速度达 285 km/h,比 500 系的 300 km/h 稍慢。700 系列车的车嘴使用鸭嘴形设计(见图 1.3)。其中,JR 东海道的版本是在白色车身的车窗下方有一深蓝线涂装,采用 12M4T 的 16 辆编组,山阳新干线上隶属于 JR 西日本所有的车型则称为 700 系"铁道之星"(Rail Star),拥有与东海道版本截然不同的黑色车首、黄色车身线条涂装,为 6M2T 的 8 辆编组。

图 1.3 日本 700 系动车组

表 1.4 日本高速动车组

型号	投入运营时间	牵引方式	编组	头车长/m	中间车长/m	总牵引功率/kW	最高运行速度/(km/h)	定员/人
0 系	1964 年	动力分散	16 动	21.15	25	11.84	220	1 285
100 系	1985 年	动力分散	12 动 4 拖	26.05	25	11.04	230	1 321
200 系	1980 年	动力分散	12 动	25.15	25	11.04	275	885
300 系	1990 年	动力分散	10 动 6 拖	26.05	25	12	270	1 323
400 系	1991 年	动力分散	6 动 1 拖	23.075	20.5	5.04	240	399
500 系	1996 年	动力分散	16 动	27	25	18.24	300	1 324
700 系	1997 年	动力分散	12 动 4 拖	27.35	25	13.2	270	1 323
E1 系	1994 年	动力分散	6 动 6 拖	26.05	25	9.84	240	1 235
E2 系	1995 年	动力分散	6 动 2 拖	25.7	25	7.2	275	630
E3 系	1995 年	动力分散	4 动 1 拖	23.075	20.5	4.8	275	270

2. 法国 TGV 动车组

TGV 列车属于客运列车（见图 1.4），有小部分用作邮政列车。TGV 列车驱动方式为动力集中型，前后的车辆用机车方式驱动，法国动车组参数见表 1.5。法国的高速铁路发展于 20 世纪 50 年代，第一次试验，动车组达到了 231 km/h 的速度，1955 年 3 月 28 日，电力机车 CC7107 创下了 320.6 km/h 的速度，结果第二天就被 BB9004 以

图 1.4 法国 TGV 列车

330.6 km/h 的速度超过。1967 年，SNCF 铁路公司为了满足城际快速交通的需要，开始研发真正的高速动车组，第一代产品并非是电力机车，而是命名为 TGS 的柴油机，1971 年 10 月，这列列车达到了 252 km/h 的速度，TGS 至今仍在使用。TGV 的名称出现在 1972 年，但是第一辆 TGV001 仍是柴油机，8 月 3 日的试验速度到达了 307 km/h。电力 TGV 的出现是和 1973 年的能源危机联系在一起的。1974 年，当柴油机 TGV001 正式商业运营的时候，另一项目 Z7001 通过接触网供电的 TGV 开始运行。同年 7 月，就达到了 306 km/h 的速度。1978 年 7 月，出现了今天 TGV 的雏形。随后的 TGV 始终是电力牵引，之后其商业运行的速度就从 260 km/h 增加到 280 km/h，并于 1981 年 2 月 26 日创下了 380 km/h 的速度。这一纪录直到 10 年后才被大西洋 TGV 的 515.3 km/h 超过，2007 年又创下 574.8 km/h 的铁路行驶新纪录，打破了自己保持 17 年之久的 515.3 km/h 的世界纪录。

表 1.5 法国 TGV 列车

型号	投入运营时间	最高运行速度/(km/h)	列车编组	列车长度/m	最大输出功率/kW	定员/人
TGV-PSE	1981 年	270	2 动 8 拖	200	6 450	386
TGV-A	1989 年	300	2 动 10 拖	237.6	8 800	485
TGV-R	1994 年	300	2 动 8 拖	200.2	8 800	377
TGV-2N	1996 年	300	2 动 8 拖	200.19	8 800	545

3. 德国 ICE 动车组

ICE（Inter City Express，城际特快车）是以德国为中心的一系列高速铁路系统与相对应的高铁专用列车系列（见图 1.5 和表 1.6），由西门子为首的开发团队设计制造，德国国铁营运，其服务范围除涵盖德国境内各主要大城市外，还跨越邻近国家，行经多个城市。

德国是最早制造和运用动车的国家，制造技术一直领先。1903 年 7 月 8 日，首先运行了由钢轨供电的动车组，由 4 节动车和 2 节拖车编成。同年 8 月 14 日，又运行了由接触网供电的动车组，这是世界上第一列由接触网供电的单相交流电动车组。同年 10 月 28 日，西门子公司制造的三相交流电动车进行了高速试验，首创 210.2 km/h 的世界纪录。

图 1.5 德国 ICE 列车

表 1.6 德国 ICE 列车

型号	投入运营时间	投入总量/列	列车编组	列车长度/m	总牵引功率/MW	最高运行速度/(km/h)	定员/人
ICE1	1991 年	59	2 动 12 拖	305	9.6	280	669
ICE2	1998 年	44	1 动 7 拖	205	4.8	280	388+23
ICT	1999 年	32	2 动 5 拖	184	4.0	230	374+24
ICE3	2002 年	37	4 动 4 拖	200	8.0	330	398+24
ICETD	2001 年	21	4 动	106.7	1.66	200	195

4. 国产动车组

20 世纪末，我国从瑞典引进的 X2000 摆式电动车组在广深线运用成功，中国铁路面对激烈的客运竞争，也不失时机地对动车组进行了研发。

1）自主研制的动车组

中国首列 DMU 型双层内燃动车组是唐山机车车辆厂于 1998 年自行开发研制成功的，并于当年 6 月在南昌至九江间投入运行。到 2005 年已有 NZJ 型全双层内燃动车组、DDJ_1 电动车组（大白鲨号）、DJJ_1 电动车组（蓝箭号）、DJF_1 电动车组（中原之星号）、DJJ_2 电动车组（中华之星号）等先后问世，并投入运营。表 1.7 是我国自主研制的主要动车组的主要参数。

表 1.7 我国自主研制的动车组的主要参数

参数名称		"庐山"号	"新曙光"号	"神州"号	"春城"号	"蓝箭"号	"先锋"号
编组方式		M+2T+M	M+9T+M	M+10T+M	M+T+M+2T+M	M+5T+Tc	Mc+T+M+M+T+Mc
动力方式		康明斯QST30-G1	12V280ZJ	16V280ZJE	动力分散	动力集中	动力分散
构造速度/(km/h)		120	180	180	120	200	200
轴重/t	动车	18	21	21	18	19.5	14.5
	拖车	17	16	14.5	18	15.5	14.5
自重/t	动车	64.7	126	135	—	—	—
	拖车	59.4	51.9-53.9	53.9			
车组质量/t		288	702	929	330.1	391.8	306.9
车组总长/m		102	281	309.3	158.6	172.73	152
车组总定员/人		544	1 140	1 400	600	421	424
主要参数/mm	动车长	24 825	20 600	21 750	25 770	18 316	25 500
	拖车车体（长×宽）	25 500×3 104	25 500×3 104	25 500×3 104	25 500×3 105	25 500×3 104	25 500×3 104
	拖车车辆定距	18 000	18 000	18 000	18 000	18 000	18 000
	拖车车顶距轨面高	4 750	4 600	4 600	4 134	3 950	4 000
起动加速度/(m/s²)		0.23	0.255	0.214	0.2	0.28	0.4
牵引功率/kW		660×2	2 760×2	2 740×2	21 600	4 800	4 800

2）CRH 和谐号动车组

2004 年 10 月开始，我国分别引进了法国阿尔斯通的 SM3、日本川崎的 E2-1000、庞巴迪动车组和德国西门子的 ICE3 等动车组的相关技术，通过消化、吸收、再创新，研发了高速动车组。

（1）动车组问世——CRH1、2、3、5。

2007 年 4 月 18 日起在中国铁路第六次提速调图后，通过引进国外技术、联合设计生产 CRH1、CRH2、CRH3、CRH5 等动车组（头形及编组方式分别见图 1.6 和图 1.7），主要技术特征见表 1.8。这些型号分别从日本、德国、法国等国引进先进技术，并消化吸收及国产化，成为"具有中国自主知识产权"的动车组产品系列。

（a）CRH1

（b）CRH2

（c）CRH3

（d）CRH5

图 1.6　CRH1、2、3、5 动车组头形

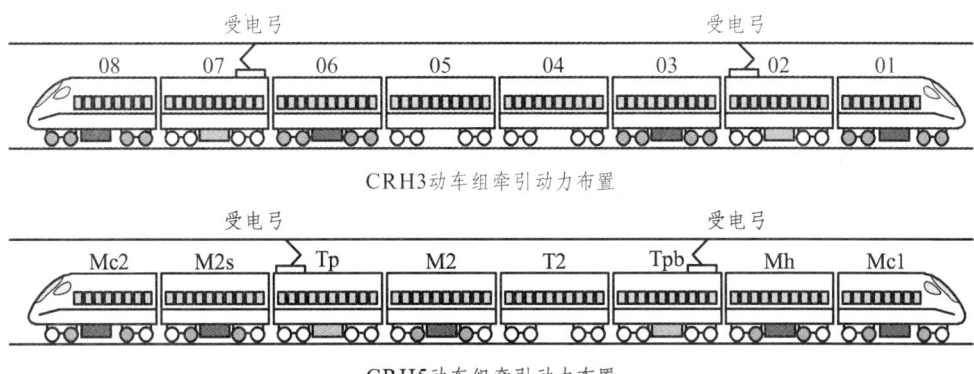

图 1.7 CRH1、2、3、5 动车组编组方式

表 1.8 CRH1、2、3、5 动车组的主要技术特征

型 号	CRH1	CRH2	CRH3	CRH5
基本编组	5M+3T	4M+4T	4M+4T	5M+3T
编组定员/人	670	609	600	606
轴重/t	16	14	17	17
运营速度/(km/h)	200	200	350	200
最高试验速度/(km/h)	250	250	385	250
牵引功率/kW	5 500	4 800	8 800	6 770
车体材质	不锈钢+耐候钢	大型挤压中空铝合金	大型挤压中空铝合金	大型挤压中空铝合金
转向架形式	空气弹簧拉板式定位+轴箱圆弹簧	空气弹簧转臂式定位+轴箱圆弹簧	空气弹簧转臂式定位+轴箱圆弹簧	空气弹簧拉杆式定位+轴箱圆弹簧
制动形式	再生制动+空气盘形制动			

① CRH1 动车组。CRH1 动车组是一种全面采用先进技术、现代化的动力分散型电动车组,由青岛四方-庞巴迪-鲍尔铁路运输设备有限公司(简称 BSP 公司)生产制造。该动车组为 8 辆编组,5 辆为动车,3 辆为拖车,运营速度为 200 km/h,最高试验速度为 250 km/h。

② CRH2 动车组。CRH2 动车组是消化吸收日本川崎 E2-1000 动车组技术经过再创新后制造的。该动车组为 8 辆编组,采用 4 动 4 拖的动力分散、交流传动方式及先进的 IGBT 元件和 VVVF 控制牵引方式,运营速度为 200 km/h,最高试验速度为 270 km/h。通过调整动车和拖车的比例,可以灵活、方便地适应 200~300 km/h 之间各速度等级的运行。

③ CRH3 动车组。CRH3 动车组是消化吸收德国为西班牙生产的 Valero E 动车组技术、经过再创新的动车组。该动车组的牵引功率达到 8 800 kW,以保证最高运行速度达到 350 km/h;牵引变流器元件为 IGBT,并配备了先进的欧洲 ETCS2 级信号系统。该动车组为 4 动 4 拖,运营速度为 350 km/h,最高试验速度为 385 km/h。

④ CRH5 动车组。CRH5 动车组是消化吸收阿尔斯通公司为芬兰国家铁路提供的 SM3 动车组技术、经过再创新后进行设计开发的。该动车组为 8 辆编组，采用 5 动 3 拖，运营速度 200 km/h，最高试验速度 250 km/h。CRH5 具备提速至 300 km/h 的条件。

⑤ CRH6 动车组。CRH6 动车组由原南车四方股份公司研发设计，2012 年在青岛下线。CRH6 动车组是为满足我国区域经济快速发展和城市群崛起对城际轨道交通的需求而研制的一种新型动车组。

（2）动车组发展——CRH380 系列动车组

CRH380 系列高速动车组是 CRH1、2、3、5 动车组的再创新，有 CRH380A（L）、CRH380B（L）、CRH380C（L）和 CRH380D（L）4 种型号（头形及编组方式分别见图 1.8），其主要技术特征见表 1.9。

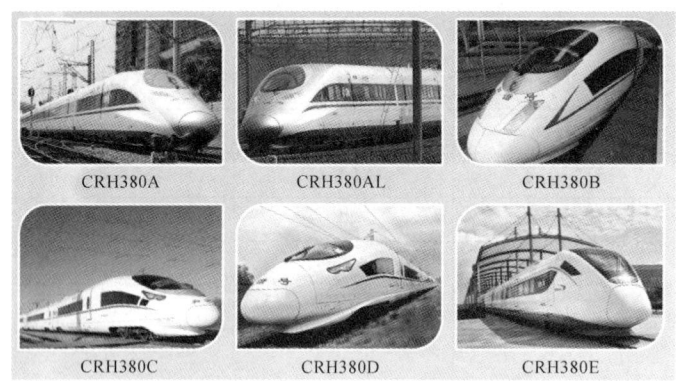

图 1.8　CRH380 系列动车组头形

表 1.9　CRH380 系列动车组的主要技术特征

车　　型	CRH380A	CRH380AL	CRH380B	CRH380BL
编组辆数及动力装置	2(3M+1T) =6M+2T	2(2M+1T)+5(2M) =14M+2T	2(2M+2T) =4M+4T	4(2M+2T) =8M+8T
车体结构	铝合金空心型材			
运营速度	350 km/h		350 km/h	
最高运营速度	350 km/h	380 km/h	380 km/h	
最高试验速度	416.6 km/h	486.1 km/h	487.3 km/h	
传动方式	交-直-交			
牵引功率	9 600 kW	21 560 kW	9 376 kW	18 725 kW
转向架	SWMB-400/SWTB-400 型 无摇枕转臂式定位空气弹簧转向架		CW400/CW400D 型 无摇枕空气弹簧转向架	
最大轴重	≤15 t		≤17 t	
制动方式	再生制动+直通式电空制动			
最大制动距离	≤6 500 m（制动初速 350 km）	≤8 500 m（制动初速 380 km）	—	—
受电弓位置	4 号车、6 号车	5 号车、13 号车	2 号车、7 号车	2 号车、7 号车、10 号车、15 号车

① CRH380A 动车组。CRH380A 是由原南车四方机车车辆股份有限公司研制的速度 380 km/h 级别高速动车组，持续运营速度为 380 km/h，最高运营速度为 468 km/h，最高试验速度为 496 km/h 以上，编组方式见图 1.9。

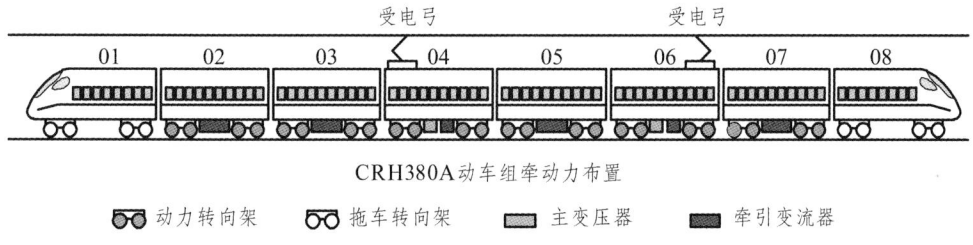

图 1.9　CRH380A 动车组牵引动力布置

② CRH380B 动车组。2010 年 9 月，原铁道部下发《关于新一代高速动车组型号、车号及座席号的通知》，将 70 列由唐山轨道客车制造，110 列由长春轨道客车制造的 CRH3-380 型动车组定型为 CRH380B 系列，其中短编组动车为 CRH380B，长编组动车为 CRH380BL。

③ CRH380C 动车组。新一代 CRH380C 型动车组以 CRH3C、CRH380BL 为基础，与 CRH380BL 相比，CRH380C 是拥有全新的长编组的动车组，持续运营速度为 350 km/h，最高运营速度为 380 km/h，最高试验速度超过了 400 km/h。CRH380C 型国产和谐号动车组如图 1.8 所示。

④ CRH380D 动车组。CRH380D 型电力动车组，是为营运新建的高速城际铁路及客运专线，由青岛四方庞巴迪铁路运输设备有限公司［Bombardier Sifang (Qingdao) Transportation Ltd., BST］研发的 CRH 系列高速动车组。

（3）动车组标准化——CR 系列动车组。

中国标准动车组，简称标动，英文代号为 CR（China Railway 的缩写，即中国铁路），中文型号为复兴号动车组列车，是指以中国标准为主导设计制造的高速动车组（在 254 项重要标准中，各种中国标准占 84%）。2013 年 12 月，中国标准动车组完成总体技术条件制定，2014 年 9 月完成方案设计，2015 年 6 月下线。其主要特点是：自主化，其核心技术完全由中国相关企业自主研制；标准化，其部件是按照中国自己的标准设计制造，而且能够实现不同的两类动车组之间互换、互用以及互联互通。

两个型号分别是四方厂生产的"海豚"CR400AF（头部玻璃平、侧面有一条凸尖线、最前部尖出如"▶"）和长客厂生产的"金凤凰"CR400BF（头部玻璃凸、侧面比较平缓、最前部如"◣"），如图 1.10 所示。2016 年 7 月 15 日，两列自主研制的中国标准动车组"金凤凰"和"海豚蓝"在郑（州）徐（州）线上，分别以 420 km/h 的速度交会而行，这是世界最高速的动车组交会试验。

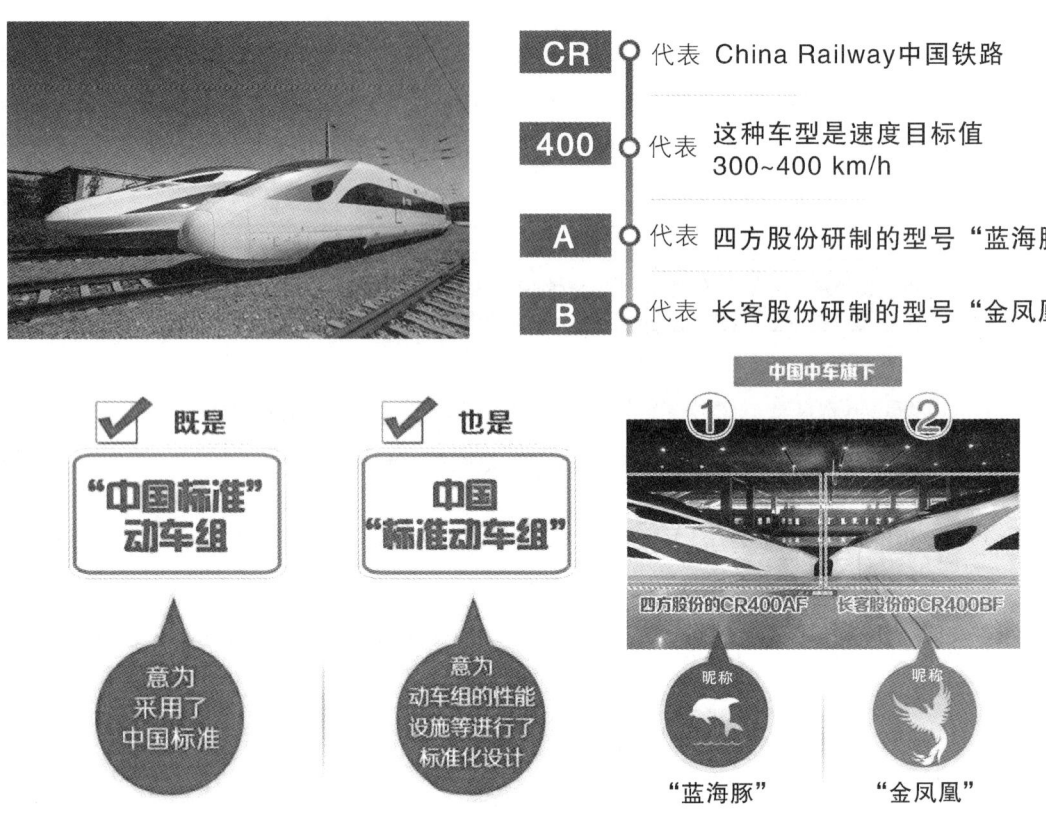

图 1.10　中国标准动车组

1.3　动车组车辆概述

1.3.1　车辆的特点、组成及类型

1. 车辆的特点

轨道车辆与其他车辆的最大不同点在于，这种车辆的车轮必须在专门为它铺设的钢轨上运行。这种特殊的轮轨关系成了轨道车辆结构上最大的特征，并由此产生出许多其他的特点：

（1）自导向。除轨道车辆之外的各种运输工具几乎全有操纵运行方向的机构，唯独轨道车辆通过其特殊的轮轨结构，车轮即能沿轨道运行而无须专人掌握运行的方向。

（2）低阻力。除坡道、弯道及空气对车辆的阻力之外，运行阻力主要来自走行机构中的轴与轴承以及车轮与轨面的摩擦阻力。车辆的车轮及钢轨都是含碳量偏高的钢材，轮轨接触处的变形较小，而且线路的结构状态也尽量使其运行阻力减小，故车辆运行中的摩擦阻力较小。

（3）编成列。轨道车辆编组连挂组成列车运行，为了适应成列运行的特点，车与车之间需设连接、缓冲装置；且由于列车的惯性很大，每辆车均需设制动装置。

（4）限尺寸。轨道车辆只能在规定的线路上行驶，无法像其他车辆那样主动避让靠近它的物体，为此要制定限界，严格限制车辆的外形尺寸，以确保运行安全。

2．车辆组成

从结构组成来看，轨道车辆通常由车体、转向架、车辆连接装置、制动装置、车辆内部设备、车上电气系统六部分组成，如图1.11所示。

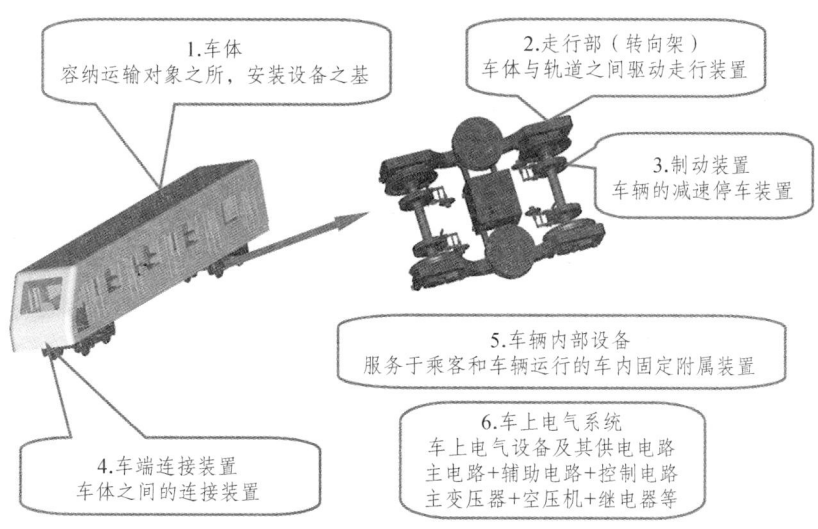

图 1.11　动车组车辆基本组成

（1）车体。车体既是容纳乘客和司机的场所，同时又是安装与连接其他设备和部件的基础。

（2）转向架。转向架置于车体和轨道之间，用来牵引和引导车辆沿轨道行驶，承受和传递来自车体及线路的各种载荷，并缓和其动作用力。转向架是保证列车运行品质和安全的关键部件。

（3）车端连接装置。车辆编组成列车运行必须借助连接装置。其中，机械连接包括车钩缓冲装置和风挡等，同时还有车辆之间的电气和空气管路的连接、高压电器连接、辅助系统和列车供电连接以及控制系统连接等。

（4）制动装置。制动装置是保证列车安全运行所必需的装置。动车组常采用动力制动与摩擦制动的复合制动模式，制动控制系统包括动力制动控制系统（再生制动）和空气制动控制系统。

（5）车辆电气系统。车辆电气系统包括车辆上的各种电气设备及其控制电路，按其作用和功能可分为主电路系统、辅助电路系统和控制电路系统3个部分。主电路系统又叫牵引传动系统，是车辆上的高压、大电流、大功率动力回路，其作用是将电网的电能转变为车辆运行所需的牵引力，在电气制动时将车辆的动能转换为电制动力。辅助电路系统是为保证车辆正常运行必须设置的辅助设备供电系统。控制电路系统分为有接点的直流电路和无接点的电子电路，控制电路的作用是控制主电路和辅助电路各电器工作，通过司机操纵主控制器和各按钮使列车正常运行或由列车自动运行控制系统控制运行。

（6）车辆内部设备。车辆内部设备是指服务于乘客的车内固定附属装置，如车内电气、供水、通风、取暖、空调、座椅、车窗、车门、行李架、旅客信息服务系统等。

3. 车辆分类

动车组中的车辆按有无牵引动力可分为有牵引动力的动车和无牵引动力的拖车；按照有无操纵控制装置可分为带驾驶室的头车和不带驾驶室的中间车，如图1.12所示。

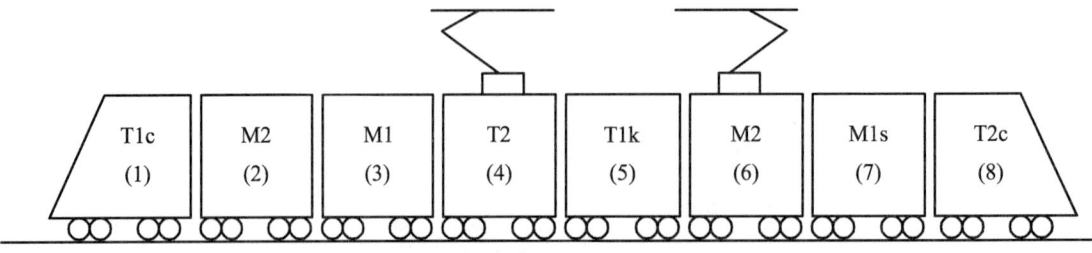

图1.12　动车组车辆的类型

T1c，T2c—带司机室的拖车；M1，M2，M1s—动车；T1k，T2—拖车

4. 动车组车辆的主要技术特点

通过引进、消化、吸收、再创新，我国铁路已成功掌握了九大关键技术及十项主要配套技术（见图1.13）。

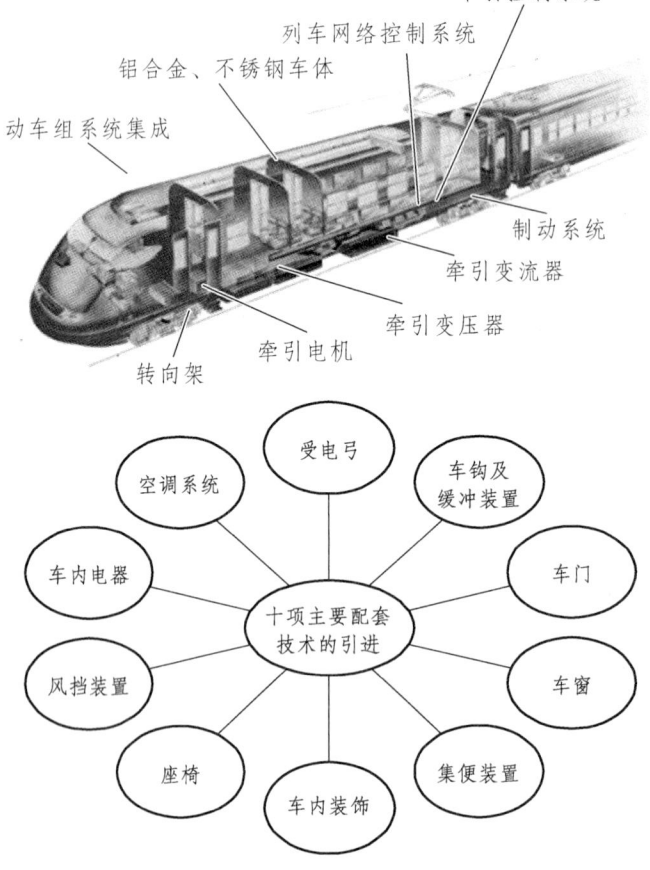

图1.13　动车组的九大关键技术及十项主要配套技术

（1）九大关键技术：动车组总成、车体、转向架、牵引变压器、牵引变流器、牵引电机、牵引控制系统、列车网络控制系统、制动系统。

（2）十项配套技术：空调系统、集便装置、车门、车窗、座椅、风挡、钩缓装置、受流装置、辅助供电系统和车内装饰材料。

九大关键技术概括起来就是六大方面：

① 集成创新 CRH 系列动车组中，动车组成零部件大约有 12 000 件，拖车组成零部件也在 8 000 件左右，大概可以分为 145 个子系统，涉及电子、微电子、计算机技术、网络技术、通信技术，以及机械加工、非金属材料、电器制造等，直接参与设计制造的企业达 100 多家。

② 牵引技术。交流传统技术是世界上高速列车的核心技术之一。现在的动车组交流传统的功率可以达到 8 800 kW，而且采用世界上最先进的电流光纤激光（IPG）技术，共有变压器、变流器、牵引电机、牵引控制 4 个关键技术。

③ 制动技术。高速列车的制动技术涉及行车安全。高速列车对制动技术提出了严峻的挑战，因为列车的动能与速度的平方成正比，而在一定的制动距离条件下，列车的制动功率是速度的三次函数。因此，传统的空气制动能力远远不能满足需要，需要采用大功率盘形制动机，并采用复合制动方式，即空气盘形制动＋电气动力制动（再生制动）＋非黏着制动（涡流制动和磁轨制动）。制动系统按速度控制制动力的大小以充分利用黏着；同时，采用高性能的防滑装置和微机控制等。现在从 200 km/h 降到 90 km/h 左右完全采用再生制动，这一段是没有任何机械磨损的，是一个非常绿色的、环保的技术，只有当列车的速度降到 90 km/h 以下才开始实施第二阶段的机械制动。200 km/h 的列车制动距离小于 2 000 m，完全达到世界先进水平。

④ 车体技术。高速列车重要技术之一是要流线型与轻量化。随着列车运行速度的提高，空气的动力作用一方面对列车和列车运行性能产生影响；同时，列车高速运行引起的气动现象对周围环境也产生影响。对于高速动车组来说，列车头形设计非常重要，好的头形设计可以有效地减少列车表面压力、列车空气阻力、会车压力波、隧道内列车表面压力和列车风等。列车运行每牵引 1 t 质量大约要消耗 12 kW，到 300 km/h 的时候，每牵引 1 t 质量大约要消耗 16～17 kW。动车组车体质量比传统客车减轻一半，实现了轻量化要求。为了节省牵引功率，降低高速所引起的动力作用对线路结构、机车车辆结构产生的损伤，以及提高旅客乘坐舒适度，需要最大限度地降低高速动车组的轴重。因此，各国高速动车车体的主要材料是铝合金和不锈钢，从发展趋势看，铝合金将成为动车组车体的主导材料。

⑤ 走行技术。提高列车运行速度首先遇到的问题是转向架运行的稳定性和安全性，所以，提高列车运行速度应具有高性能的转向架。高速转向架要求具有高速运行的稳定性和安全性、良好的曲线通过性能以及旅客乘坐的舒适性。

⑥ 网络技术。列车控制网络系统对于高速列车安全运行起着重要的作用。因为高速列车的故障会带来严重的后果，所以必须在事故发生以前，利用先进的装备发现和预防故障。高速列车控制网络系统大致可以分为运行监控、故障检测与诊断以及通信网络 3 个方面的内容。

1.3.2　车辆技术参数

车辆技术参数是指车辆技术规格的某些指标，是从总体上表征车辆性能及结构的一些数字，一般分性能参数与主要尺寸两大类。

1. 性能参数

（1）轴重。轴重是指在某个运行速度范围内该轴允许负担的最大总质量，包括轮对自身质量。轴重的选择与线路、桥梁及车辆走行部的设计标准有关，应尽量降低轴重并符合运行线路的要求。其中，动力车轴重：23 t（≤160 km/h），21.5 t（160～200 km/h），20 t（≥200 km/h）；拖车轴重：16.5 t（≤160 km/h），＜16.5 t（双层客车，200 km/h），≤15.5 t（单层客车，200 km/h）。

（2）载重/定员。载重指车辆允许的最大装载质量和容积。总定员数应满足运输及旅客舒适度的需要，以座位或铺位计算。软座车定员单层车可为55～65人，双层车可为90～100人；硬座车定员单层车可为75～128人，双层车可为95～168人。

（3）每延米轨道载重。每延米轨道载重是车辆设计中与桥梁、线路强度密切相关的一个指标，同时又是能否充分利用站线长度、提高运输能力的一个指标，其数值是车辆总质量与车辆全长之比。

（4）列车运行速度。列车运行速度包括最高试验速度、最高运行速度、旅行速度和持续速度。

① 最高试验速度/最高运行速度。最高试验速度是指车辆设计时，按安全及结构强度等条件所允许的车辆最高行驶速度。最高运行速度是指车辆除满足上述安全及结构条件外，还必须满足连续以该速度运行时车辆有足够良好的运行性能时的车辆最高行驶速度。一般最高试验速度 = 1.1 × 最高运行速度。

② 旅行速度。旅行速度 = 路程/时间，即平均速度。

③ 持续速度。在全功率下能长时间连续运行的最低速度称为持续速度（当运行速度低于持续速度时，电机的电流超过了持续电流，电机绕组严重发热，电机绝缘的温升过高会影响使用期限，严重时会烧毁电机）。

（6）列车牵引力：包括轮周牵引力、车钩牵引力、持续牵引力和黏着牵引力。

① 轮周牵引力：动轮从牵引电动机获得扭矩，通过轮轨相互作用在轮周上的切向反力。

② 车钩牵引力：克服动车本身的运行阻力以后，传到车钩处用于牵引列车运行的牵引力。

③ 持续牵引力：在全功率下，对应于持续电流的引力。

④ 黏着牵引力：机车受黏着条件限制而得到的牵引力。

（7）起动加速度。无论是电力牵引，还是内燃牵引均应满足：列车的牵引功率应保证列车达到最高运营速度时尚有大于 0.05 m/s² 的剩余加速度。在部分动力设备不能发挥功率时，动车组应仍能保证列车正点运营要求。列车的起动加速度应满足跟踪时分的要求，其取值范围为 0.15～0.45 m/s²。

（8）紧急制动距离。在平直道上，初速度为 120 km/h 时，紧急制动距离为 800 m；初速度为 160 km/h 时，紧急制动距离为 1 400 m；初速度为 200 km/h 时，紧急制动距离为 2 000 m；初速度为 350 km/h 时，紧急制动距离为 6 500 m。

（9）通过最小曲线半径。通过最小曲线半径指配用某种形式转向架的车辆在站场或厂、段内调车时所能安全通过的最小曲线半径。当车辆在此曲线区段上行驶时，不得出现脱轨、倾覆等危及行车安全的事故，也不允许转向架与车体底架或与车下其他悬挂物相碰。通过最小曲线半径：干线动车组 145 m，单车缓行及调车 100 m。

（10）轴列式。轴列式简称轴式，是用数字或数字表示车辆转向架结构特点的一种简单方法。规则：以字母表述动轴数，以数字表示非动轴数；注脚"0"表示动轴为单独驱动，即每个电机驱动一根动轴。如 B_0-B_0，表示一辆动车，有 2 个转向架，每个转向架有 2 个单独驱动的动轴；2-2，表示一辆拖车，有 2 个转向架，每个转向架有 2 个非动轴。

2. 尺寸参数

（1）车辆定距。车辆定距为车体支承在前、后两走行部之间的距离，若为带转向架的车辆，车辆定距又可称为转向架中心间距。车辆定距：单层客车 18 000 mm；双层客车 18 000 mm 或 18 500 mm。

（2）转向架固定轴距。不论是二轴转向架或是多轴转向架，同一转向架最前位轮轴中心线与最后位轮轴中心线之间的距离称为转向架固定轴距。

（3）车体车辆空间尺寸。车辆全长指车钩中心线连接长度；车辆最大宽度指车体最宽部分的尺寸；车辆最大高度指车辆顶部最高点离钢轨水平面之间的距离。这些尺寸均需符合机车车辆限界的要求。车体长、宽、高，又有车体外部与内部之别，但车体内部的长、宽、高必须满足旅客乘坐要求。车体车辆空间尺寸：车体长度 25 500 mm，车体宽度约 3 104 mm 或 3 204 mm，车辆高度单层车 4 050 mm，双层车 4 750 mm 或 4 600 mm。

（4）车钩高。它是指车钩钩舌外侧面的中心线至轨面的距离。列车中各车辆的车钩高基本一致，是保证正常传递牵引力及列车运行时不会发生脱钩事故所必需的。我国规定既有干线用动车组两端的车钩中心线高度为 880 mm。

（5）地板面高度。地板面高度指地板面距轨面的高度，与车钩高一样，均指新造或修竣后空车的地板面高度。它将受到两方面的制约，一方面是车辆本身某些结构高度的限制，如车钩高及转向架下心盘面的高度等；另一方面又与站台高度的标准有关。

1.3.3 车辆的方位、代码及标记

1. 车辆方位与零件编号

为了便于管理和检修同名零部件，对车辆的方向和配件位置规定了统一的确定方法。

车辆方位规定车辆一端为 1 位端，另一端为 2 位端。欧系动车组主要以牵引单元来确定各车辆端位及侧位，动车组各车辆定位标识不同；日系动车组以首尾车定位，各车辆定位标识统一；CRH 动车组车辆方位见表 1.10。

CRH 型动车组车辆同名零部件位置编号规则如下：以观察者在 1 位端面向车辆为基准，左手方向为 1 位侧，右手方向为 2 位侧。对于排列在纵向对称轴上的零部件，由 1 位端顺序向 2 位端编号，如转向架、车轴、内端门等均可按此编号；对于分布在纵向对称轴左右的零部件，按先从 1 位侧向 2 位侧、再从 1 位端向 2 位端的顺序进行编号，如车轮、轴箱、制动盘等均可按此编号；对于上下排列的零部件，按从上至下的顺序并结合左右、前后位置进行编号，如图 1.14 所示。

表 1.10 CRH 动车组车辆方位

动车组名称	车辆方位
CRH1A CRH1B	以靠近客室侧门端为 1 位端（主机厂及外方称 A 端，下同），另一端为 2 位端（B 端）
CRH1E	分为两个 8 编组的动力单元，每个单元中各车辆以靠近车头端为 1 位端（A 端），另一端为 2 位端（B 端）
CRH2	各车辆以靠近 1 号车车头方向为 1 位端，相反方向为 2 位端
CRH3C	EC（01、00）车以有司机室端为 1 位端，TC（02、07）、IC（03、06）、FC（05）车以有卫生间端为 1 位端，BC（04）车以有乘务室端为 1 位端，另一端为 2 位端
CRH5A	Mc2（01）、M2s（02）、Tp（03）、T2（05）车以靠近 01 车车头方向为 1 位端，相反方向为 2 位端；M2（04）、Tpb（06）、Mh（07）、Mc1（00）车以靠近 00 车车头方向为 1 位端，相反方向为 2 位端
CRH380A CRH380AL	各车辆以靠近 1 号车车头方向为 1 位端，相反方向为 2 位端
CRH380B	EC（01、00）车以有司机室端为 1 位端，TC（02、07）、IC（06）、FC（03、04）车以有卫生间端为 1 位端，BC（05）车以有乘务室端为 1 位端，另一端为 2 位端
CRH380BL CRH380CL	EC（01、00）车以有司机室端为 1 位端，TC（02、07、10、15）、VC（03）、IC（06、08、11、14）、FC（04、05）、SC（12、13）车以有卫生间端为 1 位端，BC（09）车以有乘务室端为 1 位端，另一端为 2 位端

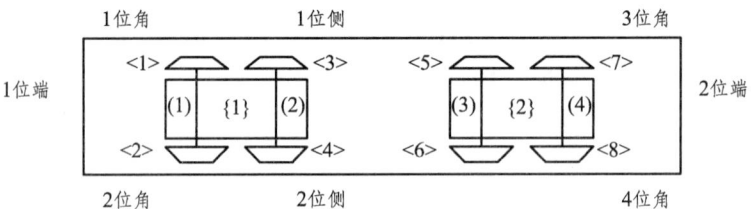

图 1.14 CRH2 型动车组车辆定位及配件位置编号示意图

{x}：转向架位数；(x)：车轴位数；<x>：车轮位数

2. 动车组的车型和车种编号

CRH1、2、3、5 动车组的型号和车种编号规则如图 1.15 所示。

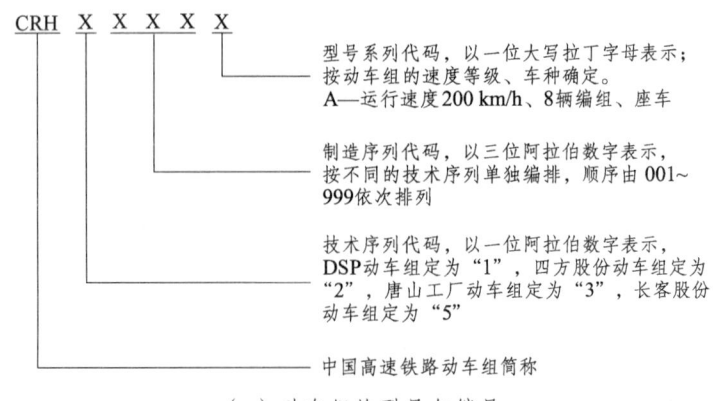

（a）动车组的型号与编号

第 1 章 绪 论

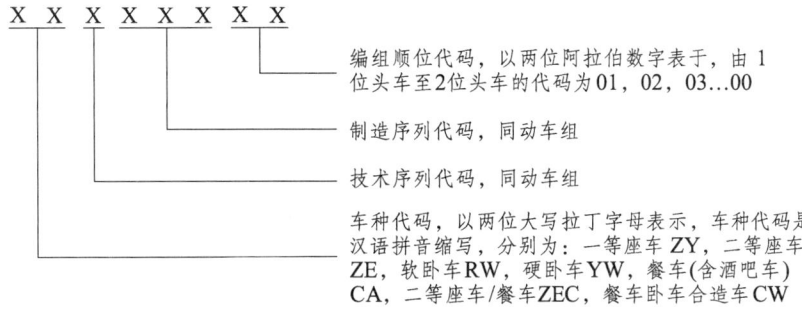

（b）动车组中车辆的车种和编号构成

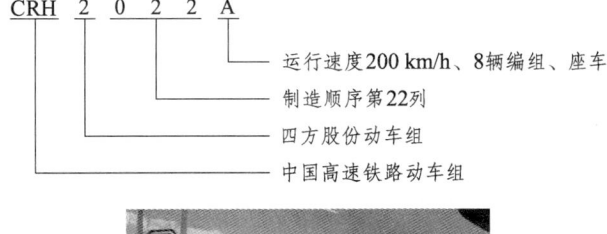
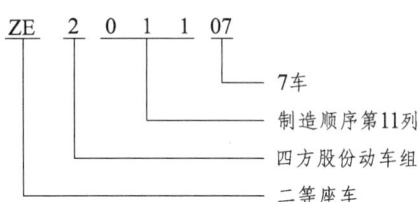

（c）动车组的型号与编号示例　　　　（d）车辆的车种和编号构成示例

图 1.15　CRH1、2、3、5 动车组车型、车种标号

CRH380 系列动车组型号、车号编号规则如图 1.16 所示。

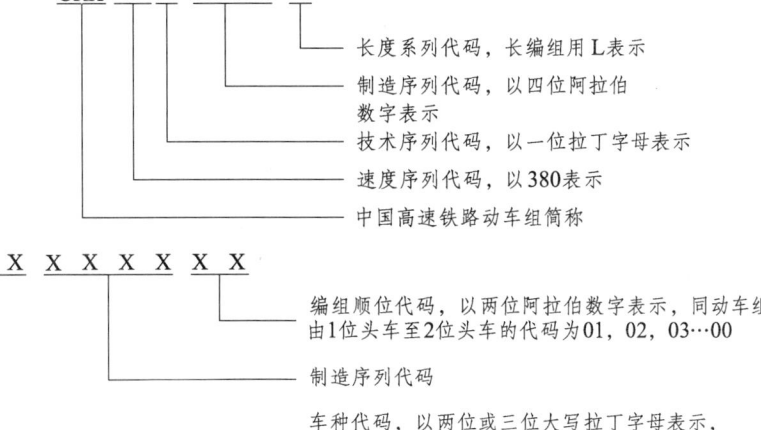

示例1：新一代高速动车组的型号和车号

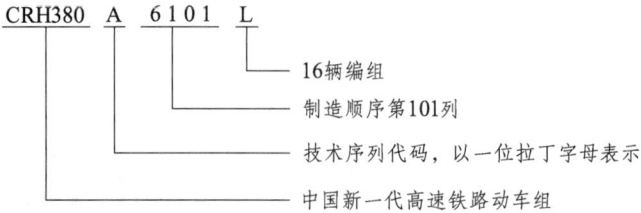

示例2：新一代高速动车组中车辆的车种和编号

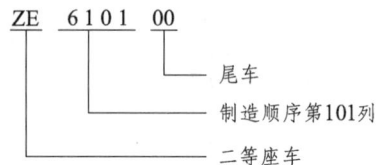

图 1.16　CRH380 系列动车组车型、车种标号

3. CRH 动车组标志规定

为了管理方便，在动车组内外部相应部位涂贴管理、工作和服务用标志。首车和尾车外部侧面标志位置示意图见图 1.17（a）；中间车外部侧面标志位置示意图见图 1.17（b）。

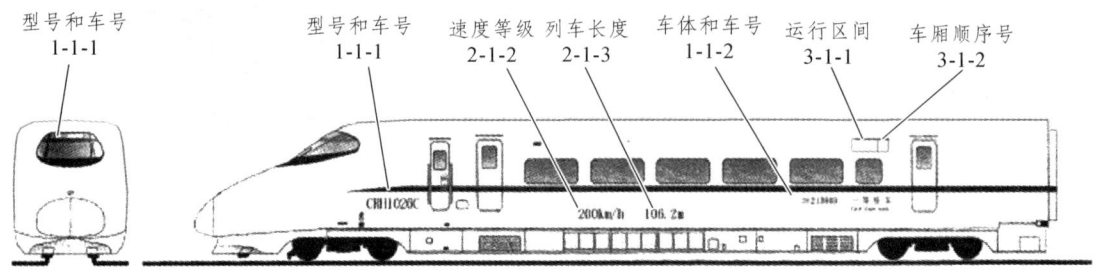

（a）首车和尾车外部侧面标志位置示意图

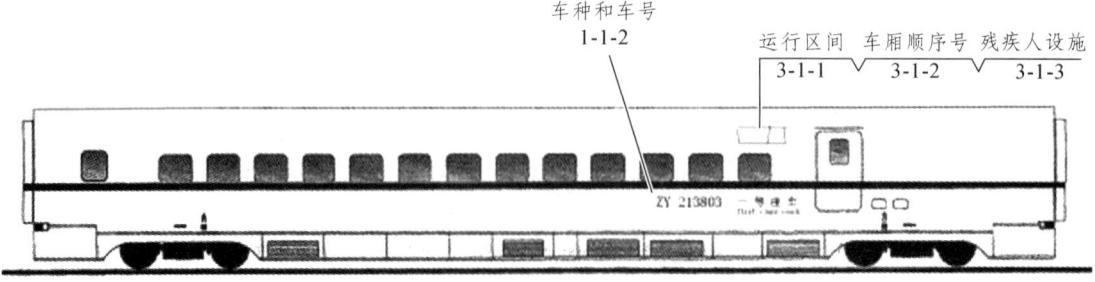

（b）中间车外部侧面标志位置示意图

图 1.17　动车组侧面侧面标志位置示意图

1.4 铁路限界与线路概述

1.4.1 铁路限界

1. 设置限界的意义及制定限界的原则

铁路限界是为防止车辆运行时与建筑物及地面设备发生接触而设置的横断面允许的极限尺寸轮廓。铁路限界由机车车辆限界（简称"车限"）和建筑限界（简称"建限"）组成，两者间相互制约与依存。建筑限界和机车车辆限界均指在平直线路上两者中心线重合时的一组尺寸约束所构成的极限轮廓，如图 1.18 所示。

铁路限界是铁路安全行车的基本保证之一，为了使列车能在一定范围的路网内通行无阻，不会因车辆外形尺寸设计不当、货物装载位置不当或建筑物与地面设备的位置不当而引起不安全的行车事故，必须用限界分别对车辆和建筑物等地面设备加以制约。因此，限界是铁路各业务部门都必须遵循的基础技术规程。限界制定得是否合理、先进，也关系到铁路运输总的经济效果。

实际的机车车辆与靠近线路中心线的建筑物之间必须留有一定的、为保证行车安全所需的空间。这部分空间应该包括：

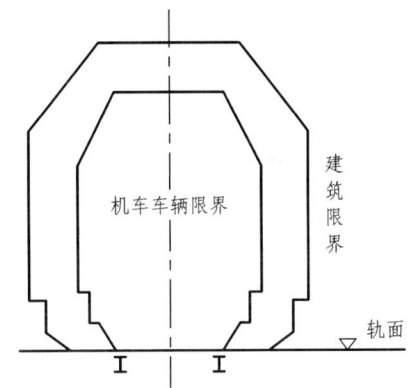

图 1.18 机车车辆限界与建筑限界

（1）车辆制造公差引起的上下、左右方向的偏移或倾斜。

（2）车辆在名义载荷作用下弹簧受压缩引起的下沉，以及弹簧由于性能上的误差可能引起的超量偏移或倾斜。

（3）由于各部分磨耗或永久变形而造成的车辆下沉，特别是左右侧不均匀磨耗或变形而引起的车辆倾斜与偏转。

（4）由于轮轨之间以及车辆自身各部分存在的横向间隙而造成车辆与线路间可能形成的偏移。

（5）车辆在走行过程中因运动中力的作用而造成车辆相对线路的偏移。它包括曲线区段运行时实际速度与线路超高所要求的运行速度并不一致而引起的车体倾斜，以及车辆在振动时产生上下、左右各个方向的位移。

（6）线路在列车反复作用下可能产生的变形。

（7）运输某些特殊货物时可能会超限。

（8）为应付可能出现的特殊情况，还应该有足够的裕留空间。

以上最后两点指的是由铁路承运的某些不宜分解的大型、重型机器设备，以及某些特大型的机器设备，如大型发电设备及化工设备等。理论上，由于机车车辆限界包括以上提到的 8 种空间的多少而可以分成 3 种不同的限界：

（1）无偏移限界。当机车车辆限界仅考虑上述第（1）点内容时的限界称为无偏移限界，又可称为制造限界。此时，车限与建限之间所留空间应该很大。

（2）静偏移限界。当机车车辆限界考虑了上述第（1）至第（3）点内容时的限界称为静偏移限界或静态限界。此时，车限与建限之间的空间可以压缩一些，只包括第（4）至第（8）点内容。

（3）动偏移限界。当机车车辆限界考虑了第（1）至第（5）点内容时，则车限与建限之间的空间可以留得很少，这种限界称为动偏移限界或动态限界。

除上述 3 种限界外，根据制定限界的这些原则，在某些特殊的路网上还可以使用特殊的限界。如地下铁道所涉及的路网仅在一个城市范围内，而所使用的车辆形式又比较单一，故可以通过较精确的计算把第（1）至第（6）点的内容均包括在车辆限界内，这样的限界可称为"动态包络线限界"。又如，高速客运专线上在考虑行车安全时必须考虑空气动力学问题，因此复线的线间距及隧道截面面积等都比普通线路大。

2. 我国准轨机车车辆限界（GB 146.1—83）及其使用方法

我国准轨机车车辆限界（GB 146.1—83）在横向基本属于无偏移限界；在垂向除需考虑钩高的变化外，尚需考虑弹簧的平均静挠度及垂向均匀磨耗，故基本属于静偏移限界。其上部限界、下部限界示于图 1.19 中。

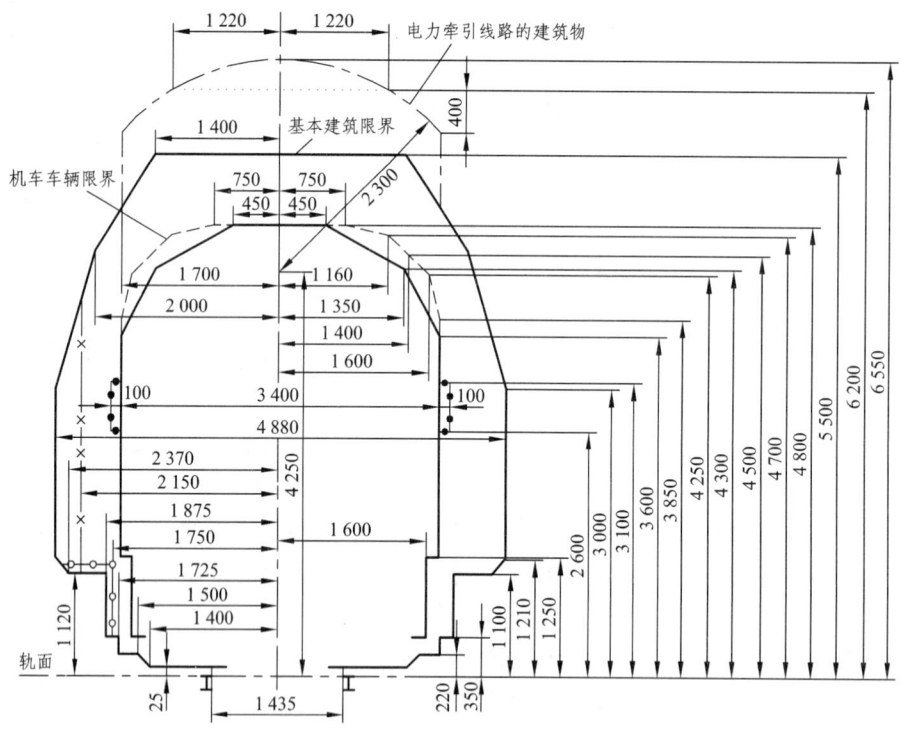

图 1.19　中国机车车辆限界和基本建筑限界

———　：电气化铁路干线上运用的电力机车；
—·—·—：列车信号装置限界轮廓；
—×—×—：信号机、水鹤的建筑限界（正线不适用）；
—○—○—：站台建筑限界（正线不适用）；
—··—··—：适用于电力机车牵引的跨线桥、天桥和雨棚等；
············：电力机车牵引线路的跨线桥在困难条件下的最小高度

机车车辆限界是一个和线路中心线垂直的极限横断面轮廓。机车、车辆无论是空车或重车，无论是具有最大标准公差的新车或是具有最大标准公差和磨耗限度的旧车，当其停放在水平直线上且在无侧向倾斜及偏移时，除电力机车升起的受电弓外，其他任何部分均应容纳在限界轮廓之内，不得超越。在使用中犹如把一个直角坐标系固定在极限图中，所有竖直高度均从轨面算起；所有横向宽度均从中垂线向两侧计算。若一辆车在某横截面处的总宽虽不超限，但只要某侧半宽超限即为超限。

3. UIC 动态限界简介

UIC 动态限界是为国际铁路联盟各成员国列车能够在该联盟所属范围内实现国际联运而制定的。它在动态限界的理论及实践上是目前比较完备的一个限界，它对动车、无动力装置的客车、货车分别规定了动态限界，它把车辆停车时的净空称为静态限界，把车辆运行时的净空称为车辆动态限界，并定义如下：动态限界是以线路为基准的基准轮廓线的最外各点，按车轮在线路上运行时机车车辆各部最不利的位置来考虑，如轴承在轴箱内的偏移、车体相对轴箱的偏移，以及由于受未被平衡离心力作用下弹簧倾斜或过超高（似静态位移）的影响而产生的水平移动。

1.4.2 线路构造、分类及主要技术参数

铁路线路是由路基、轨道和桥隧建筑物组成的一个整体工程。路基一般采用路堤和路堑两种基本形式，如图 1.20 所示。

（a）路堤　　　　　　　　　　（b）路堑

图 1.20　路基

1. 线路构造

1）线路平面构造

如图 1.21（a）所示，线路平面构造包括直线、曲线、缓和曲线、道岔。

（1）直线：直线沿平面向前延伸时分为有缝线路和无缝线路两种。

(2)曲线:对于客运专线(如秦沈客运专线)来说,区间线路的最小曲线半径为 2 800 m,不得低于 2 200 m。

(3)缓和曲线:由于直线与圆曲线的线路构造不完全相同,为了保证行车的安全与平顺,在直线与圆曲线之间设置一段缓和曲线。缓和曲线有三次、四次、五次抛物线和三角函数 4 种线形。

(4)道岔:一种使机车车辆从一股道转入另一股道的线路连接设备。道岔是个大家族,最常见的是普通单开道岔,它由转辙器、连接部分、辙叉及护轨 3 个单元组成。转辙器包括基本轨、尖轨和转辙机械。

2)线路纵断面构造

如图 1.21(b)所示,线路的纵断面根据地形变化,包括平道、上下坡段和竖曲线。

(1)坡段:坡段的特征用坡段长度和坡度值表示。坡段长度 L 为坡段两端变坡点之间的距离(m)。坡度值 i 为 i 坡段两端变坡点的高差 H_i 与坡段长度 L_i 的比值,以千分数表示,即 $i = H_i / L_i \times 1\,000 ‰$。

(2)变坡点:相邻两坡段的坡度变化的点。

(3)竖曲线:在变坡点处设置圆曲线形的竖曲线,一般Ⅰ、Ⅱ级线路竖曲线半径为 10 000 m,Ⅲ级线路为 5 000 m。

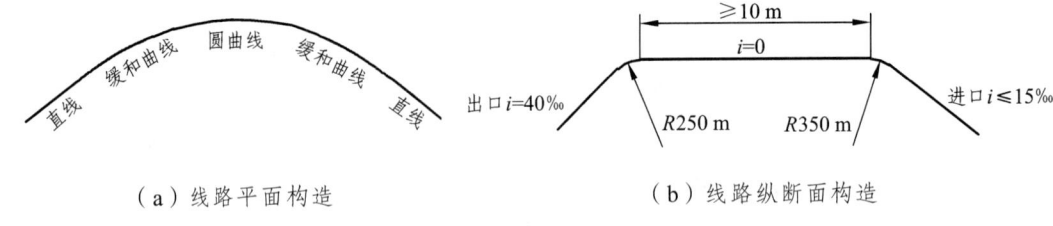

(a)线路平面构造   (b)线路纵断面构造

图 1.21 线路构造

2. 线路分类

1)按运输能力分

铁路等级是铁路的基本标准,设计铁路时,首要任务就是确定铁路等级。我国铁路的等级通常分为 3 级,用罗马数字Ⅰ、Ⅱ、Ⅲ表示。等级的划分是根据具体线路在路网中的作用和远期年客货运量来确定的。所谓远期年客货运量,是指具体线路在交付运营后第 10 年,其重车方向的货运量和客车对数折算的货运量之和。每天 1 对客车按 1.0 个百万吨(Mt)货运量折算。Ⅰ级铁路是指在路网中起到骨干作用的铁路,远期年客货运量在 20 Mt 以上。Ⅱ级铁路分两种情况:一是指在路网中起骨干作用的铁路,远期年客货运量小于 20 Mt;二是指在路网中起联络、辅助作用的铁路,远期年客货运量在 10 Mt 以上;Ⅲ级铁路是指为某一区域服务,具有地区运输性质的铁路,远期年客货运量在 10 Mt 以下。

2)按用途分

铁路线路按用途分为正线、站线、段管线、岔线及特别用途线,如图 1.22 所示。

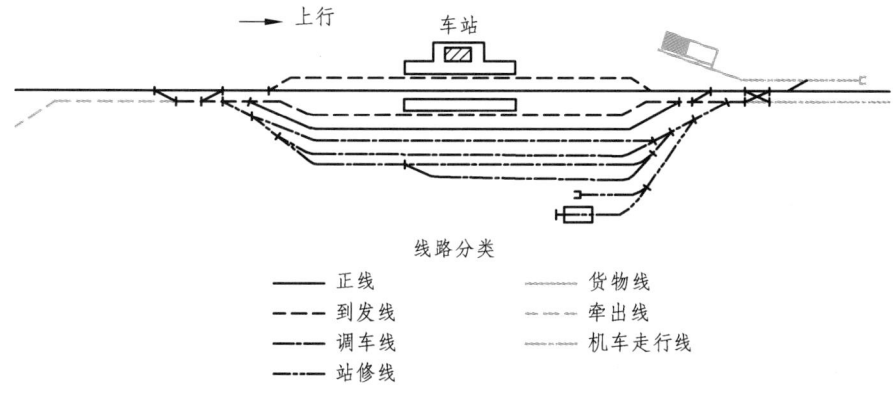

图 1.22 线路类型

（1）正线是指连接车站并贯穿或直股伸入车站的线路。正线在通过型车站比较好辨认，其一，由于它贯穿车站，通过列车多，所以通常很光亮，磨损也很大；其二，它直接与站外区间线路连接，一般不用道岔。

（2）站线是指站内除正线以外的到发线、调车线、牵出线、货物线及站内指定用途的其他线路。到发用于接发客车和货车。调车线用于车列解体和编组并存放车辆。牵出线用于调车作业时将车辆牵引出去。货物线用于货物装卸作业的货车停留。站内指定用途的其他线路包括机车走行线、车辆站修线及驼峰禁溜线等。

（3）段管线是指机务、车辆、工务、电务等段专用并由其管理的线路。

（4）岔线是指在区间或站内接轨，通向路内外单位的专用线路。

（5）特别用途线是指安全线和避难线。为防止列车或机车、车辆进入另一列车运行线，防止进站停车的列车驶过警冲标进入区间，在支线与正线或到发线衔接处铺设的有效长度不小于 50 m 的尽头线叫安全线。为防止在陡长的坡道上失去控制的列车发生冲突或颠覆，根据线路情况，计算确定在区间或站内设置避难线。避难线一般设计为有较大的上升坡度，以减缓失控列车的速度。

3. 线路主要技术参数

高速铁路与普通铁路的技术参数主要有：曲线半径、缓和曲线、线路坡度和竖曲线。

1）曲线半径

线路平面曲线半径的确定，取决于铁路运输要求和所在地区自然条件等因素，曲线半径是限制行车速度的主要条件之一，应随速度的增加而相应加大。我国京津城际铁路线路最小曲线半径为 4 000 m，京沪高铁为 7 000 m。

2）缓和曲线线形

缓和曲线线形有三次、四次、五次抛物线和三角函数 4 种。根据列车线路动力学的研究和国外高铁的运行路径经验，缓和曲线不是影响行车的决定因素，因此，传统的三次抛物曲线仍可适应高速列车运行的要求，关键是缓和曲线长度。缓和曲线的长度应根据设计速度、曲线半径和地形条件合理选用。

3）线路坡度和竖曲线半径

高速列车质量较小，机车功率较大，可在较大线路坡度上高速运行。国外高速铁路最大线路坡度为40‰。我国京津城际铁路线路最大坡度为18.5‰，石太客专的线路坡度为18‰。

高速铁路要求相邻坡度差大于1‰时，设置竖曲线，以保证列车运行平稳和安全。竖曲线半径与行车速度有关，行车速度越高，竖曲线半径也应越大。我国拟建的高速铁路上，最小曲线半径应根据所处区段远期设计最高速度选用，具体为：最高速度 300～350 km/h 时，选用 25 000 m；最高速度 250 km/h 时，选用 20 000 m；最高速度 200 km/h 时，选用 15 000 m。最大竖曲线半径不应大于 40 000 m。

1.4.3 轨道结构

作为一个整体性工程结构，轨道铺设在路基之上，起着列车运行的导向作用，直接承受机车车辆及其荷载的巨大压力。在列车运行的动力作用下，它的各个组成部分必须具有足够的强度和稳定性，保证列车按照规定的最高速度，安全、平稳和不间断地运行。

1. 轨道组成

如图 1.23 所示，轨道是铁路线路的组成部分，包括钢轨、轨枕、联结零件、道床、防爬设备和道岔等。

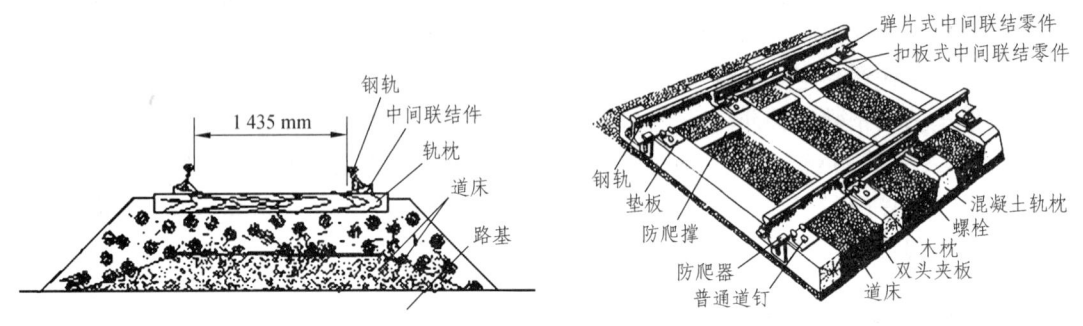

图 1.23 轨道基本组成

（1）钢轨：其断面为工字形，用以承受机车车辆的车轮荷载，并将承受的荷载传给轨枕；同时引导车轮运行。钢轨为工字形断面，由轨头、轨腰、轨底三部分组成。

（2）轨枕：铺设在道床和钢轨之间，用以承受从钢轨传来的力和振动，并传给道床；同时用以保持轨距和方向。

（3）联结零件：分中间联结零件和接头联结零件两种。① 中间联结零件：钢轨与轨枕的扣件，包括普通道钉、螺纹道钉、刚性或弹性扣铁、垫板、垫层、防爬器及轨距杆等（见图1.24）。② 接头联结零件：联结两根钢轨零件，主要有夹板、螺栓和弹簧垫圈。

（4）道床：用碎石、卵石或砂等道砟材料或沥青砂浆灌注材料组成的轨道基础，用以将轨枕的荷载均匀地传递到路基上，以及防止轨枕的纵向和横向移动。

（5）防爬设备是指用以提高轨道纵向阻力，防止线路爬行的附属设备，由防爬器和防爬撑组成。

（6）道岔：连接两股相邻轨道的专用设备，主要由转辙器、辙叉和连接轨道组成。道岔的作用是为机车车辆由一股轨道转入另一股轨道提供通道。

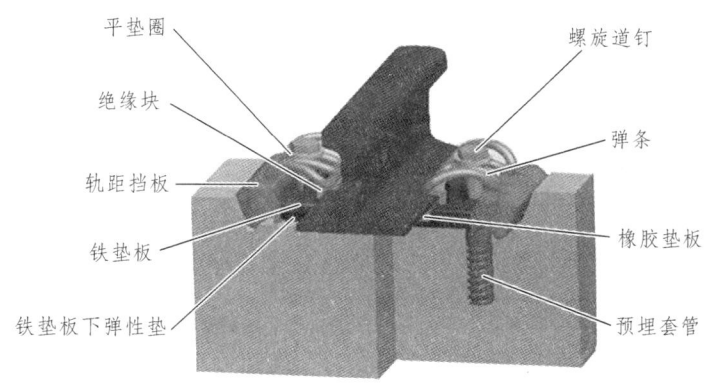 

图 1.24　扣件组成

2．轨道参数

（1）钢轨质量。钢轨的类型和强度以 kg/m 来表示。我国现行的钢轨标准有 50 kg/m、60 kg/m、75 kg/m 3 种。每米钢轨的质量越重，它所承受的载荷越大。世界上第一条铁路的钢轨为 18 kg/m，最重的钢轨在美国，重达 77 kg/m。

（2）轨距。轨距是钢轨头部踏面下 16 mm 范围内两股钢轨工作边之间的最小距离。我国直线轨距的标准是 1 435 mm，这也是国际标准轨距，简称"准轨"。大于者称之为"宽轨"；小于者称之为"窄轨"；1 m 者称"米轨"。现在，全世界有 30 多种不同的轨距。

（3）外轨超高：线路曲线段，为了平衡离心力，使内外两股钢轨受力均匀，垂直磨耗均等，旅客不因离心加速度而感到不适，而将外轨抬高的高度。

（4）轨距加宽：为防止轮对被轨道楔住或挤翻钢轨，对于小半径曲线的轨距要适当加宽（$R \leqslant 350$m 时，轨距加宽$\leqslant 15$ mm），以使机车车辆能顺利通过曲线，并使钢轨与车轮间的横向力最小，减少轮轨间的磨耗。

3．轨道类型

1）按道床形式分

（1）有砟轨道是指轨下基础为石质散粒道床的轨道，通常也称为碎石道床轨道。

（2）无砟轨道是指采用混凝土、沥青混合料等整体基础取代散粒碎石道床的轨道结构。无砟轨道与有砟轨道相比，无砟轨道避免了飞溅道砟，平顺性好，稳定性好，使用寿命长，耐久性好，维修工作少，列车运行速度可达 350 km/h 以上。

2）按钢轨长度分

（1）有缝线路：目前的钢轨标准长度有 12.5 m 和 25 m 两种。

（2）无缝线路：是把 25 m 标准长度的钢轨焊连而成的长钢轨线路。无缝线路分温度应力式及放散温度应力式两种。

3）按运量分

线路上部建筑按结构状态与运量的关系分为特重型、重型、次重型、中型及轻型 5 种，具体规定见表 1.11。

表 1.11 不同运量轨道参数

条件	项目		单位	特重型	重型	次重型	中型	轻型
运营条件	年通过总体密度		Mt·km/km	>60	60~30	30~15	15~18	<8
	最高运行速度		km/h	≥120	≥120	120	100	80
轨道结构	钢轨		kg/m	≥70	60	50	43	43~38
	轨枕根数	预应力混凝土枕	根/km	1 760~1 840	1 760	1 680~1 760	1 600~1 680	1 520~1 600
		木枕	根/km	1 840	1 840	1 760~1 840	1 600~1 760	1 600
	道床厚度	非渗水土路基 面层	cm	30	30	25	20	20
		非渗水土路基 垫层		20	20	20	20	15
		岩石、渗水土路基	cm	35	35	30	30	25

复习思考题

1. 何谓高速铁路？有哪几种建设模式？
2. 高铁系统包括哪几大子系统？各有何主要功能？
3. 简述动车组的定义及类型。
4. 简述动车组的关键技术及配套技术。
5. 简述 CRH 系列动车组和 CRH 系列动车组的编组方式及主要技术特征。
6. 简述动车组车辆的特点及其类型。
7. 简述动车组车辆的组成及其作用。
8. 解释动车组车辆主要技术指标及其标记的含义。
9. 写出图 1.25 中动车组类型、编制方式、轴列式。若轴重为 16 t，计算其最大质量。

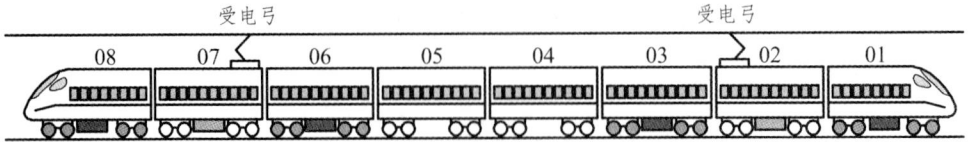

CRH3 动车组牵引动力布置

动力转向架　　拖车转向架　　主变压器　　牵引变流器

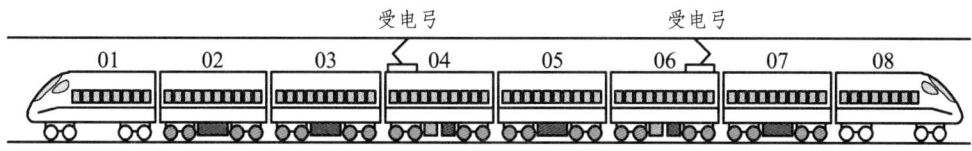

图 1.25 动车组组成

10. 何谓限界？限界包括哪几种类型？
11. 简述线路的平面构造和纵断面构造及其主要参数。
12. 轨道由哪几部分组成？主要参数是什么？轨道有哪几种类型？

第 2 章　转向架构造与原理

2.1　概　述

2.1.1　转向架的作用、组成与分类

1. 转向架的作用

支承车体并使之在轨道上运行的装置称为转向架，亦称走行部。其主要作用为：

（1）承载——承担上部的质量，包括车体，安装在车体内的各种机械、电气设备及乘客的质量，并把这些质量经弹簧悬挂装置传递到钢轨上。

（2）传力——产生牵引力和制动力，并把产生的牵引力和制动力经牵引装置传递到车体底架，最后传递到车钩，实现对列车的牵引和制动，并传递离心力等横向力。

（3）缓冲——在运行中缓和线路对车辆的冲击，保证车辆运行的平稳性。

（4）导向——引导车辆顺利地通过曲线和道岔，保证车辆在曲线上安全运行。

2. 转向架的组成及各部分的作用

如图 2.1 所示，转向架主要由轮对、轴箱、一系弹簧悬挂装置、构架、二系弹簧悬挂装置、基础制动装置和驱动装置（仅动力转向架有）七部分组成。

（1）轮对："承载、产力、滚行、导向"，即轮对直接向钢轨传递车辆质量，通过轮轨间的黏着产生牵引力或制动力，并通过轮对在钢轨上的滚动实现车辆走行和导向。

（2）轴箱装置："降低摩擦阻力，化滚动为平动"，即通过轴承降低车辆机械阻力，将车轮滚动转化为车体的平动。

7. 牵引电机驱动装置

6. 基础制动装置

5. 二系悬挂装置

4. 构架

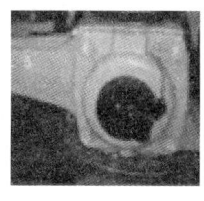

1. 轮对　　　　　　　2. 轴箱装置　　　　　　3. 一系悬挂装置

图 2.1　动车转向架组成

（3）一系悬挂装置：位于转向架两端的构架和轴箱之间，也叫轴箱悬挂装置。"轴箱定位、轮对缓冲、构架减振"，即联系构架和轮对的活动关节，它除了保证轮对进行回转运动外，还能使轮对适应线路等条件，相对于构架上下、左右和前后活动；保证轴重分配均匀，缓和线路不平顺对车辆的冲击。

（4）构架："联系骨架、安装基础"，即连接转向架各部分的骨架，安装转向架各部件基础，承受和传递垂向力及水平力。

（5）二系悬挂装置：位于转向架中间的构架和车体之间，也叫中央悬挂装置，它是车体和转向架之间的连接装置。"支承车体、缓冲减振定位"，即承受车体载荷，传递垂向和横向力，进一步缓和冲击振动，通过曲线时使转向架相对于车体回转，保证车辆的运行平稳性。

（6）基础制动装置："产生、放大、传递制动力"，即将制动缸传来的力增大若干倍后传给执行机构进行制动。

（7）电机驱动装置："实现能量转化、产生驱动力矩"，即将动力装置的功率转化为轮对的驱动力矩。电机驱动装置只设置在动力转向架上。

转向架力的基本传递过程：

（1）垂向力（车体重量）的传递过程：车体→二系悬挂装置（二系弹簧）→构架→一系悬挂装置（轴箱弹簧）→轮对→钢轨。

（2）纵向力（牵引电机产生的牵引力或制动装置产生的制动力）的传递过程：钢轨→轮对→一系悬挂装置（轴箱定位装置）→构架→二系悬挂装置（牵引装置）→车体→车钩。

（3）横向力（导向力）的传递过程：钢轨→轮对→一系悬挂装置（轴箱定位装置）→构架→二系悬挂装置（横向止挡）→车体。

3. 转向架分类

1) 按轴数分类

如图 2.2 所示，按轴数进行分类，转向架有两轴转向架、三轴转向架和多轴转向架。目前，大部分动车组车辆转向架都采用两轴转向架。

（a）三轴转向架　　　　　　（b）两轴转向架

图 2.2　转向架轴数

2) 按悬挂装置的数目分

按悬挂装置的数目进行分类，转向架有一系和二系悬挂转向架之分（见图 2.3）。前者适用于低速车辆，后者适用于中高速车辆。

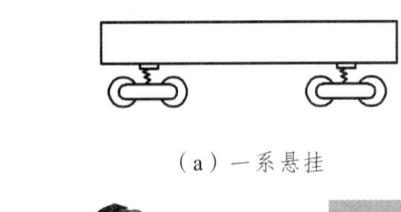 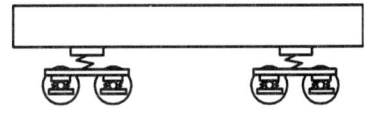

（a）一系悬挂　　　　　　　　　　（b）二系悬挂

（c）只有轴箱悬挂　　　（d）只有中央悬挂　　　（e）二系悬挂均有

图 2.3　弹簧装置的形式

3) 按有无动力分类

如图 2.4 和图 2.5 所示，转向架按有无牵引动力分为动车转向架和拖车转向架，一般在动车转向架上装有牵引电机和驱动机构。

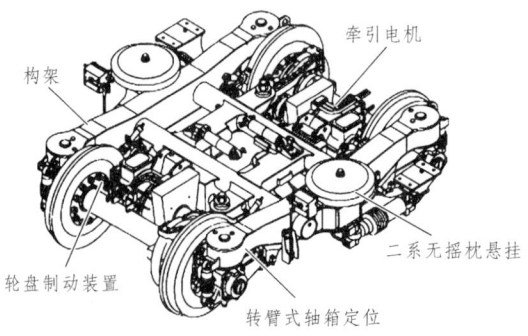

图 2.4　CRH2 动车转向架

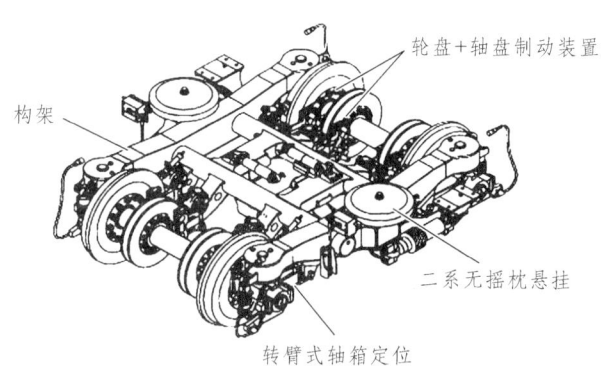

图 2.5 CRH2 拖车转向架

2.1.2 高速转向架的特点及发展

1. 高速转向架应具备的性能

转向架结构性能的好坏，直接影响车辆的牵引能力、运行品质、轮轨的磨耗和列车的安全。转向架应具有的技术要求是：

（1）保证最佳的黏着条件，轴重转移尽量小，以满足提高牵引力的要求。

（2）在运行时，应具有良好的动力学性能，尽可能减小对线路的动作用力和减少轨道及车轮的应力与磨耗。

（3）转向架零部件在满足强度和刚度要求的前提下，尽可能减轻自重，制造工艺简易。

（4）转向架各部分应具有良好的可接近性，在保证运用可靠的前提下，结构应该简单，尽量采用无磨耗及不需维修的结构形式，以减少维修工作量。

（5）设计转向架时，要求各零部件结构和材质尽可能统一化。

在设计制造高速转向架时，必须解决其高速运行时的稳定性、平稳性和良好的曲线通过性能等关键技术问题，以保证高速列车安全行驶、乘坐舒适、减少维修。

2. 高速转向架发展概况

日本自 1964 年以来，开发了 30 种高速动车组转向架，动车组转向架技术的发展大体上可以分为 3 代（见表 2.1）。

（1）第一代是以 DT200、DT201 和 DT202、WDT202 型为代表的无摇动台转向架。

（2）第二代是以 TDT203 和 TTR7001 为代表的无摇枕转向架。

（3）第三代是以 WDT205 为代表的无摇枕转向架，中央悬挂系统采用半主动控制悬挂系统。

表 2.1 日本新干线高速动车组转向架总体参数

项　目	0 系	100 系	200 系	300 系	400 系	500 系	700 系
转向架型号	DT200	DT202	DT201	TDT203 TTR7001	DT204	WDT205	TDT204 TTR7002
开始使用年份	1964	1985	1985	1991	1992	1995	1997

续表

项目	0系	100系	200系	300系	400系	500系	700系
编组	16M	12M4T	14M2T	10M6T	6M1T	16M	12M4T
最高运行速度/(km/h)	210	230	275	270	240	300	285
转向架质量/t	10.1	9.8	10.5	6.6	7.3	6.5	6.6
定员时轴重/t	16.0	15.2	17.0	11.3	13.0	11.2	11.3
固定轴距/mm	2 500	2 500	2 500	2 500	2 500	2 500	2 500
空气弹簧跨距/mm	2 500	2 500	2 450	2 450	2 000	2 600	2 600
轮径/mm	910～860	910～860	910～860	860～790	860～790	860～790	860～790
轴型	实心	实心	实心	空心	空心	空心	空心
牵引电机类型	直流	直流	直流	空心	直流	空心	空心
制动方式	电阻+机械	电阻+机械	电阻+机械	再生+机械	电阻+机械	再生+机械	再生+机械

法国于 1973 年正式生产 Y230 型转向架（见表 2.2），其最高运营速度为 200 km/h；德国于 1974 年开始生产 MD52 型转向架，具体结构形式见表 2.3。

表 2.2 法国 TGV 高速动车组 Y230 型动力转向架主要参数与结构

项目	数值	项目	数值
轴式	$B_0\text{-}B_0$	轴箱定位方式	圆柱形橡胶金属叠层弹簧
轴重/t	17.0	牵引电机悬挂方式	体悬
转向架质量/t	7.263	驱动方式	平行万向轴式
固定轴距/mm	3 000	变速装置	二级
轮径/mm	920～850	踏面形式	1/40 锥面
一系悬挂	螺旋钢弹簧	二系弹簧	高柔钢弹簧
一系悬挂横向刚度/(N/m)	1.2×10^8（单侧）	二系悬挂垂向刚度/(N/m)	1.63×10^6
一系悬挂纵向刚度/(N/m)	1.31×10^8（单侧）	二系悬挂纵向刚度/(N/m)	3.5×10^5
一系悬挂静挠度/mm	59/70	二系悬挂静挠度/mm	87/105
簧下质量/t	4.3	允许横动量/mm	70

表 2.3 德国 ICE 高速动车组转向架总体参数

车辆型号	ICE1 动车	ICE1 拖车	ICE2 动车	ICE2 拖车	ICE3/ICE350
转向架型号	ET401	MD630	ET402	SGP400	SF500
最高运行速度/(km/h)	280	280	280	300	330/350
固定轴距/mm	3 000	2 500	3 000	2 500	2 500
轴重/t	19.5	17	19.5	17	17(M)、15(T)
转向架质量/t	14.3	7.5	14.3	—	9.2(M)、7.5(T)
簧下质量/t	4.43	—	4.43	—	—
轮径/mm	950～1 030	860～920	950～1 040	860～920	830～920
空气弹簧跨距/mm	—	2 400	—	2 000	1 900
一系弹簧跨距/mm		2 000		2 000	2 000

3. 高速转向架的结构特点

随着列车速度的进一步提高，高速转向架（见图 2.6）的结构形式逐步趋于类同，它们的主要特点是：无摇枕、空气弹簧悬挂、有回转阻尼、加装弹性定位、采用复合制动方式等。

图 2.6　高速转向架

（1）均采用无摇枕转向架，进一步简化转向架结构和降低自重。轮对为空心车轴，整体轧制车轮，磨耗型车轮踏面，尽量减小簧下质量。第一系悬挂采用钢弹簧＋液压式减振器＋轴箱定位装置，或采用橡胶弹簧形式的轴箱定位。

（2）第二系悬挂主要采用空气弹簧装置＋盘形制动。牵引装置主要采用拉杆方式。

（3）牵引电机，安装方式采用架悬或体悬或半架半体。其中，体悬式可降低簧下质量。

（4）驱动装置（齿轮减速装置和联轴节），齿轮减速装置通过轴承安装在车轴上，牵引电机与齿轮减速装置通过联轴节传递驱动力。

（5）动力车和拖车均采用复合制动方式。其中，动力车采用电阻制动（或再生制动）＋盘形制动，而拖车采用涡流盘制动（或磁轨制动）＋盘形制动。

2.2　轮对轴箱装置

轮对轴箱装置主要由轮对和轴箱装置组成。

2.2.1　轮　对

1. 轮　对

1）轮对组成及其特点

轮对（见图 2.7）的基本特点是"两轮＋一轴，过盈连接，轮轴同转"，即轮对由一根车轴和两个车轮压装成一体，在车辆运行过程中，车轮和车轴一同回转。

动车组轮对分为动力轮对和非动力轮对，如图 2.8 所示。通常动力轮对还在车轮上安装制动盘（简称轮盘）、车轴上安装齿

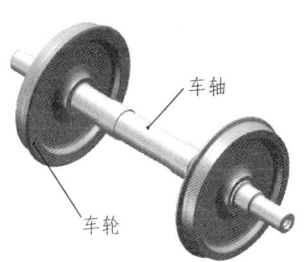

图 2.7　轮对

轮传动装置；非动力轮对还在车轴上安装制动盘（简称轴盘）和在车轮上安装制动盘（简称轮盘）。

（a）动力轮对　　　　　　　　　　　（b）非动力轮对

图 2.8　动车组轮对

2）轮对的作用及要求

车辆全部质量通过轮对支承在钢轨上；通过轮对与钢轨的黏着产生牵引力或制动力；通过轮对滚动使车辆前进。轮对在运行中的受载情况比较繁重，当车轮行经钢轨接头、道岔等线路不平顺处时，轮对直接承受全部垂向和侧向的冲击。

轮对的质量直接影响列车的运行安全，因此轮对应该具有足够的刚度和强度，且轮轴结合牢固，以保证在容许的最高速度和最大载荷下安全运行；尽可能小的质量，良好的动平衡性能，以减小轮轨之间的相互作用力；应具备阻力小和耐磨性好的优点，以提高使用寿命；应能适应车辆直线运行，同时又能顺利通过曲线，还应具备必要的抵抗脱轨的安全性。

3）轮对主要参数

为了保证列车运行安全，车轴和车轮的组装压力和压装过程有严格要求，轮对内侧距离必须保证在（1 353±1）mm 的范围内（见图 2.9）。为保证轮轴在装配后形成规定的压装力，装配后应进行反向压力检验。轮对组成后，需逐个进行动平衡试验，超出限度时，需对两侧车轮及制动盘的组装相位角进行调整。

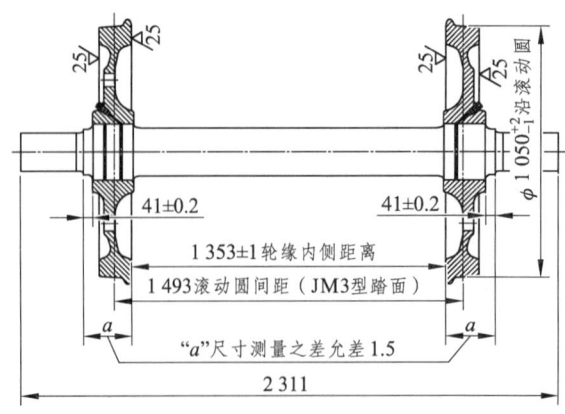

图 2.9　轮对主要参数

2. 车轴

车轴是转向架轮对中重要的部件之一，直接影响列车运行的安全性。如图 2.10 所示，车轴各部分的名称分别是轴颈、防尘板座、轮座、轴身及轴身上的制动盘座等其他设备安装座。

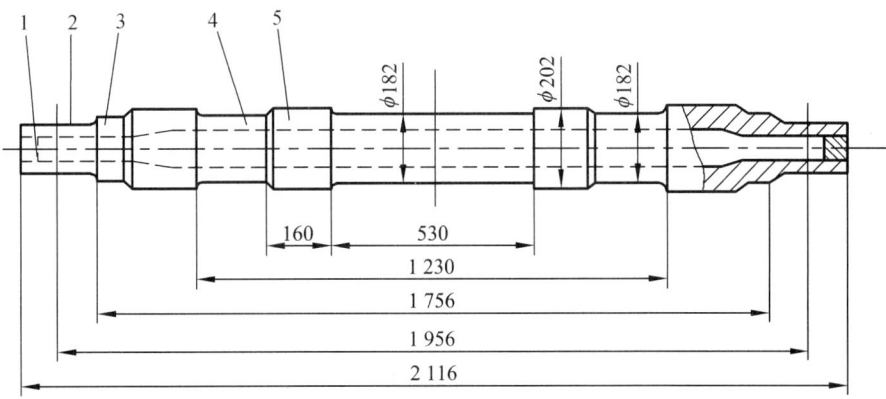

图 2.10 车轴各部名称

1—轴颈；2—防尘板座；3—轮座；4—轴身；5—制动盘座

（1）轴颈：用以安装滚动轴承，承担着车辆质量，并传递各方向的静、动载荷。

（2）防尘板座：是车轴与防尘板配合的部位，其直径比轴颈直径大，比轮座直径小，介于两者之间，是轴颈与轮座的中间过渡部分，以减小应力集中。

（3）轮座：是车轴与车轮配合的部位。为了保证轮轴之间有足够的压紧力，轮座直径比轮毂孔直径要大 0.10～0.35 mm，同时为了便于轮轴压装，减少应力集中，轮座外侧直径向外逐渐减小，成为锥形，其小端直径比大端直径要小 1.0 mm，锥体长 12～16 mm。

（4）轴身：是车轴中央部分，该部分受力较小。其上通常设有安装制动盘的制动盘座、安装驱动齿轮的齿轮座等。

（5）其他设备安装座：压装制动盘的制动盘座等其他设备安装座。

车轴是转向架簧下质量的主要组成部分，特别是对于高速列车，降低列车簧下部分的质量对改善列车运行平稳性和减小轮轨之间动力作用有重要影响。因此，高速列车车轴可采用空心车轴（见图 2.11）。和实心车轴相比，空心车轴可减轻 20%～40% 的质量，一般可以减轻质量 60～100 kg，从而减小轮轨动力作用，特别适用于高速和重载列车。

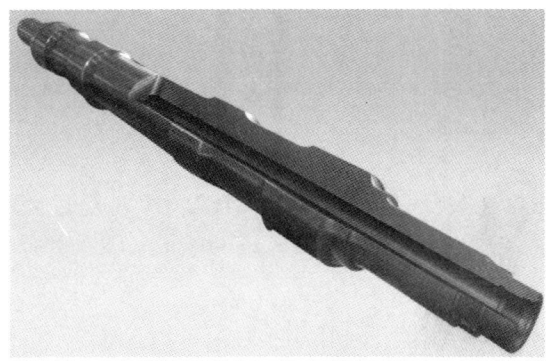

图 2.11 空心车轴

3. 车轮

车轮是车辆最终受力的零件。它把车辆的载荷传给钢轨,并在钢轨上转动,完成车辆的运行。其性能的好坏,直接影响行车安全。

如图 2.12 所示,车轮通常包括轮缘、踏面、轮辋、轮毂、轮毂孔、辐板、辐板孔等部分。

（1）轮缘：车轮内侧面的径向圆周突起部分。其作用是防止轮对脱轨,保证车辆在直线和曲线上安全运行。

（2）踏面：车轮与钢轨面相接触的外圆周面,具有一定的斜度。踏面与轨面在一定的摩擦力下完成滚动运行。

（3）轮辋：车轮具有完整踏面的径向厚度部分,以保证踏面内具有足够的强度,同时也便于加修踏面。

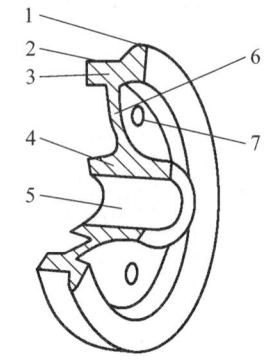

图 2.12　整体辗钢车轮
1—轮缘；2—踏面；3—轮辋；4—轮毂；
5—轮毂孔；6—辐板；7—辐板孔

（4）辐板：连接轮辋与轮毂的部分。辐板呈曲面状,使车轮具有弹性,则力在传递时较为缓和。

（5）辐板孔：为了便于加工和吊装轮对而设,每个车轮上有 2 个。现在由于辐板孔用途不大且易在其周围产生裂纹,同时还影响车轮的平衡性能,故在 S 形辐板车轮上已取消。

（6）轮毂：车轮中心圆周部分,固定在车轴轮座上,为车轮整个结构的主干与支承。

（7）轮毂孔：用于安装车轴,该孔与车轴轮座部分直接固结在一起。

车轮的结构形状、尺寸和材质是多种多样的,按其用途可分为客车用车轮、货车用车轮、机车用车轮、动车/拖车用车轮；按其结构分有整体轮与轮箍轮。轮箍轮又可分为铸钢辐板轮心、辗钢辐板轮心及铸钢辐条轮心的车轮。整体轮按其材质又可分为辗钢轮、铸钢轮等。为降低噪声、减小簧下质量,国外还采用弹性车轮（轮箍与轮毂之间装有橡胶元件）、消音车轮等新型车轮,如图 2.13～2.15 所示。

图 2.13　整体辗钢车轮

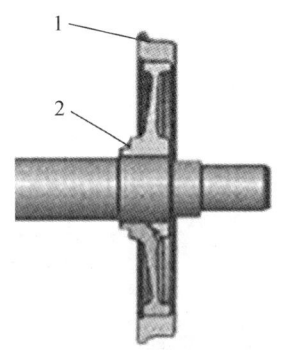

图 2.14　轮箍轮
1—轮箍；2—轮心

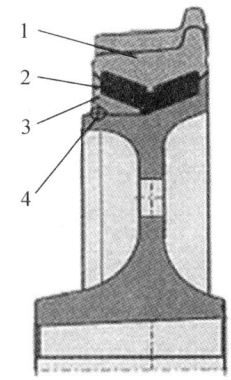

图 2.15　弹性车轮
1—轮缘；2—弹性单元；3—压力环；
4—锁紧环

车轮踏面之所以做成一定的斜度,其作用是：

（1）便于通过曲线。如图 2.16 所示,列车在通过曲线时,由于离心力的作用,轮对将偏向外轨，于是在外轨上滚动的车轮与钢轨接触的部分直径较大，而沿内轨滚动的车轮与钢轨接触部分直径较小，轮对滚动时，大直径的车轮沿外轨行走的路程长，小直径的车轮沿内轨行走的路程短，正好和曲线区间线路的外轨长内轨短的情况相适应，这样可使轮对较顺利地通过曲线，减少车轮在钢轨上的滑行。

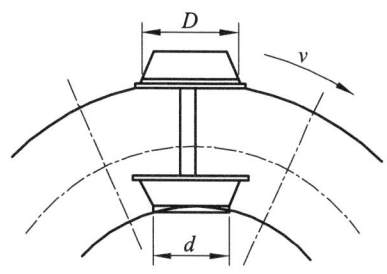

图 2.16 踏面斜度在曲线上的作用

（2）可自动调中。在直线线路上运行时，如果车辆中心线与轨道中心线发生偏离，滚动过程中能自动纠正偏离位置。

（3）踏面磨耗沿宽度方向比较均匀。

如图 2.17 所示，踏面根据其形状，可分为锥形踏面和磨耗型踏面。

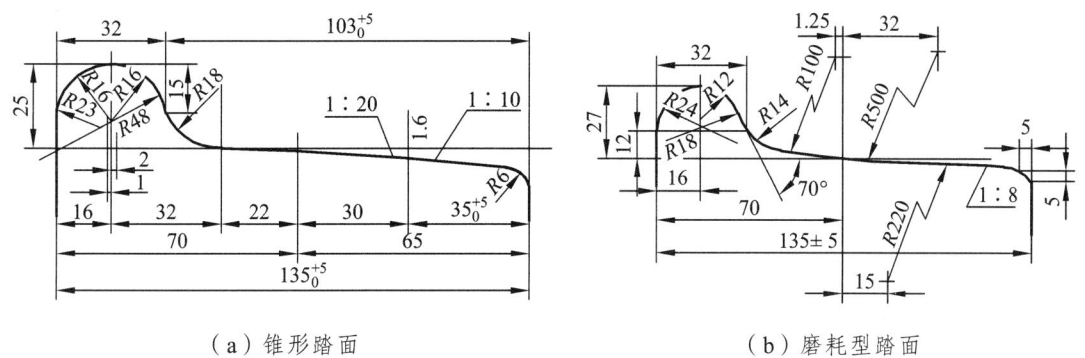

（a）锥形踏面　　　　　　　　　（b）磨耗型踏面

图 2.17 车轮踏面形状

通常将距轮缘内侧 70 mm（滚动圆）处测得的直径称为车轮直径。我国客车车轮直径为 915 mm，货车车轮直径为 840 mm，城轨车车轮直径为 840 mm 或 750 mm。锥形踏面有两个斜度，即 1∶20 和 1∶10。磨耗型踏面是在改进锥形踏面的基础上发展起来的。

2.2.2 轴　箱

1. 轴箱装置的作用与形式

轴箱装在车轴两端轴颈上，其作用是"承载、传力、转平、降阻"。即承受车辆的质量，传递各方向的作用力；轴箱装设在车轴的轴颈上，用来安设轴承，将轮对和侧架或构架联系在一起，使轮对沿钢轨的滚动转化为车体沿线路的平动；良好的密封性，防止尘土、雨水等物侵入及甩油，从而避免破坏油脂的润滑；保证良好的润滑性能，减少磨耗，降低运行阻力。

2. 轴箱装置组成

轴箱装置包括轴箱体、双列轴承、密封件（前盖、后盖及橡胶盖等），如图 2.18 所示。

图 2.18 轴箱装置基本组成

3. 轴箱装置的类型

轴箱有滚动轴承轴箱和滑动轴承轴箱之分。由于滚动轴承具有启动阻力小、游隙小、维护方便、节油和节省有色金属等一系列优点，所以现代车辆上都采用圆锥滚子轴承轴箱。该轴箱装置包括轴箱体、轴箱压盖、轴箱前盖、轴箱后盖、轴承组、橡胶弹性定位节点、轴温检测器及橡胶盖等部件，如图 2.19 和图 2.20 所示。

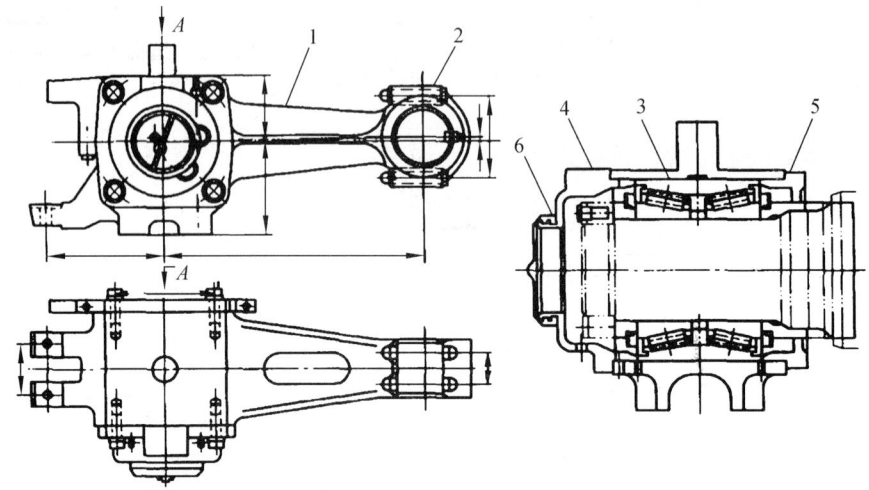

图 2.19 轴箱组成

1—轴箱体；2—定位节点压盖；3—轴承组件；4—前盖；5—后盖；6—橡胶盖

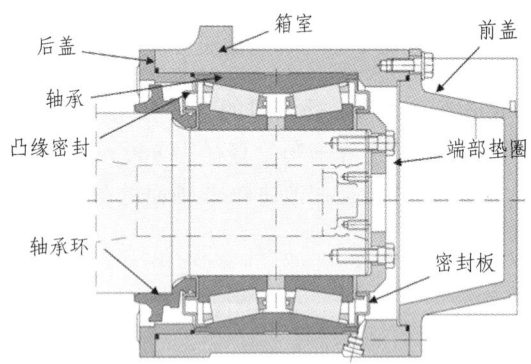

图 2.20 轴箱组成

2.3 弹性悬挂装置

2.3.1 概述

1. 弹性悬挂装置的作用

列车在轨道上运行时，将伴随产生复杂的振动现象。为了减小有害的列车冲动，车辆必须设有缓和冲动和衰减振动的装置,即弹簧减振装置。弹簧悬挂装置的作用主要体现在"均载定位、缓冲、减振":一是使车辆的质量及载荷比较均衡地传递给各车轴,并使构架和轮对、构架和车体保持在相应的恰当位置;二是缓和并衰减因线路的不平顺、轨缝、道岔、钢轨磨耗和不均匀下沉以及因车轮不圆、轴颈偏心等因素引起的车辆振动和冲击。

在弹簧装置之上的重量称为簧上重量,在弹簧装置之下的重量称为簧下重量。如图 2.21 所示,当车轮行经轨道不平顺(h 不超过 10 mm)时,车轮产生一个向上的垂向加速度 $\dfrac{d^2z}{dt^2}$,因通过不平顺处的时间较短(如 0.01 s 或更短),$\dfrac{d^2z}{dt^2}$ 可达 $5 \sim 10g$(g 为重力加速度,9.8 m/s²)。如果没有弹簧减振装置,瞬时动作用力 $\Delta Q_1 = \dfrac{Q}{g} \cdot \dfrac{d^2z}{dt^2}$($Q$ 为轮载),这样大的瞬时动作用力不仅会引起钢轨的弯折,而且会导致车辆自身的破坏。如果有弹簧减振装置,簧下重量 q 产生的惯性力 $Fa = q \cdot \dfrac{d^2z}{dt^2}$。由于时间很短,可以认为簧上部分的位移等于零,则弹簧压缩量 $\Delta f = h$。此时,簧上部分的反作用力为 $F = k \cdot \Delta f = k \cdot h$。这样,有弹簧装置的车轮通过线路不平顺处产生的动态附加载荷为 $\Delta Q_2 = q \cdot \dfrac{d^2z}{dt^2} + k \cdot h$。由上式可见,簧下部分对钢轨的动作用力,随线路状况和车辆速度而异;而簧上部分对钢轨的动作用力,则除受线路影响外,还与弹簧装置的刚度有关。弹簧越软,动作用力也就越小,但由于结构和其他方面的要求,对弹簧装置的柔度也有一定的限制。随着速度的不断提高,必须尽力降低簧下重量 q 和采用适当刚度 k 的弹簧装置。

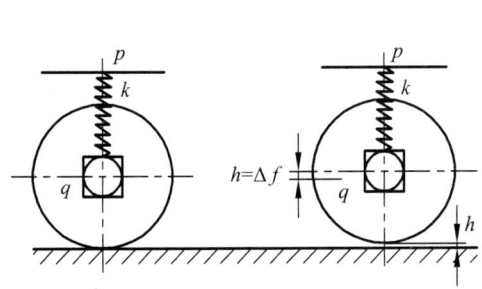

图 2.21 弹簧装置的作用

下面举例说明弹簧悬挂装置的作用。

例 1 若轮载 $Q = 90\,000$ N,簧下重量 $q = 15\,000$ N,弹簧刚度 $k = 1\,500$ N/mm,线路不平顺度 $h = 4$ mm,$\dfrac{d^2z}{dt^2} = 2g$。试求该车轮在有弹簧装置、无弹簧装置时对钢轨的动态附加载荷。

解 (1)无弹簧装置时:

$$\Delta Q_1 = \dfrac{Q}{g} \cdot \dfrac{d^2z}{dt^2} = 180\,000 \text{ N}$$

(2) 有弹簧装置时：

$$\Delta Q_2 = q \cdot \frac{\mathrm{d}^2 z}{\mathrm{d} t^2} + k \cdot h = 36\ 000\ \mathrm{N}$$

(3) 比较：

$$\frac{\Delta Q_2}{\Delta Q_1} = \frac{36\ 000}{180\ 000} = 0.2 = 20\%$$

即有弹簧装置时，车辆对线路附加载荷仅是无弹簧装置的20%，故弹簧装置在减小车轮对钢轨的冲击力（垂直方向）方面，起着很大的作用。

这里还应该指出，弹簧受附加压缩后，所储存的位能又会释放，会引起簧上部分振动，可能与线路变化发生共振，故安装减振器来控制共振时的振幅。因此，从某种程度上来说，减振装置的性能是一个国家铁路发展水平的主要标志之一。

2. 弹性悬挂装置的组成

由以上分析可知弹性悬挂装置具有"缓冲、减振、定位"三大功能，因此弹性悬挂装置包括缓冲装置、减振装置和定位装置三大部分。

3. 弹性悬挂装置的类型

按安装位置，弹性悬挂装置可分为两种：

(1) 一系悬挂弹性装置，设于构架两端与轴箱连接处，也称为轴箱悬挂装置，主要包括轴箱弹簧、轴箱垂向液压减振器和轴箱定位装置等。

(2) 二系悬挂弹性装置，设于构架中央与车体连接处，也称为中央悬挂装置，主要包括空气弹簧系统、垂向减振器、横向减振器、抗蛇行减振器、横向弹性止挡、抗侧滚装置、牵引装置等。

在动车组弹簧悬挂装置中，通常采用二系弹簧悬挂系统。从轮对开始向上包括轮对到一系悬挂装置以下部分的重量称为转向架的簧下重量。簧下重量直接影响轮轨之间的动力作用。簧下重量越大，轮轨之间的动力作用越大，反之越小。

2.3.2 一系悬挂装置

1. 一系悬挂装置的组成与作用

一系悬挂装置也叫轴箱悬挂装置，被安装在轴箱和转向构架之间，包括一个弹簧装置（一般为由内、外弹簧组成的圆簧组）、轴箱定位装置和垂向减振器。其作用是固定轴距和限制轮对活动范围，缓和垂向冲击，约束轴箱和转向构架之间的纵横向运动和传递纵横向力。

一系悬挂装置应保证轴箱能够相对构架在运行中做垂向跳动；在通过曲线时，轴箱应能相对构架做小量的横动和较大的纵向位移，即"放开垂向，弹性约束纵、横向"。另外，轴箱悬挂装置应满足以下要求：

（1）便于一系定位刚度的选择（要求的刚度值可以在垂向、纵向和横向独立地选择，可兼顾一系定位刚度在高速运行时的稳定性和曲线通过性能）。

（2）利于实现轻量化，适应高速运行。

（3）零部件数量较少，结构简化，提高了可靠性。

（4）在检修作业中便于分解和组装。

（5）尽量少磨耗或无磨耗，实现免维护。

2. 轴箱定位的定义及其分类

轴箱对构架是个活动关节，轴箱与构架的连接方式通常称为轴箱定位。轴箱定位也就是轮对定位，即约束轮对与构架之间的相互位置，轴箱定位装置是允许转向架的构架侧梁在轴箱弹簧之上进行上下运动，同时在前后和左右方向上弹性定位转向架构架的装置。轴箱定位对车辆的运行品质有很大影响，它应保证轴箱能够相对于转向架构架在弹簧振动时做垂向运动，在车辆通过曲线时还能少量横移。

按照构架端部的形状，轴箱定位方法可分有导框轴箱定位和无导框定位。图2.22是城轨车辆转向架上使用的典型有导框轴箱定位，也称为层叠式轴箱定位，将橡胶与钢板交替加硫黏合成人字形叠层橡胶，具有垂向缓冲和纵、横向定位的能力。动车组转向架常用的无导框轴箱定位方式，按照结构特点又可分为拉板式定位、拉杆式定位和转臂式定位，见图2.23。

图 2.22 有导框轴箱定位

1—人字形橡胶；2—轴箱体

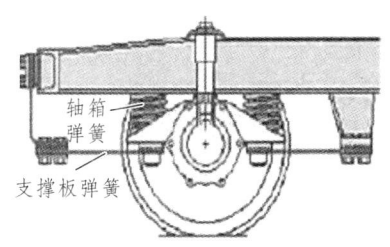

（a）拉板式轴箱定位

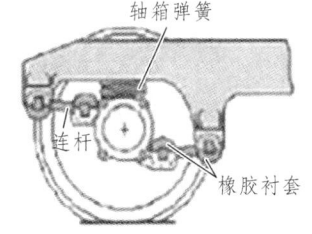

（b）拉杆式轴箱定位

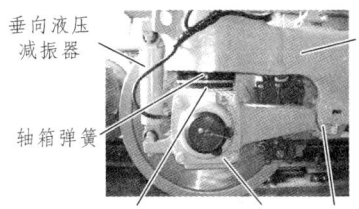

（c）转臂式轴箱定位

图 2.23 无导框轴箱定位

双拉板式轴箱定位使用弹簧板与两侧轴箱和侧梁用螺栓固定连接；双拉杆式轴箱定位使用两端带缓冲橡胶衬套的拉杆与两侧轴箱和侧梁上的定位节点铰接相连接；转臂式轴箱定位使用转臂一端与轴箱固定连接，另一端用带缓冲橡胶衬套的铰接点与构件相连。

轴箱定位还有很多种方法，见表 2.4。

表 2.4 其他轴箱定位形式

定位形式	特　点
（a）单拉杆式	轴箱和转向架使用单拉杆连接
（b）单侧双拉板式	轴箱与构架侧梁间，单侧使用 2 个板弹簧连接
（c）轴箱磨耗板式	使用轴箱和构架磨耗板引导轴箱上下运动，并限制前后左右运动，保持车轮与转向架框架正确的位置关系
（d）干摩擦导柱式	在轴箱弹簧托盘上设导筒，在构架弹簧导柱上设弹性定位套，导筒和定位套间以干摩擦减振

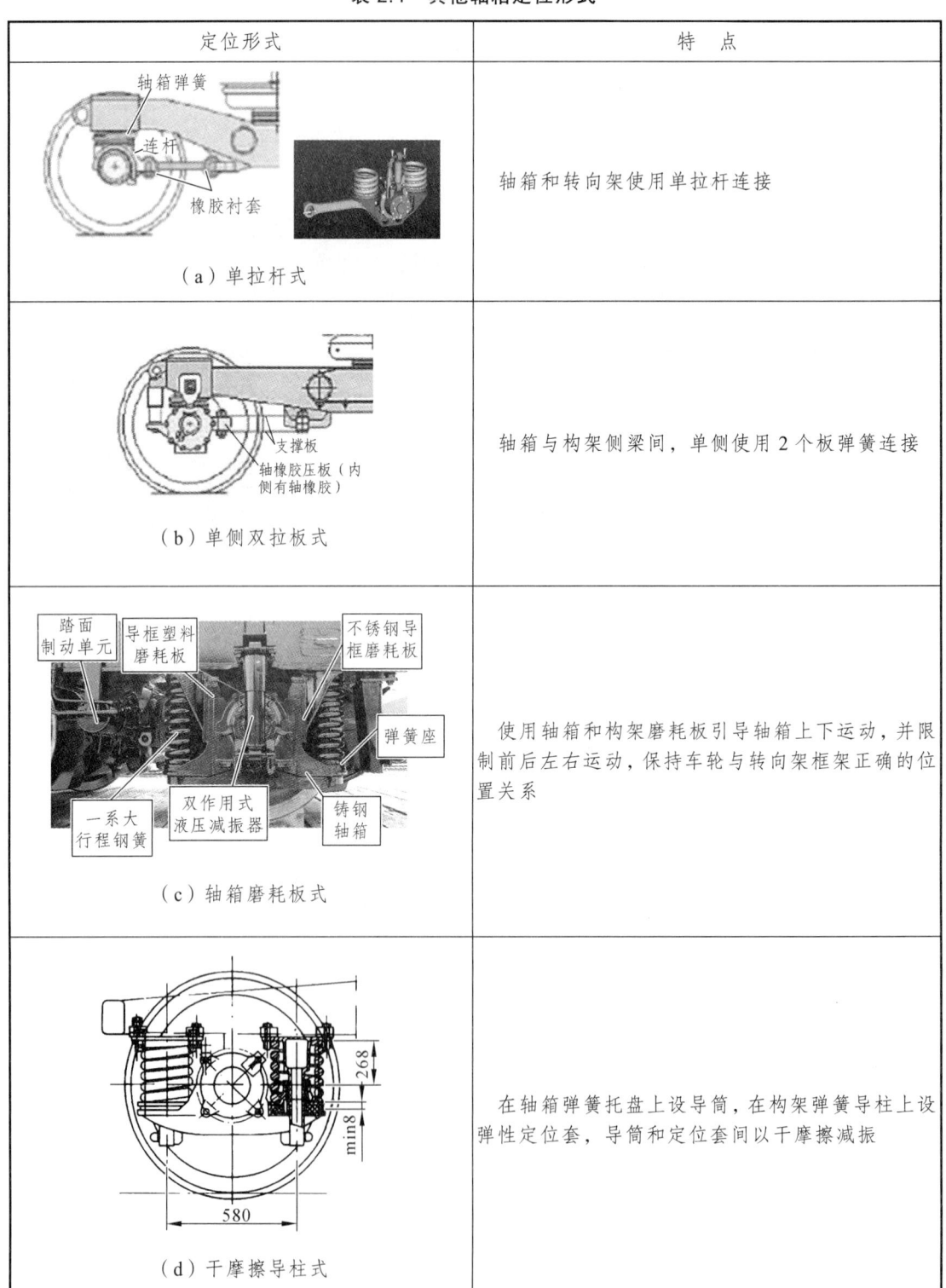

续表

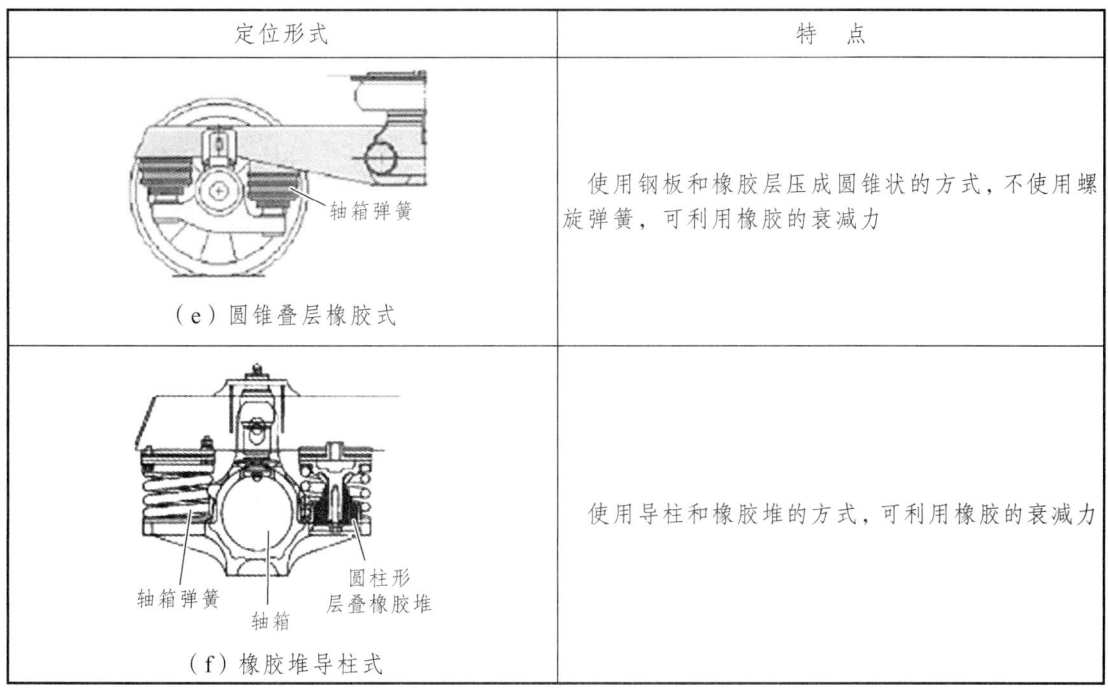

定位形式	特 点
（e）圆锥叠层橡胶式	使用钢板和橡胶层压成圆锥状的方式，不使用螺旋弹簧，可利用橡胶的衰减力
（f）橡胶堆导柱式	使用导柱和橡胶堆的方式，可利用橡胶的衰减力

3. 转臂式定位轴箱悬挂装置

（1）组成。如图 2.24 所示，转臂式轴箱定位悬挂装置在轴箱和构架之间设置轴箱弹簧和垂向液压减振器，轴箱弹簧与轴箱顶面之间加橡胶垫，转臂与轴箱体采用一体式结构，转臂与构架通过轴箱定位节点相连接，轴箱体上安装有温度传感器。轴箱弹簧装置被安装在轴箱和转向构架之间，包括一个圆簧组（由内、外弹簧组成）、弹簧座（上、下）、橡胶座、绝缘座、转臂定位橡胶套和处于每个车轮位置处的垂向减振器。其作用是在将车体质量分配给各车轮的同时缓冲车轮/轴箱的各种振动，主要是为了改善车体的乘坐舒适度。

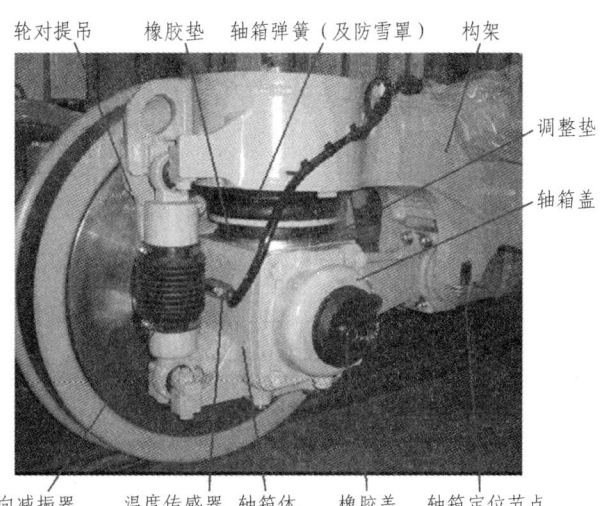

图 2.24 转臂式轴箱定位装置组成

（2）特点。转臂式轴箱定位装置的特点如下：

① 轴箱和构架之间无自由间隙和滑动部件。

② 组成零件很少，分解和组装容易，且维修方便。

③ 轴箱的上下、左右及前后的定位刚度可以独立设定，比较容易满足转向架悬挂系统的最佳设计要求，既可确保良好的乘坐舒适性，又能兼顾高速运行性能和良好的曲线通过性能。

2.3.3 二系悬挂装置

1. 二系悬挂装置的组成与作用

二系悬挂装置，设于构架中央和车体之间，也叫中央悬挂装置，是车体与转向架的连接装置，通常由弹簧装置（又叫车体支撑装置，一般用空气弹簧）、减振装置（包括垂向减振器、横向减振器、抗蛇行减振器）和定位装置（包括抗侧滚装置、横向止挡和牵引装置）组成，如图 2.25 所示。其的作用是：保证车辆的质量、纵向力（牵引力及制动力）、横向力的正常传递；保证轴重的均匀分配和车体在转向架上的安定；容许转向架进出曲线时相对于车体进行回转运动。因此，它既是承载装置，又是活动关节。这种连接装置的性能好坏，直接影响车辆的动力学性能，特别是横向动力学性能。此外，它还影响车辆的黏着利用率。

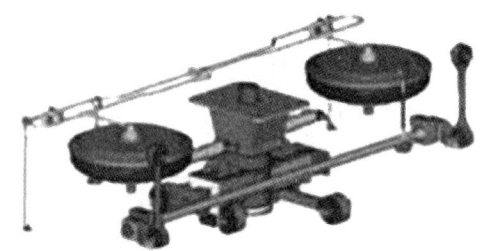

图 2.25 中央弹簧悬挂装置

2. 类　型

车体与转向架之间的连接装置有很多形式。

1）按车体支撑形式分类

按车体支撑方式，转向架可分为心盘集中承载、心盘部分承载和非心盘承载（见图 2.26）。

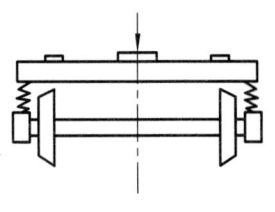 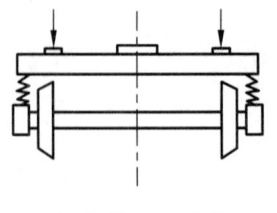 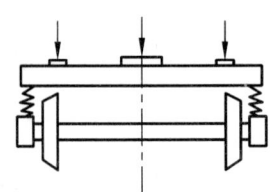

（a）心盘集中承载　　　　　（b）非心盘承载　　　　　（c）心盘部分承载

图 2.26 车体支撑形式

按中央弹簧跨距和构架侧梁中心线间距的关系,转向架可分为内侧悬挂、外侧悬挂和中心悬挂(见图 2.27)。中央弹簧跨距越大,车体抗倾覆稳定性越好。

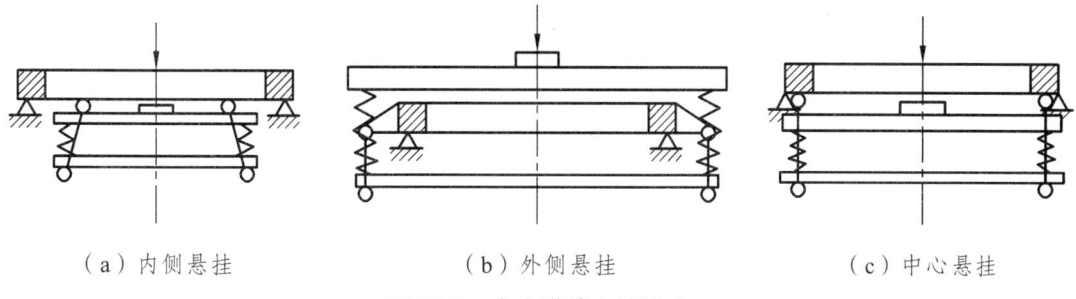

（a）内侧悬挂　　　　　　　　（b）外侧悬挂　　　　　　　　（c）中心悬挂

图 2.27　中央弹簧支撑形式

按中央弹簧形式,转向架可分为橡胶堆支重、螺旋弹簧支重和空气弹簧支重(见图 2.28)。

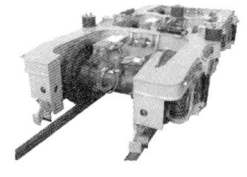 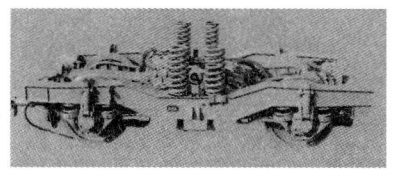 

（a）橡胶堆支重　　　　　　　（b）螺旋弹簧支重　　　　　　（c）空气弹簧支重

图 2.28　车体支撑形式

2）按牵引装置分

一类是心盘(或牵引销)和旁承的结构,如图 2.29 所示。一般在这种形式的连接装置中,心盘销(或牵引销)只传递纵向力和横向力,车体质量由心盘、心盘与旁承或中央弹簧传递。旁承可以是弹性的,也可以是刚性的。根据设计要求的不同,一个转向架上可能设置两个旁承,也可能设置 4 个旁承。

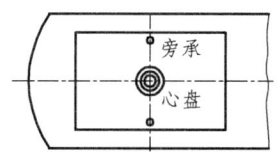 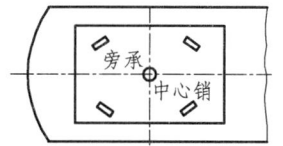

（a）心盘-旁承支撑装置　　　　　　　（b）中心销-旁承支撑装置

图 2.29　心盘(或牵引销)和旁承的连接装置

另一类是牵引杆装置和旁承的结构,为了传递牵引力、降低牵引点、使转向架能相对于车体转动和横动,以及在转向架中部空间被其他部件占用的时候,多采用两侧平行牵引杆、中间单牵引杆或 Z 字形牵引拉杆等杆件系统来取代心盘,如图 2.30 所示。

3）按横动装置分

随着速度的提高,车辆在垂向和水平方向的振动加剧,对线路的垂向及横向动作用力也相应增大。为改善高速运行时的横向稳定性,应在车体与转向架之间设置横向弹性装置(或称为横动装置)。目前,采用的横动装置的形式虽多,但归纳起来,主要有 3 种(见图 2.31)。

 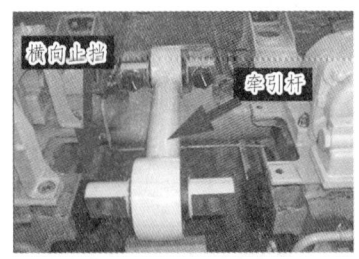 

（a）两侧平行牵引杆　　　　（b）中间单牵引杆　　　　（c）Z字形牵引拉杆

图 2.30　牵引杆装置和旁承的连接装置

（a）摇动台式　　　　　　（b）无摇动台式　　　　　（c）无摇枕式

图 2.31　转向架横动装置

（1）摇动台式：车体质量通过摇动台，用吊杆悬挂于转向架构架横梁上。车体与转向架间在横向容许有较大的横移量。这种形式的缺点是：结构复杂、体积大、质量大。

（2）无摇动台式：车体质量通过摇枕，用空气弹簧作用在转向架构架横梁上。

（3）无摇枕式：车体质量通过构架左右两侧的弹性旁承支承于转向架上，依靠弹性旁承的横向位移来得到横动装置的作用。弹性旁承可以由圆弹簧、空气弹簧或橡胶堆组成。现在这种形式的横动装置获得了广泛的采用，它的优点是结构简单。

2.3.4　弹性元件的结构与原理

1. 圆柱压缩螺旋弹簧

轴箱弹簧传递垂直方向的力，一般采用圆柱压缩螺旋弹簧，两端各有 3/4 圈的支撑圈，中间有若干圈的工作圈（见图 2.32）。其基本参数为簧条直径 d、弹簧平均直径 D、有效圈数 n 和自由高度 H_0。导出参数包括总圈数 N、全压缩高度 H_{min}、弹簧指数 $m=D/d$、垂向静挠度 f_v 和垂向刚度 K_v 等。轴箱弹簧组由内、外两圈圆弹簧组成，且内、外弹簧的旋向相反。

2. 空气弹簧

（1）空气弹簧系统的组成。如图 2.33 所示，空气弹簧系统由空气弹簧本体、高度控制阀、差压阀、附加气室、滤清器等组成。

（2）工作原理。如图 2.34 所示，空气弹簧系统的工作原理主要包括：

① 压力空气缓冲：由空气弹簧本体中的压力空气实现。有关气路：列车管→空气弹簧风缸→空气弹簧主管→空气弹簧连接管→高度控制阀→空气弹簧本体和附加气室。

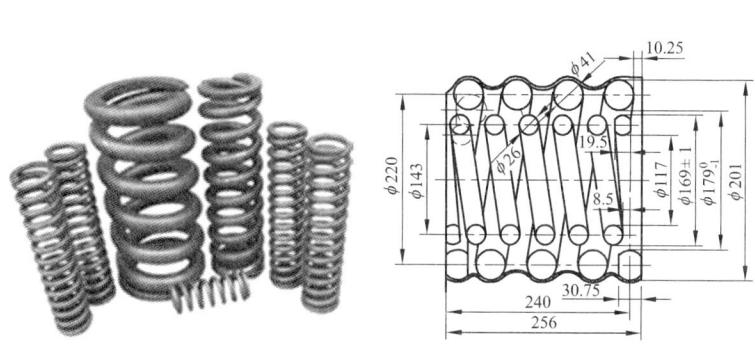

项目	内圈簧	外圈簧
簧条直径/mm	26	41
簧圈直径/mm	143	220
自由高度/mm	240	256
压紧高度/mm	153.4	180.4
总圈数/有效圈数	6.4/4.4	4.9/2.9
旋向	左	右
弹性系数/(N/mm) 单	355.2	915.1
弹性系数/(N/mm) 总	1 270.3	
横向弹性系数/(N/mm)	80 000	80 000
应力修正系数	1.278	1.286

图 2.32 圆柱螺旋弹簧

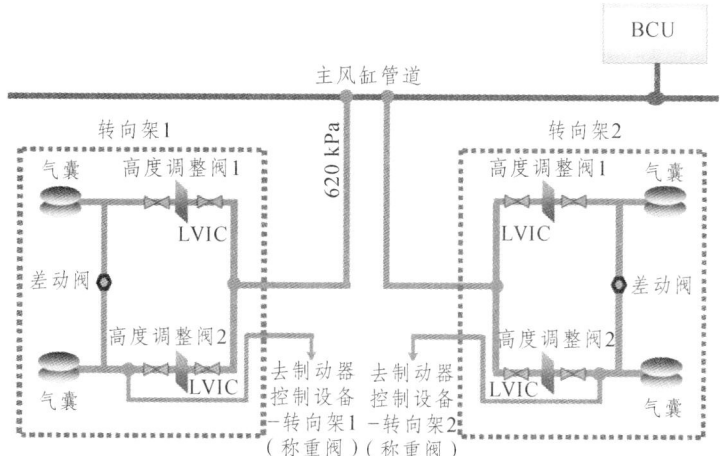

图 2.33 空气弹簧系统

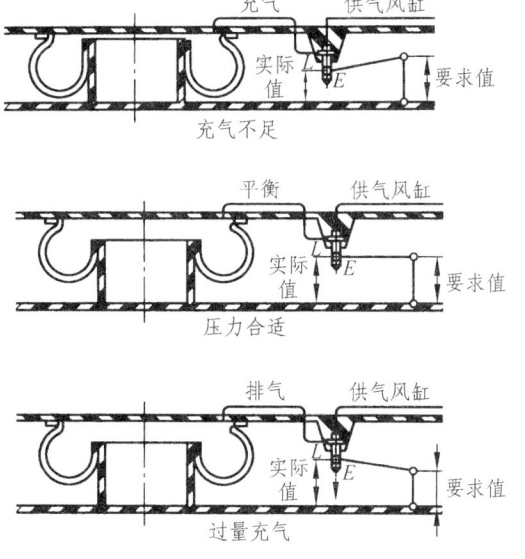

图 2.34 空气弹簧系统工作原理图

② 变压力、变刚度、等高度：由高度控制阀控制充气和放气 2 条通路，保压、充气和放气 3 个位置实现车辆在任何情况下车钩高相等。

a. 保压：正常载荷时，$h=H$，进排气通路均关闭，保压；

b. 充气：增载时，车体下沉，$h<H$，进气阀打开，充气增压使车体上浮至 $h=H$，进气阀关闭；

c. 放气：减载时，车体上浮，$h>H$，排气阀打开，放气减压使车体下沉至 $h=H$，排气阀关闭。

③ 压差控制防倾覆：由差压阀实现。差压阀连通左右两空气弹簧，一侧空气弹簧爆裂时，另一侧空气弹簧自动放气，以防车体倾覆。

④ 节流减振：由气嘴实现。气嘴节流减振代替垂向减振器。

（3）空气弹簧的类型。空气弹簧本体有两种形式：囊式空气弹簧和膜式空气弹簧（约束膜式：内外筒 + 连接橡胶囊；自由膜式：上下盖板 + 连接橡胶囊，见图 2.35）。气囊的上下支口为自密封结构。上盖板上设有定位柱，与车体相连，下部通气口与构架相连，为圆柱面并用 O 形圈密封。为使空气弹簧无气状态时转向架能够运行，一般在下支座上面设有特殊的滑板，以提高转向架的曲线通过能力。橡胶堆的作用是在车体与转向架产生大位移时补偿胶囊本身的变位不足，并在空气弹簧胶囊出现故障时仍具有一定的弹性。通常，空气弹簧在附加弹簧内设置有固定阻尼孔，以提供二系垂向减振阻尼。

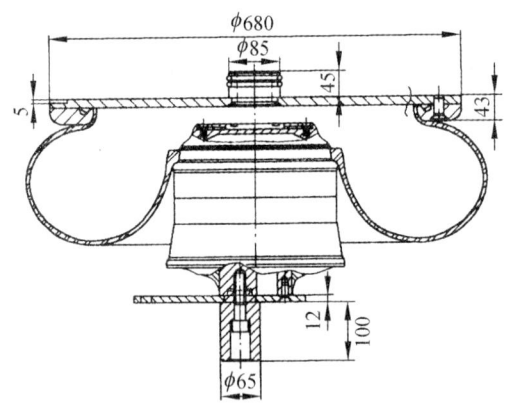

图 2.35 自由膜式空气弹簧结构图

3. 橡胶弹簧

弹簧悬挂装置的好坏，在很大程度上决定走行性能的优劣。在现代车辆上，橡胶弹簧的主要性能参数是硬度（通常用肖氏硬度 HS 表示），其弹性模量、剪切弹性模量和表观剪切弹性模量等性能参数均取决于硬度。

橡胶弹簧的主要功能是实现定位、隔音、减振，常见形式为减振垫、球铰和橡胶堆（见图 2.36）。

减振垫是一种安装于各种车辆转向架的一系减振、电机悬挂、交叉杆等系统上的橡胶弹性支撑元件，起承载、隔音、减振和限位的作用。

(a)减振垫　　　　　　　（b）球铰　　　　　　　（c）橡胶堆

图 2.36　常用橡胶弹簧

球铰是一种安装于各种转向架的一系和二系牵引杆、吊杆、转臂、电机悬挂、油压减振等系统上的橡胶弹性连接元件，可以实现理想的径向、轴向、偏转及扭转刚度。

橡胶堆是一种安装于各种车辆转向架与车体之间及转向架系统上的橡胶弹性定位、支撑和连接元件，具有很好的横向挠性、较大的垂直压缩特性和较小的横向剪切特性。

4．抗侧滚装置

如图 2.37 所示，抗侧滚扭杆装置主要由 1 根扭杆、2 个扭臂、2 个可调节连杆和 2 个支承座组成，它只阻止车体侧滚，不妨碍其垂向浮沉振动。扭杆的两端铰接装于构架上的支承座轴套内，两端刚性安装有扭臂，连杆的两端分别与扭臂和车体底架铰接。如图 2.38 所示，其工作原理为：车体侧滚时，扭杆的扭臂反向转动产生复原力矩，从而阻止车体侧滚；车体垂向浮沉振动时，扭杆扭臂同向转动，扭杆在支承座轴套内自由转动。

图 2.37　抗侧滚扭杆组成

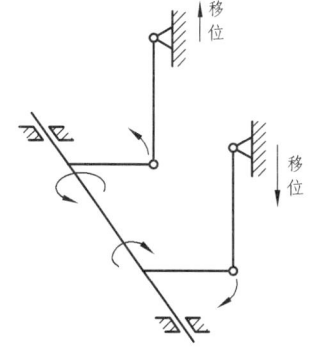

图 2.38　抗侧滚装置工作原理

2.3.5　减振元件的结构与原理

1．作用与类型

在现代高速客车上，广泛采用弹簧与减振器组合，以达到既能衰减振动，又能保持弹簧装置工作灵敏的目的。根据工作原理，减振器可分为摩擦减振器和液压减振器两种。

2. 摩擦减振器

如图 2.39 所示，摩擦减振器是借摩擦面的相对滑动产生阻尼的减振器。摩擦减振器结构简单，成本低，制造维修比较方便。缺点是摩擦力随表面状态的改变而变化。

 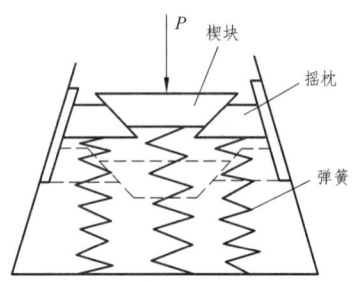

图 2.39 摩擦减振器组成与工作原理

3. 油压减振器

油压减振器主要由油液、油缸、活塞、缸端密封、储油筒、进油阀、防尘罩、上下联结等部分组成，如图 2.40 所示。

液压减振器工作原理为小孔节流阻尼减振，即主要是利用液体黏滞阻力做负功来吸收振动能量。其工作过程如下：

（1）压缩行程。如图 2.41（a）所示，当活塞向下压缩时，A 腔的油液被挤压，在压力的作用下，通过心阀的节流孔进入 B 腔，当活塞下的油压上升到加于套阀环形面积上的压力大于弹簧的初压缩力时，套阀被打开，活塞下油压升高。活塞下的油压越高，套阀开程越大，心阀上的节流孔开度越大，A 腔内的油大量流入 B 腔（打开套阀的目的：限制减振器油压）。被活塞挤出的油体积大于活塞在 B 腔内的容积，一部分油通过进油阀的小孔流入 C 腔。

（2）拉伸行程。如图 2.41（b）所示，当活塞向上运动，B 腔内的油经过心阀上的节流

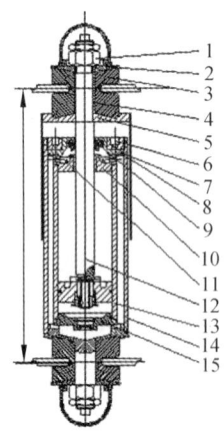

图 2.40 SKF 型液压减振器组成

1—冕形螺母；2—压盖；3—胶垫；4—套；5—防尘罩；
6—螺盖；7—油封圈；8—密封盖；9—密封圈；
10—缸端；11—密封弹簧；12—活塞杆；
13—缸筒；14—储油缸；15—进油阀

（a）压缩行程　　（b）拉伸行程

图 2.41 液压减振器工作原理

孔流入 A 腔，活塞上升到某一大的数值时，加于心阀环形面积上的压力大于弹簧的初压缩力时，心阀开始下降，使节流孔开度增大，B 腔的油大量进入 A 腔，一部分油自 C 腔进入 A 腔。拉伸和压缩时产生的阻力，取决于活塞运动时在活塞上腔和下腔的油压，该油压与活塞运动的速度、节流孔的大小有关系。

（3）油量调节。由于活塞杆有一定体积，当活塞上下运动时，A 腔和 B 腔体积变化不相等。为保证减振器正常工作，在油缸外增加一储油筒（C 腔）实现油量调节。

液压减振器的优点在于它的阻力是振动速度的函数，因此它有较好的减振性能，得到广泛应用。一般液压减振器的阻尼特性为线性，即阻力与振动速度的一次方成比例。

4. 常用液压减振器

现代转向架弹簧减振装置中通常采用筒形液压减振器。各国客车上采用的液压减振器，其结构原理基本相同，只是在局部结构上各有特点。在现代机车、电动车组及高速客车转向架上，常见液压减振器类型主要有：轴箱垂向减振器、中央悬挂横向减振器以及抗蛇行减振器（见图 2.42）。因轴箱减振器直接承受来自轨道的冲击，轴箱减振器压缩方向的阻力应小于拉伸方向的阻力，或者只有拉伸方向的作用，这样既可减少冲击的传递，还可提高减振器本身的耐久性。在中央弹簧悬挂装置中安装横向减振器，它通常水平安装在车体和构架之间，用以衰减车体和转向架的横向振动，提高车体横向平稳性。抗蛇行减振器同样安装在车体与构架之间（沿纵向），用以衰减、抑制车体与构架之间的蛇行运动。

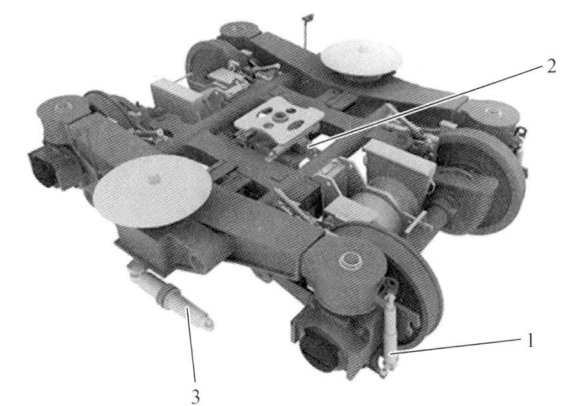

图 2.42　高速转向架上的减振器

1——一系垂向减振器；2——二系横向减振器；3——抗蛇行减振器

2.4　构　架

2.4.1　构架的作用

1. 构架的作用

构架（Bogie frame）是转向架的骨架，用以连接转向架各组成部分和传递各方向的力，并用来保持车轴在转向架内的位置（如车轴互相平行并垂直于构架纵轴线）。

2. 构架的设计原则

（1）构架是转向架的一个重要部分，它是转向架其他零部件的安装基础。因此，设计时必须全面考虑构架与各有关零部件的相互位置等问题。

（2）构架各梁应尽可能设计成等强度梁，以保证能获得最大强度和最小自重。近代大功率高速车辆，为了减轻轴重而对构架轻量化提出了更高的要求。

（3）构架各梁的布置应尽可能对称，以简化设计和施工。如对称布置有困难，也要尽可能减少不相同零件的数量。

（4）各梁本身以及由各梁组成构架时，必须注意减小应力集中。因此，各梁相交处的过渡要平缓、圆滑，切口处要相应补强。

（5）除了保证强度外，构架还要有足够的刚度。因为刚度不足时会造成载荷分布不均匀或各梁本身产生自振等问题。

（6）采用电焊结构时必须注意施工方便，具有足够的焊缝尺寸；焊缝应布置在应力较小处，并满足一般焊接结构的要求。焊缝还应便于检查和修理。焊接后应消除内应力。

（7）在构架上需考虑设有车辆出轨后使车辆复位的支承部位。

3. 构架的种类

转向架构架就制造工艺而言，分为铸钢构架和焊接构架。焊接构架又可分为钢板焊接构架和压型钢板焊接构架。铸钢构架由于质量大、铸造工艺复杂，目前已很少采用；焊接构架质量轻，各梁皆为中空箱形构件，使用材料经济，强度刚度都能得到保证，所以现代车辆转向架构架普遍采用焊接构架。

根据轴箱及其定位装置的结构，构架又分为有导框式和无导框式。根据构架的结构形式，转向架构架有封闭式和开口式（或 H 式）构架之分。

2.4.2 构架的组成

1. 构架的基本组成

转向架构架的构造取决于车轮直径、轴箱定位方法、车体支承形式、弹簧悬挂装置形式、相邻的车架部件及车体部件的布置等。如图 2.43 所示，构架一般由左右侧梁，一根或几根横梁以及前后端梁组焊而成，其上焊有纵、横向辅助梁和轴箱定位座、减振器座、弹簧座、制动吊座、电机吊座、抗侧滚扭杆座、牵引拉杆座等安装座。

有的转向架构架没有端梁，称为开口式或 H 形构架；有端梁的构架称为封闭式构架。

侧梁不仅仅是向轮对传递垂向力、纵向力和横向力，还用来规定轮对的位置。横梁用来保证构架在水平面内的刚度，保持各轴的平行及承托牵引电机。另外，横梁通常用来安装心盘和旁承，以传递车辆上部结构的质量和吊挂一部分基础制动装置。有的还在两横梁之上焊接一纵向牵引梁，以便在其上安装心盘。端梁用来保证构架的水平刚度，有时仅用来吊挂一部分基础制动装置和砂箱。

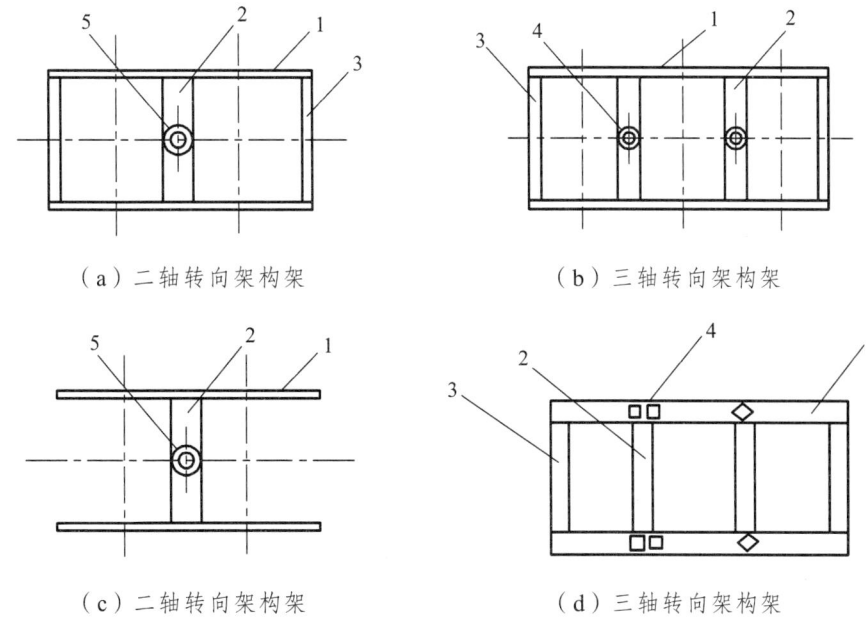

图 2.43 转向架构架的一般组成

1—侧梁；2—横梁；3—端梁；4—支承座；5—心盘

2. CRH2 动车组转向架构架组成

如图 2.44 和图 2.45 所示，动车组转向架构架一般由侧梁、横梁、纵向连接梁、空气弹簧支承梁及其他焊接附件组成。动车转向架构架和拖车转向架构架主结构相似，不同之处主要是动车转向架构架设有电机吊座和齿轮箱吊座，拖车转向架构架设有轴盘制动吊座。

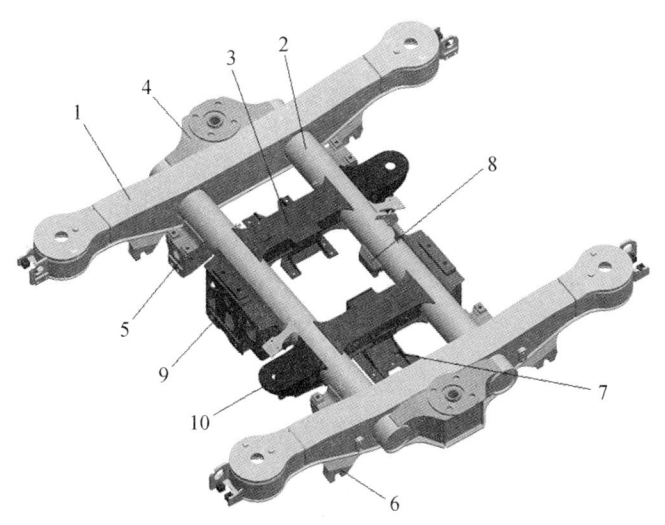

图 2.44 M 车转向架构架结构

1—侧梁；2—横梁；3—纵向连接梁；4—空气弹簧支承梁；5—制动吊座（轮盘）；6—定位臂座；
7—增压缸安装座；8—垂向止挡；9—电机吊座；10—齿轮箱吊座

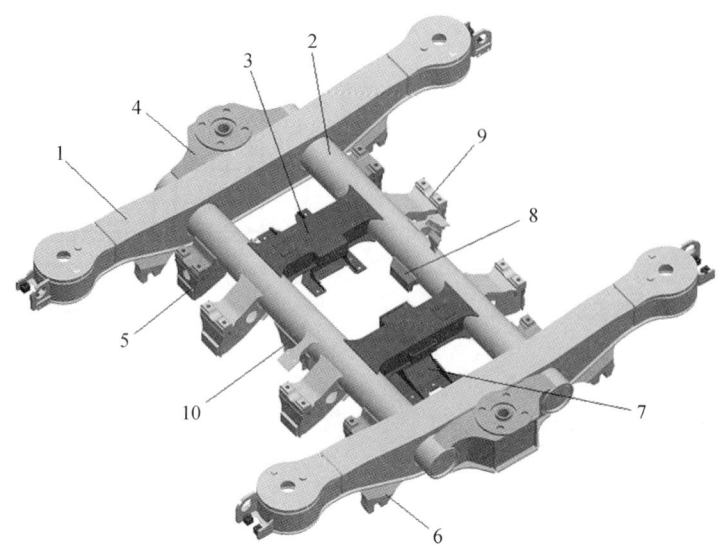

图 2.45 T 车转向架焊接构架

1—侧梁；2—横梁；3—纵向连接梁；4—空气弹簧支承梁；5—制动吊座（轮盘）；6—定位臂座；7—增压缸安装座；8—垂向止挡；9—制动吊座（轴盘）；10—拉杆座

3. CRH3 动车组转向架构架

如图 2.46 所示，CRH3 动车组转向架构架是双 H 形结构，由两个侧梁、两个横梁和两个纵梁组焊为"H"形结构。侧梁采用钢板焊接的箱形梁结构，中部下凹成"U"形。侧梁上焊有转臂定位座、一系垂向减振器座、一系弹簧定位座、二系空气弹簧定位座、抗侧滚扭杆座、抗蛇行减振器座、转向架起吊座、制动横梁座等；横梁为无缝钢管，横梁上焊有牵引拉杆座、齿轮箱 C 形支架安装座、牵引电机吊梁安装座等。与非动力转向架构架相比，动力转向架构架设置有齿轮箱吊座、牵引电机吊梁安装座和轮盘制动吊座。非动力转向架构架则有轴盘制动吊座。

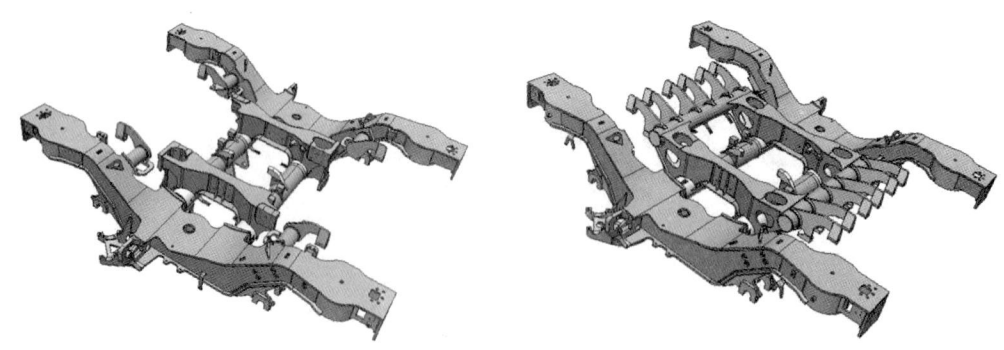

图 2.46 CRH3 动车组转向架构架组成

构架所用钢板的材质均符合 EN10025 非合金结构钢的标准要求，钢板材质为 S355J2W 和 S355J2；横梁所用钢管材质为 S355J2H，材质符合 EN10210 细晶粒结构钢和非合金热轧空心型材的标准要求。

焊接在构架上的安装座（转臂定位座、横侧梁连接座等）均采用质量可靠的锻件加工而成。构架设计确保可以采用最适宜的焊接工艺。侧梁和构架焊接后、机械加工之前，无须进行热处理消除焊接残余应力。

2.5 基础制动装置

列车制动是指人为地使行进中的列车减速或在规定的距离内停车。制动的重要性不仅在于它直接关系到运输安全，还在于它是进一步提高列车旅行速度的决定因素。列车速度越高，对制动的要求也就越高，因而，制动技术就成为高速运行的关键技术之一。

2.5.1 制动系统概述

1. 制动术语

列车制动就是人为地制止列车的运动，包括使它减速、不加速或停止运行。对已制动的列车或车辆解除或减弱其制动作用，则称为"缓解"。为施行制动和缓解而安装在列车上的一整套设备，总称为列车"制动装置"。"制动"和"制动装置"俗称为"闸"。施行制动常简称为"上闸"或"下闸"，施行缓解则简称为"松闸"。

2. 制动的意义

制动的意义：满足调速和停车需要，保证行车安全。紧急制动距离比起动加速距离短得多，制动功率 = (5～10) × 驱动功率。良好的制动性能可提高旅行速度和增大列车牵引总量。从施行制动的瞬间起，到列车速度降为零的瞬间止，列车驶过的距离，称为制动距离。这是综合反映列车制动装置性能和效果的主要技术指标。列车质量越大，运行速度越高，就越不容易在短时间、短距离内停下来。那么，列车的运行速度与制动距离之间是什么关系呢？假如一列由 15 节车厢组成的列车运行速度为 50 km/h，它实施制动后，可以在 130 m 内停下来；当速度增加到 70 km/h 时，它要向前行驶 250 m 才能停下来；当列车速度达到 100 km/h 时，它的制动距离要 570 m；而当列车速度高达 120 km/h 时，制动距离就要超过 800 m。由此可见，列车速度提高 1 倍，制动距离要增加 3 倍以上。然而，我国现行的《铁路技术管理规程》规定："列车在任何铁路坡道上的紧急制动距离，规定为 800 m。"高速动车组规定的紧急制动距离一般为：制动初速为 160 km/h 时，紧急制动距离 ≤ 1 400 m；而制动初速为 200 km/h 时，紧急制动距离 ≤ 2 000 m。

3. 制动的实质

高速列车的制动与常速列车的制动原理相同，其实质从能量的观点来看是动能转移，即将列车动能转变为其他形式的能量或转移走；从作用力的观点来看是人为施加运行阻力，即人为让制动装置产生与列车运行方向相反的反力（制动力），使列车产生较大的减速度，尽快减速或停车。由于高速列车的速度很高，动能很大，要在规定的时间和距离内将这些动能消耗或吸收，用常速列车的单一闸瓦制动方式是无法达到的。因此，高速列车的制动必须采用复合制动方式，即多种制动协调使用，方能获得较好的效果。现代高速列车大多同时具备电气制动和空气制动两套制动系统。

4. 制动类型

（1）按动能消耗方式分。根据列车动能消耗的方式不同，现有的制动方式分为两类：摩擦制动和动力制动。

① 摩擦制动。通过机械摩擦来消耗列车动能，将动能转化为热能而散发到大气的制动方式，称为摩擦制动，也叫热逸散式制动。这种方式的优点是：制动力与列车速度无关，无论在高速和低速时都有制动能力，特别在低速时能对列车施行制动直至停车。可以说，摩擦制动始终是列车最基本的制动方式，高速列车的最终停车也必须依靠这种制动方式。摩擦制动的缺点是：制动力有限，这是受热能散发的限制而直接影响制动功率增大的缘故。摩擦制动包括闸瓦制动（又称踏面制动）、盘形制动和磁轨制动等。

② 动力制动。利用某种能量转换装置，将运行中列车的动能转换为其他形式的能量（如热能或电能）并予以消耗的制动方式，称为动力制动。这种制动方式的特点是制动力与列车速度有很大关系，列车速度越高，制动力越大，随着列车速度的降低，制动力也随之下降。动力制动包括电阻制动、再生制动、电磁涡流轨道制动、电磁涡流转子制动等。

（2）按照制动力的来源分。列车制动在操纵上按用途可分为黏着制动和非黏着制动。非黏着制动又称"非黏制动"，是指制动时，凡是钢轨作用在车辆上的制动力，不通过车轮与钢轨的滚动接触点。轨道电磁制动与轨道涡流制动属于非黏着制动，目前主要用于高速客车上作为一种辅助的制动方式。黏着制动是指制动时，凡钢轨作用在列车上的制动力通过车轮与钢轨滚动接触点的制动。闸瓦制动、盘形制动、液力制动、电阻制动、旋转涡流制动、再生制动都属于黏着制动。

（3）按用途分。列车制动在操纵上按用途可分为常用制动、紧急制动和停放制动。在正常情况下为调节或控制列车速度包括进站停车所施行的制动，称为"常用制动"。它的特点是作用比较缓和，而且制动力可以调节。常用制动只是满足列车正常运行中的减速和停车作用。在紧急情况下为使列车尽快停住所施行的制动，称为"紧急制动"（也称为"非常制动"）。它的特点是作用比较迅猛，而且要把列车制动能力全部用上。非常制动是在紧急情况下为了使列车的制动距离尽可能缩短而尽量加大制动力的一种破坏性制动。为防止列车在长时间停放时发生溜逸事故而设置的制动，称为"停放制动"。高速列车大多采用弹簧蓄能制动装置来实施。停放制动作用是替代传统的手制动作用，通过摩擦制动方式实现，使具有最大载荷的列车停在坡度为 30‰ 的坡道上不溜车。

（3）按控制方式分。列车制动在操纵上按用途可分为空气制动、电空制动和电磁制动。操纵控制和原动力都用空气的制动方式称为空气制动。空气制动又分为自动式空气制动和直通式空气制动两种。电空制动就是电控空气制动的简称，它是在空气制动的基础上加装电磁阀等电气控制部件而形成的。操纵控制和原动力都用电磁的制动方式称为电磁制动。

5. 对制动装置的要求

（1）保证安全方面的要求。

① 列车发生分离事故时，全列车应立刻自动紧急制动停车。② 除司机外，必要时在机车以外的其他车辆上使用紧急制动阀也能使列车紧急停车。③ 能承受较大的制动功率，保证列车在规定的制动距离内安全停车，并且在制动过程中能防止车轮滑行。④ 能保持制动力不衰减。

（2）作用性能方面的要求。

① 灵敏度要高。制动波速、缓解波速都应达到当代的先进指标。列车前后的制动及缓解作用有良好的一致性。② 要有足够的制动稳定性和安定性。③ 应具有动力制动和摩擦制动等联合制动能力，正常制动应尽量发挥动力制动能力。

（3）结构运用方面的要求。

① 操纵方便准确。② 便于检修维护，检修间隔周期要长。③ 各部件结构要合理，便于制造，坚固耐用，机械效率高。

2.5.2 空气制动

1. 空气制动系统的原理与组成

空气制动系统利用压缩空气，通过制动缸活塞和杠杆作用在闸瓦或制动夹钳的压力，在踏面或制动盘上产生摩擦，把机车动能转化为热能并散失到大气中。一个完整的空气制动系统包括两部分：制动控制系统和制动执行系统。制动控制系统通常叫制动机，由信号发生和传输装置与制动控制装置组成；制动执行系统的作用是传送原动力并加以扩大产生制动力，通常称为基础制动装置。

2. 空气制动机组成及工作原理

制动机通常安装在车体上，如图 2.47 和图 2.48 所示，根据信号传输方式的不同有直通式空气制动机和自动式制动机等多种方式。其中，直通式空气制动机的特点是列车管的压缩空气直接充入制动缸，产生制动效果；列车管的压缩空气经司机室中的制动阀 Ex 口排入大气，产生缓解效果，即通常所说的"充风制动，放风缓解"。而自动式制动机在三通阀的作用下，列车管减压，副风缸中的压缩空气充入制动缸，产生制动效果；列车管加压，制动缸中压缩空气的各车上的三通阀 Ex 口排入大气，产生缓解效果，即通常所说的"放风制动，充风缓解"。

3. 基础制动装置组成及其类型

基础制动装置由制动缸、制动传动装置、摩擦装置及附属装置（间隙调整装置、防滑器等）组成。基础制动装置按照摩擦装置的结构形式分为闸瓦制动和盘形制动。

制动缸俗称闸缸，是产生制动原力的部件，它受制动缸空气压力变化的控制而进行动作。制动缸的种类很多，但其构造基本相同，主要由缸体、活塞、活塞杆及缓解弹簧等组成。

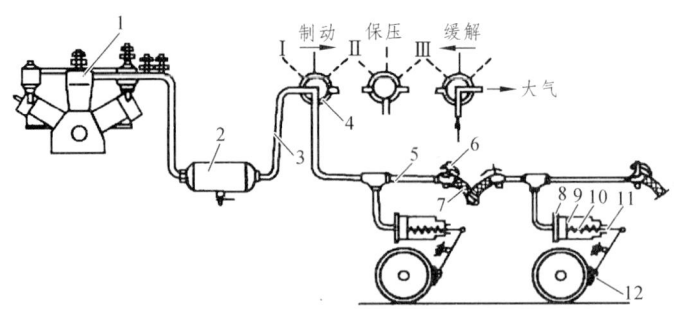

图 2.47 直通式空气制动机原理

1—空气压缩机；2—总风缸；3—总风缸管；4—制动阀；5—列车管；6—折角塞门；7—制动软管连接器；
8—制动缸；9—制动缸活塞；10—缓解弹簧；11—制动缸活塞杆；12—闸瓦；
Ⅰ—制动位；Ⅱ—保压位；Ⅲ—缓解位

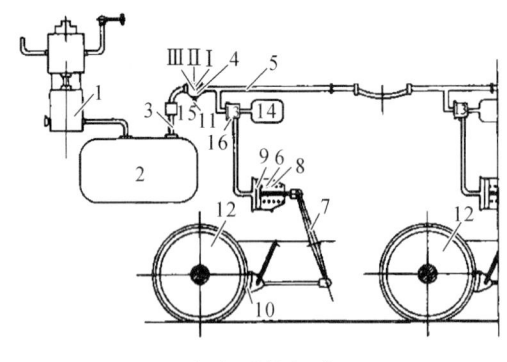

（a）系统组成

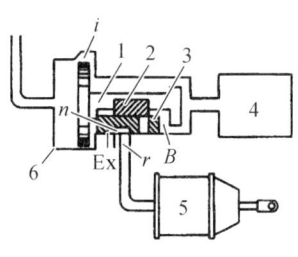

（b）三通阀

1—空气压缩机；2—总风缸；3—总风缸管；4—制动阀；5—列车管；
6—制动缸；7—基础制动装置；8—缓解弹簧；9—制动缸活塞；
10—闸瓦；11—制动阀 Ex 口；12—车轮；13—三通阀；
14—副风缸；15—给气阀；16—三通阀排气口；
Ⅰ—缓解位；Ⅱ—保压位；Ⅲ—制动位

1—鞲鞴及鞲鞴杆；2—节制阀；3—滑阀；
4—副风缸；5—制动缸；6—三通阀；
i—充气沟；B—间隙；
n—滑阀排气钩；
Ex—排气口
r—制动管

图 2.48 自动空气制动机原理

制动传动装置：应用杠杆原理，将制动缸产生的制动原力放大一定的倍数后均衡地传递给各个闸瓦。

摩擦装置：摩擦生热的装置，按照结构特点可分为闸瓦装置和夹钳装置。

间隙调整装置用于自动调整闸瓦与车轮踏面之间的间隙，使闸瓦间隙保持在规定的范围内，以确保制动作用的可靠性。

4. 闸瓦制动

如图 2.49 所示，闸瓦制动是以闸瓦压紧车轮，通过车轮与闸瓦之间的机械摩擦产生制动作用的一种制动方式。它是目前常速列车采用的主要制动方式，简

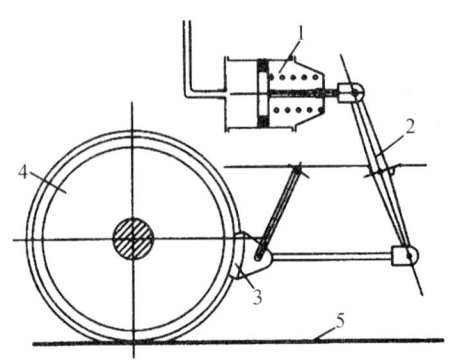

图 2.49 闸瓦制动

1—制动缸；2—基础制动装置；3—闸瓦；
4—车轮；5—钢轨

单可靠,在常速、中低速、速度为零时均有制动力,制动力的大小可以通过改变闸瓦压力来调节。这种制动方式在高速运行时不宜采用,因为高速情况下闸瓦与车轮踏面之间的摩擦系数较小,制动力不够。若增加闸瓦压力以提高制动力,则会造成速度降至某一值时车轮被"抱死",产生滑行,制动力反而下降,而且车轮踏面、钢轨都会被擦伤。所以在高速列车上闸瓦制动不是主要的制动方式,它只能配合其他制动起到低速制动和停车制动的作用。

5. 盘形制动

如图 2.50 所示,盘形制动是以合成材料或粉末冶金材料制成的闸片夹紧装在车轴或车轮上的铸铁或钢制动盘,通过制动闸片与制动盘之间的机械摩擦来消耗列车的动能,从而产生制动作用的一种制动方式。与闸瓦制动相比,盘形制动散热性能较好,并且有较好的高速制动性能。盘形制动与闸瓦制动一样,制动力要通过车轮来传递,因而受轮轨黏着的限制。总之,盘形制动在高速列车的动力车上也只能起辅助制动作用。

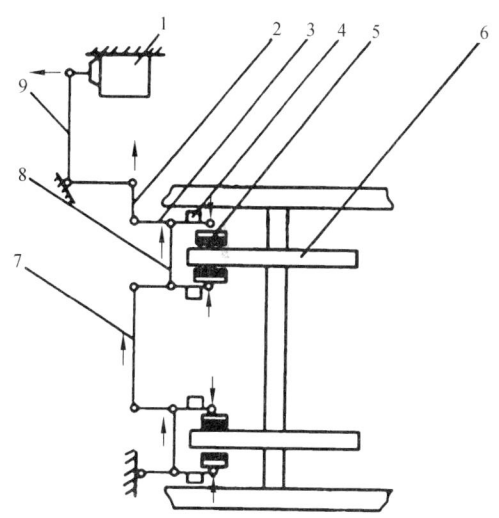

图 2.50 盘形制动示意图

1—制动缸;2—拉环;3—水平杠杆;4—缓解弹簧;5—制动闸片;6—制动盘;
7—中间拉杆;8—水平杠杆拉杆;9—转臂

如图 2.51 所示,按照制动盘的安装方式的不同,盘形制动可分为两种:一种是轴盘式,

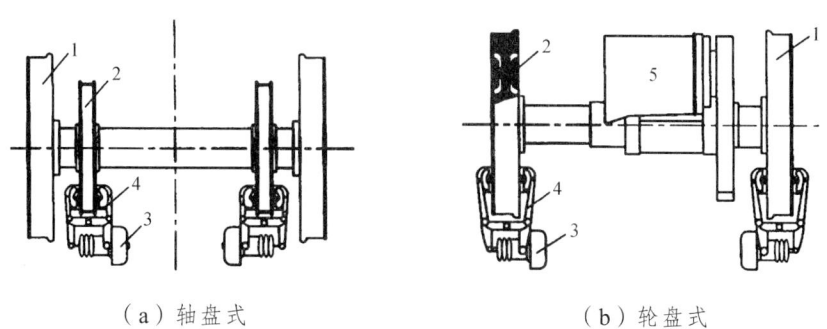

(a)轴盘式　　　　　　　　　(b)轮盘式

图 2.51 盘形制动类型

1—轮对;2—制动盘;3—单元制动缸;4—制动夹钳;5—牵引电机

另一种是轮盘式。轴盘式的制动盘压装在车轴内侧，通常 160 km/h 以下客车每条轮对装有两个制动盘，高于 160 km/h 时安装 3 个或 4 个制动盘。轮盘式的制动盘根据车辆设计的空间安装在车轮两侧或一侧。动车的轮对上装有牵引电机和齿轮箱，一般只能将制动盘装于车轮上。

2.5.3 动力制动

1. 工作原理

利用电动机的可逆性，把牵引电动机变为发电机，将惰行列车的动能变换成电能，这时牵引电动机轴上作用着与电枢旋转方向相反的力矩，此力矩在机车动轮上产生制动力，使列车减速或停车，这种制动称为动力制动或电气制动。

动力制动的优点是：制动力随列车运行速度的增高而增大，从而保证高速列车在运行中有可靠的制动效能，同时又可确保列车在长大下坡道上能以允许的最高速度运行，可以实现良好的制动力调节，且结构简单、控制方便、作用快、制动平稳。

2. 类 型

动力制动可分为电阻制动和再生制动。

（1）电阻制动。电阻制动是基于牵引电动机可逆转为发电机运行，在制动时利用动力车（包括电力动力车和电传动内燃动力车）车轮的转动，带动牵引电动机使之转为发电机工况运行，将列车的动能与位能转变为电能，并将其消耗在制动电阻上转变为热能散发，从而产生制动作用的一种制动方式。

（2）再生制动。再生制动的工作原理与电阻制动类同，也是利用电力动车车轮的转动，带动牵引电动机作为发电机运行，但产生的电能不是消耗在制动电阻上，而是将电能反馈到供电系统，从而产生制动作用的制动方式。电力动车使用再生制动时，不仅具有制动列车的作用，而且能将列车的动能与位能转变为有用的电能，从能量综合利用的角度看，再生制动是一种比较理想的制动方式。

2.5.4 电磁制动

1. 磁轨制动

磁轨制动是利用装在转向架上的制动电磁铁，经通电励磁后吸压到钢轨上，制动电磁铁在轨面上滑行，利用其与钢轨之间的机械摩擦来消耗列车的动能，从而产生制动作用的一种制动方式。制动电磁铁挂装在非动力车辆转向架的两个车轮之间，距轨面有一定的高度。根据制动电磁铁悬挂高度的不同，磁轨制动装置分为高悬挂和低悬挂两种。高悬挂时，制动电磁铁与轨面之间的距离为 120～160 mm，制动时，依靠风动装置使制动电磁铁吸附于轨面上。低悬挂时，制动电磁铁距轨面仅 6～10 mm，制动时，制动电磁铁以其自身的吸力，克服弹簧力，直接吸附到轨面。

如图 2.52 所示，高悬挂磁轨制动的具体工作原理为：制动时将电磁铁 1 放下，使磨耗板

5 吸附在钢轨 3 上，与钢轨之间产生吸力，该吸力使得磨耗板与钢轨间产生与车辆运动方向相反的摩擦力，最后通过升降风缸直接作用到转向架构架上，使转向架（或车辆）减速或停车。缓解时使升降风缸上升，将电磁铁收回离开钢轨即可。

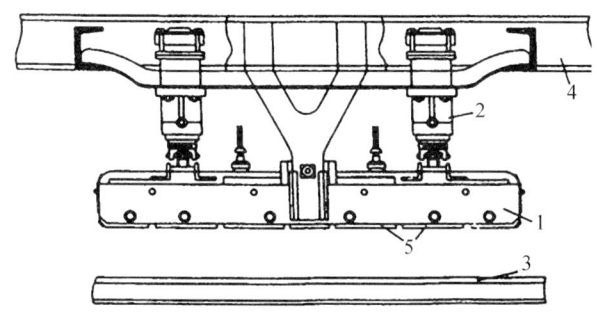

图 2.52 磁轨制动装置

1—电磁铁；2—升降风缸；3—钢轨；4—转向架构架侧梁；5—磨耗板

磁轨制动属非黏着制动，它利用电磁铁吸引钢轨产生摩擦来消耗车辆的运动能量。磁轨制动能得到较大的制动力，常被用作轻轨车辆和高速动车组紧急制动时的一种有效补充。

2. 轴盘涡流制动

如图 2.53 所示，涡流制动（Eddy Current Brake，ECB）装置主要包括 ECB 盘和 ECB 线圈，其中 ECB 盘压装在车轴上，ECB 线圈安装在构架横梁上。当需要制动时，给 ECB 线圈通电，产生磁场。于是，安装在车轴上的 ECB 盘在该磁场内旋转切割磁力线，ECB 盘与 ECB 线圈产生的磁场之间的电-磁-热的相互作用将阻碍轮对旋转，最终车轮与钢轨之间的黏着产生与列车运动方向相反的制动力。尽管涡流制动装置与轴盘式制动有些类似，但是前者属于非接触式电磁制动，制动时不发生任何接触，不存在摩擦，当然也就避免了磨损。涡流制动在日本的 300 系高速动车组上得到了成功应用。

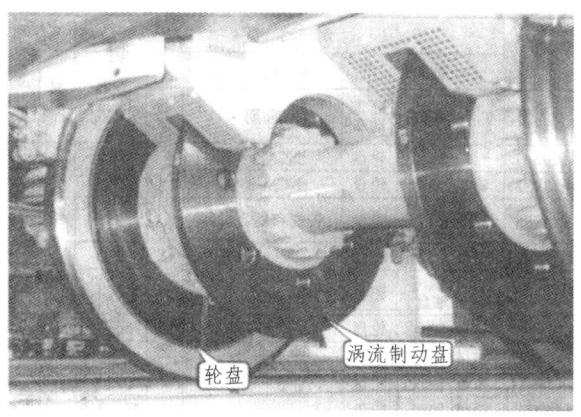

图 2.53 涡流制动

3. 轨道涡流制动

轨道涡流制动属于一种"非黏着制动"，其作用原理是将轨头作为线性电机的一个反作用件，通过沿绕组长度反磁极排列的电磁体，在钢轨中感应涡流来产生制动力。

电磁铁悬挂于列车转向架位于两车轮之间钢轨正上方,其悬挂方式与传统的磁轨制动相似。其磁极沿钢轨轴线呈多极布置,通电励磁后,电磁铁磁极端面与钢轨表面保持 6～7 mm 的很小间隙,因电磁铁与钢轨相对运动,在钢轨头内产生感应涡流而产生制动力。轨道涡流制动属非黏着制动,无任何摩擦磨耗,有优良的高速制动性能。

其制动力受励磁功率、运行速度、温度、磁极距、空气间隙的大小等影响。

2.5.5 动车组制动系统

与传统制动相比,高速动车组制动发生了根本性的变化,高速动车组制动装置采用了计算机控制的电制动和电气指令式空气制动并用的电空复合制动系统。M 车采用动力制动和空气制动,T 车采用全空气制动方式。其中,电制动为再生制动,空气制动为盘形摩擦制动,电制动优先,空气制动作为补充。同时,还具有控制防滑、控制减速度、调节制动距离等功能。

如图 2.54 所示,动车组制动系统主要由司机室控制设备(制动手柄)、动车的电制动(电力再生制动)、各车的空气制动(盘形制动)、防滑装置、制动控制单元(BCU)和基础制动装置等组成。

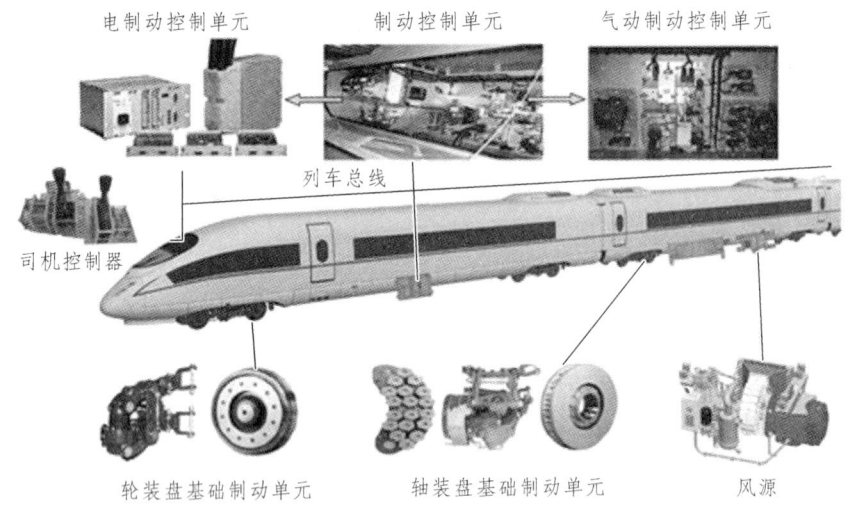

图 2.54 动车组制动系统组成

2.6 驱动装置

2.6.1 概　述

1. 驱动装置的作用与组成

驱动系统的作用是将能源转换获得的输出功率传给轮对,即"实现能量转换,产生驱动力矩"。对于液力传动的动车,其驱动装置包括牵引万向轴和减速齿轮箱;对于电传动的动车,其驱动装置包括牵引电动机、齿轮传动装置和电机悬挂装置,其特点是用高转速、小扭矩的牵引电机驱动低转速、大阻力的动轴。

2. 牵引电动机类型及工作原理

牵引电动机通常采用直流串励电动机或三相交流异步电动机。前者的调速方式由原来的直流变阻调速发展到现在的直流斩波调速;而后者多采用交流变压变频(Variable Voltage Variable Frequency,VVVF)调速。为了解决直流和脉流牵引电动机的"转向"问题,交流电动机具有质量轻、体积小等诸多优势而成为高速动车组牵引电动机的发展方向,并在试验以直线异步电动机为动力的磁悬浮高速车辆。

如图 2.55 所示,直线电机轨道车辆基本原理:利用车轮起支承导向作用,这与传统轮轨系统相似。但在牵引方面却采用了短定子列车驱动直线异步电机(LIM)驱动,定子(初级线圈)设置在车辆上,转子(次级线圈)设置在感应轨上,工作原理与磁悬浮系统基本相同。车辆平稳运行时,定子与感应轨之间的间隙一般保持在 10 mm 左右。

图 2.55 直线电机轨道车辆基本原理

3. 齿轮传动装置

牵引电机的转矩通过齿轮传动装置传递给轮对。减速齿轮箱由大齿轮、小齿轮和齿轮箱三部分组成,如图 2.56 所示。

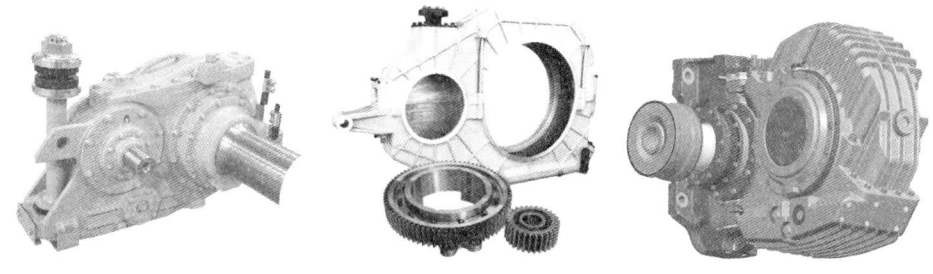

图 2.56 齿轮传动装置组成

齿轮传动装置按其转矩传递方式可分为单边(单侧)传动和双边(双侧)传动;按其齿轮形状可分为斜齿圆柱齿轮和直齿圆柱齿轮传动。单侧齿轮传动,一般用直齿轮;双侧齿轮传动,一般用斜齿轮,而且双侧齿轮的齿斜方向要相反。减速齿轮箱究竟采用何种形式,主要取决于动车的结构速度。

4. 电机悬挂装置

1) 对电机悬挂装置的要求

电传动车辆的驱动装置是一种减速装置,用来使高转速、小扭矩的牵引电动机驱动阻力矩较大的动轴。对悬挂装置的要求可归结为"承载、传扭",即应满足以下要求:

(1) 应保证能使牵引电动机功率得到发挥。
(2) 应不妨碍构架的振动和曲线通过。
(3) 牵引电机在安装上有减振的能力,尽量减小线路的不平对齿轮的动作用力。
(4) 应该简单可靠,具有最少量的磨耗件。
(5) 当牵引电动机或悬挂装置发生损坏时,易于拆卸。

2) 电机悬挂装置的类型

根据牵引电机在车辆上的安装方式的不同,电机悬挂方式大致可以分为轴悬式、架悬式、体悬式 3 类。轴悬式的牵引电机一端用抱轴轴承支在车轴上,另一端弹性地吊在转向架构架上,由于大约一半的牵引电动机质量由车轴承担,另一半由构架承担,故又称为半悬挂式,适用于中、低速车辆或动车;架悬式的牵引电动机全部悬挂在转向架构架上;体悬式的牵引电动机全部或大部分悬挂在车体上。架悬式及体悬式牵引电机的质量均处于一系弹簧装置之上,故又称为全悬挂式,适用于高速车辆或动车。

2.6.2 轴悬式驱动装置

1. 刚性轴悬式驱动装置

(1) 结构原理。刚性轴悬式驱动装置的结构原理如图 2.57 所示。牵引电机一端通过两个抱轴轴承(滑动轴承或滚动轴承)刚性地支撑在车轴上,另一端弹性悬挂在构架上。电机轴与车轴平行,直接利用电机轴上的小齿轮驱动车轴上的大齿轮传动,传动比为 1:4~1:6。减速齿轮箱是剖分式,用 3 点固定在电动机的外壳上。箱下部盛放齿轮油,采用飞溅润滑。齿轮一般为单侧驱动。

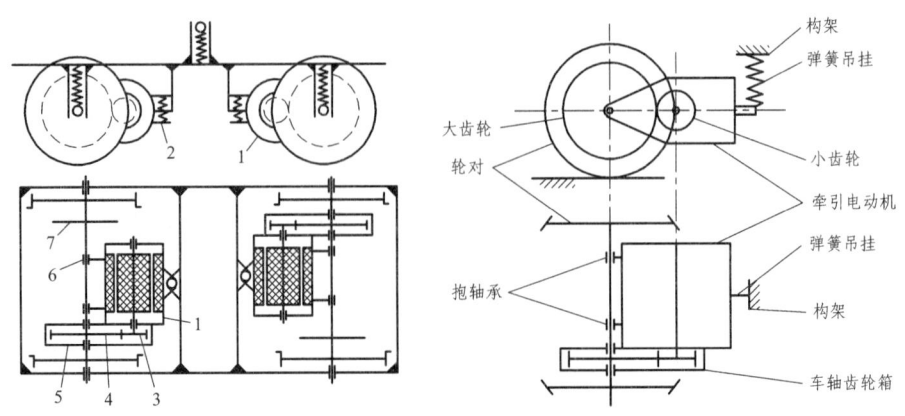

图 2.57 刚性轴悬式驱动机构的结构原理

1—牵引电机;2—电机弹性悬挂;3—小齿轮;4—大齿轮;5—齿轮箱;6—抱轴承;7—制动盘

（2）特点。刚性轴悬式驱动机构结构简单、检修容易、拆装方便，在不起吊车体的情况下，牵引电动机可以在落轮坑内卸下，各轮对的牵引电动机可以互换安装。但也存在簧下质量大、驱动装置工作条件恶劣等缺点。

2. 弹性轴悬式驱动装置

弹性轴悬式的结构与刚性抱轴式相似，其原理示意图和结构分别如图 2.58 和图 2.59 所示。牵引电动机的一端支在转向架构架上，另一端仍通过抱轴承支承，但抱轴承不是直接支承在车轴上，而是支承在套装车轴外面的空心轴上，从动大齿轮也固装在空心轴的端部。空心轴的两端再通过弹性元件支承在轮心上。牵引电动机传至大齿轮的力矩通过空心轴、弹性元件传至轮对。因此，这里装在轮心上的弹性元件既要支承牵引电动机约一半的质量及空心轴和大齿轮的质量，又要传递牵引电动机的力矩。空心轴与车轴一同旋转。

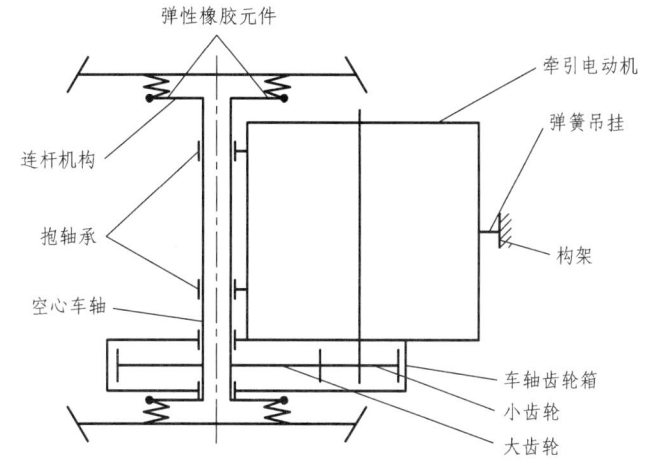

图 2.58 弹性轴悬式的结构原理示意图

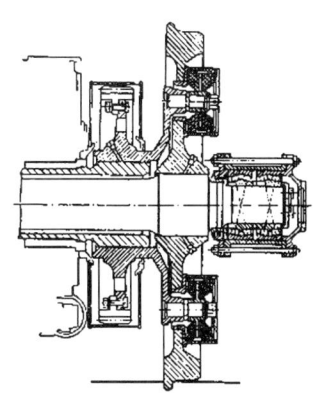

（a）柱销式弹性元件

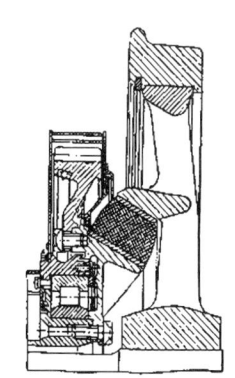

（b）橡胶块式弹性元件

图 2.59 弹性轴悬式结构

采用弹性轴悬式的结构，牵引电动机的一半质量还是支承在轮对上，但是中间经过弹性元件，故称弹性轴悬式。虽然这里的弹性元件的刚度较大，垂向变形量很小，但弹性与刚性却是本质上的差别。据试验,只要存在一点弹性,来自轮轨的硬性冲击经过弹性元件的缓冲,在抱轴承及牵引电动机处的垂向加速度大为减小。据德国的比较试验,在线路状态较差的情况下,牵引电动机的垂向冲击加速度,弹性轴悬式只有刚性轴悬式的1/5。牵引电动机的力矩经弹性元件传至轮对,这也改善了牵引电动机及牵引齿轮副的工作条件。弹性轴悬式的动力学性能及其结构复杂性介于刚性轴悬式与架悬式之间,适用于最大运用速度为 120~160 km/h 的车辆。

2.6.3 架悬式驱动装置

牵引电动机架悬式驱动装置广泛应用于世界各国的客运车辆和动车上,也用于重型货运车辆上。其主要特点是将牵引电动机固装在转向架构架上,因而牵引电动机属于簧上部分。牵引电动机与轮对之间需用能适应各个方向相对运动的弹性联轴器作为中间联结装置并传递扭矩。联轴器在结构上可以采用弹性元件(弹簧或橡胶块),也可以采用具有橡胶金属衬套的连杆关节机构。

1. 电机空心轴驱动装置

电机空心轴驱动装置原理如图 2.60 和图 2.61 所示,牵引电动机的电枢轴是空心的,在非换向器端,电枢空心轴通过球面齿式联轴节与传动轴相连,传动轴则穿过空心轴的空腔,最后经弹性联轴器将转矩传递给齿轮传动装置中的小齿轮。

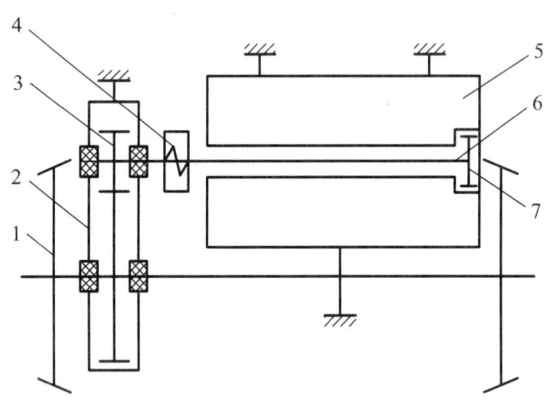

图 2.60 电机空心轴驱动装置示意图

1—轮对;2—齿轮箱;3—小齿轮;4—弹性联轴器;5—牵引电动机;6—扭轴;7—齿形联结器

在这里,牵引电动机的转轴与小齿轮的转轴通过球面齿式联轴节、传动轴和弹性联轴器联系在一起;齿轮中心距依靠齿轮箱限制,使其保持不变。当簧上部分的牵引电动机与簧下部分的轮对之间产生相对位移时,是依靠弹性联轴器中橡胶块的变形以及齿式联轴器来保证传动齿轮的正常工作。由图 2.61 可知,电机空心轴悬挂方式的簧下质量有轮对和传动齿轮箱两部分的质量,但电机已属于簧上质量。电机空心轴架悬式驱动机构有布置紧凑、尺寸小、质量轻、工作可靠等优点。其缺点是簧下质量较大,特别由于齿轮箱也是承载部件,比较重,而且要设计新的具有空心电枢轴的牵引电动机。

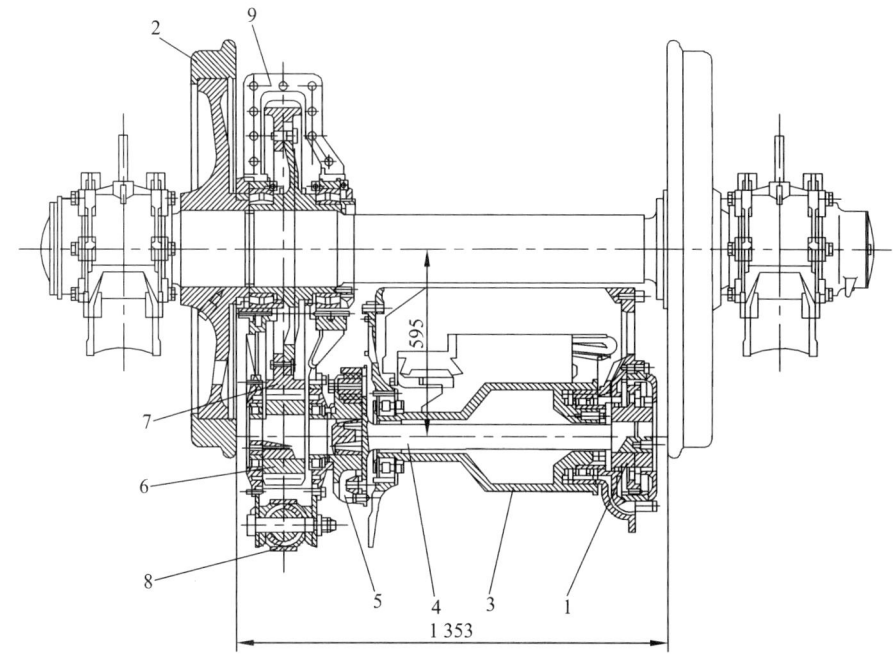

图 2.61 电机空心轴驱动装置结构

1—齿形联结器；2—轮对；3—电机空心轴；4—扭轴；5—弹性联轴器；6—小齿轮；
7—大齿轮；8—齿轮箱吊杆；9—齿轮箱

2. 轮对空心轴驱动装置

轮对空心轴驱动机构的示意图如图 2.62 所示。牵引电机与空心轴套（外空心轴）通过螺栓紧固在一起，并牵引电机侧的两个短吊臂和空心轴套侧的一个长吊臂将牵引电机完全悬挂在构架的横梁和端梁上。大齿轮由滚动轴承支承在空心轴套上，在空心轴套内又贯穿一根空心轴（内空心轴），而车轴置于空心轴中。内空心轴的一端通过连接盘、弹性元件与大齿轮相连，另一端也通过连接盘、弹性元件与轮对相连。电动机的扭矩由大齿轮经弹性元件、空心轴，再经另一端的弹性元件传递给轮对。这种驱动机构的形式，称为两级弹性和双空心轴的架悬式驱动装置。轮对空心轴驱动机构的结构如图 2.63 和图 2.64 所示。

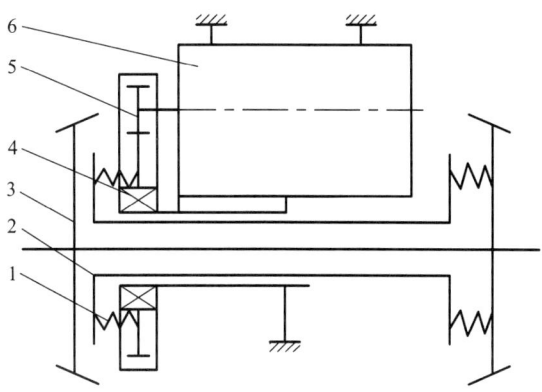

图 2.62 轮对空心轴驱动机构示意图

1—弹性元件；2—空心轴；3—轮对；4—轴承；5—牵引齿轮；6—牵引电动机

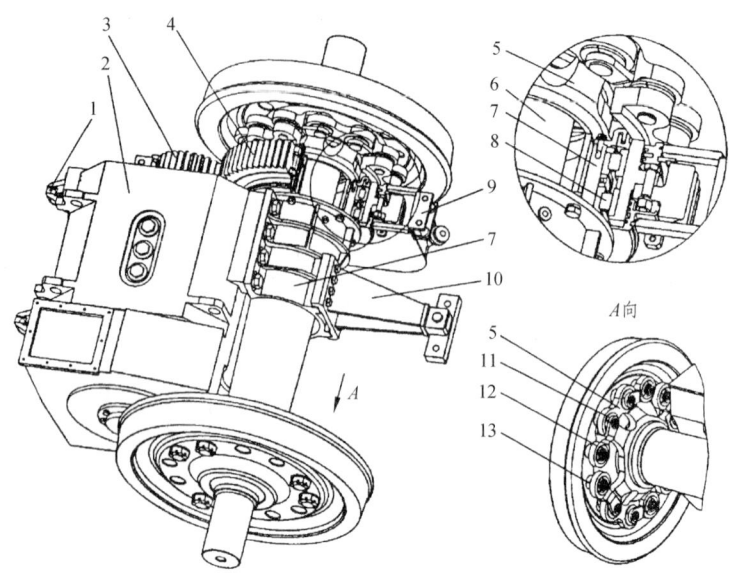

图 2.63　轮对空心轴架悬式驱动装置结构实体图

1—后吊；2—牵引电机；3—主动齿轮；4—从动齿轮；5—空心轴装配；6—车轴；7—空心轴套；8—驱动轴承；
9—齿轮罩装配；10—长吊臂装配；11—橡胶球形关节；12—连杆；13—传动销

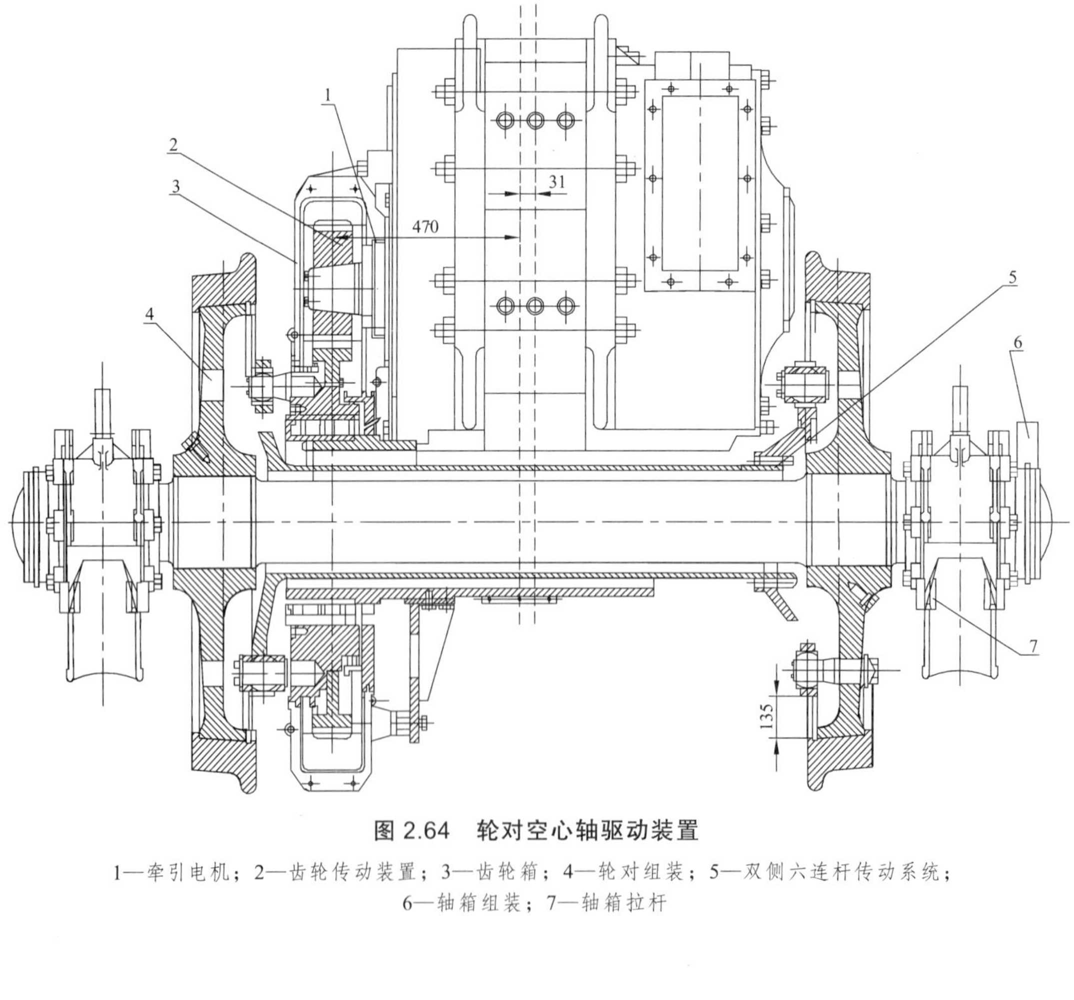

图 2.64　轮对空心轴驱动装置

1—牵引电机；2—齿轮传动装置；3—齿轮箱；4—轮对组装；5—双侧六连杆传动系统；
6—轴箱组装；7—轴箱拉杆

电机转矩传递路线如下：主动齿轮→从动齿轮→连杆销→橡胶关节→连杆→连杆销→橡胶关节→空心轴→传动盘→橡胶关节→连杆销→连杆→橡胶关节→连杆销→主车轮→车轴→从动车轮。

踏面制动扭矩传递路线：主车轮→连杆销→橡胶关节→连杆→连杆销→橡胶关节→传动盘→空心轴→连杆销→橡胶关节→连杆→橡胶关节→连杆销→从动齿轮→主动齿轮→电机输出轴。

轮对空心轴两级弹性驱动机构的优点是簧下质量轻，轮对与电动机得到两级弹性隔离，因此有较好的动力学性能；两级弹性六连杆机构具有径向刚度大的特点，因此能保证空心轴相对轮对同心旋转，避免弹性元件（即空心轴）与车轴产生偏心而造成的离心力形成轮对的轮重变化和弹性元件中的附加应力。其缺点是结构复杂。

空心轴万向机构由空心轴、传动盘、连杆、橡胶球形关节组成。各零部件的结构如图 2.65～2.67 所示。空心轴的两端各有一个传动盘。因结构尺寸限制，齿轮侧传动盘与空心轴组焊为一体，另一侧传动盘通过 6 个铰制销钉和 6 个 M24 螺栓与空心轴紧固在一起。连杆的另一端也有一个 ϕ90 的圆孔，装有相同的橡胶球形关节，此机构通过橡胶球形关节一端与齿心上的传动销相连，另一端与轮心上的传动销相连，由此构成空心轴双极六连杆弹性驱动机构。

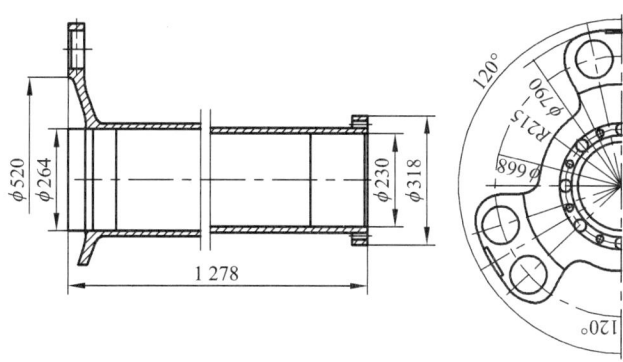

图 2.65 空心轴

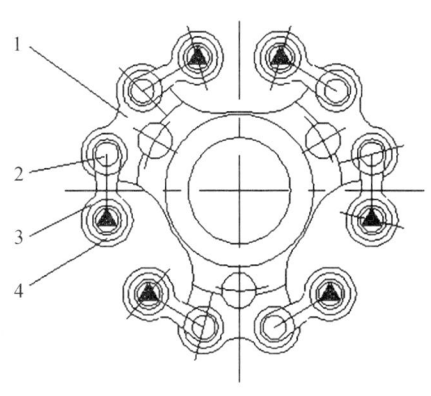

图 2.66 六连杆弹性驱动结构

1—传动盘；2—传动销；3—连杆；4—橡胶球形关节

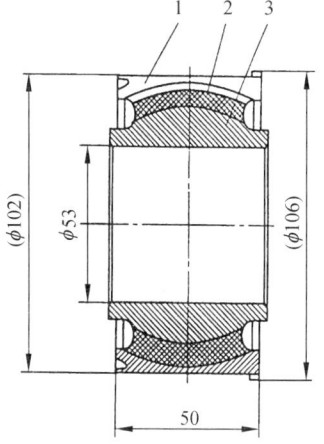

图 2.67 橡胶关节

1—外环；2—橡胶；3—内环

3. 挠性浮动齿式联轴节架悬式驱动装置

（1）结构原理。挠性浮动齿式联轴节架悬式驱动装置的原理和结构组成如图 2.68 所示。该驱动装置的牵引电机通过螺栓完全固定于构架横梁上，牵引电机的输出扭矩经 WN 挠性浮动齿式联轴节传递给主动小齿轮，并通过齿轮啮合经从动大齿轮驱动轮对旋转。其中，大齿轮直接压装在车轴上，而齿轮箱一端通过吊杆弹性悬挂于构架侧梁或横梁上，另一端则借助滚动轴承抱于车轴之上，也就是说，该齿轮箱的悬挂方式与前面讲过的牵引电动机刚性轴悬式基本相同。

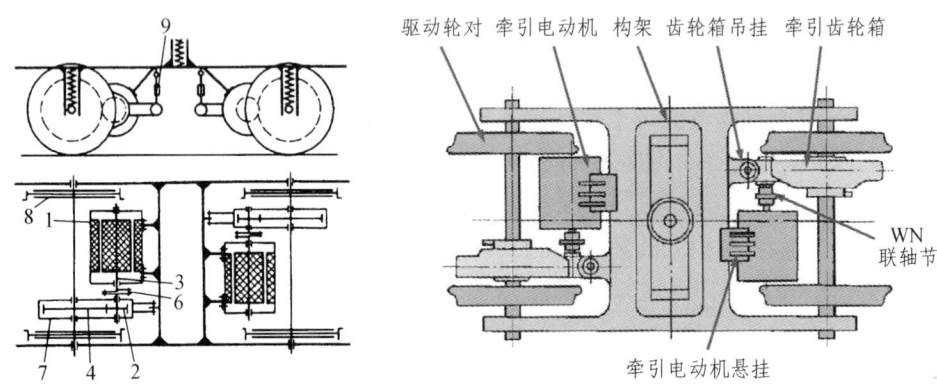

图 2.68 挠性浮动齿式联轴节架悬式驱动装置原理与结构组成
1—牵引电机；2—小齿轮；3—驱动轴；4—大齿轮；6—挠性联轴器；
7—减速齿轮箱；8—制动盘；9—齿轮箱吊挂装置

（2）特点。该挠性浮动齿式联轴节式驱动装置具有以下特点：

① 簧下死质量小（电机质量全部悬挂于构架横梁上成为簧上质量，轮箱质量的一半仍然属于簧下死质量），减小了轮轨间的动作用力。

② 同时大大改善了牵引电动机的工作条件。

③ 牵引齿轮的工作条件并未得到改善。牵引齿轮和齿轮箱与刚性轴悬式驱动装置相比，结构稍复杂。

（3）WN 挠性浮动齿式联轴节的结构及原理。WN 挠性浮动齿式联轴节由齿轴套（外齿轴套）、半联轴节（内齿套筒）、中间隔板和弹簧等组成（见图 2.69）。

该联轴节属于鼓形齿式结构，其结构形式为左右基本对称，两个外齿轴套分别通过键或锥面压装在轴头上，外齿轴套的齿顶沿长度方向呈圆弧状，从齿顶方向看，各齿齿面均呈鼓形，而与之相啮合的半联轴节的内齿则无论齿顶还是齿面均为直线。正是由于外齿轴套的齿顶和齿面都是圆弧形的，因此，整个联轴节是双活节的，是挠性的。齿轴套的外齿与半联轴节的内齿啮合在理论上属于点接触，在良好润滑的情况下，该啮合点会随各向运动而发生灵活变化，这就能保证半联轴节相对于齿轴套的轴向运动和挠曲运动非常灵活，半联轴节好像总是"漂浮"在齿轴套上一样，这也许就是"浮动"概念的来历。

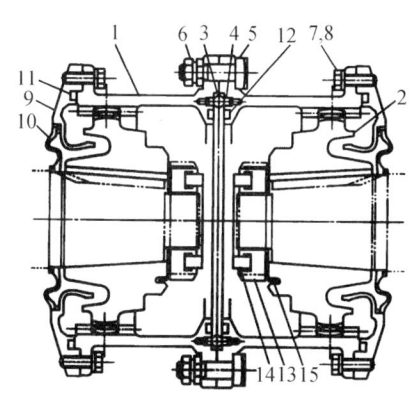

序号	名称	个数/台
1	外筒	2
2	小齿轮	2
3	中心板	1
4	平头螺钉M5×0.8×8	8
5	螺栓M12×42	6
6	六角螺母M12	6
7	螺栓M8×25	24
8	弹簧垫M8	24
9	挡油环	2
10	挡水罩	2
11	O形环1A G175	2
12	O形环1A G150	2
13	特殊螺母	2
14	缓冲橡胶	2
15	舌簧垫圈	2

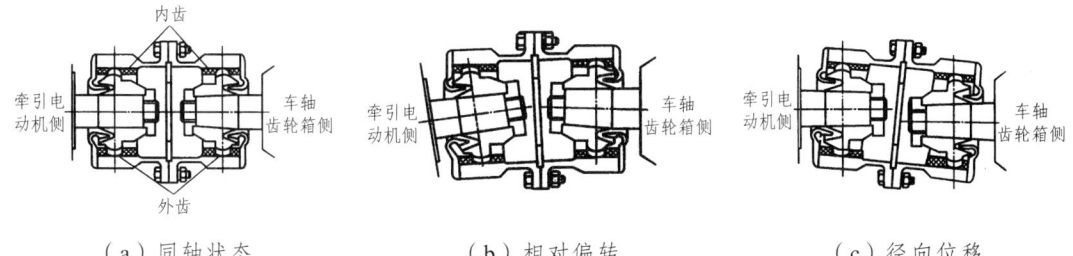

（a）同轴状态　　　　　　　（b）相对偏转　　　　　　　（c）径向位移

图 2.69　WN 挠性浮动齿式联轴节的结构及运动原理分析（示例）

当电机输出轴相对于（小）齿轮输入轴间出现径向运动时，例如电机输出轴向上跳动，与该轴联轴节的齿轴套的外齿将顶起左边的半联轴节，使整个半联轴节发生倾斜，这时右边的半联轴节与联结在（小）齿轮输入轴上的齿轴套外齿的啮合点产生相应变化，相互间也产生倾斜，这就使两轴的相对运动从空间上得到补偿。但在这个运动过程中，齿轴套外齿和半联轴节内齿始终相互啮合在一起，因此，两轴间扭矩的传递并未中断。由此可见，WN 挠性浮动齿式联轴节可实现电机输出轴相对于（小）齿轮输入轴间的相互跳动和转动，且运动很灵活，运动阻力很小，同时能平稳传递牵引电机驱动扭矩。

WN 挠性浮动齿式联轴节不仅具有补偿各种位移的能力，而且具有结构紧凑，传递运动准确、可靠等特点。但必须指出的是，在左右两个半联轴节中间一定要放置一块隔板，而在该隔板的两边分别安装一个弹簧（可以是橡胶块），主要作用是保持整个联轴节在工作过程中具有自动对中功能。

4. 半体悬驱动装置

ICE 动力转向架为轮对双空心轴传动和牵引电机半体悬的转向架，将驱动电机、基础制动、齿轮传动系统合为一体；牵引电机、齿轮箱、制动横梁和托架形成一个框形结构，构成驱动制动单元（见图 2.70）。驱动制动单元牵引电机端用橡胶关节吊挂在车体上，基础制动横梁端用 2 根两端带有橡胶关节的铝制摆杆吊挂在构架端梁上，形成半体悬悬挂方式。其中，约 2/3 的质量吊挂在车体上，1/3 的质量吊挂在构架上。

ICE 轮对双空心轴驱动机构由 BBC 轮对空心轴驱动装置发展而来。轮对双空心轴机构由内外空心轴及六连杆机构组成（见图2.71）。内空心轴一端与外空心轴一端由六连杆机构连接，内空心轴另一端与轮对一侧车轮的轮辐也由六连杆机构连接。外空心轴上安装有驱动齿轮和制动盘，用以传递驱动力矩和制动力矩。内空心轴做成锥形结构，以节省运动空间。六连杆机构由连杆和连接盘构成，在各连杆两端装有球形橡胶关节。

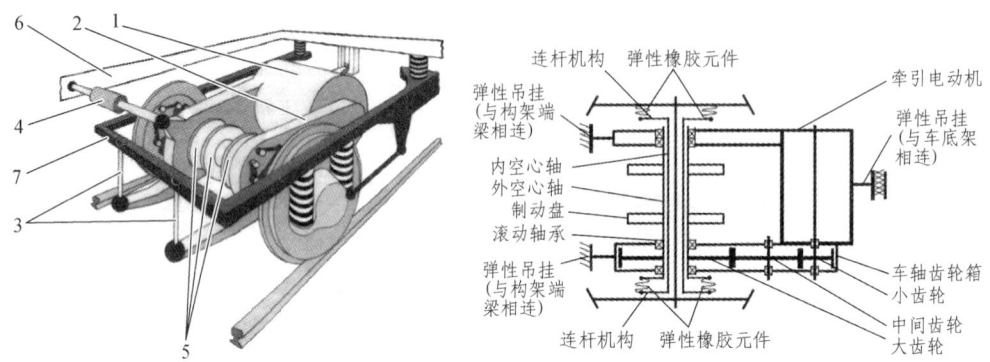

图2.70 半体悬式驱动制动单元结构原理

1—牵引电机；2—驱动齿轮；3—吊杆；4—耦合减振器；5—制动盘；6—车体底架；7—转向架构架

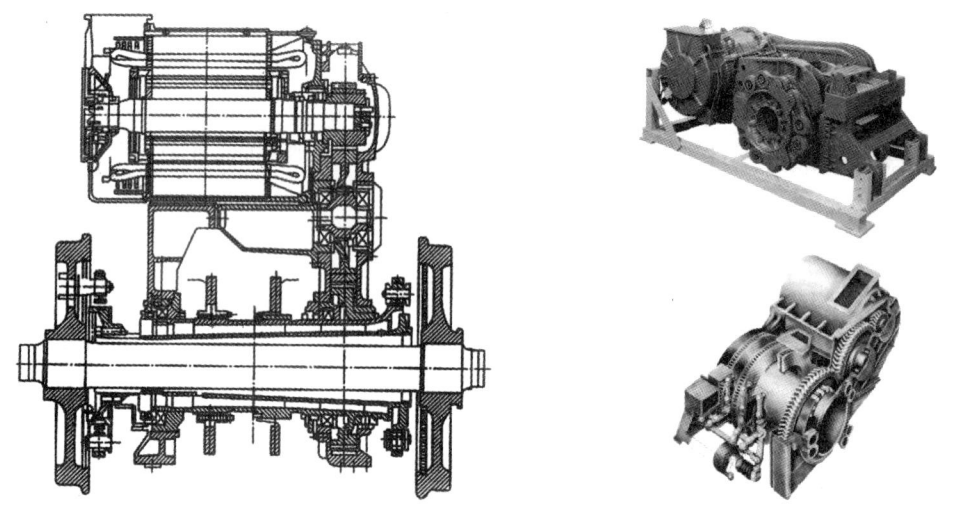

图2.71 半体悬式驱动制动单元结构

2.6.4 体悬式驱动装置

1. 低地板转向架体悬式驱动装置

体悬式驱动装置的原理如图2.72所示，其结构如图2.73所示。所谓体悬式，实际上是指牵引电机完全安装在车体底架下面，其质量全部由车体底架承担，而驱动扭矩则由万向驱动机构（万向轴）传递给安装在车轴上的齿轮传动装置，并且采用一对圆锥齿轮实现万向轴和车轴之间的直角传动。而齿轮箱一端通过吊杆弹性悬挂于构架侧梁或横梁上，另一端则借助滚动轴承抱于车轴之上。

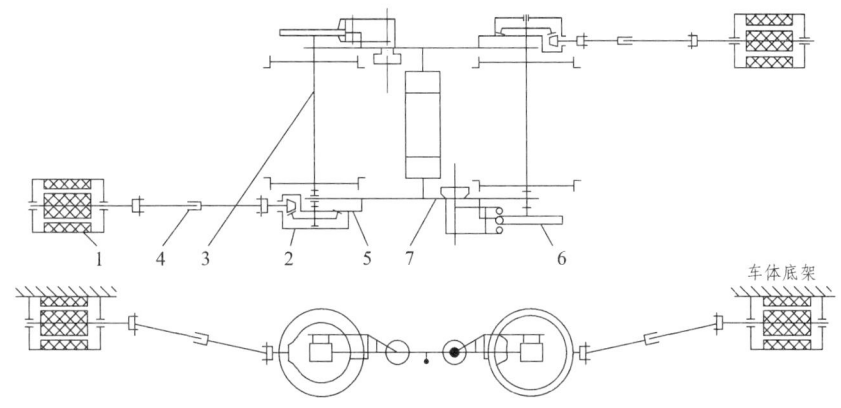

图 2.72 体悬式驱动装置的原理

1—牵引电机；2—齿轮传动装置；3—轮对；4—万向轴；5—传动支撑；6—制动盘；7—制动装置

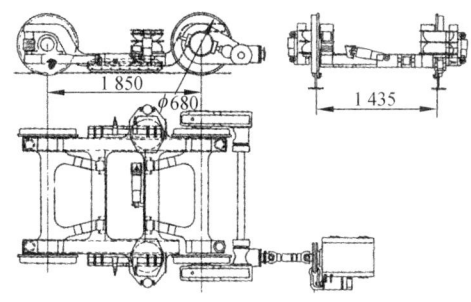

图 2.73 低地板转向架

体悬式的特点是牵引电机安装在车体上，电机通过连杆轴驱动转向架上的齿轮箱。这样可进一步减轻转向架质量和释放车轴周围空间，以利于安装基础制动装置等设备。但万向轴制造工艺要求高，且整个驱动装置结构复杂。

2. TGV 动车转向架体悬式驱动装置

TGV 动车驱动装置的牵引电机和减速齿轮箱均直接悬挂在车体底架上，属于全体悬式，如图 2.74 所示。其原理如图 2.75 所示，牵引电动机将扭矩首先传给中间减速齿轮箱，然后再通过三键式万向轴（见图 2.76）驱动车轴齿轮箱，三键式万向轴在传递驱动扭矩的同时能很好地补偿车轴齿轮箱与牵引电机间的相对运动。

图 2.74 TGV 动车转向架

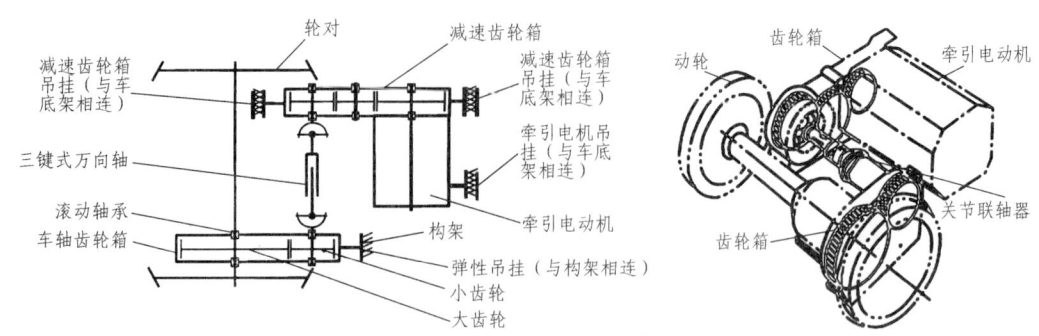

图 2.75 TGV 动车转向架——牵引电机体悬式驱动装置工作原理图

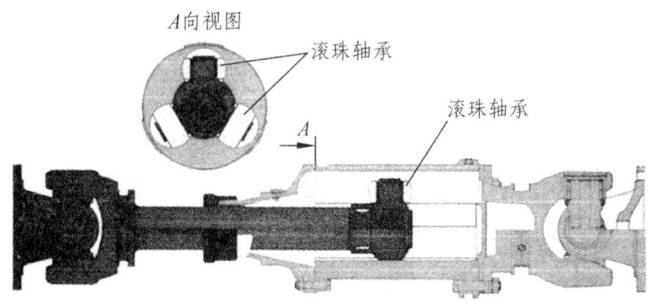

图 2.76 TGV 动力车转向架用三键式万向节（轴）结构图

2.7 典型转向架

2.7.1 CRH380A 系列动车组转向架

CRH380A 系列动车组转向架主要有 CRH2 型（包括 CRH2A、CRH2B、CRH2E 型及 CRH2C 一阶段动车组）和 CRH380A 型（包括 CRH2C 二阶段和 CRH380A/380AL 型动车组）两种技术平台类型。其中，CRH2A、CRH2B、CRH2E 型动车组转向架型号为 SKMB-200、SKTB-200，CRH2C 一阶段动车组转向架型号为 SKMB-300、SKTB-300，CRH2C 二阶段动车组转向架型号为 SWMB-350、SWTB-350，CRH380A 及 CRH380AL 型动车组转向架型号为 SWMB-400、SWTB-400。部分型号转向架组成如图 2.77 所示。

（a）SWMB-350 型转向架

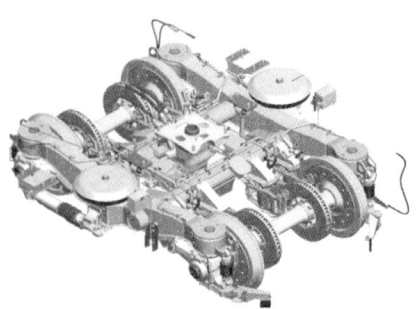

（b）SWTB-350 型转向架

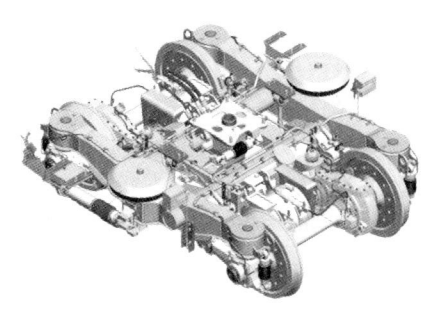
（c）SWMB-400 型转向架

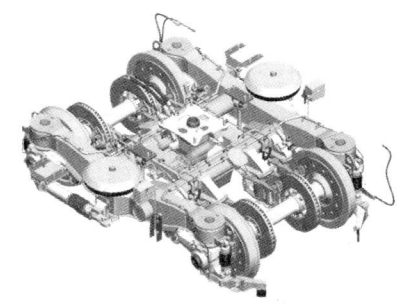
（d）SWTB-400 型转向架

图 2.77　CRH380A 系列动车组转向架

1. CRH2 型动车组转向架

CRH2 采用 4M4T 的编组形式，分别装用了 SKMB-200 动力转向架和 SKTB-200 拖车转向架，转向架参数见表 2.5。转向架的结构特点如下：

表 2.5　CRH2 转向架参数表

转向架形式	动车转向架 SKMB-200	拖车转向架 SKTB-200
转向架质量/t	7.50	中间车：6.87/头车：6.95
固定轴距/mm	2 500	
车轮直径/mm	860（新）/790（磨耗到限）	
轮缘内侧距/mm	$1\,353_{-1}^{+2}$	
轴承中心间距/mm	2 000	
自重下空气弹簧上平面距轨面高度/mm	1 000	
能通过的最小曲线半径/m	180（编组）/130（单车）	
适用轨距/mm	1 435	
转向架最大长度/mm	3 416	中间车：3 416/头车：3 566
转向架最大宽度/mm	3 102（至空气弹簧筒为止）	
空气弹簧左右间隔/mm	2 460	
空气弹簧有效直径/mm	$\phi 525$	
驱动方式	平行万向节挠性联轴器	—
齿轮比	85∶28＝3.04	—
车轴轴承	密封式双列圆锥滚子轴承	
制动方式	空油变换、轮盘方式	空油变换，轮盘、轴盘并用方式
液压制动油缸装置	油压缸：$\phi 45\times 2$	油压缸：$\phi 32\times 2$
闸　片	烧结合金（锻钢盘片用）	
轴箱定位方式	转臂式	
减振方式	油压减振器	

（1）如图 2.78 所示，动车转向架轮对由车轴、车轮（带有制动盘，简称轮盘）、齿轮装置及轴承构成；拖车转向架轮对由车轴、车轮（也带有制动盘，简称轮盘）、轴制动盘（简称轴盘）及轴承构成。

采用空心车轴，小轮径（$\phi860$ mm）车轮，以减小簧下质量。车轮采用直辐板整体轧制车轮，踏面形状采用 LMA 型。新造车轮滚动圆直径为 $\phi860$，最大磨耗直径为 $\phi790$。在靠轮辋轮缘侧面 $\phi790$ 的圆周上，设有磨耗到限标记。为提高车轴的疲劳安全性，采用高频淬火热处理和滚压工艺。为了在保证强度的同时减轻质量，采用空心车轴使超声波探头可以直接穿过该通孔，使探伤容易。

（a）M 车轮对　　　　　　　　　　（b）T 车轮对

图 2.78　轮对

（2）轴箱装置包括如下主要部件：轴箱体、轴箱压盖、轴箱前盖、轴箱后盖、轴承组、橡胶弹性定位节点、轴温检测器及橡胶盖。轴箱组成如图 2.79 所示，采用双列圆锥滚子轴承组，为油脂润滑，并采用轻接触式的双唇自密封结构。

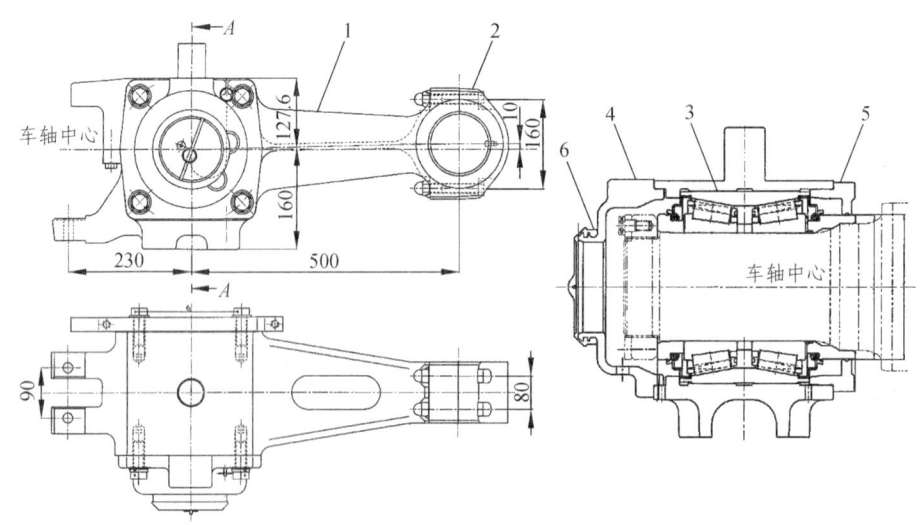

图 2.79　轴箱组成

1—轴箱体；2—定位节点压盖；3—轴承组件；4—前盖；5—后盖；6—橡胶盖

（3）CRH2动车组采用轴箱与转臂一体式结构，其目的是为了简化结构，降低自重和便于维护检修，同时有利于提高车辆的运行稳定性及便于组装。CRH2转向架一系悬挂装置采用转臂式结构，主要包括轴箱弹簧及防雪罩、垂向液压减振器、弹性定位节点弹簧夹板和轮对提吊等零部件，如图2.80所示。轴箱弹簧为双卷螺旋钢弹簧，轴箱与构架之间装有一系油压减振器。轴箱弹簧组组成及参数如图2.81所示。

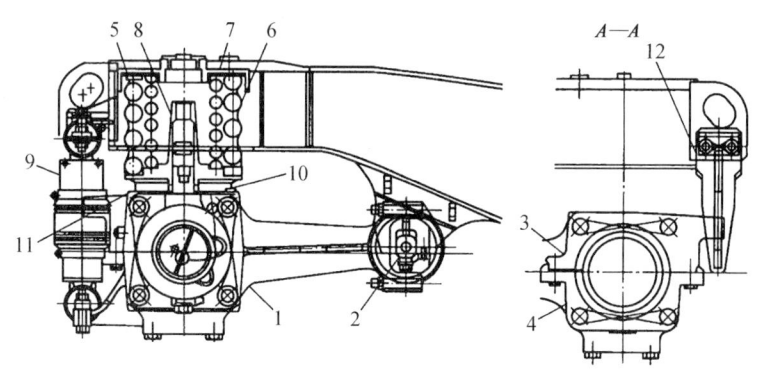

图2.80 一系悬挂结构

1—轴箱体；2—弹性定位节点；3—后盖（上）；4—后盖（下）；5—轴箱弹簧；6—防雪罩；7—夹板（上）；8—夹板（下）；9—垂向减振器；10—橡胶垫；11—调整垫；12—轮对提吊

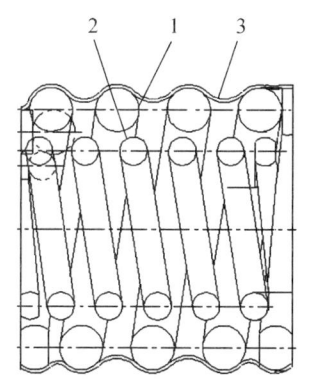

项目		内圈簧	外圈簧
簧条直径/mm		26	41
簧圈直径/mm		143	220
自由高度/mm		240	256
压紧高度/mm		153.4	180.4
总圈数/有效圈数		6.4/4.4	4.9/2.9
旋向		左	右
弹性系数/(N/mm)	单	355.2	915.1
	总	1 270.3	
横向弹性系数/(N/mm)		80 000	80 000
应力修正系数		1.278	1.286

图2.81 轴箱弹簧组组成及参数

1—外圈弹簧；2—内圈弹簧；3—防雪罩

（4）转向架构架和拖车转向架构架主结构相似，不同之处主要是动车转向架构架设有电机吊座和齿轮箱吊座，拖车转向架构架设有轴盘制动吊座。

构架为焊接结构，主体框架呈H形。构架由侧梁、横梁、纵向连接梁、空气弹簧支承梁及其他焊接附件组成。侧梁为箱形断面，横梁采用无缝钢管型材。CRH2转向架构架侧梁内设有筋板，以提高侧梁承载刚度，并在侧梁外侧及两横梁间设置空气弹簧支承梁，两支承梁分别与两横梁连通，共同组成空气弹簧附加气室。靠近横梁与侧梁的连接处设置4个轮盘制动吊座。两横梁之间设纵向连接梁，主要用于吊挂增压缸和设置横向减振器安装座及横向缓冲挡安装座。

（5）二系悬挂装置主要由空气弹簧系统、牵引装置、横向减振器、抗蛇行减振器及横向缓冲橡胶止挡等零部件组成。构架设空气弹簧附加气室，抗蛇行液压减振器的卸荷速度v_0

（约为 0.003 m/s）远远小于一般液压减振器的卸荷速度 v_0（0.1~0.3 m/s）。这样，就有可能同时满足有效抑制蛇行失稳和利于通过曲线的要求。采用单拉杆式牵引装置传递纵向力。横向止挡设在转向架横梁的连接梁与中央牵引拉杆座间，该横向弹性侧挡与中央牵引拉杆座之间的间隙为 20 mm。为传递车体与转向架间的纵向载荷，在车体枕梁中央安装了中央牵引拉杆座，通过单牵引拉杆与转向架构架连接，见图 2.82。

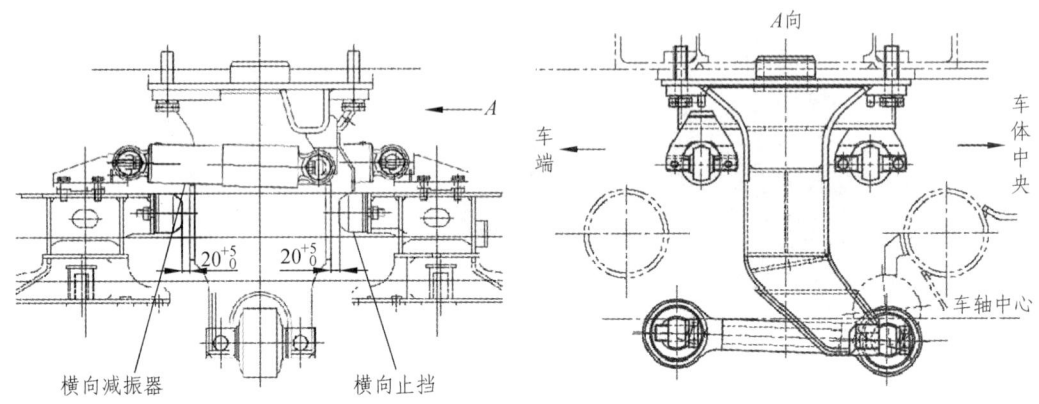

图 2.82 中央牵引拉杆座及牵引拉杆组成

（6）电机采用架悬结构，小齿轮端通过挠性浮动齿式联轴节与电机连接。

驱动装置采用简单而实用的挠性浮动齿式联轴节式牵引电机架悬结构，即通过挠性浮动齿式联轴节将牵引电机输出轴与齿轮箱的输入轴（小齿轮轴）连接起来，在传递扭矩的同时，允许两者间相对运动。驱动装置结构如图 2.83 所示。

齿轮箱主要包括大齿轮、小齿轮轴、轴承、箱体、轴承盖、齿轮箱吊杆、温度传感器及接地装置（CRH2 型动车组仅在动力转向架的齿轮箱上安装接地装置，电机接地电缆与齿轮箱上的接地线安装座通过螺栓连接，拖车转向架不再设置接地）等构成，如图 2.84 所示。齿轮的润滑方式采用飞溅式油润滑，齿轮装置齿轮传动比为 85/28 = 3.036。

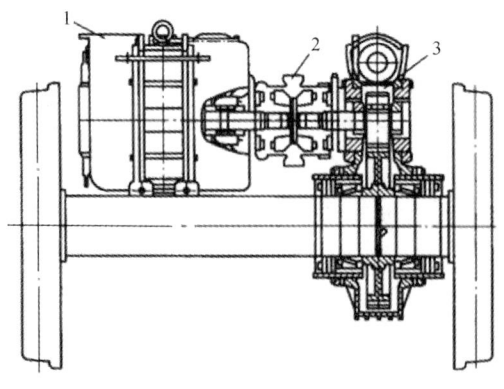

图 2.83 牵引电机驱动装置布置简图

1—牵引电动机；2—齿轮联轴节；3—传动齿轮箱

图 2.84 齿轮箱装置

（7）全部车轮装有轮盘制动盘，非动力转向架车轴上装有轴盘制动盘，见图 2.85；利用踏面清扫装置改善轮轨间的黏着状态，见图 2.86。

图 2.85 T 车轮对轮盘/轴盘制动卡钳装置

图 2.86 踏面清扫装置

2. CRH380A 型系列转向架

CRH380A 系列动车组转向架以 CRH2 型系列动车组转向架为平台，根据速度的提升要求重点进行以下设计改进。

（1）非线性空气弹簧，增设抗侧滚扭杆装置。
（2）每侧设双抗蛇行减振器。
（3）头、尾车设半主动横向减振器。
（4）采用紧凑型空气制动单元，摩擦面安装铸钢制动盘，取消增压缸、浮动式制动闸片。
（5）设置转向架失稳监控装置。
（6）传动比为 2.379，带油量调节。
（7）采用欧系标准轮轴。

CRH2/CRH380A 系列动车组转向架的最大优点是中央悬挂装置结构简单，无联系枕梁。两种技术平台的动、拖转向架主结构基本一致，采用 H 形焊接构架，无摇枕支撑、空心车轴和铝合金齿轮箱结构，实现轻量化设计，提高了动力学性能，降低了对线路的冲击，适应国内既有线路条件。

2.7.2 CRH380B/C 系列动车组转向架

CRH3 系列动车组转向架主要有 CW300（D）型和 CW400（D）型两种技术平台。其中，CW300（D）型动车组转向架适用于 CRH3C 型动车组，CW400（D）型转向架适用于 CRH380B/CRH380BL/CRH380CL 型动车组。CW300（D）型和 CW400（D）型转向架如图 2.87 所示。

CW400（D）型转向架与 CW300（D）型转向架相比，增加了二系垂向油压减振器，优化了转向架悬挂参数，增大了转向架构架等结构强度；在轮对、轴箱、一系及二系悬挂装置、齿轮箱和牵引装置、制动装置等各部件的设计结构上均继承成熟的技术，确保了动车组的速度和承载要求，具有较高的运行品质。

CRH3 型动车组转向架由国际著名的 SGP 公司和 Adtranz 公司联合设计完成。它是在原型车 SF500 转向架的基础之上，针对我国的线路特点设计而成的。CRH3 系列高速动车组转向架分动力转向架（简称 M）和非动力转向架（简称 T）两种基本类型。两种转向架不可互换，但其结构形式基本一致，主要技术参数见表 2.6。各部件的主要结构形式和特点如下：

（a）CW300D 动力转向架

（b）CW300 非动力转向架

（c）CW400D 动力转向架

（b）CW400 非动力转向架

图 2.87　CRH3 系列动车组转向架

（1）轮对使用整体车轮，车轮材料采用 R8T，新轮时车轮滚动圆直径 920 mm，磨耗到限时动车转向架车轮直径 830 mm，非动力车轮设计有降噪结构。车轴为空心结构，中空直径为 30 mm，车轴可以通过孔探针进行无损检测。

（2）轴箱上设有弹簧安装座和垂向减振器座，并使用圆锥滚子轴承 TBU $\phi130 \times \phi240 \times 160$，可不拆卸轴承更换轮对。轴箱为分体设计，其下部可分离以便更换轮对，只有一端轴箱布置有速度传感器，两端轴箱都布置有轴温传感器。

（3）一系悬挂装置采用转臂式轴箱定位结构，见图 2.88。一系悬挂系统由一组双卷螺旋钢弹簧、一系垂向减振器和定位装置组成。箱体与构架间的连接通过带橡胶节点的转臂实现。定位弹性节点主要由弹性定位套、定位轴、金属套等组成，当轮对轴箱相对于构架在纵、横向产生位移时，弹性定位套中的橡胶层发生变形，从而起到弹性定位的作用。

表 2.6　CRH380BL 动车组转向架主要技术参数

转向架类型	动车	拖车
轴列式	B_0	2
轨距/mm	1 435	
最高运行速度/（km/h）	380	
未平衡离心加速度/（m/s^2）	0.79	
固定轴距/mm	2 500	

续表

转向架类型	动车	拖车
车轮直径（新/旧）/mm	920/830	920/860
最大静轴重/t	17×(1±4%)（最大17.68 t）	17×(1±4%)（最大17.68 t）
转向架质量，包括摇枕及其零部件/kg	≤10 000	≤7 500
一系悬挂	螺旋圆柱钢弹簧	
二系悬挂	空气弹簧	
二系纵向力传递方式	摇枕	
转向架距轨面高度/mm	1 010（摇枕上边缘）/新车轮、空气弹簧充风状态下	
传动	轴装式平行轴传动装置	—
持续轴功率/kW	约 560	—
机械制动	轮盘制动	轴装式盘形制动
停放制动	—	弹簧蓄能制动

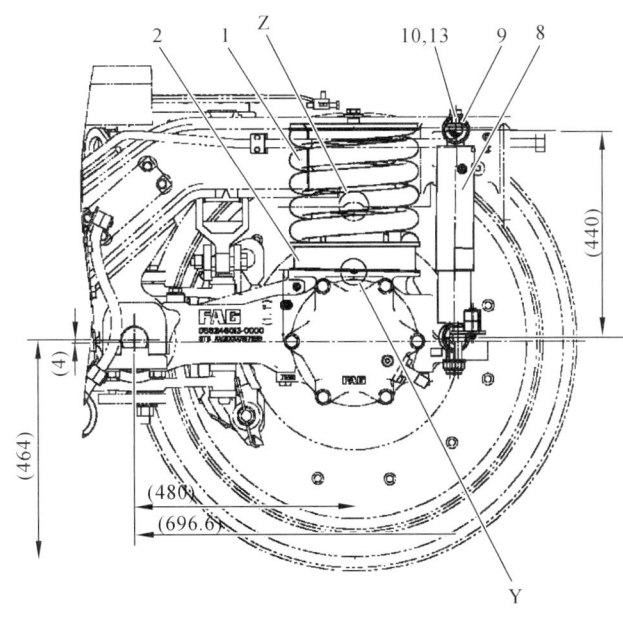

图 2.88　一系悬挂装置

1—螺旋压缩弹簧装置；2—橡胶弹簧；8——系垂向减振器；9，13—垫圈；10—螺钉

（4）动力转向架构架组成和非动力转向架构架组成如图 2.89 所示。为了实现模块化设计，两种构架组成的主体结构尽可能通用。与后者相比，前者多出了齿轮箱吊座、牵引电机吊座等吊座和轮盘制动吊座，后者则有轴盘制动吊座。构架由两个侧梁、两个横梁和两个纵梁组焊为双"H"形箱形结构。侧梁由钢板焊接而成下凹"U"形结构，侧梁上焊有拉杆定位座、一系垂向减振器座、一系弹簧定位座、二系空气弹簧定位座、抗侧滚扭杆座、抗蛇行减振器座、转向架起吊吊座、制动横梁座等；横梁为无缝钢管，横梁上焊有牵引拉杆座、齿轮箱吊座、牵引电机吊座等。

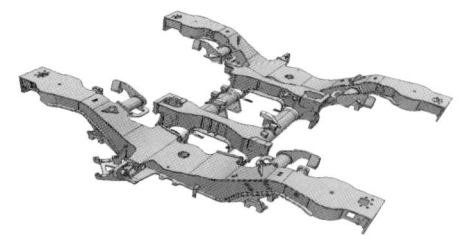 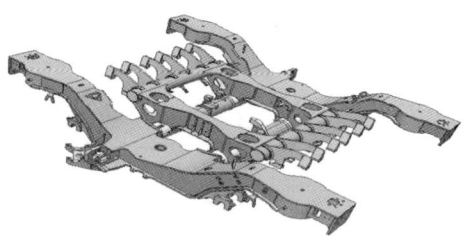

（a）动力转向架构架组成　　　　　　（b）非动力转向架构架组成

图 2.89　CRH3 构架组成

（5）二系悬挂装置采用 CW300（D）型和 CW400（D）型转向架的二系中央悬挂装置，由枕梁、空气弹簧组成、横向缓冲器、牵引套、牵引中心销、抗侧滚扭杆装置、牵引拉杆、横向油压减振器、高度控制阀、安全阀及供风管路等组成（见图 2.90）。每个转向架两个空气弹簧坐落在侧梁上，空气弹簧上设有枕梁，枕梁采用铸造结构，枕梁与构架间牵引装置采用"Z"形双牵引拉杆。每个转向架有一套抗侧滚扭杆装置、两个二系横向减振器和 4 个抗蛇行减振器，其中抗侧滚扭杆装置和二系横向减振器根据车型的不同参数不同，可使车辆获得较高的乘坐舒适性。

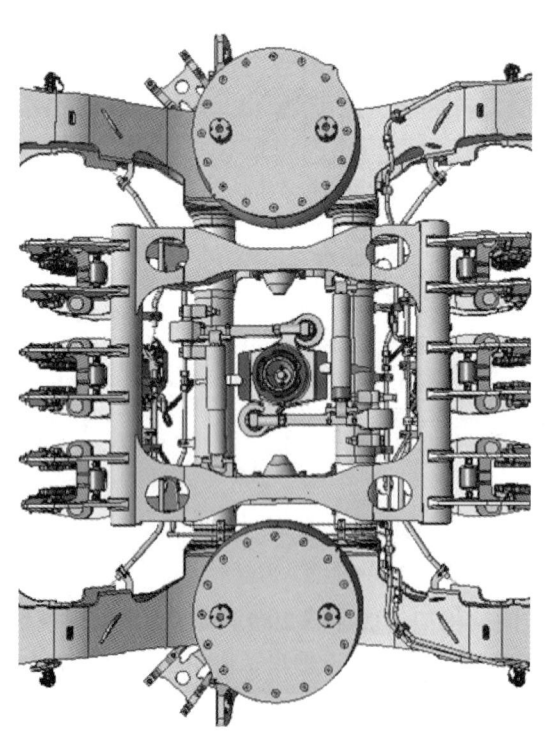

Z 字形牵引杆

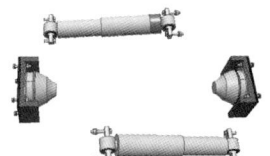

横向减振器和止挡

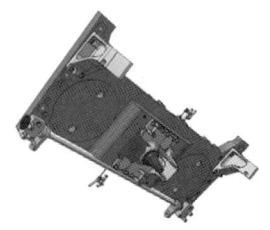

上枕梁
抗蛇行减振器
空气弹簧

图 2.90　二系悬挂装置组成

转向架枕梁通过定位销与车体连接。枕梁由钢板焊接而成箱形结构，还作为二系悬挂空气弹簧的附加空气室。枕梁通过定位销与车体连接。空气弹簧、牵引装置与构架相连，抗侧滚扭杆、二系横向减振器、抗蛇行减振器等都通过相应的支座与枕梁相连。转向架至车体枕梁的连接通过中心销实现。中心销套用螺栓固定在枕梁上。枕梁与构架间采用"Z"形双牵引拉杆，可在车体和转向架构架间传输牵引力和制动力。转向架的中心销及构架上的两侧均设有橡胶止挡，用于限制车体纵向的位移。

（6）动车转向架的齿轮传动装置由齿轮箱、联轴节、安全装置和牵引电机等组成，齿轮箱安装在动力轴上，通过联轴节与电机连接，如图 2.91 所示。每台动力转向架斜对称布置两台牵引电机。牵引电机安装在悬挂电机架上，通过具有横向弹性的电机吊架及圆销安装在构架上。牵引电机和齿轮箱间安装有弹性联轴器，使齿轮机构可以垂直运动。齿轮箱采用铸铝箱体，齿轮的传动比为 2.78。齿轮装置的一端在轴的滚动轴承中运动，另一端通过一反力杆在转向架构架处悬挂。因此，约 2/3 的齿轮质量为簧下质量，1/3 的质量为一系悬挂质量（通过反力杆在转向架构架上的悬挂）。安全止挡用于提供当反力杆损坏时防止齿轮装置掉到轨道上。牵引电机与齿轮箱之间通过齿形联轴器连接。

（a）牵引电机及电机托架　　　　　　　　（b）齿轮箱及弹性联轴节

图 2.91　驱动装置

（7）动力转向架的每个轮上安装一套轮装制动盘，制动盘直径为 750 mm。非动力转向架的每轴安装 3 个轴装制动盘，制动盘直径为 640 mm，每轴有一个带弹簧作动器的制动夹钳停放制动装置。

（8）头尾车转向架根据需要安装了排障器、轮缘润滑等相关设备。为了满足动车组头车流线型设计的要求以及动车组 ATP 天线相关设备的安装要求，头车转向架的构架和枕梁进行了适应性设计，转向架端部安装了天线梁组成，用于安装 ATP 天线设备。轴端安装轴箱轴承温度传感器；齿轮箱处安装大小齿轮轴承温度传感器；构架安装蛇行失稳监控装置。

2.7.3　CRH380D 系列动车组转向架

CRH380D 系列动车组转向架主要有 CRH1 型和 CRH380D 型两种技术平台类型。其中，

CRH1 型动车组转向架适用于 CRH1A、CRH1B、CRH1E 型动车组，CRH380D 型动车组转向架适用于 CRH380D 型动车组。各类转向架如图 2.92 所示。

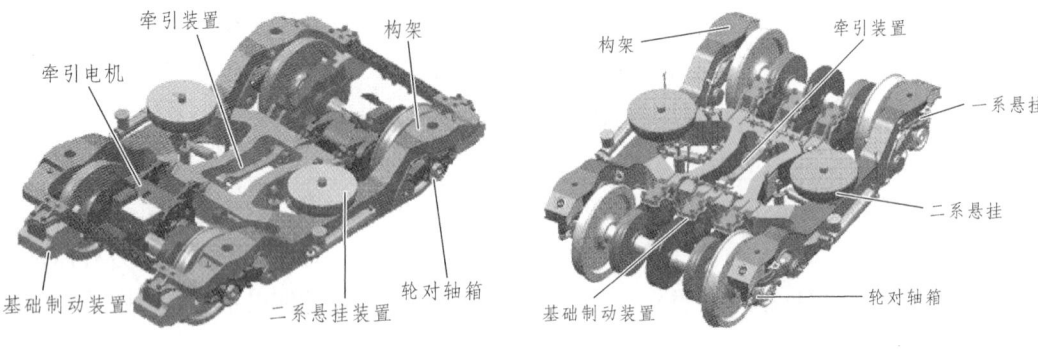

（a）CRH1 型动力转向架　　　　　　　（b）CRH1 型非动力转向架

（c）CRH380D 型动力转向架　　　　　　（d）CRH380D 型非动力转向架

图 2.92　CRH1 系列转向架

1. CRH1 型动车组转向架

CRH1 动车组由 5 辆动车和 3 辆拖车组成，安装有 10 个动力转向架和 6 个非动力转向架（见图 2.93）。CRH1 动车组转向架是以瑞典 Regina 型动车组用 AM96 转向架为原型进行设计，通过青岛 BSP 公司内部技术消化，其构架、轮对、牵引装置、悬挂装置、制动装置等关键部件均在采用成熟技术的基础上，根据中国铁路线路及环境特点加以改进，能够满足高速列车的速度和承载各方面的要求。

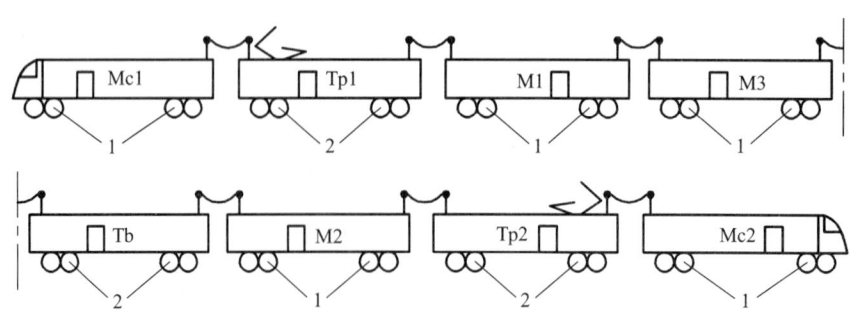

图 2.93　CRH1 动车组的转向架布置

1—动力转向架；2—非动力转向架

其主要技术参数如下：

轴距	2 700 mm
轮径	915 mm（835 mm 磨耗到限）
车轴	UIC A4T 空心车轴
轴颈中心距	2 070 mm
空气弹簧横向间距	1 860 mm
空气弹簧上承台面距轨面高	945 mm
动车转向架质量	~8.2 t
拖车转向架质量	~6.3 t
运行速度	正常运行：200 km/h
	最大速度：220 km/h
	最大试验速度：250 km/h

其转向架结构特点如下：

（1）轮对为空心车轴，整体车轮，满足轻量化设计要求。轮对组装过程采用热压装配整体车轮工艺方法。动力轮对采用热压装配齿轮，非动力轮对则采用热压装配制动盘的工艺方法，见图 2.94（a）、(b)。车轮踏面采用 LMA 型踏面，动车制动盘为轮盘，每轮对 2 组；拖车为轴盘，每轮对 3 组。车轴、车轮分别见图 2.95（a）、(b) 和图 2.96（a）、(b)。

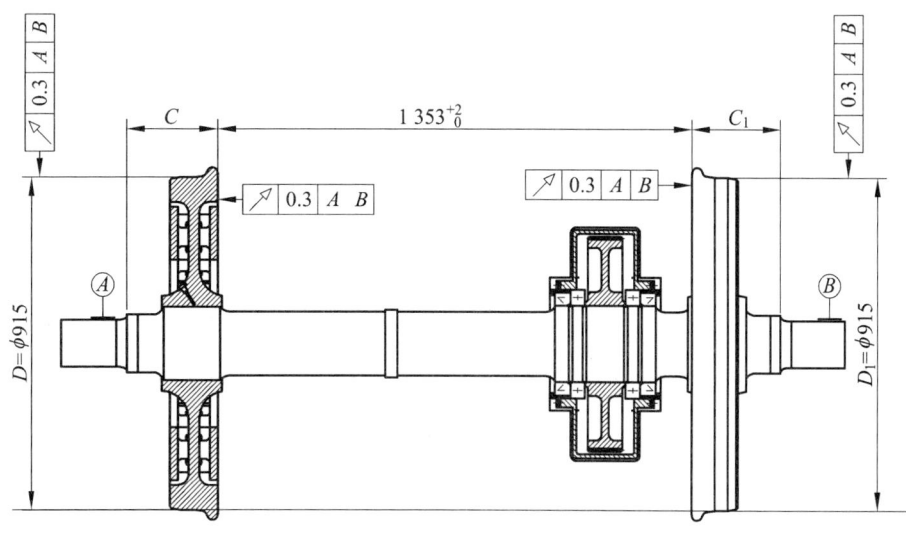

（a）动力轮对

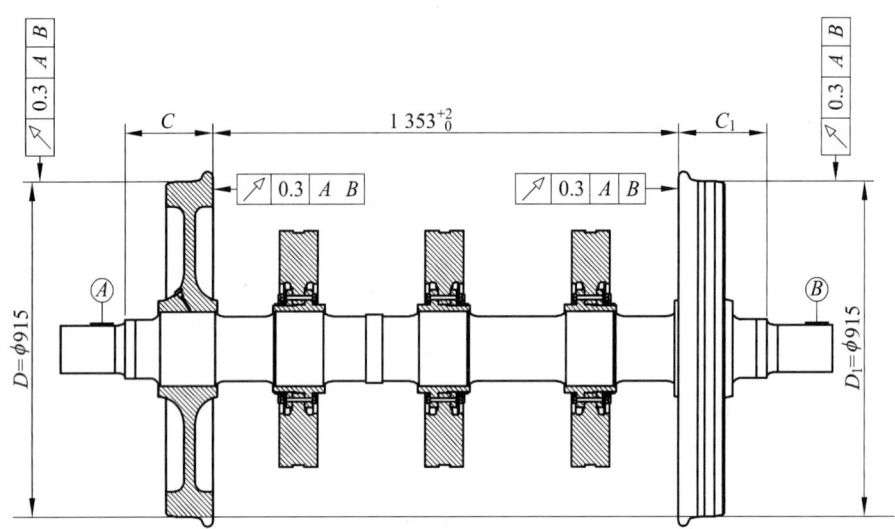

（b）非动力轮对

图 2.94 轮对组装

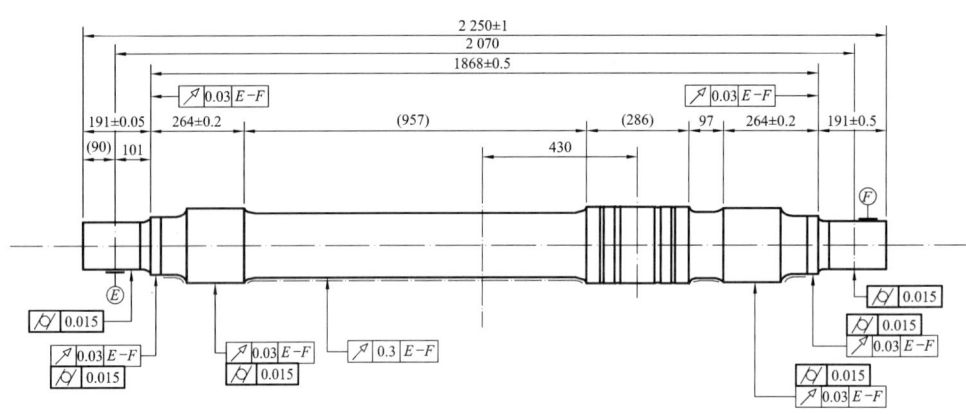

（a）动车车轴

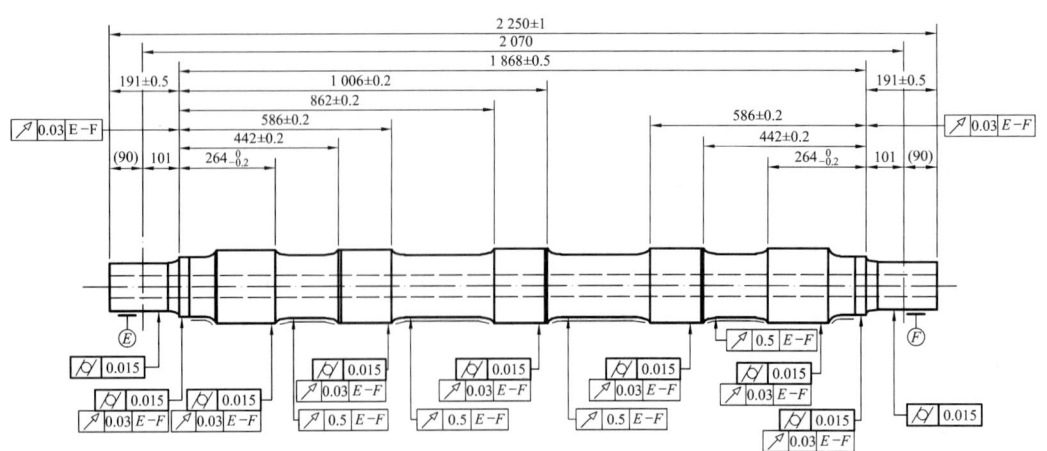

（b）拖车车轴

图 2.95 车轴

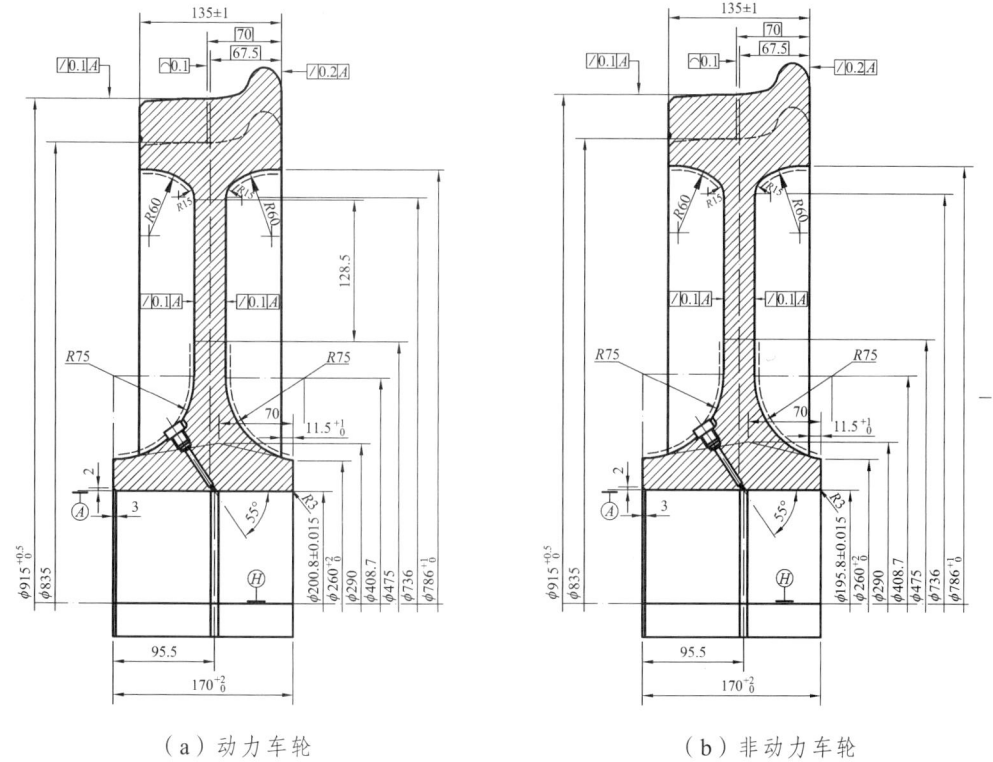

(a)动力车轮　　　　　　　　　(b)非动力车轮

图 2.96　车轮

（2）轴箱为分体式结构，这种结构有利于轮对的更换。轴承采用 TBU130 密封双列圆锥滚子轴承，轴箱各零件之间的关系如图 2.97 所示。

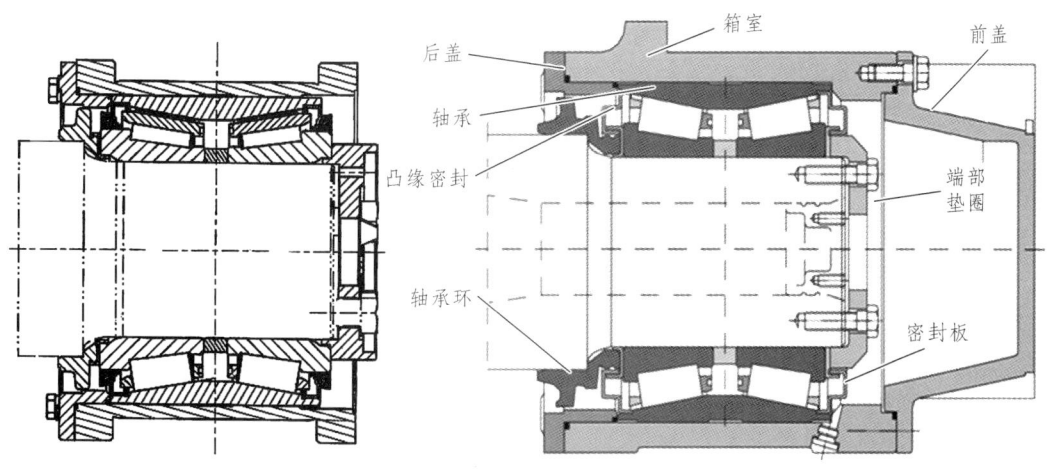

图 2.97　轴箱装配示意图

（3）如图 2.98 所示，一系悬挂采用转臂式定位，轴箱弹簧为螺旋钢弹簧组，轴箱上方设有弹性止挡，200 km/h 等级动车组转向架还同时设有剪切垫；轴箱与构架之间装有一系油压减振器。

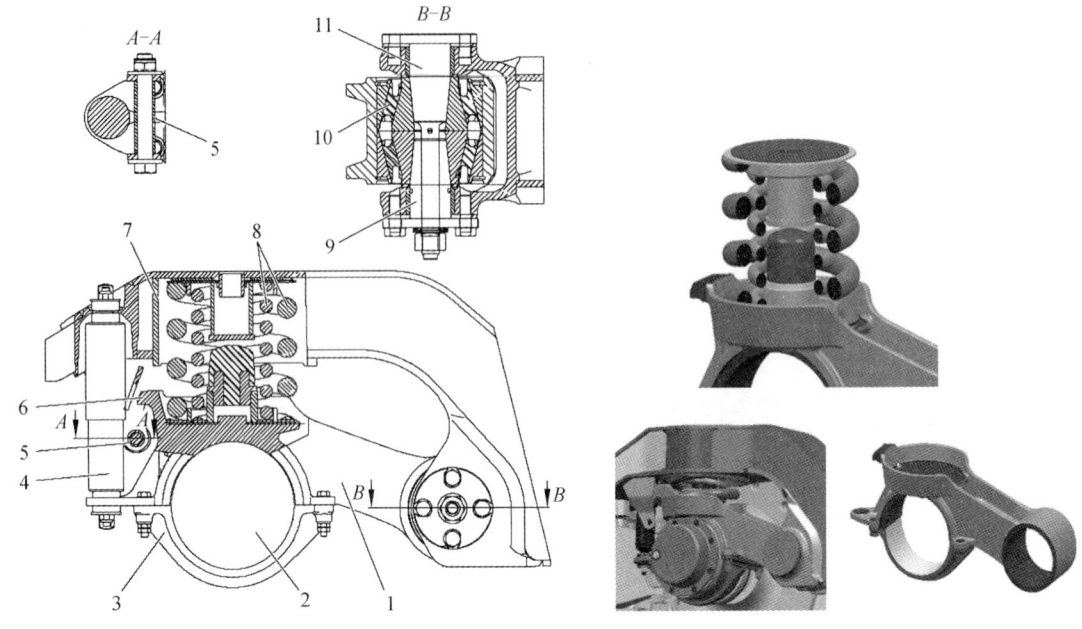

图 2.98 轴箱定位装置

1——系转臂；2—轴箱；3—底部压板；4——系垂向减振器；5—止挡管；6—凸台；
7—弹簧套；8—螺旋弹簧；9—锥形套；10—柱形橡胶套；11—锥形销

轴箱垂向减振器安装在轴箱外侧，在构架端部和转臂之间。转向架轴箱上还装有用于不同功能的轴箱辅助装置（见图 2.99），主要有碳刷装置（保护接地或牵引回流）、车轮防滑装置的速度传感器（WSP）、两套监控记录装置（ASP 系统）的速度传感器（LKJ1 和 LKJ2 速度传感器：国产的 LKJ2000 系统；ATP 速度传感器：日立 ASJ 系统）和轴温报警装置。

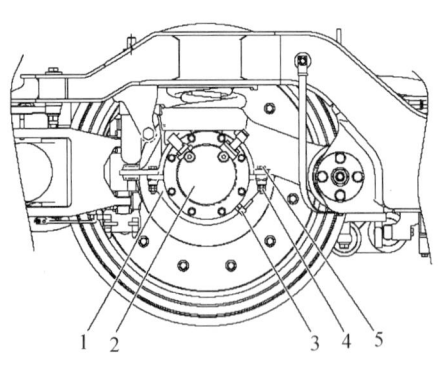
（a）动力轮

1—夹持架；2—轴箱；3—轴温报警器；
4—螺母（M14）与弹簧垫圈；
5—螺钉（M14）

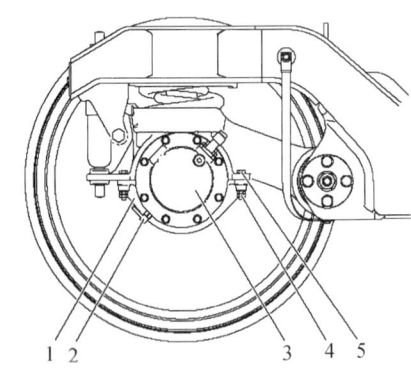
（b）非动力轮

1—固定支架；2—轴温探测传感器；3—轴箱；
4—螺母和弹簧垫圈；5—螺钉（M14）

图 2.99 轮对轴箱辅助装置

（4）无论是动力转向架还是非动力转向架，均采用由铸件和钢板组装成传统的"H"形构架形式。动力转向架构架和非动力转向架构架可通过安装托架实现互换性。转向架通过牵引拉杆、抗侧滚扭杆、减振器、安全吊绳等部件与车体连接。如图 2.100 和图 2.101 所示，转向架构架主要由侧梁组成、横梁组成、纵向辅助梁、空气弹簧支撑梁、定位臂和齿轮传动装置座等组成。

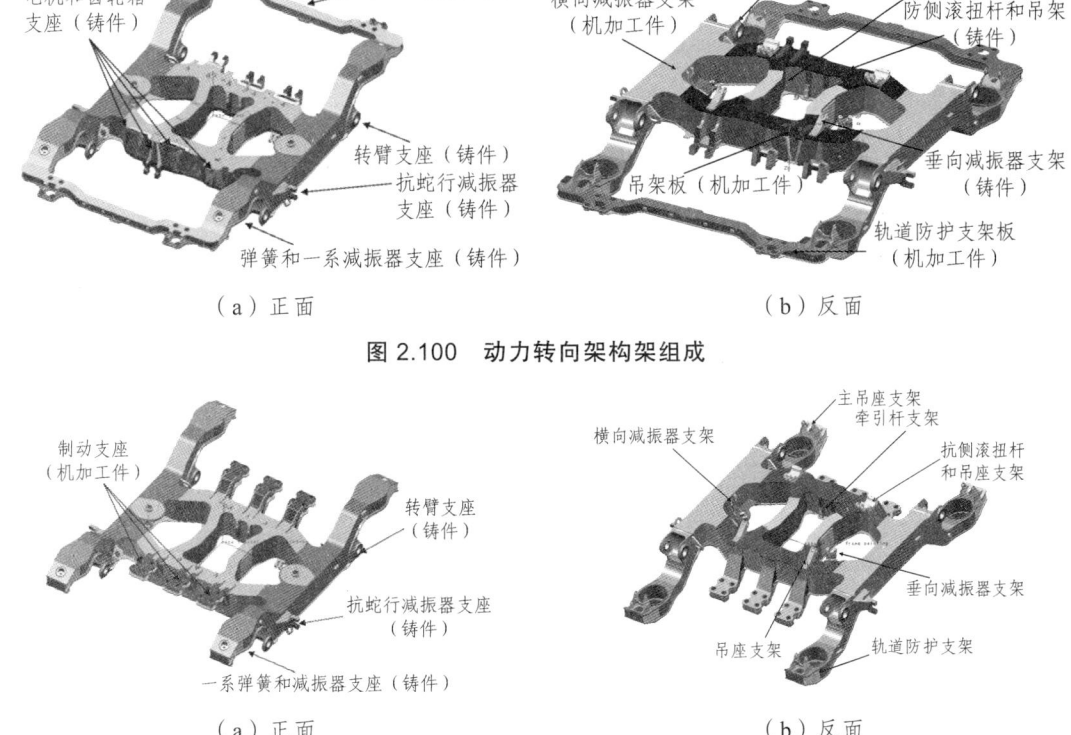

图 2.100 动力转向架构架组成

图 2.101 非动力转向架构架组成

（5）二系悬挂采用空气弹簧，附加气室为安装在车体底架设备舱内的风缸；构架和车体间设有横向止挡；两个二系横向减振器、两个二系垂向减振器、两个抗蛇行减振器，用于衰减转向架到车体间的振动传递，抑制蛇行运动；同时构架和车体间装有抗侧滚扭杆，提高车体抗侧滚能力，减小车体受到大风作用及通过曲线和道岔时车体的侧滚，保证列车运行的动力学性能，见图 2.102。另外，采用中央单牵引拉杆在转向架与车体之间传递牵引力和制动力。

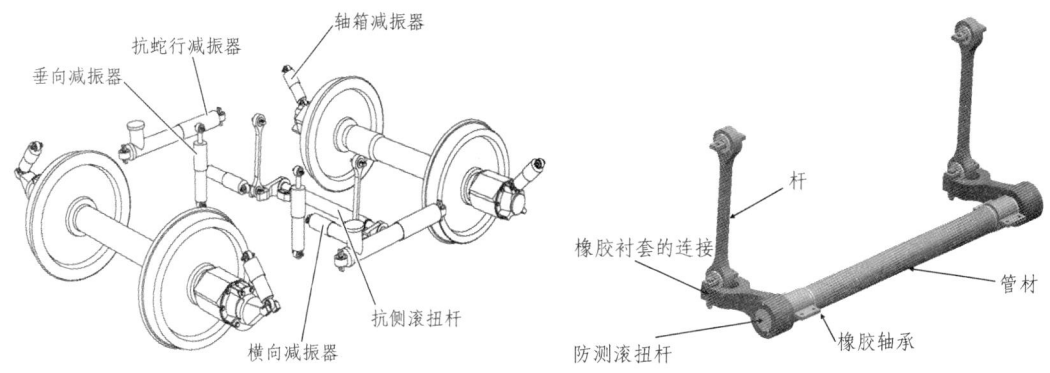

图 2.102 二系悬挂装置中的减振器和抗侧滚扭杆

（6）牵引电机采用架悬式结构；同时齿轮箱通过滚动轴承安装在车轴上，并通过反应杆与转向架构架相连；齿轮箱大齿轮压装在车轴上，小齿轮端通过联轴节与电机连接，牵引电机和轴箱之间通过弹性齿型联轴节传递力，齿轮箱齿轮速比 3.72。

（7）如图 2.103 和图 2.104 所示，基础制动装置主要包括常用制动和停放制动（停放制动是指在停车状态下的制动）。动力转向架采用轮盘制动装置；非动力转向架采用轴盘制动装置，每个车轴有 3 个制动盘，制动盘的直径是 640 mm。

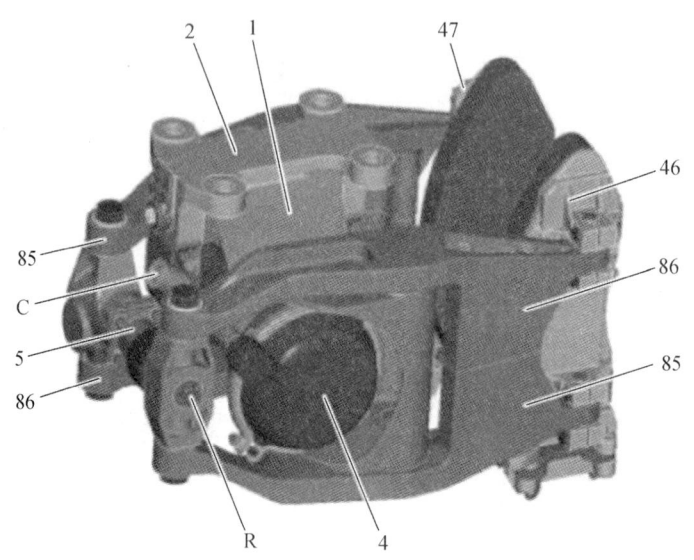

图 2.103　无停放制动装置的制动单元

1—外壳；2—保持架；4—薄膜气缸；5—自调节机构；46，47—制动闸片托；85，86—控制臂；
C—压缩空气接口；R—自调节复位螺钉

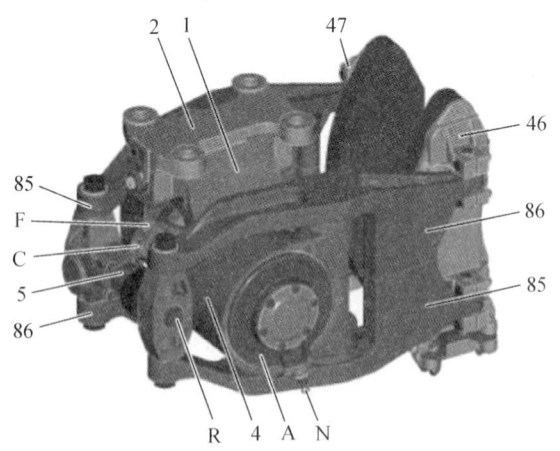

图 2.104　带停放制动装置的制动单元

1—外壳；2—保持架；4—停放制动器薄膜气缸；5—自调节机构；46，47—制动闸片托；85，86—控制臂；
A—停放制动器的一体式悬挂控制单元；C—盘式制动器的压缩空气接口；F—停放制动器的压缩空气口；
N—停放制动器的紧急释放机构；R—自调节复位螺钉

（8）在头车和尾车的第一个转向架设有排障装置。轨道清障器通过螺栓接头固定在转向架构架上，如果螺栓接头失效，它的两个紧固线可以起到固定作用。轨道清障器的下部是一块可调节的板，用螺栓接头紧固至轨道清障器臂上。

（9）车体和转向架间装有安全吊绳，每个转向架有 4 根吊索，吊索装在转向架横梁和车体枕梁之间，用于车体整体吊装时转向架的提吊和防止空气弹簧过充。

2. CRH380D 型动车组转向架

CRH380D 型动车组转向架是在德国 ICE3 的基础上设计的，固定轴距 2 700 mm，转向架结构特点如下：

（1）轴箱为整体式结构，这种结构有利于保证加工及安装尺寸，避免由于安装误差对轴承产生额外的力，密封性能较好。

（2）一系悬挂采用转臂式定位，轴箱弹簧为螺旋钢弹簧组；轴箱上方设有弹性止挡和剪切垫。

（3）采用"H"形焊接构架；枕梁端部设有安装孔，用于与车体的连接，枕梁内腔同时可以充当附加气室。

（4）二系悬挂中空气弹簧为气囊加橡胶堆的形式，附加气室为枕梁内腔；构架和枕梁间设有横向止挡；减振器包括两个二系横向减振器、两个二系垂向减振器、两个抗蛇行减振器，用于衰减转向架到车体间的振动传递，抑制蛇行运动。同时，采用"Z"形牵引拉杆装置传递纵向力。

（5）在头车和尾车的第一个转向架设有撒砂排障装置和轮缘润滑装置，在中间车转向架上设有撒砂装置。

（6）每个转向架上都设有蛇行失稳监控装置，用于实时监控转向架的横向蛇行运动，保证列车运营安全。

（7）转向架设有轴承温度传感器，用于实时监控轴箱轴承和齿轮箱轴承的温度。

2.7.4 CRH5 型动车组转向架

CRH5 型动车组每列 8 辆编组，采取"五动三拖"的编组构成，所用转向架包括动力转向架和非动力转向架两种形式。CRH5 型动车组转向架主要技术平台为 CW250（D）型，如图 2.105 所示。CRH5 动车组转向架的主要技术参数如下：

设计使用寿命/年	30
最高试验速度/(km/h)	250
运行速度/(km/h)	200
轨距/mm	1 435
最大轴重/t	17
轴距/mm	2 700
新（旧）车轮尺寸/mm	890（810）
轮对内侧距/mm	1 353±1
车轮踏面	XP55

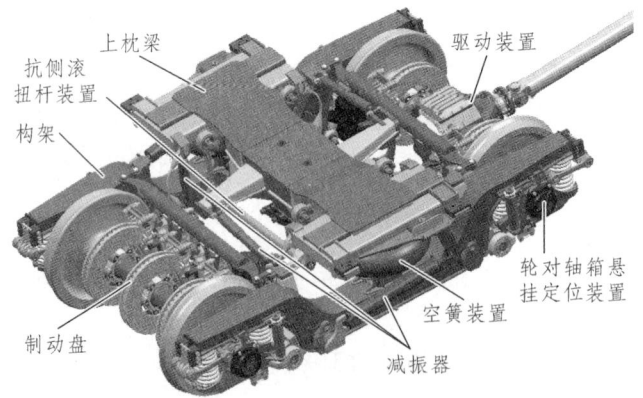

（a）CW250D 动力转向架

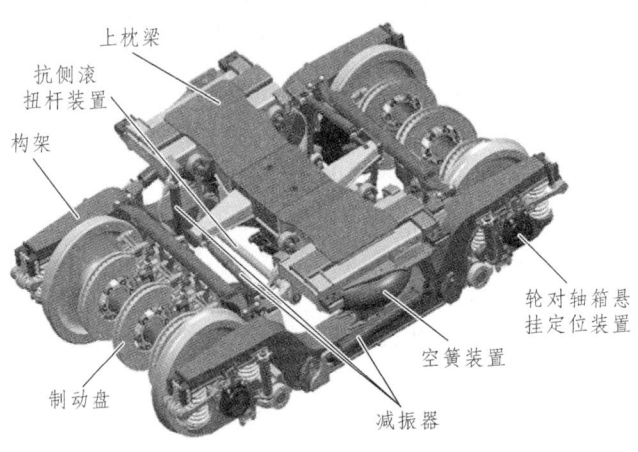

（b）CW250 非动力转向架

图 2.105　CRH5 型动车组转向架

最小曲线半径/m（$v < 5$ km/h）	100（单车调行）
	145（连挂）
最小曲线半径/m（$v < 40$ km/h）	160
线路曲线半径/m（200 km/h）	2 200
制动盘尺寸/材料（mm/钢）	$\phi 640$
每动力轴/非动力轴制动盘数量	2/3
车辆平稳性指标	乘客 $W < 2.5$，司机室 $W < 3.5$
弹簧形式	一系螺旋钢弹簧
	二系空气弹簧
	轴承形式
	SKF-TBU $\phi 130 \times \phi 230 \times 160$ 圆锥滚子轴承组
轴箱轮对定位方式	拉杆定位
弹性定位节点刚度/[(MN/m)/轴箱]	纵向：13.734
	横向：4.990
转向架制动形式	轴盘制动

转向架外形尺寸（长×宽×高）/mm	3 740×2 853×1 050（动力）
	3 740×2 834×1 050（非动力）
转向架质量/kg	8 060（动力）
	7 660（非动力）
空气弹簧横向跨距/mm	2 000

CRH5 型动车组用 CW250（D）转向架，源于 AISTOM 公司 Pendolino 摆式转向架，一系悬挂装置采用拉杆轴箱定位方式，二系悬挂系统由上枕梁、空气弹簧系统、抗侧滚扭杆、二系横向减振器、二系垂向减振器、抗蛇行减振器、防过充装置、横向止挡和牵引装置等组成；传动装置由齿轮箱、万向轴、安全装置和体悬式电机组成，转向架与车体间采用"Z"字形双牵引装置，传递牵引力和制动力；基础制动采用轴盘制动。

该转向架结构的特点如下：

（1）动力、非动力轮对轴箱装置均由轮对（包括车轮和车轴）、轴箱及轴承等部分组成。动车车轴上安装有 1 个齿轮箱组成和 2 个制动盘，而非动力轮对轴箱装置采用非动力车轴，车轴上安装有 3 个制动盘，如图 2.106 和图 2.107 所示。

图 2.106 动力轮对轴箱装置

图 2.107 非动力轮对轴箱装置

车轴为空心车轴，中空直径为 ϕ65 mm，材质为 30NiCrMoV12；如图 2.108 所示，车轮采用整体车轮，材质为 R8T，车轮踏面形式为 XP55，车轮直径为 890 mm，可磨耗半径为 40 mm。

（2）轴箱上设有上下拉杆座和垂向减振器座，轴箱为铸造件，轴箱上安装有轴温传感器，部分轴端安装有速度传感器。轴箱轴承采用 SKF 公司生产的圆锥滚子轴承 TBU ϕ130×ϕ230×160，采用带聚酰胺笼子的内置传感器，大修周期为 125 万千米，替换周期应为 250 万千米。

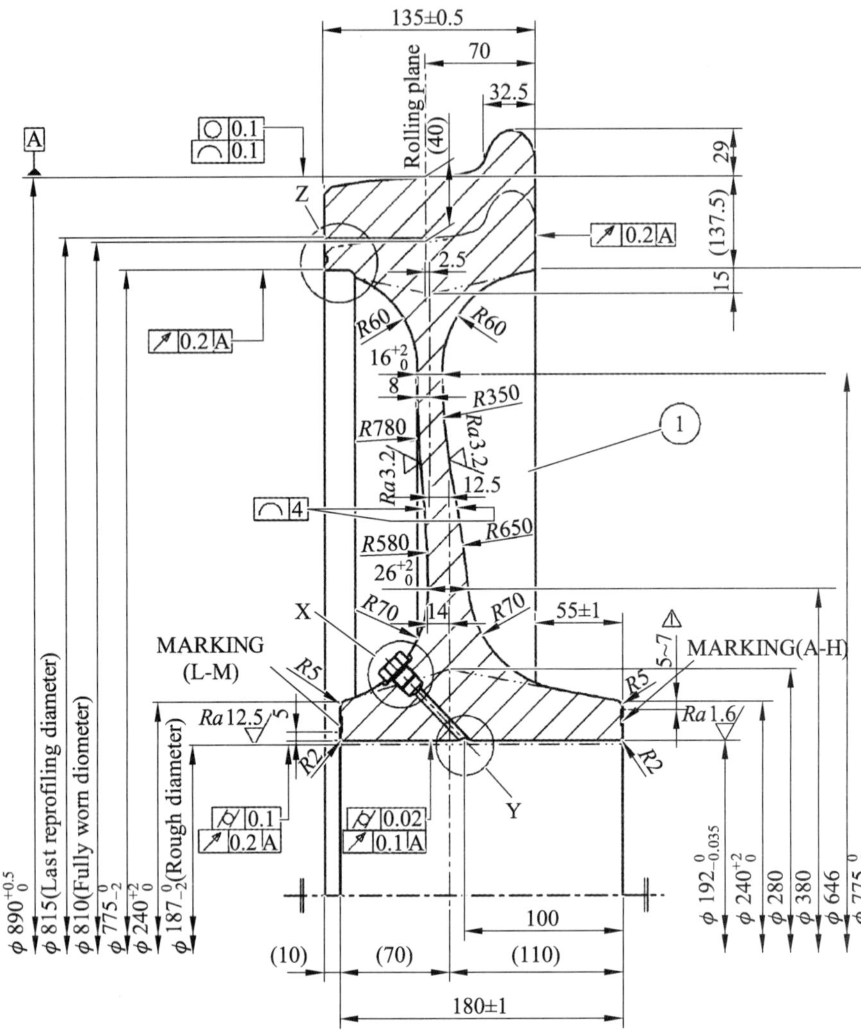

图 2.108 CRH5 转向架车轮

（3）一系悬挂系统由两组螺旋钢弹簧、一系垂向减振器和定位装置组成。箱体与构架间的连接通过在不同高度、端部有弹性节点的纵向拉杆组实现（双拉杆轴箱定位结构），如图 2.109 所示。拉杆两端均设有橡胶节点，实现轴箱和构架之间横向与纵向弹性定位，纵向定位刚度为 14.39 kN/mm，横向定位刚度为 5.54 kN/mm。

（4）CRH5 转向架共有两种构架组成形式，即动力转向架构架组成和非动力转向架构架组成。为了实现模块化设计，两种构架组成的主体结构应尽可能通用。构架由两个侧梁和两个横梁组焊为"H"形箱形结构。与后者相比，前者多出了齿轮箱吊座、砂箱座等驱动和辅助设备安装座，如图 2.110 所示。

图 2.109 双拉杆定位轴箱

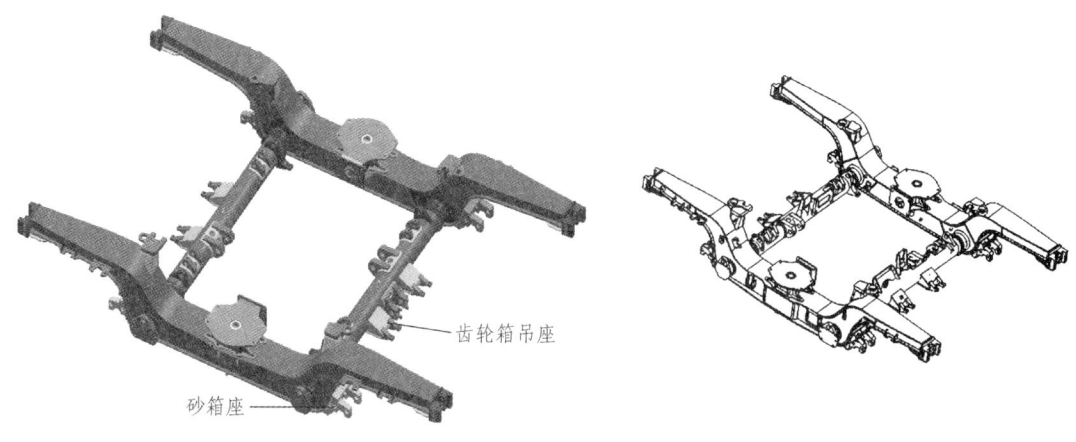

(a) 动力转向架构架组成　　　　　　　(b) 非动力转向架构架组成

图 2.110　动力与非动力转向架构架组成比较

（5）二系悬挂装置主要由空气弹簧组成、上枕梁、牵引装置、抗侧滚扭杆等部件组成（见图 2.111）。每个转向架两个空气弹簧坐落在侧梁上，空气弹簧上设有上枕梁，上枕梁采用焊接结构，四角与车体连接。上枕梁与构架间牵引装置采用"Z"形双牵引杆。每个转向架有两套抗侧滚扭杆装置、两个二系垂向减振器、两个二系横向减振器和两个抗蛇行减振器。其中，二系垂向减振器和二系横向减振器根据车型的不同参数不同，可使车辆获得较高的乘坐舒适性。每个转向架装有两套抗侧滚扭杆，两套抗侧滚扭杆的刚度为 2.56 MN·m/rad，等效刚度为 1.82 MN·m/rad。

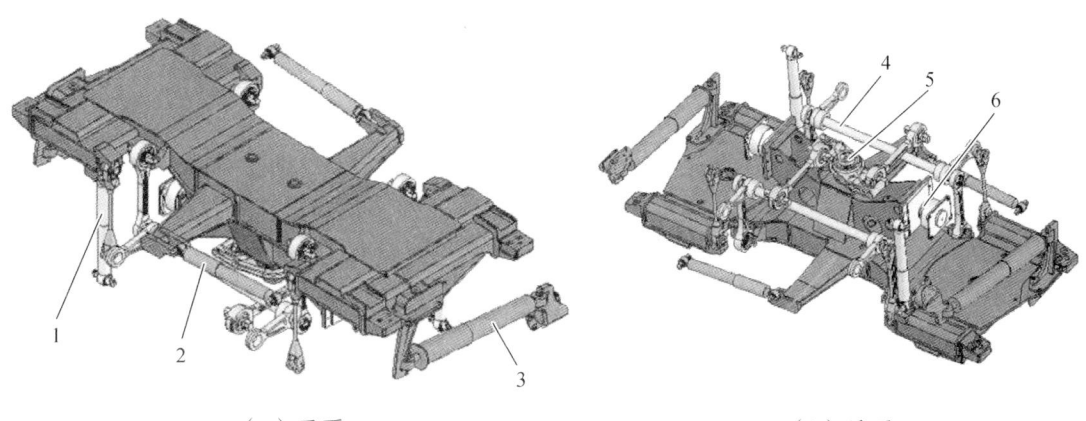

(a) 正面　　　　　　　　　　　　　(b) 反面

图 2.111　二系垂向减振器在转向架上的位置

1—二系垂向减振器；2—抗蛇行减振器；3—抗侧滚扭杆；
4—二系横向减振器；5—中心销；6—横向止挡

（6）CRH5 动车组将牵引电机悬挂在车体底架上，与将电机安装在构架上相比，大大降低了簧间质量，从而可有效地改善转向架的高速直线运行性能。另外，还提高了牵引电机的可靠性和可维护性：一是容易从侧面和底下接触到电机；二是每个转向架只需配一个电机；三是无须将转向架从车体上拆除就可以很容易地将牵引电机卸下。

机械传动装置由齿轮箱、万向轴、安全装置和电机组成，减速齿轮安装在动力轴上，通过万向轴和安全装置与电机相连，如图 2.112 所示。各动力转向架有一台直接装在轴上的锥齿轮箱。该齿轮箱由牵引电机驱动，用万向轴连接齿轮箱和电机。万向轴转速约为 3 600 r/min，质量为 95 kg。

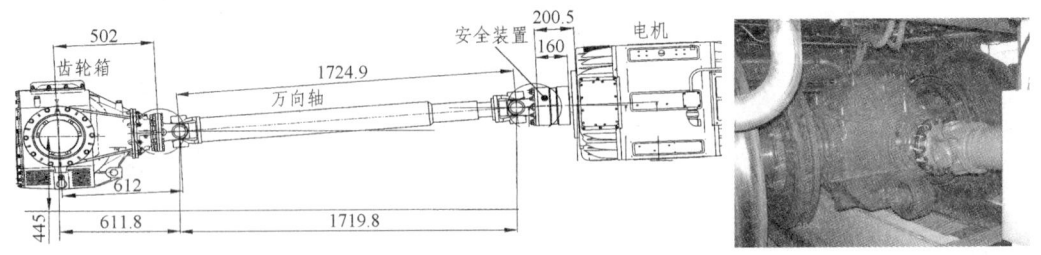

图 2.112　机械传动装置

CRH5 动车组转向架齿轮箱基本结构如图 2.113 所示，齿轮的传动比为 2.5。安全装置的作用是当齿轮箱或电机发生故障时，产生过大扭矩对万向轴起保护作用，当扭矩大于 17.5 kN·m 时安全装置卸载。

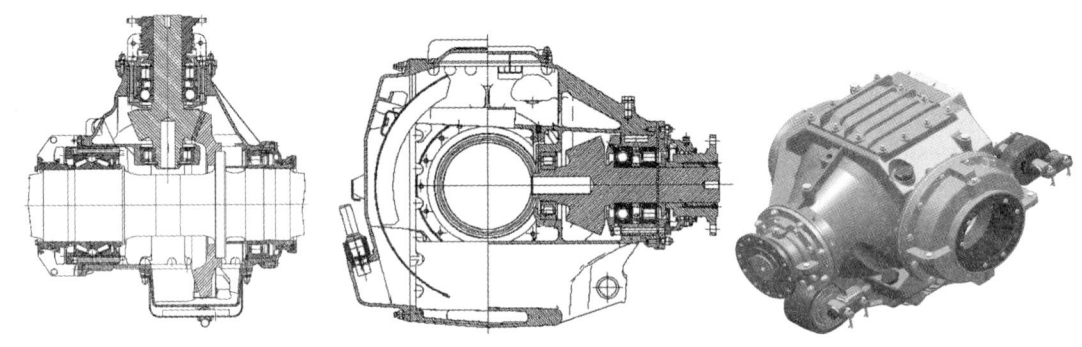

图 2.113　齿轮箱基本结构

（7）基础制动装置采用轴盘制动，所有轴上都安装有直径 ϕ640 mm、厚度为 80 mm 的通风筋式铸钢制动盘，如图 2.114 和图 2.115 所示。动力车轴上 2 个，非动力车轴上 3 个。制动闸片为粉末冶金型，设计成最大允许温度为 600 ℃。

图 2.114　轴式制动盘

图 2.115　制动夹钳及其与转向架的连接

（8）辅助装置包括轮缘润滑装置、扫石器、横向不稳定检测系统、撒砂装置、速度传感器等。轮缘润滑装置：安装在每列车两端的前转向架上，该系统可按照列车运行方向、预定的时间间隔和列车速度启动。润滑油属于生物可降解型白色植物油。撒砂装置：所有动轴安装带加热装置的撒砂设备，根据列车的运行方向触发撒砂器。扫石器装置：仅列车端部转向架上设置，每列车装 2 套扫石器。横向不稳定检测（蛇行检测）系统：工作原理是，在转向架构架处加装横向加速度传感器，将测量到的值，经主机处理，判定转向架是否具有横向稳定性，如果计算出转向架构架在轴箱处的横向加速度超过 8.0 m/s^2，且大于 6 个循环，则可判定转向架是不稳定的。该装置仅装在第一列车上，每个转向架上都安装一个带有加速度计的传感器箱。防滑脉冲传感器：转向架轴箱装有防滑脉冲传感器，将信号传输至电子微处理器控制的防滑设备。

2.7.5 国外动车组转向架

1. 日本动车组转向架

日本新干线高速转向架结构及其参数见表 2.7。

表 2.7 日本新干线高速转向架结构及其参数

	车 型	100 系	300 系	500 系
	编 组	12M4T	10M6T	16M
	最高运行速度/(km/h)	230	270	300
动车转向架	转向架型号	DT202	TDT202	WDT205
	转向架质量/t	9.8	6.6	6.5
	轴 式	B_0-B_0	B_0-B_0	B_0-B_0
	轴 型	实心	空心	
	轮径/mm	910	860	860
	车体悬挂	无摇动台	无摇枕	无摇枕
	轴箱定位	单拉板式	圆筒橡胶	转臂式
	驱动方式	齿轮联轴节	齿轮联轴节	齿轮联轴节
	变速装置	单级	单级	
拖车转向架	转向架型号	WDT202	TTR7001	
	转向架质量/t		6.8	
	车体悬挂	无摇动台	无摇枕	
	牵引装置	牵引拉杆	牵引拉杆	
	轴箱弹簧形式	钢圆弹簧	钢圆弹簧	
	轴箱定位	单拉板式	圆筒橡胶	
	中央弹簧形式	空气弹簧	空气弹簧	
	中簧跨距/mm	2 500	2 400	
	抗侧滚装置	无	无	
	回转阻尼	旁承摩擦力矩	抗蛇行减振器	

自 1964 年以来，日本开发了 30 种高速动车组转向架，其中有些是试验型，有些是成批量生产型。动车组转向架技术的发展大体上可以分为三代：第一代是以 DT200、DT201、DT202、WDT202 型为代表的无摇动台转向架；第二代是以 TDT203 和 TTR7001 为代表的无摇枕转向架；第三代是以 WDT205 为代表的无摇枕转向架，中央悬挂系统采用半主动控制悬挂系统。E2 系列新干线车辆用转向架见图 2.116。

图 2.116 E2 系列新干线车辆用转向架

2. 法国 TGV 高速转向架

法国 TGV 转向架参数见表 2.8。三代转向架的特点为：

表 2.8 法国 TGV 高速转向架结构及其参数

	车　型	TGV-PSE	TGV-A	TGV-2N
	编　组	2M8T	2M10T	2M8T
	最高运行速度/(km/h)	270	300	300
动车转向架	转向架型号	Y230	Y230	Y230
	转向架质量/t	7.26	7.2	7.2
	轴式	B_0-B_0	B_0-B_0	B_0-B_0
	固定轴距/mm	3 000	3 000	3 000
	轮径/mm	920	920	920
	踏面形式	1/40 锥形	1/40 锥形	磨耗型
	车体悬挂	无摇枕	无摇枕	无摇枕
	轴箱定位	叠层橡胶	转臂式	转臂式
	牵引电机悬挂	体悬	体悬	体悬
	驱动方式	平行万向轴	平行万向轴	平行万向轴
	变速装置	二级	二级	二级

续表

	转向架型号	Y231	Y237	Y237-A
拖车转向架	转向架质量/t	7.8	7.0	6.0
	车体悬挂	无摇枕	无摇枕	无摇枕
	牵引装置	牵引拉杆	牵引拉杆	牵引拉杆
	轴箱弹簧形式	钢圆弹簧	钢圆弹簧	钢圆弹簧
	轴箱定位	叠层橡胶	转臂式	转臂式
	中央弹簧形式	空气弹簧	空气弹簧	空气弹簧
	抗侧滚装置	无	抗侧滚扭杆	抗侧滚扭杆
	回转阻尼	抗蛇行减振器	抗蛇行减振器	抗蛇行减振器

（1）第一代TGV-PSE用的转向架。TGV-PSE的动力转向架为Y230型，拖车转向架（铰接式转向架）为Y231型，运营速度为270 km/h。其主要特点有：① 车体悬挂为无摇枕，牵引装置为拉杆式；② 二系悬挂为高柔度的钢圆簧，每台转向架配置两个垂直减振器、两个抗蛇行减振器和一个横向减振器；③ 一系悬挂由一组钢圆簧与两组叠层橡胶弹簧组成；④ 转向架轴距增加到3 000 mm。

（2）第二代TGV-A用的转向架。TGV-A的动力转向架仍为Y230型，拖车转向架为Y237型，最高运行速度为300 km/h，最高试验速度为515.3 km/h。Y237转向架与Y231相比，在结构性能方面都有较大改进。

（3）第三代TGV-2N用的转向架。TGV-2N为双层客车，能增加45%的载客量。为了仍保持17 t轴重，采用铝合金车体，同时要求转向架进一步减重。TGV-2N的动车转向架为Y230，拖车转向架是Y237的改进型Y237-A。

3. 德国动车组转向架

德国ICE高速转向架的主要参数见表2.9，转向架结构如图2.117所示。

表2.9 德国ICE高速转向架结构及其参数

	车型	ICE1	ICE2	ICE3
	编组	2M14T	1M12T	4M4T
	最高运行速度/(km/h)	250	280	330
动车转向架	转向架型号	UmAn	UmAn	SGP500
	转向架质量/t	14.3	14.3	
	轴式	B_0-B_0	B_0-B_0	B_0-B_0
	固定轴距/mm	3 000	3 000	2 500
	轮径/mm	1 000	1 000	920
	踏面形式	1/8磨耗型	1/8磨耗型	1/8磨耗型
	车体悬挂			无摇枕

续表

车　型		ICE1	ICE2	ICE3
编　组		2M14T	1M12T	4M4T
最高运行速度/(km/h)		250	280	330
动车转向架	轴箱定位	长拉杆	长拉杆	转臂式
	牵引电机悬挂	半体半架	半体半架	架悬
	驱动方式	空心轴六连杆	空心轴六连杆	齿轮联轴节
	变速装置	单级	单级	单级
拖车转向架	转向架型号	MD530	SGP400	SGP500
	转向架质量/t	7.5	6.5	
	车体悬挂	有摇动台	无摇枕	无摇枕
	牵引装置	牵引拉杆		
	轴箱弹簧形式	钢圆弹簧	钢圆弹簧	钢圆弹簧
	轴箱定位	双拉杆	液压定位套	单侧拉杆
	中央弹簧形式	钢弹簧	空气弹簧	空气弹簧
	抗侧滚装置	无	抗侧滚扭杆	抗侧滚扭杆
	回转阻尼	旁承摩擦	DES	抗蛇行减振器

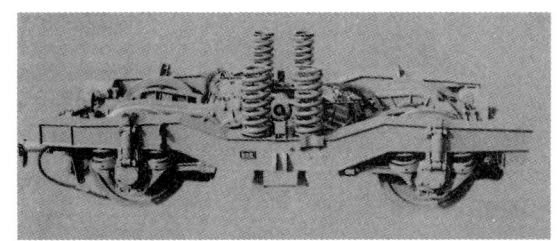

（a）ICE1、ICE2 动力转向架

（b）ICE3 SF500 动力转向架

图 2.117　德国 ICE 转向架

（1）ICE-1 的 MD530 转向架。德国于 1986 年开始研制 ICE（或称 ICE-1）高速动车组，采用 MD530 转向架，1991 年正式投入运营，最多 16 辆编组（2M + 14T），最高运营速度为 250 km/h。MD530 转向架是在 MD52 的基础上改进的。

（2）ICE-2 的 SGP400 转向架。SPG400 转向架在 3 个方面有很大的改进：① 在转向架上设回转阻尼系统"DES"；② 设二系悬挂横向主动控制系统 AQS；③ 设轮对定位系统。

（3）SF500 转向架。SF500 是 ICE-3 拟采用的转向架，最高运行速度为 330 km/h，为此每吨质量的功率要从 ICE-1 时的 10 kW/t 增加到 20 kW/t，同时要求最大轴重不超过 17 t，所以 ICE-3 采用了动力分散的方式，全列车中动力转向架和非动力转向架各占 50%。

复习思考题

1. 简述转向架的组成及其作用。
2. 简述转向架的3条传力路线。
3. 简述转向架的分类。
4. 轮对有何特点？其基本参数包括哪几个？
5. 简述车轴和车轮各部分的名称。
6. 简述轮对轻量化的原因和措施。
7. 车轮踏面有几种形式？为什么有一定斜度？
8. 简述轴箱的类型及组成。
9. 简述弹性悬挂装置的类型、作用及其组成，并举例。
10. 简述圆柱压缩螺旋弹簧的组成及其参数。
11. 简述空气弹簧系统的组成及其工作原理。
12. 简述扭杆弹簧的组成及其工作原理。
13. 简述车辆上常见减振器的类型，油压减振器的作用、原理及组成。
14. 简述构架的类型及组成。
15. 简述制动的实质及其类型。
16. 简述制动系统的组成及其作用。
17. 简述空气制动、动力制动和电磁制动各自的分类。
18. 简述自动空气制动机的组成。
19. 简述基础制动装置的组成及类型。
20. 简述驱动装置的原理及组成。
21. 简述电机悬挂装置的类型及特点。
22. 简述德国、日本和法国转向架的发展及结构特点。
23. 按照转向架的横向、纵向及垂向力的传递路线，比较3种以上的转向架（CRH1、2、3、5，CRH380系列和标准动车组转向架）的异同。

第3章 车体结构及内装设备

3.1 车体结构

3.1.1 车体概述

1. 车体的用途

车辆供旅客乘坐的部分称为车体，主要包括车体骨架、车体内装、车体附件及其之上安装的设备。它的用途主要表现在以下方面：

① 容纳之所：是供旅客乘坐、乘务员操纵和检修人员维修的场所。

② 安装之基：用来安装各种电气设备和机械设备基础。

③ 遮风挡雨（密封隔声）：除牵引电机外，几乎所有的大型电气设备都安装在车体内，避免了风沙雨雪的侵袭；为旅客提供一个密封隔声的乘坐环境。

④ 承载传力：在运行时，承受车体内各种设备的质量，并经支承装置传给转向架以至钢轨；接受转向架传来的牵引力、制动力等纵向力，并传给设在车体两端的牵引缓冲装置，以便牵引列车运行或实行制动；承受离心力、风力等各种横向力的作用。

2. 对车体骨架的要求

为了使车辆跑得快、舒适程度高、对线路的破坏作用小、维修工作量少，要求其运行阻力小、质量轻、气密性和防噪声性能好、防火性能高。为满足这些性能要求，动车组车体采用了大量新技术、新材料和新工艺。具体要求如下：

（1）有足够的强度和刚度：即在允许的设计结构速度内，保证车体骨架结构不发生破坏和较大变形，以确保运行安全和正常使用，从而保证运行的安全和平稳性。

（2）有合理的空间尺寸：车体结构必须提供足够的空间保证设备安装、检查、保养以及检修更换的便利。车体必须纳入国家规定的机车车辆限界尺寸中。

（3）车体轻量化：为了提高速度，必须采用轻型材料、合理的结构、恰当的工艺减轻车体的自重，而且要求在各个方向上做到质量匀称、重心低。

（4）完好的空气动力学外形：头尾部细长流线型，裙板平滑过渡，受电弓良好的空气动力学性能。

（5）严格的气密性要求：连续焊缝，气密性风挡。

（6）严格的防火要求：耐火材料，防火设备。

（7）车体外形设计美观、大方：在满足车体基本功能和空气动力学车体外形的基础上，应使车体外形设计美观、大方，富有时代气息。

3. 车体总体组成

动车组车体骨架一般是由底架、侧墙、车顶、前端墙（或车头）、后端墙以及波纹地板或空心型材加强的地板构成一个带门窗切口的薄壁筒形整体承载结构（见图 3.1 和图 3.2）。

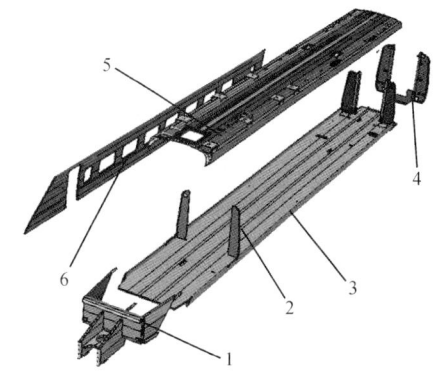

图 3.1 头车车体

1—空气动力学铝结构；2—内端墙；3—底架；4—外端墙；5—车顶；6—侧墙

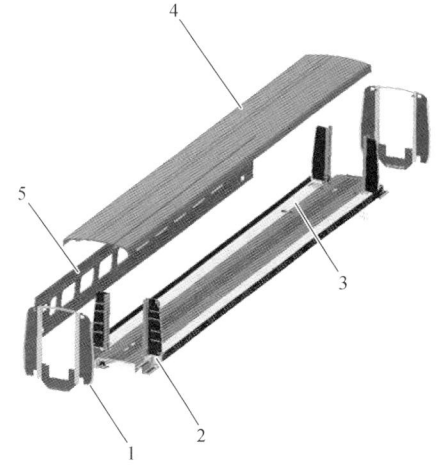

图 3.2 中间车铝合金车体结构

1—外端墙；2—内端墙；3—底架；4—车顶；5—侧墙

动车组车体应该满足以下要求：① 为满足安全运载旅客的需要，车体钢结构必须有足够的强度。② 为提高乘坐舒适度，车体必须具有足够的刚度，保证车体的自振频率与转向架的自振频率不一致，避免产生共振现象而降低乘坐舒适度。试验结果表明：转向架采用空气弹簧时，车体钢结构的自振频率应达到 8 Hz 以上。③ 车体结构需具有隔音、隔热、耐腐蚀等性能。④ 考虑高速运行时的空气动力学影响，头部车体结构为流线型外形，所有车体均为密封型结构。

4. 车体类型

1）按车体材质分

车体按材料不同可分为耐候钢车体、不锈钢车体和铝合金车体 3 种。

普通碳素钢车体使用中腐蚀十分严重,为了提高车体的耐腐蚀性,延长车体的使用寿命,现在较多应用的是含铜或含镍铬等合金元素的耐腐蚀的低合金钢材料(或称耐候钢)。

采用半不锈钢(地板为不锈钢,骨架为普通碳素钢)或全不锈钢车体,免除了车体内壁涂覆防腐蚀涂料和表面油漆,在保证强度、刚度的前提下,板厚可减小,同时也提高了使用寿命。一般不锈钢车体自重比普通碳素钢可减轻 1~2 t(10%~20%)。

2)按车体承载方式分

根据车体承载情况,车体可以分为 3 类不同的承载结构:

(1)底架承载式车体。这种车体,侧墙和车顶均不参与承载,所有载荷均由车体底架承担,因此底架必须保证足够的强度和刚度,因而底架较为笨重,其侧墙结构轻便,与底架进行简单的连接,甚至可以拆卸。

(2)侧墙和底架共同承载式车体。这种车体,侧墙用型钢或钢板压型件焊成骨架,外面包以较厚的钢板,与车体底架牢固地焊成一个整体,共同承担设备的质量及其他载荷。

(3)整体承载式车体。在板梁式侧墙和端墙上固接由金属板、梁组焊而成的车顶,使车体的底架、侧墙、端墙、车顶连接成一个整体,成为开口或闭口箱形结构,此时车体各部分结构均参与承受载荷,因而称这种结构为整体承载结构。

3.1.2 车体构造

1. 骨架 + 蒙皮车体构造

1)25 型客车车体概述

在我国客车总数中,数量最多的新造客车是 25 型客车,而且它将逐步取代目前数量较多现已停止生产的 22 型客车。随着车辆的用途和生产工艺条件的不同,各种 25 型客车的结构不全相同,但其外形尺寸和结构形式基本一致。现就其中生产数量较多的 25G 型客车车体作一介绍。25G 型客车车体钢结构为全钢焊接结构,由底架、侧墙、车顶和端墙四部分焊接而成。在侧墙、端墙、车顶钢骨架外面,在底架钢骨架的上面分别焊有侧墙板、端墙板、车顶板和纵向波纹地板及平地板,形成薄壁筒形整体承载结构,如图 3.3 和图 3.4 所示。

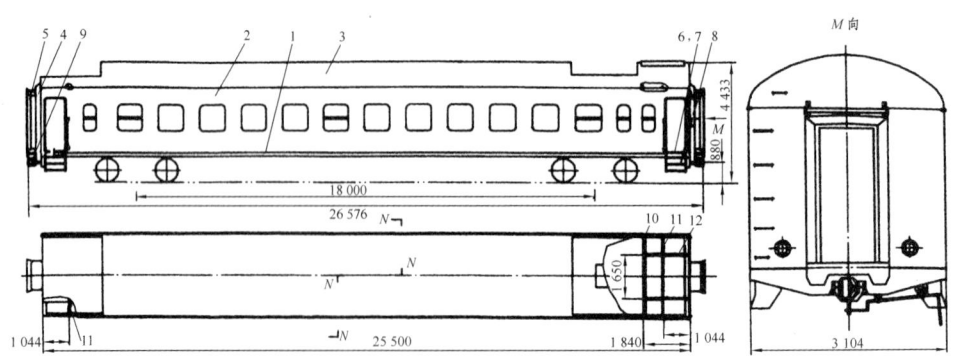

图 3.3 YZ$_{25G}$ 型硬座车车体钢结构

1—底架钢结构;2—侧墙钢结构;3—车顶钢结构;4—端墙钢结构;5—风挡;6——、四位翻板安装;
7—二、三位翻板安装;8—脚蹬组成;9—15 号高强度车钩;
10—水箱横梁;11—横梁;12—水箱吊梁

第 3 章 车体结构及内装设备

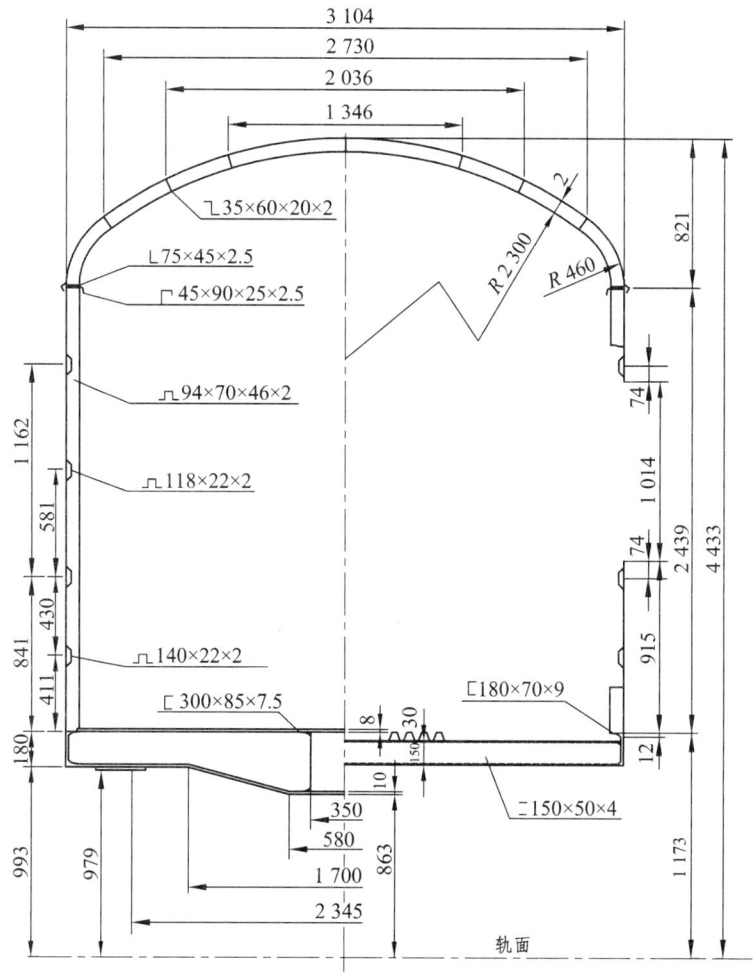

图 3.4 YZ$_{25G}$ 型硬座车车体钢结构

2）底 架

底架为无中梁底架，由牵引梁、枕梁、缓冲梁、侧梁（或称下围梁）、枕梁间的纵向金属波纹地板及枕外金属平地板等组成，如图 3.5 所示。

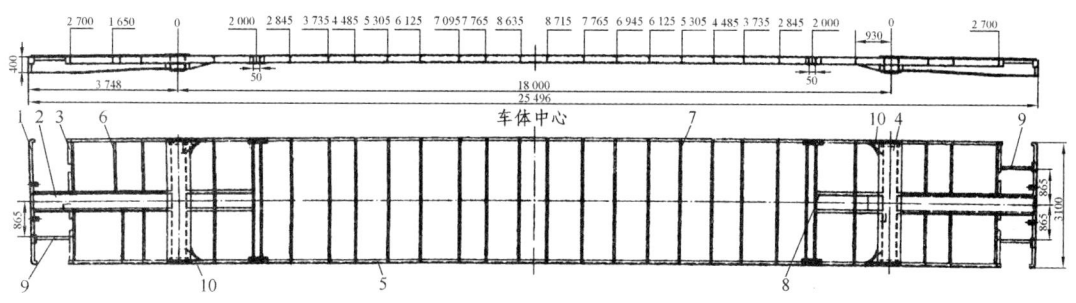

图 3.5 YZ$_{25G}$ 型硬座车底架

1—缓冲梁；2—牵引梁；3—端梁；4—枕梁；5—侧梁（下边梁）；6—枕外横梁；
7—横梁；8—纵向加强梁；9—纵梁；10—加强板

（1）牵引梁。自上心盘中心至缓冲梁间的中梁称为牵引梁。在牵引梁两槽钢腹板内侧铆接有前后从板座，焊有磨耗板和防跳板，并由 2 根 30a 型槽钢及牵引梁上下盖板组焊而成。其上盖板厚 8 mm、宽 490 mm，下盖板厚 10 mm、宽 490 mm。两槽钢腹板间距为 350 mm，牵引端部的一段加高至 400 mm 或 420 mm。

（2）缓冲梁：由 6 mm 厚钢板压制成槽形断面，两腹板高 180 mm，中部腹板高 400 mm。在缓冲梁中部开有安装车钩用的缺口，缓冲梁的中央部分与牵引梁端部相互组焊。

（3）枕梁：由厚 8 mm、间距为 350 mm 的双腹板及厚 10 mm、宽 600 mm 的下盖板，厚 8 mm、宽 600 mm 的上盖板组焊成闭口箱形断面，是一个近似的等强度鱼腹梁。在与牵引梁交叉处安装有心盘座，在枕梁两端的上旁承安装处焊有旁承加强筋板，枕梁端部还焊有供顶车用的防滑垫板。

（4）侧梁。侧梁为 18a 型槽钢，在横向底架的枕梁及全部横梁的端部都与侧梁焊接，金属地板也与侧梁的上翼缘表面搭接；侧墙的立柱、侧墙板分别焊在侧梁的上翼缘表面和腹板外表面上。

（5）地板。在骨架的上面焊有金属地板。在缓冲梁和枕梁上盖板间为平地板，板厚 2 mm；两枕梁间为纵向波纹金属地板，板厚 1.5 mm。

（6）枕外横梁。每端缓冲梁和枕梁间设有 2 对槽形断面（高 180 mm、厚 4 mm，即 50 mm×180 mm×50 mm×4 mm）的等断面横梁。

（7）横梁。在两枕梁间设置有 22 根槽形断面的等断面横梁，横梁间距均布在 1 m 以内。

3）侧　墙

YZ_{25G} 型客车车体钢结构的侧墙外表面为平板无压筋，在平整的外墙板内侧焊有垂直立柱和水平纵向梁，形成板梁式平面承载侧墙结构，如图 3.6 所示。

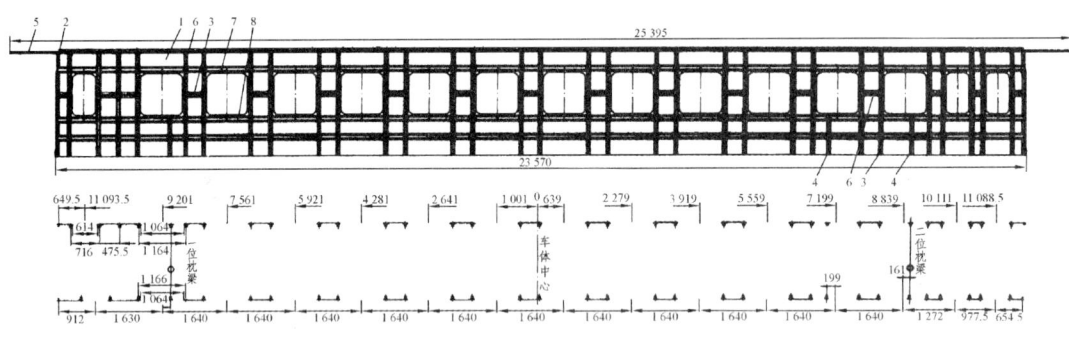

图 3.6　YZ_{25G} 型硬座车侧墙

1—侧墙板；2—门立柱；3—窗间纵梁；4—窗下立柱；5—上侧梁；
6—立柱；7—窗上纵梁；8—窗下纵梁

（1）上侧梁（上围梁）。上侧梁断面为"H"形，其尺寸为 45 mm×90 mm×25 mm×2.5 mm，长度为侧墙全长。

（2）水平纵向梁共 3 根，窗上 1 根，窗下 2 根，其形式为 24 mm×22 mm×46 mm×22 mm×24 mm×2 mm 的帽形梁。在侧墙窗口间有 1 条短的窗间小纵向梁。

（3）侧立柱。在窗口两侧有 31 根垂向侧立柱，它们与所有纵梁、上侧梁、下侧梁连接起来，组成侧墙钢骨架，并与侧墙板焊接形成侧墙钢结构。

（4）侧墙板。侧墙板为厚 2.5 mm 的耐候钢（09CuPCrNi-B）。侧墙板上开有大窗孔，尺寸为 1 064 mm×1 014 mm（宽×高），共 11 个；小窗孔尺寸为 614 mm×1 014 mm，共 4 个。每侧侧墙端部有 2 个侧门孔。

4）端　墙

客车车体钢结构的外端，通常称外端墙，一位外端墙钢结构如图 3.7 所示。

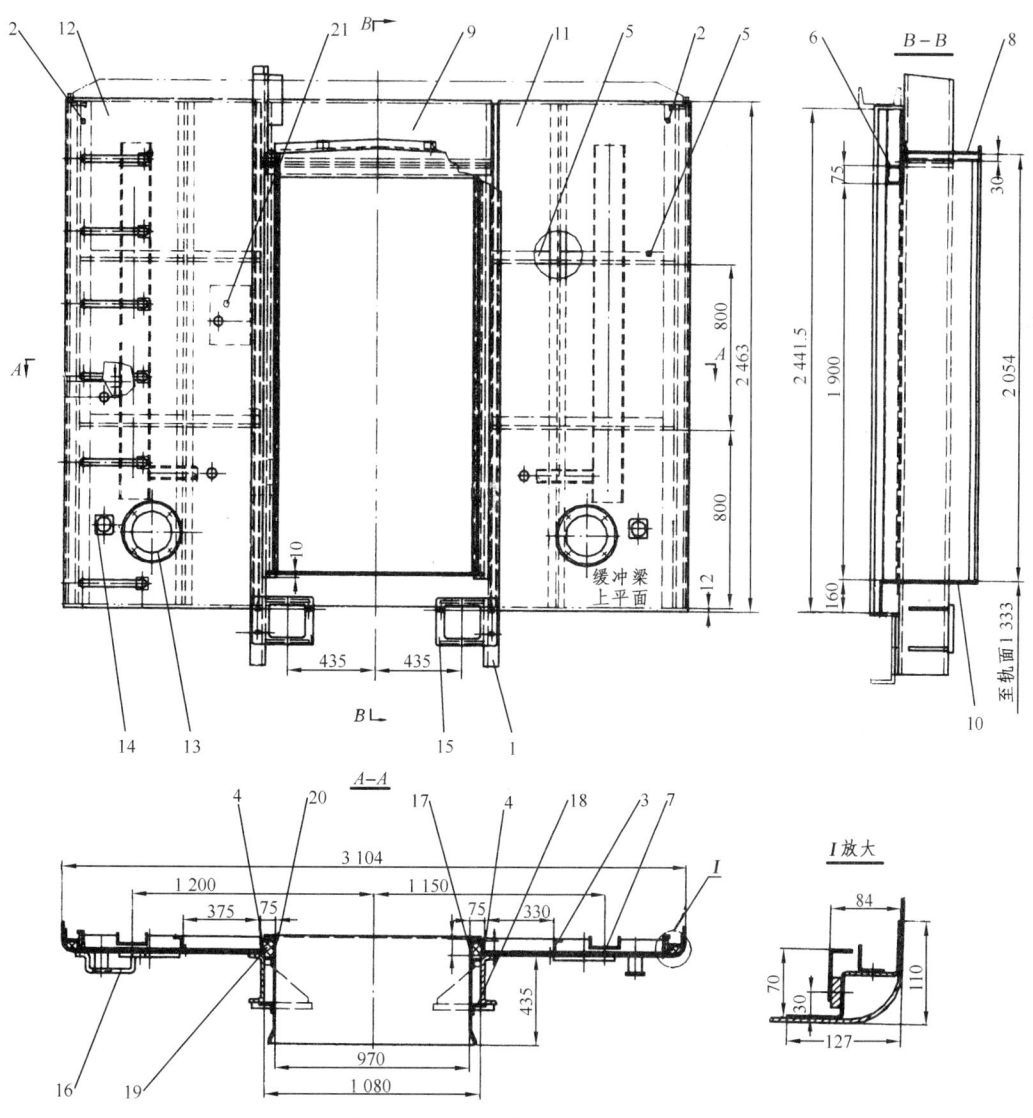

图 3.7　YZ$_{25G}$ 型空调硬座车端墙

1—折棚柱；2—角柱；3—立柱；4—门立柱；5—横梁；6—门上横梁；7—线槽；8—门上板；9—上墙板；
10—踏板；11—右墙板；12—左墙板；13—电力连接器座；14—连接器座；15—风挡缓冲座；
17—右门板组成；18—角铁；19—防寒材；20—左门板组成；21—垫板

端墙包括 2 根槽钢 24b 制成的折棚立柱；2 根压成双折角形断面角立柱，尺寸为 59.5 mm×65.5 mm×50.5 mm×61.5 mm×2 mm；2 根位于端门两侧的压成乙形的断面，尺寸为 40 mm×70 mm×35 mm×2.5 mm。上述所有立柱的上端与车顶的顶端横梁相焊接，下端焊在底架缓冲梁的上翼缘上。在角柱与门边立柱之间焊有2根角形断面水平横梁，门上横梁是乙形断面。在骨架的外表面焊有2 mm厚的墙板。此外，还有与端墙成垂直的门板、门上板、踏板等与风挡连接，形成由一节车向相邻车通过的安全通道。在外端墙板内外面还焊装一些如电线槽、角铁、电力连接器座、连接器座、风挡缓冲杆座、扶手等附件。车体端部上方装有2个固定座，座孔内装有2个卸扣，套有2个拉伸弹簧。每个弹簧里吊着1根上拉杆，上下拉杆之间有索具螺旋扣，索具螺旋扣有左、右旋螺纹用以调节长度，下拉杆套在连接架下方装有衬套的拉杆座上，用以吊起和支承折棚和连接架的质量。

5）车　顶

车顶由上边梁、车顶弯梁、车顶纵向梁、空调机组安装座平台、水箱盖等组成钢骨架。在骨架的外面焊有车顶板，共同组成车顶钢结构，如图3.8所示。

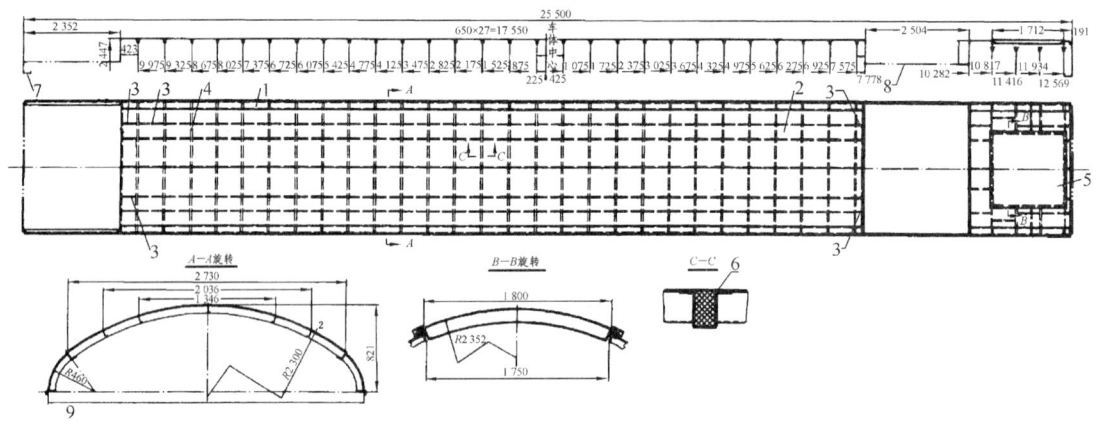

图3.8　YZ$_{25G}$型硬座车车顶

1—侧板；2—中顶板；3—纵梁；4—车顶弯梁；5—水箱盖；6—防寒材；7—车顶横梁；8—平顶结构

（1）上边梁。沿车顶两侧全长，断面为"乙"形，其尺寸为45 mm × 72 mm × 2.5 mm的压上边梁与18a槽钢制成的顶端横梁组成车顶下部框架。车顶一、二位端各有一个空调机组安装座平台钢结构，作为安装空调机组的基础。二位端有一个水箱盖组成。

（2）车顶弯梁。车顶的中间焊有30根帽形断面车顶弯梁，其尺寸为26 mm × 70 mm × 46 mm × 70 mm × 26 mm × 2 mm。车顶端部的弯梁断面为双折角形，其尺寸为30 mm × 55 mm × 62.5 mm × 45 mm × 2 mm。

（3）车顶纵向梁。在车顶的横断面上，除2根车顶上边梁外，还有5根车顶纵向梁，其断面为乙形压型件，尺寸为30 mm × 60 mm × 20 mm × 2 mm。

（4）车顶板。车顶板由侧顶板和中顶板两部分组成。侧顶板是冷轧型钢，将小圆弧板及纵向梁合为一体成型。中顶板为大圆弧。车顶板厚度均为2 mm。车顶一、二位端平顶部分结构是安装单元式空调机组的支撑结构。车顶两端各有1根顶端横梁，为180 mm × 70 mm × 9 mm的槽钢。

2. 铝合金车体构造

为了进一步实现车体轻量化，德、日、英等国在近代的高速列车、地铁车辆和轻轨车辆上采用铝合金车体。为了充分发挥材料的承载能力,铝制和钢制车体在结构形式上有很大的差异。在铝制车体结构设计中,车体主要承载构件一般采用大型中空截面的挤压铝型材,以提高构件的刚度,充分发挥材料的承载能力,达到最大限度地减轻车体自重。全车的底架、侧墙、车顶均采用大型中空截面的挤压铝型材拼焊而成。与钢制车体相比,焊接工作量减少约 40%,制造工艺大为简化,质量可减轻 3~5 t,可保证车体承载结构在使用期内(25~30 年)不维修或少维修。

3. 铝合金车体的形式

铝合金车体经过了近 50 年的发展,先后经历了板梁结构铝合金车体、板梁和型材混合结构铝合金车体和完全闭式的大型中空型材结构铝合金车体 3 个发展过程。

1) 骨架外壳结构

日本最早的铝合金制车辆是山阳电铁 2000 系,以 A5083 合金(Al-Mg 系合金)和 A6061 系合金(Al-Mg-Si 系合金)作为外板和小型骨架材料,形成外壳框架方式,基本上与钢制车结构相同。各部分通过焊接组装在一起,但车体结构的总装采用铆接。山阳电铁 2000 系的车体结构如图 3.9 所示。后来,开发出了高强度的 A7N01 合金(Al-Zn-Mg 系合金),用于底架及上部车体结构的骨架,车体结构的总装采用焊接。而且,随着高挤压性能合金的开发,部分外板和骨架的组装已经转变为一体的挤压型材,达到了轻量化和减少材料数量的目的。此时具有代表性的车体结构是 200 系新干线电车的车体,如图 3.10 所示。

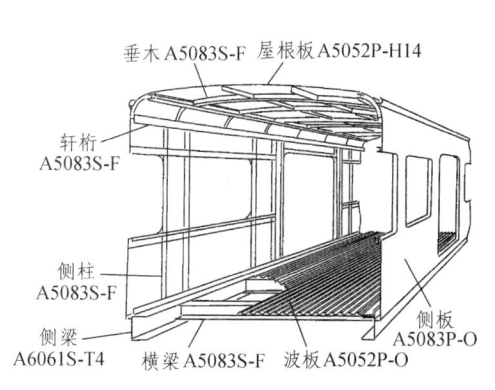

图 3.9 山阳电铁 2000 系列   图 3.10 200 系新干线电车

2) 薄型材(单壳)结构

最初采用挤压型材是以使用薄型材的单壳车体结构为主流,在车顶和侧墙为中心的外板上安装加强材料(骨架)的薄型材。日本新干线 300 系高速动车组就采用单壳车体结构,如图 3.11 所示。

3) 中空型材(双壳)结构

以中空型材为中心构成的结构,称为双壳结构,如图 3.12 所示。双壳结构相对于单壳结构,质量要重。但是,中空材料根据材料本身所具有的面外刚度高的特性,可以省去单壳结构中必须使用的加强材料（即骨架），从而能够减少材料数量，也即降低成本。近年来，由于重视车辆的舒适性，有观点认为适当增加车体结构的质量也可以。因此，高速车辆的车顶部车体结构和侧墙部车体结构开始使用双壳结构。综合来看，这种双壳车体结构可以称为目前最好的车体结构，日本新干线700系和E21000等高速动车组就采用双壳车体结构。

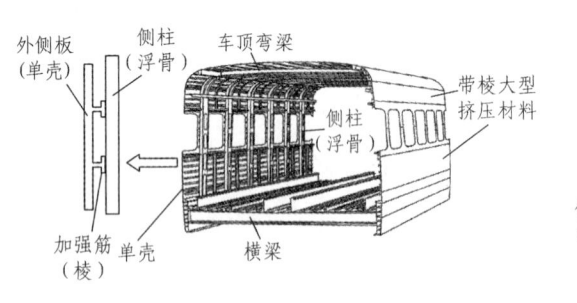
图 3.11　薄型材（单壳）结构

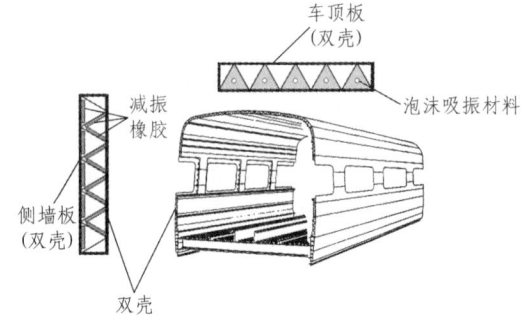
图 3.12　中空型材（双壳）结构

4. 中空型材（双壳）结构铝合金车体组成

双壳结构铝合金车体的底架、侧墙和车顶采用大型空心截面的挤压铝型材（见图3.13）拼焊而成。底架地板是由上下翼板、斜筋板和腹板组成的中空挤压型材，长度可达车体全长。下侧梁、侧墙板、车顶板亦采用形状各异的中空截面挤压铝型材。这样，在制造车体时仅留下少数几条长焊缝，制造工艺大为简化，焊接变形也易于控制，车体的制造精度也大为提高。

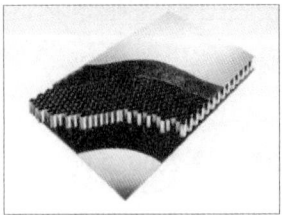

图 3.13　车体结构与铝合金型材

3.1.3　国外典型动车组车体

1. 日本的铝合金车体结构

如图3.14所示，日本新干线从200系开始就采用铝合金结构的车体，板梁式结构。300

系高速动车组的车体铝合金结构,底架边梁采用大型中空挤压型材,地板采用大型开口型材。最大宽度为 660 mm,长度为 24 500 mm,最小板厚为 2.3 mm。这对于传统的钢质车体和 200 系的板梁结构来讲是一个突破,但车体仍存在立柱、弯梁等。500 系高速电动车组的车体铝合金车体大部分使用大型挤压铝型材,采用通长的纵向焊缝连接,但侧墙外板和地板在日本乃至全世界首次使用了 30 mm 厚的钎焊铝合金蜂窝板,不但实现了轻量化,而且因铝合金蜂窝板对 800 Hz 以上频率的噪声有很好的隔音性,有效地降低了车内噪声。700 系高速电动车组的车体铝合金结构车体部件均采用长 24 500 mm、宽 500 mm 左右的大型开口或闭口挤压型材,采用通长的纵向焊缝连接,彻底取消了钢制车体的横梁和立柱等,不但实现了轻量化,而且简化了制造工艺,突出了铝合金车体的特点。

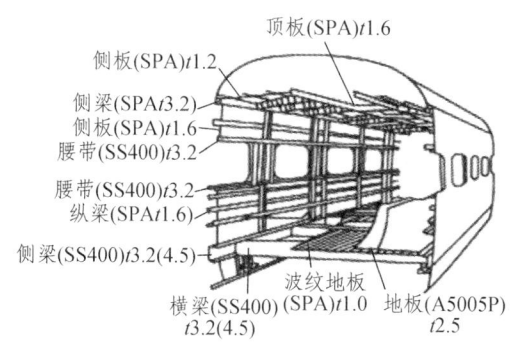

（a）0 系结构

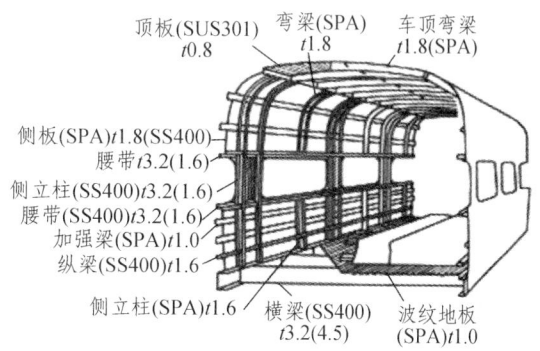

（b）100 系结构

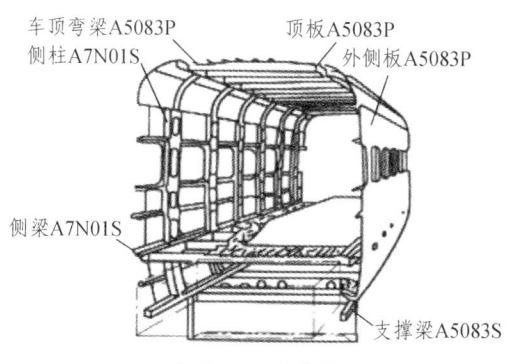

（c）200 系结构

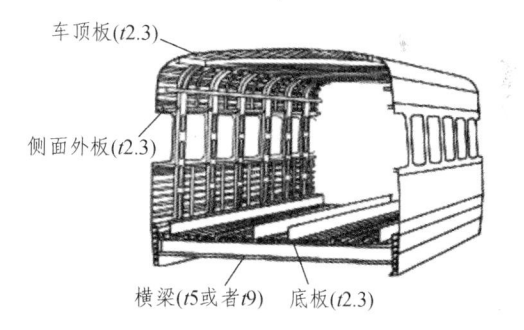

（d）300 系结构

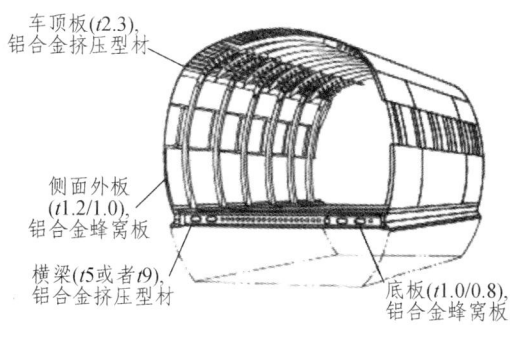

（e）500 系结构

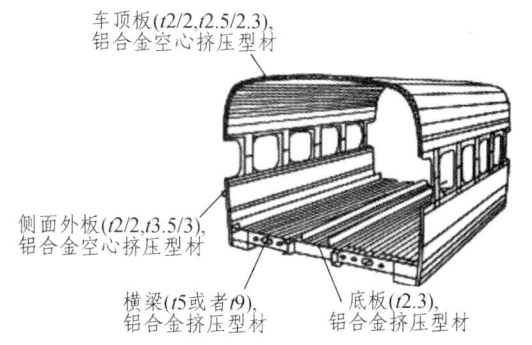

（f）700 系结构

图 3.14　日本铝合金车体

2. 法国 TGV 高速动车组车体

法国第一代和第二代高速动车组的车体均采用钢制型材,第三代和第四代高速动车组车体改用铝合金型材。第三代双层高速动车组 TGV-2N 型动力车的结构基本与第二代高速动车组动力车相同,还属于第二代动力车。

第三代是指 TGV-2N 型拖车。减重是 TGV-2N 型动车组设计的着力点,车体材料采用铝合金型材代替了钢制材料,使得载客量增加了 45%,而车体结构质量只有 8 190 kg,比单层的 TGV-A 拖车的钢制车体结构质量还轻 12%。从总质量分配来看,车体结构占 24%,转向架总成占 19%,设备占 38.5%,旅客占 18.5%。

TGV-2N 型拖车车体结构的分解图如图 3.15 所示。车体结构主要由一个车体底架、两个侧墙、两个端墙、一个车顶、一个中层地板和两个内部结构组成。

底架由中央部分和两个端架组成。中央部分比两个端架低,以便安装座椅、空调风道等设备。两个端架较高,便于安装转向架。侧墙尺寸较大,长 17.2 m,高 4.0 m,由封闭截面型材和板材焊接而成。端墙墙板由惯性矩较大的铝合金型材制成,以满足 2 000 kN 压缩载荷的强度要求。车顶用长大型材制成,可敷设车外电源电缆。中层地板不仅承

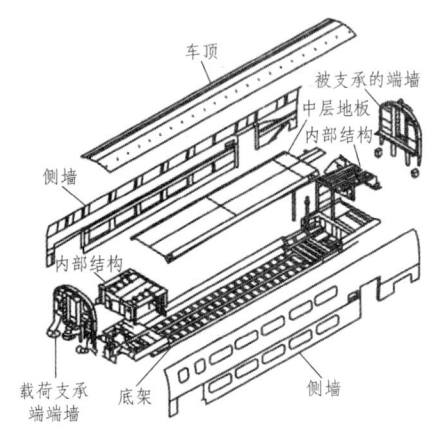

图 3.15 TGV-2N 型拖车车体结构的分解图

受上层旅客和有关设备的质量,而且确保车体具有抗冲击的能力,因而用结构型材和铝合金蜂窝状合成板制成。车体内部结构件由封闭断面型材制成。

TGV-2N 型拖车车体结构断面及通道尺寸和座椅布置如图 3.16 所示。车体实际上是一个管状结构,由中部的水平地板将车体分成上、下两层空间,上层客室中有中央通道贯穿全车。又由于车体截面惯性矩较大,因此尽管铝合金材料的弹性模量比钢制材料低,但 TGV-2N 型拖车车体结构的弯曲振动固有频率与转向架的高频振动之间的调和,使铝合金车体刚度方面仍能满足要求。

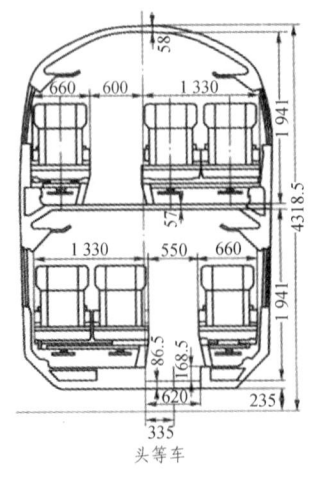
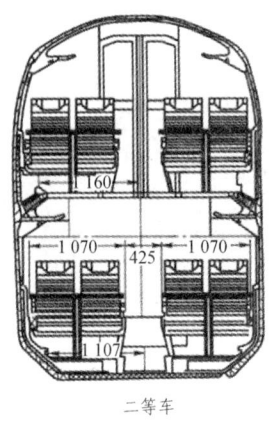

图 3.16 TGV-2N 型拖车车体结构断面和通道尺寸及座椅布置

3. 德国 ICE 高速动车组车体

德国的 ICE 系列高速列车均采用铝合金车体。铝合金车体已发展为由大型中空挤压铝型材组焊而成的新结构形式。

ICE3 型动车组车体结构（见图 3.17）是在 ICE2 拖车车体（见图 3.18）的基础上改进的，它完全是无骨架和没有薄墙板的铝合金复合式结构型材。由于要在地板下方安装牵引传动装置，因此车体要有足够的静力学强度。8 辆车编组 ICE3 型动车组长度 200 m（国际联运要求），每辆车的长度为 24.775 m，头车长度稍长，为 25.675 m。车体全部由大型挤压铝合金型材焊接而成，没有支柱，横梁内部通过台和通道尺寸与 ICE2 相同。该车体在设计制造时，特别注意降低车体质量，减少车体结构辐射噪声水平。

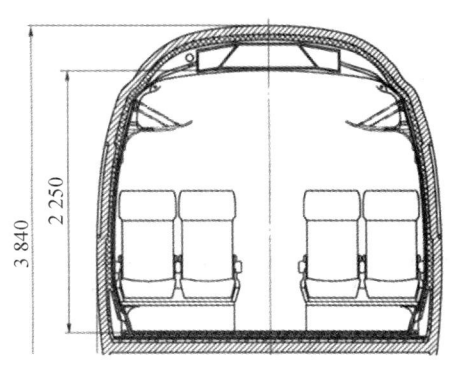

图 3.17　ICE3 型车体

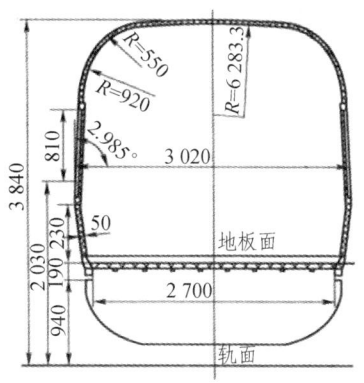

图 3.18　ICE2 型车体

1）鼻部结构

头车的最前端是一个流线型的长约 6 m 的鼻部，它是由圆弧形的大型挤压型材构成，无缝隙地装在车体结构上。挤压型材的端部与前端板相连，另在车体组装后与底板的前端块组成一个单元。列车头部是一个鼻形前端，它是由玻璃纤维增强塑料制成具有覆盖车钩的旋转盖板。另外，ICE3 的外形还取决于两个相同的扰流器组装件。在挡风玻璃和鼻形前端之间是一个分叉的扰流器，其缝膜位于中央，被车头上部标记的遮板覆盖。在鼻形前端的下方，距轨面 250 mm 的地方有一个排障器，同样用一个扰流器覆盖。另外，车头正面挡风玻璃做成圆弧形，作为车头流线型的一部分。挡风玻璃分为两部分，上部分为有色玻璃，下部分为透明玻璃。在司机室内设有电动卷帘和遮阳板，以防阳光照射到司机操纵台显示器上。

2）侧　墙

侧墙是由铝合金焊接而成的通体挤压型材，中间不被门窗隔断。

ICE 高速动车组每节车上有 4 个侧门，为压力密封式塞拉门，如图 3.19 所示。由图 3.19 可以看出，锁紧元件和密封元件有双向作用的橡胶型材、密封系统和气压安全门联锁装置。门的开闭由电空控制，可满足各种安全性要求和 UIC500 规范的规定。在隧道内抽吸压力为 5 500 Pa 时，车门要承受 1 t 的负载。在关闭状态，车门与车体外侧板齐平。门上有椭圆形的窗户，周边有可撕下的橡胶条，以备紧急状况下旅客可从此窗户逃生。为了提高旅客上下车的舒适性，侧门开启后的净宽度为 900 mm。脚蹬具有自动下翻的活动踏板，踏板长为

1 080 mm，踏板宽为 190 mm，停车翻下后，ICE1、ICE2 脚蹬距轨面高度为 794 mm（站台距轨面高度为 760 mm），而 ICE3 脚蹬除适应 760 mm 高的站台外，还适应 550 mm 高的站台。

在侧墙上有一条贯通的窗带，窗带上真窗（可视窗）和盲窗（不可视窗）交替安置，仅在上下车门和整备车门处断开。在仪表柜和服务车的窗带区域为不可视墙。车窗宽度一等车为 1 688 mm，二等车为 1 500 mm，车窗高度为 760 mm。真窗为厚 37 mm 夹层安全玻璃构成的隔热窗，外层隔热窗由 12 mm 叠层玻璃组成，内层为 9 mm 单层玻璃，中间有一层 0.76 mm 汽化喷镀薄膜，密封成一个厚 16 mm 的气隙。盲窗由 6.6 mm 厚的夹层安全玻璃构成。车窗结构横断面如图 3.20 所示。隔热玻璃粘结在铝窗框上，窗框用螺丝固定在车体上，缝隙用弹性密封材料填充和密封。列车在隧道中运行时，最大车窗所承受的最大载荷达 0.8 t。

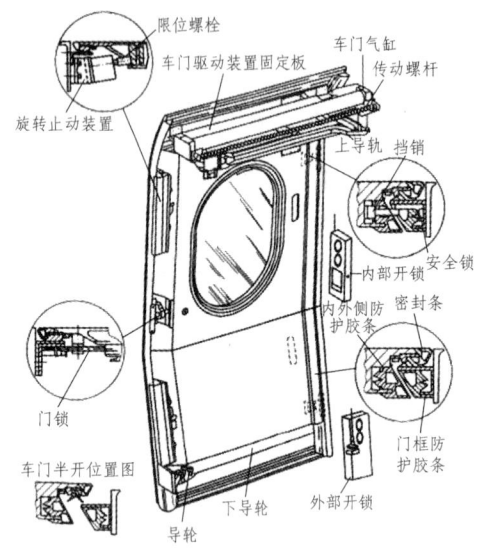 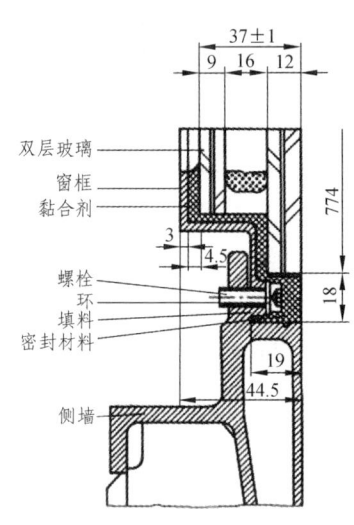

图 3.19 ICE 动车组压力密封式塞拉门　　图 3.20 ICE 车窗结构横断面

3）底　架

底板由 2 根纵梁和 6 个铝合金中空挤压型材组成，为 C 形型材，以便安装地板、座椅和管线。纵梁的底面同样具有两副成双布置的 C 形槽，用以安装转向架横梁和牵引传动装置，如变压器或逆变器等。在每个车体的端部都有一个组合头块，作为安装短车钩的焊接部件。地板是由 20 mm 厚的木板和地毯铺成。有可能造成潮湿的房间（厕所、洗手间等），出于卫生的考虑，而在玻璃纤维增强塑料底板上铺一层纯石板。在上下车区域敷以耐磨和防滑保护层。车顶同样由中空的铝合金挤压型材焊接而成。短车钩端部的端板是由铝合金板的焊接结构和周边框架形成的箱体结构组成。

3.1.4　CRH 动车组车体

1. CRH1 动车组车体

1）车体结构

CRH1 动车组有 Mc、Tp、M 和 Tb 4 种类型的车体，但一般为 1 种头（尾）车型和 1 种中间车型。CRH1 动车组车体承载结构设计制造为一个在整个长度上开放的不锈钢筒状壳体（见图 3.21、图 3.22），主要由底架、侧墙、端墙、车顶、端部角架等组成。在列车两端，牵引车车体结构与拖车车体结构不同，不同之处在于前者要和司机室结构（牵引车体前部）相连接。

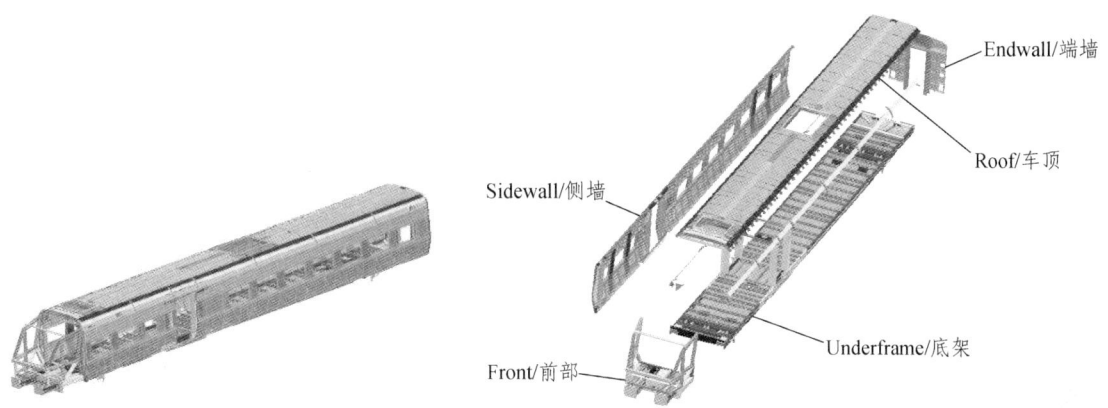

图 3.21　CRH1 动车组 Mc 牵引车车体
（仅 Mc 牵引车前部为司机室承载结构，其余车体为端墙）

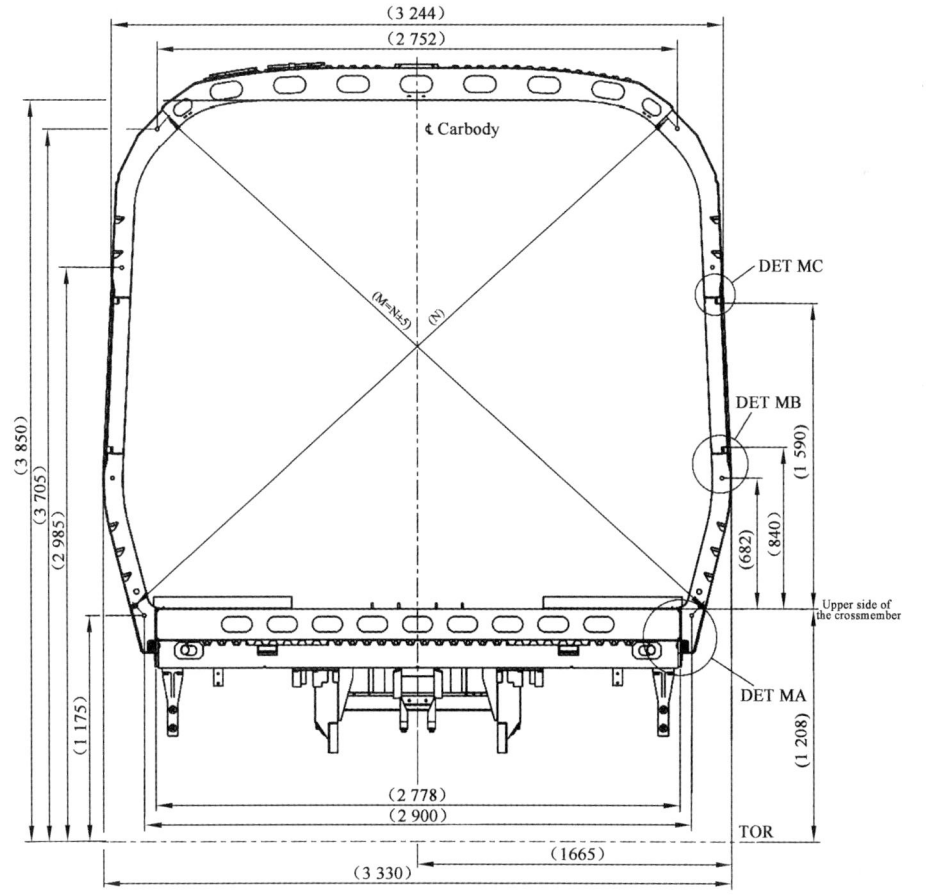

图 3.22　CRH1 车体横断面图

底架包括两个纵向的边梁及与其相连的横梁、缓冲梁（与车钩相连接）和枕梁，其下部适于安装底架设备。在车体枕梁之间的中间位置，底架和一些横向的 Z 形梁相连。波纹底板通过点焊焊接在横梁的下缘上。每个车体枕梁包括两个加固的表面，以便和二系悬挂配合，二系悬挂安装在横向的箱形梁上，箱形梁上还装有不同的支座，以安装车体和转向架之间的连接和减振装置。车体枕梁主要由低合金高抗拉强度钢制成，再通过电弧焊焊接在底梁上。在车体的入口处可以安装一个固定踏板，活动踏板的支座置于底梁下面。使用标准梁以增加强度和刚度，使用焊接的横向减振器和碰撞停车连接替代螺栓连接；敞开式设计，提高防寒性能；使用螺栓将垂向减振器和抗侧滚扭杆连接到支架上。

整个侧墙由不锈钢制成，由冷拉侧柱和滚压成形的纵向梁通过电焊形成框架，再通过点焊在外面包上平板。侧墙盖住底梁使外表面状态较好。侧墙上开有开口，用于固定车窗。车门柱、车门安装托架等也是侧墙的一部分。

不锈钢车顶由纵向支撑、外面盖上的波纹覆板组成。Tp 型车上一端转向架部位的车顶上面部分有一个凹槽，用于安装高压设备和受电弓。所有车辆的车顶中央都有空调设备的部件。Mc 型车车顶一端的转向架的上面另有一个较小的位置，用于安装司机室用的紧凑型空调设备。车顶组装成一个单元，在安装了大型车内设备（如地板）后，再和其他构件焊在一起。车顶弯梁和侧立柱之间通过点焊连接，焊接通过一个纵向的槽完成，随后槽被盖住。车顶接缝部分形成上侧梁，该结构非常重要。为了提高外表面的状况，整个接缝藏在一个非结构性的盖板后面。

端墙（见图 3.23）由不锈钢制成，它由车内过道每侧都有的两个车端立柱、角柱、横梁、车顶弯梁和外部平面覆层组成。车端立柱焊接在缓冲梁上。车端立柱与底架连接牢固以防撞击变形。

司机室承载结构（见图 3.24）采用低合金高强度钢制成，有足够的变形特性，形成一个能量吸收结构。司机室结构也包含同车体之间的螺栓连接，在正常的车体侧墙前面作为一个载荷分配部件。

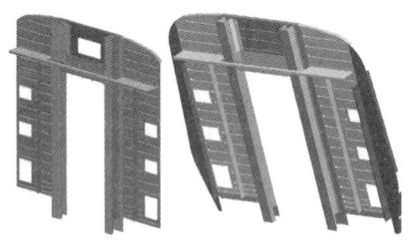

图 3.23　端墙

图 3.24　司机室承载结构

2）车下设备舱

CRH1 动车组车下设备舱总的外形为一长长的六面体箱形结构，并按设备不同尺寸的安置要求，往往被分隔成为多个小型六面体箱形结构，布置位于车底两个转向架、底架与底架裙板骨架及裙板之间，以及车体两端转向架外侧的底架与底架裙板骨架及裙板之间。车体两端转向架外侧（其纵向中间是车钩与车底架缓冲梁的连接安装位置）一般为两个更小型的六面体箱形结构式车下设备舱。

车下设备舱（见图 3.25 和图 3.26）的主要功能就是根据车体总体设计要求，合理布置和安装主变压器箱、逆变器箱、蓄电池箱、蓄电池充电器箱、空调单元、制动单元或制动模块、主压缩机模块、110 V 和 400 V 分线箱、污物箱、过滤器箱、信号线槽、电力线槽、管路布置及下部脚蹬等设备。

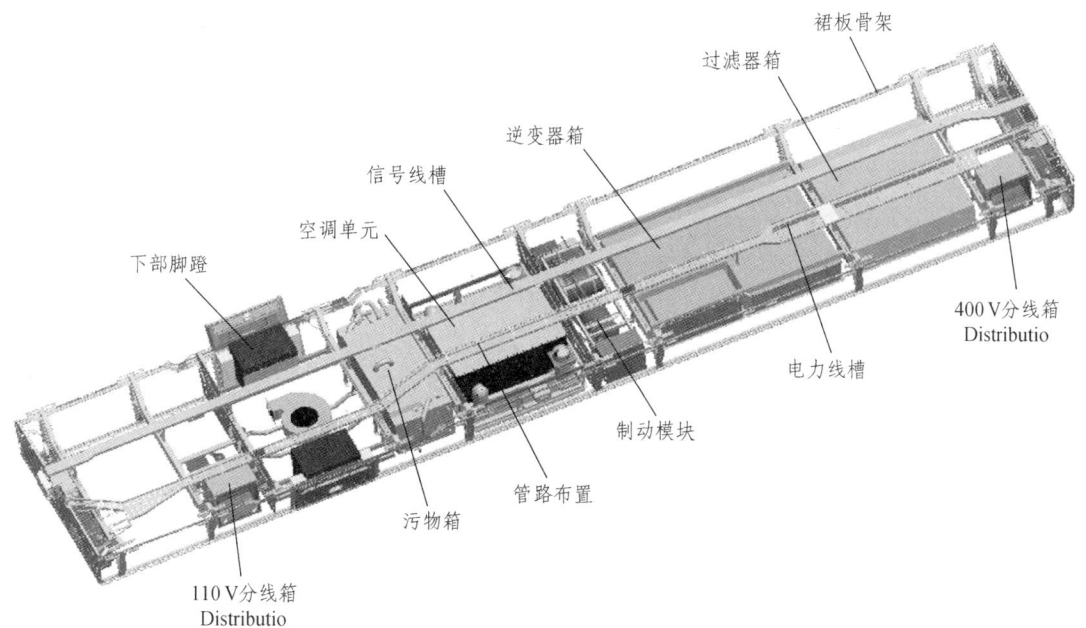

图 3.25　Mc 动车车下设备舱结构及其有关设备安装位置示意图

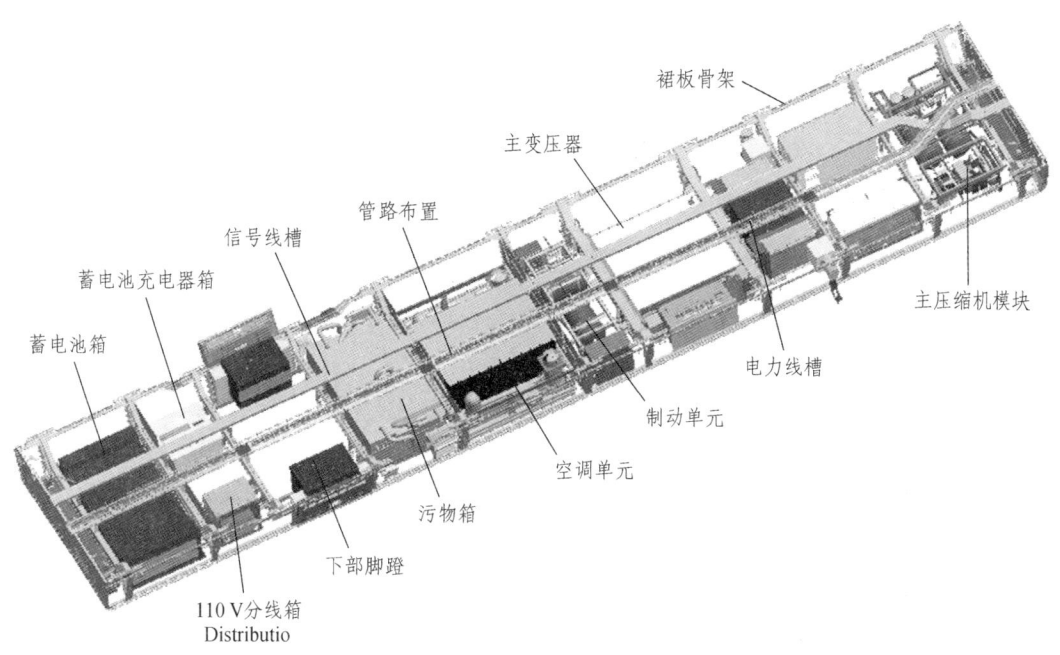

图 3.26　带弓拖车车下设备舱结构及其有关设备安装位置示意图

3）头车前部结构

由于高速列车运行过程中的主要阻力（空气阻力）大小与列车速度的平方成正比，所以

CRH1 车头外形的导流罩和司机室玻璃钢罩部分表面采取了鼻形圆锥体流线型结构，以减小列车在高速行驶过程中的空气阻力。

CRH1 车头前部结构主要包括导流结构、开闭机构、排障器。导流结构：由上（大）、下（小）两个导流罩组成（见图 3.27）。导流结构仅仅在需要 Mc 车与其他车辆连挂、开始"车钩程序"的时候才进行开闭操作。开闭机构：主要由打开和关闭两个前部导流罩的两个气缸-气动机构及滚柱和横向导轨等组成。导流罩的开闭由司机在司机室操纵有关机构进行。水平分开的导流罩可在车辆轮廓内移动。下（小）导流罩向后移动时，上（大）导流罩向上移动。

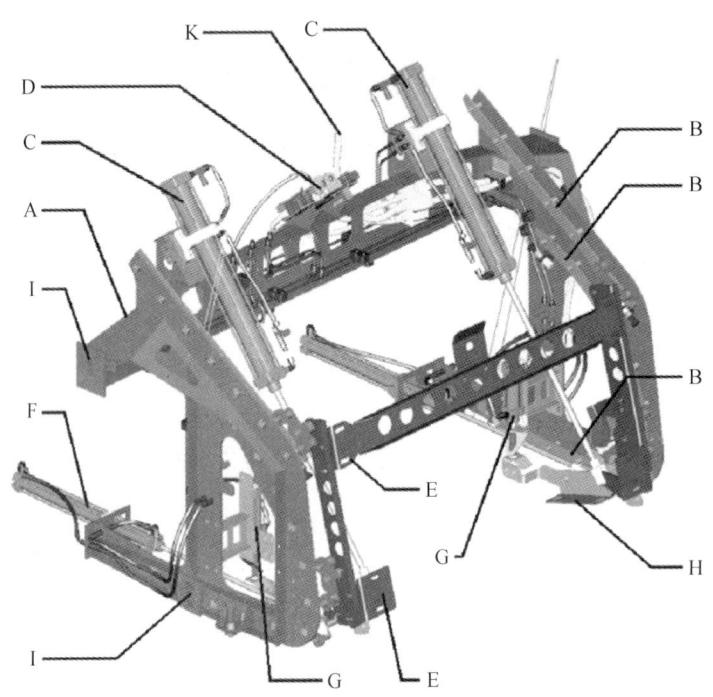

图 3.27 前部导流罩内部开闭控制机构组成图

A—支撑构架；B—导轨；C—上激活气缸；D—上闭锁气缸；E—上导流罩接口；F—下激活气缸；
G—下闭锁气缸；H—下导流罩接口；I—与车体连接接口；
J—气动接口；K—至车体的主电缆

两个导流罩通过滚柱和横向导轨相结合引导其移动。每个连接处包括 3 个可调式滚柱以确保较小的导向间隙。两个导流罩座在其端部带有可调式止挡。这些止挡使精确水平调节导流罩成为可能。玻璃钢罩通过 M10 螺钉固定。导流罩由双动气动缸从两侧激活。气缸的一次运作比要求的位移时间长，这样可以确保对着端部止挡实现导流罩的安全定位。气缸速率可通过调整阀单独调节。默认移动时间为每个导流罩 2 s。关闭和开启力要求的压缩空气压力为 600 kPa，上导流罩的开启力为 3 400 N，关闭力为 3 800 N；下导流罩的开启力为 1 300 N，关闭力为 1 500 N。两个导流罩都在端部位置设有锁闭机构。下导流罩在端部位置的两侧带有锁闭气缸。上导流罩由中心弹簧承载的锁闭气缸保持开启。在下部位置由下导流罩的特殊螺柱进行锁闭。所有锁闭气缸都是通过整套弹簧锁闭到位的，即使出现能量（电/压缩空气）缺失的情况，导流罩也可安全锁闭。

4）排障器

排障器位于下导流罩与铁轨轨平面之间，结构形状如同一短围裙（见图 3.28）。排障器是由框架和前围板组成的。框架由钢板焊接而成并喷涂防锈漆。前围板由玻璃钢制成。排障器通过 8 个 M16×18 的螺钉和 2 个吊架与司机室支架连接。排障器的强度能够承受外力和来自车辆及各种抛射物的动力，其构成材料能经受周围环境的侵蚀。其前部受到轻微损害时，不需从车体拆下即可进行修理。前部能够承受应力和变形，以及正常运营过程中遇到的小石头和小动物的冲击。冬季，排障器能够排除轨道上的积雪。当排障器外表面遭遇风雪、冰、垃圾等时，必须能很好地保护内部设备；当两列车在隧道以 250 km/h 交会或列车进入隧道时，排障器应能承受压力波。排障器的下部分在 1 m 范围内能承受 600 kN 的力，下部边缘能承受 300 kN 的力，距下部边缘 130 mm 处能承受 200 kN 的力，距下部边缘 260 mm 处能承受 100 kN 的力，与钢结构连接处能承受 1 200 kN 的力。排障器内部能承受 0.9 kg 的铝管以 360 km/h 的速度冲击而不断裂，受冲击区域损坏不能超过 250 mm。

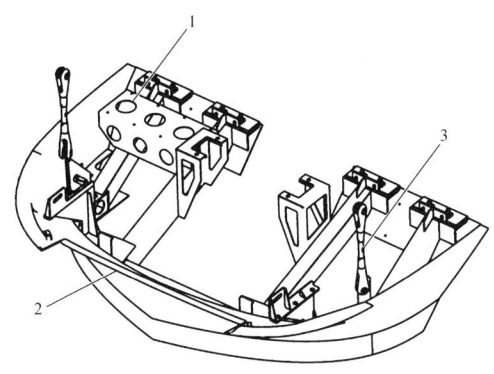

图 3.28　CRH1 车头排障器

1—排障器框架；2—排障器玻璃钢前围板；3—排障器吊架

2. CRH2 动车组车体

CRH2 动车组车体采用中空型材（双壳）结构，使用大型中空宽幅铝合金挤压型材焊接组装。它由底架、车顶、侧墙和端墙四大部分组成，它们首先各自采用不同形状的双面中空铝合金挤压型材焊接成部件，然后将各部分组焊成完整的车体结构。车体整体在各部分对负荷要具有足够的强度，同时要满足水密性和气密性对结构的要求。具体结构如图 3.29 所示。

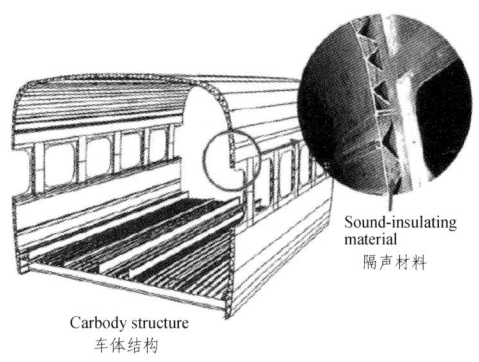

图 3.29　CRH2 动车组车体结构

1)底 架

底架由端梁、侧梁、地板支承等组成(见图3.30)。

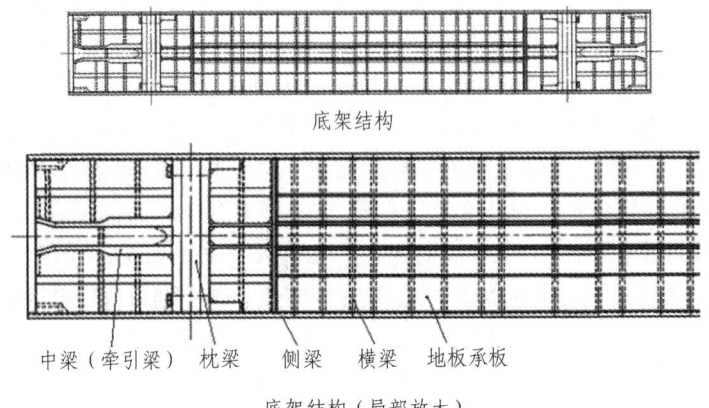

底架结构

底架结构(局部放大)

图 3.30 CRH2 底架

(1)牵引梁。牵引梁是由端梁和枕梁连接,并安装车钩、缓冲器的结构。来自车钩、缓冲器的负荷,通过固定在中梁上的缓冲器从板座传到牵引梁,并从牵引梁传到枕梁。

(2)枕梁。枕梁是在转向架中心上和侧梁连接、安装转向架的结构,是能够支承车体的负荷,并且使从转向架来的振动难以传到地板等的结构。

(3)侧梁。侧梁是底架外侧的纵向部件,是能够支承车体负荷、地板下设备负荷的结构,为侧裙一体式结构或侧裙组装式结构。在转向架附近设抗蛇行减振器千斤顶支承座。

(4)横梁。横梁用于支承地板及安装地板之下的设备,在大质量设备安装处设有设备安装座,并采取补强措施。在横梁上设有配管贯通孔。

(5)地板承板。在底架上面安装地板承板,以支承地板结构,增强底架强度、刚度,保持车内气密性。地板承板是在车体纵向延长的型材,作为特殊地板结构也可以采用平板。地板要有足够的强度,并从地板下、地板中间考虑有足够隔声的结构。在地板中有空调装置用风道等结构。地板结构如图3.31所示。

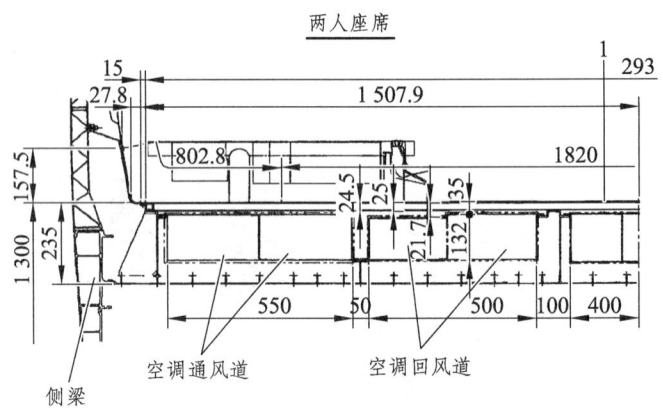

(a)中部地板部分

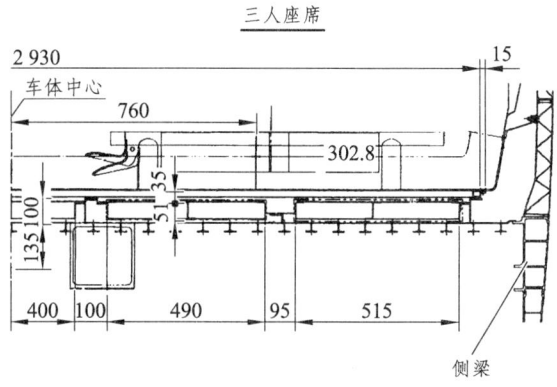

(b) 端部地板部分

图 3.31 地板断面结构

(6) 头部底架。头部底架为弯曲的侧梁和中梁、补强横梁的结构，用于支承头部端墙、排障器、缓冲装置、车钩缓冲器。

2) 车 顶

车顶（见图 3.32）是车体上部构件，其上装有受电弓、高压电缆、车端部高压母线连接装置。车顶结构做成平滑圆弧。在车顶板的里面，铺衬有绝热材料。

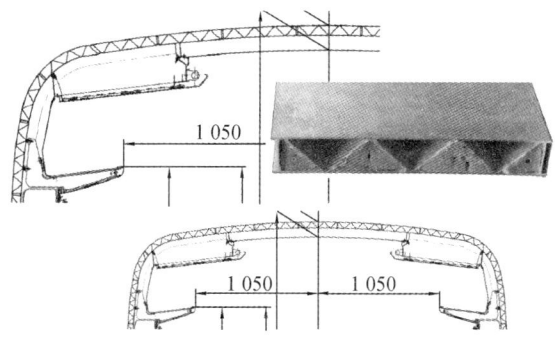

图 3.32 CRH2 车顶结构

3) 侧 墙

侧墙上安装侧拉门、侧窗、到站显示器、座席号码显示器、车内侧灯等设备。侧墙外板平滑，在侧板内面为绝热铺衬，铺有一定厚度的绝热材料。侧墙结构如图 3.33 所示。

4) 外端墙

前头部的端墙包括司机室的侧墙、车顶。为了安装司机室窗户、前头部车钩盖、天线及其他司机室内外设备，前头部外端墙要有相当的开口部分，但要保证有足够车体强度的结构。前头部端墙形状要考虑其气动力学特性及确保司机视野开阔、运行操作性好。

中间车的端墙，设有贯通道、外折棚、内折棚、车端减振器、特高压电缆配线、换气用新鲜空气取入口等设备。

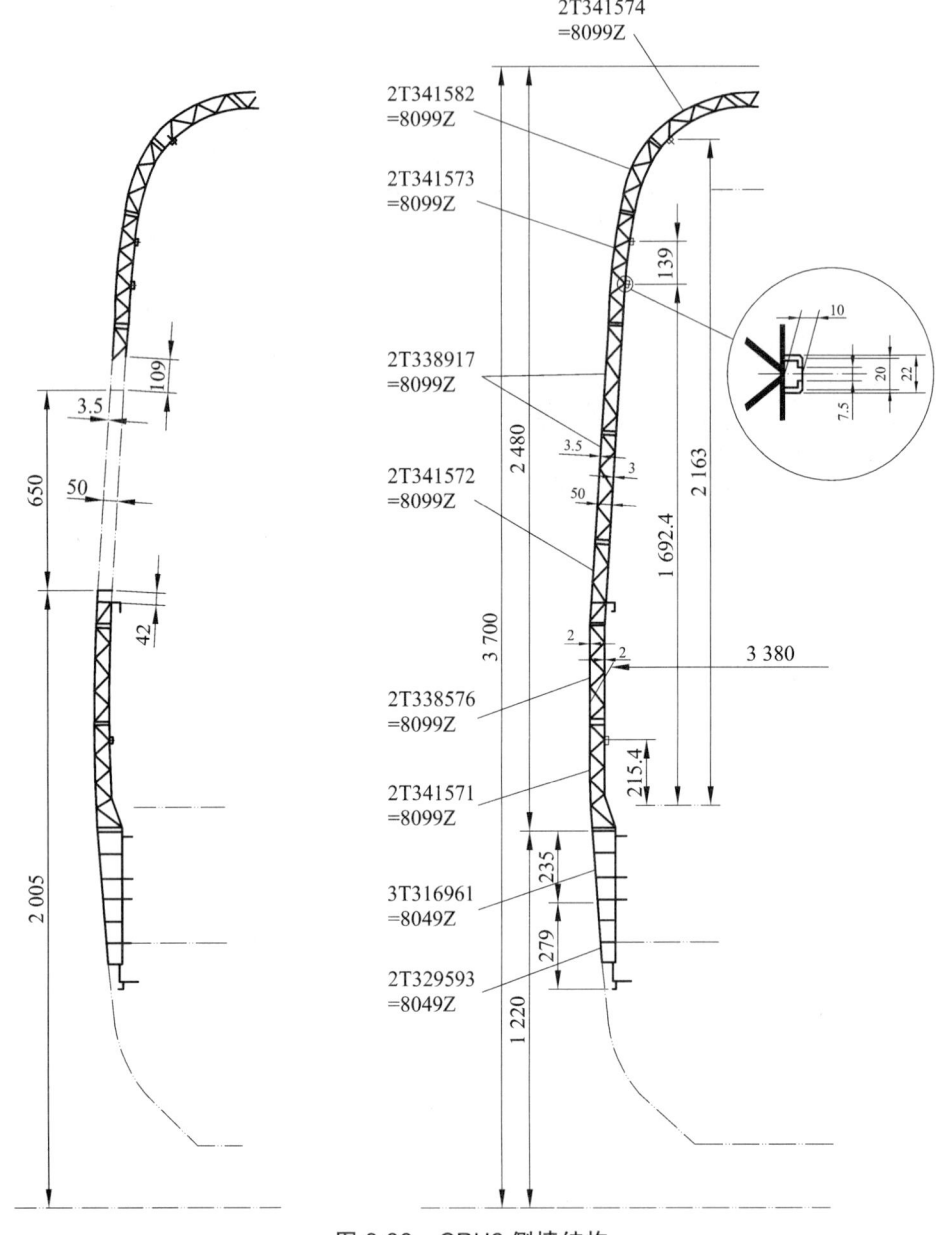

图 3.33 CRH2 侧墙结构

3. CRH5 动车组车体

1) 车体结构

CRH5 动车组采用铝合金车体,由 12 种与车体等长的铝合金挤压型材纵向焊接而成一个整体承载筒形结构。所用的铝合金型材为 6××× 系列轻型铝合金,符合 EN755-2 国际标准。车体结构的设计使用寿命为 30 年。

CRH5 动车组车体主要包括中间车和带司机室的头车两种车型。中间车是基础车,主要由底架、侧墙、车顶、外端墙、内端墙几大部件组成。头车由中间车演变而来,包括底架、侧墙、车顶、外端墙、内端墙、走廊墙和空气动力学端部结构几部分。

部分型材断面如图 3.34 所示。车体底架、侧墙和车顶三大部件之间的连接形式为对接、坡口焊。车顶边梁与中间型材采用插接形式，可调量为 20 mm，采用角焊缝；车顶中间型材相互间通过插口对接在一起。焊接收缩量由车顶边梁与中间型材间的调整量满足；侧墙型材相互间通过插口对接在一起，采用坡口焊。车体型材之间的具体连接形式如图 3.35 所示。

图 3.34　铝型材断面图

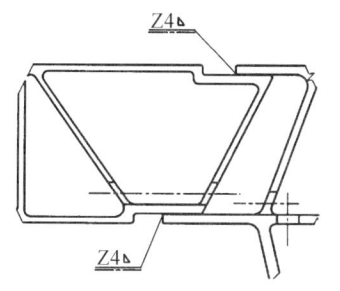
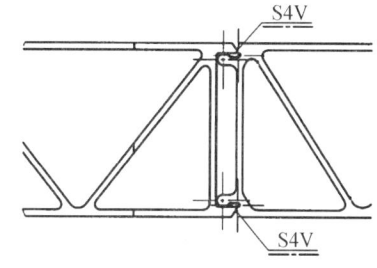

（a）底架边梁和地板型材之间　　　　　（b）地板型材之间

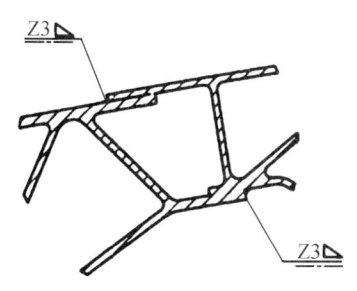
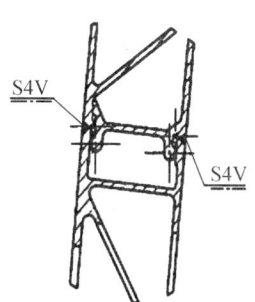
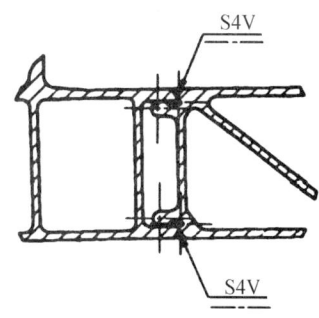

（c）边梁与中间型材之间　　（d）车顶中间型材之间　　（e）侧墙型材之间

图 3.35　型材之间的连接方式

2）底　架

底架由焊接构架、端部缓冲梁组成、枕梁刚性支座、脚蹬组成、底架焊接件等部位组成。其中，底架焊接件主要包括牵引电机止挡、废排箱架、接地螺母等部件。

为最大限度地减少构件的焊接，底架下部的型材设有"T形槽"，用于吊装各种安装于底架下部的各种设备。焊接构架断面如图 3.36 所示。

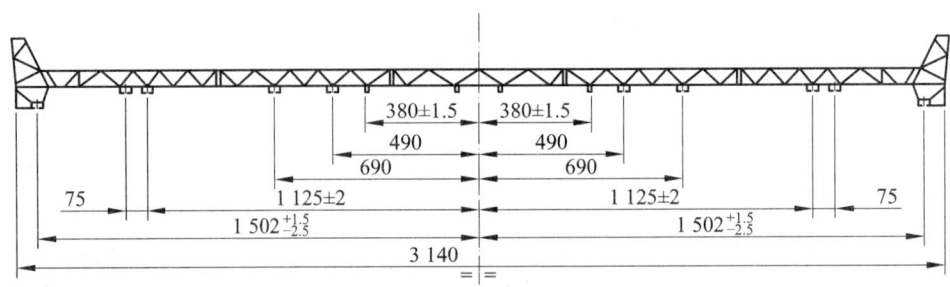

图 3.36 焊接构架

底架牵枕缓是车体很重要的承载部件，在材料上选用强度较高的 6082-T6 铝合金，具体结构如图 3.37 所示。其中，枕梁由焊在底架边梁上的 8 个枕梁座组成，枕梁座由型材机加工而成。转向架摇枕用螺栓固定于枕梁座底平面的螺套孔，安装简单、方便。该结构的主要优点是：底架地板不需切割，枕梁焊接方式不会发生危险；同时作用力都施加在车体最强的部位——边梁上，不与地板发生联系，从而减少了对车内的影响。另外，车体底架上设有 8 个顶车位，枕内外各 4 个。

端部缓冲梁组成有中间车的端部缓冲梁组成、餐车的端部缓冲梁组成和头车的空气动力学端部结构三种。

中间车的端部缓冲梁由端梁、4 根牵引梁、围板、斜梁等组成。牵引梁在转向架区域圆弧过渡，充分考虑了转向架的各种活动。该结构的特点是结构简单，4 根牵引梁分别焊在底架下的加强筋处，支撑梁的长度没有严格的限制，制造简便。

头车的端部是由 9 种 25 块型材和 2 种铝板经机加工后焊接组成，它包括前端墙、侧板、盖板、牵引梁、横梁、排障器支座等部件，如图 3.38 所示。材料除了前端墙和盖板为 6005A-T6 外，其余均为 6082-T6。脚蹬组成由型材和钣金工艺而成，如图 3.39 所示。

图 3.37 底架牵枕缓结构　　图 3.38 头车的端部　　图 3.39 脚蹬组成

3）侧　墙

CRH5 车体的侧墙共有 4 种，它们分别是：头车侧墙、中间车侧墙、餐车侧墙和残疾人车侧墙。头车侧墙有 1 个司机室门和 1 个塞拉门，中间车侧墙有 2 个塞拉门，餐车侧墙有 1 个上货门和 1 个塞拉门，残疾人车侧墙仅比中间车侧墙少了 1 个窗口。头车侧墙焊接件有区间显示屏座、紧急制动装置座、压力传感器套管、门上部加强板等，中间车侧墙焊接件包括区间显示屏座、紧急制动装置座。侧墙断面由纵向放置的 4 种挤压铝型材组成。型材材质为 6005A-T6，厚度为 50 mm，蒙皮厚度为 2.5 mm，内筋厚度为 2.5 mm。为了解决焊接收缩问题,通过控制每块型材的公差,侧墙组成后公差控制在正公差范围内。型材由上到下开有 3 排 T 形槽,用来安装防寒及内饰件,型材断面如图 3.40 所示。侧墙在 4 块型材组焊好后开窗口、司机室门口、塞拉门口、区间牌口、紧急装置座口。为得到最小应力,窗角外侧半径为 170 mm,内侧半径为 180 mm。侧墙保证车窗整体从车内安装,维护更换玻璃从车外拆卸,从而不影响内装。

4)车 顶

车顶由端顶、车顶型材、盖板、车顶焊接件组成,型材断面如图 3.41 所示。

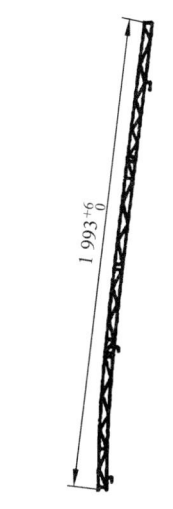

图 3.40 侧墙断面图

CRH5 动车组的车顶共有 6 种,Mh 车和 M2s 车相同,2 个头车相同。除了头车车顶在车头端和中间车有明显区别外,中间车车顶的变化仅在于车顶焊接件的区别。车顶型材由纵向放置的 4 种共 7 块挤压型材对称排列组焊而成。型材材质为 6005A-T6,厚度为 50 mm,蒙皮厚度为 3 mm,内筋厚度为 2.5 mm。每块型材的长度公差为 ± 2.5 mm。车顶外部开了 4 排 T 形槽,内部开了 4 排滑槽,用于内装及设备的安装。

图 3.41 车顶断面图

头车的车顶焊接件有空调座、天线座、司机室空调座、司机室空调座、消音器座、废排座、管座、设备支架、空调进风口、空调出风口等。材质包括铝板 6082-T6、铝板 5754-H22、型材 6005A-T6 3 种。餐车的车顶焊接件包括空调座、空调排水管、通风管座、通风管、导流罩座、主断路器座、天线座、受电弓座、接地连接块、空调进风口、空调出风口等部件。材质有铝板 6082-T6、铝板 5754-H22、型材 6005A-T6 3 种。中间车的车顶焊接件有空调座、空调排水管、通风管座、通风管、接地连接块、设备支架、空调进风口、空调出风口等部件。材料有铝板 6082-T6、铝板 5754-H22、型材 6005A-T6 3 种。为满足车体强度要求,在车体侧门附近车顶端部设置有由横梁、纵梁、盖板等构成的加强结构,材料为 6082-T6。在横梁下焊接内端墙,以增加整车刚度。

5)外端墙

外端墙共有 2 种,有塞拉门端是一种外端墙,餐车没有塞拉门的一端是另一种外端墙。它们的区别是:端角柱所用型材端面及材料不同,前者材质为 6082-T6,后者为 6005A-T6。这与装配结构及受力要求有关。前者有端门连接件和筋板,后者没有。

6)车下设备舱

CRH5 型动车组每节车转向架之间的所有下部装置从侧面和底面都由车下设备舱包裹。车下设备舱是安装在车体下部的骨架和罩板的总称。CRH5 型动车组车下设备舱具有导流和防护、检修车下设备、散热等功能,主要包括蓄电池箱、蓄电池充电机箱、牵引电机、牵引和辅助变流器、主变压器、制动装置、过渡钩箱、空气弹簧的辅助气室、控制箱、酒吧车冷藏柜压缩机、AC 400 V 连接器箱、净水箱、污物箱、风源装置等部件，如图 3.42 所示。CRH5 型动车组车下设备舱可以有效地保护车下设备，设备舱在必要处设置有可开启裙板，通过开启该检查门可以方便地检查、检修以上车下设备。车下设备舱两侧安装有通风格栅，以调节车下设备舱的温度。侧面裙板通常由轻型合金制成，底面裙板由玻璃钢制成。

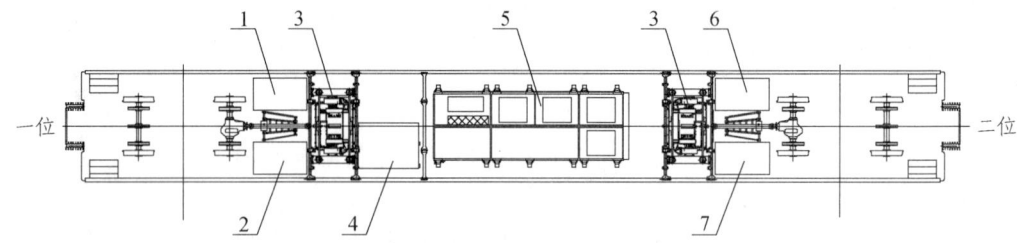

图 3.42　M2s 车下设备舱内部主要设备示意图

1—电池充电机；2—蓄电池；3—牵引电机；4—制动单元；5—牵引/辅助变流器；6—污水箱；7—净水箱

7）头车前部结构

空气动力学车头包括司机室外壳、前部外壳、下部导流罩、自动车钩门、底架防雪保护装置几部分。

司机室外壳材质为复合材料，由最小厚度为 40 mm 的三明治聚酯层组成（其中有 30 mm 夹层泡沫），挡风玻璃周边外壳的厚度为 100 mm。前部外壳材质为复合材料，其上安装有两个标志灯和一个高低音风笛。与司机室外壳用预埋螺母连接。每侧有两个检查门，可以对安装在内部的气动设备、开闭机构控制箱进行检查。检查门采用气弹簧、三角锁，向上开启。下部导流罩为玻璃钢材质，通过支架固定在车体承载结构上。下部导流罩分为中央导流罩、左侧部导流罩、右侧部导流罩。其中，中央导流罩安装在排障器上，它与前部外壳、侧导流罩没有机械连接。下部导流罩能够承受 30 kN 均布载荷而不发生永久变形。自动车钩门材质为复合材料，包括左、右两个单独件，两个车钩门通过支架固定在开闭机构上，可以实现车钩门的自动开关，以便于对车钩进行解钩和连挂，并在车钩使用和维修过程中进行必要的移动。

开闭机构采用电控气动，头盖的开和关是自动的，并与车钩操作进行联锁。如果因为出现故障或失去动力（风力）而不可能进行自动操作，可以使用内部或外部动力，手工使用控制动力顺序的阀或直接手工操作该机构来进行开关。前开闭机构和自动车钩的横截面如图 3.43 和图 3.44 所示，其中开闭机构安装在开闭构架上。

图 3.43　列车前开盖闭合时

1—开盖；2—车钩；3—开闭机构

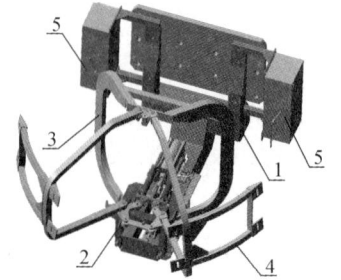

图 3.44　位于闭合位的开闭机构

1—支承梁；2—滑动架；3—舱盖构架；4—舱盖构架臂；5—舱盖控制单元

8)排障器

司机室前端下方装有排障器,排障器中央的底部能承受 137 kN 的静压力。其距轨面高度(110+10)mm(在车轮踏面磨耗允许范围内可调)。排障器由排障装置支撑(左、右)和排障装置组成,由 Q345 钢板制成,车体连接部的材质为 6082-T6,通过螺栓与车体结构连接,如图 3.45 所示,可以实现对司机室底架区域的保护。排障器上下可调 40 mm,以保证由于轮缘磨耗时可以对排障器进行高度调整。排障器还作为司机室前部外壳支架和导流罩的结构支撑。

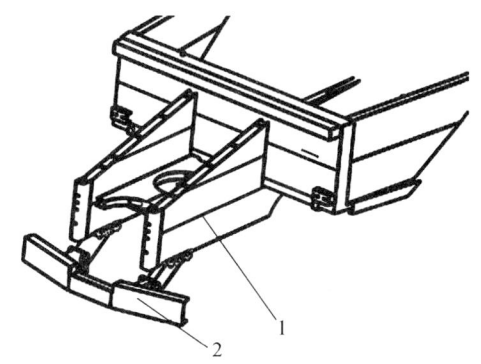

图 3.45 排障器与车体的连接

1—车体承载结构;2—排障器

3.2 车体相关技术

3.2.1 动车组轻量化技术

1. 车体轻量化的目的和意义

作为高速列车,占车辆自重 1/4 的车体的轻量化有着重要的意义。高速动车组轻量化的主要着眼点在于轴重、能耗和制动三方面。

1)降低轴重

轨道的承重是有一定限制的,因此要规定机车车辆的最大轴重。我国铁路规定:货运机车最大轴重为 25 t,客运机车为 23 t,货车为 25 t,客车为 18 t。列车速度越高,对轨道的冲击力越大,因此对于速度大于 120 km/h 的车辆轴重要随速度的增高而减少。轴重超过规定的机车车辆将不允许上路运行,否则会使钢轨过度磨耗和损伤,增加线路的维修工作量,重者还会毁坏线路,酿成重大事故。高速列车的轴重问题更加严重,与常规列车相比,高速列车在高速运行时对轨道的冲击和振动要大得多,因此对高速列车轴重的规定要严格得多。所以我国对高速列车的轴重规定为:动车 19.5 t,拖车 14.5 t。

2)节省能源

列车运行需要消耗能源,电力机车和电动车组消耗电能,蒸汽机车、内燃机车消耗化学能（煤、石油和天然气等）。另外，列车运行还需克服气动阻力和机械摩擦阻力。高速列车由于运行阻力，特别是气动阻力的大幅度增加，而使能源消耗急剧增长，高速列车要克服的阻力是现有列车的 10~30 倍，所需的动能是普通列车的 4 倍以上。因此，高速列车必须减轻质量，减少能源消耗。

3) 缩短制动距离

高速列车在短距离内制动停车，并及时地消散制动时的巨大动能也是一个相当困难的问题。一般高速列车采用再生制动和盘形制动相结合的方式，对盘形制动盘和闸片性能（热容量和温升等）的要求十分严格。因此，高速列车轻量化对减轻制动系统负担十分有利。

由上述可知，高速列车的轻量化对减少线路损害、降低动力消耗、节省能源以及减轻制动系统的负担，都具有重大的意义。

2. 车体轻量化措施

高速动车组的车体系统占整个列车质量的一半以上，因此高速动车组轻量化的关键是车体的轻量化。车体的轻量化主要从以下几方面入手：

1) 采用新材料、新工艺

高速动车组新材料的应用是高速动车组轻量化最主要和最有效的途径，是高速动车组最重要的关键技术之一。高速动车组的轻量化与飞机、航天器以及汽车的轻量化有很大的不同，在某些方面对材料有着独特的更加严格的要求。一般说来，高速动车组对材料除了要求轻质以外，还必须具有更高的强度、模量、韧性、耐磨、耐疲劳、耐老化等性能。在高速列车投入使用的开始阶段，20 世纪 60 年代至 90 年代初期，制造的高速动车组大多采用耐候钢和不锈钢车体，如日本新干线高速动车组 0 系、100 系、400 系（分别于 1964 年、1985 年和 1992 年投入使用），使车体质量比普通钢车体减轻 30%~40%。当前，对于高速动车组车体材料，各国均广泛采用铝合金材料，普通钢质材料已处于淘汰地位；耐候钢也极少应用；不锈钢在日本、美国等应用较多，主要应用于车内承载件和装饰件；纤维复合增强塑料在德国、日本、美国、瑞典等已有应用，但还只用于车体的部分构件。

当前高速动车组使用的轻量化材料主要有：

（1）铝合金。由于铝合金强度/质量比高（超过 3 倍），特别是现代大型空心薄壁铝型材轧制技术的完善，铝合金已成为制造高速列车车体最理想的材料。由大型空心型材组成的车体比钢制车体的质量减少 1/2。此外，铝合金也在车内结构件、管线、压力容器、装饰件等方面得到广泛的应用。近年来，国外有用镁合金等航空材料代替铝合金来制造车体骨架的尝试，其质量只有铝合金的 66%，减重效果更加明显。

（2）不锈钢。不锈钢的强度范围广，有 200 MPa、300 MPa、400 MPa 等级或更高的 600 MPa 等级，而且装饰性好、不生锈。由于不易解决车体气密性问题，故不锈钢只用于制造 200 km/h 速度等级的高速动车组车体，可比普通碳素钢车体减重 1/3。当前，不锈钢在高速动车组上主要用于制造车内承载件和装饰件。

（3）蜂窝型复合材料。蜂窝型复合板材通常由上下面板和蜂窝芯材组成。由于蜂窝芯材密度极小，只有同厚度材料的 1/10，因此质量轻、刚度大，而且具有优良的隔声、隔热性能，故在高速动车组的内装修上得到了广泛的应用,如地板、顶板、间壁、设备舱底板和舱门等。在蜂窝的装饰面可用黏结、真空吸附等方法覆盖装饰膜,装饰效果极佳。

(4)纤维复合增强塑料。由于纤维复合增强塑料具有质量轻、极高的强度、硬度和耐高温的特点,因此是极其重要的航空、航天材料。国外已有用纤维复合增强塑料制造车体、转向架、制动盘和闸片的高速动车组。可以预见,纤维复合增强塑料是一种高速动车组理想的材料,它必将在高速动车组上得到广泛的应用。

(5)玻璃钢。玻璃钢具有耐腐蚀、易成型、质量轻的特点,在高速动车组上主要用于制造复杂曲面的装饰板。在其装饰面上可喷涂或用真空吸附等方法覆以装饰膜,效果良好。高速动车组的头锥通常采用带有骨架的玻璃钢,质量轻、易成型、便于修复。

2)改变车体结构

高速动车组的车体采用矮车体和鼓形断面,以减小车体质量和气动阻力。为了加大车内净高,保证旅客有较好的舒适性,宜采用分体式空调或诱导式空调系统。为了车体轻量化而改变车体结构,主要表现在:

(1)改变车体强度结构。车体强度结构变化主要是在保证车体强度和刚度的基础上,应用强度理论和优化设计程序,把车体设计成能够充分利用材料强度的整体承载筒形结构。高速动车组的高速运行,给高速动车组的车体结构设计带来了许多新课题,例如高速动车组在隧道中运行或两列车高速交会时的空气动力学载荷问题,高速动车组车体采用铝合金材料而使整体刚度下降的问题等,都必须采用现代先进的设计、计算和试验方法,如采用并行设计方法进行设计,应用有限元法进行结构强度计算,利用各种虚拟方法进行各种性能的模拟和方案选择和优化,以最轻的质量获得最大的强度和刚度。

(2)改变车体工艺结构。现代高速动车组车体工艺结构大致有以下几种形式:采用大型中空挤压铝型材结构、采用钎焊的铝蜂窝铝合金结构、采用航空骨架式铝合金结构和采用大型挤压型材的焊接结构。日本新干线最早的0系和100系动车组车体是采用耐候钢和不锈钢的骨架和点焊结合外板的骨皮结构。200系动车组是新干线高速列车首次使用铝合金车体,可以认为是把0系等动车组使用的耐候钢和不锈钢,用铝合金A7N01和5083材料替换的工艺结构。300系动车组使用的是A6N01和A7N01等大型挤压型材。日本各种高速列车车体质量比较见表3.1。

表3.1 日本各种高速列车车体质量比较

系列	0系	100系	200系	300系	500系
材料与结构	耐候钢SPA全焊接结构	耐候钢SPA全焊接结构	铝合金全焊接结构	单层铝合金型材全焊接结构	单层铝合金型材全焊接结构
车体质量/t	10.5	10.2	8.8	6.3	5.6
车辆空重/t	55.4	54.2	58.5	40.7	40.0
车体重/车辆空重	0.19	0.19	0.15	0.16	0.14

3. 车内设备的轻量化技术

车内设备材料,首先应满足功能要求和防火阻燃要求,装饰板应反映时代感。车内设备约占客车总质量的20%，轻量化具有重要意义。

（1）车内设备如门、窗、行李架、座椅、供水设备、卫生设备等，均可选用轻合金或高分子工程材料和复合材料，使设备质量大大减轻。

（2）车内装饰板材广泛采用薄膜铝合金墙板、工程塑料顶板等。

（3）其他设备的轻量化。如日本100系采用直流牵引电机，每台质量为825 kg（功率为230 kW），而300系采用交流感应电机后，每台质量仅为390 kg（功率增至300 kW）。德国ICE3的主变压器铁心采用优质铁铝合金，使磁导率提高4~5倍，又将铜编线改为铝编线，冷却使用硅油，这样其总重由11.5 t降为7 t。

4. 转向架结构轻量化技术

降低转向架自重是高速转向架技术开发的一个重要方面，它对改善车辆振动性能和减小轮轨之间的动力作用均具有显著效果。国外高速转向架轻量化的主要措施之一是采用无摇枕结构，此外还有很多轻量化措施，例如：

（1）构架结构轻量化。采用焊接构架可比铸钢结构减重50%左右。

（2）轮对轻量化。采用空心车轴和小直径车轮，可减轻转向架质量。

（3）轴箱和齿轮箱采用铝合金制作。铝合金轴箱的质量只有原来的40%左右，齿轮箱也减到原来的56%。

通过对车体结构、转向架结构、车内设备及其他设备从选材和结构优化设计上采取措施，可使车辆自重（轴重）明显降低。

3.2.2 车体的密封隔声技术

1. 车体的密封技术

车外压力的波动会反映到车厢内，使旅客感到不舒服，轻则压迫耳膜，重则头晕恶心甚至造成耳膜破裂。许多国家先后在压力波对旅客舒适性的影响方面进行了研究。国外高速列车的运用实践表明，没有交会列车时，头、尾车外面的气流压力变化为：头部受2.5 kPa左右的正压，尾部为2.0 kPa左右的负压。有交会列车，特别在隧道内会车时，车外气流压力会大幅度变化，对进入隧道列车的气流测定结果：速度200 km/h时，头部正压为3.2 kPa、尾部负压为4.9 kPa；速度为280 km/h时，头部正压为3.9 kPa、尾部负压为5.5 kPa。

为了减少压力波的影响，保证旅客的舒适度，需要采取措施提高车辆的密封性能。各国对高速列车都提出了自己的要求。日本高速列车密封试验，要求将车体所有开启部位堵塞，车内压力由4 000 Pa降至1 000 Pa的时间必须大于50 s。欧洲高速列车曾采用压力从4 000 Pa降至1 000 Pa的时间大于50 s（车辆通过台和空调设备关闭）。现在，德国、意大利等国家采用压力从3 600 Pa降至1 350 Pa的时间大于18 s。我国在《200 km/h及以上速度级列车密封设计及试验鉴定暂行规定》中要求：整车落成后的密封性能试验，要求达到车内压力从3 600 Pa降至1 350 Pa的时间大于18 s；车体结构的密封性能要求压力从3 600 Pa降至1 350 Pa的时间须大于36 s；组成后的车窗、车门、风挡应能在±4 000 Pa的气动载荷作用下保持良好的密封性。

列车的密封需要从车体结构和部件上予以考虑。当前世界各国在高速列车上采用的密封技术主要有：

（1）车体结构采用连续焊缝以消除焊接气隙；对不能施焊的部位，必须用密封胶密封。

（2）采用固定式车窗，车窗的组装工艺要保证密封的可靠性和耐久性。

（3）侧门采用密封性能良好的塞拉门；头、尾的端门要采用可充压缩空气的橡胶条，通过台风挡采用橡胶大风挡，并注意处理好渡板处的密封问题。

（4）空调环控设备设立压力控制，如在客室进排气风口安装压力保护阀，在排气风道中装设带节气阀的排风机，并安装压力保护通风机等，其主要目的是既保证正常的通风换气，又保证车内压力变化控制在限值之内。

（5）厕所、洗脸室的水不能采用直排式，应采取必要的密封措施。

2. 噪声控制技术

高速列车的声源主要是：轮轨噪声（碰撞、摩擦声）；空气沿车体表面流动产生的摩擦声和受电弓与接触网导线的摩擦声；风挡等构件的撞击声；列车进出隧道产生的压缩波和反射波所产生的噪声等。

车内噪声一般由以下几部分组成：车体外部传入车内的噪声，一般称之为空气声；由于各种原因导致的车体内表面结构振动，特别是薄壁结构振动产生的辐射声，一般称之为结构振动噪声；各种车内设备、系统（如空调通风系统，各类管道等），作为振源、声源所产生的噪声；上述各类噪声在车厢内部传播与反射所形成的混响声等。

德国铁路规定，速度为 250 km/h 时，一等车噪声不超过 65 dB（A），二等车不超过 68 dB（A）。国际铁路联盟（UIC）规定：客车车内噪声应小于 65 dB（A）。在隧道里，噪声可宽限 5 dB（A）。在过道、厕所，其噪声水平不能超过 75 dB（A）。

为了降低车内噪声，一方面要削弱噪声源发出噪声的强度，另一方面要提高车体的隔声性能。

1）削弱噪声源发出噪声强度的措施

（1）在车轮上安装消音器和开发弹性车轮，可有效地降低轮轨噪声。

（2）车体外形设计成流线型，车体表面平整、光滑都有利于减小空气与车体的摩擦声。

（3）采用橡胶风挡，可减小撞击声。

（4）在空调系统上安装消音器，降低牵引电机风扇的噪声、驱动装置等设备的振动噪声。

2）提高车体隔声性能的措施

（1）采用双层墙结构，可增加隔声量 4~5 dB（A）。

（2）在车体金属（如地板）表面涂刷防振阻尼层，使钢结构的声频振动转化为热能消散，减少声波的辐射和声波振动的传递，从而减少车内噪声。

（3）采用双层车窗，减少从侧面传入车内的噪声。

（4）车内选用吸声效果好的高分子聚合材料。

（5）提高车体气密性的措施，同样可以起隔声作用。

另外，为了环境保护的需要，各国对列车的运行噪声也进行了具体的规定：德国在联邦铁路城际间特快列车 ICE 技术任务书中，对高速列车运行噪声作了技术规定：距铁路中心线 25 m 处，当列车运行速度为 250 km/h 时，列车通过的最大声级不得高于 88 dB（A）；列车运行速度为 280 km/h 时，通过的最大声级不得高于 89 dB（A）。日本多年来投入了大量人力、物力、财力降低新干线铁路噪声，效果显著。目前，日本新干线距铁路中心 25 m 处列车通过最大声级为：高架桥、高路堤区段 65～75 dB（A），达到了新干线环境噪声标准限值。即居民住宅室外的最大噪声级≤70 dB（A）；工业，商业区或有少量居民居住混合区的室外≤75 dB（A）。

3.2.3 流线型车体技术

随着车辆高速化的发展，产生了新的技术问题。近年来，特别是空气动力学现象引起的振动、噪声等问题逐渐成为高速化的重要技术课题。例如，在高速铁路运营初期，遇到的因高速化引起的受电弓蜂鸣声等问题，而这一问题在 100 km/h 的运行速度下是不可能出现的现象。另外，车辆在高速驶入隧道时会产生很大的冲击音，即"微气压波"问题，随着高速化的进展，这一问题也日益突显出来。除此之外，从各国的地理条件来看，铁路设施附近大都有居民居住，因此要求保护周边环境的诉求一直非常强烈。现在世界各国均颁布了相关标准为周边居民的生活环境予以充分保护，为在保持与周边环境和谐相处的同时实现列车的高速化，各国现在仍在进行各种各样的技术研究。

随着列车运行速度的提高，周围空气的动力作用一方面对列车和列车运行性能产生影响；同时，列车高速运行引起的气动现象对周围环境也产生影响，这就是高速列车的空气动力学问题。

1. 空气的作用力和力矩

列车与空气以高速相对运动时，空气将对列车产生力和力矩的作用，如图 3.46 所示。作用在列车上的力有阻力、横向力和升力；力矩有侧翻力矩、俯仰力矩和偏转力矩。其中，首先必须考虑的是空气阻力。对所有高速运输机械，为提高速度和节省能源，减小空气阻力都是首要任务。横向力和侧翻力矩与列车安全行驶有很大的关系，有较大横向风时应特别重视。

2. 运行中列车的表面压力

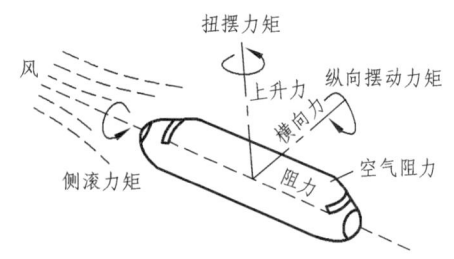

图 3.46 空气的作用力和力矩

当动车组在空旷地带平直线上稳态运行时，由于空气的黏性作用将带动列车周围空气随之运动，造成列车表面空气压力的波动。列车外表面空气压力的研究方法主要包括实车试验、风洞试验、动模型试验、数值模拟计算、理论与分析等。其分布规律主要表现为：从风洞试验结果来看，列车顶面与侧面空气压力可以分为 3 个区域，即① 头车鼻尖部位正对来流方向为正压区；② 头部附近的高负压区，从鼻尖向上及向两侧，正压逐渐减小变为负压，车头与车身过渡连接处的顶部与侧面弧面处负压达最大值；③ 头车车身、中间车与车尾车身表面空气压力为低负压区,其中靠近车厢中段的绝对值小于车厢两端部位。由于列车底部有转向架及各种下部悬挂设备,使底部空气流场比较复杂、绕流比较紊乱,因此该部位的空气压力分布不像列车侧面那么有规律,其最大负压绝对值一般大于车体侧面。

动车组一般具有内外风挡结构,使相邻两车外表面间距尽量缩短。列车在运营过程中一般为双向行驶,因此端墙部分交替变化为迎风面和背风面。但经实车试验和风洞试验发现,端墙表面压力分布比较均匀,内外风挡之间为正压区且压力分布稳定。

因此,当在头车上布置空调装置及冷却系统进风口时,应布置在靠近鼻尖的区域内,此处正压较大,进风容易;而排风口则应布置在负压较大的顶部与侧面,中间车体空调装置的进风口可设置在车体端墙上。

3. 会车时列车的表面压力

高速列车交错通过相邻轨道时,受到对面列车头部和尾部通过时所引起的压力冲击作用。由于列车相邻侧面的距离小,其间压力变化幅度很大。这种压力冲击现象可能震碎车窗玻璃,使乘客感到不舒服,严重时甚至影响列车的稳定性。例如,我国广深线准高速列车开通后,运行不到 1 年时间,由于在列车交会时气压突变造成机车前窗玻璃震坏两次、客车侧窗玻璃破坏 81 块。提速列车将普客列车上的物品、侧窗吸过来,掀翻货物列车棚布等现象时有发生。影响列车交会压力波的因素主要包括列车运行速度、编组长度、复线间距、车体宽度、列车外形、隧道、强侧风等。

压力变动的峰值大小,正比于列车相对运动速度的平方。车头的细长比 L/b 对压力变化的影响很大,流线型车头所引起的压力冲击要比钝体车头小一半。除压力变化峰值外,压力变化速率也影响乘客的舒适度。试验表明,压力变化的速率与两列车速度之和成正比。线路中心距的影响也很大,压力冲击强度大致与这一距离的平方成反比。德国的试验发现,当两线路距离由 4 m 变到 4.5 m 时,可显著降低压力冲击作用。为此,规定车速为 160 km/h 时,两线中心距为 4 m;车速 > 200 km/h 时为 4.5 m;车速为 300 km/h 时则为 4.7 m。

4. 高速列车在隧道中的空气动力学问题

高速列车通过隧道时,由于隧道壁对空气的限制,使发生的空气动力学现象的强度远大于在开阔空间行驶时的情况。列车在隧道中的空气阻力比在开阔空间中大 1 倍以上。

高速列车的头部和尾部进入隧道时,要产生压力波,如图 3.47 所示。压力波以音速传播,在隧道口反射回来,引起隧道中空气压力的变化,这将引起比明线上会车更严重的压力冲击,影响乘客的舒适和行车的安全。同时,一部分压力波能量以脉冲形式的微气压波向隧道口外发射,引起噪声。试验研究表明,压力波幅值的变动与列车速度、列车长度、堵塞系数(列车横截面面积与隧道横截面面积的比值)、头形系数(又称长细比,即车头前端鼻形部位长度与车头后部车身断面半径之比),以及列车侧面和隧道侧面的摩擦系数等因素有关,其中堵塞系数和列车速度为重要的影响参数。列车在往复于隧道内的这种压力波中行驶时,隧道内的压力变动引起车内压力变动,使乘客的耳朵产生疼痛感("耳痛")。为了消除车外压力变动对乘客耳朵造成的疼痛感,新干线车辆配备了连续换气装置,采取了将车内压力变动控制在一定水平以下的相应措施。

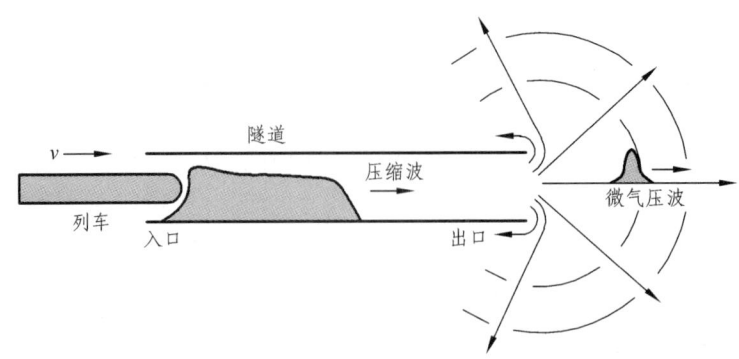

图 3.47　隧道内的压缩波和隧道出口的微气压波

5. 列车在横向风作用下的稳定性

横向风对高速列车的作用，包括横向连续风和阵风作用。随着高速列车的轻型化，以及车速的提高，加剧了横风作用下列车的不稳定性，在大风下可能发生吹翻列车的危险。国内外都出现过大风造成列车颠覆的事故。我国新疆地区就曾发生过 13 级大风吹翻列车的严重事故。解决列车在横风中的稳定性问题，由于缺乏对这一问题进行综合分析的可靠理论，目前主要依靠风洞试验方法。在风洞试验中，由于紊流程度和强度对试验结果有较大的影响，因此，必须模拟风的紊流状态。列车倾覆的危险程度与横风强度、合力作用点高度等因素有关。最不利的情况往往出现在列车通过曲线、丘陵地区的风口地带、高路堤或高架铁路地段。应根据试验结果限制列车通过上述地段的行车速度，在少数危险地段，线路两旁采用局部风栅等措施。同时，通过风洞试验改进列车外形，降低横风作用力和作用点的高度。

6. 受电弓的动力特征

受电弓在列车运行中的动力特性对机车、动车组功率发挥、运行安全及受电弓和电网的寿命等都有很大的影响。在高速下，受电弓受到很大的空气动力作用。空气绕流受电弓时，尾迹中旋涡的不断形成和脱落会引起受电弓的振动，同时受流条件的不断变化也会使受电弓的气动力变化，从而加剧其振动。负的升力作用，会使受电弓离线，尤其在高速下，需解决高离线率的问题，严重时甚至熔断受电弓。侧风还会影响受电弓的稳定性。高速列车受电弓的动力特性分析，必须考虑气动力的作用，这也使得分析复杂化。国外一般都对受电弓进行风洞试验，以评价其在高速下的适用性或改进其结构。此外，受电弓引起的空气阻力在总阻力中占一定的比例，减阻设计尤为必要。

7. 高速列车对周围环境的影响

由于空气的黏性作用，当列车高速行驶时将带动列车侧面、底部及尾部周围的空气随之运动，形成一种特殊的非定常流动，这就是列车风。当列车以 200 km/h 速度行驶时，根据测量，在轨面以上 0.814 m、距列车 1.75 m 处的空气运动速度将达到 17 m/s，这是人站立不动能够承受的风速，同时，处于列车风中的人体将受到空间三维方向的力及力矩作用。试验和理论分析表明，在同一列车运行速度下，人体受到的气动力与人和列车侧壁之间的距离成反比；而处于一定位置的人体受到的气动力与列车运行速度的平方成正比。同时当速度一定时，列车风的风速与列车侧向距离成反比；而位置一定时，列车风风速与列车通过速度成正比。由于列车风将对旅客和工作人员带来伤害，必须使道旁的人与列车保持一定的安全退避距离。目前，判别人体安全性的标准分为风速标准和气动力标准两种。如日本以平均风速 9 m/s 作为确定站台安全距离的危险标准；英国以平均风速 11 m/s 确定站台安全距离，以 17 m/s 确定作业安全距离，而法国和德国则采用气动力判据。

高速列车的噪声包括轮轨、结构物、动力装置、受电系统和空气动力噪声。列车引起的周围空气的紊流是气动噪声产生的原因。气动噪声与车速、物体形状和尺度等有关。试验表明：辐射噪声与 v^6 成正比。环境噪声已成为列车速度提高的最困难的问题之一。为了不使噪声超过规定标准，不对乘客、沿线居民和牲畜造成危害，必须提出降噪的对策。目前的对策有两类：一是被动方法，在沿线路旁设置隔音壁；二是主动方法，直接针对噪声源，在气动噪声方面通过改进列车外表面的形态，减少尖锐凸起并适当加粗不可避免的外露杆件。对后一种方法中各种措施的研究，一般是在风洞中进行的。

综上所述，为减少高速列车的压差阻力、对周围环境的影响、交会时的压力冲击、隧道内的空气动力学等问题，高速列车均采用流线型的外形，并取较大的细长比。但必须注意，细长比的取值与列车最高速度、隧道断面面积、线路中心距有关。我国在吸取国外经验后，规定线路中心距为 5 m，隧道断面面积为 100 m²。就京沪高速线来说，仅有几处短隧道，因而不必追求过大的细长比。日本由于隧道面积仅 64 m²，中心距为 4.2 m，为了在原有的新干线上提高列车速度，500 系高速列车采用了很大的细长比。

3.2.4 防火安全技术

运行中的列车，特别是高速列车，一旦发生火灾其后果不堪设想。为此，国内外在设计、制造高速列车时，都严格遵循有关标准，研究高速列车的防火安全技术。

1. 防火系统设计原则

高速列车防火系统设计原则：系统集成、预防为主、应急对策、以人为本。

（1）系统集成：防火措施按区域配套，通过列车网络构成防火系统的集成响应、信息传递和信息显示。

（2）预防为主：所有材料与器件的选用以防止不会发生火燃或防止火种蔓延为主体，将火情发生因素压到最低程度，达到预防火灾的要求。

（3）应急对策：一旦火灾发生，有严格的分级应急对策，将火灾限制在区域内，限制在低等级火警之下。

（4）以人为本：一切应急对策均以"以人为本"为出发点，防止措施的最终手段要以实现旅客的安全转移为目的。

2. 防火结构设计

（1）选用耐火材料。车辆使用的耐火材料，主要指阻烯、低烟、低毒高分子材料和耐火涂料。根据车型和部位不同选择不同等级的防火、防烟毒材料。卧车包间的隔墙全部采用防火板，隔墙里添加阻燃材料；同时采用阻燃风挡，在两头端门关闭时保证 10 min 内不致火灾蔓延至邻车。

（2）安全装置。车门有自动和手动开关功能，失火时能安全疏散旅客；车窗上设有应急手柄或备有应急手锤，平时手锤封在盒内，火警时操纵应急手柄打开车窗或用手锤把车窗玻璃击碎。

3. 火灾预测和灭火装置设计

（1）设置烟雾探测及失火报警装置。烟雾报警器在明火火灾发生前作出预警，并与地面防火系统联防。

（2）手动报警器。在每个拖车乘务室内设一个具有明显标志的失火警报按钮。

（3）灭火装置。在每个拖车、动车的明显处各设一个 6 L 便携式喷雾灭火器和一个 6 kg 干粉灭火器。

4. 火灾发生时的对策

（1）火警等级。失火警报信号可以由自动或手动发出，自动分预警、报警和紧急报警 3 级，通过网络传递；手动报警为一级，通过连线传递。

（2）失火对策。按照预警、报警和紧急报警 3 级分别采取相应的处置措施，目标是将火灾限制在区域内，限制在低等级火警之下，最终实现旅客的安全转移。

3.3 车体内装与附件

3.3.1 车体内装

1. 车体内装功能

内装系统的功能之一，是为旅客的车上活动提供方便。如侧墙上的衣帽钩，能为旅客提供挂衣帽的方便。车两端平顶板上的灯具能为旅客提供照明。车内的指示标志可为旅客的车内活动提供指导与参考等。

内装系统的功能之二，是为车内的线缆、管道、电器部件等设施提供保护。如地板部件，在内装地板与车体地板间空腔内设有线槽、接地端子等。在侧墙内部，设有风道及出风口布置等。间壁部位为电气控制柜提供了保护。

内装系统的功能之三，为车内的设备件、电气系统提供安装环境。如在两端的间壁上安装有电气插座，在外端墙上安装有电热器等。

2. 车体内装组成

动车组车辆的内饰系统包括侧墙板、顶板、平顶板、间壁板、端墙板、地板、地板布、地板骨架等。

3. CRH3 内装系统

1) CRH3 内装侧墙系统

侧墙系统主要由车窗区侧墙板、盲区侧墙板、墙镶嵌板（串条）、盖板等件构成。其遮阳帘，衣帽钩，空调系统进、排风口等集成与侧墙板之中。

（1）侧墙板分别位于客室两侧，是侧墙的主要组成部分，为装饰性的、长方形的元件。边顶为圆弧形长条结构部件，为旅客界面，材质为玻璃钢 GRP/SMC 材料。

（2）盲区侧墙板：侧墙板车窗区与车窗区间隔的侧墙板。

（3）墙镶嵌板（串条）：每块侧墙板间遮挡缝隙的条。

（4）盖板：用于窗口下部的遮盖，盖板与车窗间的 4mm 的缝隙为空调暖风的出风口。

2) CRH3 内装边顶系统

侧顶板用来覆盖行李架与客室中部顶板之间的区域。

（1）在侧顶板的底部背侧，可以为空调分支管道提供安装的空间。

（2）在个别部位，如餐车吧区的边顶上，安装有照明用灯具。

（3）边顶板的材质与侧墙板的材质一样，均为玻璃钢结构。

3) CRH3 内装平顶系统

在各车的侧门通过台上方以及小走廊区域顶板采用平板结构（非弧形的结构），而且该处顶板的高度比客室内顶板稍微矮，以便形成较大的顶板上部空间，用于安装其他零部件，如水箱、拉门机构等。这些顶板称为平顶板。顶板的高度一般为距地板布上面 2 000 mm 或 2 050 mm。

平顶作为客室以外区域的顶部装饰元件，同时集成了很多其他元件，如内部照明、扬声器、门控元件、空调风口等。

平顶上设有可活动的门板，可以作为车顶设备如给水系统的检查入口。在平顶板区域，为了检修顶板上部设备的需要，通常在顶板上设检查门。且检查门采用三点锁锁闭的方式。平顶板的基材是白杨树种的胶合板，厚 16 mm，上下两面为 HPL 装饰性防火贴面，厚度为 1.2 mm，平顶板总厚为 18.4 mm。平顶骨架由角形或槽形铝合金型材经过焊接或栓接构成。

看不见的平顶板边要涂有阻燃漆（A-C-NIT D/1）或丙烯酸清漆。小走廊的平顶骨架，同时也是顶板的接缝背板，按照材料及颜色概念的要求，骨架表面也应喷塑或喷漆处理。

4) CRH3 内装地板系统

如图 3.48 所示，地板设计基于内装设计概念完成。地板系统按结构分为地板木梁组成、减振垫、座椅防拔机构、木地板与地板布及座椅防拔组成等子系统。表面必须防水，而且表面两侧是密封的。

图 3.48 地板内装

3.3.2 车　门

1. 车门的类型

按照车门所处的位置分,动车组上的车门包括侧门、内端门、外端门、卫生间门、乘务员室门等多种类型。车门按照操作方式又可以分为自动门和手动门,而按照门的开关方式又可以分为转动门和滑动门。

2. 侧　门

动车组每辆车在两侧均设有侧门(见图 3.49),供司机及乘客上下车使用。动车组的侧门多采用单开式电动或气动塞拉门,门在开启和关闭过程中,门扇沿导轨运行;门关闭后与门框塞紧,并与车体外侧面并齐;门开启后与车体相并行,门的净开度为 800 mm 左右。

塞拉门系统主要由门板、门上部运动机构、下导轨、门控单元、门开关按钮、紧急开门装置、门锁闭和隔离装置、活动脚蹬等组成。

侧门的主要性能指标:

(1)抗压强度。门板、手柄、门锁以及门机构可以满足承受 ± 6 kPa 的空气动力载荷和 800 N 作用于门

图 3.49　侧门

板中央集中力的结构强度要求。门机构、门板、门控器、门框组成采用模块化设计,采用整体单元式门框,安装方便,易于维护保养。

(2)密封性。密封采用压紧方式而非充气方式,局部密封损坏时对整体密封性影响小,压紧密封对乘客无人身危险,且具有良好的低温密封性能。门板与门框之间采用双唇加压密封方式,能保证气密性。压力损失在实验室从 6 000 Pa 减少到 1 000 Pa 至少需要 20 min。

(3)门板隔热、隔音性能:门板内发泡处理,K 值为 3.5 W/($m^2 \cdot K$),噪声衰减值为 31 dB (A),能满足列车速度升级到 300 km/h 的要求,具有良好的技术储备。

(4)防火性。非金属材料应符合 TB/T 2402—1993《铁道客车非金属材料的阻燃要求》的规定。

(5)耐久性。机构可靠性应满足 10 万次循环无故障。

(6)开启力及关闭力。手动开关门时,开启力及关闭力 ≤ 150 N。为了防止在开关门时夹伤乘客,现代自动车门还有防夹装置,车门前端最大挤压力根据欧洲标准规定为:在关门时最大挤压力 ≤ 200 N;再开门时 ≤ 250 N。

列车侧门的开关可以由司机、乘务人员及乘客来控制,但级别与权限有很大的区别。

3. 电动塞拉门系统

如图 3.50 所示,电动塞拉门系统由驱动装置提供驱动力,再通过机械传动系统和电气控制系统完成车门的开关动作。电动塞拉门系统由门板、门框、驱动装置(电气或风动)、传动装置(轴、磁性离合器、皮带轮和齿形皮带)、控制器、闭锁装置和紧急开门装置组成。塞拉

门可实现集中控制、本车控制和紧急情况下的手动控制。整列车塞拉门的电控系统主要由集控箱和各车厢的单车电控系统组成。单车电控系统主要由门控器、传感器、操作元件、控制元件、指示元件及电路等组成。

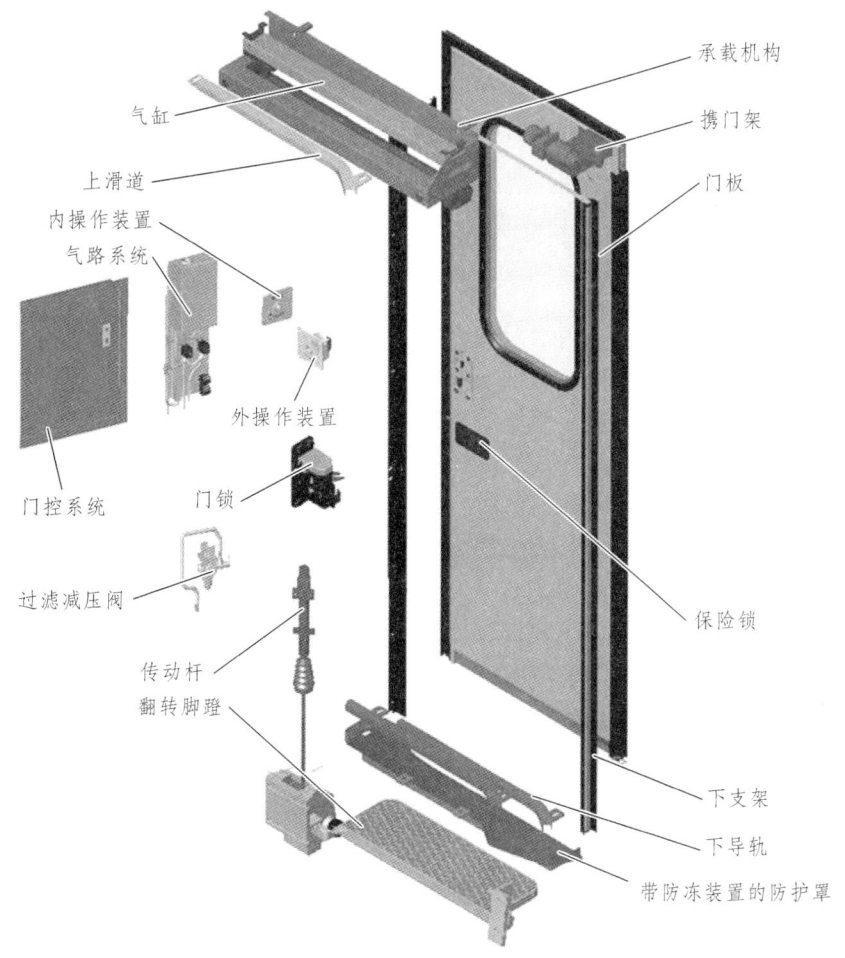

图 3.50 电动塞拉门

（1）门板：采用铝合金结构，厚 43 mm。门板空心部分增加具有阻燃防水性能的蜂窝板填充材料，以保证其足够的平面抗压强度。门板与车体骨架四周做卷边处理。门板周边采用连续的 EPDM 胶条与门框角型材密封，前端边缘处安装防积压空心橡胶条。

（2）驱动装置：安装在车厢门口上部车顶内，主要由无杆风缸、辊式滑车、承重支架组成。车门开关时间为 3~6 s。车门运动速度可通过无杆风缸两端的节流阀调整，开关门时有缓冲，以使运动平稳。

（3）导向装置：由上下导轨来实现，导向装置在门关闭后不外露。

（4）锁闭装置：主要由安装在侧门框上的闭锁风缸、解锁风缸、旋转锁舌、锁定凸轮等组成的旋转锁机构组成。锁闭装置产生机械闭锁力，防止车门电器、压缩空气发生故障时车门自动开启。车门设双重锁闭装置，门锁闭式车门受力均匀。

（5）防挤压装置：由装在门板前边的防夹胶条与压力传感元件组成。在电控关门全行程的 98% 范围内，如果遇到障碍，就会在空气腔内产生一个压力波信号，这个信号通过门板内的空气压力感应开关转换成电信号输入门控器，门控器控制门打开，10 s 后再自动重新关闭，且防挤压力不大于 150 N。

（6）车门内外操纵装置：车门内部设隔离锁、手动锁、电控锁各一把。隔离锁装在门板内部后边，为三角钥匙式。其作用是在车停运或此门系统出现故障时，将关闭的门隔离锁闭，同时切断车门的电器控制回路，使手动和电控的开门方式失效。在隔离锁未锁闭的任何情况下，车门内部手动锁可通过钥匙实现解锁开门。在有电有气的情况下，车门内部电控锁可通过钥匙实现车门的电控开启、关闭。车门外部设手动、电控双功能锁。在有电有气的非集控情况下，通过钥匙实现电控开门功能。在无电无气的情况下，可通过钥匙实现机械解锁开门。

4. 端门

动车组设置有内、外端门。内端门的设置使得过道与乘客区分开，动车组内端门多采用电动控制滑动形式的单扇门。外端门位于车厢的两端，将车厢分隔开，以保证各车厢之间的相互独立性，动车组外端门一般采用电动控制滑动形式的对开式双页门。

CRH5 动车组外端门的组成如图 3.51 所示。该外端门为两扇滑动型门，净开度为 850 mm × 2 000 mm，具有 10 级防火屏障，在发生火灾的情况下，能够确保火灾在 10 min 内不扩散到相邻车辆。CRH5 动车组外端门的开启由按钮控制，门扇配有窗户，门可以在全开或全闭条件下锁闭。如果门关闭碰到障碍，通过安全设备的电气控制可以重新打开门。为防止乘客在门操作区域被夹，外端门的门扇装备有传感边框，在关门过程中碰到障碍物时，立即激活再开门，在大约 5 s 后门将自动再关闭。这种关门循环可以重复 5 次，如果门仍然不能关闭，则故障信号发出并停止关门操作大约 120 s，在这个时间延时后，关门循环将再次启动。当供气或供电时，外端门不会突然移动或冲动，以避免对人的危害及对门系统的损坏。CRH5 动车组内端门采用机械三角锁进行门的锁闭，并带有隔离按钮。内端门组成如图 3.52 所示。内端门为电气控制的滑动式单扇门，门的开启由按钮控制，门扇配有安全固定窗户，内端门可以在全开或全闭条件下锁闭；门框和门下部隔栅为轻合金材料。

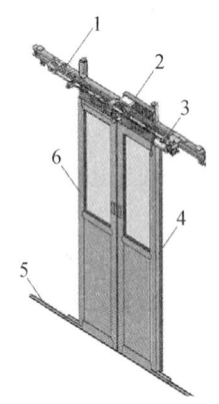

图 3.51 外端门组成示意图

1—机构导轨；2—门单元控制器；3—齿轮传动箱；
4—右门框组成；5—下导轨；
6—左门框组成

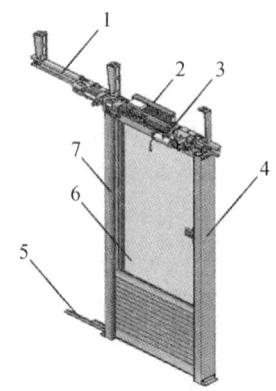

图 3.52 内端门组成示意图

1—机构导轨；2—门单元控制器；3—齿轮传动箱；
4—右门框组成；5—下导轨；6—门扇；
7—左门框组成

当乘客启动位于门板两侧的按钮时，内端门打开，经过 20 s 延时，内端门自动关闭。如果发生电气故障，门能够从两边手动关闭。通过台侧和客室侧各设一个释放按钮，释放按钮位于门上方。乘务员可使用乘务员钥匙，从通过台一侧或者客室一侧将门锁定在打开或关闭位置。为了避免当门开始关闭时还有人停留在门的操作区域之内并将乘客夹在门板之间，门板配备了传感边框，万一在关闭过程中门板之间有障碍物，传感边框立刻启动重新打开功能。门在 5 s 之后将会自动关闭。关门动作可以重复 5 次，如果门仍旧不能关闭，就会给出"故障"信号，操作将会中断 120 s。当供气或供电时，内端门不会突然移动或冲动，以避免对人的危害及对门系统的损坏。

3.3.3 车 窗

动车组客室均为全密封固定车窗，按其大小及用途可分为普通车窗、应急车窗及小车窗。

CRH5 动车组全列车设置有 99 个普通车窗、32 个应急车窗及 17 个小车窗，共计 148 个车窗。其中每辆车有 4 个应急车窗，分布在客室两端。

（1）普通车窗。普通车窗如图 3.53 所示，由玻璃、玻璃铝框、安装框及密封胶等组成；采用双层安全中空玻璃，车窗设计达到所要求的压力气密性。玻璃的外层为彩色（灰色）夹层玻璃，内层为钢化玻璃。两层玻璃之间进行了密封，并填充了氩气，提高了车窗玻璃的隔音和隔热性能。外面玻璃的内部边缘有一圈黑色丝网印刷，能有效阻挡紫外线对黏结剂的加速老化，车窗的外层玻璃与车体侧墙的连接处用密封胶填平，以减少列车运行的空气阻力。

客室普通窗必须符合规定的技术数值：热传导系数小于 1.4 W/km^2，透光率大于 21%，能量透射比小于 17%，绝缘玻璃厚度为 35 mm ± 1.5 mm

（2）应急车窗。应急车窗如图 3.54 所示，与标准车窗的结构和安装方式相同。其主要区别在于应急车窗上部中间区域设有红色敲击点。红点周围是荧光增白剂圆，即使没有照明时也可以看到该位置。为保护旅客安全，每辆车在客室的两端设有 4 个应急车窗。在应急车窗上方行李架上装有安全锤，使用安全锤可以迅速敲碎应急车窗玻璃，方便旅客逃生。敲碎应急窗玻璃的时间小于 20 s，敲碎玻璃所用的力介于 70 N 和 100 N 之间，无论在车内外均可敲碎玻璃。

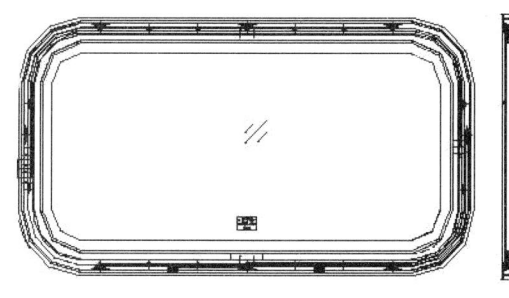

图 3.53 普通车窗

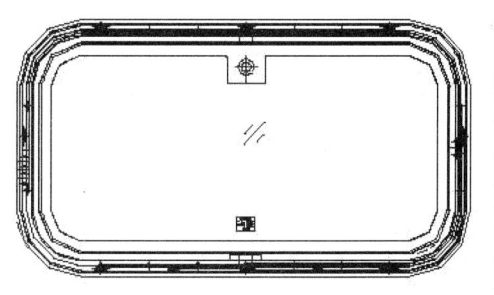

图 3.54 应急车窗

3.4 车内设备及其总体布置

车内设备主要包括用于驱动列车运行牵引设备和为保证牵引设备正常运行和为旅客提供舒适乘坐环境的辅助设备。

3.4.1 牵引设备

1. 牵引传动原理

如图 3.55 所示,列车牵引传动原理是利用原动力(柴油机或外界电源与变压器),通过传动装置驱动车轮。

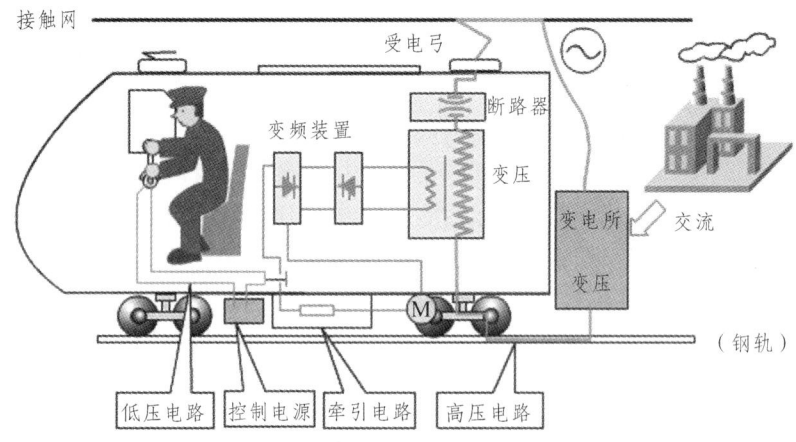

图 3.55 牵引传动原理

2. 牵引传动类型

(1)直-直:通过直流电网供电,驱动直流电动机,多用于城市轨道交通车辆,网压通常为 DC 750 V 或 DC 1 500 V。

(2)交-直:通过交流电网供电,由整流器整流为直流,从而驱动直流电动机。

(3)交-直-交:通过交流电网供电,由整流器整流为直流,再逆变为交流,从而驱动交流电动机,多用于干线车辆,供电模式为 AC 25 kV,50 Hz 单相工频交流电。

3. 交直交型牵引传动设备组成

如图 3.56 所示,交直交型牵引传动设备包括受电弓、主断路器、主变压器、牵引变流器(整流、滤波、逆变)、交流牵引电动机、齿轮箱、动轮。

(1)受电弓:从接触网上接受电流。

(2)主断路器:车上高压电路的总开关。

(3)牵引变压器:将网压 25 kV 转换成整流器侧 1 500 V 电压。

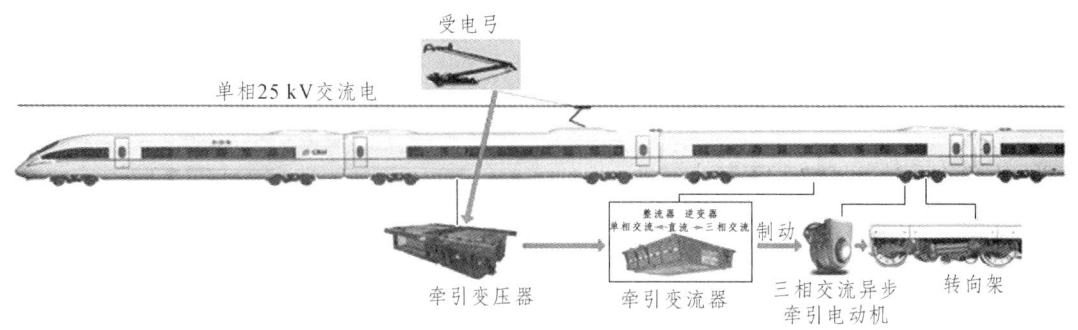

图 3.56　交直交型牵引传动设备组成

（4）牵引变流器：将单相交流电换成脉动直流电，经滤波后再逆变成交流电，并进行调压调频控制（VVVF）。

（5）牵引电机：牵引工况时，把电能变为机械能；制动工况时，把列车动能变为电能。

3.4.2　辅助设备

1. 辅助设备的作用

辅助设备是保证动力设备（变压器）、传动装置、走行部、制动装置与电气控制设备等正常运转、乘务人员正常工作和旅客舒适生活的各项设备。

2. 辅助设备组成

① 通风冷却系统：专为冷却牵引电动机和电器而设置。
② 空气管路系统：专为车上的风动装置提供压缩空气而设置。
③ 辅助供电系统：为牵引电机以外的用电设备供电的系统。
④ 旅客服务设施：空调、座椅、餐饮、卫生等设施。

3. 通风系统

通风冷却系统的工作原理可概括为强迫风冷，通过强迫风冷方式及时冷却动力系统、电气系统中的关键设备，保证列车正常运行。该系统包括通风机、进排风道和空气滤清装置。

通风机包括离心式通风机和轴流式通风机两种类型。对于一些距离车体较远的设备，如牵引电机，通常用离心式通风机冷却，一些设备因位置局限，如制动电阻柜，通常用轴流式通风机冷却。通风系统按主要冷却对象分为牵引通风、制动通风、交流装置通风和变压器通风4条支路。

4. 空气管路系统

空气管路系统的工作原理可概括为强压风动。由压缩机生产的压缩空气，储存在储风缸中，由空气管路系统，通往各用风处所，保证各种风动装置的正常工作。空气管路系统包括如下设备：

（1）风源系统：负责生产、储备、调节控制压缩空气，并向全车各气路系统提供所需的高质量、洁净、干燥和稳定的压缩空气的系统。

（2）制动机气路系统：用于列车制动的系统。

（3）控制气路系统：控制电力机车上受电弓、主断路器、门联锁及各种电空阀动作的风力系统，与控制电路配合，共同实现对机车的控制。

（4）辅助气路系统：供给电力机车撒砂装置、风笛、刮雨器等辅助装置所需压缩空气的系统。

5. 辅助供电系统

辅助供电系统的任务是为列车内的各负载提供交流或直流电源，如空调、采暖、通风、照明、制动、牵引系统冷却风扇、控制单元等，保证列车安全运行，为旅客提供舒适的旅行环境。辅助供电系统包括辅助电源系统、电源分配系统、辅助用电设备。

（1）辅助电源系统由电源供给设备、电源转换设备组成。辅助电源系统为牵引电机以外的用电设备供电的系统。

（2）电源分配系统由分配箱、连接电缆组成。

（3）辅助用电设备包括 HVAC（采暖、通风、空调）系统、牵引系统冷却风扇、制动空压机、电池充电机、车辆控制装置、照明等。

动车组辅助电源系统主要包括辅助变流器、蓄电池和充电机组成。升弓合闸之前，由蓄电池为辅助压缩机电机等必要的升弓合闸设备提供直流电；升弓合闸之后，由辅助变流器为各种辅助设备供电，并经充电机向蓄电池充电。

6. 旅客服务设施

（1）空调系统。

空调系统一般由空调机组（其中每台空调机组制冷量在 32~42 kW 之间）、电气控制系统（包括温度传感器等）和风道系统（如静压式送风管道、条缝型送风口、回风口等）组成。

旅客车厢、通过台和厕所的空调系统包括两个独立的组件：空气处理模块，位于每辆车内；每辆车 2 个压缩机机组，位于车顶。加热是通过安装在空气处理装置内的热电阻和位于旅客车厢、通过台和厕所内的附加电热器来实现的。同时，还设计了一个停电时使用的紧急通风装置。压力调节系统使旅客在列车进入隧道或两列车相向行驶时不受压力冲击。在外波半波幅为 6 000 Pa，梯度为 1 500 Pa/s 时，可保证车内压力低于 1 500 Pa（半幅），梯度为 500 Pa/s。另外还为司机室设计了一个独立的空调系统，该系统与旅客车厢的空调系统接口。结构紧密的空调机组安装在车顶。

司机室空调系统的特点为：每个司机室一个单元；与旅客车厢空调系统的调节相分离；空气流量为 300 m^3/h；来自旅客车厢空调的附加空气流量为 150 m^3/h；冷却能力为 2 400 kcal/h（蒸发温度 2.5 ℃，冷凝温度 55 ℃；1 kcal = 4.186 8 J，cal 为非法定计量单位）；独立的加热系统；电源为 AC220 V，50 Hz。

（2）车载系统。

车载系统包括广播系统、显示系统及操纵、控制和诊断系统。

广播系统作为一个独立部分使用，控制娱乐系统的广播。广播系统包括以下几部分：① 扬声器网络，包括扬声器、线路变压器和音量控制器。扬声器安装在旅客车厢、通过台和厕所内。每半节旅客车厢设有一个音量控制器,供旅客调节背景音乐的音量用。②电话(乘务员的电话在每辆车上,司机的电话在司机室内)。③车辆扩音器,控制广播系统。车辆扩音器与 UIC 总线、扬声器系统、无线电话、监视器扬声器、广播装置和听筒相连。

显示系统作为一个独立部分使用,从列车计算机获取信息。显示系统包括以下几部分:目的地和车厢号显示;控制单元。显示器显示目的地和中间站、列车号和每节车厢编号。终点站显示器位于每辆车外,靠近每个旅客车门处。显示器的数目为每辆 CM、TT 和 TTH 车均为 4 个;每辆 IM1 和 IM2 车 2 个。车厢号显示器向旅客显示车厢编号,位于每节车的通过台内。显示系统通过与 TTH 车(列车长室)上的列车乘务员计算机相连的触屏用户界面来控制。

操纵、控制和诊断系统是一个智能系统,接收和传输信息和指令,从而控制列车上安装的大部分设备。操纵、控制和诊断系统的效率必须保证能提供对列车至关重要的服务。因此,该系统具有高度冗余,以便增强总系统的可靠性。每辆头车上的该系统包括一对控制装置,CCA 和 CCB(冗余智能)。CCA 控制装置通过一条冗余 WTB 串行线路同时通信。CCB 与此相同。同一辆头车的每对控制装置通过一条 CAN 总线串行线路控制 3 辆车。

3.4.3 设备总体布置

从广义上讲,总体布置是将多种设备(变压器、电抗器、整流装置、各种高压设备、辅助机组、各种电器设备、空气制动设备等)进行合理布局;从狭义上讲,总体布置是按车体的车顶、车内、车下三部分,怎样合理地将设备安装于车体上,并且要考虑它们之间电气、管路的连接。总体布置的方案可以是多种多样的,而且每一方案在具有优点的同时,总伴随其相应的缺点。所以设计师总在权衡其利弊,以求取得一个合理的方案。

1. 设备总体布置的一般原则

(1)必须保证质量分配均匀、重心较低,以利于牵引力的充分发挥。在设备布置时要进行质量分配计算,根据各种设备的位置、轻重、车体、转向架的支撑情况,按力矩平衡原理进行计算,计算结果要保证各转向架载荷前后左右相等,各轴重在规定的偏差之内。

(2)要充分满足设备的安装、拆卸、检查和检修的方便。司机室设备布置要求作业范围合适、操纵方便、视线合理,易于观察各种仪器、仪表和信号灯指示。

(3)安全舒适。应注意节约导线、电缆和压缩空气、冷却空气管路。合理地布置电器线路的导线、电缆和空气管路,不仅可节约大量材料、降低成本,还可使布置简捷、集中,便于查找故障,减少空间占用和减少风阻。要有必要的隔热、隔音设施。各机器间的设备要便于检查、维修和保养,要注意设备布置的规律化,便于乘务员熟记各设备的位置,对危及人身安全的电器设备,要有严格的安全联锁防护装置等。另外,还要留有必要的乘务员工作和生活空间。

2. 动车组车辆总体布置的特点

按空间位置动车组车辆总体布置一般根据不同用途组合成相对独立的单元分室安装。由于车上空间尽可能用于安装旅客服务设施，因此，动力设备和机械设备分散在各节车的车下设备舱中，司机室是乘务人员操纵列车的工作场所。一般设置两端司机室，可以双向行驶，不必调头。以 CRH5 动车组为例，总体空间布局一般划分为：车头（导流罩、自动车钩）、车上布置[司机室、客室、车辆连接（风挡）]、车顶布置（受电弓、空调机组等）、车下设备舱。

3.4.4 司机室布置

1. 司机室设备布置原则

司机室设备以司机为中心进行布置，遵循方便操作、减少疲劳、增加舒适度的原则，特别要注意与环境相关的色彩、照明、换气、空调设备、噪声等问题。在照明方面，仪表照明尤为重要，应避免漏光直接刺眼。

2. 司机室设备及其功能

（1）列车操控设备：制动手柄（大、小闸）、调速（功率）手柄和换向手柄。
（2）开关控制设备：柴油机启停、升降弓等按钮或琴键开关。
（3）状态监视设备：仪表、指示灯、显示屏等。
（4）安全监控设备：列车运行监控装置和无线通信设备（无线电话）等。
（5）司机劳卫设备：空调机、电暖气、遮阳帘、衣帽柜、旋转椅等。

3. 动车组司机室布置

动车组是一种全新概念的铁路旅客列车，它所使用的通信与信号系统、全数字化的网络控制、全球定位系统等计算机技术使得它的司机室具有与传统铁路机车的司机室不同的特点。动车组司机室是整个列车的控制中心、信息中心和检修中心。如图 3.57 所示，司机室布置了动车组的主要操纵设备，对全列车的牵引、制动、空调、车门和广播等系统进行控制，同时可检测列车运行信息，以保证列车高速、准时、安全运行。

 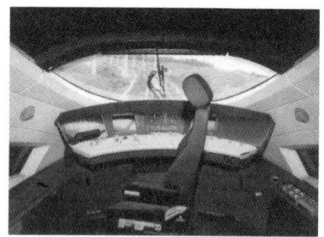

图 3.57　动车组司机室

4. CRH1 动车组司机室

CRH1 动车组有两个司机室，一前一后地分别位于动车组的 Mc1 和 Mc2 车上，便于列车的双向驾驶。司机室设计为一人操作，其空间只供一个司机工作使用。也可以另外容纳一人，但只提供一个折叠椅。司机室还备有逃生绳，司机室逃生用绳预留了固定绳的位置，绳子放在司机室储藏柜中，每个司机室内一条。

如图 3.58 所示，司机室内主要设施有司机操控台、司机座椅和两个橱柜，一个用于 ATP 设备，另一个用于乘务员设施和安全装备。

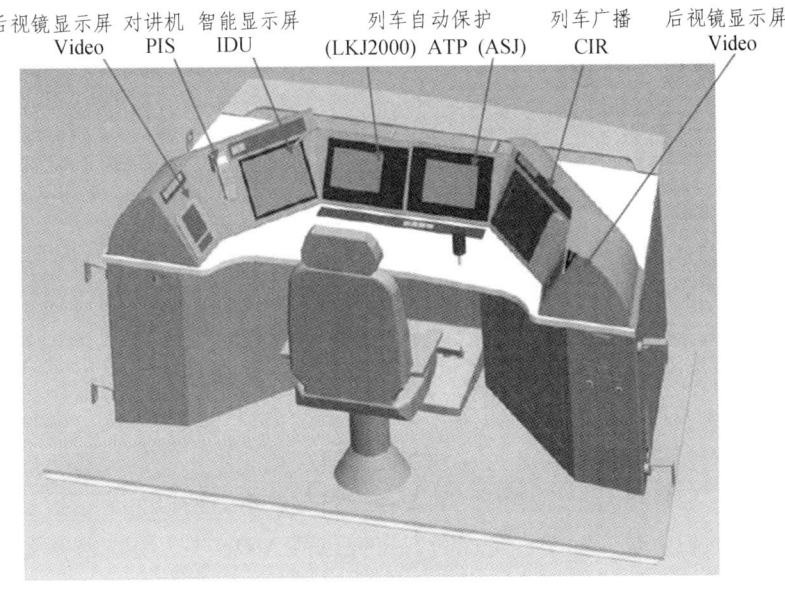

图 3.58　CRH1 动车组司机室布置

司机室的前部有司机操纵台，在操纵台的左侧板上还装有无线电话机、麦克风、阅读灯等设施，在操纵台上的右侧板还装有 PIS 手持机、RT 手持机（LKJ）等设施。

操纵台的前方有一块宽大的挡风玻璃，挡风玻璃上装有前窗加热系统，挡风玻璃前还装有雨刷及冲洗器，在挡风玻璃的内侧上方有一块电动遮阳板。操纵台上安装有驱动车辆和获取运行状态信息的所有设备。操纵台后方有司机座椅。司机室的左右两侧分别装有侧窗，在左右侧窗外部的后上方分别安装有后视镜摄像头。

在司机室的后墙左右两内侧各有一个电器柜 K1 和 K2，分别容纳电气件和附件。在右电器柜 K2 的前面还安装有折叠座椅，供添乘人员乘坐。在左电器柜 K1 的右侧还设置有衣橱，供司机使用。司机室和客室之间的墙体也作防火墙用，可以隔绝两个空间之间的火势蔓延。

后墙上有一个客室电视支撑板。手动拉门是防火墙体的一部分，位于后墙的中部。门上有机械关门装置。

司机室的照明在司机室顶板中央。司机室照明包括安装在内顶内的灯具，有两只 18 W 紧凑型荧光灯管。灯管与一个逆变器连接，逆变器安装在灯具内。司机室照明二位选择开关安装在入口门内右侧，无论驾驶室是否启用，驾驶室照明可通过一个二位选择开关打开。司机室顶板还设有通风口、旅客信息系统扬声器、光学烟雾/热度探测器等装置。

HVAC 系统的主要功能是为车辆和司机室提供经过滤、加热或是冷却的车外空气，以使车内温度保持在预设的水平。每个司机室各配有一套 HVAC 系统。司机室顶部安放一台单独的薄型空调机组。司机室的风道系统由位于车顶和天花板之间的风道和位于司机室天花板上的可调节风向的出风口（便于司机操作）组成。司机室的侧墙板为玻璃钢（GRP）。左右侧墙上各有一个室内取暖用的散热器。框架上设有热对流出风口。两块前侧墙板盖住操控台和挡风玻璃之间的区域，一直延伸到顶板。后侧墙板从地板一直延伸到顶板。侧墙板上装有踢脚板、角压条和散热器罩。在内顶板和墙板之间覆有角压条。和列车车厢一样，司机室的侧墙内都填充有保温和阻燃材料。此外，在司机操作台底部和司机室地板之间的空间中还装有加热器。

5. CRH2 动车组司机室

CRH2 司机室是指从气密隔墙至司机室后部通过台隔墙的区域。在每列编组的两端（T1c、T2c 车）分别设置一个司机室，由前端司机室实施列车控制，后端司机室可作乘务员室。两个司机室具有相同的结构与功能。

为了确保司机的视野，操纵台安装在高地板上，高地板比司机室普通地板高 300 mm。操纵台上安装与驾驶活动密切相关的设备，台体上安装司机控制器、司机制动控制器，操纵台前面的仪表盘上从左到右依次安装有故障显示灯、LKJ 2000 显示器、关门显示灯、ATP 显示器、按钮开关盘、列车信息显示器 1，司机左前方安装的是压力表和保护接地按钮开关，副司机正前方只设置了副司机的暖气切换开关及空调的出风口。为了充分利用安装空间，在操纵台的高地板上安装了救援切换开关、外部插座等使用频率不高的设备。因为整个操纵台的可利用空间很小，而操纵台上需要安装的操作设备比较多，所以，为了扩展操纵台的安装空间，在司机左侧面板上也安装了许多设备，主要包括 MON 列车信息显示器 2、无线系统显示器、无线系统话筒、广播控制放大器、电压表显示灯盘、无线系统打印机、冷气切换开关、司机暖气切换开关等。这一区域从结构上讲不属于操纵台，但从功能上来讲属于操纵台的一部分，称为侧面板。操纵台主要设备布置如图 3.59 所示。

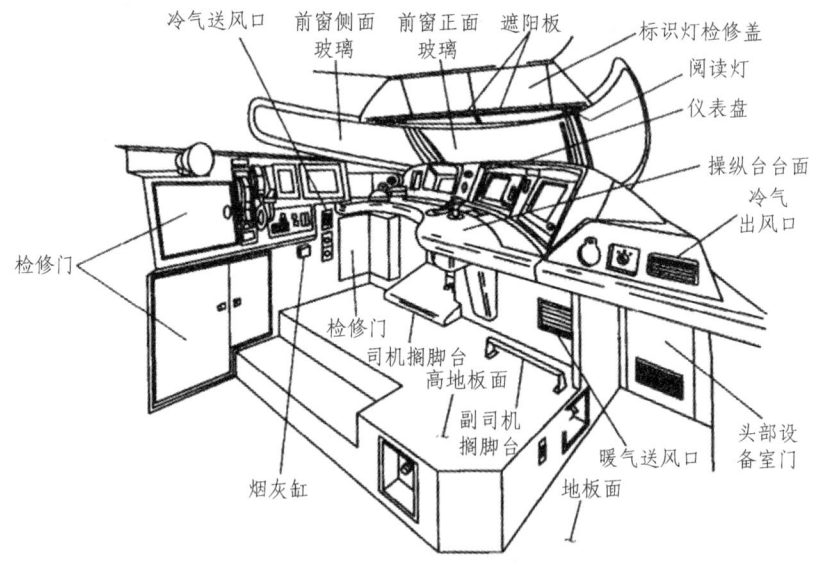

图 3.59 CRH2 操纵台设备布置

6. CRH3 动车组司机室

CRH3 动车组司机室的总体布置主要参照执行 UIC651—2002《机车、动车、动车组和带司机室拖车的司机室布置》的各项要求。司机室布置按照人机工程学进行设计。司机室的设计为单人驾驶，司机操纵台在中央。同时为司机提供了如工具包、逃生梯等其他辅助设施。

如图 3.60 所示,司机室操纵台布置包括司机室操作台及左、右柜布置。① 操纵台为主操作区,在司机前方居中布置,包括经常用到的元件或驾驶列车需要的元件;② 右柜在司机的右手,在列车驱动中需要监控,操作但不常用的控制元件布置于此,是第二及第三操作区;③ 左柜,包含灭火器、垃圾箱等设施。

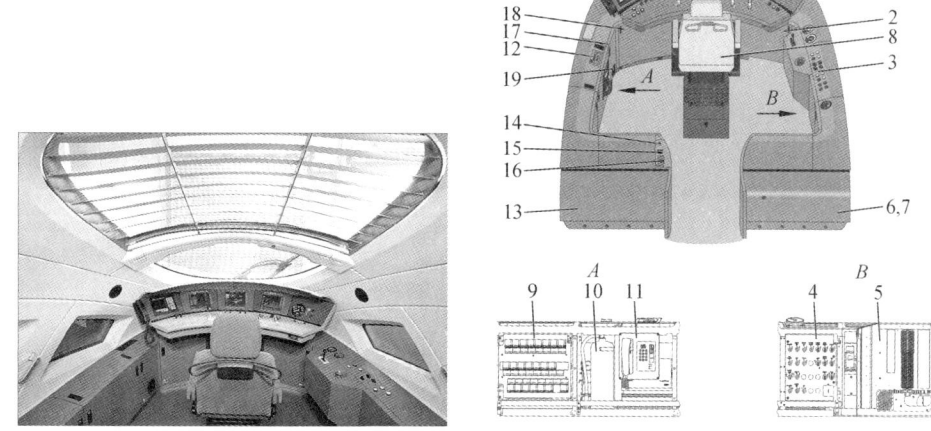

图 3.60　CRH3 操纵台设备布置

1—司机操纵台;2—旋球塞刮水系统,麦克风;3—二级操作区;4—故障开关操纵台;5—CCU1/2;
6,7,9—LSS 面板;8—司机座椅;10—灭火器;11—内部通信装置;12—CIR 中心用打印机;
13—辅助座椅;14—MVB 服务插座;15—总里程计数器;16—旋转开关"电压调节";
17—垃圾箱;18—手提灯;19—杯托

7. CRH5 动车组司机室

CRH5 动车组两端设供司机操作的司机室,满足中国左侧行车的要求。司机室为单司机操作模式,司机台为居中布置。司机室根据人机工程设计,司机室符合 UIC 651 标准的规定。司机室的密封与环境控制要求符合 UIC651 标准及 10.2 条中关于噪声的要求。操纵台配备以下各个功能区,如图 3.61 所示。

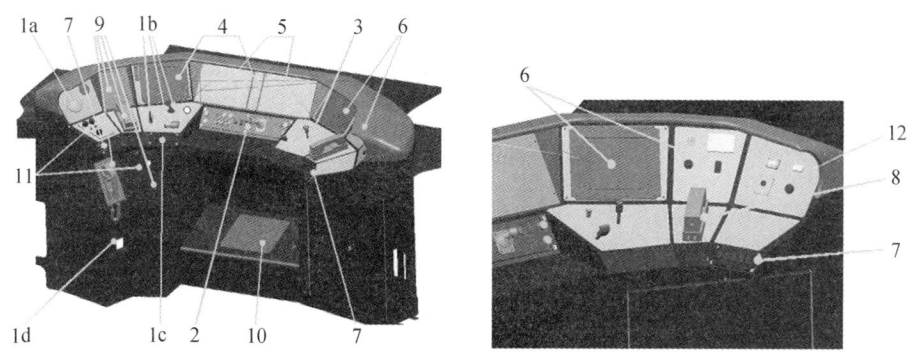

图 3.61　操纵台功能分区图

1a—制动系统设备区;1b,1c,1d—制动系统指令区;2—操纵台和动车组的启动指令区;3—牵引指令区;
4—主要动车组设备和警示灯区;5—ATP 和信号监控区;6—诊断监控和安全警示板区;
7—左右方辅助指令控制板区;8—车载通信控制板区;9—GSM-R 装置区;
10—脚踏板区;11—空调控制板区;12—解钩指令控制板区

3.4.5 客室布置

动车组客室一般基于"先进、舒适"这一思想设计。一等车的座椅布置为 2+2 排列，二等车的座椅布置为 3+2 排列。各动车组客室布置如图 3.62 所示。

（a）CRH1 一等车客室布置效果图

（b）CRH1 二等车客室布置效果图

（c）CRH2 一等车车内布置效果图

（d）CRH2 二等车车内布置效果图

（e）CRH5 一等车车内布置效果图

（f）CRH5 二等车车内布置效果图

图 3.62 动车组客室布置

CRH2 车上布置：一等车座椅布置为 2+2 形式，二等车座椅布置为 2+3 形式，座席为旋转式可调靠背座席。

5 号车（T1k）为餐、座合造车，设置咖啡机、微波炉、冰箱等，设置饮食用简易餐桌、椅子，设置可以提供饮食服务的区域，设置广播、联络电话设备。

各车设有广播系统；一等车和酒吧餐饮区在国产化第 18 列开始设视频系统。

座椅是旅客列车的主要设备之一，乘客座椅按车辆等级和用途可分为一等车座椅、二等车座椅及残疾人座椅。座椅靠背上设有折叠茶桌、脚蹬、书报网、衣帽钩。动车组客室内一般设置行李架，供旅客存放随身行李使用。此外，动车组车内还设有大件行李存放区。客室常用组件如图 3.63 所示。

(a)座椅　　　　　　（b）小型带关闭装置的折叠桌　　　　（c）衣钩

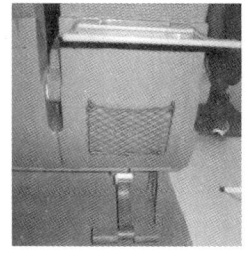 

（d）报刊夹袋和脚踏　　　　　　（e）行李架

图 3.63　客室组件

动车组中一般设有餐饮区，可为旅客提供快餐食品。餐饮区设有座椅、餐桌、立食台、小卖部、送餐小车放置处及储藏室。餐饮区及小卖部效果图如图 3.64 所示。

 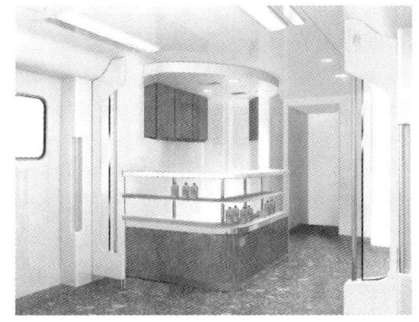

（a）餐饮区　　　　　　　　　　　（b）小卖部

图 3.64　餐饮区及小卖部效果图

3.4.6　洗手间布置

动车组上的卫生间有蹲式卫生间、坐式卫生间和残疾人卫生间 3 种类型。各种卫生间均由模块式结构组成，卫生间相对于车体结构是一个独立的模块。3 种卫生间由于结构形状、尺寸及功能的不同，卫生间模块的组成也有差异。各种卫生间均设有独立的供水、供电、供气及空调系统。这些系统通过液压、电气、气动及空调接口等与列车相连。这些接口的设置便于列车维修人员进行故障诊断及维修。列车设有卫生间的主控制面板，负责监控卫生间系统的状态。

1. 蹲式卫生间

蹲式卫生间为整体模块式设计,蹲式卫生间的主要设备及辅助设备布置情况如图 3.65 所示;美工效果图如图 3.66 所示。该模块包括由 4 块玻璃钢板(GRP)材料组成的地板、顶板、2 个垂直板以及门和门框等部分组成,并在通过台一侧装有与通过台装饰类似的美工面板,以保证卫生间外侧与通过台部分整体外观效果的一致性。卫生间模块通过足够的接口块安装在车体结构上,并能够满足结构的强度和刚度要求。

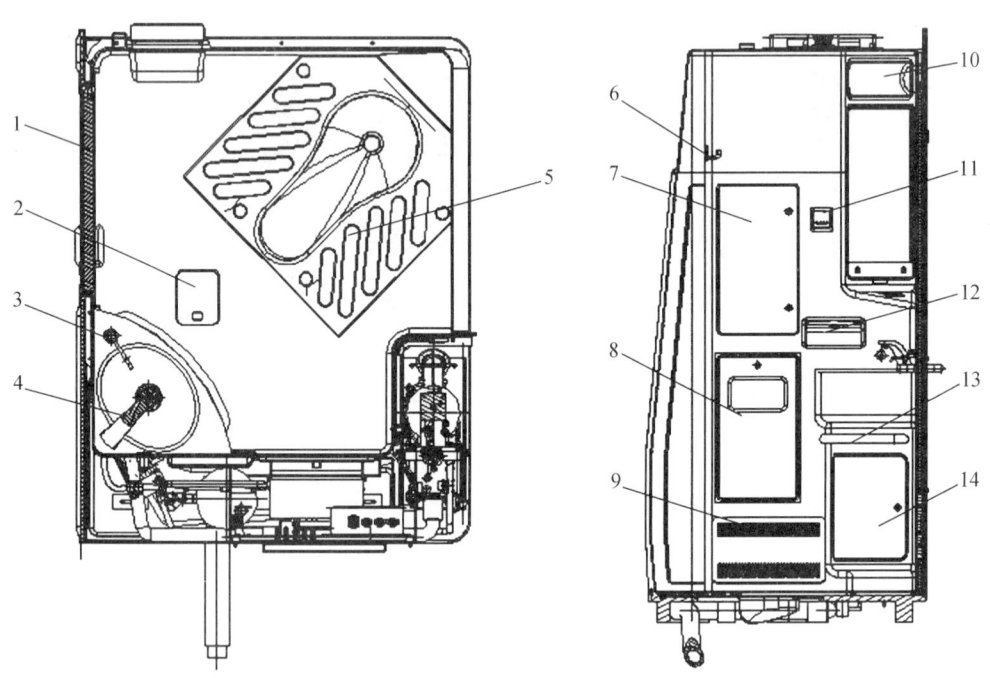

图 3.65 蹲式卫生间布置

1—门;2—地漏;3—皂液器;4—冲洗按钮;5—便器;6—衣帽钩;7、8—检查门;9—电热器;
10—灯;11—插座;12—纸巾盒;13—扶手;14—检查门

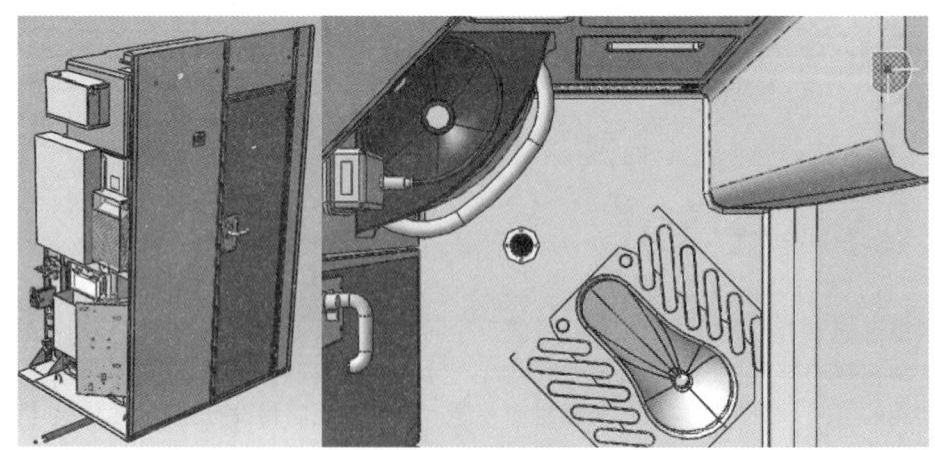

图 3.66 蹲式卫生间效果图

蹲式卫生间门是摆动式的。旅客可从卫生间内部通过把手锁闭或开锁;卫生间内无人时,旅客可从卫生间外部通过把手开锁。乘务人员可以通过标准三角钥匙从外部锁闭或开锁。在不使用的情况下，卫生间门也可以通过卫生间控制装置自动锁闭。此外，卫生间门板上装有通气格栅，在卫生间内的地板上安装有门挡，以避免门与卫生间内墙相撞。为方便旅客使用，在门把手附近安装有卫生间显示信号（没人、有人），以显示门的锁闭情况。

蹲式卫生间的室内充分体现了人性化的设计和布置。卫生间除设置蹲式便器及洗漱台等主要设备外，还配备有纸巾分配器、皂液器、电子烘手器、镜子、扶手、照明灯、废纸箱、电动剃须刀插座、衣帽钩及外界空气加热器等辅助设备，为旅客提供更多周到的服务。此外，卫生间地面设有排水口，以方便可能积水的排出；室内的几个活门（检查门）用于对设备的检查及维护。蹲式卫生间的主要设备为厕所真空系统。该系统包括蹲便器、管路、废水抽吸并运送到水箱的紧致基本单元、冲洗按钮及供水系统等。

蹲便器为抛光不锈钢便器，便盆用胶黏剂粘到地板上。系统配备有 5 个冲洗喷嘴、滑动水口、光感水位传感器及供水线路上的电磁阀等。光感水位传感器是为了排除冲洗故障而设置的。如果由于某些原因使得便器出口堵塞而充满了液体，光感水位传感器可向控制单元发出信号，厕所随后可进行 5 个没有水的冲洗循环，既有可能尽量清除堵塞又可避免液体溢出便器。如果排障失效，则厕所就会进入故障模式。此外，蹲便器系统还具有加热功能，以防系统结冰。

盥洗盆为拉丝不锈钢材料制作，上部为 GRP 玻璃增强塑料。盥洗盆的漏水口安装有金属网格，起保护作用，管路为不锈钢材质。管路系统具有简易手工操作的完全排放功能，以防止遭遇低温时管路和系统零部件可能受到的冰冻损害。卫生间的辅助设备在使用上也非常方便。

2. 坐式卫生间

坐式卫生间亦为整体的模块式设计。其结构设计的组成形式及对结构强度和刚度的要求与蹲式卫生间基本一致。坐式卫生间的门、锁、门扇上的通气格栅以及卫生间使用状态的显示信号设置等也与蹲式卫生间基本相同。坐式卫生间与蹲式卫生间的主要区别在于室内设备的布局有较大差异，便器的设置为坐式便器，主要设备包括洗漱台及辅助设备皂液器、纸巾分配器、电子烘手器、镜子、扶手、照明灯、故障灯、废纸箱、电动剃须刀插座、衣帽钩、温度传感器、乘客信息扬声器、烟雾探测系统和厕所地板排水口等，其设置及形式基本与蹲式卫生间相同。便盆排水口接口处用橡胶垫卡紧。室内也同样设置了检查门，用于对设备的检查及维护。此外，为了保证坐式便器在使用上的卫生性要求，坐式卫生间还在冲水按钮上方设置了坐垫纸圈分发器。

坐式卫生间的主要及辅助设备布置情况如图 3.67 所示。坐式卫生间的主要设备为坐式厕所真空系统。该系统包括紧凑型坐式厕所、废水箱、废水管路、冲洗按钮等。在紧致厕所和废水箱之间的废水管路通过加热电缆进行加热，并进行绝缘。坐式便器由表面抛光的不锈钢制成；卫生间真空系统的具体配置包括 4 个冲洗喷嘴、入口滑动阀、光感高液位传感器、中间水箱、喷射器、出口滑动阀、回水进口滑动阀、不锈钢水增压器、电气控制单元、压力开关、冲洗按钮、冲洗循环、冷冻排水。此外，坐式卫生间的供水系统、回水系统、主控制面板等的设置、功能等与蹲式卫生间相仿。

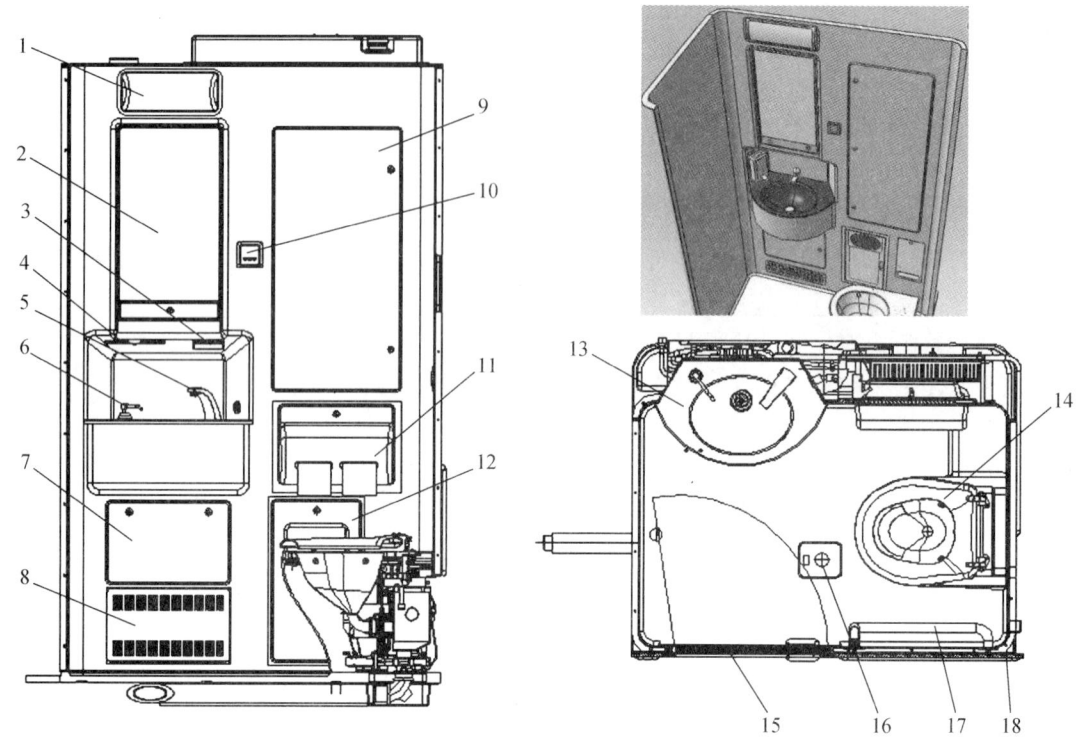

图 3.67　坐式卫生间的布置及效果图

1—照明灯；2—镜子；3—干手器；4—纸巾盒；5—冲洗按钮；6—皂液器；7, 9, 12—检查门；8—电热器；
10—插座；11—便纸盒；13—洗手盆；14—便器；15—门；
16—地漏；17—扶手；18—走廊间壁

3. 残疾人卫生间

残疾人卫生间为整体模块式设计，其结构组成、布局及尺寸等与蹲式卫生间相比有较大差别。该卫生间由地板、3 块垂直面板、顶板 5 个 GRP 加强面板组成，面板通过螺钉彼此连接在一起。卫生间的模块通过足够的接口块安装在车体结构上，并能够满足结构的强度和刚度要求。卫生间与列车间设置有机械、液压、电气、气动及空调等接口，以便于列车维修人员进行故障诊断及维修。卫生间天花板上装有较大尺寸通风管路；残疾人卫生间的主要及辅助设备布置情况如图 3.68 所示；美工效果如图 3.69 所示。

残疾人卫生间的主要设备包括洗漱台及辅助设备皂液器、纸巾分配器、电子烘手器、镜子、扶手、照明灯、故障灯、废纸箱、电动剃须刀插座、衣帽钩、坐垫纸圈分发器等，其设置与座式卫生间基本相同。卫生间供水系统、回水系统及主控制面板等的设置也与坐式卫生间基本相同。与蹲式卫生间和坐式卫生间所不同的是，残疾人卫生间室内布置更加充分考虑了残疾人在使用上的方便性。例如：镜子为钢化玻璃材料，比蹲式卫生间的面积要大一些，使用胶带将其固定在活门上。室内设置有 2 个扶手，一个为固定扶手，另一个为伸缩扶手。此外，还提供一个便于看管婴儿的倾斜桌板，为携带婴儿的乘客提供更加人性化服务。桌板通过枢轴固定在墙上，上部设有锁住装置，确保婴儿安全。残疾人卫生间的门系统也是专门设计的自动门系统。

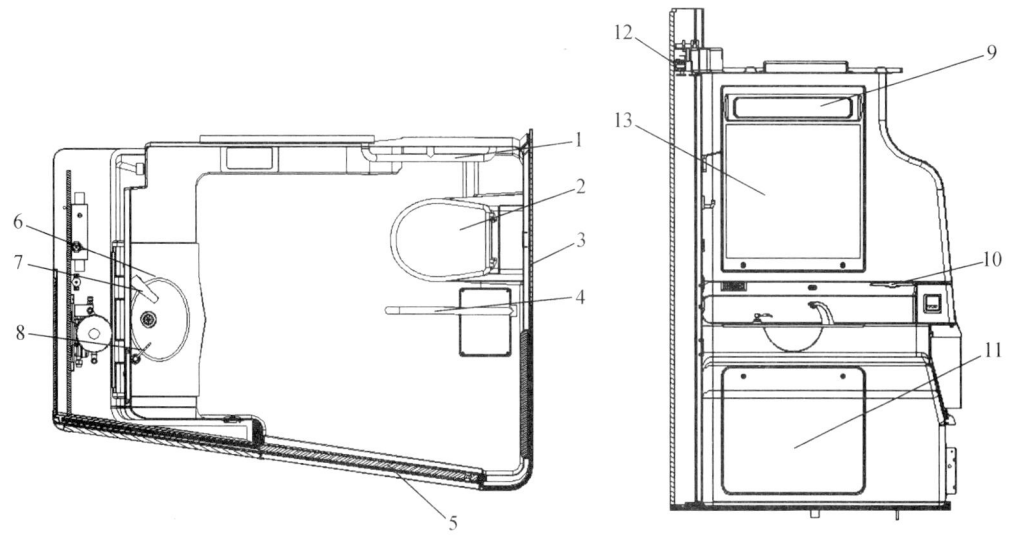

图 3.68 残疾人卫生间布置

1—扶手；2—便器；3—面板；4—残疾人扶手；5—门；6—洗手器台面；7—冲洗按钮；8—皂液器；
9—灯；10—纸巾盒；11—检查门；12—门机构；13—镜子

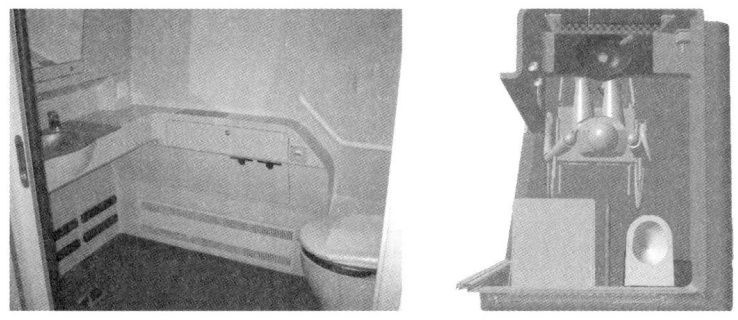

图 3.69 残疾人卫生间效果图

3.5 典型动车组总体布置

3.5.1 25K 型客车的总体布置

1. YZ$_{25K}$ 型硬座车的总体布置

如图 3.70 所示，该车客室两端设通过台、小走廊；一位端设乘务员室、配电室、茶炉间；二位端设 2 个厕所、2 个单人洗脸间，厕所内装有气动密封式便器；中部为大客室，室内设 2+3 排列的固定式座椅，定员 118 人。两侧墙上部设有铝合金板式行李架，两端墙上方设有电子信息显示屏；车顶板采用 ABS 工程塑料吸覆成型，顶板上设条缝式空调送风口及 2 条通长照明灯带。车顶两端设有制冷量为 2×29.07 kW 的单元式空调机组，采用玻璃钢静压送风道，墙板、间壁板采用防火板。侧门为气动塞拉门，风挡为密封式折叠风挡。

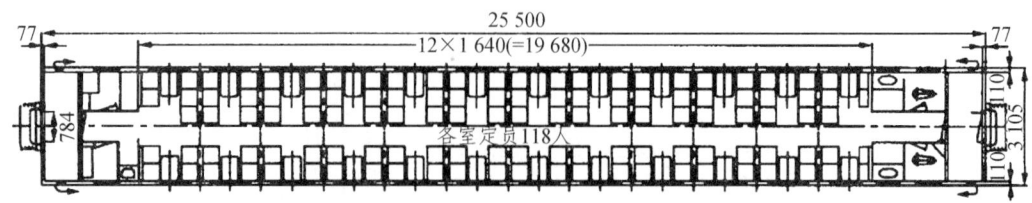

图 3.70 YZ$_{25K}$ 型硬座车的总体布置

2. YW$_{25K}$ 型硬卧车的总体布置

YW$_{25K}$ 型空调硬卧客车的客室两端设通过台、小走廊；一位端设有乘务员室、配电室、电茶炉室、洁具室；二位端设有 2 个厕所和 1 个敞开式双人洗脸间，厕所内设气动密封式便器；中部设 11 个开敞式卧铺包间及通长大走廊，包间内设上、中、下半软式卧铺各 2 组，大走廊上部设铝合金板式行李架，全车定员 66 人。卧铺的布置如图 3.71 所示，每一卧铺室内有长 2 000 mm 的横向 3 层铺位相对排列。在相对的两下铺间设有茶桌。靠走廊一侧装设有边桌和折座。通道上部设有行李架，此外还有供旅客上下铺位用的梯子及衣帽钩、安全挡杆等。

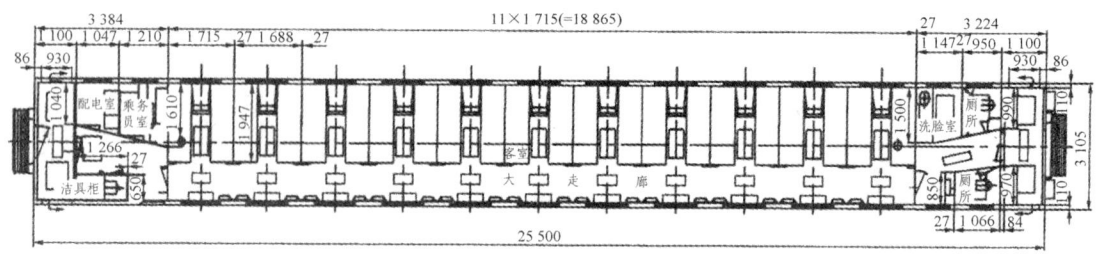

图 3.71 YW$_{25K}$ 型硬卧客车的总体布置

3. CA$_{25K}$ 型餐车的总体布置

如图 3.72 所示，该车一位端设配电室、走廊、3 个储藏室、小卖部；中部为餐厅；二位端设厨房和侧走廊。

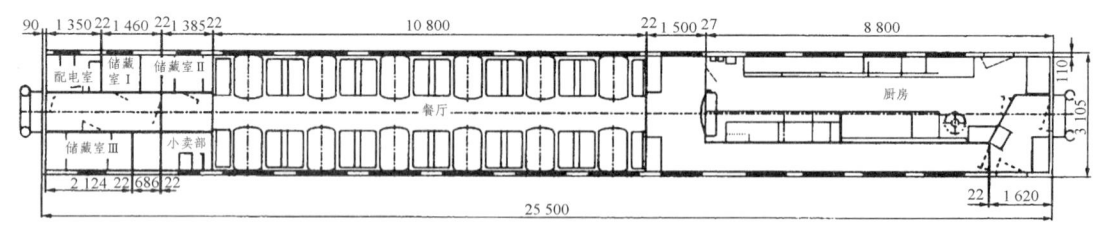

图 3.72 CA$_{25K}$ 型餐车总体布置

4. UZ$_{25K}$ 型邮政车的总体布置

邮政车专用来运送邮件和在列车运行中办理邮政业务，一般编挂在长途旅客列车的首部或尾部。邮政车的一位端设有通过台、运转车长室、厕所，中部设办公室、休息室、厨房、洗脸室、配电室，2 个邮件室分别位于两端。UZ$_{25K}$ 型邮政车的总体布置如图 3.73 所示。

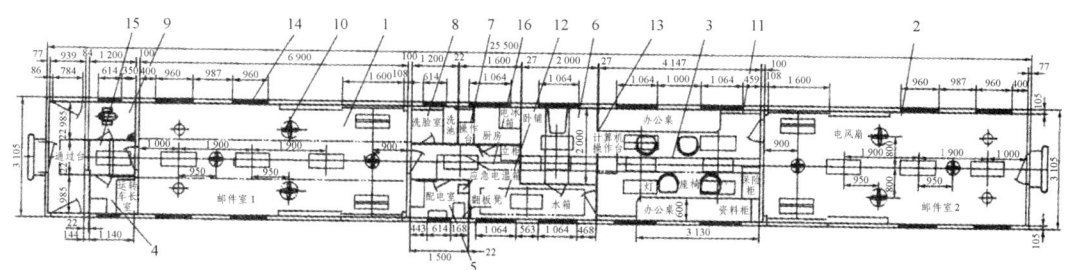

图 3.73 UZ$_{25K}$ 型邮政车的总体布置

1—邮件室 1；2—邮件室 2；3—工作室；4—运转车长室；5—配电室；6—休息室；7—厨房；
8—洗脸室；9—厕所；10—电气装置；11—采暖装置；12—给水装置；
13—间壁；14—车窗；15—小走廊；16—中部走廊

3.5.2 CRH1 动车组总体布置

1. 概 述

CRH1 型电动车组由青岛四方-庞巴迪-鲍尔铁路运输设备有限公司制造，全车设一等车、二等车、餐车等，配备有残疾人卫生间。列车定员 668 人，由 8 辆车组成，其中 5 辆动车 3 辆拖车（5M3T），首尾车辆设有司机室，可双向驾驶，编组后结构如图 3.74 所示。

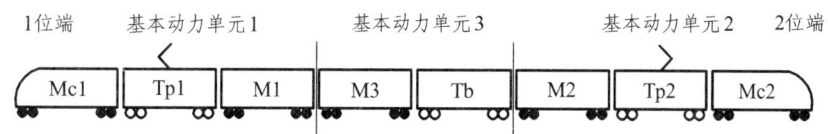

图 3.74 CRH1 动车组编组

Mc—驾驶动车；M—中间动车；Tp—带受电弓的拖车；Tb—带酒吧的拖车

2. 车内布置

列车两端的 Mc 车为一等车，座席采用 2+2 布置，座椅前后间距为 970 mm，走廊宽度为 600 mm。每节车座席数为 72 座，两节车的总座席数为 2×72=144 座。Tp 车和 M 车布置为二等车。二等车座席采用 2+3 布置，走廊宽度为 580 mm，座椅前后间距为 900 mm。每节车座席数为 101 座，五节车的总座席数为 5×101=505 座。各车平面布置如图 3.75 所示。

CRH1-00 号车（Mc2）

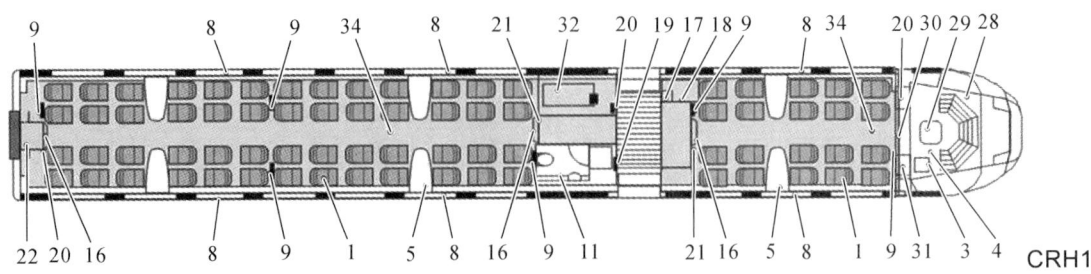

动车组车上设置标注

标号	标注	标号	标注	标号	标注	标号	标注	标号	标注
1	一等车座椅	9	显示屏	17	洁具室	25	餐桌	33	乘务室门
2	二等车座椅	10	餐车储藏间	18	热火炉	26	乘务员室	34	走廊地毯
3	折叠椅	11	厕所/坐式	19	垃圾箱	27	轮椅升降装置	35	站立就餐桌
4	司机室灭火器	12	厕所/蹲式	20	灭火器	28	司机操纵台	36	扶手
5	一等车桌子	13	厕所/残疾人	21	客室门	29	司机座椅	37	客室分隔屏
6	二等车桌子/大	14	行李架/500	22	通过台门	30	司机室门		
7	二等车桌子/小	15	餐车桌子	23	吧台	31	LKJ 主计算机		
8	逃生窗	16	信息显示屏	24	轮椅位置	32	ATP 装置		

CRH1-01 号车（Mc1）

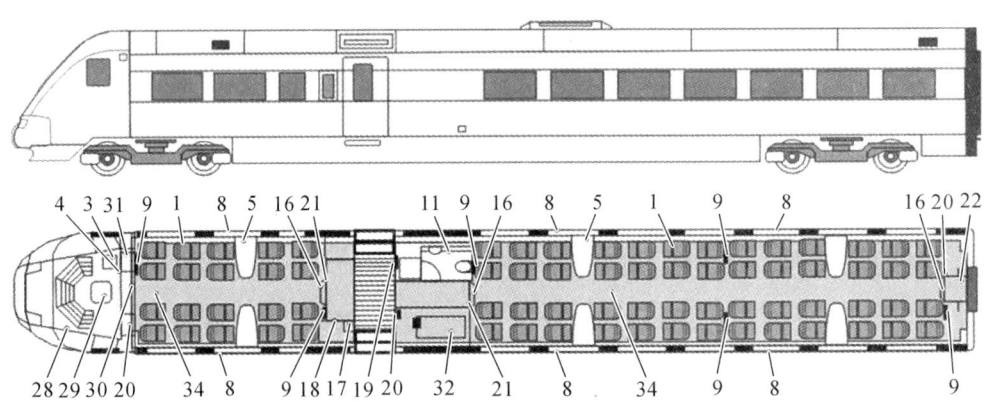

CRH1 动车组车上设置标注

标号	标注	标号	标注	标号	标注	标号	标注	标号	标注
1	一等车座椅	9	显示屏	17	洁具室	25	餐桌	33	乘务室门
2	二等车座椅	10	餐车储藏间	18	热火炉	26	乘务员室	34	走廊地毯
3	折叠椅	11	厕所/坐式	19	垃圾箱	27	轮椅升降装置	35	站立就餐桌
4	司机室灭火器	12	厕所/蹲式	20	灭火器	28	司机操纵台	36	扶手
5	一等车桌子	13	厕所/残疾人	21	客室门	29	司机座椅	37	客室分隔屏
6	二等车桌子/大	14	行李架/500	22	通过台门	30	司机室门		
7	二等车桌子/小	15	餐车桌子	23	吧台	31	LKJ 主计算机		
8	逃生窗	16	信息显示屏	24	轮椅位置	32	ATP 装置		

第3章 车体结构及内装设备

CRH1-02号车（Tp1）

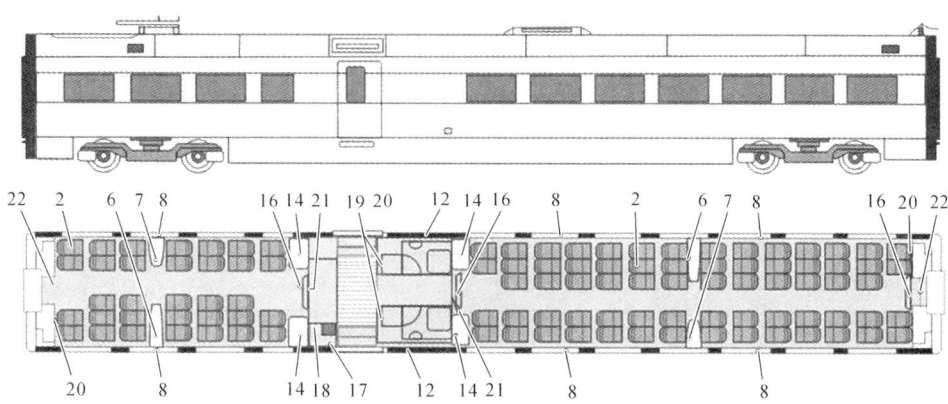

CRH1动车组车上设置标注

标号	标注	标号	标注	标号	标注	标号	标注	标号	标注
1	一等车座椅	9	显示屏	17	洁具室	25	餐桌	33	乘务室门
2	二等车座椅	10	餐车储藏间	18	热火炉	26	乘务员室	34	走廊地毯
3	折叠椅	11	厕所/坐式	19	垃圾箱	27	轮椅升降装置	35	站立就餐桌
4	司机室灭火器	12	厕所/蹲式	20	灭火器	28	司机操纵台	36	扶手
5	一等车桌子	13	厕所/残疾人	21	客室门	29	司机座椅	37	客室分隔屏
6	二等车桌子/大	14	行李架/500	22	通过台门	30	司机室门		
7	二等车桌子/小	15	餐车桌子	23	吧台	31	LKJ主计算机		
8	逃生窗	16	信息显示屏	24	轮椅位置	32	ATP装置		

CRH1-03号车（M1）

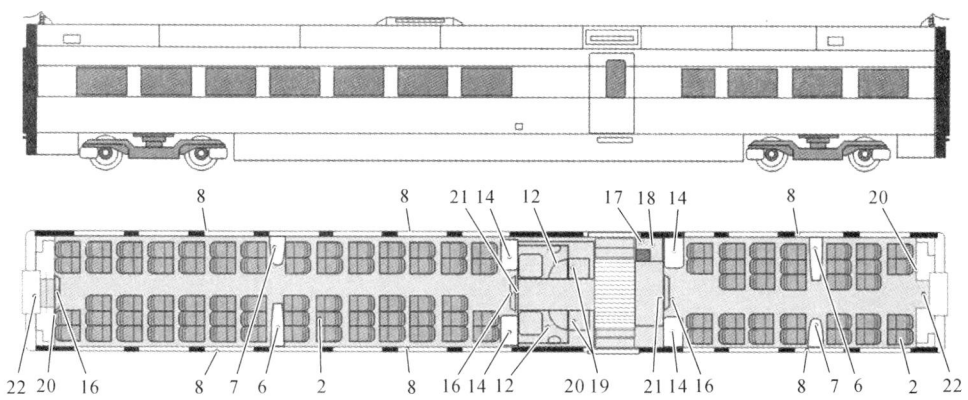

CRH1动车组车上设置标注

标号	标注	标号	标注	标号	标注	标号	标注	标号	标注
1	一等车座椅	9	显示屏	17	洁具室	25	餐桌	33	乘务室门
2	二等车座椅	10	餐车储藏间	18	热火炉	26	乘务员室	34	走廊地毯
3	折叠椅	11	厕所/坐式	19	垃圾箱	27	轮椅升降装置	35	站立就餐桌
4	司机室灭火器	12	厕所/蹲式	20	灭火器	28	司机操纵台	36	扶手
5	一等车桌子	13	厕所/残疾人	21	客室门	29	司机座椅	37	客室分隔屏
6	二等车桌子/大	14	行李架/500	22	通过台门	30	司机室门		
7	二等车桌子/小	15	餐车桌子	23	吧台	31	LKJ主计算机		
8	逃生窗	16	信息显示屏	24	轮椅位置	32	ATP装置		

CRH1-04号车（M3）

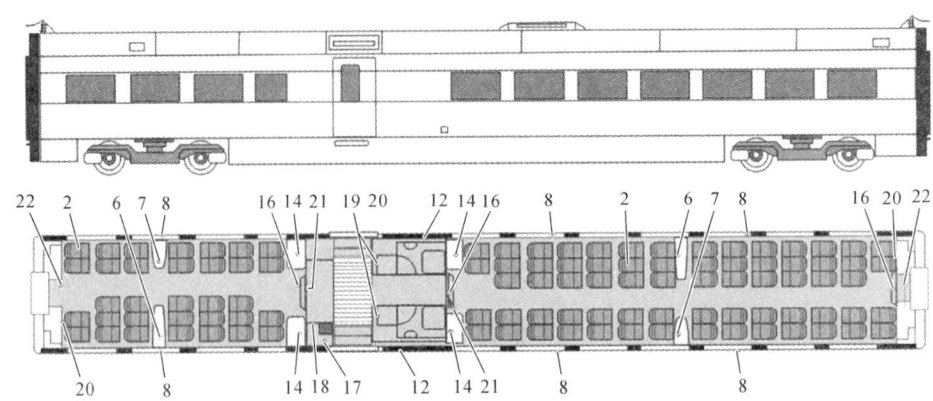

CRH1 动车组车上设置标注

标号	标注	标号	标注	标号	标注	标号	标注	标号	标注
1	一等车座椅	9	显示屏	17	洁具室	25	餐桌	33	乘务室门
2	二等车座椅	10	餐车储藏间	18	热火炉	26	乘务员室	34	走廊地毯
3	折叠椅	11	厕所/坐式	19	垃圾箱	27	轮椅升降装置	35	站立就餐桌
4	司机室灭火器	12	厕所/蹲式	20	灭火器	28	司机操纵台	36	扶手
5	一等车桌子	13	厕所/残疾人	21	客室门	29	司机座椅	37	客室分隔屏
6	二等车桌子/大	14	行李架/500	22	通过台门	30	司机室门		
7	二等车桌子/小	15	餐车桌子	23	吧台	31	LKJ主计算机		
8	逃生窗	16	信息显示屏	24	轮椅位置	32	ATP装置		

CRH1-05号车（Tb）　　　　　　　　　　　　B-end

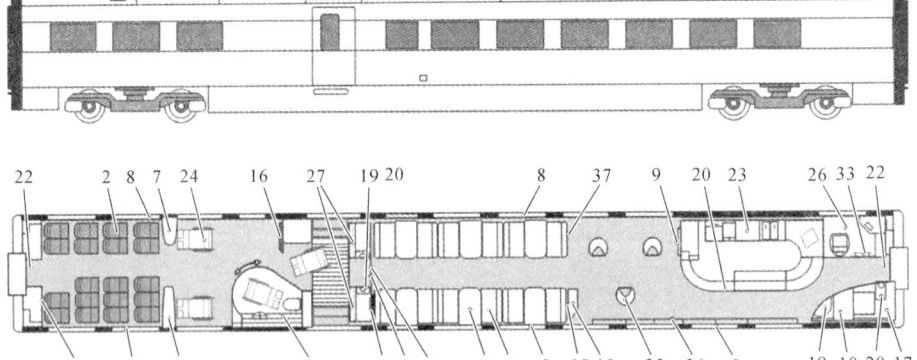

CRH1 动车组车上设置标注

标号	标注	标号	标注	标号	标注	标号	标注	标号	标注
1	一等车座椅	9	显示屏	17	洁具室	25	餐桌	33	乘务室门
2	二等车座椅	10	餐车储藏间	18	热火炉	26	乘务员室	34	走廊地毯
3	折叠椅	11	厕所/坐式	19	垃圾箱	27	轮椅升降装置	35	站立就餐桌
4	司机室灭火器	12	厕所/蹲式	20	灭火器	28	司机操纵台	36	扶手
5	一等车桌子	13	厕所/残疾人	21	客室门	29	司机座椅	37	客室分隔屏
6	二等车桌子/大	14	行李架/500	22	通过台门	30	司机室门		
7	二等车桌子/小	15	餐车桌子	23	吧台	31	LKJ主计算机		
8	逃生窗	16	信息显示屏	24	轮椅位置	32	ATP装置		

CRH1-06号车（M2）

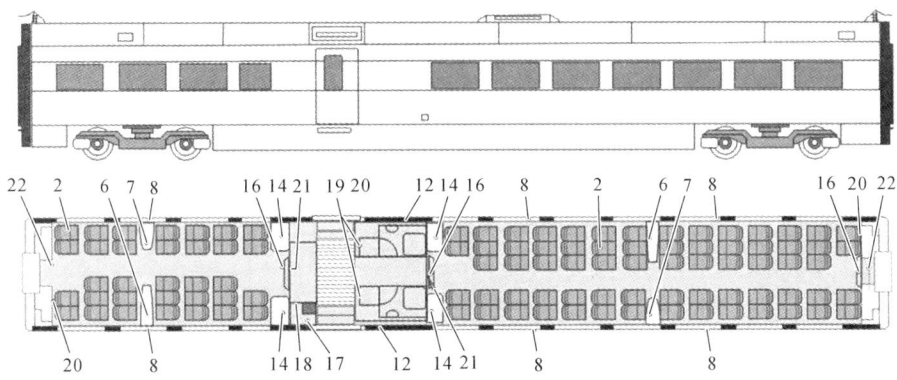

CRH1 动车组车上设置标注

标号	标注	标号	标注	标号	标注	标号	标注	标号	标注
1	一等车座椅	9	显示屏	17	洁具室	25	餐桌	33	乘务室门
2	二等车座椅	10	餐车储藏间	18	热火炉	26	乘务员室	34	走廊地毯
3	折叠椅	11	厕所/坐式	19	垃圾箱	27	轮椅升降装置	35	站立就餐桌
4	司机室灭火器	12	厕所/蹲式	20	灭火器	28	司机操纵台	36	扶手
5	一等车桌子	13	厕所/残疾人	21	客室门	29	司机座椅	37	客室分隔屏
6	二等车桌子/大	14	行李架/500	22	通过台门	30	司机室门		
7	二等车桌子/小	15	餐车桌子	23	吧台	31	LKJ 主计算机		
8	逃生窗	16	信息显示屏	24	轮椅位置	32	ATP 装置		

CRH1-07号车（Tp2）

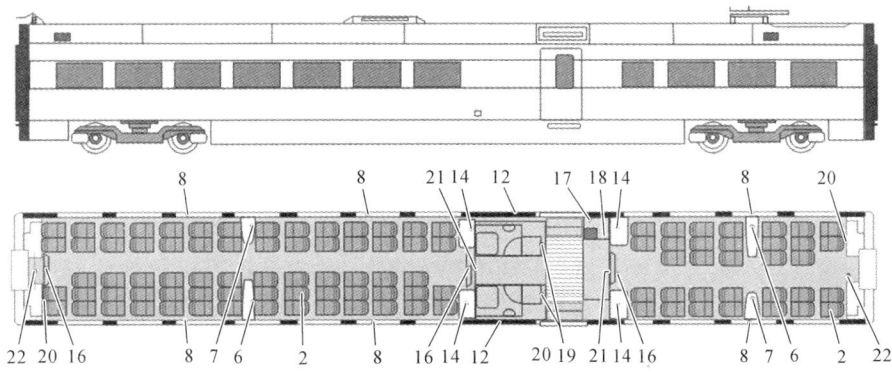

CRH1 动车组车上设置标注

标号	标注	标号	标注	标号	标注	标号	标注	标号	标注
1	一等车座椅	9	显示屏	17	洁具室	25	餐桌	33	乘务室门
2	二等车座椅	10	餐车储藏间	18	热火炉	26	乘务员室	34	走廊地毯
3	折叠椅	11	厕所/坐式	19	垃圾箱	27	轮椅升降装置	35	站立就餐桌
4	司机室灭火器	12	厕所/蹲式	20	灭火器	28	司机操纵台	36	扶手
5	一等车桌子	13	厕所/残疾人	21	客室门	29	司机座椅	37	客室分隔屏
6	二等车桌子/大	14	行李架/500	22	通过台门	30	司机室门		
7	二等车桌子/小	15	餐车桌子	23	吧台	31	LKJ 主计算机		
8	逃生窗	16	信息显示屏	24	轮椅位置	32	ATP 装置		

图 3.75 CRH1 动车组各车平面布置

3.5.3 CRH2动车组总体布置

1. 概述

如图 3.76 所示，CRH2 动车组采用 8 辆编组，4 动 4 拖，由两个动力单元组成。每个动力单元由 2 个动车和 2 个拖车（T-M-M-T）组成。编组形式为 T1c + M2 + M1 + T2 + T1k + M2 + M1s + T2c，包括 1 辆一等车（M1s）、6 辆二等车（T1c、M2、M1、T2、M2、T2c）和 1 辆餐座合造车（T1k），其中司机室设在 1 号车（T1c）和 8 号车（T2c）。

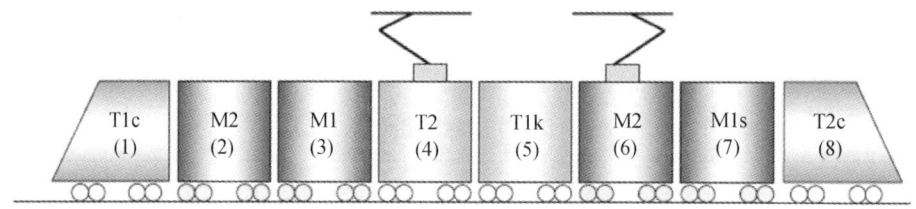

图 3.76　CRH2 动车组总体组成

T—拖车；M—动车；k—带餐车；s—头等车；c—带司机室

2. 车内布置

各车车内布置如图 3.77 所示。1、2、3、4、6、8 号车为二等车，座椅采用 2+3 布置，座椅间距为 980 mm，走廊宽度为 600 mm；7 号车（Ms）为一等车，座椅采用 2+2 布置，座椅间距为 1 060 mm，走廊宽度为 600 mm，座椅数为 51；5 号车（T1k）为餐座合造车，一位端为餐饮区，设有 16 个座椅、4 个餐桌，还设有立食台、小卖部、送餐小车放置处及储藏室，二位端为二等车客室，座椅采用 2+3 布置，共 55 座，另外还设有卫生间、小便间、洗脸间等设施。

每辆车两端每侧各设一个侧门（7 号车只在一端设侧门），两个车门之间的空间为通过台，通过台是乘客上下车的通道，通过台处设有大件行李存放处。在相邻两车辆间设防火外端门。在单号车车端部设卫生间、小便间和洗脸间，其中 7 号车设残疾人卫生间、乘务员室和多功能室。在双号车端部设饮水机。车辆中部为客室区，客室两端设自动感应式内端门（简称内端门）。5 号车（T1k）为餐座合造车，设置餐饮区，该车厢内还设有广播联络设备。全列车定员 610 人。各车厢内主要设备见表 3.2。

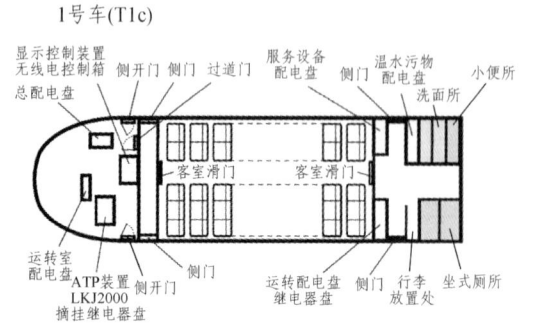
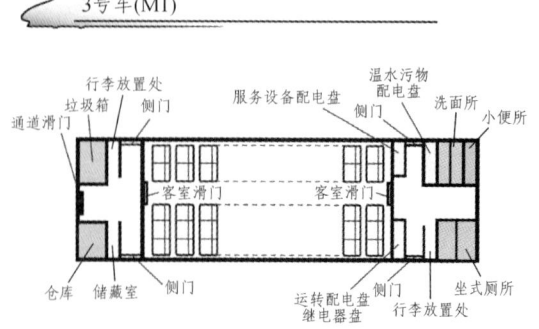

图 3.77 车内设备布置概况

表 3.2 各车厢内主要设备

车号	代号	定员	主要设备	其 他
1	T1c	55	二等车、司机室、坐式厕所、洗脸间、小便间	禁烟车厢
2	M2	100	二等车、饮水机	禁烟车厢
3	M1	85	二等车、物品柜、备品室、坐式厕所、洗脸间、小便间	
4	T2	100	二等车、饮水机	禁烟车厢
5	T1k	55	二等车、酒吧餐饮区、坐式厕所、洗脸间、小便间	禁烟车厢
6	M2	100	二等车、饮水机	
7	M1s	51	一等车、多功能室、乘务员室、坐式厕所、洗脸间、小便间、备品室	适应残疾人使用、禁烟车厢
8	T2c	64	二等车、司机室、饮水机	适应残疾人使用、禁烟车厢

动车组车内设备主要包括车内信息显示器、配电盘、空气清洁机、车门扬声器、广播联络装置、警报器等。车内信息显示器安装在客室内端门上部，可根据车辆信息终端装置发出的信号对目的地、中途停车站等信息进行滚动或固定显示。

3．车下悬挂设备

如图 3.78 所示，每辆车下有空调机组、制动控制装置。2、3、6 和 7 号车下有牵引变流器（CI）。2 号和 6 号车下有牵引变压器（MTr）、高压设备箱。1 号、8 号车设置辅助电源装置（APU）。2、4、6号车上设有蓄电池箱。在单号车下有污物箱及水箱。

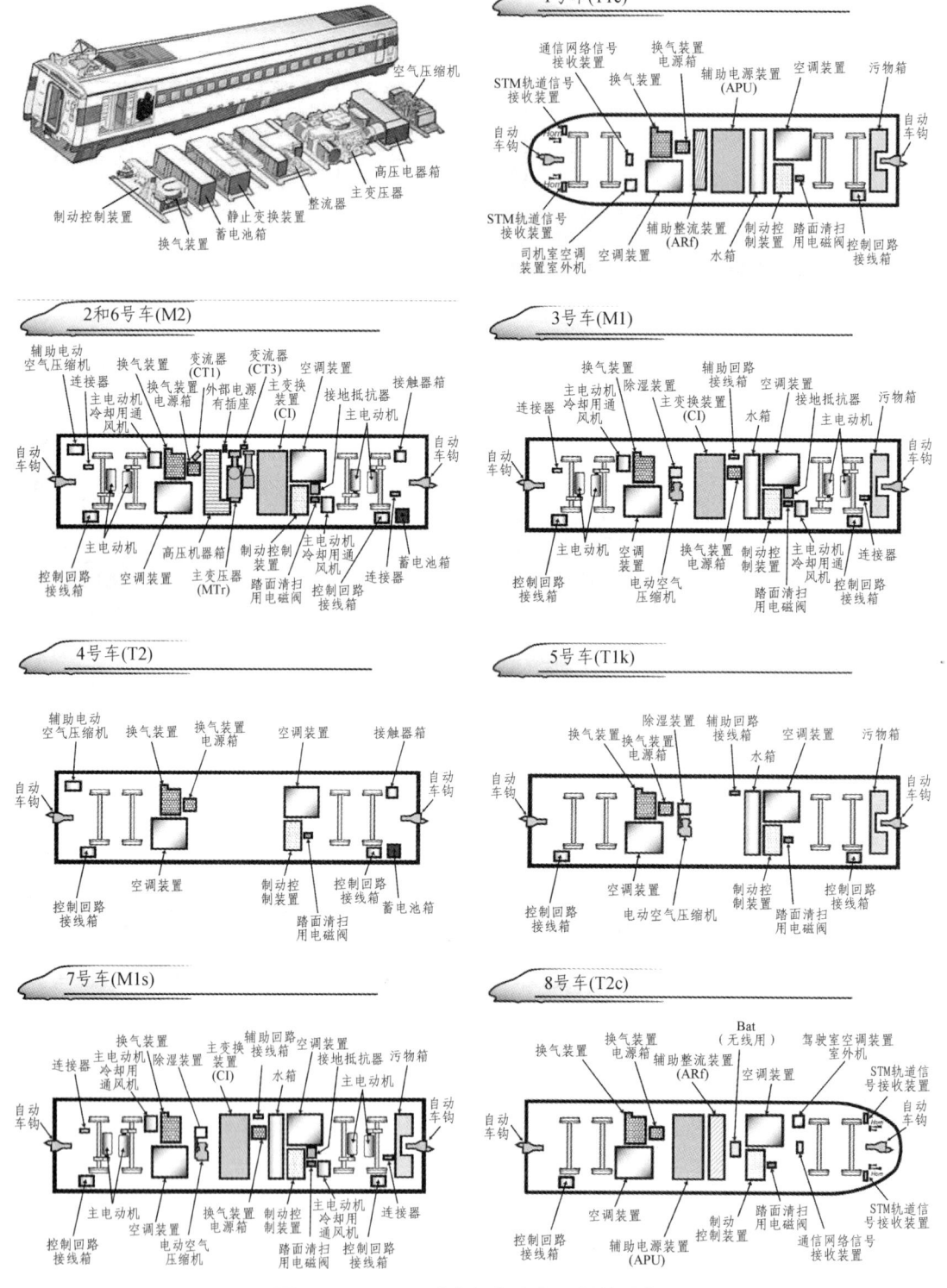

图 3.78　CRH2 动车组各车车下悬挂设备

3.5.4 CRH3 动车组总体布置

如图 3.79 所示，CRH3 动车组 8 辆车分为 5 种不同的车，即端车（头车和尾车）、变压器车、中间变流器车、餐车和一等车，各车布置如图 3.80 所示。

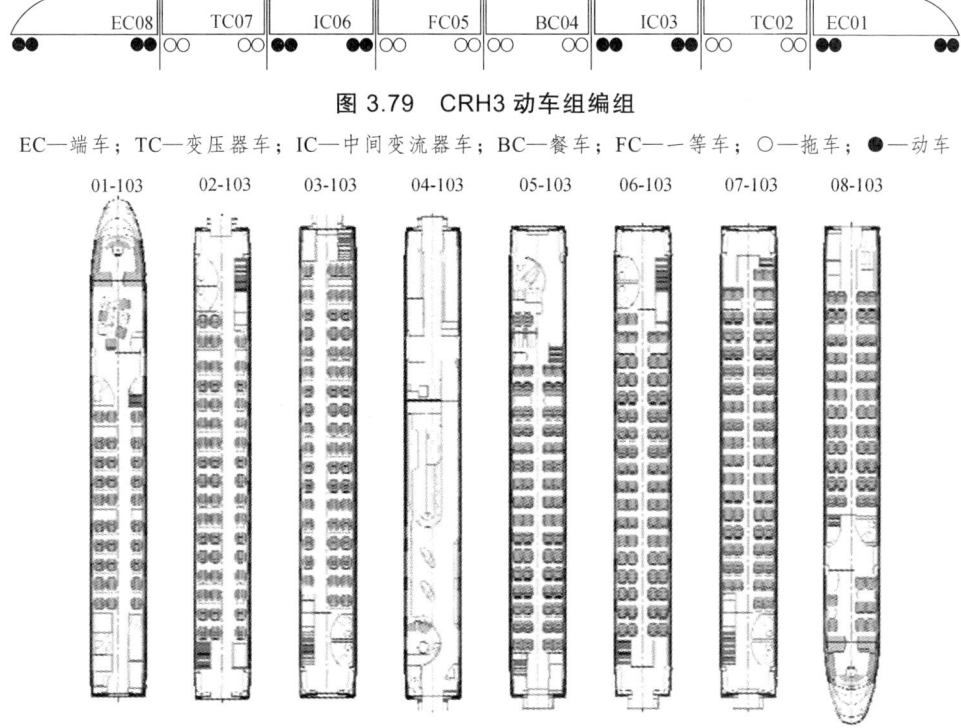

图 3.79 CRH3 动车组编组

EC—端车；TC—变压器车；IC—中间变流器车；BC—餐车；FC—一等车；○—拖车；●—动车

图 3.80 CRH3 动车组各车平面布置

端车上设司机室、观光一等区和二等客室，设有电热饮水机，配有一个动力单元；变压器车设两个标准卫生间、电热饮水机和二等客室，并安装牵引变压器；中间变流器车设有两个标准卫生间、电热饮水机和二等客室，并安装牵引变流器和压缩空气单元；一等车设有一个标准卫生间、一个残疾人卫生间、电热饮水机和一等客室，在车端靠近车门处设有残疾人轮椅存放区，车下安装有辅助变流器；餐车和二等车的合造车，设有厨房、吧台、就餐区、多功能乘务员室和二等客室，车下设有辅助变流器。

动车组外形一致，车顶空调和电气设备设有导流罩，车下设有封闭的设备舱，两端设有车钩导流罩，采用流线型设计，降低空气动力学阻力和噪声，为保证动力学性能，后续列将加装车辆间橡胶风挡，进一步减少空气动力学阻力。

3.5.5 CRH5 动车组总体布置

1. CRH5 型动车组概况

CRH5 型电动车组是 ALSTOM 公司在 SM3 动车组基础上全新开发设计的一个新产品。

该动车组如图 3.81 所示,由 8 辆编组构成。其中,一等座车 1 辆、带酒吧的二等座车 1 辆、带残疾人卫生间的二等座车 1 辆、二等座车 5 辆。一等车座椅采用 2+2 布置方式,二等车座椅采用 2+3 布置方式。带酒吧的二等座车设配餐区和吧区。在一等车和吧区设有娱乐系统。带残疾人卫生间的二等座车内设有一个残疾人座位。8 辆编组定员为 622 人(包括一个残疾人座席)。该动车组可在运营需要时由 2 列 8 辆短编组连挂成 1 列 16 辆长编组进行运营。

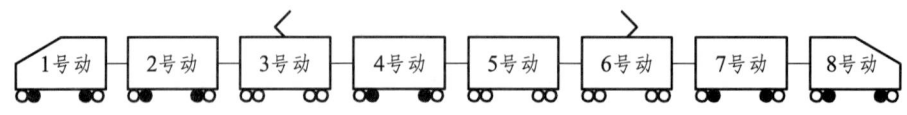

图 3.81　CRH5 动车组编组图

2. 总体平面布置

CRH5 动车组各车平面图如图 3.82 所示。该动车组包括 5 辆动车和 3 辆拖车,车辆编号从 1 开始,从左到右依次增加。1、2、4、7、8 号车为动车,3、5、6 号车为拖车。一等座车 1 辆(8 号车),定员 60 人。2 等座车 7 辆(1~7 号车)。1 号车定员 74 人,2、3、4、5 号车定员均为 93 人,6 号车带酒吧,定员 42 人,7 号车带残疾人卫生间,定员 74 人。一等车座椅采用 2+2 布置方式,二等车座椅采用 2+3 布置方式,座椅之间不设扶手。带酒吧的二等座车设配餐区和吧区,配餐区主要有冰柜、微波炉、烤箱等设施,提供类似航空服务的配餐食品,吧区设 4 个立式吧桌,供旅客在吧区休闲就餐时使用。在一等车和吧区设有娱乐系统,其中一等车在顶板的中央沿车体长度方向均匀布置 10 个 10 英寸液晶显示器,在座椅的扶手

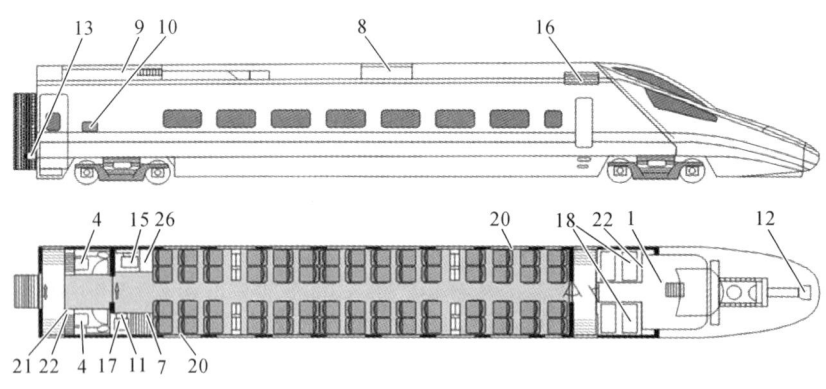

CRH5 动车组车上设备标注

标号	标注	标号	标注	标号	标注	标号	标注	标号	标注
1	司机室	9	空气调节装置	17	温水器			25	储物柜
2	自助餐厅	10	目的地显示器	18	电气设备			26	工具室
3	车长室	11	饮水机	19	乘务员室				
4	厕所	12	自动车钩	20	紧急窗				
5	残疾人卫生间	13	半永久车钩	21	垃圾箱				
6	轮椅区	14	餐车服务门	22	灭火器				
7	行李间	15	空调控制和废排装置	23	售货小车				
8	制动电阻器	16	司机室空调装置	24	酒吧设备制冷单元				

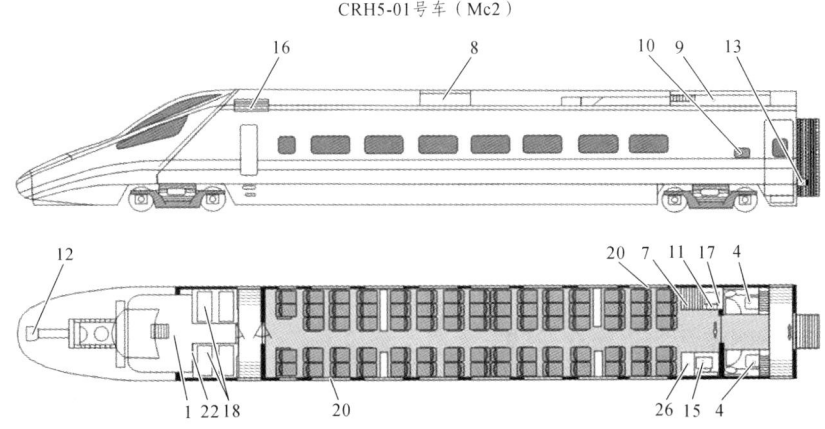

CRH5 动车组车上设备标注

标号	标注	标号	标注	标号	标注	标号	标注
1	司机室	9	空气调节装置	17	温水器	25	储物柜
2	自助餐厅	10	目的地显示器	18	电气设备	26	工具室
3	车长室	11	饮水机	19	乘务员室		
4	厕所	12	自动车钩	20	紧急窗		
5	残疾人卫生间	13	半永久车钩	21	垃圾箱		
6	轮椅区	14	餐车服务门	22	灭火器		
7	行李间	15	空调控制和废排装置	23	售货小车		
8	制动电阻器	16	司机室空调装置	24	酒吧设备制冷单元		

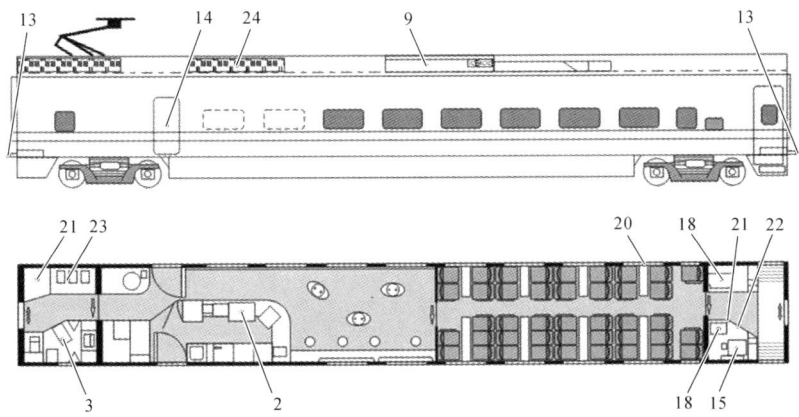

CRH5 动车组车上设备标注

标号	标注	标号	标注	标号	标注	标号	标注
1	司机室	9	空气调节装置	17	温水器	25	储物柜
2	自助餐厅	10	目的地显示器	18	电气设备	26	工具室
3	车长室	11	饮水机	19	乘务员室		
4	厕所	12	自动车钩	20	紧急窗		
5	残疾人卫生间	13	半永久车钩	21	垃圾箱		
6	轮椅区	14	餐车服务门	22	灭火器		
7	行李间	15	空调控制和废排装置	23	售货小车		
8	制动电阻器	16	司机室空调装置	24	酒吧设备制冷单元		

图 3.82 CRH5 各车平面布置图

上安装有视听模块，包括耳机插孔、频道和音量调节等，在吧区设有一个 24 英寸的液晶显示器，并配有公共的背景音。带残疾人卫生间的二等座车内设有一个残疾人座位，该座位和普通二等座位的区别在于安装有可抬起的扶手，8 辆车编组定员为 622 人（包括 1 个残疾人座席）。

3.5.6　CRH380 动车组总体布置

1. CRH380A 动车组总体布置

CRH380A 列车总数为 40 列（CRH380A-6001～CRH380A-6040），采用 6 动 2 拖的编组方式，牵引功率为 9 600 kW，使用 DSA350 型高速受电弓，在受电弓的两侧加装为挡板。列车设有带一等包厢座位的一等座车（ZY）2 辆、二等座车（ZE）3 辆、带观光座的二等座车（ZEG）2 辆和带酒吧的二等座车（ZEC）1 辆。其中，一等座采用 2+2 方式布置，二等座为 2+3 布置。除了带酒吧的二等座车、一等包厢座位外，其他车厢所有座位均能旋转。列车设有观光座定员 12 人，一等包座定员 6 人，一等座定员 89 人，二等座定员 387 人，全列定员 494 人。

CRH380AL 列车总数为 100 列（CRH380A-6041L～CRH380A-6140L），采用了 14 动 2 拖的编组方式，牵引功率为 20 440 kW，7 个动力单元，56 台牵引电动机，使用 DSA350 型高速受电弓，在受电弓的两侧加装挡板。列车设有带 VIP 座席的商务车（SW）1 辆、一等座车（ZY）2 辆、二等座车（ZE）10 辆、带观光座的一等座车（ZYG）2 辆和餐车（CA）1 辆。其中，一等座采用 2+2 方式布置，二等座为 2+3 布置，商务车和观光座为 1+2 布置。除了带酒吧的二等座车外，其他车厢所有座位均能旋转。

2. CRH380B 动车组总体布置

CRH380BL 型动车组列车总数为 115 列，其中 45 列由长春轨道客车生产（CRH380BL-5501～CRH380BL-5545），另外 70 列由唐山轨道客车生产（CRH380BL-3501～CRH380BL-3570），采用了 8 动 8 拖的编组方式，牵引功率为 18 400 kW，列车由 1 辆商务车（又称 VIP 座车）、4 辆一等座车、10 辆二等座车和 1 辆餐车组成，其中商务车 28 人，一等座 186 人，二等座 829 人，定员为 1 043 人。

如图 3.83 所示，CRH380B 型动车组设有一等座、二等座、观光座、VIP 座等座席等级。二等座车座席采用 2+3 布置；一等座车座席采用 2+2 方式布置，VIP 座位于商务车车厢（又称 VIP 车），采用 1+2 方式布置，设置类似民航客机头等舱的高级可躺座椅。与 CRH3 型动车组一样，CRH380B 型动车组两端头车后方也设有包间，称为观光区，旅客可通过透明的玻璃幕墙看到驾驶室的操作。

列车内部的旅客空间"航空化"，座位号除了数字外还增加了英文字母。二等座每列设有"3+2"方式排列五个座位，以"A、B、C、D、F"代表；一等座每列设有"2+2"方式排列四个座位，以"A、C、D、F"代表。无论是一等车厢还是二等车厢，带字母"A"和"F"的座位靠窗，带字母"C"和"D"代表贴近中间走道。以二等车厢第四排的座椅为例，座号"4A""4F"靠窗，"4C""4D"临过道，4B 为两座中间一个座位。

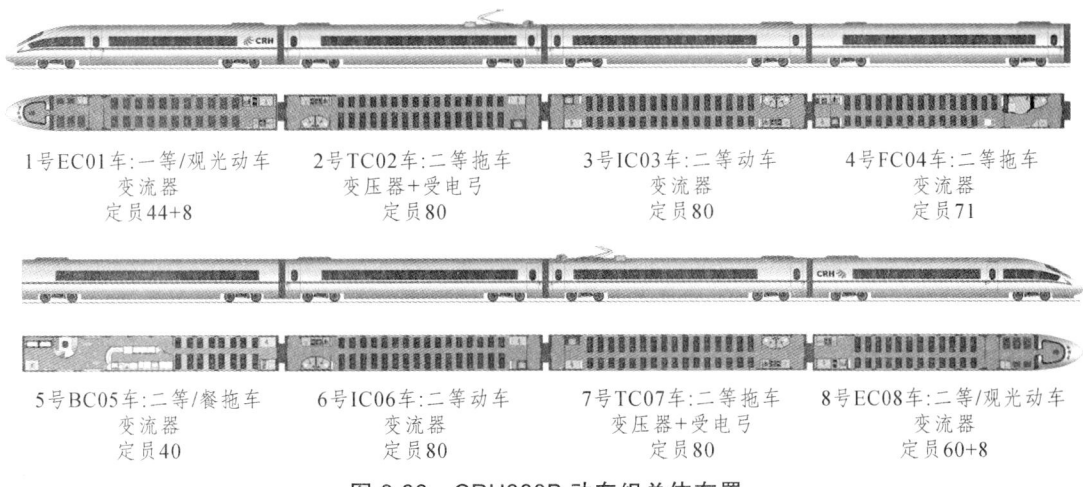

图 3.83 CRH380B 动车组总体布置

3. CRH380C 动车组总体布置

CRH380C 型动车组是在 CRH3C、CRH380BL 基础上研发的新一代高速动车组,与 CRH3C 相比,持续运营速度由 300 km/h 提高至 350 km/h,最高运营速度由 350 km/h 提高到 380 km/h,最高试验速度为 400 km/h 以上,性能优化以提高牵引功率、降低传动比及动车组气动外形减阻为主,而列车舒适度优化方面主要采取提高列车减振性能、车厢降噪、加强车内气压控制等方式。

CRH380CL 型动车组列车总数为 25 列(CRH380C-6301L ~ CRH380C-6325L),全部由长春轨道客车生产,采用了 8 动 8 拖的编组方式,牵引功率为 18 400 kW。如图 3.84 所示,列车由 1 辆商务车(又称 VIP 座车)、4 辆一等座车、10 辆二等座车和 1 辆餐车组成,定员为 1 015 人。

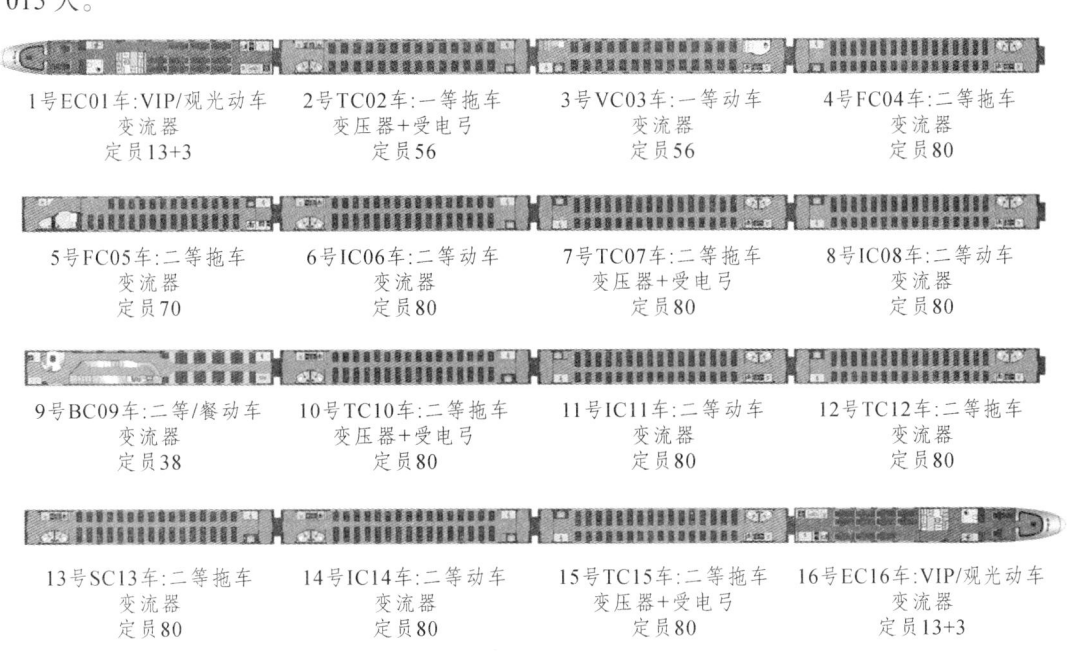

图 3.84 CRH380C 动车组总体布置

4. CRH380D 动车组总体布置

CRH380D 动车组采用动力分散式,每列 8 节编组,共 4 节动车和 4 节拖车(4M4T)。列车可通过两组连挂方式增至 16 节。列车设有一等座/特等座车(ZY)、二等座车(ZE)和带酒吧的二等座车/餐车(ZEC)。其中,一等座采用 2+2 方式布置,二等座为 2+3 布置。

复习思考题

1. 简述车体的作用与基本结构组成。
2. 按车体承载特点分,车体结构形式有哪几类?
3. 铝合金车体分为哪几类?各有什么特点?
4. 动车组车体的轻量化设计是从哪些方面考虑的?
5. 车体的密封技术有哪些?提高车体隔声性能的主要措施有哪些?
6. 为什么动车组在高速运行时空气动力学问题比较突出?主要包括哪几方面的问题?
7. 在动车组头形设计中一般要注意哪些问题?
8. 简述各型 CRH 动车组车体的结构特点。
9. 简述车辆设备布置的原则。

第 4 章 车端连接装置

4.1 概 述

4.1.1 车端连接装置的作用与组成

车端连接装置是指相互连挂的两车辆或两车列之间的所有机械、空气和电气装置。高速动车组的车端连接装置除了具有上述机械连接功能和便于旅客在车辆间通行之外，还必须具有车厢间的密封功能，以及传递压缩空气、电气信号和控制信号等功能。即其主要作用为传力缓冲、气电互通、便于通行。

如图 4.1 所示，车端连接装置包括车钩缓冲装置［自动车钩缓冲装置、半永久车钩缓冲装置、过渡车钩（备用）］、电气与风管连接器、内/外风挡等部件。

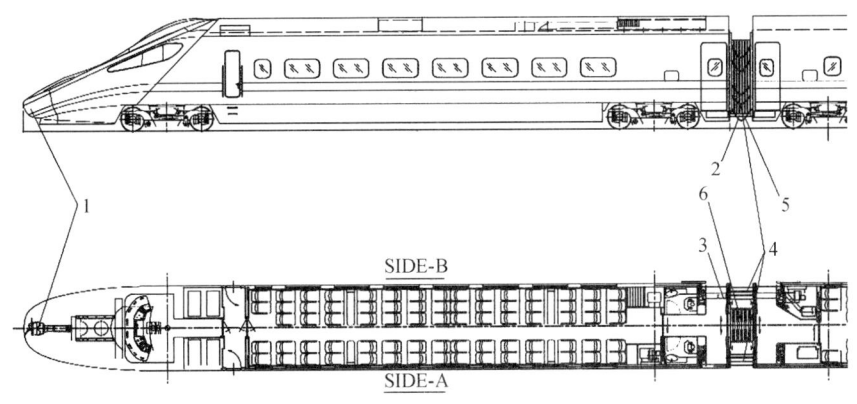

图 4.1 车端连接设备布置

1—自动车钩缓冲装置；2—半永久车钩缓冲装置；3—过渡车钩（备用）；
4—电气连接装置；5—压缩空气连接；6—风挡装置

车钩缓冲装置：亦称牵引连挂缓冲装置，该装置安装于车辆底架上，用来保证动车和车辆彼此连接，传递列车运行过程中的牵引力及制动力，缓和列车纵向冲动，并且使车辆彼此之间保持一定的距离。

空气管路连接器和电气连接器：电气与风管连接器通常与车钩组合成一复合部件，构成了整个动车组中低压电气系统的通路及全车空气系统的通路。空气管路连接器传递制动线路压力和主风缸压力的压缩空气，以及车钩解钩压缩空气；电气连接器传递各种中低压电流、各种控制信号和网络通信信号等。

内/外风挡：内风挡是客车之间的柔性运动部件，可在车与车之间实现相对运动并给旅客提供安全舒适的通道，保证整个列车具有良好的伸缩性、气密性和水密性。外风挡设置于车辆外端墙外侧，由柔性材料及渡板组成密闭通道供乘客及乘务人员通行。外风挡是为了降低和隔离车外的噪声而设置的防护装置，同时具有在停车时防止乘客掉下站台和运行时抑制车体振动的功能。

4.1.2 车钩缓冲装置的组成与要求

1. 组　成

车钩缓冲装置使动车组与动车组（或动车组的车辆）之间实现连挂，并且传递及缓和动车组在运行时所产生的牵引力或冲击力，它也是保证列车运行安全、提高旅客舒适度的重要部件。

车钩缓冲装置由车钩、缓冲器及车钩复原装置三部分组成，如图4.2所示。车钩缓冲器设置在车体底架牵引梁内。组装后的牵引缓冲装置，允许车钩可以在人力作用下能上下、左右小幅摆动。列车曲线运行时，车钩中心线与车体中心线之间必将产生一个偏角，即车钩要产生左右摆动。为了使列车能顺利地通过曲线，在冲击座上安装车钩复原装置，以增加车钩摆动的灵活性和复原能力。

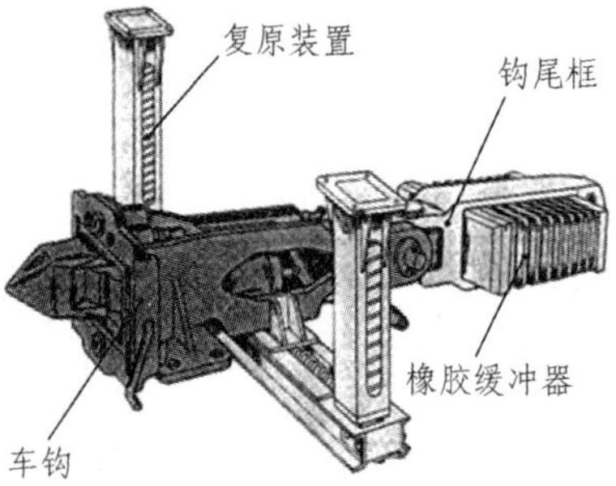

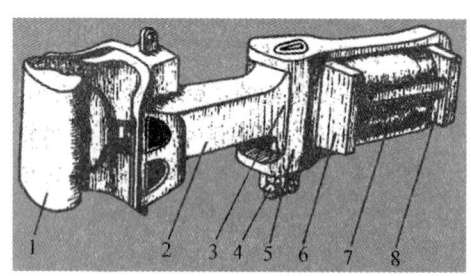

图4.2　车钩缓冲装置结构

我国现用的客车牵引缓冲装置如图4.3所示，它由15号（下作用式）车钩、钩尾销、钩尾框、前从板、1号缓冲器和后从板组成。15号车钩的优点是制造简便、成本低。但是两车钩连挂后连接面的纵向间隙大，在列车运行中将产生很高的加速度和冲击力，因而对高速客车的平稳性极为不利。这种车钩缓冲装置所用的1号缓冲器是一种摩擦式缓冲器，由于它具有刚度较小的螺旋弹簧，因此容量小，在受到较小冲击力时才能起到缓冲作用，所以只能适应普通客车的要求。

图4.3　传统的车钩缓冲装置结构

1—钩舌；2—钩身；3—钩尾；4—钩尾销；5—钩尾框；
6，8—前、后从板；7—缓冲器

高速列车的车钩缓冲装置通常采用机械气路、电路均能同时实现自动连接的密接式车钩，如图4.4所示。这种车钩属于刚性自动车钩，它要求在两车钩连接后，其间没有上下和左右的移动，而且纵向间隙也限制在很小的范围内（1～2 mm）。这对提高列车运行平稳性、降低车钩零部件的磨耗和噪声均有重要意义。

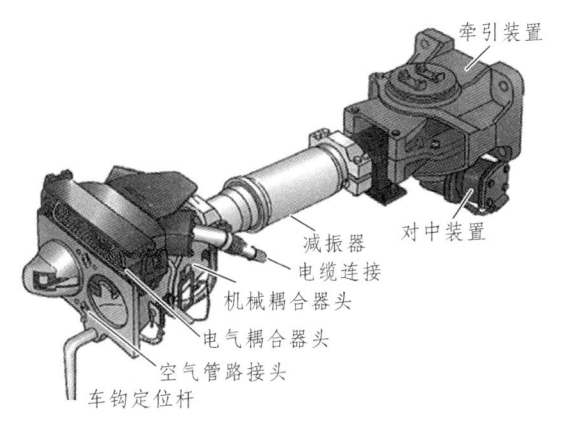

图 4.4 动车组密接式车钩缓冲装置

2. 车钩缓冲装置的传力过程

以 15 号车钩为例，车钩缓冲装置在车上的安装位置及受力状态如图 4.5 所示。

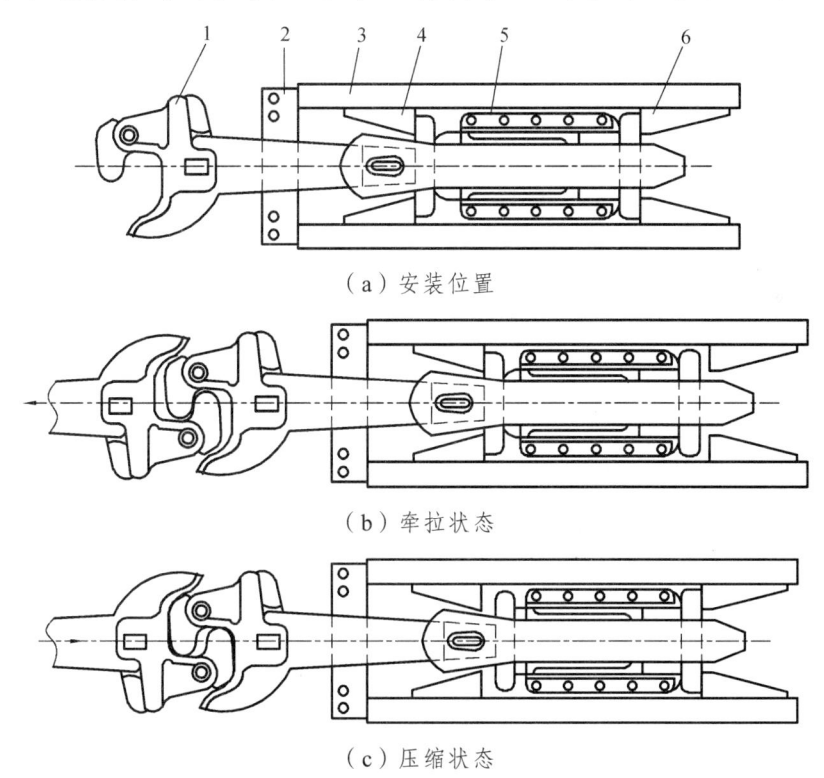

图 4.5 车钩缓冲装置在车上的安装位置

1—车钩缓冲装置；2—冲击座及车钩托梁；3—牵引梁；4—前从板座；
5—钩尾框托板；6—后从板座

车钩缓冲装置的传力过程如下：

当车辆牵引时，其传力过程为：车钩→钩尾销→钩尾框→后从板→缓冲器→前从板→从板座→牵引梁。当列车压缩时，其传力过程为：车钩→前从板→缓冲器→后从板→后从板座→牵引梁。

由此可见，钩缓装置无论是承受牵引力还是冲击力，都要经过缓冲器将力传递给牵引梁，这样就有可能使车辆间的纵向冲击振动得到缓和和消减，从而改善了运行条件，保护车辆及货物不受损坏。

3. 密接式车钩缓冲装置的要求

（1）连挂要求：应具有自动连挂和分解功能，并备有手动连挂分解功能。为了保证车辆连挂安全可靠和车钩缓冲装置安装的互换性，对车钩高有严格的限制。我国铁路机车车辆有关规程规定：车钩缓冲器装车后，其车钩钩舌的水平中心线距钢轨面在空车状态下的高度，客车为880 mm（允许有－5~10 mm的误差），货车为880 mm（±10 mm），两相邻车辆的车钩水平中心线最大高度差不得大于75 mm。

（2）强度和刚度要求：应具有足够的强度和刚度，能顺利传递纵向力。动力分散式与动力集中式动车组对车钩强度的要求不同，动力集中式动车组要求车钩的压缩载荷不小于1 500 kN，拉伸载荷不小于1 000 kN。动力分散式动车组要求车钩的压缩载荷及拉伸载荷都不小于1 000 kN。

（3）电气和风管连接要求：应具有电气和风管自动连接或手动整体连接功能。

（4）间隙要求：应具有小间隙（2 mm以下）、运行平稳性和能实现电气线路、风管路的自动对接。

（5）缓冲器要求：缓冲器在满足容量要求的前提下，应尽量减小初压力，要求有良好的动力特性（阻抗力-位移）曲线，以提高列车的纵向振动舒适性。

（6）体积要求：尽可能缩小体积和减轻质量。

4. 典型动车组车钩缓冲装置

随着列车运行速度的提高，车钩缓冲装置的作用越来越重要，其中尤以缓和列车纵向冲动功能更显突出。如传统的15号与15X小间隙车钩缓冲装置，使提速列车的纵向冲动十分剧烈，严重影响了列车的运行品质。世界各国高速列车（动车组）普遍采用密接式车钩缓冲装置，该装置的两车钩连接面纵向间隙一般都小于2 mm，上下、左右偏移也很小，这为高速列车运行的平稳性和电气、风管的自动对接提供了保障。

（1）欧洲高速动车组采用的密接式车钩缓冲装置。

欧洲的密接式车钩缓冲装置以Schafenberg公司（已被福伊特公司收购）生产的Schafenberg密接式车钩缓冲装置最具有代表性，该车钩缓冲装置占据了欧洲高速列车的大部分市场，ICE系列与TGV系列高速动车组全部装用Schafenberg车钩缓冲装置。其中包括3类：用于动车组单元之间的自动密接式车钩缓冲装置，用于动车组内部各车辆之间的半永久式车钩缓冲装置，以及用于列车（动车组）前端的可伸缩密接式车钩缓冲装置。

Schafenberg公司对密接式车钩缓冲装置在高速列车（动车组）中的实际应用情况进行了深入的分析研究。经研究确认，在动车组中，各钩缓装置是按照不同的比例吸收冲击能量的，其比例为：首车≈60%、第二辆车≤20%、第三辆车≤10%、第四辆车≤5%，其余的钩缓装置按更低的比例吸收余下的冲击能量。据此确定合理的缓冲装置容量（系列）参数，并配套设计、制造动车组的车钩缓冲装置系列。

（2）日本动车组采用的车钩缓冲装置。

1929年，柴田卫氏（设计普通车钩的柴田兵卫氏之弟）提出了密接式车钩的设计方案，1931年完成了研制和实验试验，1932年开始在普通电动车上全面采用这种柴田密接式车钩。1958年，开始研制新干线用密接式车钩，对以前的密接式车钩从材质、结构、制造工艺、风管连接器等方面进行了多项改进，以适应新干线高速电动车组对密接式车钩的要求。

该车钩缓冲装置有以下特点：车钩的纵向间隙小于1.5 mm。车钩强度高、缓冲器容量低。车钩的拉伸破坏强度为1 600 kN，但橡胶缓冲装置的最大容量为10 kJ。全部采用复型橡胶缓冲器，缓冲性能良好。由于不需要与以前的车辆连挂，根据动车组车体高度情况，车钩高度取为1 000 mm。

4.1.3 风挡的功能与要求

客车在高速下运行，客车厢体内外极易形成负压，大部分冷空气及灰尘通过车辆连接处进入车厢，造成客车热量损失和车内空气质量混浊，直接影响到列车的运用质量。为了防止风沙、雨水侵入车内及运行时便于旅客安全地在列车内通行和提高车辆隔声降噪性能，在车辆两端连接处装有风挡装置，也称折棚装置。

风挡是旅客和乘务人员来往于各车厢之间的必经之路，它必须保证安全，具有良好的纵向伸缩性和垂向、横向的柔性，以适应车辆运行中振动与安全通过曲线和道岔的需要。对于动车组的风挡而言还需要做到：

（1）空气阻力尽量小。车辆连接处平整光滑，以尽量减少列车运行的空气阻力。

（2）要有足够的强度。为了适应车外气压波的急剧变化，风挡要满足气动载荷下的强度要求。德国规定的气动载荷为3.9~5.5 kPa，日本规定为7.5 kPa。

（3）要有较高的抗弯曲性能。风挡所用材料阻燃性要好，而且在紧急情况下风挡还应能自动分解开。

（4）隔声性和密封性要好。为了保证车内的舒适性，德国规定风挡的隔声性至少在40 dB以上，即使列车以250 km/h的速度通过隧道，风挡处的噪声也不允许超过75 dB；另外，为了避免列车会车或通过隧道时引起的气压波动造成车内乘客因耳内压力失衡而引起的不适，一般规定车内压力变化最大值不大于1.0 kPa，压力变化率不大于0.2 kPa/s。

4.2 车　钩

4.2.1 车钩的作用与类型

车钩是牵引缓冲装置中的主要部件之一，车钩是用来实现机车和车辆或车辆和车辆之间的连挂，传递牵引力及冲击力，并使车辆之间保持一定距离的车辆部件。

车钩可分为非自动车钩和自动车钩。非自动车钩由人工完成车辆的连接。自动车钩根据连接紧密程度又分为非刚性自动车钩和刚性自动车钩（密接式车钩）。

如图 4.6 所示，非刚性自动车钩允许相连的车钩钩体之间有一定的垂向相对位移，即两车钩纵轴线有高差时，车钩处于水平位置。非刚性车钩结构较简单，强度高，质量轻，与车体的连接较为简单，用于货车和普通客车。

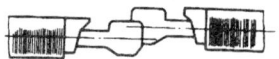 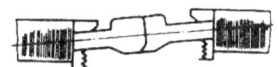

（a）非刚性车钩　　　　　　　　（b）刚性车钩

图 4.6　车钩特点

刚性自动车钩（密接式车钩）不允许相连的车钩钩体之间有垂向相对位移，即两车钩纵轴线有高差时，两车钩处于同一条斜直线上。其特点是：连接紧密，冲击小，噪声低，可实现机械、电器、空气的自动连接，多用于高速客车和城市轨道交通车辆上。

4.2.2　车钩的组成及其三态作用

车钩形式繁多，但都包括钩头、钩身和钩尾三大部分，其中钩头内部包含锁闭装置，钩尾设有连接。车钩工作时各零部件处于不同位置，起着不同的作用，从而使车钩具有闭锁、开锁和全开三个工作状态，称为车钩的三态作用，如图 4.7 所示。

（1）锁闭位置，也叫连挂状态，车钩的钩舌被挡住不能向外转开的位置，称之为锁闭位置。两个车辆连接在一起时车钩就处在这种位置。

（2）开锁位置，也叫解钩状态，即锁闭机构被打开，钩舌只要受到拉力就可以转开的位置。

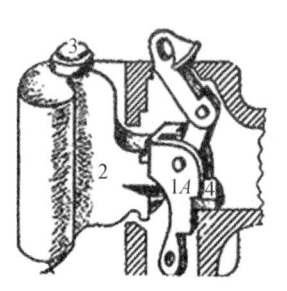 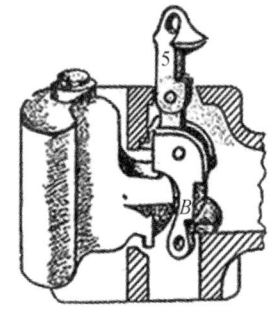 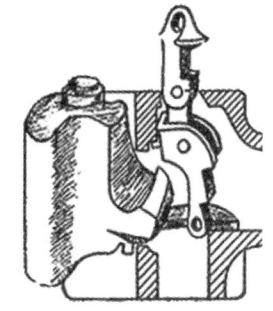

（a）锁闭位置　　　　　　（b）开锁位置　　　　　　（c）全开位置

图 4.7　车钩的三态作用

（3）全开位置，也叫待挂状态，即钩舌已经完全转开的位置。

摘钩时，只要其中一个车钩处在开锁位置，就可以把两辆车分开。挂钩时，只要是其中一个车钩处于全开位置，就可以把两个车辆连挂在一起。

4.2.3　典型动车组车钩的结构及其三态作用

高速列车的车钩缓冲装置包括用于各列车单元之间或动车组之间的自动密接式车钩，用于各列车单元内部的半永久式车钩，以及用于列车（动车组）需紧急救援回送时，与现有客车 15 号车钩相配接的过渡车钩。其中，Schafenberg 自动密接式车钩和半永久式车钩的主要技术性能指标见表 4.1。

表 4.1　Schafenberg 自动密接式车钩和半永久式车钩的主要技术性能指标

车钩类型	自动密接式车钩	半永久式车钩
传递最大拉伸载荷/kN	1 000	1 000
传递最大压缩载荷/kN	1 500，可升级至 2 200	1 500，可升级至 2 200
允许最大水平不对中连接范围/mm	370	—
允许最大垂向不对中连接范围/mm	140	—
车钩长度/mm	2 095±5	1 300±5
车钩最大摆动（水平方向）	12°	15°
车钩最大摆动（垂直方向）	4°	8°
连挂间隙/mm	≤0.5	—

4.2.3.1　自动密接式车钩

目前，国内外常见的密接式车钩有 3 种结构形式：（1）日本新干线高速列车上所采用的柴田式密接式车钩，我国北京地铁车辆的车钩也属此列。（2）常见于欧洲国家所制造的地铁、轻轨及高速车辆上的 Schafenberg 型密接式车钩，德国制造的上海地铁车辆亦采用这种车钩。（3）德国的 BSI-COMPACT 型密接式车钩。

1. 柴田密接式车钩

柴田密接式车钩如图 4.8 所示。

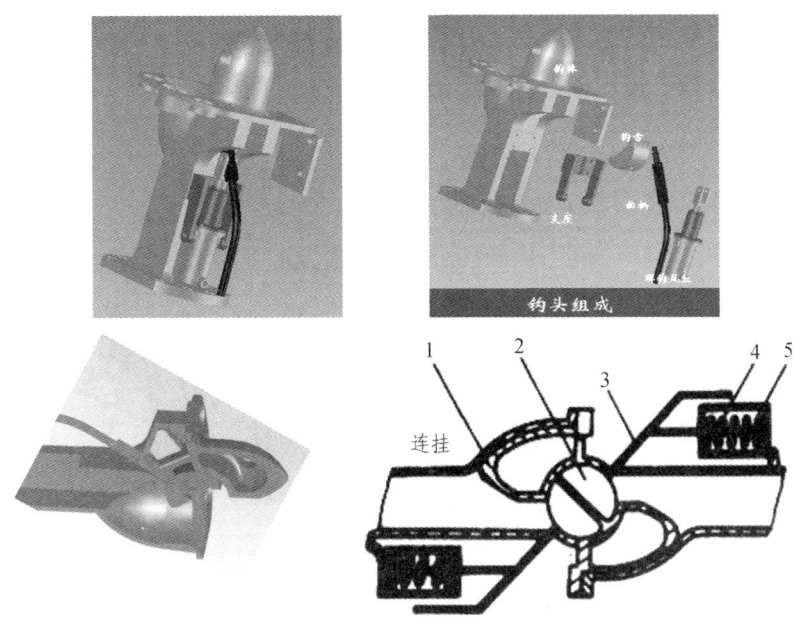

图 4.8　柴田密接式车钩组成

1—钩头；2—钩舌；3—解钩杆；4—弹簧；5—解钩风缸

柴田密接式车钩三态作用原理如图4.9所示。

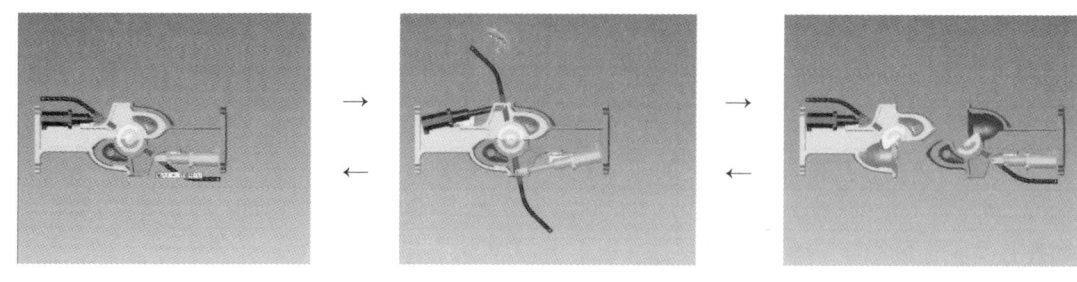

注：→为闭锁过程；←为开锁过程。

图4.9　柴田密接式车钩三态作用原理

闭锁过程：连挂时，钩头凸锥插入相邻车钩的凹锥孔内，钩头内侧面压迫相邻车钩钩舌逆时针转动40°，解钩风缸弹簧受压变形；当两钩舌连接面完全接触后，形成一个球体，在解钩风缸弹簧复原力的作用下，在凹锥孔内顺时针转动40°后恢复原状，完成车辆连挂，车钩处于连挂状态（闭锁位置）。

开锁过程：自动解钩时，司机操纵解钩阀，压缩空气由总风缸进入解钩风缸，使活塞向前推动解钩杆并带动钩舌逆时针转动40°而使车钩处于待解状态（开锁位置）。手动解钩时，依靠人力推动解钩杆使车钩处于待解状态（开锁位置）。

2. Schafenberg 型密接式车钩

Schafenberg 自动密接式车钩安装在列车编组两端，用于多重列车车组的编组连接。车钩可以自动地将列车实施机械、气动和电气连接。该车钩缓冲装置主要由钩头钩体、电力连接器、风管连接器、尾部橡胶弹性弹簧活节、中心调整装置、钩头电加热装置和能够吸收较大冲击能量的金属压溃管（含于钩体之中）等部件组成。其中钩头钩体包括壳体、中心轴、钩舌、钩锁连杆、钩锁弹簧、钩舌定位杆及弹簧、定位杆顶块及弹簧、解钩风缸，如图4.10所示。

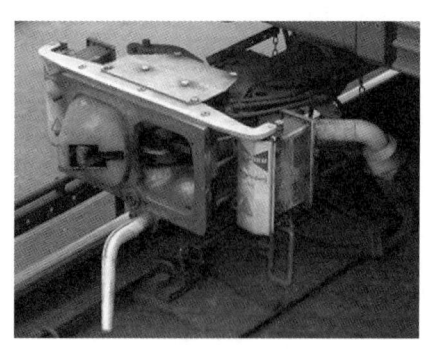 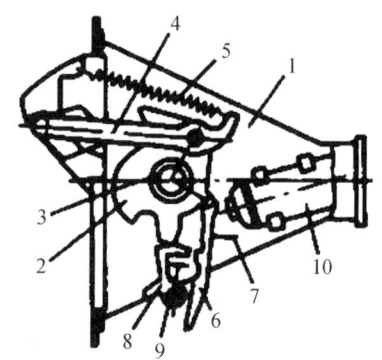

图4.10　Schafenberg 型密接式车钩

1—壳体；2—钩舌；3—中心轴；4—钩锁连接杆；5—钩锁弹簧；6—钩舌定位杆；7—钩舌定位杆弹簧；
8—定位杆顶块；9—定位杆顶块弹簧；10—解钩风缸

如图4.11所示，连挂时，钩头凸锥插入相邻车钩的凹锥孔内，钩锁连接杆压迫相邻车钩钩舌的钩嘴使钩舌绕钩舌销逆时针转动，带动钩锁连杆伸入相连钩舌的钩嘴内，钩锁弹簧复原，完成车钩连挂。

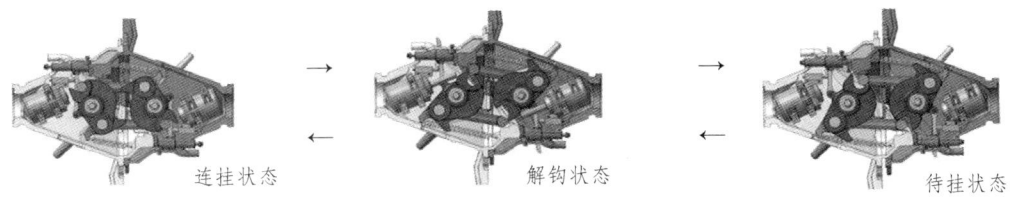

图 4.11 Schafenberg 型车钩三态作用原理

解钩时，司机操纵电磁阀，使解钩风缸充气，风缸活塞杆推动钩舌绕中心轴顺时针转动，带动钩锁连接杆脱离对方钩嘴，并克服钩锁弹簧的拉力使其缩回到自身的钩头锥体内。此时，定位顶块控制钩舌定位杆使车钩处于解钩状态。

3. 德国的 BSI-COMPACT 型密接式车钩

德国制造的 BSI-COMPACT 型密接式车钩在欧洲、巴西等许多国家的地铁、轻轨车辆和城郊列车上获得了广泛应用。BSI-COMPACT 型密接式车钩由钩头，机械连接锁栓，气动、电动或液动控制装置，手动和气动解钩装置组成。这种车钩钩头的壳体设有凸锥体和凹锥孔，在凸锥的内侧面配备有用于车钩机械连接的锁栓。锁栓由高强度钢制成，置于钩头前端的套筒中，利用弹簧使其保持正常位置。在凸锥体的外侧设有解钩杠杆，它与气动的（或液压的）解钩控制装置相连接。其结构如图 4.12 所示。钩头也被用来作为空气管路连接器和电气连接箱的支承体。

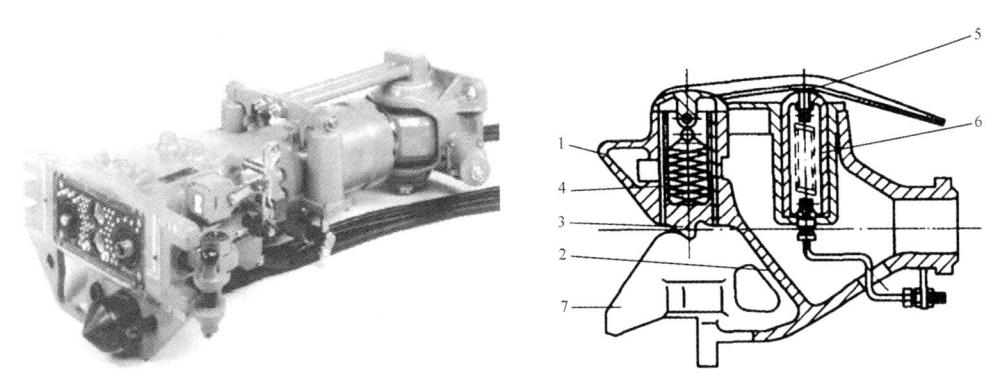

图 4.12 BSI-COMPACT 型密接式车钩

1—凸锥体；2—凹锥孔；3—锁栓；4—锁栓定位弹簧；5—解钩杠杆；6—解钩风缸；7—导向杆

这种车钩也有待挂、闭锁和开锁 3 个位置。其作用原理如图 4.13 所示。

（1）连挂闭锁位：当两钩连挂时，两钩的锁栓侧面相互挤压，压缩各自的定位弹簧，直至两锁栓的鼻子彼此咬合，弹簧回复原位，达到两钩连挂闭锁。

（2）解钩位：欲将两连挂的车钩分解，操纵电磁阀，使解钩风缸充气，风缸活塞顶起解钩杠杆，将一个钩的锁栓回拉到与另一个钩的锁栓能够脱开为止，或者也可同时操纵两个钩的解钩风缸，使两钩的锁栓同时动作，彼此脱开。另外，也可用人工扳动解钩杠杆，使两钩分解。

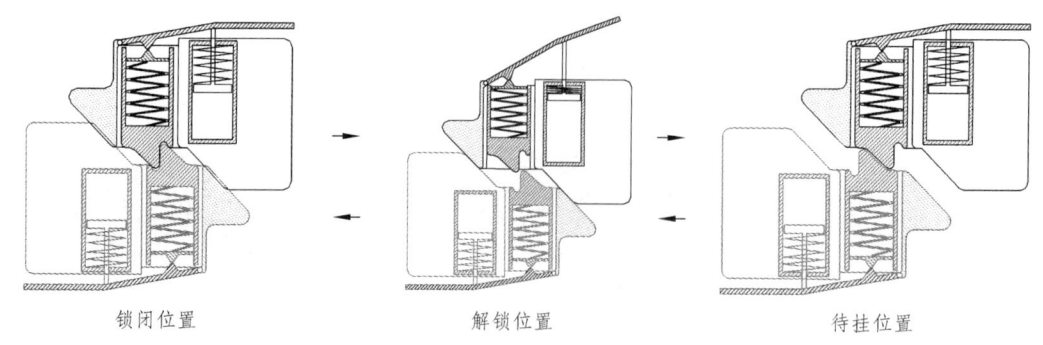

注：→为开锁过程；←为闭锁过程。

图 4.13　BSI-COMPACT 型车钩三态作用原理

4.2.3.2　半永久车钩

半永久车钩分为 A、B 两种，如图 4.14 和图 4.15 所示。这两种车钩分别装于车辆的一位端和二位端，A 型车钩钩身前部上方有一支撑座，此支撑座用于支撑列车风挡。B 型车钩则无此结构。因此编组内车辆的一位端和二位端不能随意互换。半永久式车钩具备列车风管连接系统。在连挂的同时，自动连接列车风管。两种半永久式车钩在车钩头与车身端部之间安装有横向液压阻尼器，以提高列车运行的动力学性能。

图 4.14　半永久式 A 型车钩

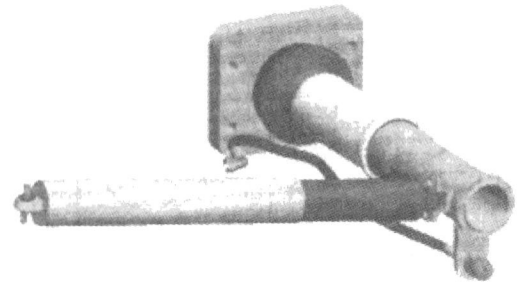

图 4.15　半永久式 B 型车钩

4.2.4　过渡车钩

过渡车钩包括一个车钩头、钩锁铁和一个能与自动车钩连挂的配适器，如图 4.16 所示，如果发生驱动故障或其他事故，可以通过配适器连接动车组和机车，并实施牵引。车钩面带有一条宽平边以通过车钩头和配适器将压缩和拉伸载荷传输至车体底架上。拉伸载荷通过钩锁铁进行传输。连挂时，钩锁铁通过扭矩弹簧转向"连挂"位置。解编时，扭矩弹簧也得到释放。连挂后，钩锁铁形成一个平行四边形以确保力平衡，确保不出现意外解锁。

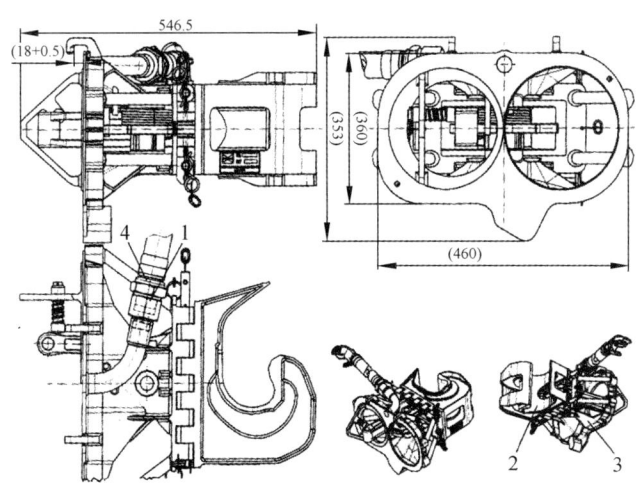

图 4.16　过渡车钩

4.3　缓冲器

4.3.1　缓冲器的作用及工作原理

1. 缓冲器的作用

缓冲器用来缓和列车在运行中由于机车牵引力的变化或在起动、制动及调车作业时车辆相互碰撞而引起的纵向冲击和振动。缓冲器能耗散车辆之间冲击和振动的功能，从而减轻对车体结构和装载货物的破坏作用，以提高列车运行的平稳性。

2. 缓冲器的工作原理

缓冲器的工作原理是借助压缩弹性元件来缓和冲击作用力，同时在弹性元件变形过程中利用摩擦和阻尼吸收冲击能量。

3. 缓冲器的性能参数

（1）行程：缓冲器受力下产生的最大变形量。此时，弹性元件处于压死状态，当继续增大外力时，变形量不再增加。

（2）最大阻抗力：缓冲器达到行程时的作用外力。

（3）缓冲器容量：缓冲器在受到冲击时，全压缩过程中所做的功。

（4）能量吸收率：缓冲器在压缩过程中，有一部分冲击能量被阻尼所消耗，其消耗部分能量与容量之比，即为能量吸收率。它表明吸收冲击能量的能力。吸收率越大，则反拨作用小，冲击过程停止得越快。

（5）回弹能量：缓冲器在复原时所放出的能量。

（6）耐久性：缓冲器在运用中保持其容量的能力。

4.3.2 缓冲器的类型与构造

4.3.2.1 类　型

根据缓冲器的结构特征和工作原理，缓冲器一般可分为摩擦弹簧式缓冲器、摩擦橡胶式缓冲器、纯橡胶式缓冲器和液气缓冲器等。

摩擦弹簧缓冲器由前、后两部分组成，前部为摩擦组件，后部为弹性元件［螺旋弹簧（客车用）、环弹簧（货车用）］或橡胶弹簧。螺旋弹簧用来缓和冲击作用力，摩擦组件两滑动斜面间的摩擦力用来起到吸收能量的作用。纯橡胶缓冲器是借助橡胶分子内摩擦和弹性变形起到缓和冲击和消耗能量作用的。液气缓冲器采用液体等流体的节流阻尼特性来吸收冲击能量。

4.3.2.2 环弹簧缓冲器

2号缓冲器是环弹簧摩擦式缓冲器，2号缓冲器由8个大外环簧、4个小外环簧、9个内环簧、2个开有切口的内环簧、2个半环簧组成，如图4.17所示。

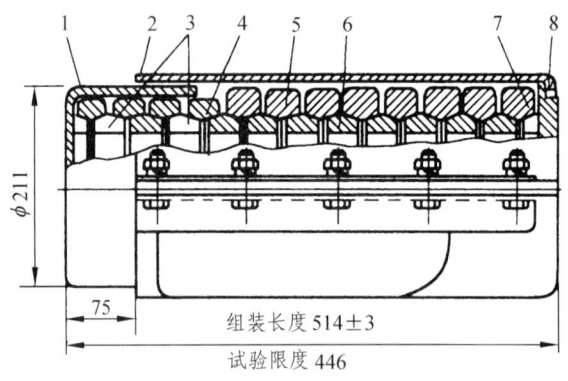

图 4.17　2号缓冲器

1—弹簧盒盖；2—弹簧盒；3—开口内环弹簧；4—外环弹簧（小）；5—外环弹簧（大）；
6—内环弹簧；7—半面环弹簧；8—弹簧盒底板

2号缓冲器依靠环簧的变形及圆锥面上的摩擦力来缓冲和吸收冲击时的动能。为提高其灵敏度，在前端设有几个开口的小环簧。缓冲器有 3 mm 的预压量（15 kN），以保证各环密贴，防止损失有效行程。其额定容量为 30 kJ 左右，阻抗力为 1 275 kN，行程为 67.7 mm。

G2型缓冲器是在2号缓冲器基础上改进而成的，与2号缓冲器结构相似，改进时材料由 60Si2Mn 改为 60Si2MnVA。目前，这两种缓冲器已极少采用。

4.3.2.3 MT-3 型缓冲器

MT-3 型缓冲器由箱体、摩擦机构和弹性元件等组成,采用两楔块带动板的摩擦机构和以圆柱形螺旋弹簧作为弹性元件的全钢干摩擦式弹簧缓冲器,箱体不直接承受摩擦作用,缓冲器以预压缩状态交货,如图 4.18 所示。MT-3 型缓冲器是为适应我国铁路在大秦线开行 6 kt 至 10 kt 重载单元列车、在主要干线开行 5 kt 级重载列车而研制和开发的,它具有性能稳定、阻抗低、容量大、使用寿命长、检修方便等特点,是新一代大容量通用货车缓冲器。其性能指标为:最大阻抗力 ≤ 2 000 kN;容量 ≥ 45 kJ;行程 = 83 mm;吸收率 ≥ 80%;冲击速度 = 8 km/h;外形尺寸为 227 mm × 320 mm × 555 mm。

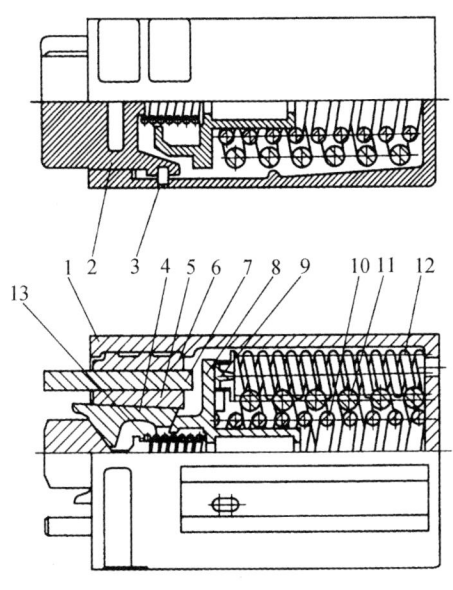

图 4.18 MT-3 型缓冲器

1—箱体;2—压头;3—缩短销;4—楔块;5—斜板;6—外固定板;7—动板;8—中心弹簧座;
9—角弹簧座;10—内圈弹簧;11—外圈弹簧;12—角弹簧;13—复原弹簧

4.3.2.4 橡胶缓冲器

1. 摩擦橡胶缓冲器

平面拉压型缓冲器由多片橡胶板和金属基板黏结而成,金属基板可提供安装基础及在缓冲过程中起散热作用。该种缓冲器的缓冲作用主要是通过压缩或拉伸橡胶板,让橡胶板内的橡胶分子互相摩擦生热而消耗能量。

MX-1 型橡胶缓冲器属于平面拉压型橡胶缓冲器。其结构如图 4.19 所示,由楔块摩擦部分和 9 个橡胶片组成。DF_{11} 型机车、SS_8 型机车采用这种缓冲器。MX-2 型缓冲器是在 MX-1 型缓冲器的基础上改进而成的,与 MX-1 型缓冲器结构相似。改进方面:由 9 个橡胶片改为 8 片(每片厚度由 35 mm 增大至 40 mm),同时加强了箱体强度。MX-1 型缓冲器的容量为 35 kN·m,阻抗力为 1 600 kN,行程为 65 mm。

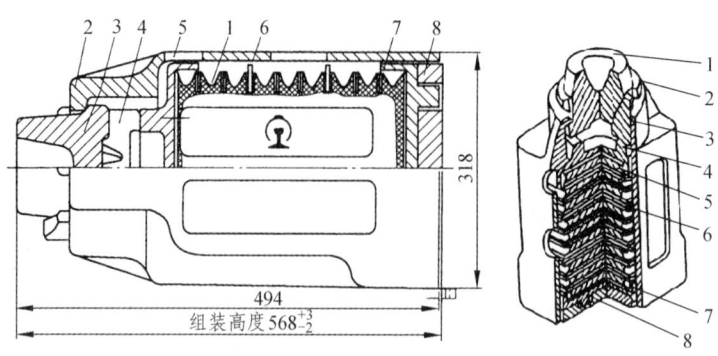

图 4.19 MX-1 型缓冲器

1—橡胶片组成；2—箱体；3—压块；4—楔块；5—预隔板；6—中隔板；7—底隔板；8—底板

2. 压缩型橡胶缓冲器

压缩型橡胶缓冲器是主要以橡胶为弹性元件，用以缓和与吸收纵向冲击力的一种缓冲器。其工作原理是由于当橡胶受力变形时，其分子之间产生的内摩擦消耗部分能量起到缓冲作用。

3. 剪切型橡胶缓冲器

橡胶以压缩或拉伸方式施力时，其变形量不大，而以剪切方式施力时，则变形量较纯压缩或拉伸时大得多。这样就有了剪切型橡胶缓冲器。剪切型橡胶缓冲器的作用原理不同于平面拉压型橡胶缓冲器，它不是依靠橡胶片之间的挤压过程吸收能量，而是由橡胶的剪切变形过程吸收能量。橡胶的可压缩性较小，但是其剪切位移却相对较大；同时，橡胶块的剪切变形是双向的，因此剪切型橡胶缓冲器也是一种复式（双作用式）缓冲器。

图 4.20 和图 4.21 所示为剪切型缓冲器受到纵向压力时其内部橡胶发生剪切变形从而吸收能量的两个状态。其中图 4.20 为缓冲器受到的纵向压力为 0 的状态，图 4.21 为缓冲器受到纵向压力而处于极限位置的状态。缓冲器内部的缓冲橡胶是主要的吸能元件，当缓冲器受到外部的纵向作用力时，其金属拉杆与壳体之间发生纵向相对位移，缓冲橡胶就会随之发生剪切变形从而吸收能量。

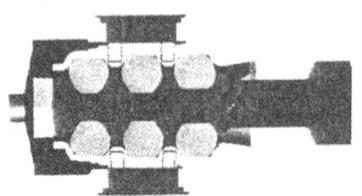 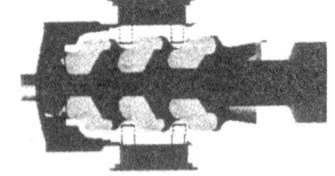

图 4.20 纵向压力为 0　　　　图 4.21 纵向压力处于极限位置

4.3.2.5 气-液缓冲器

1. 结　构

气-液缓冲器主要由柱塞、缸体、浮动活塞、单向锥阀、节流阻尼环、节流阻尼棒等部件组成。气-液缓冲器内部形成两个油腔和一个气腔。浮动活塞将柱塞内腔分隔出油腔和气腔两个腔室。柱塞底座与缸体之间的间隔为另一油室。油腔内充有液压油,气腔充有氮气。

2. 作用原理

如图 4.22 所示,当相邻车辆间发生碰撞时,柱塞即被推入油腔Ⅰ中,油腔Ⅰ中的液压油通过节流阻尼环与节流阻尼棒形成的环缝及单向锥阀与柱塞端部形成的锥阀节流孔,流到油腔Ⅱ中,使得油腔Ⅱ的油量增大,从而使浮动活塞向左移动,气腔中的氮气被压缩。

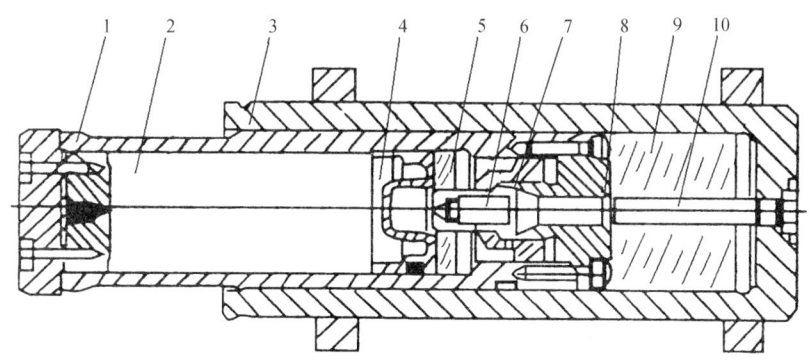

图 4.22 气-液缓冲器结构原理图

1—柱塞;2—气腔;3—缸体;4—浮动活塞;5—油腔Ⅱ;6—单向锥阀;7—锥阀节流孔;
8—节流阻尼环;9—油腔Ⅰ;10—节流阻尼棒

在冲击过程中,绝大部分动能转变为热能,并由缸体逸散到大气中,只有少量能量转化为油液的液压能,因而气-液缓冲器的能量吸收率比较大。当车辆间的冲击减缓或消失时,被压缩的氮气通过活塞给油腔Ⅱ的液压油施以压力,并使液压油通过柱塞端部的单向阀流回到油腔Ⅰ中,柱塞又回到原位。其中,单向锥阀可相对柱塞端部轴向移动,但只在缓冲器被压缩加载时才打开。当缓冲器卸载时,单向锥阀在油腔Ⅱ的液压油作用下压紧在柱塞端部的阀座上,锥阀节流孔被封闭,因此油腔Ⅱ的液压油只能通过柱塞端部的单向阀流回到油腔Ⅰ,完成缓冲器的卸载。

节流阻尼棒的形状和尺寸是确定气-液缓冲器特性的关键,通过正确选取节流阻尼棒的形状和尺寸,就能得到比较理想的缓冲特性。

3. 性能特点

气-液缓冲器的动态特性与传统的弹簧和橡胶缓冲器存在很大差异。气-液缓冲器的阻抗力与冲击速度成一定比例关系,即冲击速度越大,阻抗力也越大。

4.4 国内外典型的车钩缓冲装置

4.4.1 北京地铁车钩缓冲装置

北京地铁密接式车钩由橡胶缓冲器、风管连接器、电器连接器、风动解钩系统等组成,如图 4.23 所示。

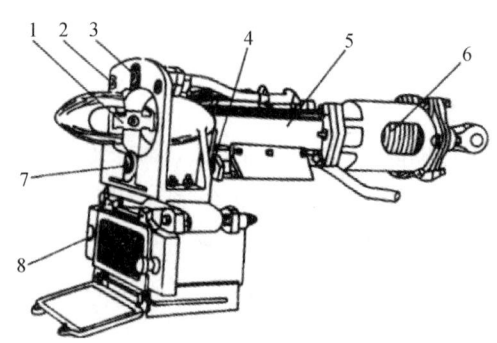

图 4.23 北京地铁车钩缓冲装置

1—钩舌；2—解钩风管连接器；3—总风管连接器；4—截断塞门；5—钩身；
6—缓冲器；7—制动风管连接器；8—电气连接器

如图 4.24 所示，两钩连挂时，钩头凸锥插入对方相应的凹锥孔中，此时钩头凸锥的内侧面在前进中推压对方钩舌使其转动，这时解钩风缸的弹簧受压缩，钩舌旋转，当两钩连接面接触后，凸锥的内侧面已不再压迫对方的钩舌，由于弹簧的作用，使钩舌向相反方向旋转并恢复到原来的状态，此时处于闭锁位置，完成了两车（钩）连挂；分解时，由司机操纵解钩阀，压缩空气由总风管进入本车的解钩风缸，同时经解钩风管连接器送入相连挂的另一辆车的解钩风缸，推动活塞杆向前并带动解钩杆，使钩舌转动至开锁位置，此时两钩即可解开；当手动解钩时，只要用人力推动解钩杆，使钩舌转动至开锁位置，就可实现两钩的分解。

如图 4.25 所示，北京地铁缓冲器由牵引杆、前后从板、缓冲器体、橡胶金属片等组成，最大冲击力为 25 t。其牵引力传递过程：牵引杆→前从板→橡胶金属片→后从板→缓冲器体→钩身→钩头与钩舌；纵向冲击力传递过程：钩头与钩舌→钩身→缓冲器体→后从板→橡胶金属片→前从板→牵引杆。

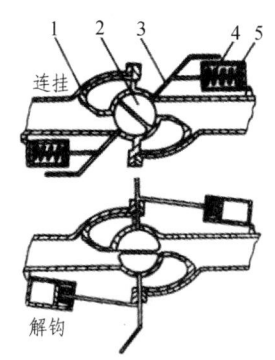

图 4.24 北京地铁车钩作用原理

1—钩头；2—钩舌；3—解钩杆；4—弹簧；5—解钩风缸

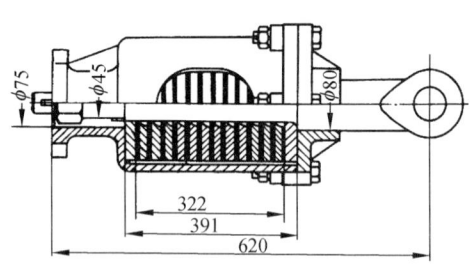

图 4.25 北京地铁缓冲器

4.4.2 日本车钩缓冲装置

按用途分类，日本的车钩可分为机、客、货车通用的普通车钩，卧车及高速货车用刚性车钩，电动车及新干线电动车用密接式车钩三大类。

1. 普通车钩

普通车钩与我国的 2 号及 15 号车钩属同类车钩，均由钩体、钩舌、钩锁、钩舌推铁、钩舌销、锁提销等零件组成。根据钩身长度及钩尾销孔的不同，普通车钩有多种不同的类型，主要有短颈车钩，以及尾部为双圆销孔、横扁销孔、垂直扁销孔和垂直圆销孔 5 种钩型，每种钩型又有上、下两种作用方式。普通车钩的连接轮廓是由美国 AAR 的 No.10 轮廓经尺寸换算而得的。

2. 刚性车钩

刚性车钩是在普通车钩的基础上，去除车钩的纵向间隙并增加联锁结构而成的。其基本钩型至今仍未变，有刚性车钩和小型刚性车钩两种形式，每种形式都有上、下两种作用方式。在长期的发展过程中，两种形式的刚性车钩又演变出多种刚性车钩。

3. 密接式车钩

柴田密接式车钩分为方锥密接式车钩和圆锥密接式车钩两种。刚性车钩虽去掉了间隙，但基本钩型仍属普通车钩类。与刚性车钩相比，密接式车钩的优点是质量轻、体积小，密接度也稍高。

4. 缓冲装置

与车钩相配套使用的缓冲装置，也紧随车钩的变化及技术的进步而不断变化，并且因其保护车辆和货物安全及人员舒适性的重要作用，使缓冲装置的更新节奏要快于车钩。早期的缓冲装置多为圆弹簧，之后，随着车辆质量的增加和列车编组的扩大，缓冲装置的形式逐渐增多，性能不断提高。根据作用原理和结构特点，可将日本的缓冲装置分为圆弹簧式、方弹簧式、方弹簧摩擦式（有少量圆弹簧摩擦式）、环簧式、橡胶式，此外，还有液压式。其中用量较大的有环簧式和橡胶式，最大的是橡胶式。

4.4.3 国产可伸缩式车钩缓冲装置

国产可伸缩密接式车钩缓冲装置是通过折叠来实现伸缩功能的。该装置主要由可调式对中装置、橡胶缓冲器、折叠机构和密接式钩头四部分组成（见图 4.26）。

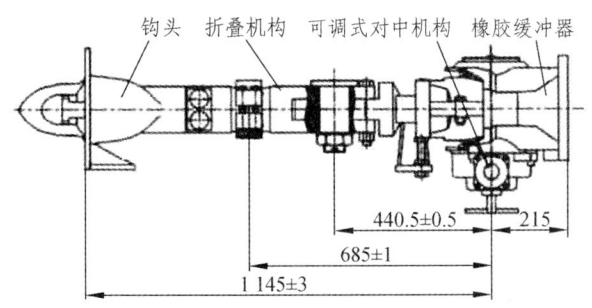

图 4.26 可伸缩密接式车钩缓冲装置

当列车正常运行时,车钩缓冲装置回缩于头车整流罩内,此时可调式对中装置处于作用状态,折叠的车钩缓冲装置在整流罩内被锁紧而不能左右摆动;当需要时,人工调整可调式对中装置,使其脱离作用状态,这样车钩缓冲装置可自由地左右摆动,并且可以很容易地展开并伸出整流罩,此时,人工使可调式对中装置转换到作用状态,车钩缓冲装置就处于待连挂状态。

4.5 风挡与车端阻尼

4.5.1 风挡的功能与类型

1. 类型

为了防止风沙、雨水侵入车内及运行时便于旅客和乘务人员安全地在两车辆间通行,同时由于客车在高速下运行,客车厢体内外极易形成负压,大部分冷空气及灰尘通过车辆连接处进入车厢,造成客车热量损失和车内空气质量混浊,直接影响到列车的运用质量。因此,车辆两端连接处装有一可弯折的柔性通道,称为风挡装置,也称折棚装置。它具有防雨、防风、防尘和隔音的功能,保证乘客能安全方便地从一个车厢到另一个车厢。

目前,我国使用的风挡装置有3种形式:铁风挡装置、橡胶风挡装置和折叠风挡装置,如图4.27所示。

   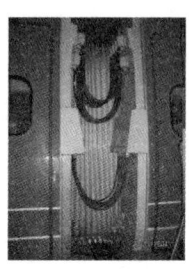 

(a)橡胶风挡　　　　　　　　　　　　(b)折叠风挡

图 4.27　风挡

2. 铁风挡装置

铁风挡装置由面板、风挡、风挡弹簧、缓冲杆和圆弹簧组成。车辆连挂后,借助弹簧的弹力,使两风挡面板紧密贴合,在列车通过曲线时,面板左右滑动,不会产生间隙,从而保证安全。

铁风挡装置具有结构简单,工艺要求低,经久耐用等优点。同时也存在气密性差,隔音、隔热效果差,产生噪声大等缺点,特别是风挡连挂后,带有错动间隙的摩擦面边缘均裸露在车内,容易挤伤手脚,对旅客造成人身伤害。因此,该型风挡已无法满足现代客车的要求,正逐步被橡胶风挡或折叠风挡所取代。

3. 橡胶风挡装置

橡胶风挡组成如下：横橡胶囊组成，左、右立橡胶囊组成，防晒板组成，横、立橡胶垫，渡板及缓冲装置等。与铁风挡相比，橡胶风挡有如下优点：① 比铁风挡噪声小；② 具有特殊形状的弹性橡胶囊和橡胶密封垫，可以防止雨水、尘土进入车厢内部；③ 具有良好的纵向伸缩性和横向、垂向柔性，以适应车辆通过曲线和减小振动，提高乘坐的舒适性。橡胶风挡在 25 型客车、准高速客车、双层客车等车辆上得到广泛应用。但气密性不能满足客车以较高速度运行时的要求。因此 25K 型客车采用了折棚式风挡，该型风挡不仅外形美观，气密性也较好。但这种风挡的刚度阻尼很小，几乎不能对车体间相对运动产生约束。

4. 折叠风挡

折叠风挡（又称密接式风挡）由连接架、拉杆、折棚、挂钩、通道、踏板、板簧、锁盒 8 个组件组成，主要用在 25K 型客车上。其主要零部件都采用了不锈钢和高强度铝合金材料，具有耐腐蚀、不受气候影响的特点。棚布原材料的主要性能指标已经接近西欧发达国家同类产品的技术标准。折叠风挡具有良好的气密性，风、雨、雪、沙尘等不能侵入。同时防噪声效果大大提高，使乘客乘坐舒适性大大提高。过道美观并采用内饰板及新结构渡板，避免乘客挤伤手脚现象的发生，可圆滑地过渡列车走行时发生的两车之间的错动。该型风挡使用寿命长达 15 年，并且不需进行预防性维修，只需在日常检查时进行外观检查（目测）。若发现故障，更换零部件即可。如棚布撕裂，按损坏部分大小剪一块棚布，用胶将其粘好，24 h 后即可正常运用。

4.5.2 车端阻尼装置

4.5.2.1 车端阻尼装置运用概况

随着列车运行速度的提高，车体的摇头、侧滚等振动问题成为影响列车运行品质的重要因素。同时，人们逐渐认识到车端连接设备的刚度和阻尼特性将对车体振动产生约束作用，这种约束将影响列车运行的舒适度。为此，一些铁路发达国家开始在车辆端部采用除缓冲器以外专门的减振装置，或改进原有的某些车端连接设备（风挡的阻尼特性），使之能够衰减车辆间的相对振动。这种除车钩缓冲装置以外，车辆端部具有阻尼特性、能够衰减车辆之间相对振动的连接设备称为车端阻尼装置。

法国的 TGV、德国的 ICE 和日本的新干线电动车组都非常重视车端阻尼装置对提高列车舒适度的作用，处理的方式和实现的技术方案也各有特点。TGV 根据铰接式车体的特点，采用了复杂的横向、纵向减振器组合；ICE 列车则摒弃了复杂的专用车端阻尼装置，而采用具有足够刚度和阻尼的大尺寸全包折棚风挡来抑制车体相对振动，因此车端装置简洁且不影响车辆的连挂和分解；日本铁道车辆的专用车端阻尼装置种类很多，且已形成系列，其结构形式也很巧妙，广泛应用在既有线和新干线上。

4.5.2.2 国产车端阻尼装置

为了弥补折棚式风挡刚度和阻尼特性的不足,2000年四方车辆研究所开发了一种磨耗型车端阻尼装置。如图4.28所示,这种装置由安装座、缓冲弹簧和磨耗板组成,装在折棚风挡的上方,依靠相互压紧的磨耗板产生的摩擦力来耗散能量,约束车端相对运动。该磨耗型车端阻尼装置不能消除25K型客车的车辆冲击现象,车端横向、垂向振动情况改善也不明显。其原因是安装位置太高,作用点距车体断面中心太远,作用力不均衡,因此对约束车辆间的点头和侧滚振动效果不大。"中华之星"动车组采用了结构与日本新干线电动车组相似的车端阻尼装置,并与成田式风挡配合使用。通过4辆编组列车动力学比较计算证明,该型车端阻尼装置显著提高了各个车位的横向平稳性,对列车的曲线通过性能没有明显的影响。

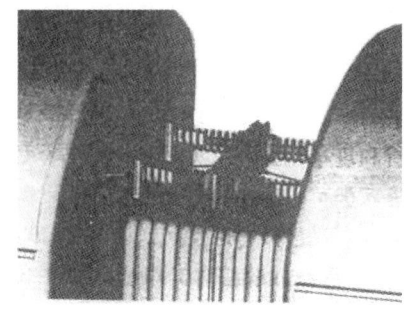

图4.28 国产车端阻尼装置

4.5.2.3 日本的车端阻尼装置

日本铁路非常重视车端阻尼装置对提高列车运行舒适性的作用,车端阻尼装置广泛应用在特快电动车组和新干线车辆上。如图4.29所示,车端阻尼装置包括车端减振器(垂直安装在车端)和车体间减振器(沿轨道方向安装)2种形式,其中既有线车辆仅使用车端减振器;新干线车辆从500系电动车组开始,同时使用2种形式的车端阻尼装置。

1. 车端减振器

车端减振器是安装在通过台上部的阻尼装置,相邻两车的车端减振器通过反对称拉杆相互连接,具有防止摇头和侧滚振动的作用。在车辆运行中车端相对位置发生变化时,车端减振器的动作如图4.30所示。图4.30(a)所示为标准状态。如果相邻车体端墙间的相对距离增加,则车端减振器动作,各自车体上的作动杆向内侧相互倾斜,如图4.30(b)所示。反之,如果相对距离减少,则各自车体上的作动杆向外侧相互倾斜,如图4.30(c)所示。

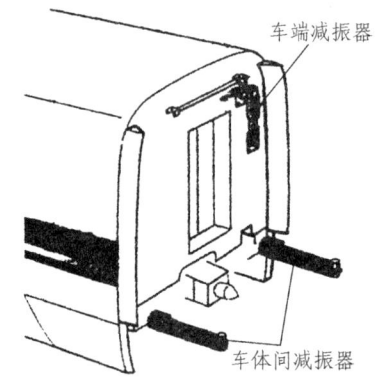

图4.29 日本的车端阻尼装置

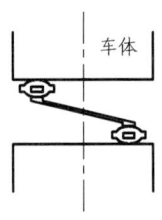 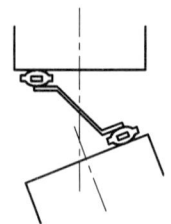 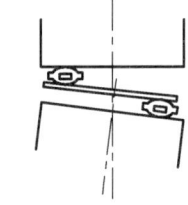

(a)标准状态　　　(b)车体间的相对距离增加时　　　(c)车体间的相对距离减少时

图4.30 车端减振器的作用

新干线列车从 0 系开始，各电动车组一直采用 YD4 型车端减振器。车端减振器由 YD4 型减振器、L 形杆、连接杆以及复原弹簧等构成（见图 4.31）。L 形杆与减振器使用卡钉固定在各车体的端墙上，再通过连接杆与安装在相邻车辆端墙反对称位置上的 L 形杆连接。复原弹簧的作用是保持 L 形杆与连接杆处于平衡位置。

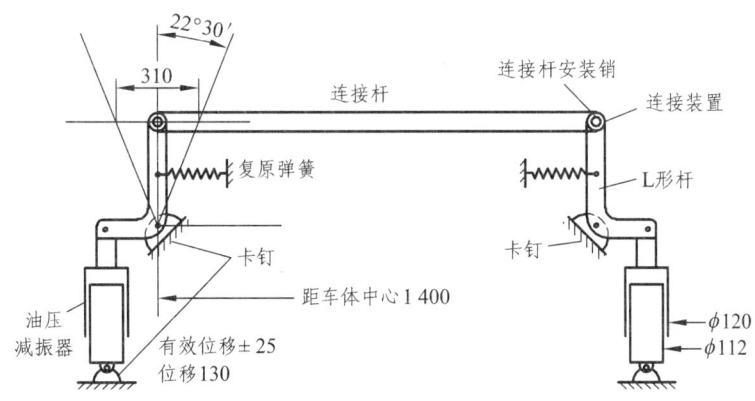

图 4.31　YD4 型车端减振器

在车辆运行中，由于车辆摇头或侧滚运动，相邻两车端产生相对位移，连接杆和 L 形杆将这一位移转换为减振器垂直方向的拉压变形，靠减振器的阻力衰减振动，复原弹簧使减振器返回平衡位置。车端减振器装置的作用范围以连接杆中间位置为基准 ± 155 mm，但阻尼作用范围约为 ± 87 mm。如果超出阻尼作用范围，减振器中的活塞缸动作失效，就不会产生油压阻尼。

2. 车体间减振器

如图 4.32 所示的车体间减振器是装在端墙下部车钩两侧的液压减振器，主要应用在高速新干线车辆上。

在高速试验区间（360～370 km/h），装车体间减振器的车辆舒适性较好，在尾部车辆上，无减振器时振动级为 89.8 dB，有减振器时为 86.8 dB（减小 3 dB）。在中间车辆上，无减振器时振动级为 86.7 dB，有减振器时为 82.7 dB（减小 4 dB）。但是随着速度的提高，降低效果变得不明显。

图 4.32　车体间减振器

4.5.2.4　德国 ICE 具有阻尼特性的风挡

德国 ICE1、ICE2 和速度更高的 ICE3 动车组均没有采用专门的车端阻尼装置。约束相邻两车端相对侧滚、摇头等相对运动所必需的刚度和阻尼完全依靠 ICE 独特的风挡结构提供，如图 4.33 所示。

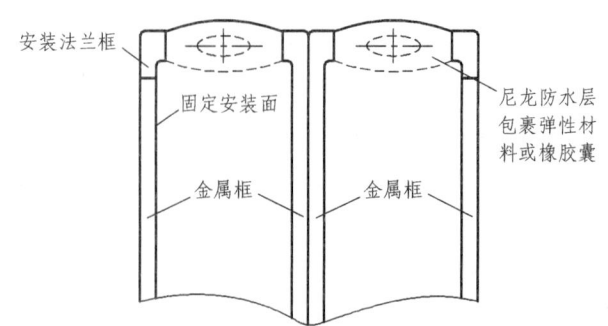

图 4.33 德国 ICE 具有阻尼特性的风挡

与其他高速列车相比，ICE 列车的风挡有以下特点：

（1）ICE 风挡是双包折棚风挡，风挡主要由内外框和内外折棚组成，风挡内部是气密结构。风挡连挂后，内部气体被压缩，相邻两风挡结合成密闭的空气囊，成为各个方向上具有较大刚度和阻尼值的减振结构。当车端发生不同方向的相对运动时，风挡产生拉压或扭转变形，压缩空气被进一步压缩，或从一侧风挡的内部通过外框上的小孔流向另一侧风挡，外框上的孔客观上起到了减振器节流孔的作用。通过这种形式，气密双包折棚风挡可以有效地约束和衰减车体间的相对运动，从而提高运行舒适性。当然，ICE 的主要作用还是密闭和隔声，其各方向的刚度和阻尼特性未见报道。

（2）ICE 风挡是全包风挡，结构尺寸大，将通过台以下的车钩缓冲装置都包在风挡结构以内。这样不但有利于降低运行阻力，而且大尺寸的风挡可以提供足够的摩擦阻力矩，能有效抑制车体间的侧滚相对运动。

4.6 典型的车端连接装置

4.6.1 CRH1 动车组车端连接装置

CRH1 动车组采用的是德国 VOITH 公司的 Scharfenberg 10 号车钩系统，该系统主要用于铁路干线车辆和重型地铁车辆的连挂。该系统具有较高的自动化程度，可适应大部分应用场合。Scharfenberg 的连挂装置占据欧洲同类商品 90% 的市场。

1. 自动车钩

安装在列车编组两端的自动车钩用于运行列车的编组连接。车钩可以自动地将列车实施机械、气动和电气连接。前端自动车钩总体外形如图 4.34 所示，前罩支撑机构如图 4.35 所示。

在正常运行中，最多可连挂 8 节车厢，多编组运行时列车编组可以达到 8×2 节。当不使用时，车钩缩回并且由自动前罩保护。自动车钩上还有电气连接装置，机械钩头连挂后电气连挂装置会自动伸出连挂，如图 4.36 所示。

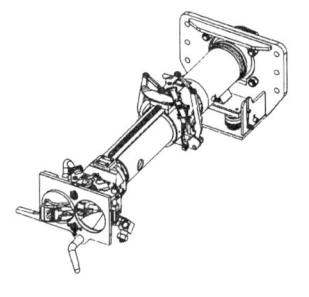 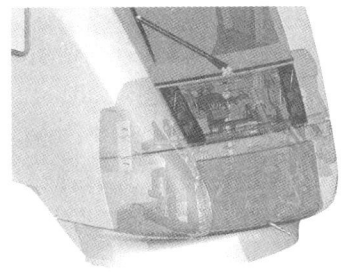 

（a）车钩总体外形　　　　　（b）关闭的前罩　　　　　（c）开启的前罩

图 4.34　前端自动车钩

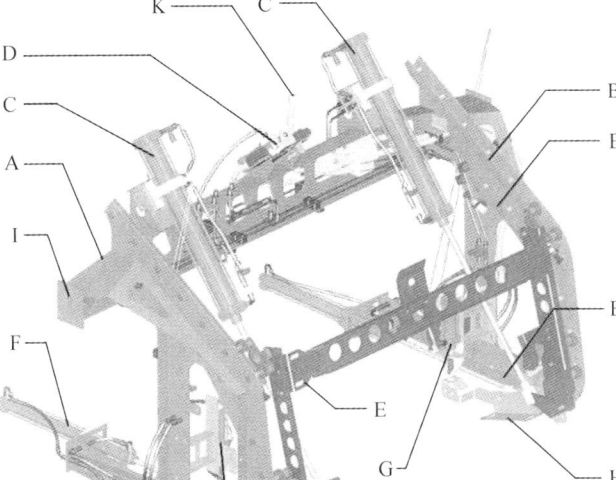

图 4.35　前罩支撑机构

A—前罩门支架；B—滑轨；C—上罩移动气缸；D—锁销；E—上罩固定架；
F—下罩移动气缸；G—下罩锁销；H—下罩固定架

  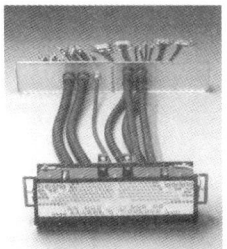

图 4.36　电气连接器

另外，钩头内装有列车风管、制动风管、解钩风管通路。自动车钩在钩头以及连接器部件内装备了电加热装置，加热器功率为 650 W。运用中如果室外温度低于 4 ℃，则需接通加热装置；如果室外温度超过 6 ℃，加热则不起作用。车钩的加热能力具备由脉宽调制（PWM）

控制的 3 种电源模式：① 如果室外温度低于 –10 ℃，则使用 100% 加热；② 如果室外温度高于 –10 ℃ 并且加热被激活，对于未连挂的车钩，则使用 70% 加热；③ 如果室外温度高于 –10 ℃ 并且加热被激活，对于连挂的车钩，则使用 50% 加热。

车钩中心线高为 880 mm，最小连挂曲线半径为 145 m。连挂系统设计满足以下条件：车钩固定剪切力为（1 350 ± 150）kN。发生碰撞时，当碰撞力小于车钩固定剪切力时，自动车钩作用于车体的载荷小于车体底架的静强度。当碰撞力大于车钩固定剪切力时，自动车钩会脱落，但不会掉到轨道上而是落到一装置内。

救援回送时则用连接装置（过渡车钩）与现有机车进行机械和气动连接。

2. 半自动（半永久性）车钩

半永久性车钩用于列车编组内各节车厢间。车钩用机械方式将一节车厢连接到另一节，连接应为刚性连接，无松动。车钩中心线高为 940 mm。连挂时由人工将两钩用连接螺栓锁死，解编时反之。有两种车钩分别装于车辆的Ⅰ位端和Ⅱ位端，如图 4.37 所示。A 型车钩钩身前部上方有一支撑座，此支撑座用于支撑列车风挡。B 型车钩则无此结构。因此，编组内车辆的Ⅰ位端和Ⅱ位端不能随意互换。半永久性车钩具备列车风管连接系统，在连挂的同时，自动连接列车风管。半永久性车钩内部装备压溃变形管，如图 4.38 所示。半永久性车钩在车钩头与车身端部之间安装有液压横向阻尼器，以提高列车运行的动力学性能。

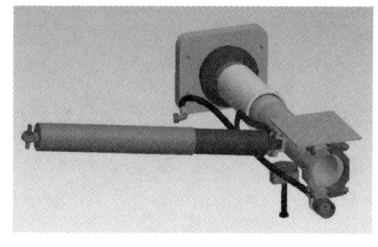 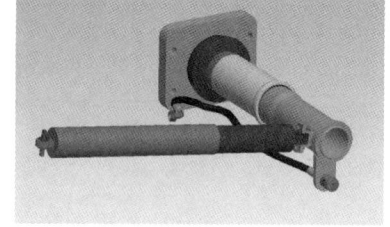

（a）A 型车钩　　　　　　　　（b）B 型车钩

图 4.37　半自动（半永久性）车钩

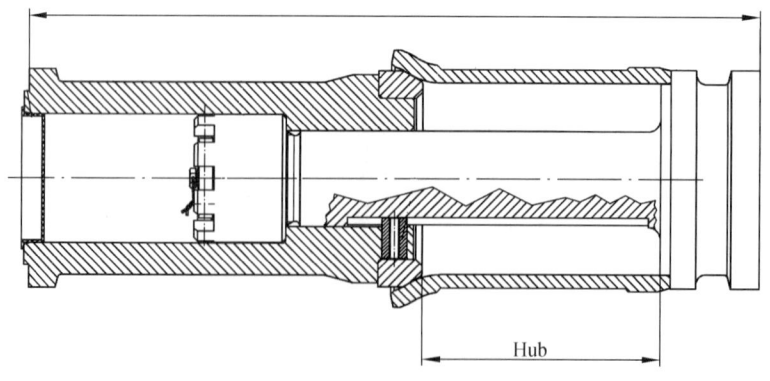

图 4.38　压溃变形管

3. 过渡车钩装置

过渡车钩装置用于动车组需要与其他装有 15 号车钩的车辆连挂等情况。过渡车钩有两种类型:轻型过渡车钩装置和重型过渡车钩装置,如图4.39所示。轻型过渡车钩装置用于回送速度≤120 km/h的情况,轻型过渡车钩装置平时存放于动车组车底架上,可由双人不借助任何工具在15 min内安装完毕。重型过渡车钩装置用于回送速度≤200 km/h的情况,重型过渡车钩装置平时存放于车间,可借助提升工具在1 h内安装完毕。

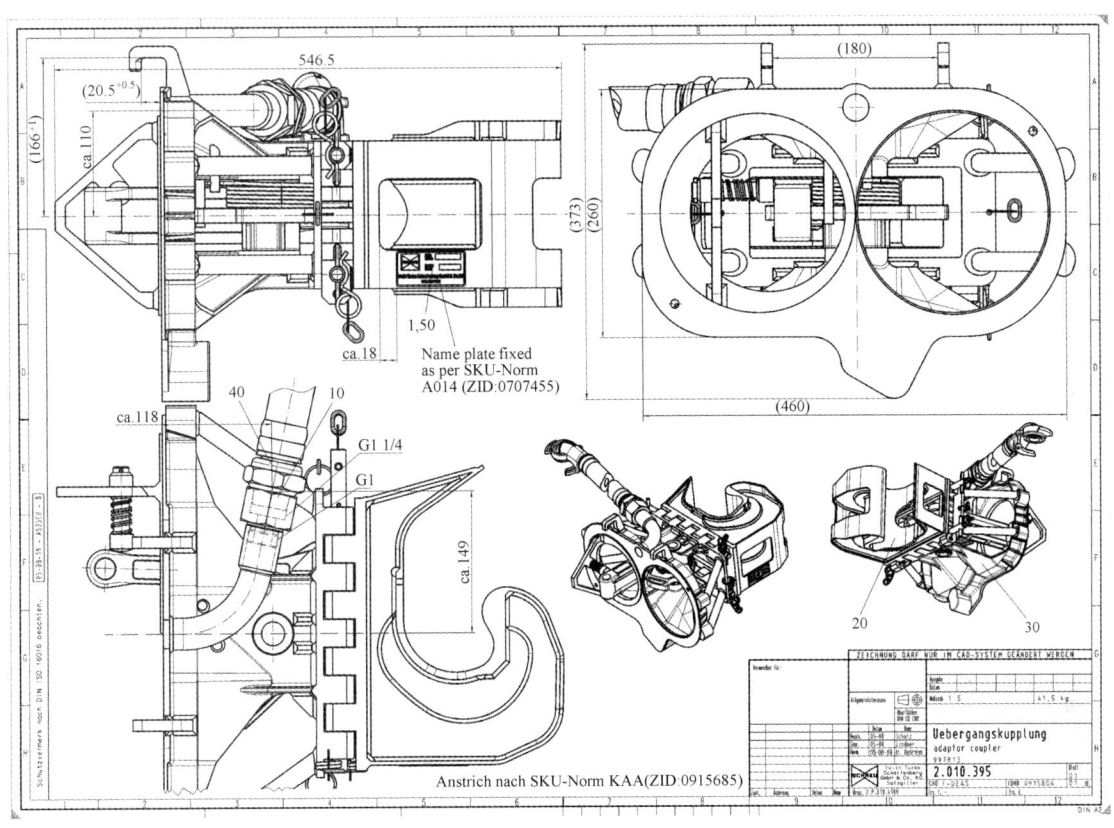

图4.39 过渡车钩装置

4. 缓冲器

CRH1动车组采用橡胶/金属环簧缓冲器,两种车钩缓冲装置的具体参数见表4.2。

表4.2 CRH1动车组缓冲器的参数

性能参数	自动密接式车钩缓冲装置	半永久式车钩缓冲装置
缓冲器容量/kJ	17~22	16
阻抗力/kN	680×(1±10%)	850
橡胶弹性弹簧行程/mm	40/55(拉伸/压缩)	40/55(拉伸/压缩)
能量吸收率/%	65	60
金属压溃管吸能容量/kJ	—	486
金属压溃管能量吸收率/%	—	100

5. 双层折棚式内风挡

该系统旨在为乘客提供一个列车各车厢间安全、畅通和舒适的通道。该系统具有良好的隔音、隔热和高耐火性，且已将连接装置包裹在风挡内。其主要部件如图 4.40 所示。

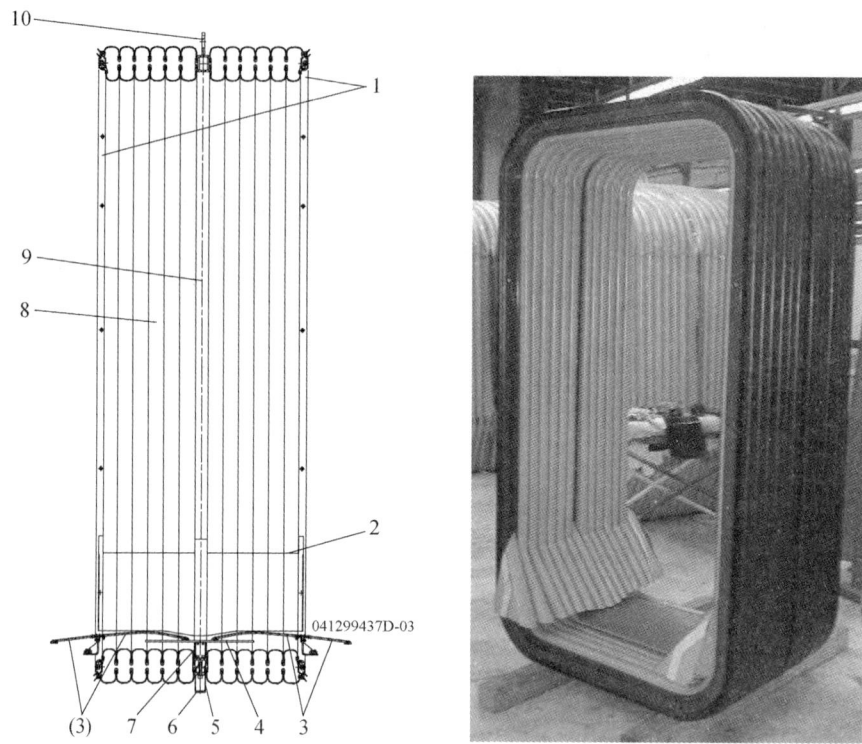

图 4.40 双层折棚式内风挡

1—安装架；2—地板革；3—活动踏板；4—固定踏板；5—滑管；6—耐磨垫；
7—横梁；8—折棚；9—中心构架；10—吊拖

（1）安装架：由油漆铝型材构成。将橡胶密封安装在朝向车体端的安装架上。折棚装在安装架上。安装架用螺母和垫片、柱头螺栓安装在车体端。

（2）中心构架：也是由油漆的铝型材构成。两个折棚架安装在中心构架上。

（3）折棚单元：折棚架包括独立的内部和外部折棚。所有的折叠相互连接。风挡所采用的材料是强化合成橡胶。在底部，折叠棚上有排水孔。外部折棚是黑色的，内部折棚是灰色的。

（4）踏板：包括两个相似的活动踏板和一个固定踏板。活动踏板安在车体的钢结构部分，是铝质材料，底部带有耐磨垫；固定踏板是不锈钢板，安在中心构架下端的顶部。中心构架下面是带有耐磨垫的支撑面，这部分是安装在半永久性车钩上的。

6. 车端电气连接

车端电气连接按连接种类可分为高、中、低压供电连接，控制和通信连接，等电位保护接地连接；按位置又分为相邻两车之间电路连接、两动车组之间电路连接。

相邻两车之间电路连接包括高、中、低压供电连接，等电位保护接地连接以及控制与通信连接。25 kV-AC 高压电由 Tp1 车或者 Tp2 车上的受电弓进入主变压器及变流器，经变压后输出 400 V-AC 中压电，然后经 400 V-AC 母线电缆连接输送到各个车厢车端的 400 V-AC 电气柜 K1 或 J4（见图 4.41 和图 4.42），最后经过整流器整流变为 110 V-DC 低压电，通过 110 V-DC 低压电母线电缆连接输送到各个车厢车端的 110 V-DC 低压电气柜 K2 或者 J3。

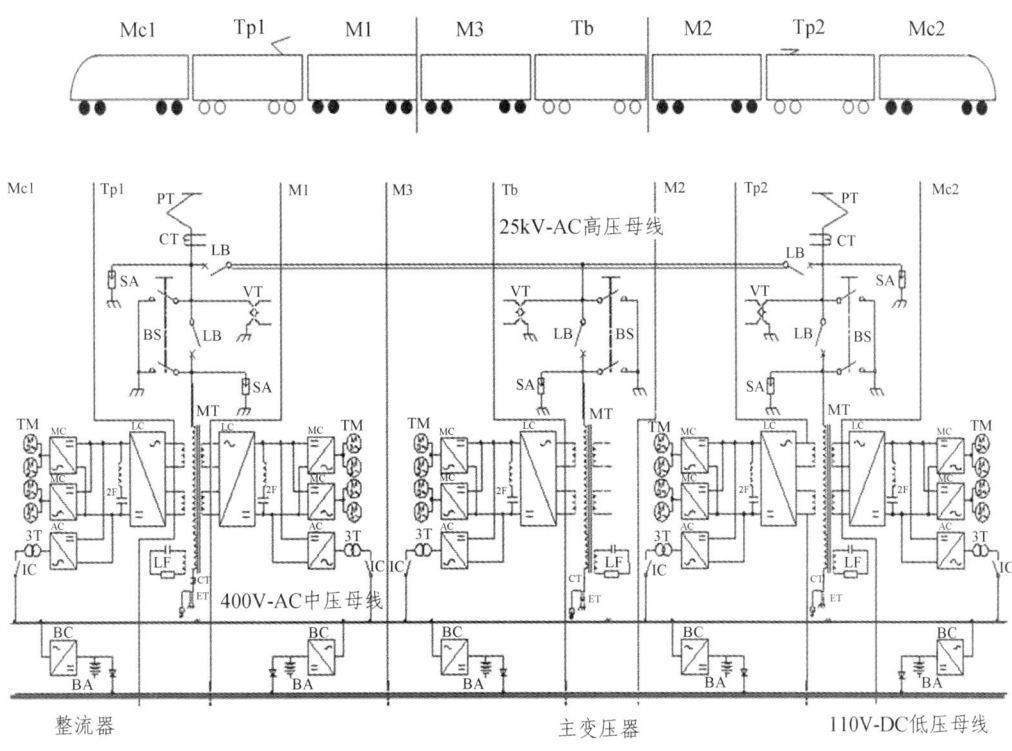

图 4.41　相邻两车之间电路

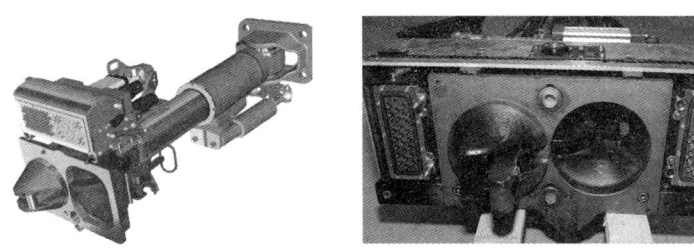

图 4.42　两动车组之间电路连接

两动车组之间的电路连接，全部为通信与控制电路连接。

7. 风管连接

CRH1 动车组各相邻车辆之间的风管连接包括制动管连接、总风管连接和车钩解钩空气管路连接。

制动管的连接是通过制动管的空气管路进行连接的。如图 4.43 所示，制动管（BP）的空气管路连接设置在车钩连接面上并安装在罩壳内。接头的接口件突出车钩连接面约 8 mm，在连挂时被压到配合车钩的接口件上，保证了结合面的气密性。空气管路接头配有一个由钩锁铁控制的阀门，阀门保证制动管在连挂和解钩时的自动开关。在车钩断开的情况下，制动管路保持打开状态，启动自动停车动作。

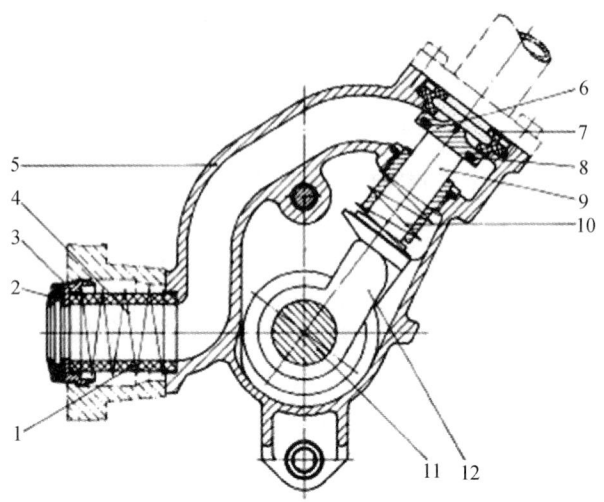

图 4.43　制动管连接

1—内衬管；2—接口密封件；3—止挡；4—止挡弹簧；5—制动空气管道；6—阀门；7—密封件；8—阀门锁卡；9—阀门连接杆；10—压缩弹簧；11—中心轴销；12—钩锁铁

如图 4.44 所示，总风缸管路和解钩管路的空气管路连接设置在车钩连接面并安装在一个腔室内。接头的接口件突出车钩连接面约 8 mm，在连挂时被压到配合车钩的接口件上，保证了气密性。总风缸管的空气管路连接配有一个压力阀，确保车钩解钩时总风缸管处于关闭状态。连挂时，配合车钩的簧压阀门推杆保证主风缸管 MRP 管路处于开放状态。

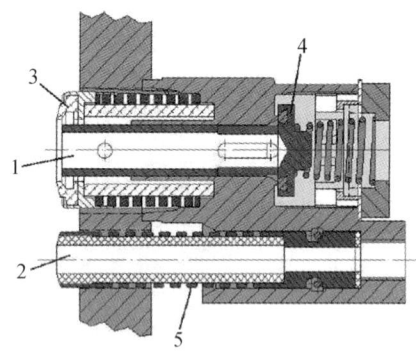

图 4.44　总风缸管路和解钩管路的空气管路连接

1—总风管；2—解钩管；3—接口密封件；4—阀门推杆；5—压缩弹簧

4.6.2　CRH2 动车组车端连接装置

CRH2 动车组车端设备包括密接式车钩缓冲装置、风挡、空气、电气连接设施（包括列车通信总线连接、供电母线连接、电缆连接、高压电线连接、制动控制线连接）。

1. 密接式车钩

如图 4.45 和图 4.46 所示，CRH2 动车组两端设全自动车钩，车辆间由半自动车钩连接，风管随车钩自动连接，而电气连接为整体手动连接。为了方便故障动车组的救援，专门配有救援及回送过渡车钩（见图 4.47）。

图 4.45　车头部车钩

图 4.46　车厢间车钩

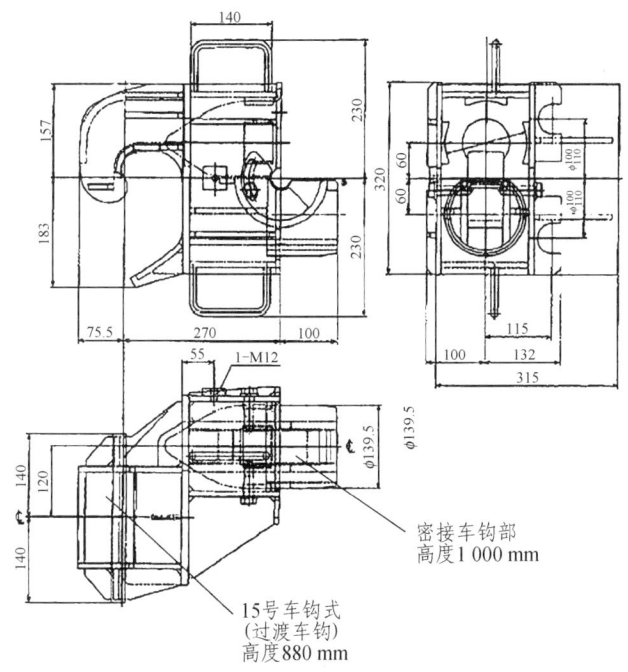

图 4.47　过渡车钩

前罩由 FRP 纤维增强塑料（玻璃钢）制成，分为左右两片，通过操作风缸使其开闭。前罩开闭后，由锁销固定，锁销通过风缸操作。在没有压缩空气的情况下靠自重锁住。前端自动车钩采用带列车管的 E224 型密接式车钩，主要由钩体和缓冲器等组成，由固定在车体底架上的钩体托架支撑。单编组运行时，不使用前端自动车钩，车钩由车钩前罩遮盖。连挂时，两车驶近，车钩对接连挂，无须乘务人员干预。

半自动（半永久性）车钩与自动车钩的最大区别为没有设置 KE204A 电气连接器而装有 KE206 型电气连接器，因此两车摘挂时风管的操作无须人工干预，但两车间电气电缆的连接则需要人工干预。半自动（半永久性）车钩及缓冲器的主要性能参数：拉伸载荷为 1 570 kN；压缩载荷为 3 040 kN；车钩中心线高为 1 000 mm。

过渡车钩是当动车组不使用自身动力移动时与使用 15 号车钩形式的车辆连接时使用的转接设备。由于过渡车钩是临时性设备，在结构上属于轻量化设计，其结构强度只有 400 kN。

2．双向 W 形橡胶缓冲器

CRH2 动车组上装用双向 W 形橡胶缓冲器（见图 4.48），该型号缓冲器为目前较为独有的初压力为零的橡胶缓冲器。其主要结构特点是使用两组缓冲器，它们靠一定的初压力（通常为 20～60 kN 左右）组装在本该由一个缓冲器占据的空间内，靠钩尾框的中央立壁对两个缓冲器施加作用力。车钩牵引时，压缩左边的缓冲器，右边的缓冲器随着胀开（因有初压缩量），并随时占满因压缩左边缓冲器出现的空间。车钩压缩时原理相同。因此，无论是牵引还是压缩，缓冲装置中的从板均不离开从板座，并且因钩尾框不受力时，其中央立壁处于两组缓冲器的压缩平衡状态中，只要稍有牵引力或压缩力，钩尾框便开始了对其中一个缓冲器的压缩，故既避免了从板与从板座间因出现间隙而发生冲击，又消除了缓冲盲区，大大提高了车辆的乘坐舒适性。双向 W 形橡胶缓冲器容量：10.79 kJ。初压：0；终压：784 kN（拉伸），980 kN（压缩）。

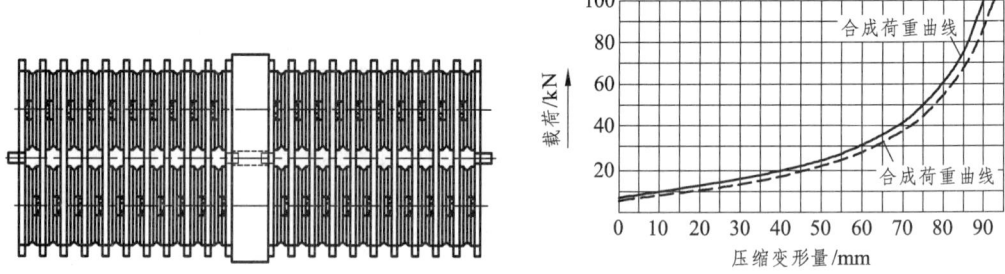

图 4.48　CRH2 动车组橡胶缓冲器结构及其特性曲线

3．电气连接装置

电气连接装置包括控制连接器、单元内电气连接器、单元间电气连接器、高压连接器（在车顶上部）。

4．密闭式风挡

CRH2 动车组两车辆间共有 3 类风挡，分别为压缩式外风挡、气密式内风挡和防雪风挡。压缩式外风挡起到隔音和降噪的作用；气密式内风挡主要靠螺栓及橡胶密封件形成气密结构，保证动车组内部的气压波动在标准值以内；防雪风挡则是为了防止积雪对车辆下部设备的影响而设置的。压缩式外风挡、气密式内风挡等均安装在车体的外端墙上，防雪风挡则安装在中间车钩的下方。

CRH2 动车组的风挡分为两层，内层为气密式内风挡，外层为压缩式外侧风挡。气密式风挡主要靠螺栓及橡胶密封件形成气密结构，保证动车组内部的气压波动在标准值以下。压缩形外侧风挡则保证保温、隔声性能得到满足。

气密式内风挡采用全波纹气密橡胶，它具有良好的伸缩性、气密性和水密性，由金属框、安装框（金属）、全波纹密封件和外罩等组成，如图 4.49 所示。牵引装置在风挡下部。车端侧墙处设有挡板。全波纹密封件一端与安装框压缘处连接，另一端与金属框压缘处连接，安装框安装在车体端墙的支座上。金属框的一侧设有暗销，另一侧设有暗孔，两车连挂时，保证金属框对中，金属框两侧有连接紧固件施加密封。

压缩式外风挡（见图 4.50）是为了降低和隔离车外的噪声及车辆保温而设置的防护装置。压缩式外风挡与通常的车端缓冲器具有同等的减振性能，同时还使车体间的车辆连接部位尽量平滑化，能够使列车运行时的空气阻力适当降低。

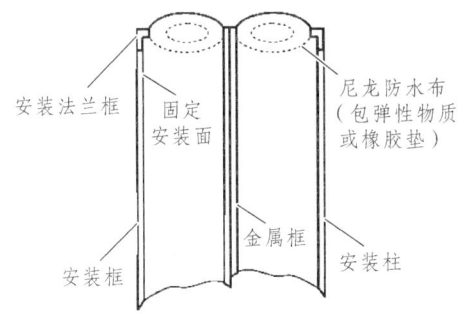 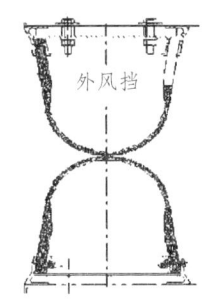

图 4.49　密闭式内风挡结构示意图　　图 4.50　外风挡结构示意图

在大雪天气，轨道上的积雪会被列车卷起黏附在内外风挡下方，当附着的大块积雪在振动及风力的作用下掉落时，则会激起碎石和冰块飞溅，为此，在车钩的下部设置了外形较为光滑、不易附着冰雪的防雪风挡（见图 4.51），以防运行时因落雪而引起碎石等异物飞溅。

图 4.51　防雪风挡结构示意图

5. 前头排障装置

前头排障装置是能排除运行中线路上的障碍物和与障碍物冲撞时缓和车辆承受的冲击力及能防止车辆踏上障碍物的结构。前头排障装置由排障器、橡胶排障器、缓冲装置构成，安装在前头底架的下面。

（1）缓冲装置。在轨距内由于和障碍物的冲撞，为缓和车辆所承受的冲击力，在排障器后方设有缓冲装置。

（2）橡胶排障装置。橡胶排障装置设在排障器下方左右轨道位置，能排除运行中钢轨顶面上的小障碍物。

6. CRH2 动车组车头部开闭装置结构

通常情况下，该动车组的鼻部是闭合的，这时它与整个头车外形吻合，共同形成良好的符合空气动力学要求的流线型外形。但当动车组出现故障需要救援时，或需要与其他列车或动车组连挂运行时，均必须将车头鼻部打开，以便露出头部车钩。该动车组的车头部开闭装置结构如图 4.52 所示。

图 4.52　车头部开闭装置

4.6.3　CRH3 型动车组车端连接装置

4.6.3.1　自动车钩缓冲装置

1. 自动车钩

CRH3 型动车组采用的是德国 VOITH 公司成熟的夏芬伯格（Scharfenberg）10 号车钩系统，该系统具的较高的自动化程度，可适应大部分应用场合。

自动车钩缓冲装置由机械连接、电气连接和气路连接三部分组成。机械连接部分设于钩头中央，电气连接器分设在左右两侧。中心轴上下方设气路连接器。同时，车钩头部的前表面和电气连接器都装备有加热器。当外界温度低于 5 ℃时，加热器启动。它主要包括以下部件：车钩头、电气连接器、车钩牵引杆、风管连接器、结构风缸、缓冲装置等，车钩设有伸缩机构，为全自动车钩钩缓装置。其结构如图 4.53 所示。其主要技术参数如表 4.1 所示。

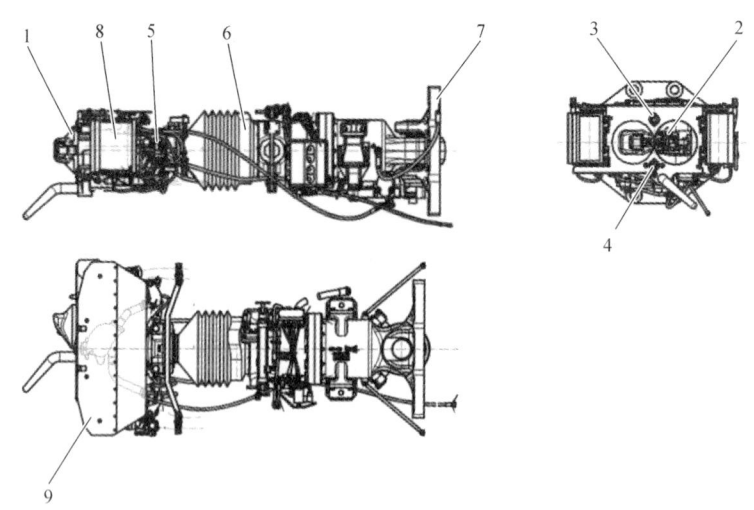

图 4.53　自动车钩装置结构示意图

1—车钩头；2—解钩风缸；3—风管连接器；4—风管连接器；5—电气连接器控制器；
6—车钩牵引杆；7—轴承座；8—电气连接器；9—防护盖

2. 缓冲装置

缓冲装置满足当 CRH3 型动车组以小于 5 km/h 的速度连挂时,对另一组处于静止且制动状态下的动车组所带来的冲击,一般不会导致车钩和车体的永久变形。缓冲装置包含环形橡胶缓冲器和一个压溃管。环形橡胶缓冲器作为可恢复能量吸收器,超过环形橡胶缓冲器吸收能力的能量会被分散到车钩牵引杆内的压溃管中,这时,压溃管将产生永久塑性变形。缓冲器的参数如表 4.3 所示。

表 4.3 自动车钩缓冲装置主要技术参数表

压缩强度		1 500 kN
拉伸强度		1 000 kN
车钩长度(从端面到中心轴)		(1 685 ± 5) mm
车钩质量		约 540 kg
压溃管	行程	约 150 mm
	最大阻抗力	约 1500 kN ± 10%
	吸收容量	约 225 kJ
环形橡胶缓冲器	行程	约 44 mm
	最大阻抗力	约 1 500 kN
	吸收容量	≥ 17 kJ
车钩最大摆角	水平	约 ±17°
	垂直	约 ±5°
连挂的最小曲线半径		250 m
车钩垂向挂钩区域		±140 mm

4.6.3.2 半永久车钩

CRH3 型动车组除在两端设有自动车钩外,在其余车厢的连接处均使用两个半永久车钩。其中一个半永久车钩有缓冲器,而另一个没有缓冲器,如图 4.54 所示。

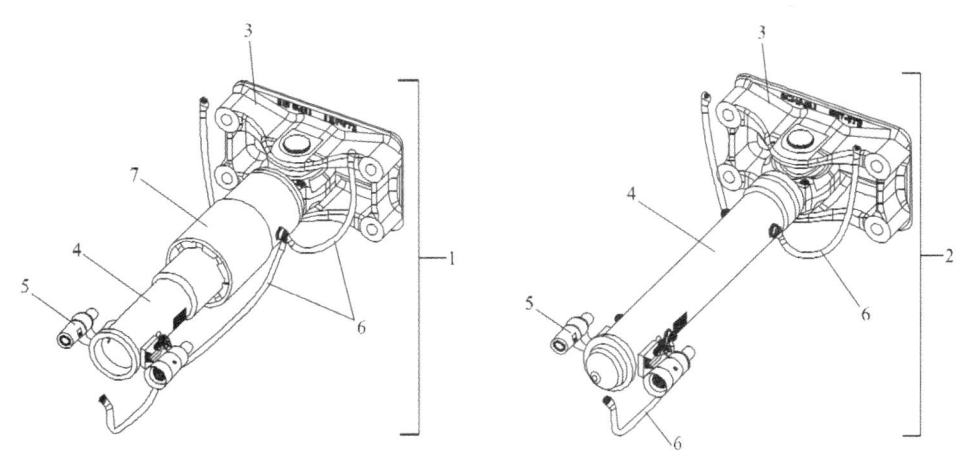

图 4.54 两种半永久车钩结构图

1—带缓冲器的半永久车钩;2—不带缓冲器的半永久车钩;3—轴承座;
4—车钩牵引杆;5—风管连接;6—接地线;7—缓冲装置

相比自动车钩,半永久车钩连接时需要人使用工具对其进行锁定扣件,才能完成连接及分解。两个半永久车钩是通过车钩卡环连接在一起,此种连接方式刚性好、无松脱、安全性高,可满足 CRH3 型动车组的垂直曲线运动、水平曲线运动,以及两连接车辆间的相对旋转运动。

半永久车钩配备能量吸收器,一般称该装置为缓冲装置或车钩缓冲器,它包括一个气液缓冲器和一个摩擦弹簧缓冲器,它们相结合用于缓和车辆间的纵向冲击和振动,并吸收冲击能量。缓冲器主要参数如表 4.4 所示。

表 4.4 半永久车钩主要技术参数表

压缩强度		1 500 kN
拉伸强度		1 000 kN
车钩长度(从端面到中心轴)		(1 131±5) mm
配有摩擦缓冲器的车钩牵引杆	行程(拉伸)	约 23 mm
	初压力(静态,拉伸时)	约 60 kN
	阻抗力(静态,拉伸时)	约 600 kN
配有气液缓冲器的车钩牵引杆	行程(压缩)	约 62°mm
	阻抗力(压缩)	约 800°kN
	初压力(静态,压缩时)	约 80 kN
车钩最大摆角	水平	约 ±20°
	垂直	约 ±7°

4.6.3.3 过渡车钩

过渡车钩是一个由三部分组构成的部件。第一部分是夏芬伯格 10 型转接器车钩;第二部分是不同调度的过渡部分,用于保证 1 000 mm 与 880 mm 之间的过渡;第三部分则是我国车钩(AAR 型号)钩头,用于保证同国内机车车钩连接。其结构如图 4.55 所示。

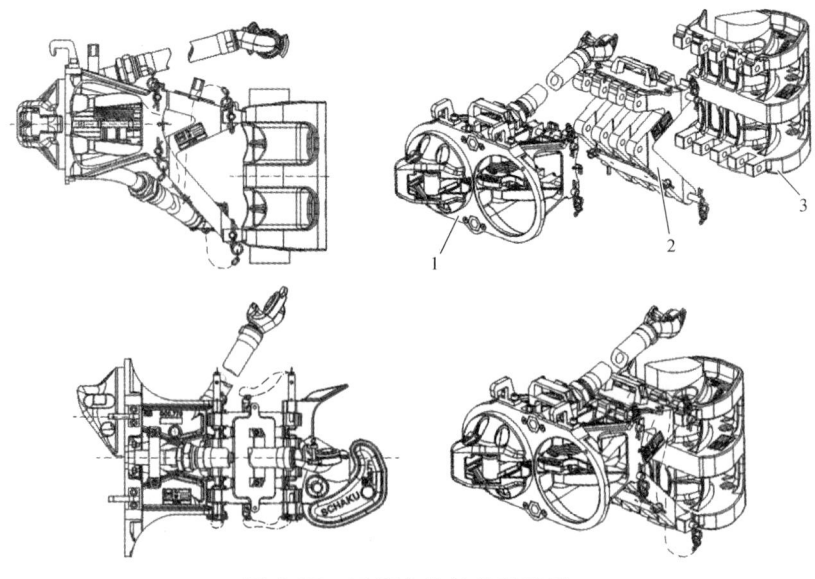

图 4.55 过渡车钩结构示意图

1—夏芬伯格转接器车钩;2—车辆调度转接器;3—AAR 钩头

过渡车钩主要技术参数见表 4.5，表中列举了通过紧急过渡车钩进行牵引/拖拽时相关数据参数。

表 4.5　过渡车钩主要技术参数

序号	参　数	单位	要求
1	列车最大配置		2 列 8 节车单元组合
2	列车最大质量	t	约 536
3	CRH3 动车组车钩的形式		夏芬伯格 10 型车钩
4	国内机车的车钩型号		AAR 形式
5	CRH3 动车组车钩中心距轨面的高度	mm	1 000
6	国内机车的车钩中心距轨面的高度	mm	880
7	过渡车钩的数量		每列车 1 套
8	过渡车钩所有部件的总重	kg	约 105
9	压缩空气供应		通过制动风管
11	在动车段最大轨道坡度	‰	30（局部）
12	最大起动坡度	‰	12
13	最大运行坡度	‰	20
14	允许的（牵引/拖拽）速度	km/h	正常工况下救援和回送速度为 120
15	拉伸强度	kN	350
16	压缩强度	kN	400

4.6.3.4　风　挡

如图 4.56 所示，列车风挡主要是由耐压的双层折棚以旋压方式固定于两节车厢车端的唇型风挡框上面组成，其下部空档需用渡板覆盖，在铰接渡板的两端设有防滑保护盖（踏板）。其主要技术性能参数如下：

双层折棚：尺寸大小 2 980 mm × 1 400 mm × 850 mm。通过宽度：在平直轨道上约 1 100 mm，在地板区域缩小到约 780 mm。通过高度：在平直轨道上约 2 050 mm。机械强度：外部压力为 + 3 800 Pa，内部压力为 − 5 700 Pa。气密性要求：即压力从 4 000 Pa 降到 1 000 Pa 应大于 50 s。运行温度：正常环境下，运行温度为 − 35 ~ + 80 ℃。隔音性能：在实验室进行相似的测试，隔音系数为 RW 约为 38 dB。运行周期：测试证明具有较长的运行周期。运行周期为 10 ~ 15 年。风挡系统总重：约 470 kg。

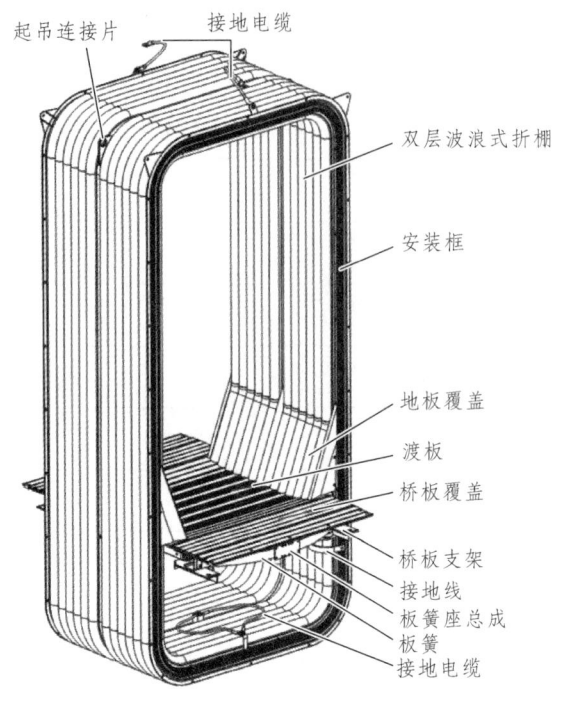

图 4.56 过渡车钩结构示意图

4.6.4 CRH5 动车组车端连接装置

1. 概　要

车端连接装置为车辆组成部件中一个必不可少的重要装置，从某种意义上来说，正是车端连接装置的存在才将列车中各个车厢（车辆）连接组成了真正意义上的列车。车端连接装置的性能将直接影响动车组（列车）的运行品质及运行安全。每列 CRH5 动车组共有 2 套前端车钩缓冲装置（前端车钩采用自动车钩缓冲装置）、7 套中间车钩缓冲装置（中间车钩采用半永久车钩缓冲装置）、2 套过渡车钩、7 组电气连接装置、7 套压缩空气连接装置、7 套风挡装置。系统分部组成如图 4.57 所示。

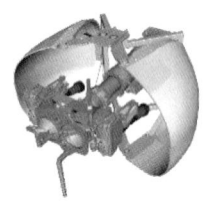 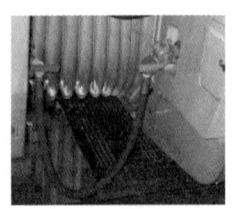 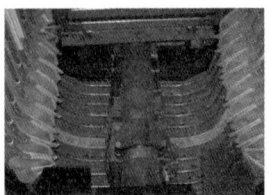 

（a）自动车钩缓冲装置　（b）中间压缩空气连接　（c）半永久车钩缓冲装置　（d）风挡、电气连接

图 4.57 车端连接装置系统组成

2. 自动车钩缓冲装置

CRH5 动车组自动车钩缓冲装置引自瑞典丹娜公司 10 号车钩系统，该型车钩是丹娜公司

为高速动车组开发的自动车钩，装设在动车组驾驶室端，它具有自动及手动连挂功能、自动及手动分解功能，自动工况下，仅由司机一人操作就可进行摘挂作业。

自动密接式车钩缓冲装置（见图 4.58）主要由钩头、钩体与缓冲器、电气连接器、风管连接器、尾部橡胶弹性轴承、中心调整装置、钩头电加热装置等部件组成。

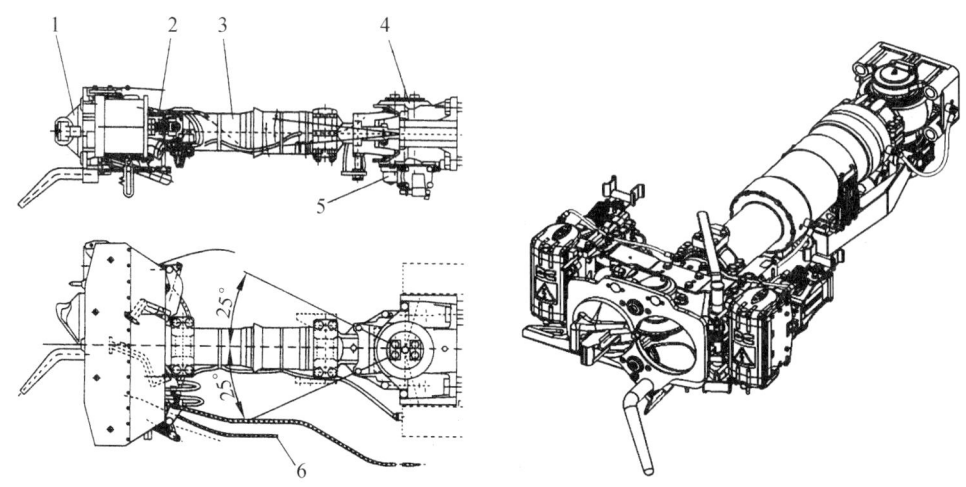

图 4.58　自动密接式车钩缓冲装置

1—钩头；2—电气及风管连接器；3—车钩钩体与缓冲器；4—尾部缓冲器；
5—中心调整装置；6—加热器电源线

3. 自动车钩缓冲装置

自动车钩缓冲装置内装设有两种类型的缓冲元件，分别为气液缓冲器、金属环簧缓冲器。自动车钩缓冲器组成结构及气液缓冲器结构分别如图 4.59 和 4.60 所示。这种缓冲装置将气液缓冲器及环簧缓冲器的各自特点较好地集于一身，能够充分满足列车运行过程中小能量冲击的缓冲和意外碰撞事故大能量时的能量吸收。使用中车辆间小能量多频次的冲击能量将由环簧缓冲器吸收，而具有较高冲击速度的意外碰撞将由气液缓冲器来吸收。

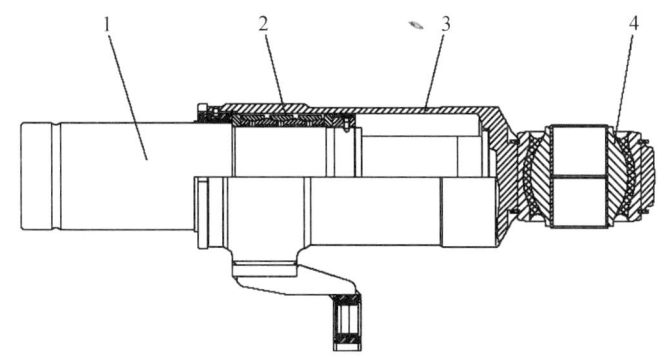

图 4.59　自动车钩缓冲器组成结构图

1—气-液缓冲器；2—环簧缓冲器；3—缓冲器缸体；4—球形弹性橡胶轴承

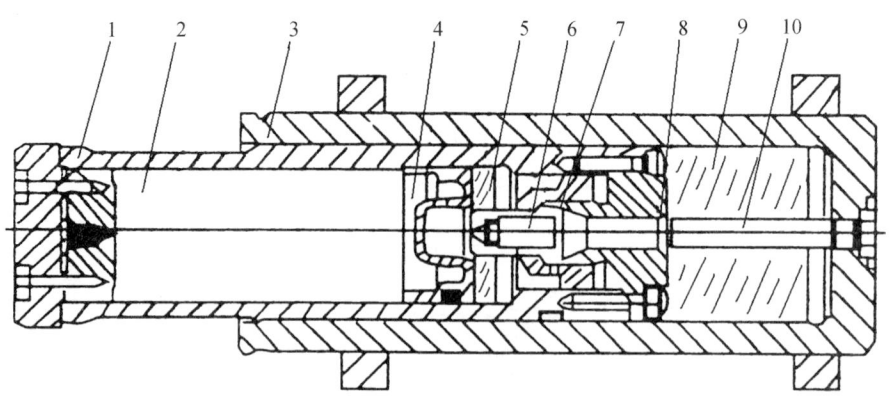

图 4.60 气-液缓冲器结构原理图

1—柱塞；2—气腔；3—缸体；4—浮动活塞；5—油腔Ⅱ；6—单向锥阀；7—锥阀节流孔；
8—节流阻尼环；9—油腔Ⅰ；10—节流阻尼棒

4. 自动车钩电气连接器

在动车组多编组连挂运行时，第一编组驾驶舱的控制信息需要实时地传输到第二编组的各个控制单元中去，两编组间控制信息的传递通路即为车钩电气连接器。电气连接器安装于全自动车钩的两侧，通过气动操作完成电气连接器的连接。电气连接器配有一个气缸（见图 4.61），与连接电气连接器的悬挂机构连接，伸出时推出电气连接器，缩回时解开电气连接器。气路设计为机械连接后电气连接器伸出，机械解钩前电气连接器缩回的形式。这样降低了电气连接器受损的危险。

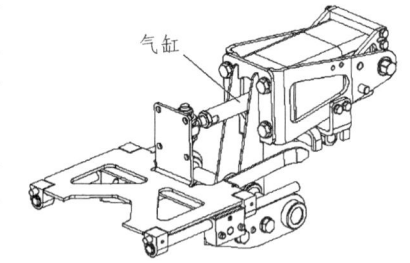

图 4.61 电气连接器动作机构

5. 半永久车钩

CRH5 型动车组除在两头车外侧装设自动车钩外，其余车厢连接处均使用 2 个半永久车钩连接，其中 1 个半永久车钩带有缓冲器。相比于自动车钩，半永久车钩连接时需要人工使用工具对其锁定装置进行操作才能完成连接及分解，没有电气、压缩空气自动连接功能。半永久车钩组成如图 4.62 所示。半永久车钩采用的缓冲器与自动车钩缓冲器类型一致，而容量、载荷等参数稍小。

6. 过渡车钩

CRH5 动车组密接式车钩的连接结构及高度与 15 号车钩差异甚大，无法相互连接。当 CRH5 动车组发生故障或其他事故不能自我行驶需要救援时，必须采用一边能够与密接式车钩连接，一边能够与 15 号车钩连接的特殊装置来进行过渡连接，此种装置称为过渡车钩。过渡车钩一般安置在头车上备用。

过渡车钩结构为焊接结构，包括一个 15 号车钩适配器和一个密接式车钩适配器，通过焊接方式组成过渡车钩，其结构组成如图 4.63 所示。使用时，用人工或吊装设备将过渡车钩密接车钩部分与动车组自动车钩连接闭锁，其次使机车车钩处于全开位，使机车靠近动车组完成机械连挂，最后连接制动软管连接器，接通气路。

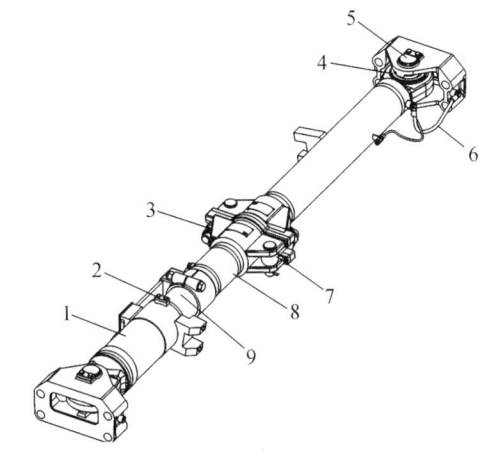

图 4.62　半永久车钩结构示意图

1—缓冲器壳体；2—锁固螺栓；3—连接螺母；4—回转机构；5—钩尾销；
6—接地电缆；7—连接螺栓；8—钩体；9—气-液缓冲器

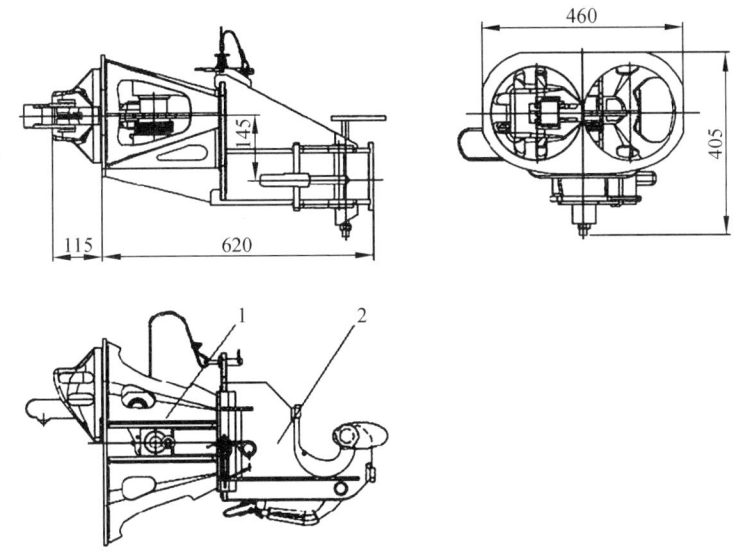

图 4.63　过渡车钩结构图

1—密接式车钩适配器；2—15号车钩适配器

7. 双层折棚式风挡

风挡是客车之间的柔性运动部件，可在车与车之间实现相对运动并提供给旅客安全舒适的通道。CRH5 型动车组的风挡采用的是双层折棚式风挡，双层折棚式风挡具有良好的伸缩性、气密性和水密性。

双层折棚式风挡主要由双层式折棚、渡板、踏板以及左右磨耗板几个部分组成。其结构如图 4.64 所示。双层折棚式风挡参数如下：

质量/kg	306
风挡内部通过截面尺寸（宽×高）/mm	860 × 2 050
隔声量/dB	42

传热系数 k	15 W/($m^2 \cdot$ K)
设计寿命周期/年	30
寿命周期内使用率/(天/年)	≥340

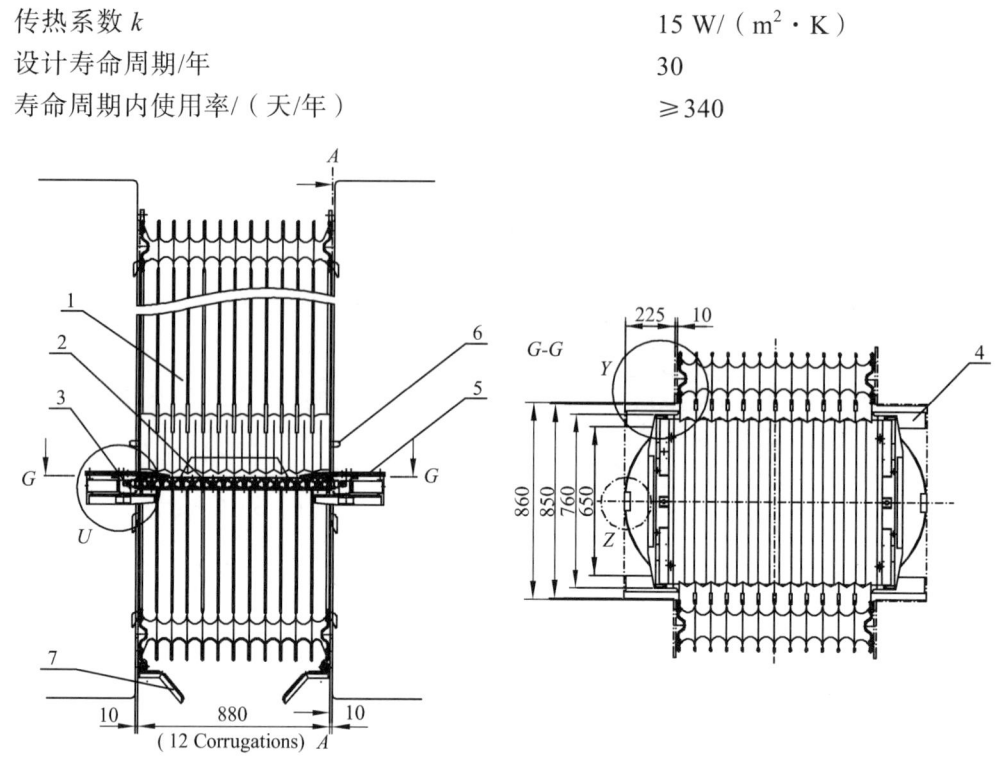

图 4.64 双层折棚式风挡结构图

1—双层折棚风挡；2—渡板；3—托架；4—渡板支架；5—踏板；6—定位孔组件；7—导轨

双层折棚由内外两层折棚、连接框和地板覆盖（或称下裙边）组成。渡板装置主要由渡板和滑动托架组成。

内外折棚由 Hubner 棚布和轻合金框架构成。用 Hubner 制造的棚布用缝合方法形成一体并通过铝型材框架形成波形。框架保证了弹性 Hubner 棚布构成的折棚具有波形形状。两层折棚与连接框连成一体。

下裙边与内外折棚类似，是内部用铝型材构架外部用弹性棚布的结构。下部遮挡与内折棚、连接框连接一体。

连接框由铝型材焊接而成，表面喷涂。连接框包含了风挡连接到车体上的锁紧装置。每个锁紧装置包含了锁杆，锁杆上的锁钩能够锁到车端的锁孔里。连接框含有一套对中装置（定位座）。当风挡连接时，首先要将连接框上的定位杆沿着车端面移动。连接框上的定位座和车体上的定位孔保证了风挡的准确安装。

渡板由带有两个边梁的可伸缩框架构成，伸缩框里含有踏板及滑动组件，在每个车端都有一个滑动托架。渡板在任一端滑动托架处都可以分开。滑动托架放置于磨耗板上并可以滑动。滑轮装有螺栓，避免了滑动托架脱离。在渡板的另一侧，每个框架上都装有橡胶挡。橡胶挡的作用是防止轮椅等东西滑到渡板外侧并卡在那里。渡板的设计考虑了 3 个方向的运动。滑动托架上的薄片弹簧具有一定张力，使渡板回到自由位置。渡板在运行中保证了旅客的安全通道。所有列车的相对运动都被渡板吸收，不会出现空隙和间断。

踏板由 1 块上踏板、1 个铰链和 4 块前踏板组成。每一块前踏板都连接在铰链上并放置在渡板上。踏板通过上踏板连接在车端。前踏板之间以及前踏板与车体间可实现相对运动，这样足以承受受力不均及扭转运动带来的影响。维修时前踏板可以翻转。

磨耗板由不锈钢焊接而成。两块磨耗板都用螺钉分别固定在车端端墙。磨耗板的表面为滑涂层。磨耗板的作用是导向和承接渡板。

8. 车端电气连接

由于动车组是集机械、电气、计算机控制技术于一体的现代运输工具，同时基于动力分散式的布置方式，各级控制单元、执行单元间将会有浩瀚的信息相互传输，因此在各个相对独立的车厢间必须建立高压、中压、低压及控制信息电气线路连接通路。车端电气连接装置是两车间电气连接的纽带。具体连接端子位置布置如图 4.65 所示。

（1）高压供电连接。高压供电连接是连接从位于 TP 和 TPB 车的主变压器分别到各动车牵引辅助变流器的交流单相 1 770 V 电源，与中压供电连接同在一侧。车端高压供电连接为过桥线直接用螺母紧固在高中压接线板上，如需解编，则需打开外端墙盖板上的检查门，然后松开紧固螺栓，将过桥线拆下。

（2）中压供电连接。中压供电连接是连接从各辅助变流器或中压箱分别到各车的中压负载的交流三相 380 V 的供电电源，与高压供电连接在同一侧。车端中压供电连接为过桥线直接用螺母紧固在高中压接线板上，如需解编，则需打开外端墙盖板上的检查门，然后松开紧固螺栓，将过桥线拆下。

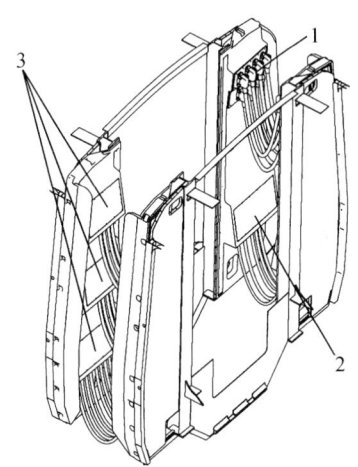

图 4.65　电气连接端子布置图

1—控制通信；2—低压供电；
3—高中压供电

（3）低压供电连接。低压供电连接是连接各车充电机至各车低压负载的直流 24 V 供电电源，和控制与通信连接在同一侧。车端低压供电连接为过桥线直接用螺母紧固在低压接线板上，如需解编，则需打开外端墙盖板上的检查门，然后松开紧固螺栓，将过桥线拆下。

（4）控制与通信连接。控制与通信连接的作用是连接列车通信和控制总线、制动控制线。与低压供电连接在同一侧，位于其上方。通信连接是由 4 个圆形连接器构成，其中 1 个 WVB 连接器、2 个 MVB 连接器、1 个 CAN 总线连接器；控制连接是由 4 个相同的方形连接器构成的；制动控制连接是由 1 个方形连接器构成的。

9. 压缩空气连接

压缩空气是动车组制动系统的动力源之一，同时也是其他一些辅助设备的动力源。它的有无将直接关系到列车运行的安全问题。压缩空气管路在机械钩头连接完成的同时也连接完毕，在控制系统的控制下，压缩空气管路阀门被打开，将两动车组的空气管路连通，完成压缩空气连接功能。

CRH5 动车组有两类压缩空气连接部分，一为自动车钩压缩空气连接，另一为半永久车钩压缩空气连接。自动车钩风管位置如图 4.66 所示。

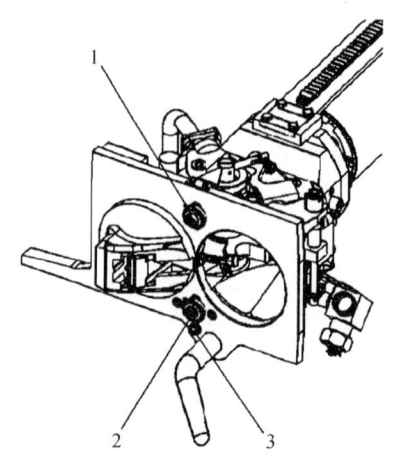

图 4.66　自动车钩风管位置示意图

1—列车管接口；2—总风管接口；3—解钩风缸接口

列车管的连接：列车管开闭机构结构及原理如图 4.67、图 4.68 所示。接头的接口件突出车钩连接面约 8 mm，在连挂时被压到对面车钩的接口件上，保证了接合面的气密性。自动车钩连挂后，与车钩中心轴同轴连接的凸轮轴带动管内阀门升降，开启或关闭列车管。车钩在连挂位列车管内阀门开启，列车管连通，在车钩断开的情况下，列车管路保持打开状态，启动自动停车动作。非连挂位，列车管内阀门关闭，列车管阻塞。

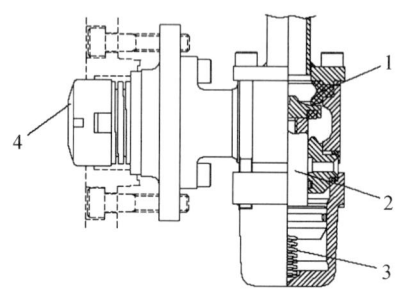

图 4.67　列车管开闭机构结构图

1，4—密封件；2—活塞；3—弹簧

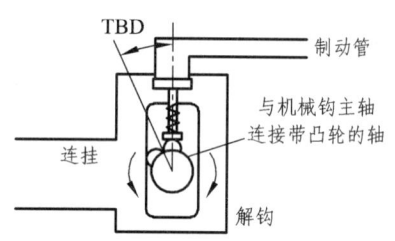

图 4.68　列车管开闭机构原理图

总风管的连接：总风管开闭机构结构及原理如图 4.69、图 4.70 所示，接头的接口件突出

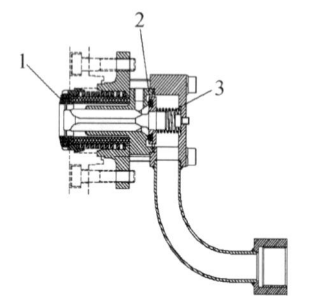

图 4.69　总风管开闭机构结构图

1—密封件；2—阀片；3—弹簧

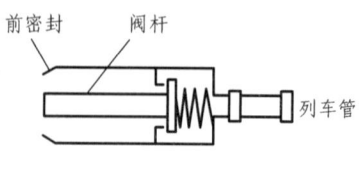

图 4.70　总风管开闭机构原理图

车钩连接面约 8 mm，在连挂时被压到对面车钩的接口件上，保证了接合面的气密性。自动车钩连挂后，总风管接口内的阀杆相互挤压，带动阀门后移，连通了空气通路。解钩空气管路连接：是通过一个铜质管连接到解钩风缸控制阀出口端的空气管路上。接头的接口结构与列车管、总风管接头基本相仿。解钩管的空气管路连接只有在解钩时才导入空气。半永久车钩压缩空气连接：CRH5 型动车组半永久车钩钩头内不含有压缩空气连接接口，两车辆间的压缩空气需要像普通客车一样使用软管连接。

复习思考题

1. 简述车端连接装置的作用与组成。
2. 简述车钩缓冲装置的作用、组成及传力过程（普通/密接）。
3. 简述车钩的类型、特点及其三态作用。
4. 简述全自动密接式车钩的特点及工作原理
5. 简述缓冲器的类型、作用及其工作原理。
6. 简述车钩缓冲装置的主要性能参数
7. 简述风挡的类型、作用与组成。
8. 简述 CRH 动车组车端连接装置的主要特点。

第 5 章　城市轨道交通车辆

5.1　地铁和轻轨动车组

5.1.1　城市轨道交通概述

1. 城市轨道交通产生的原因

城轨交通具有运量大、速度快、安全、准点、保护环境、节约能源和用地少等特点,世界各国普遍认识到:解决城市的交通问题的根本出路在于优先发展以轨道交通为骨干的城市公共交通系统。城市轨道交通的战略意义如下:

- 轨道交通可有效缓解城市交通拥堵;
- 提高城市运行效率和人口容纳力;
- 促进居住区的延伸和新商业圈的形成;
- 提升城市公共服务水平,同时也可以拉动内需、消化过剩产能;
- 将成为未来政府主导投资的主要发力点;
- 未来几年或将进入新一轮轨道交通建设高峰期,每年平均投入超过 2 500 亿元;
- 相关领域有望迎来一波长足的发展契机;
- 是保证大城市经济、社会发展交通需求的重要战略措施。

2. 城市轨道交通的类型

城市轨道交通系统是指在城市中使用车辆在固定导轨上运行并主要用于城市客运的交通系统,一般包括地铁和轻轨,以及现代有轨电车等。

(1)地下铁道(Metro):泛指高峰小时单向运输能力在 3 万~7 万人的大运量轨道交通系统,线路全部或大部分在地下。地铁投资昂贵(5 千万美元/千米),建设周期长(10~15 年),线路全封闭。车速最高为 90 km/h,平均为 40~50 km/h,行车密度为 1.5~2 min;电动车组 6~8 辆编组;电源制式:DC 750 V 或 DC 1 500 V。

(2)城市铁路:单向小时运输能力在 6 万~8 万人的大运量轨道交通,建于城市内部或内外结合部,以城市公共交通客流为主。城市铁路可分为市郊铁路(与干线相连)和城铁。

(3)轻轨交通(Light Rail Transit):单向小时运量 1 万~3 万人的中运量轨道交通,线路为地下、地面和高架混合型,分为准地铁和现代有轨电车。其造价仅为地铁的 1/2~1/5。车辆有 4 轴车、单铰 6 轴双节车和双铰 8 轴双节车。

(4)独轨交通:单向小时运量 0.5 万~2 万人的小运量轨道交通。车辆在 1 根高架轨道上运行。独轨交通分为跨座式和悬挂式。其造价仅为地铁的1/3。

（5）新交通系统：泛指新型轨道公共交通系统；特指自动控制的中运量快速轨道交通。新交通系统包括导轨交通和磁悬浮交通等。

5.1.2 地　铁

1. 地铁类型

地铁轴重相对较重，单方向高峰输送能力在3万人次/h以上。地铁并非单纯指行驶在地下的钢轮钢轨系统，在适当位置也可采用地面或高架形式。人口超过100万的特大城市修建地铁较为合适。地铁按照车辆类型可分为A型、B型和C型三种形式，相应的参数见表5.1。

表5.1　地铁技术参数

项　目	Ⅰ级	Ⅱ级	Ⅲ级	Ⅳ级
系统类型	高运量地铁	大运量地铁	中运量轻轨	次中运量轻轨
适用车辆类型	A型车	B型车	C-Ⅰ、Ⅲ型车	C-Ⅱ型车
最大客运量（单向小时人次）	4.5万~7.5万	3.0万~5.5万	1.0万~3.0万	0.8万~2.5万
线路形态	隧道为主	隧道为主	地面或高架	地面为主
路用情况	专用	专用	专用	隔离或少量混用
平均站距/m	800~1 500	800~1 200	600~1 000	600~1 000
站台高低	高	高	高	低（高）
车辆宽度/m	3.0~3.2	2.8	2.6	2.6
车辆定员（站6人/m²）/人	310	240	220	220
最大轴重/t	16	14	11	10
最大速度/(km/h)	80~160	100	80	70
平均运行速度/(km/h)	34~40	32~40	30~40	25~35
额定电压/V	DC 1 500	DC 1 500（750）	DC 1 500（750）	DC 750（600）
受电方式	架空线/第三轨	架空线/第三轨	架空线/第三轨	架空线
列车运行方式	ATO/司机驾驶	ATO/司机驾驶	ATO/司机驾驶	司机驾驶
行车控制技术	ATC	ATC	ATP/ATS	ATP/ATS
列车最多车辆编组	3~8	6~8	4~7	2~4
列车最小行车间隔/s	90	120	120	150

2. 地铁车辆的特点

地铁车辆组成与干线动车组完全相同，只是由于服务于通勤旅客而具有以下特点：

编组短（4~11辆编组）、座位少、定员多、设备简、自动门、数量多、开度大（上海地铁每侧5扇三对开门开度1.9 m×1.3 m），轴重小、车体轻、防火严、环保好、外观美。

5.1.3 轻 轨

1. 轻轨类型

轻轨（Light Rail Transit，LRT）：在有轨电车基础上发展起来的，由电气牵引，轮轨导向，列车或车辆编组运行在专用行车道上的中运量城市轨道交通系统。输送能力介于地铁和有轨列车之间，为 15 000 ~ 30 000 人/h。旅行速度可达 30 km/h。根据我国《城市快速轨道交通工程项目建设标准（试行本）》，用轻轨来命名中运量的地铁（包括地面和高架铁路），而欧洲所说的"轻轨"，一般是特制现代有轨电车交通。为了与欧洲的定义兼容，所以提出轻轨分为两类——准地铁与现代有轨电车。

2. 现代有轨电车

现代有轨电车已成为中小城市公交的骨干模式。欧洲的城市根据自己不同的经济实力以及有轨电车的发展历史，采取了不同方式来更新、建设有轨电车线路。其主要方式有以下几种：（1）改造原有有轨电车线或废弃铁路；（2）新建有轨电车线路；（3）有轨电车与干线铁路共享轨道。

现代有轨电车的分类如下：

按地板高度：高地板、低地板。

按供电方式：接触轨、架空接触网式。

按轮轨制式：钢轮钢轨、胶轮导轨。

低地板现代有轨电车强调乘客乘降的便捷性、适应既有的地面线路及站台设施，见图 5.1。国际上有轨电车发展经历了传统有轨电车到现代有轨电车的几个阶段，即高地板、50%低地板、70%低地板到100%低地板的发展演变。

图 5.1 100%低地板车辆的优点

3. 独立回转轮转向架

由图 5.2 分析可知，要实现 100%低地板，必须采用独立轮转向架关键技术。同一车轴上左右车轮可以相互各自独立地绕车轴旋转的轮对称为独立旋转车轮；其基本原理就是将两车轮通过轴承安装在车轴上，使车轮能相对车轴转动。

独立回转轮转向架有曲轴转向架和无公共轴转向架两种形式，见图 5.3。

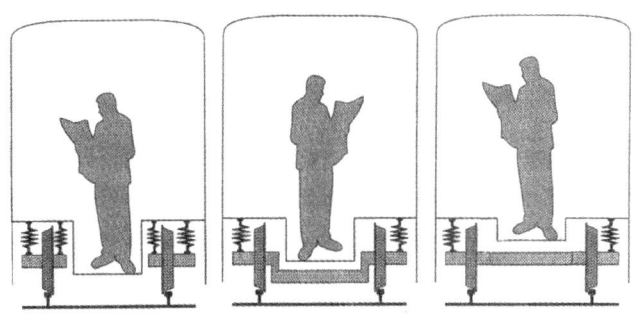

图 5.2 独立旋转车轮与传统轮对轻轨车辆地板面高度对比

（a）曲轴转向架

（b）无公共轴转向架

图 5.3 独立回转轮转向架

5.2 磁悬浮列车

5.2.1 概 述

磁悬浮列车是一种靠磁悬浮力（即磁的吸力和排斥力）来推动的列车。由于其轨道的磁力使之悬浮在空中，行走时不需接触地面，因此其阻力只有空气的阻力。磁悬浮列车的最高速度可以达 500 km/h 以上，因此可成为航空的竞争对手。目前，日本电动斥力型超导磁悬浮列车的速度可达 550 km/h，德国电磁吸力型磁悬浮列车的速度可达 450 km/h。从理论上讲，磁悬浮列车可以达到更高的速度，但由于能量消耗随着速度的增加而迅速增大，所以作为地面陆上交通工具的最佳合理速度是 500 km/h 左右。

磁悬浮列车意味着这些列车利用磁的基本原理悬浮在导轨上来代替旧的钢轮和轨道列车。磁悬浮技术利用电磁力将整个列车车厢托起，摆脱了摩擦力和令人不快的铬铬声，实现与地面无接触、无燃料的快速"飞行"。高速磁悬浮列车作为一种新型的轨道交通工具,是对传统轮轨铁路技术的一次全面革新。它不使用机械力,而是主要依靠电磁力使车体浮离轨道,就像一架超低空飞机贴近特殊的轨道运行。整个运行过程是在无接触、无摩擦的状态下实现高速行驶,因而具有"地面飞行器""超低空飞机"的美誉。

磁悬浮列车具有速度快、爬坡能力强、能耗低、运行时噪声小、安全舒适、不燃油、污染少等优点,并且它采用高架方式,占用的耕地很少。

5.2.2 组成及工作原理

1. 磁悬浮列车的组成

磁悬浮列车是一种采用无接触的电磁悬浮、导向和驱动系统的高速列车系统。它主要由悬浮系统、推进系统和导向系统三大部分组成,如图 5.4 和图 5.5 所示。

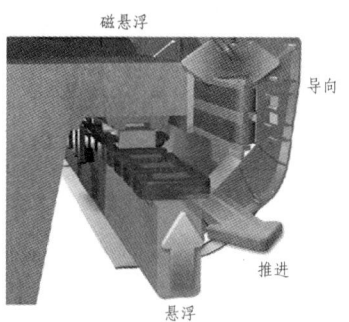

图 5.4 磁悬浮列车的组成

2. 悬浮系统

根据吸引力和排斥力的基本原理,国际上磁悬浮列车有两个发展方向。

一个是以德国为代表的常规磁铁吸引式悬浮系统——电磁型(Electro Magnetic System,EMS),利用常规的电磁铁与一般铁性物质相吸引的基本原理,把列车吸引上来,悬空运行,悬浮的气隙较小,一般为 10 mm 左右,也称常导磁吸型(简称常导型)。常导型高速磁悬浮列车的速度可达 400~500 km/h,适合于城市间的长距离快速运输。

另一个是以日本为代表的排斥式悬浮系统——电动型(Electro Dynamic System,EDS),它使用超导的磁悬浮原理,使车轮和钢轨之间产生排斥力,使列车悬空运行,也称超导磁斥型。这种磁悬浮列车的悬浮气隙较大,一般为 100 mm 左右,速度可达 500 km/h 以上。

电磁悬浮系统(EMS)是一种吸力悬浮系统,是结合在机车上的电磁铁和导轨上的铁磁轨道相互吸引产生悬浮。如图 5.6(a)所示,常导磁悬浮列车工作时,首先调整车辆下部的悬浮和导向电磁铁的电磁吸力,与地面轨道两侧的绕组发生磁铁反作用将列车浮起。在车辆下部的导向电磁铁与轨道磁铁的反作用下,使车轮与轨道保持一定的侧向距离,实现轮轨在水平方向和垂直方向的无接触支撑和无接触导向。车辆与行车轨道之间的悬浮间隙为 10 mm,是通过一套高精度电子调整系统得以保证的。此外,由于悬浮和导向实际上与列车运行速度无关,所以即使在停车状态下列车仍然可以进入悬浮状态。

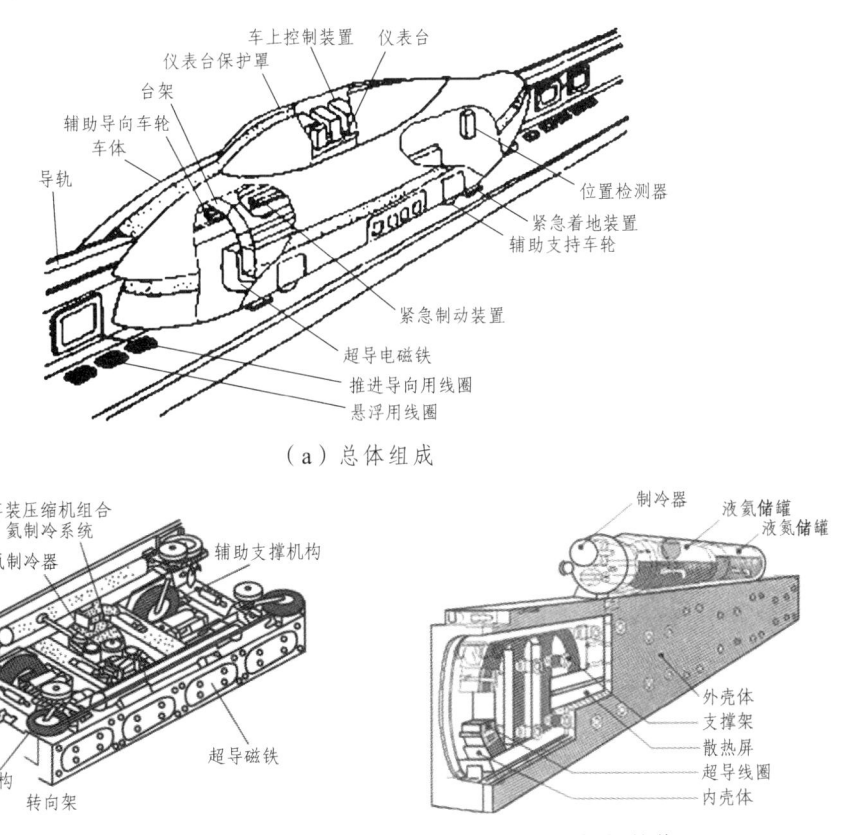

图 5.5 磁悬浮列车组成部件

如图 5.6（b）所示，电力悬浮系统（EDS）在车辆底部装设超导磁体，在轨道两侧铺设一系列铝环线圈，车辆上装设机械辅助支撑（支撑轮、弹簧悬挂装置）。给车辆上的超导磁体通电后，在其周围产生强大磁场，车辆运行时，轨道两侧的铝环线圈切割磁力线，产生感应电流，该感应电流在闭合铝环线圈周围产生感应磁场，该感应磁场与超导体磁场产生的电磁斥力提供了稳定的支撑。然而车辆上必须安装类似车轮一样的装置对机车在"起飞"和"着陆"时进行有效支撑，这是因为 EDS 在机车速度低于大约 40 km/h 时无法保证悬浮。EDS 系统在低温超导技术下得到了更大的发展。

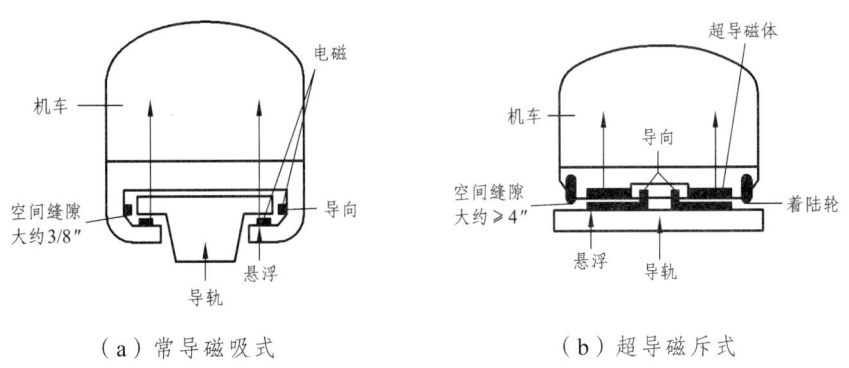

图 5.6 磁悬浮列车工作原理

3. 推进系统

磁悬浮列车的驱动方式主要有直线感应电机（LIM）、直线同步电机（LSM）、直线磁阻电机（LRM）和 Z 字形单极直线同步电机。后两者很少采用。

磁悬浮列车的驱动运用同步直线电动机的原理：如图 5.7 所示，车辆下部支撑电磁铁线圈的作用就像是同步直线电动机的励磁线圈，地面轨道内侧的三相移动磁场驱动绕组起到电枢的作用，它就像同步直线电动机的长定子绕组。从电动机的工作原理可以知道，当作为定子的电枢线圈有电时，由于电磁感应而推动电机的转子转动。同样，当沿线布置的变电所向轨道内侧的驱动绕组提供三相调频调幅电力时，由于电磁感应作用，承载系统连同列车一起就像电机的"转子"一样被推动做直线运动，从而在悬浮状态下，列车可以完全实现非接触的牵引和制动。

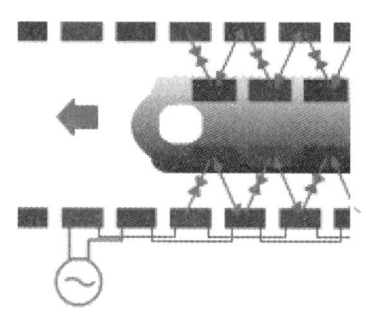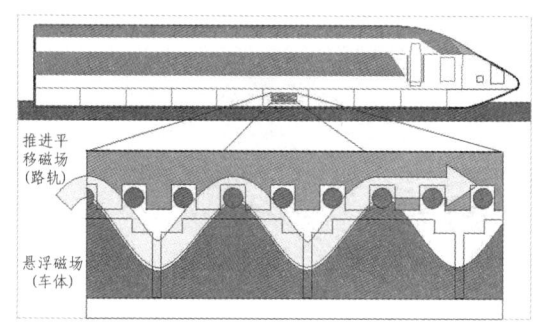

图 5.7 推进原理

通俗地讲就是，在位于轨道两侧的线圈里流动的交流电，能将线圈变为电磁体。由于它与列车上的超导电磁体的相互作用，就使列车开动起来。列车前进是因为列车头部的电磁体（N极）被安装在靠前一点的轨道上的电磁体（S极）所吸引，并且同时又被安装在轨道上稍后一点的电磁体（N极）所排斥。当列车前进时，在线圈里流动的电流流向就反转过来。其结果就是原来那个 S 极线圈，现在变为 N 极线圈，反之亦然。这样，列车由于电磁极性的转换而得以持续向前奔驰。根据车速，通过电能转换器调整在线圈里流动的交流电的频率和电压。

直线电机的原理比较简单，如果把一台旋转感应电动机沿着一条半径的方向剖开，并且展平，就成了一台直线感应电动机，如图 5.8 所示。在直线电机中，相当于旋转电机定子的叫初级；相当于旋转电机转子的叫次级。初级中通以交流电，次级在电磁力的作用下就沿着初级做直线运动，这时初级要做得很长，延伸到运动所需要达到的位置，而次级则不需要那么长。实际上，直线电机既可以把初级做得很长，也可以把次级做得很长；既可以初级固定、次级移动，也可以次级固定、初级移动。直线电机也可用于轮轨系统，如图 5.9 所示。

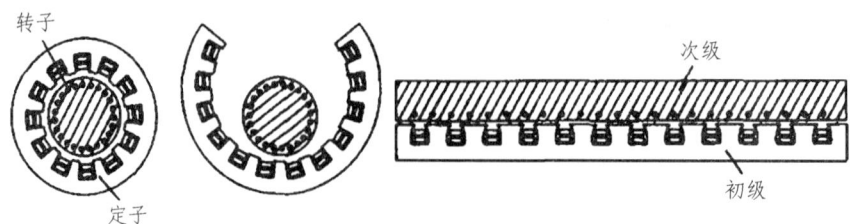

图 5.8 直线感应电动机原理

图 5.9 直线电机轮轨交通原理图

直线感应电机也称短定子直线感应电机,主要用在日本的 HSST 系列磁悬浮系统中。它的初级绕组装在车体上,定子由硅钢片组成,横向开有许多齿槽,用于安放电机绕组。次级采用低碳钢实心结构,架设在轨枕上,其上附设一层次级导体(5 mm 厚的铝板)。当初级绕组加上三相交流电之后,在气隙空间形成一个平移磁场,该磁场切割次级导体,在导体中产生感应电流。该感应电流形成的磁场与初级绕组形成的平移磁场方向相反,从而在路轨与车体之间产生电磁推力。这种电机的速度低于同步速度,一般用于中速(100~200 km/h)磁悬浮列车。

直线同步电机也称长定子直线感应电机,主要用在德国的 TR 系列和日本的 MLU 系列。其初级绕组沿轨道铺设,故称长定子,定子结构与短定子类似。次级安装在车体上,为永磁体或直流绕组,在气隙空间建立起一个恒定的直流磁场。当初级绕组加上三相交流电后,与次级的直流磁场间产生电磁推力。这种电机的速度等于同步速度,一般用于高速(400~500 km/h)磁悬浮系统。这种电机需沿轨道铺设大量导电线圈,并沿线建立许多变电站,用于区间供电。

4. 导向系统

如图 5.10 所示,导向原理与悬浮原理相同,只是使左右线圈产生力的方向相差 180°,因而相对车辆中心线的任何左右位移时,将产生回复力,像产生悬浮力一样,在没有左右位移时不产生回复力。在车辆底板上的同一块电磁铁可以同时为导向系统和悬浮系统提供动力,也可以采用独立的导向系统电磁铁。

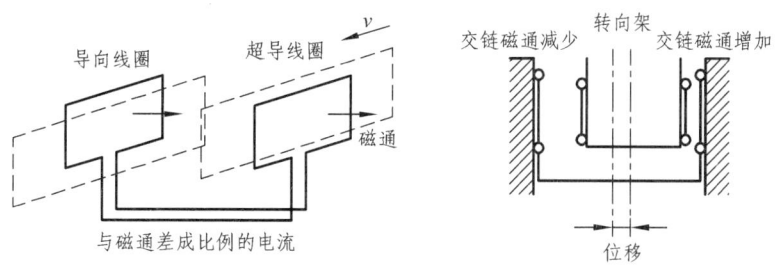

图 5.10 导向线圈布置

5.3 导轨交通系统

5.3.1 概述

自动导轨交通（Automated Guide Way Trans，AGT）是一种车辆采用橡胶车轮，依靠导向轨引导方向，在两条平行的平板轨道上自动控制运行的新型快速客运交通系统，日本称之为新交通系统。当列车进入专用轨道后，安装在前车轴的水平导向轮就与侧壁的导轨相接触，从而控制这辆"列车"的运行方向，驾驶员只需控制起动、停车和速度即可。这种交通模式最早出现在美国，当初多为一种穿梭式往返运送乘客的短距离交通工具，故曾被称为"水平电梯"（Horizontal Elevators），因轨道线路一般采用高架形式，也有的称为"空中巴士"（Sky Bus）或"快速交通"（Transit Expressway）。它在逐渐发展成一种城市客运交通工具后，一般便统称为"客运系统"（People Mover System）。后来，日本和法国在这种自动导轨交通技术的基础上又做了进一步的改进和发展，并使其成为城市中的一种中运量客运交通系统。

导轨交通的发展与应用就当今世界而言，日本是最具代表性的。自1989年以来，日本已建成通车的新交通系统线路共有7条，目前正在修建和即将修建的还有十几条。

5.3.2 类型和工作原理

自动导轨交通的轨道，一般采用两条平行的钢筋混凝土长条形板带，供车辆橡胶走行轮在其上行驶。导向轨则有两种布置形式：一种布置于轨道线路的两侧，车体侧向的水平轮沿导向轨铅垂面导向运行。另一种是导向轨设于两条轨道之间，有的采用在线路中心线处设工形钢质导轨，两水平导向轮夹其腹板导向行驶；有的为在两条行车轨道间的中央沟槽中，导向轮沿行车轨道侧壁导向行驶（见图 5.11 和图 5.12）。

导轨交通系统，按导向方式可分为侧面导向方式和中央导向方式，两种方式均有单向式和两用式之分。所谓单向式，即车辆只能在导轨上行驶；所谓两用式，顾名思义，即车辆既可在导轨上行驶，又可在一般道路上行驶。

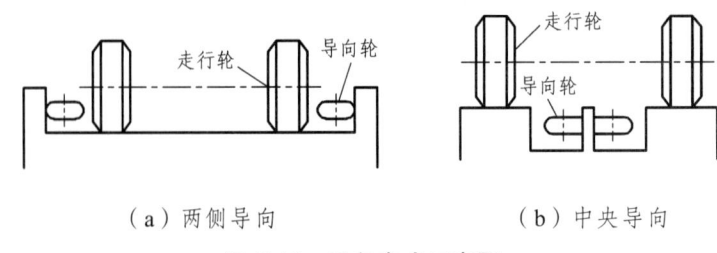

（a）两侧导向　　　　　（b）中央导向

图 5.11　导向方式示意图

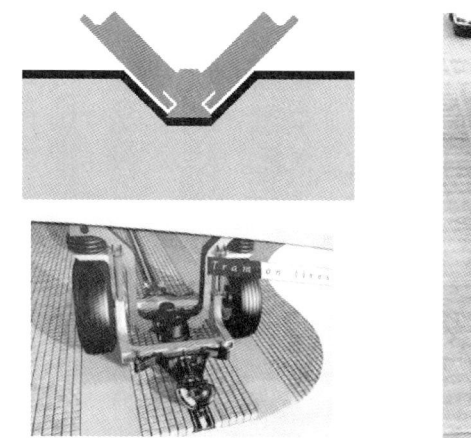

图 5.12 天津的导轨交通

自动导轨交通改变行驶路线走向采用的道岔,有水平移动式道岔和竖向沉浮式道岔两种,现已普遍采用水平移动式道岔。

车辆走行轮和导向轮均采用橡胶车轮。

车辆行驶通常采用直流 750 V 电源,自动控制无人驾驶,也有采用自动控制运行设一名司机监护。

5.4 单轨交通

5.4.1 概 述

1. 单轨交通的基本概念

单轨交通是一种轨道为一条带形的梁体,车辆跨坐于其上或悬挂于其下行驶的交通工具。因此,单轨交通按其走行模式和构造的不同,分为跨坐式和悬挂式单轨交通两种类型,如图 5.13 所示。单轨交通属于中运量城市轨道交通,在该序列中属于较高的一种,其轨道结构简单,易于融入城市景观环境,采用范围正在扩大。

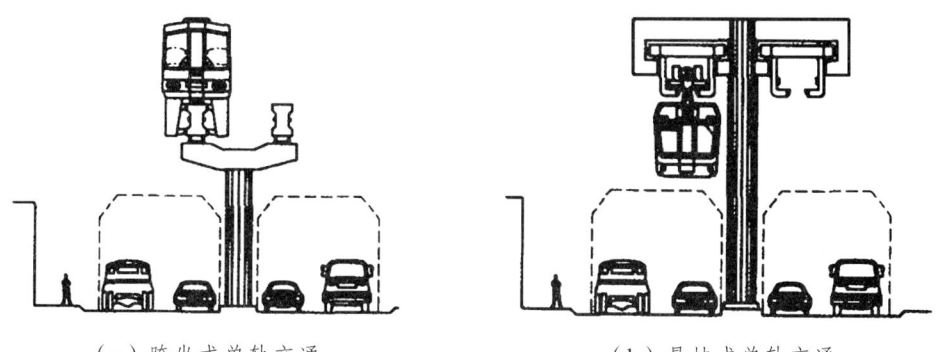

(a) 跨坐式单轨交通　　　　　　　　(b) 悬挂式单轨交通

图 5.13 单轨交通示意图

2. 跨坐式单轨交通

跨坐式单轨交通的车辆骑行于轨道梁的上方，车辆底部有走行轮，在车体的两侧下垂部分还有导向轮和稳定轮，夹行于轨道梁的两侧，保证车辆沿轨道安全平稳地行驶。

当代跨坐式单轨交通的轨道梁，通常采用预应力钢筋混凝土梁。在梁的跨度较大或一些特殊地段有时采用钢制轨道梁。车场等平地供停放车辆的轨道梁，一般采用现场浇筑的普通钢筋混凝土梁。

3. 悬挂式单轨交通

从图 5.13 可知，悬挂式单轨交通的车辆悬挂于轨道梁下方行驶。轨道梁为下部开口的箱形钢架梁，车辆走行轮与导向轮均置于箱形梁内，沿梁内设置的轨道行驶。车辆改变行车方向时，通过梁内可动轨的水平移动实现。

5.4.2 系统组成

单轨交通系统主要由车辆、轨道结构、设备系统和车站等建筑物构成。

1. 跨坐式单轨交通的车辆

跨坐式单轨交通的车辆是跨骑于轨道梁上行驶（见图 5.14），车辆上部乘坐乘客的厢体与一般轨道交通的车辆构造基本相同，只是车辆根据客运要求选定的尺寸大小有些区别。由于车辆采用充气橡胶车轮，承载力受到制约，车体质量应尽量轻，故一般采用铝合金焊接结构。

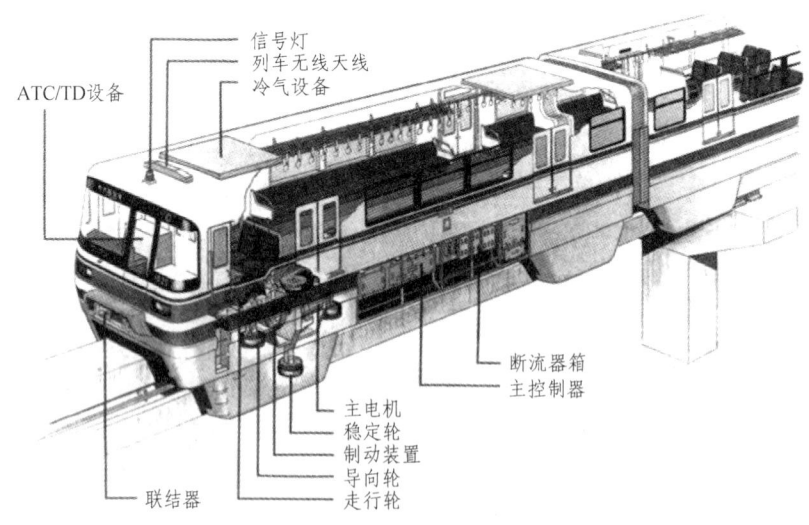

图 5.14 跨坐式单轨交通车辆

车辆下部承托车体的走行部分，日本的单轨车辆用的是双轴转向架，采用钢板压制焊接无摇枕结构，一根轴上装有两个承重的走行轮，因受橡胶材料性能的限制，容许轴重又常在 10 t 上下，轮径为 1 m 左右，日本的城市交通单轨车走行轮的直径为 1 006 mm。在轨道梁的两侧转向架上半部有两对导引车辆行走方向的导向轮，转向架的下半部装有一对保持车辆安全平稳行驶的稳定轮，日本单轨车导向轮与稳定轮的直径为 730 mm。由于采用充气橡胶车轮，虽然充入的是比较安全的惰性气体氮气，但为防止轮胎泄气或万一发生爆裂影响行车和安全，导向轮和稳定轮每一橡胶车轮均附设了一个钢制辅助车轮（见图 5.15）。

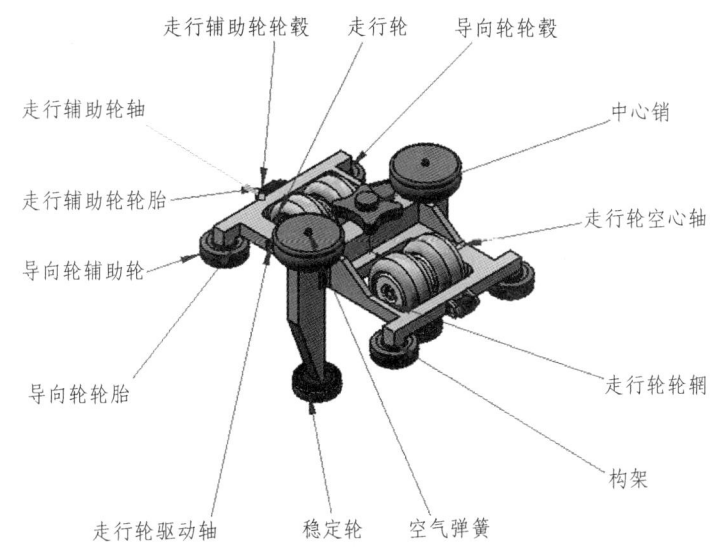

图 5.15　跨坐式单轨交通车辆转向架

2. 悬挂式单轨交通的车辆

悬挂式单轨交通的车辆是悬挂在钢制的箱形轨道梁下方行驶（见图 5.16）。车辆由转向架、悬挂装置和车体三部分组成，车厢内部设置与跨坐式单轨车辆相似。车体材料通常也是采用轻质的铝合金焊接结构。悬挂式单轨车辆的电器等设备的安放位置，与跨坐式单轨车辆不同，均设置在车体的顶部。

悬挂式单轨车辆采用双轴动力转向架（见图 5.17），每根轴上装有两个承重的走行轮，转向架前后两侧各有一对导向轮。车轮全为充气橡胶车轮，为保障安全、预防轮胎泄气或爆裂，橡胶车轮也配有钢制辅助车轮。悬挂装置由悬接杆、安全钢索、液压减振器及制动器等组成。安全钢索是在悬挂杆意外损坏时保障安全的设施。

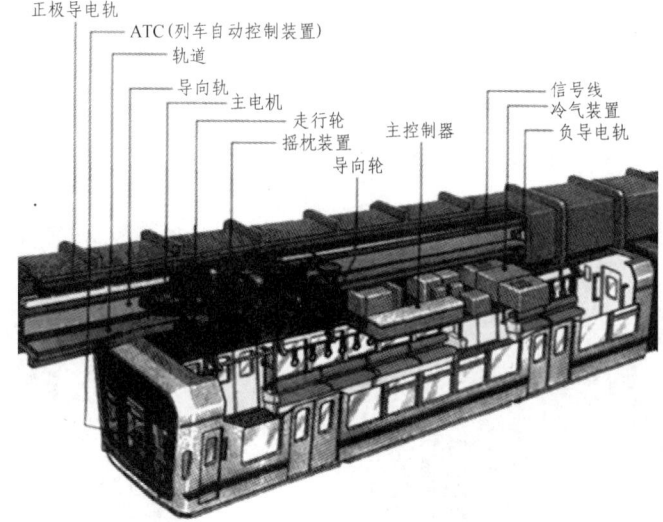

图 5.16 悬挂式单轨交通车辆

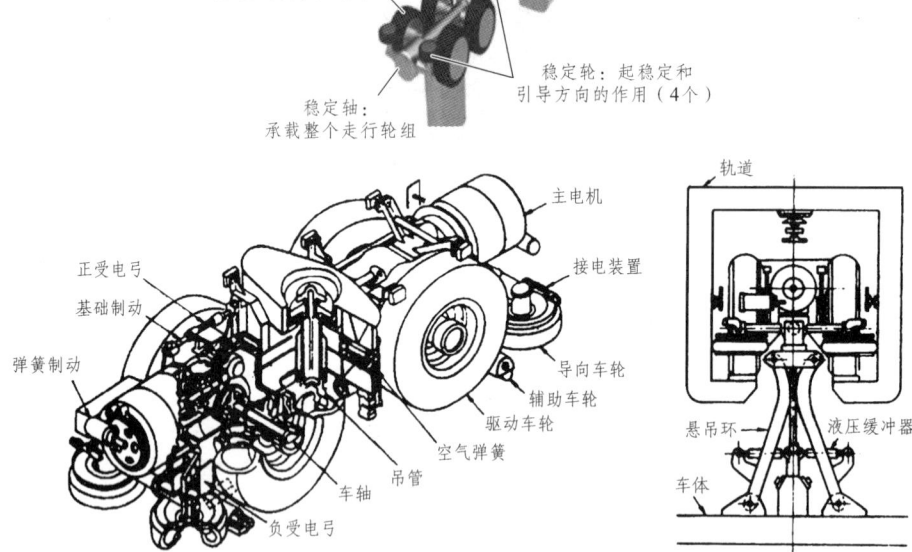

图 5.17 悬挂式单轨交通车辆转向架和悬吊装置

复习思考题

1. 简述地铁与轻轨的类型与特点。
2. 简述磁悬浮列车的类型、特点及其工作原理。
3. 简述导轨交通的类型与工作原理。
4. 简述单轨车辆的类型与工作原理。

第 6 章 列车牵引运行原理

6.1 列车牵引力

6.1.1 牵引力的产生过程

牵引力产生的实质是在轮轨接触状态下，给轮对以驱动力矩后，靠钢轨反作用于动轮上的黏着力驱动。即由牵引电动机通过传动机构（齿轮）将电机的转矩传递给轮对（这种传递能量的车轮称为动轮），使动轮获得扭矩 M。如果动轮被吊离钢轨，则扭矩作为内力矩，只能使车轮发生旋转运动，而不能使列车发生平移运动。当动轮置于钢轨上使车轮和钢轨成为有压力的接触时，就产生车轮作用于钢轨的、可以控制的力 F_i'，F_i' 所引起的钢轨作用于车轮的反作用力 f_i 就是使列车发生平移运动的外力（见图 6.1）。这种由钢轨沿运行方向加于动轮轮周上的切向外力称为轮周牵引力。

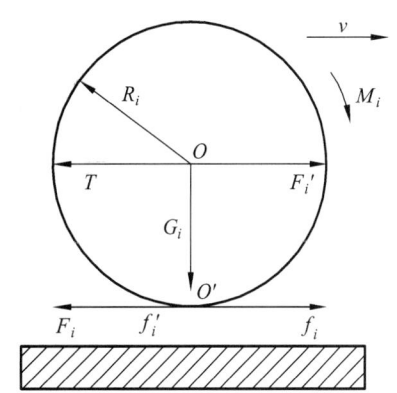

图 6.1 动轮受力（与钢轨分离）分析

$$f_i = F_i' = \frac{M_i}{R_i} \tag{6.1}$$

动车各动轮的轮周牵引力之和为动车轮周牵引力。动车轮周牵引力，一部分克服内部各种阻力，其余的通过转向架、车体传递到车钩，牵引列车前进。车钩上那一部分牵引力，称为车钩牵引力。

6.1.2 黏着对牵引力的限制

1. 蠕滑及蠕滑率

在列车运行过程中，发现一种特殊的现象：车轮实际运行的线速度 v 始终小于理论纯滚动速度 ωR，通常将其称为蠕滑，并且用蠕滑率 ε 评价蠕滑程度的大小。

$$\varepsilon = \frac{\omega R - v}{v} \times 100\% \tag{6.2}$$

式中，v 为动轮前进速度；ω 为动轮角速度；R 为动轮半径。

2. 黏着及蠕滑的原因

由于动轮和钢轨均为弹性体，在巨大的轮重载荷下，轮轨接触区由于轮轨发生弹性变形而形成椭圆形接触斑，而非接触线，通常将这种接触状态称为"黏着状态"。

如图 6.2 所示，在动轮正压力 G_i 作用下轮轨接触处产生弹性变形，形成椭圆形接触面。从微观上看，接触面是粗糙不平的。由于切向力 F_i 的作用，动轮在钢轨上滚动时，车轮与钢轨的粗糙接触面产生新弹性变形，接触面出现微量滑动，这就是"蠕滑"。即车轮实际运行状态为滚中微滑。

蠕滑的产生是动轮接触面处前部产生压缩，后部产生拉伸；而钢轨接触面处前部产生拉伸，后部产生压缩。车轮上被压缩的金属层在接触面前部与钢轨上被拉伸的金属层接触，随着动轮滚动，车轮上被压缩的金属陆续被放松而伸长，而钢轨上的金属则由拉伸变为压缩，因而在接触面后部出现蠕滑。轮轨接触面存在两种不同状态：即接触面前部，轮轨间没有相对滑动，称滚动区（图 6.2 中阴影线表示）；接触面后部，轮轨间有相对滑动，称滑动区（图 6.2 中非阴影线表示）。这两个区域的大小将随切向力 F_i 的变化而变化。当切向力 F_i 增大时，滑动区面积不断增大，滚动区面积越来越小，直到为零。当滚动区面积为零时，整个接触面出现相对滑动，轮轨间黏着被破坏，即出现空转。

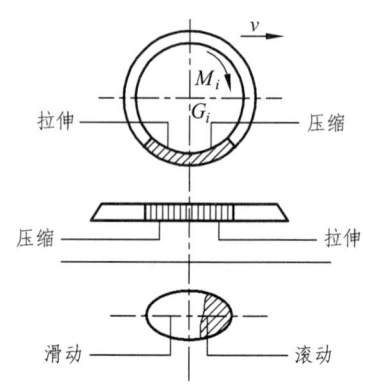

图 6.2 黏着微观图

3. 黏着牵引力

由上述讨论可知，轮周牵引力是钢轨对动轮的反作用力，所以它的大小将随着作用在动轮上的驱动扭矩的大小而改变，这由司机改变主控制手柄来实现。另外，轮周牵引力又是一个静摩擦力，所以它必然存在一个最大值。由黏着条件［见式（6.3）］决定的最大黏着力，也就是动轮不空转所能实现的最大牵引力，称黏着牵引力 F_{max}。

黏着牵引力 F_{max} 与动轮对的正压力（黏着重量）P 成正比，即 $F_{max} = \mu \cdot P$，μ 称为黏着系数。因此在轴重一定的条件下，轮轨间的最大黏着力由轮轨间黏着系数 μ 的大小决定。

$$\frac{M}{R} \leqslant F_{max} = \mu \cdot P \tag{6.3}$$

式中，M 为轮对驱动力矩；R 为动轮半径；P 为动轮轮重，称为黏着重量；F_{max} 为黏着牵引力；μ 为黏着系数。

4. 影响黏着系数的因素

黏着系数受下面因素的影响：

（1）动轮踏面与钢轨表面的状态，即表面干燥情况。雨后表面有锈，黏着系数增大；表面有霜、雨、雪、油垢或表面潮湿，黏着系数减小。

（2）线路质量状况的影响。线路质量差、钢轨越软，使得道砟下沉量大，钢轨不平导致动轮所处位置的轨面状态不同，造成黏着系数减小。

（3）运行速度增加，加剧动轮对钢轨的纵向、横向滑动及机车振动，使黏着系数减小。

6.1.3 空转的原因、危害及预防措施

1. 空转的原因

当轮轨间出现最大黏着力后，若继续增大驱动转矩，切向力将大于黏着力，这使得动轮上的接触点向左移动，轮轨间出现相对滑动，黏着状态被破坏，动轮由滚动变为既有滚动又有滑动，此时对动轮的反作用力由静摩擦力变为滑动摩擦力，其值迅速减小，与此同时动轮转速上升。这种因驱动力矩过大，轮轨间的黏着关系被破坏，使轮轨间出现相对滑动的现象就称为空转。

2. 空转的危害

动轮出现空转时，轮轨将依靠滑动摩擦力传递切向力，这既大大削弱了轮轨传递切向力的能力，又造成了动轮踏面的擦伤，另外，还会因为超速等原因造成牵引电机损伤。故在牵引运行中，应尽量防止动轮空转的出现。

3. 防止空转的措施

由式（6.3）黏着条件可得常用的防止动轮空转的措施如下：

（1）在设计时，尽量选择合理的结构参数，使轴重转移降至最小，以提高黏着重量 P 的利用率。

（2）合理而有控制地撒砂。特别在直线轨道上，轨面条件恶劣时，撒砂可大大提高黏着系数 μ。机车上使用的撒砂装置如图 6.3 所示。

（3）采用性能良好的防空转装置，合理地调节驱动力矩 M。

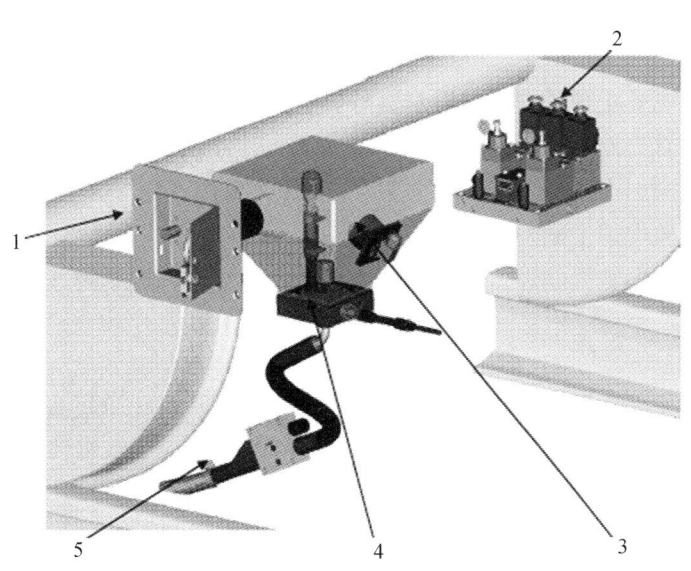

图 6.3　撒砂装置在转向架上的位置

1—砂箱；2—辅助控制单元；3—砂位指示仪；4—上砂装置；5—砂管加热装置

6.1.4 轴重转移的原因、危害及预防措施

1. 轴重转移

在牵引工况下动轮产生牵引力时，各轴的轴重会发生变化，有的增载，有的减载，这种现象称为牵引力作用下的轴重转移，简称轴重转移。

轴重转移又称轴重再分配，它将严重影响机车黏着重量的利用，限制机车牵引力的发挥。此外，还影响到机车走行部及驱动机构的强度。轴重的转移，在某些情况下可以达到轴重的20%或更高。它与转向架的结构形式和采用哪种传动装置有关。

2. 发生轴重转移的原因

牵引力是发生轴重转移的根本原因。轴重转移的数值随牵引力的增大而增大。轴重的转移，某些情况下可以达到原轴重的20%或更高。如图6.4所示，在运用中产生牵引力时，由于车钩距轨面有一定的高度，与轮周牵引力不在同一高度，后部列车作用于车钩的拉力与轮周牵引力形成一个力偶，使前转向架减载，后转向架增载。

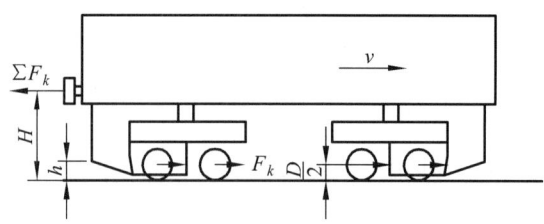

图6.4 牵引力传动过程示意图

3. 轴重转移的危害

轴重转移影响黏着重量的利用，限制黏着牵引力的发挥。对于个别驱动的转向架轴重减少最大的轮对，将首先发生空转。这样，列车黏着牵引力的最大值，必然受到轮对空转的限制。空转发生后，牵引力立即下降，转向架、传动机构的正常工作受到影响；牵引电机也可能损坏；轮对和钢轨增加了额外的非正常磨耗。

另外，个别轮对的轴重增加，使动作用力增加，将对钢轨造成破坏。

4. 黏着重量利用率

牵引力作用下引起的轴重转移，随着牵引力的增大而增大。当起动及爬坡时，发挥的牵引力最大，此时轴重转移也最大。一般用黏着重量利用率来评价轴重转移的程度。对于个别驱动的机车，黏着重量利用率可以用式（6.4）计算：

$$\eta = \frac{R_i - \Delta R_i}{R_i} \qquad (6.4)$$

式中，R_i 为轴重；ΔR_i 为轴重的减载量（减载最多的一根轴）。

5. 提高黏着重量利用率措施

为了提高黏着重量利用率，对构造采取的措施主要有：牵引电动机的顺置；采用低位牵引装置，求得牵引销高度的最佳值（见图 6.5）；安装防止空转的电气装置，可采用前后转向架电动机分别供电，使轴重减载的前转向架电动机减小电流，而增载的后转向架电动机增大电流。

图 6.5 采用低位牵引装置的转向架

6.2 列车制动力

6.2.1 黏着制动力的形成

制动一般是在牵引力为零的情况下进行的。制动以前，列车靠惯性在惰行。

黏着制动方式的制动力产生的实质是在轮轨接触状态下，给轮对以制动力矩后，靠钢轨反作用于车轮上的黏着力制动。

设一块闸瓦的压力为 K，轮瓦的摩擦系数为 φ_K，施行制动时，列车正以速度 v 在惰行，轮对以角速度 ω 在轨面上滚动。如以轮对为隔离体，并且不考虑其他力的影响，则在轮对总闸瓦压力为 $\sum K$ 的作用下，产生的闸瓦摩擦力为 $\sum K\varphi_K$，如图 6.6 所示。应注意的是，闸瓦摩擦力 $\sum K\varphi_K$ 并不能使列车减速，而只能阻止轮对转动。但是，轮对转动一旦被阻，势必引起轮轨间相对滑动的趋势，产生轮轨间的相互作用力：轮对轨的作用力 $\sum K\varphi_K$ 和轨对轮的反作用力 B。在静摩擦或者黏着条件下，由于 B 的作用，阻止轮对滑动，从而在车辆惯性力的推动下继续滚动。但是，轮对转速将降低，列车速度 v 亦相应减低。

由此可见，B 是由 $\sum K\varphi_K$ 作用而引起的，是钢轨作用在车轮轮周上的与列车运行方向相反的外力。这个外力才是真正的与列车运行相反的阻碍列车运行的外力。

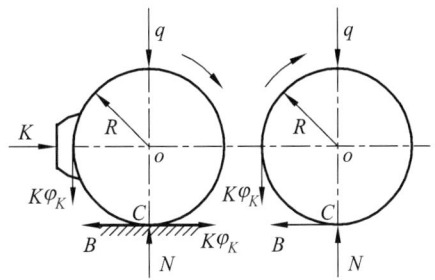

图 6.6 闸瓦制动力的形成示意图

6.2.2 抱死滑行的原因、危害及预防措施

1. 抱死滑行的原因

制动力的大小可以采用加减闸瓦压力予以调节,但不得大于黏着条件所允许的最大值。随着闸瓦压力增大,制动力也增大。当闸瓦摩擦力 $\sum K\varphi_K$ 超过轮对黏着力时,轮轨产生相对滑动,车轮的制动力变为滑动摩擦力,车轮被闸瓦"抱死",轮子在钢轨上继续滑行,这种现象称为抱死滑行。不发生抱死滑行的条件为

$$B = K\varphi_K \leqslant \mu \cdot Q \tag{6.5}$$

式中,B 为制动力;K 为闸瓦压力;φ_K 为闸瓦摩擦系数;Q 为轮重;μ 为黏着系数。

2. 抱死滑行的危害

滑行就是由于车轮被抱死而导致转动速度急剧减小的现象。轮轨产生相对滑动,车轮的制动力变为滑动摩擦力,数值立即减小;轮轨之间的滑动会延长制动距离并使踏面擦伤(磨平)。踏面擦伤后,不仅降低乘车的舒适性,也会给转向架部件带来附加的冲击力,使其寿命缩短。所以,必须防止滑行现象的发生。

3. 抱死滑行的防治措施

由式(6.5)不发生抱死滑行的条件可知,常用的抱死滑行的防治措施包括:

(1)在大型货车制动机上设置空、重车调整装置[见图6.7(a)],根据轮重 Q 合理匹配闸瓦压力 K。

(2)在盘形制动车辆上设踏面清扫器[见图6.7(b)],在踏面制动的车辆上使用采用增黏闸瓦,可提高制动时的黏着系数 μ,防止车轮滑行。

(3)设电子防滑器[见图6.7(c)],利用速度传感器、防滑器主机、防滑器充排电磁阀等主要部件,根据轮重 Q 和黏着系数 μ 动态地合理匹制动力 B。

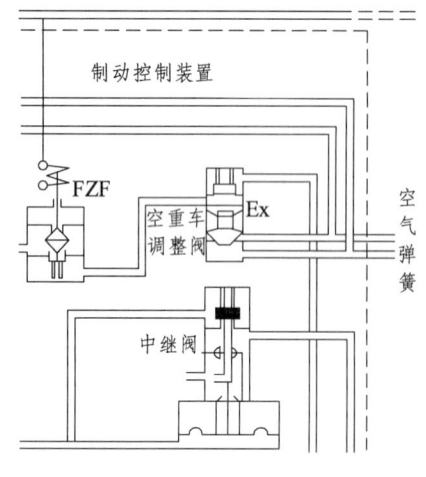

(a)设空重车调整阀

(b)设踏面清扫器

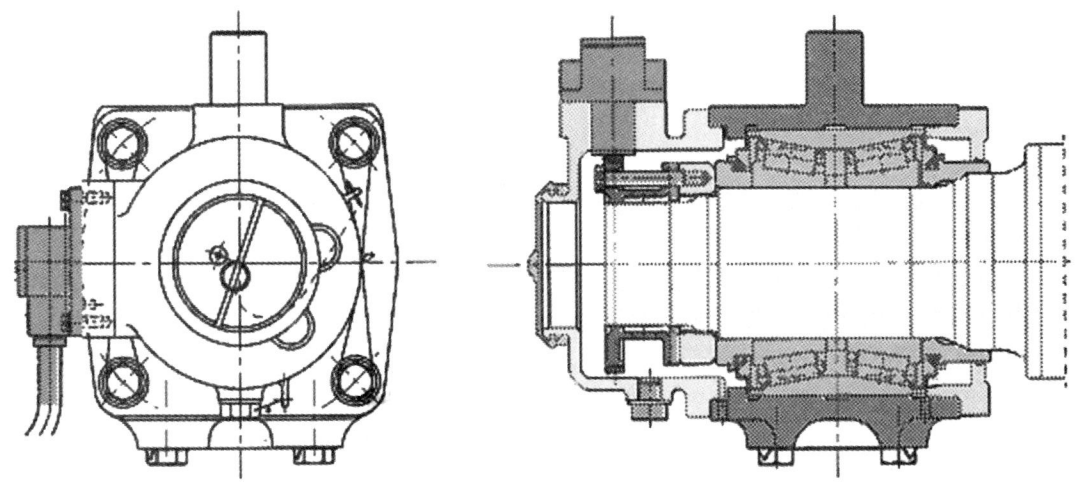

（c）设电子防滑器

图 6.7 常用的抱死滑行防治措施

6.3 列车运行阻力

6.3.1 概 述

1. 定 义

列车运行时，受到的与列车运行方向相反，而且是司机不能控制的阻止列车运行的外力，称为列车阻力，简称阻力，用 W 表示。

制动力的作用方向虽然也与列车运行方向相反，但它是根据需要由司机有意施加的，因而不能称为阻力。

2. 类 型

按产生原因分：阻力分为基本阻力和附加阻力两大类。基本阻力是列车运行中任何情况下都存在的阻力；附加阻力只发生在个别情况下。例如，在坡道上运行时有坡道附加阻力，在曲线上运行时有曲线附加阻力，在隧道内运行时有空气附加阻力等。

6.3.2 基本阻力

基本阻力主要包括机械阻力和空气阻力两部分。

1. 机械阻力

机械阻力包括车轮在轨道滚动时形成的摩擦阻力以及列车的各转动部分的轴承摩擦阻

力。车轮在轨道上滚动时的摩擦阻力和列车运行速度呈正比关系,而轴承摩擦阻力和列车运行速度无关。

2. 空气阻力

列车空气阻力有三种:即列车头部和尾部压力差所引起的阻力称压差阻力,压差阻力与列车列车头部和尾部的形状有很大关系;由于空气黏性使作用于车体表面的气体剪切力产生的阻力称摩擦阻力,这部分阻力与列车长度有关;另一部分阻力是由于气流受到列车表面的突出或凹陷的干扰而产生的阻力称干扰阻力,这些阻力来源于车灯、扶手、转向架之间间隙,以及车辆底部和顶部设备对气流的干扰。

上述引起列车基本阻力的因素,随着列车速度的高低而有不同的影响。低速时,轴颈与轴承间的摩擦起主要作用;速度提高后,轮轨间滚动摩擦、冲击和振动以及空气阻力的影响逐渐增大。高速时,列车基本阻力则以空气阻力为主。由图 6.8 可见:在 200 km/h 之后的高速区域,空气阻力在总阻力中所占的比例在 70% 以上。

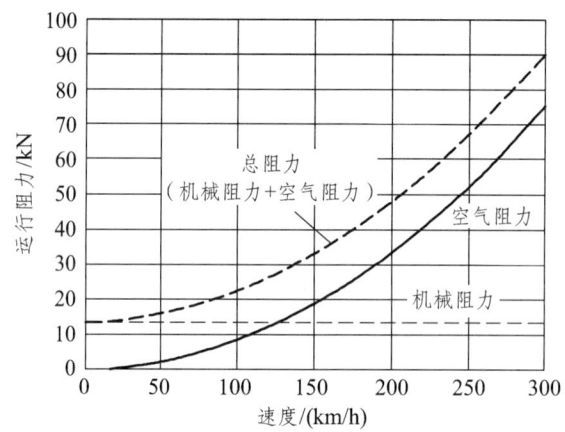

图 6.8　500 系列车平直道(非隧道内)运行阻力

降低空气阻力的常用措施包括:(1)列车头尾流线化,减小压差阻力;(2)提高车体表面平整度和光洁度,减小表面摩擦阻力;(3)优化列车底部及顶部设施、转向架的外形,减小干扰阻力。

6.3.3　附加阻力

附加阻力主要取决于列车运行的线路条件和机车车辆的质量,与机车车辆的类型几乎无关,因此,计算附加阻力不考虑机车车辆的区别。

1. 坡道附加阻力

列车在坡道上运行时,除了基本阻力以外,还有坡道阻力的作用。因为坡道阻力只产生在坡道上,故叫坡道附加阻力。机车车辆在坡道上运行时,其重力所产生的分力如图 6.9 所示。

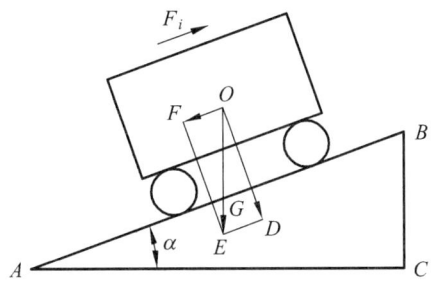

图 6.9 坡道附加阻力示意图

2. 曲线附加阻力

机车车辆在曲线上的运行阻力大于在同样条件下的直线上的运行阻力,其增大部分叫作曲线附加阻力。

引起曲线附加阻力的因素很多,主要有:

(1) 有些车轮轮缘压向外侧钢轨,使轮缘与钢轨产生额外摩擦。
(2) 在离(向)心力的作用下,车轮向外(内)侧移动,轮轨间产生额外横向滑动。
(3) 由于同轴两车轮沿着不同直径的滚动圆滚动,增加了车轮与钢轨间的纵向滑动。
(4) 进入曲线后,转向架围绕心盘转动时,上下心盘之间产生的摩擦,轴瓦瓦头与轴颈之间的摩擦加剧,都使阻力增加。

3. 隧道空气附加阻力

列车进入隧道时,对隧道内的空气产生冲击作用,使列车头部受到突然增大的正面压力。进入隧道后,列车驱使空气移动,造成列车头部的正压与尾端负压的压力差,产生压差阻力。同时,列车的前进运动促进列车表面及隧道表面的摩擦,产生摩擦阻力。以上两项阻力之和成为隧道空气阻力。列车在空旷地段运行也有空气阻力。所谓隧道空气附加阻力,是指隧道内空气阻力与空旷地段空气阻力之差。

列车的隧道空气阻力与运行速度、列车长度、隧道长度、隧道的净空面积和列车外形等许多因素有关,很难从理论上推导出计算公式,只能由试验确定。

4. 其他附加阻力

如前所述,机车、车辆的基本阻力公式是在一定的气候条件下试验得出的。气候条件变化时列车的阻力亦将发生变化。如空气阻力将随风速和风向发生很大变化;严寒季节将使润滑油黏度增大,增大摩擦阻力。因此,大风或低气温将引起因气候条件产生的附加阻力。

目前我国此项试验资料尚不足,未能提供有关此项附加阻力的计算公式,暂时酌情处理。

5. 加算附加阻力

机车车辆的运行附加阻力,除季节性大风外,都是因线路的平面或纵断面引起的。如前所述:列车在坡道上运行时有坡道附加阻力,在曲线上运行时有曲线附加阻力,在隧道内运行时有隧道空气附加阻力。这 3 种附加阻力有时单独存在,有时两种或 3 种同时并存。为了计算方便,用加算附加阻力表示因线路条件产生的附加阻力之和。

6. 起动阻力

机车、车辆停止时,轴颈与轴承之间的润滑油被挤出,油膜减薄;同时,轴箱温度降低,油的黏度增大,故起动时轴颈与轴承的摩擦阻力增大。另外,车轮在停止时更深地压入钢轨,从而增大起动时的滚动阻力。此外,列车起动时,要求有较大的加速力以克服列车的静态惯性力,或者叫作从静态到动态的起动加速力。列车起动阻力是包括起动加速力在内的综合性阻力。

当列车由高速向低速运行,运行速度低于 10 km/h 时,机车、车辆的单位阻力允许按 10 km/h 时的单位基本阻力计算。列车起动时,是由静态向动态转变的过程,影响单位起动阻力的随机因素很多,数值变化很大,起动阻力应专门计算,不适用上述规定。

6.4 列车运动分析

6.4.1 列车运动状态

1. 列车运动方程

所谓列车运行方程式,就是表示作用在列车上的外力与列车速度变化关系的方程式。影响列车运动状态的力有牵引力、阻力、制动力 3 种,当列车速度发生变化时,机车车辆的轮对、传动机构、电动机等旋转部件角速度也发生变化。当列车以加速度 $\mathrm{d}v/\mathrm{d}t$ 前进时,在列车上所受到的外力分析如下:

$$F_{\mathrm{s}} = m(1+\gamma)\frac{\mathrm{d}v}{\mathrm{d}t} = m_{\mathrm{q}}\frac{\mathrm{d}v}{\mathrm{d}t} \tag{6.6}$$

式中,F_{s} 为所有作用于列车上产生加速度的外力之和;γ 为回转质量系数(与回转部分相当的质量对列车全部质量 m 的比值);m_{q} 为列车归算质量。

具体计算时,因列车编组的车辆不同,γ 计算极为困难。《列车牵引计算规程》中,规定 $\gamma = 0.06$,对特殊的电传动车辆可按其情况取值。若设 s 为列车运行距离,则因为 $\mathrm{d}t = \dfrac{\mathrm{d}s}{v}$,所以把列车运动方程的第一种形式改为

$$F_{\mathrm{s}} = m(1+\gamma)v\frac{\mathrm{d}v}{\mathrm{d}s} = m_{\mathrm{q}}v\frac{\mathrm{d}v}{\mathrm{d}s} \tag{6.7}$$

2. 列车运行状态

电力牵引列车有牵引状态、制动状态和惰性状态 3 种运行状态。

(1)牵引状态。

牵引电动机通电转动,将电能变为机械能,驱动机车使列车运行。列车作用的外力只有牵引力 F 与阻力 W,设机车质量为 m_1,车辆总质量为 m_2,则 $m = m_1 + m_2$,因此运动方程为

$$F - W = (1+\gamma)(m_1 + m_2)\frac{dv}{dt} \quad (6.8)$$

若 $F > W$，则 $dv/dt > 0$，说明列车在加速；

若 $F < W$，则 $dv/dt < 0$，说明列车在减速，列车上坡时有可能发生这种情况；

当 $F = W$，则 $dv/dt = 0$，说明列车等速运行或停止不动。

（2）制动状态。

在制动状态下，制动装置工作，除阻力外，还有制动力 B 作用在列车上，则

$$-(W + B) = (1+\gamma)(m_1 + m_2)\frac{dv}{dt} \quad (6.9)$$

一般情况下 $W + B > 0$，则 $dv/dt < 0$，列车减速运行。当列车在大的下坡道上向下行驶时，可以设想会发生 $W + B < 0$ 的情况，这时 $dv/dt > 0$，列车仍在加速运行。当然此情况只有在调节速度的制动时才是允许的；因为加上制动力 B 后，列车仍加速向下运行，就可能造成危险事故；如果 $W + B = 0$，则 $dv/dt = 0$，说明列车等速向下运动。

（3）惰行状态。

在惰行状态下，牵引电动机不通电，列车靠惯性运行。列车上作用外力只有阻力 W，则

$$-W = (1+\gamma)(m_1 + m_2)\frac{dv}{dt} \quad (6.10)$$

一般情况下，W 是正值，即阻止列车运行，这时 $W > 0$，$dv/dt < 0$，列车减速运行。但当列车在一个较大的下坡道上向下惰行时，也可能 $W < 0$，这时 $dv/dt > 0$，列车在加速；也可能会发生 $W = 0$ 的情况，这时 $dv/dt = 0$，列车在等速惰行。

上述式子中，牵引力 F、阻力 W、制动力 B 的单位符号都是 kN，加速度 dv/dt 的单位符号是 m/s^2，质量 m 的单位符号是 t。

6.4.2 合力图的绘制及应用

牵引计算是以力学为基础，研究作用在列车上与列车运行方向平行的外力，以及这些力与列车运动的关系，进而研究与列车运动有关的一系列实际问题的计算方法，如列车运行速度、运行时间、牵引质量、列车能耗、列车制动等问题的计算与解算。目前使用的《列车牵引计算规程》（TB/T 1407—1998），简称《牵规》，规定牵引计算方法及所用主要技术参数，是确定牵引质量、运行速度和运行时间的依据，并且是计算机车用电、油、煤、水消耗量的基础。

1. 列车运行合力图

由于作用于列车的合力的大小和方向决定着列车的运动状态，因此，为解算列车运行速度 v、运行时分 t、运行距离 s 以及它们之间的相互关系，就必须知道在不同速度时作用于列车的合力的变化规律。为此，把列车在不同运行工况的单位合力与运行速度的变化关系绘成曲线 $c = f(v)$，就叫作列车单位合力曲线，简称合力曲线图。合力曲线图明显地表示出列车

速度与作用在列车上合力的关系，而合力的大小和方向又决定了列车的动态，所以，合力曲线图又称为列车的动态曲线图。在牵引计算中，合力曲线图是解算许多重要问题的基本资料。

由于列车不同工况有不同的合力组成形式，所以合力曲线图（见图6.10）亦由牵引运行、惰行运行、空气制动运行和动力制动运行4种曲线组成。4条曲线如下：

（1）运行速度线——红色（牵引工况）、浅蓝色（惰行工况）、黄色（动力制动工况）、白色（空气制动工况）、黑色（空电联合制动工况）、紫色（负载制动工况）。

（2）运行时间线——深蓝色（按照操纵示意图的格式绘制）。

（3）手柄级位线——浅蓝色（转速或级位，呈台阶状，动力制动工况变为黄色）。

（4）列车管压力——白色（仅供示意用，没有对应的刻度）。

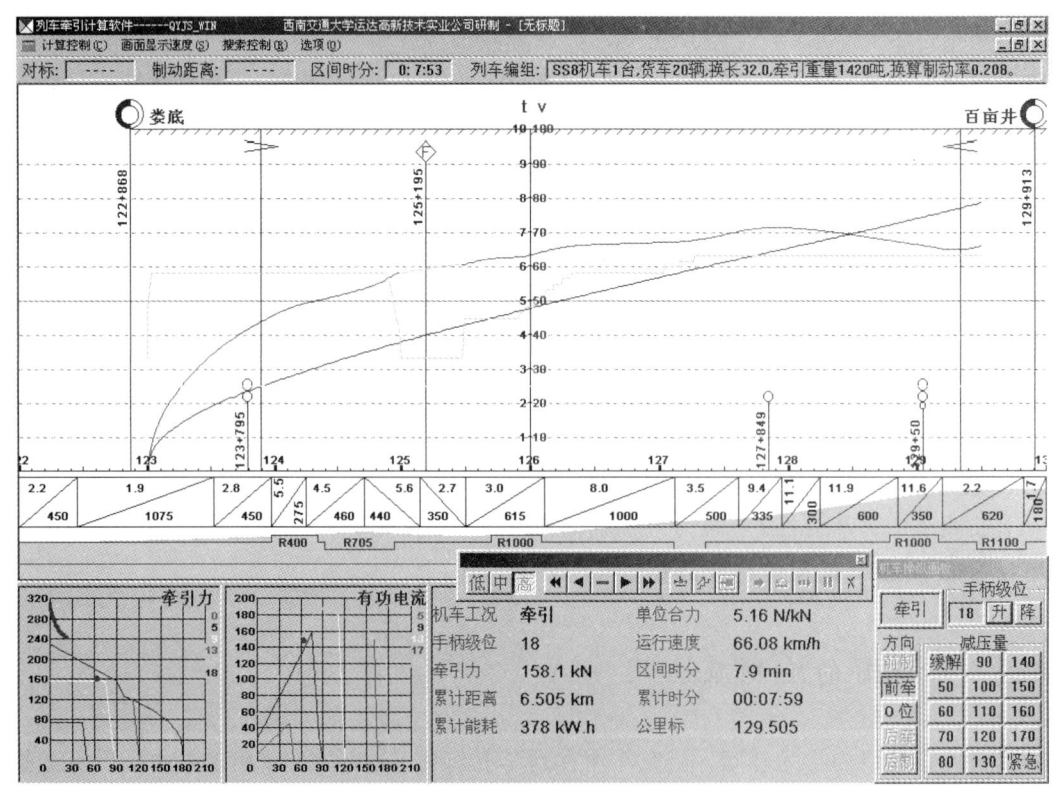

图6.10 单位合力曲线图

2. 单位合力曲线图的绘制

绘制列车单位合力曲线图，应先编制单位合力曲线计算表，即列表计算出车在不同速度下相对于牵引、惰行、制动3种工况时所受到的单位合力，再绘成单位合力曲线图，以便使用。计算单位合力时，必须给出机车类型、机车数量及牵引方式、牵引质量、列车单位闸瓦压力等条件。

根据单位合力曲线计算表，取纵轴为速度轴，横轴为单位合力轴，原点左侧为正，右侧为负，按比例尺绘制牵引运行、惰行运行、空气制动、电阻制动、空气与电阻制动合用曲线。这些曲线统称合力曲线。

3. 单位合力曲线图的应用

从列车的单位合力曲线图上可以清楚地看出：① 列车在不同工况下和某速度时的单位合力的大小；② 列车在该时的加速、减速或匀速的状态；③ 列车的均衡速度。

（1）均衡速度的确定。在合力曲线上，速度轴与各工况 $c=f(v)$ 曲线相交处单位合力 $c=0$，这时列车就以该点所对应的速度做等速运行，该速度称为均衡速度；线路情况不同（即加算坡道不同），则均衡速度不同。机车操纵有不同工况，也有相应的均衡速度。

（2）判断列车运行状况。在任何坡道上，列车运行速度低于所采用工况在该坡道上的均衡速度时，列车受到的单位合力为正值，列车将加速运行，直到均衡速度为止；如列车运行速度大于均衡速度，列车受到的单位合力为负，列车将减速运行，直到均衡速度。

（3）有加算坡道时的应用。单位合力曲线图是按列车在平、直道上运行情况计算的。如果有加算坡道时，单位合力应扣除加算坡道的阻力，故只需将图中合力曲线图的纵轴移动一个加算坡道的阻力值即可。加算坡道的阻力值为正值时，纵轴向左移动；加算坡道的阻力值为负值时，纵轴向右移动。这时原来各 $c=f(v)$ 曲线对新的坐标轴关系，就是列车在加算坡道上运行时的单位合力曲线。

复习思考题

1. 简述作用于列车的力及其产生原因。
2. 简述车轮空转的原因、危害及防治。
3. 简述轴重转移的原因、危害及防治。
4. 简述车轮抱死滑行的原因、危害及防治。
5. 简述空气阻力的类型及减小高速列车空气阻力的措施。
6. 简述列车运行方程式和列车运行状态的定义。
7. 简述单位合力曲线图的定义、作用及组成。

第 7 章 车辆动力性能分析与评价

为保证车辆运行平稳舒适，减轻对车辆本身和线路的破坏作用，确保行车安全，需用理论分析与实验相结合的方法研究车辆在运行中产生的力学过程，掌握车体、转向架的振动规律，以便合理设计车辆有关结构，正确选定弹簧装置、轴箱定位装置、横动装置及减振器等悬挂元件的参数，并为有关零部件的强度计算提供必要数据。车辆动力性能包括运行平稳性（舒适性）、运行稳定性（安全性），即脱轨、倾覆稳定性和曲线通过性能（导向机理）。

7.1 概 述

7.1.1 车辆振动原因和形式

车辆是一个多自由度的振动系统，作用于这个系统的各种激扰力使它产生复杂的振动过程。引起各激扰力的因素可概括为两类：线路的构造和状态、轮对的构造和状态。

1. 线路原因

（1）钢轨接头：在有缝线路上，接头是钢轨的薄弱环节。如图 7.1 所示，由于鱼尾板的抗弯刚度不足，使车轮经过接头区域时，不仅弹性下沉量大，而且当车轮从一根钢轨的端部滚至邻近的钢轨端部时，车轮的瞬时转动中心产生突变，从而引起冲击。

（2）钢轨垂向变形：由于线路具有弹性，当列车通过时，在轮重作用下钢轨各点依次产生弹性下沉。由大量测试统计结果表明，对于平直道，每节钢轨的大部分长度的轨面接近于处在同一水平面内。

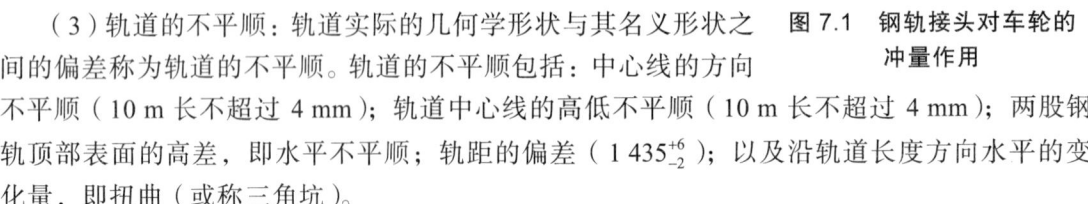

图 7.1 钢轨接头对车轮的冲量作用

（3）轨道的不平顺：轨道实际的几何学形状与其名义形状之间的偏差称为轨道的不平顺。轨道的不平顺包括：中心线的方向不平顺（10 m 长不超过 4 mm）；轨道中心线的高低不平顺（10 m 长不超过 4 mm）；两股钢轨顶部表面的高差，即水平不平顺；轨距的偏差（1 435$^{+6}_{-2}$）；以及沿轨道长度方向水平的变化量，即扭曲（或称三角坑）。

2. 轮对的构造和状态

（1）车轮偏心：轮轴不同心。
（2）车轮不均重：车轮形心与轮对质心不重合。

（3）踏面擦伤。

（4）踏面斜度：由于车轮踏面具有斜率，轮缘与钢轨侧面之间有间隙，因此，压装于同一车轴上的左右两个车轮就会以不同的滚动直径与轨面接触和滚动。由于两轮的滚动行程不等而使轮对轴线偏移，这样又改变了车轮的滚动直径，使轮对又偏向另一侧。于是，轮对在前进的同时还做周期性的左右运动。

3. 振动形式

经车体重心做空间坐标（见图7.2），则车辆振动相对于这一坐标系可分为6个振动：

（1）侧滚：绕 x 轴的回转振动。
（2）伸缩：沿 x 轴的往复振动。
（3）点头：绕 y 轴的回转振动。
（4）横摆：沿 y 轴的往复振动。
（5）摇头：绕 z 轴的回转振动。
（6）浮沉：沿 z 轴的往复振动。

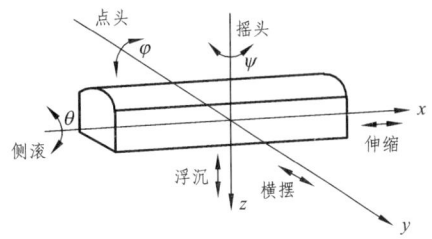

图 7.2　车体的基本振动形式

其中：浮沉、点头和伸缩主要是由波形线路引起的在铅垂面内的振动；侧摆、摇头和侧滚主要是由轮对的锥形踏面引起的横向振动（或称侧向振动）。这些振动一般是同时存在的，不过在不同的条件下，有一两个振动是主要振动，其余的是不显著的振动。

如图7.3所示，由于弹簧对称支撑于车体下部，车体横摆时，其重力与弹簧支持力形成的力矩使车体侧滚，即产生横摆时肯定发生侧滚，横摆与侧滚的耦合振动称为滚摆。滚心在车体重心之上的滚摆称为上心滚摆；滚心在车体重心之下的滚摆称为下心滚摆。另外，由于车轮具有一定踏面斜度，沿直线运行时，受到微小的激扰后，产生一种一面横向往复摆动，一面绕铅垂中心转动，中心轨迹呈波浪形（见图7.4）的特有运动，这种振动称为蛇行运动。车轮蛇行运动实际上是轮对的横摆与摇头及侧滚的耦合振动。

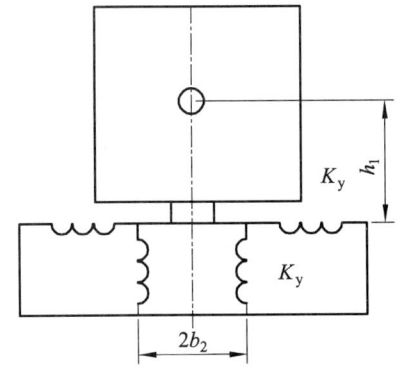

图 7.3　车体的滚摆振动

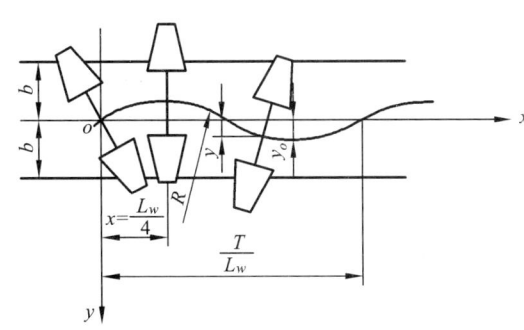

图 7.4　轮对的蛇行运动

7.1.2　车辆动力性能评价的内容

车辆系统动力学是研究列车在线路上运行时机车车辆各个构件之间、各节车辆之间及列车与线路之间的力、加速度和位移等相互动力作用的学科。

1. 研究目的

（1）掌握车体、转向架的振动规律；
（2）选择合适的弹性悬挂结构、确定合理的悬挂参数；
（3）保证车辆运行平稳、对线路及车辆本身的动作用力较小。

2. 研究内容

（1）车辆的垂向振动有固有振动和受迫振动之分。外力的偶然作用，使车辆簧上部分离开平衡位置而产生的振动，称为固有振动。由于阻尼的存在，固有振动的振幅将逐渐衰减。由于固有振动的振幅有限，所以固有振动本身的危害性不大。车辆簧上部分在外力（激扰力）周期的作用下产生的振动，称为受迫振动，当激扰力的频率和固有振动的频率一致时，就要发生共振。若阻尼不足，共振时的振幅就很大，因此要尽量避免车辆在常用速度范围内主要振动发生共振。研究固有振动是为求知固振频率，以便知道发生共振时的车辆速度；研究受迫振动是为求知需要的阻尼和迫振振幅、迫振加速度，以便知道车辆运行的平稳程度及其对线路的动作用力。

（2）研究蛇行运动，确定蛇行运动临界速度，以便找到提高运行稳定性的措施。

车辆横向振动具有蛇行的特征，其复杂性远远超过车辆在铅垂面内的振动。由车辆本身构成的动力学系统，连同轮轨间隙、踏面斜率和轮轨接触面上的蠕滑力等，形成一个具有反馈特性的闭环系统。在一定的条件和运行速度下，这个系统会出现动态不稳定状态。研究车辆横向振动首先在于研究蛇行稳定性问题，以便采取有效措施来提高车辆的蛇行临界速度。

（3）研究曲线通过问题，确定曲线限速，以便找到提高曲线通过能力的措施。

3. 评价类型

研究内容主要包括运行平稳性、运行稳定性、曲线通过性能以及轮轨系统所特有的轮轨几何关系和轮轨蠕滑关系等，通常分为垂向动力学、横向动力学和纵向动力学对机车车辆运行性能进行研究。

（1）运行平稳性评价：车辆运行平稳性是评定乘客舒适程度的主要依据，反映了车辆振动对人体感受的影响。

（2）运行稳定性评价：车辆运行稳定性是评定车辆在钢轨上稳定运行的主要依据，反映了车辆运行的安全性。车辆运行平稳性主要包括蛇行运动稳定性、抗脱轨稳定性和抗倾覆稳定性。

（3）曲线通过性能评价：车辆曲线通过性能是评定乘客在曲线上的舒适程度和曲线上轮轨磨耗经济性的主要依据。

7.2 车辆浮沉振动分析

7.2.1 一系悬挂车辆的浮沉振动分析

1. 轮对簧上质量系统的无阻尼自由振动

(1) 力学模型。

在一系悬挂的车辆上,由于车体等簧上质量和轮对等簧下质量的弹性变形远远小于悬挂系统的挠度,故将其视为刚体。为了确定固有频率等固有特性,故认为轨道是绝对平直的理想情况,且不考虑减振器的影响阻尼为零,从而可将实际车辆简化为轮对簧上质量系统,见图7.5。

(a) 实际车辆

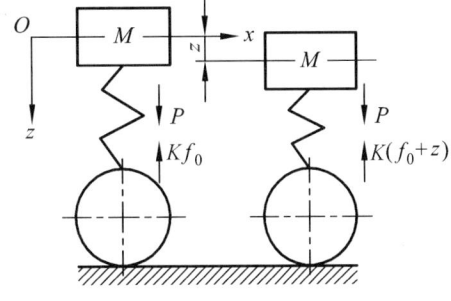
(b) 物理模型

图 7.5 一系悬挂无阻尼轮对簧上质量系统

(2) 数学模型。

现讨论这个系统的固有振动。设偶然的冲击使车体离开了它的平衡位置(见图7.5),弹簧的挠度变化为 z,由牛顿第二定律或达朗贝尔原理可建立车体的运动方程:

$$P - K(f_0 + z) = M\ddot{z}$$

式中,P 为车体重量(N),$P = Mg$;M 为车体质量(kg);g 为重力加速度(m/s²);K 为弹簧刚度(N/m);z 为车体位移(m);f_0 为弹簧静挠度(m)。

因静态时 $P = Kf_0$,故

$$M\ddot{z} + kz = 0$$

令 $\omega^2 = \dfrac{K}{M}$,则

$$\ddot{z} + \omega^2 z = 0 \tag{7.1}$$

(3) 结果分析。

式(7.1)所示方程为二阶常系数齐次方程,由高等数学相关知识可求得其解为

$$z = A\cos\omega t + B\sin\omega t$$

取初始条件 $t = 0$ 时,$z = z_0$,$\dot{z} = 0$,则 $A = z_0$,$B = 0$,于是 $z = z_0\cos\omega t$,函数图形如图7.6所示。

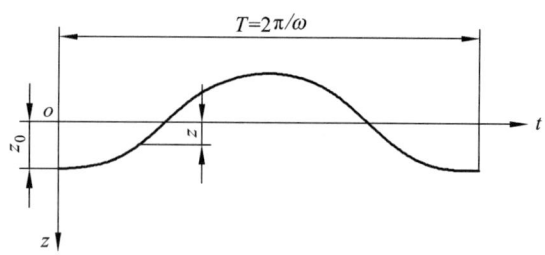

图 7.6　一系无阻尼簧上质量系统固有振动规律

因静态时 $P = Mg = Kf_0$，故振动的圆频率和振动周期分别为

$$\omega = \sqrt{\frac{K}{M}} = \sqrt{\frac{g}{f_0}} \tag{7.2}$$

$$T = \frac{2\pi}{\omega} = 2\pi\sqrt{\frac{f_0}{g}} \tag{7.3}$$

分析可知：车体自由振动的振幅 A 的大小取决于车体振动的初始条件，如果初始位移和初始速度大，则车体自由振动的振幅也大，否则振幅小。

车体的自由振动固有频率和振动周期与车辆悬挂静挠度有关。静挠度越大，车辆自振频率越低，振动周期越长，振动越缓慢，车辆运行越平稳。在转向架设计中，常常把车体悬挂静挠度作为重要的技术指标。

2. 轮对簧上质量系统的有阻尼受迫振动

（1）物理模型。

为了讨论一系悬挂车辆的实际振动，需要考虑液压减振器的影响，并且将所有激励因素的影响统一简化为车辆在波形线路上运行时的振动，具体物理模型见图 7.7。

（2）数学模型。

从轨道的连续基本频谱知道，行进中的车轮与轨面接触之点的轨迹如图 7.8 所示。

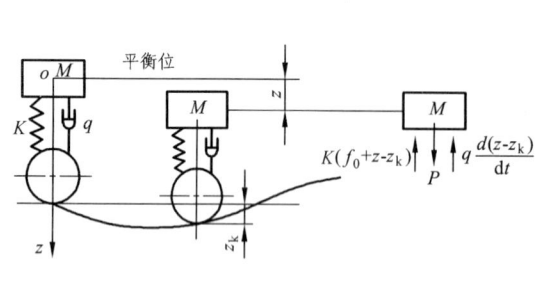

图 7.7　一系有阻尼轮对簧上质量系统受迫振动

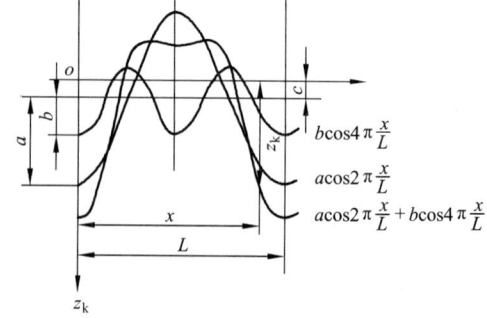

图 7.8　车轮与钢轨接触点的轨迹

轨迹曲线可大致写为

$$z_k = a\cos 2\pi\frac{x}{L} + b\cos 4\pi\frac{x}{L} + c \tag{7.4}$$

式中，a、b、c 为常数；L 为轨长；x 为车轮所在位置至钢轨一端的距离。

将 $x = vt$（v 为车辆速度，t 为所经时间），得

$$z_k = a\cos pt + b\cos 2pt + c \tag{7.5}$$

式中，$p = \dfrac{2\pi v}{L}$ 为波形线路对车轮荷重系统的激振圆频率。

不计次分量 $b\cos 2pt$ 和无影响的常量 c，则波形线路激励为

$$z_k = a\cos pt$$

式中，a 为波形线路的波幅，高速线路 $a = 3 \sim 5$ mm。

设车轮在 x 处时，车体离开平衡位置的位移为 z，弹簧附加压缩量为 $z - z_k$，则作用于车体的力等于由上而下的重力 G 与由下而上作用的弹簧反力 $K(f_0 + z - z_k)$ 之差。设液压减振器的减振力与振动速度呈线性关系，即减振力为 $q\dot{z}$。q 为阻尼系数，单位符号为 N·s/mm。于是，在波形线路上，具有一系悬挂和这种减振器的车轮荷重系统的运动方程式可写为

$$G - K(f_0 + z - z_k) - q\frac{\mathrm{d}(z - z_k)}{\mathrm{d}t} = M\ddot{z}$$

将波形线路激励 $z_k = a\cos pt$ 代入，整理得

$$M\ddot{z} + q\dot{z} + Kz = Ka\sin pt + qpa\cos pt$$

或

$$\ddot{z} + 2\beta\dot{z} + \omega^2 z = \omega^2 a\sin pt + \frac{qpa}{M}\cos pt \tag{7.6}$$

式中，$\beta = \dfrac{q}{2M}$，$\omega^2 = \dfrac{K}{M}$。

（3）结果分析。

由齐次方程 $\ddot{z} + 2\beta\dot{z} + \omega^2 z = 0$，得车体的固有振动位移：

$$z_1 = A\mathrm{e}^{-\beta t}\sin(\omega' t + \varphi)$$

式中，$\omega' = \sqrt{\omega^2 + \beta^2}$。

取初始条件 $t = 0$ 时，$z_1 = z_0 = -A$，则

$$z_1 = z_0 \mathrm{e}^{-\beta t}\cos\omega' t \tag{7.7}$$

式（7.7）的图形示于图 7.9 中。可见：固有振动振幅是按等比级数衰减的，所以在固振初期，液压减振器的衰振作用最为明显。

若 $q = 2M\omega$，则 $\beta = \omega$，$\omega' = 0$，也就是不产生固有振动。此时的阻尼系数值称为临界阻尼系数 q_c，$q_c = 2\sqrt{MK}$。实际阻尼系数与临界阻尼系数之比称为相对阻尼率 D。

$$D = \frac{q}{q_c} = \frac{q}{2\sqrt{MK}} \tag{7.8}$$

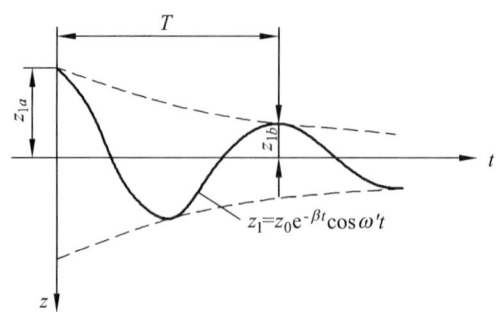

图 7.9　一系有阻尼簧上质量系统受迫振动规律

再求方程的特解。特解 z_2 为车体受迫振动位移：

$$z_2 = a\sqrt{\frac{1+4D^2\eta^2}{(1-\eta^2)^2+4D^2\eta^2}}\cos(pt-\varphi-\varepsilon) \quad (7.9)$$

受迫振动振幅与轨面正弦曲线的振幅的比值称为增幅系数，即

$$\gamma = \frac{z_2}{a} = \sqrt{\frac{1+4D^2\eta^2}{(1-\eta^2)^2+4D^2\eta^2}} \quad (7.10)$$

增幅系数 γ 与频率比 η 和相对阻尼率 D 的关系示于图 7.10。由图 7.10 可知：

- 在 $0<\eta<1$ 之间，η 大，即运行速度高，则受迫振动振幅大；在 $\eta>1$ 时，η 大，即运行速度越高，则受迫振动振幅越小。若没有减振器，即 $D=0$，且当 $\eta=1$，自振频率等于激扰频率时，受迫振动振幅趋于无穷大，这就是共振。共振时的车辆速度称为共振临界速度 v_c。为了避免共振的危害，有的采用大刚度的弹簧来提高固有频率，以便使 $v_{max}<v_c$，此时，车辆处于亚临界速度运行；有的采用软弹簧来显著降低固有频率，以便使正常运行速度 $v>v_c$，同时用减振器来抑制通过共振区时的振幅。此时，车辆处于超临界速度运行。前者应用于低速车辆，后者应用于速度较高的车辆。

- 在很小的 η 下，液压减振器的作用不明显；在共振时（$\eta=1$），受迫振动的振幅受到明显的抑制；在 $\eta>\sqrt{2}$ 时，有液压减振器时的振幅反而大于无阻尼时的振幅。这说明液压减振器除用来衰减固有振动外，还用来控制共振时的振幅。

图 7.11 表示无因次车体振动加速度幅（$\frac{z}{a}\eta^2 = \gamma\eta^2$）与 η 和 D 的关系。由图 7.11 可见，在 $\eta>\sqrt{2}$ 时，阻尼越大，则车体振动加速度越大。因此，对超共振临界速度运行的车辆，阻尼不可取大，通常取 $D=0.2\sim0.25$；亚临界速度运行的车辆，阻尼不妨取大些，如 $D=0.3\sim0.4$。

3. 液压减振器性能测试

液压减振器实验的目的在于检查减振器的工作是否正常，同时按设计要求调整阻尼系数 q 的大小，因此，新造的或经过检修的液压减振器必须经过实验。

图 7.12 为实验的原理图。当电动机经减速后带动偏心轮转动时，使滑块 A 做上下往复运动。在 A 上连着减振器的活塞，活塞上下运动时产生阻力。这个阻力传递到 B 点，迫使 B 点也跟着上下运动。A 点的位移与偏心轮的运动有关，而 B 点的位移与减振器的阻力有关。A

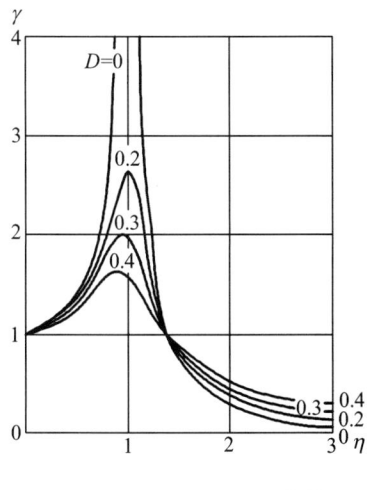
图 7.10 $\gamma = f(\eta, D)$ 曲线

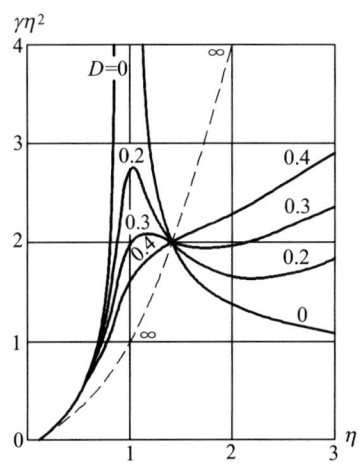
图 7.11 $\gamma\eta^2 = f(\eta, D)$ 曲线

点和 B 点的位移之差就是减振器上下两端的位移。扭杆的作用，犹如在 B 点的下方设置一测力弹簧，B 点的位移反映了减振器在运动过程中所产生的阻力。实验台的记录笔在左右方向的偏移量，表示扭杆力的大小，也即减振器阻力的大小。记录笔本身不做上下移动，但记录板随着 A 点做上下移动，所以所记录的图形，在上下方向表示活塞的上下移动，但记录板随着 A 点做上下移动，所以所记录的图形，在上下方向表示活塞的上下移动。实验所得图形是一个倾斜的椭圆，其面积就是减振器上下移动一次所吸收的功，通常称为示功图（见图 7.13）。也就是说此示功图的面积越大，减振器的减振性能越好。图中过参数的意义如下：$h—a—b—c—d$ 的过程为拉伸过程；$d—e—f—g—h$ 的过程为压缩过程。h 点：由压到拉的转折点；d 点：由拉到压的转折点；b 点表示拉伸最大阻力；f 点表示压缩最大阻力；s_0 表示实验活塞行程，从 c 到 g 的垂向距离即实验台滑块 A 的距离，s 是活塞与缸筒间相对运动的最大行程，即减振器上位置 1 与位置 2 之间的距离。

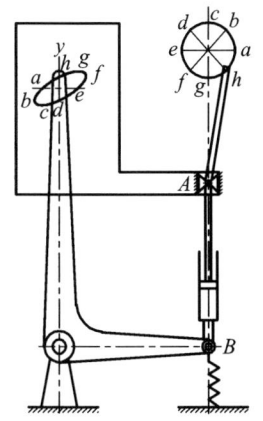
图 7.12 液压减振器实验原理图

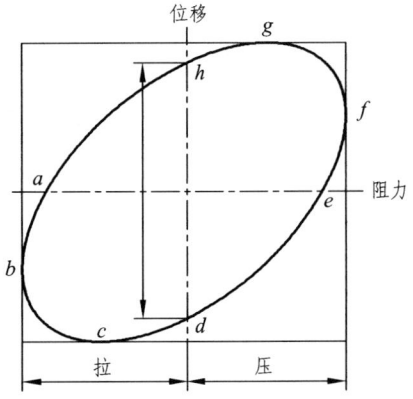
图 7.13 液压减振器示功图

SKF1 型油压减振器阻力的调整方法为：根据理论分析和试验结果，SFK1 型减振器（缸筒直径 70 mm，活塞杆直径为 25 mm）的阻力特性为

$$P_{拉} = 23.8 \frac{v^2}{f_2^2} \text{ (N)}, \quad P_{压} = 23.8 \frac{v^2}{f_2^2} + 0.079 \frac{v^2}{f_3^2} \text{ (N)} \tag{7.11}$$

式中，$P_{拉}$、$P_{压}$ 为表示拉伸和压缩时的阻力（N）；v 为活塞运动速度（mm/s）；f_2 为心阀节流孔面积（mm^2）；f_3 为进油阀小孔的面积（mm^2）。

可见，减振器阻力取决于活塞运动速度和节流孔大小。前者表示减振器阻力将随振动频率和振幅增大而增大，后者可用来调整减振器阻力。

（1）在心阀顶面加垫。使心阀下移，而阀套不动，使初始节流孔加大，使阻力适当减小。同时，由于弹簧初压力增大，提高了开启节流孔的油压，即增大了减振器的工作范围。

（2）阀座端面加垫。可使阀座和阀套下降，心阀弹簧伸长，使初始节流孔减小，阻力适当增大。同时，由于弹簧初压力减小，降低了开启节流孔油压，即减小了减振器的工作范围。

（3）在弹簧上加垫。心阀和阀套的相对位置不变，即初始节流孔不变，因而阻力不变。但是，由于弹簧初压力增大，提高了开启节流孔的油压，因而增大了减振器的工作范围。

7.2.2 两系悬挂车辆的浮沉振动分析

1. 两系悬挂无阻尼轮对簧上质量系统自由振动

（1）物理模型。

具有两系簧的车轮荷重系统是指由置于轮对上的第一系弹簧和置于转向架构架上的第二系弹簧，以及两个转向架和车体组成的系统（见图7.14）。这个系统的振动代表两系簧上的浮沉振动。

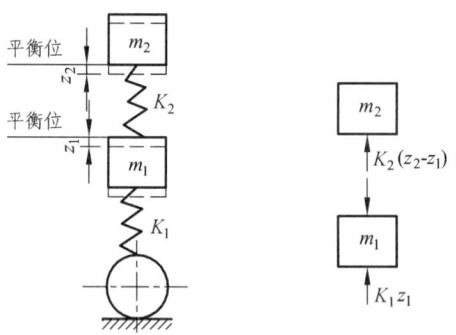

图 7.14 二系无阻尼轮对簧上质量系统固有振动

（2）数学模型。

先讨论固有振动。令 m_1 为两个转向架的簧上质量；m_2 为车体的质量；K_1 为车辆第一系簧的刚度；K_2 为车辆第二系簧的刚度；z_1 为转向架构架重心对于其静平衡位置的位移；z_2 为车体重心对于其静平衡位置的位移。

由图7.14可写出车体和两转向架构架的运动方程式（设 $z_2 > z_1$）：

$$\left. \begin{array}{l} m_2 \ddot{z}_2 + K_2(z_2 - z_1) = 0 \\ m_1 \ddot{z}_1 + K_1 z_1 - K_2(z_2 - z_1) = 0 \end{array} \right\} \tag{7.12}$$

第 7 章 车辆动力性能分析与评价

（3）结论分析。

设 $z_1 = A\sin(\omega t + \alpha), z_2 = B\sin(\omega t + \alpha)$，代入式（7.12）得

$$\left.\begin{array}{l} -\dfrac{K_2}{m_2}A + \left(\dfrac{K_2}{m_2} - \omega^2\right)B = 0 \\ \left(\dfrac{K_1 + K_2}{m_1} - \omega^2\right)A - \dfrac{K_2}{m_1}B = 0 \end{array}\right\} \tag{7.13}$$

A、B 同时为 0 时车辆不发生振动，而使 A、B 有非零解的条件是方程组系数行列式等于 0，即

$$\begin{vmatrix} -\dfrac{K_2}{m_2} & \dfrac{K_2}{m_2} - \omega^2 \\ \dfrac{K_1 + K_2}{m_1} & -\dfrac{K_2}{m_1} \end{vmatrix} = 0 \tag{7.14}$$

从而得特征方程：

$$m_1 m_2 \omega^4 - (m_2 K_1 + m_1 K_2 + m_2 K_2)\omega^2 + K_1 K_2 = 0 \tag{7.15}$$

并由此得

$$\omega_{\mathrm{I}} = \sqrt{\dfrac{g}{f_1 + f_2}} = \sqrt{\dfrac{g}{f}} \tag{7.16}$$

$$\omega_{\mathrm{II}} = \sqrt{\dfrac{f_1 + f_2}{f_1 \cdot f_2}\left(1 + \dfrac{m_2}{m_1}\right)g} \tag{7.17}$$

式中，ω_{I} 为系统的第一固有频率，是低频；ω_{II} 为系统的第二固有频率，是高频。

可见，在车体和构架的浮沉振动中包含两阶固有频率，其中较低的频率仅与总静挠度有关，而与两系静挠度的分配无关，而较高的频率不仅与总静挠度有关，而且还与两系静挠度的分配和车体与转向架的质量比有关。通常认为，对于一系弹簧装置，静挠度数值（以毫米计）应该大约等于车辆的最大速度（以 km/h 计），对于最大速度为 120 km/h 以上的车辆，应采用两系弹簧装置，其总静挠度一般取 160 ~ 200 mm。此时，轴箱弹簧静挠度应设计为总静挠度的 1/3 左右，效果最好。

将 ω_{I} 和 ω_{II} 分别代入式（7.15），可得

$$\dfrac{A_1}{B_1} = \dfrac{\dfrac{K_2}{m_1}}{\dfrac{K_1 + K_2}{m_1} - \omega_{\mathrm{I}}^2} = \dfrac{\dfrac{K_2}{m_1}}{\dfrac{(m_1 + m_2)g/f}{m_1} - \dfrac{g}{f}} = \dfrac{\dfrac{K_2}{m_1}}{\dfrac{m_2}{m_1} \cdot \dfrac{g}{f}} > 0 \tag{7.18}$$

$$\dfrac{A_2}{B_2} = \dfrac{\dfrac{K_2}{m_1}}{\dfrac{K_1 + K_2}{m_1} - \omega_{\mathrm{II}}^2} = \dfrac{\dfrac{K_2}{m_1}}{\left(1 + \dfrac{m_2}{m_1}\right)\left(1 - \dfrac{(f_1 + f_2)^2}{f_1 f_2}\right)\dfrac{g}{f}} < 0 \tag{7.19}$$

可见，自振频率较低的振动分量中车体和构架的位移同向；自振频率较高的振动分量中车体和构架的位移反向。

2. 具有两系簧的有阻尼轮对簧上质量系统的受迫振动

上面研究固有振动的目的是求得两个固有频率。车辆运行时，由于受到线路的周期性激扰而产生受迫振动，其振动频率即为激扰频率。但是，车体及转向架的振幅、振动加速度以及动载荷，不仅和激扰的强度有关，而且和激扰频率与固有频率的比值有关，还和弹簧装置的总挠度、在两系间的分配以及两系中的阻尼大小有关。当激扰频率与一个固有频率相同时，就产生共振，共振时的振幅及加速度又与系统的阻尼有关。

下面就是要研究怎样选择弹簧悬挂参数——两系弹簧装置中各系的刚度及阻尼，使车辆无论在低速或高速，均有良好的垂向动力性能。

现在讨论具有两系簧的有阻尼车轮荷重系统的受迫振动（见图 7.15）。

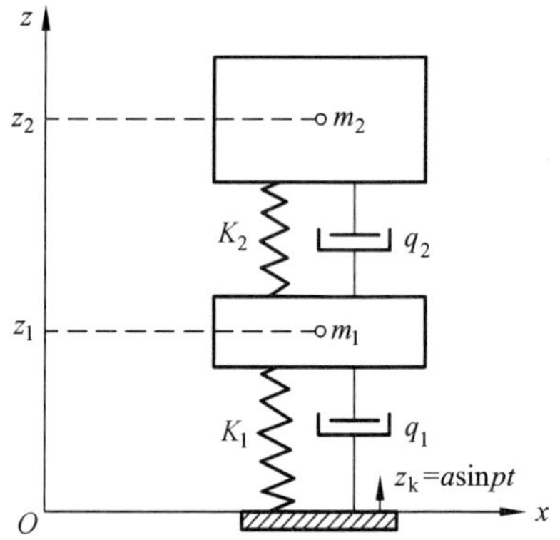

以 q_1 表示与第一系簧并联的液压减振器的阻尼系数，q_2 表示与第二系簧并联的液压减振器的阻尼系数，并取波形线路公式为 $z_k = a\sin pt$。由图 7.15 可得列车辆车体和两转向架构架的运动方程式如下：

$$\left.\begin{array}{l} m_2\ddot{z}_2 + K_2(z_2 - z_1) + q_2(\dot{z}_2 - \dot{z}_1) = 0 \\ m_1\ddot{z}_1 + K_1 z_1 - K_2(z_2 - z_1) + q_2(\dot{z}_1 - \dot{z}_2) + q_2(\dot{z}_1 - \dot{z}_k) = 0 \end{array}\right\} \quad (7.20)$$

解联立方程，得车体无因次加速度幅 $\Gamma = \dfrac{b_2}{a}$ 的表达式。Γ 为车辆振动性能的主要指标。

下面分析激扰频率（即车辆速度）、减振器阻尼及弹簧静挠度对 Γ 的影响。按减振器在两系弹簧中可能布置的 4 种方案进行讨论。

（1）一系及二系均无减振器（即 $q_1 = q_2 = 0$）。

$$|\Gamma| = \frac{\omega_{\mathrm{I}}^2 \omega_{\mathrm{II}}^2 p^2}{(p^2 - \omega_{\mathrm{I}}^2)(p^2 - \omega_{\mathrm{II}}^2)} \quad (7.21)$$

式（7.21）的图形示于图 7.16。可以看到，在系统无阻尼的情况下，当激扰频率 p 与固有频率 ω_{I} 或 ω_{II} 一致时，产生共振，出现 $|\Gamma|$ 的极大值。这是不允许的，因而这种方案是不可行的。

（2）一系及二系均设减振器。

图 7.15　二系有阻尼受迫振动模型

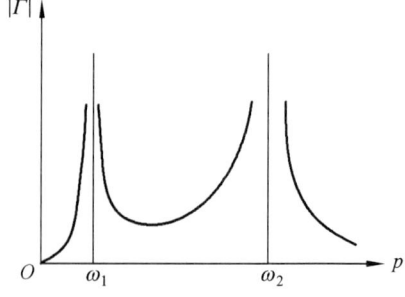

图 7.16　二系均无阻尼时的 $|\Gamma|$

$$\Gamma^2 = p^4 \frac{(m_1 m_2 \omega_{\mathrm{I}}^2 \omega_{\mathrm{II}}^2 - p^2 q_1 q_2)^2}{[m_1 m_2 (p^2 - \omega_{\mathrm{I}}^2)(p^2 - \omega_{\mathrm{II}}^2) - q_1 q_2 p^2]^2} \rightarrow$$

$$\leftarrow \frac{+ p^2 \left[q_1 \dfrac{g}{f_2} m_2 + q_2 \dfrac{g}{f_1}(m_1 + m_2) \right]^2}{+ p^2 \left[q_1 \dfrac{g}{f_2} m_2 + q_2 \dfrac{g}{f_1}(m_1 + m_2) - p^2 (q_1 m_2 + q_2 m_1 + q_2 m_2) \right]^2} \quad (7.22)$$

分析式（7.22）可以看到，两系都有减振器时，当激扰频率为系统的第一固有频率时，"Γ" 值较小，这是有利的；随着激扰频率的增高（车速增高），"Γ" 值将迅速增高，车体振动显著加剧，如图 7.17 所示。不同的 q_1 和 q_2 值，有不同的曲线。由此可见，在两系簧内均设减振器，对于高速运行，不一定总有优越性，必须选择恰当的阻尼值。

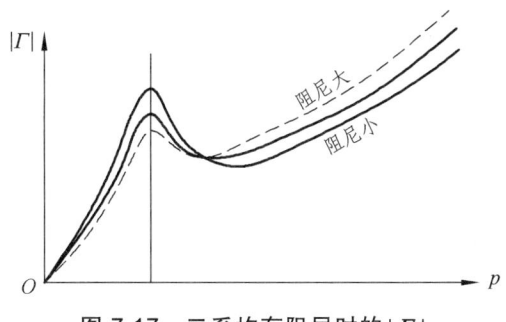

图 7.17　二系均有阻尼时的 $|\Gamma|$

（3）一系无减振器、二系有减振器（即 $q_1 = 0$，$q_2 \neq 0$）。

当 $q_1 = 0$，$q_2 = 0 \sim \infty$ 时，$|\Gamma|$ 曲线通过 0、p_{I}、p_{II}、p_{III} 4 点，并在 $q_2 = 0$ 和 $q_2 = \infty$ 时的 $|\Gamma|$ 曲线之间（见图 7.18），最佳的 q_2 使得车辆在低速至最高速范围内的 $|\Gamma|$ 均具有最小值。当 m_1/m_2 及 f_1/f_2（K_1、K_2）变化时，p_{I}、p_{II}、p_{III} 的位置也改变，而且 $|\Gamma| = f(p, q_2)$ 的曲线形状也改变。设计弹簧装置时，m_1/m_2 已经一定，设计师能够选择的参数是 f_1/f_2 及 q_2。用减小 f_1/f_2 比值的方法（即减小、增大 f_2），可以减小低速时的 $|\Gamma|$ 值，但却使高速时的 $|\Gamma|$ 值增大。此外，过小的 f_1 会使转向架的振动加速度增大。车辆转向架的质量较大，为了减少它对钢轨的动力作用，要避免不适当地减小一系簧的静挠度。通常 f_1 不得小于 60 mm，弹簧装置总静挠度不超过 160 ~ 180 mm。必要时，一系簧可适当加些阻尼（可考虑用摩擦减振器）以控制转向架的点头振幅。

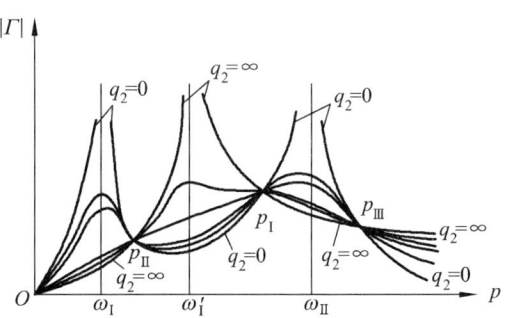

图 7.18　$q_1 = 0$ 时的 $|\Gamma| = f(p, q_2)$ 曲线

（4）一系有减振器、二系无减振器。

在 $f_2 > f_1$ 的情况下。若只在一系簧中设置减振器，则会在 ω_1 附近（通过第一共振速度时）产生过大的 $|\Gamma|$ 值。显然，这是不可取的。为减少轴重转移，在速度不很高的货运车辆上，把二系簧设计得很硬、一系簧较软。此时，$f_1 > f_2$，毫无疑问，减振器应该设在一系簧中。

7.3 车辆蛇行运动分析

由于车轮踏面为锥形，和轮缘与钢轨间存在间隙，当轮对中心在行进中偶尔偏离直线轨道的中心时，两轮便以不同直径的滚动圆在钢轨上滚动，使轮对在行进中一面做横向摆动，一面围绕经其重心的垂轴来回摇动，做一种被称为蛇行运动的波形运动。这种运动是铁路车辆特有的运动。剧烈的蛇行不仅破坏车辆运行的平稳性，而且还破坏线路，甚至引起脱轨事故，以致严重妨碍列车速度的提高。这个问题很早就引起了许多铁路工作者的重视。现在基本上摸清了问题的实质，采取了措施，使列车稳定运行的速度达到了 350 km/h 以上。

7.3.1 轮对蛇行运动分析

1. 物理模型

现在分析自由轮对在直线轨道上的蛇行运动。设轮对前进速度 $v = r\omega$，假定无牵引力或动力作用，则在水平面内作用于轮对的力只有来自轨道的作用力：蠕滑力以及重力刚度和重力刚度所引起的作用力，如图 7.19 所示。

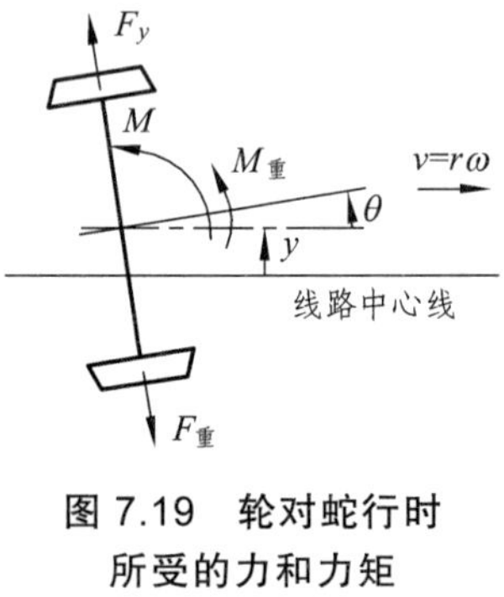

2. 数学模型

（1）蠕滑力和蠕滑力矩。

如图 7.20 所示，对两个弹性体间滚动接触问题的研究表明，当转动力矩 M 作用于滚动轮时，在轮轨接触面上产生钢轨作用于轮周的反力 F_x 和弹性变形，使轮轨间产生相对位移，由于轮轨间产生相对位移，车轮实际行进速度 $v < \omega \cdot r$。转矩大，则轮轨表面变形量大，因而速度差也大，称这种现象为蠕滑，并用蠕滑率进行评价。蠕滑率定义为

图 7.19 轮对蛇行时所受的力和力矩

$$\varepsilon_x = \frac{v - \omega \cdot r}{v} = \frac{v_x}{v} \tag{7.23}$$

式中，v 为车轮行进速度；r 为车轮滚动圆半径；ω 为车轮回转角速度。

蠕滑亦称弹性滑动，是纯滚动与纯滑动之间的中间形式。根据试验，在不太大的轮周力的作用下（蠕滑率 $\leqslant 1.5‰$），轮周力与蠕滑率呈线性关系（见图 7.21），即

$$F_x = -\xi_x \varepsilon_x \tag{7.24}$$

式中，F_x 为轮周力，即蠕滑力；ξ_x 为纵向蠕滑力系数，亦称纵向蠕滑系数；ε_x 为纵向蠕滑率；负号表示蠕滑方向与轮周力的方向相反。

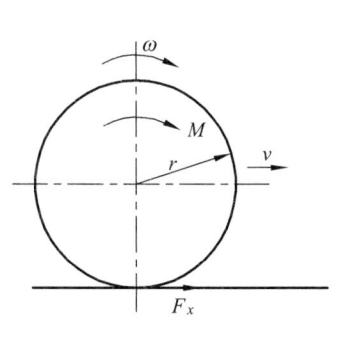
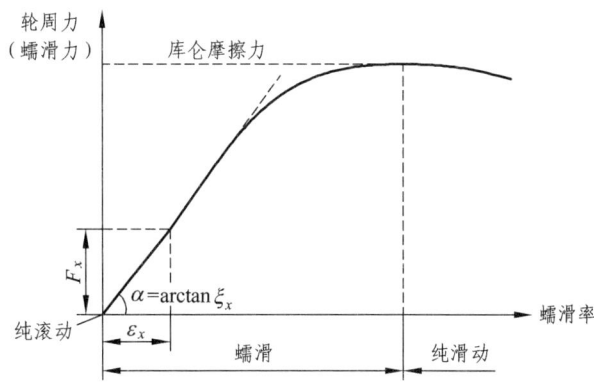

图 7.20　车轮受牵引力矩图　　　　图 7.21　轮周力（蠕滑力）与蠕滑率的关系

蠕滑力的极限值就是库仑摩擦力。当轮周力为零时，蠕滑率为零，这是纯滚动状态。当轮周力增大时，蠕滑率增大。轮周力达到库仑摩擦力时，就产生空转（或滑行），轮轨接触由蠕滑状态变为纯滑动状态。故蠕滑是介于纯滚动与纯滑动之间的中间状态。

蠕滑系数是轮轨弹性接触、表面状态和正压力的函数，也就是轴重、接触椭圆的长短轴比、泊松比、弹性模数、库仑摩擦系数的函数。蠕滑系数受轨面状态影响很大，不良的轨面状态（脏、油、湿、冰膜）能使蠕滑系数下降一半以上。

上面讨论的蠕滑是轮对沿钢轨滚动时纵向（沿钢轨方向）的蠕滑。现在再来讨论横向蠕滑。假定车轮静止地放在钢轨上，如果要使车轮在钢轨上产生横向位移，那么作用在车轮上的横向力必须大于轮轨间的摩擦力。但是，如果车轮在钢轨上滚动前进时，即使作用于车轮的横向力很小，车轮沿横向力的方向也会产生不断的微量位移，横向位移量与车轮走行距离成正比。这种现象称为横向蠕滑。在不太大的横向力作用下，横向力与横向蠕滑率呈线性关系，在数值上，横向蠕滑力系数与纵向蠕滑力系数是有差异的。

此外，在滚动前进的车轮上，在轮轨接触面的法线方向作用一不大的回转力矩时，就产生回旋蠕滑。由于回旋蠕滑率在一般情况下不大，纵向蠕滑力系数与横向蠕滑力系数相差不大，为了简化起见，不考虑回旋蠕滑，并近似地取横向蠕滑力系数等于纵向蠕滑力系数。

如图 7.22 所示，运动过程中，轮对中心偏离线路中心 y 并有横向速度 $\dot{y}$，同时轮对摇头角 θ 并有摇头角速度 $\dot{\theta}$。此时，左右两轮发生纵向及横向蠕滑，由此产生如图 7.23 所示的纵向及横向力，其大小为

$$F_{x,\text{左}} = -F_{x,\text{右}} = -\xi\left(\frac{j_e y}{r} + \frac{s\dot{\theta}}{r\omega}\right), \quad F_{y,\text{左}} = F_{y,\text{右}} = -\xi\left(\frac{\dot{y}}{r\omega} - \theta\right) \tag{7.25}$$

在左右两轮的纵向及横向蠕滑力的作用下，在整个轮对上产生如图 7.24 所示的横向蠕滑力偶矩和横向蠕滑力，其大小为

$$\left.\begin{array}{l} M = -2\xi\left(\dfrac{j_{e}y}{r} + \dfrac{s\dot{\theta}}{r\omega}\right)s \\ F_{y} = -2\xi\left(\dfrac{\dot{y}}{r\omega} - \theta\right) \end{array}\right\} \qquad (7.26)$$

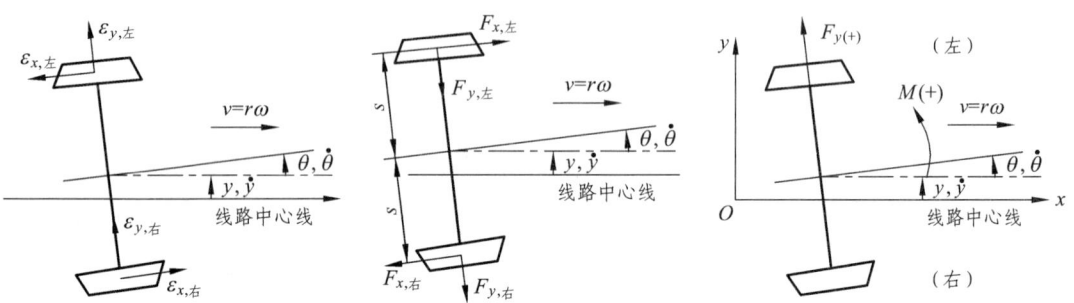

图 7.22　左右轮的蠕滑率　　　图 7.23　左右轮的蠕滑力　　图 7.24　轮对的蠕滑力和蠕滑力矩

（2）重力引起的复原力和摇头力矩。

采用磨耗形踏面时，因为轮对横向移动，左右轮与轨的接触角发生变化，在横向铅垂面内，轮轨间的法向作用力的方向有了变化（见图 7.25）。因轮荷重很大，法向力作用方向的微量改变，也能产生一种颇大的横向力阻止轮对横移，向中央位置复原横向力，该横向力通常称为复原力。左右法向力的横向分力之和为 $F_{重}$。

$$F_{重} = -(N_{左}\delta_{左} - N_{右}\delta_{右}) = -P(\xi\delta_{0} + \varepsilon)\dfrac{y}{s} \qquad (7.27)$$

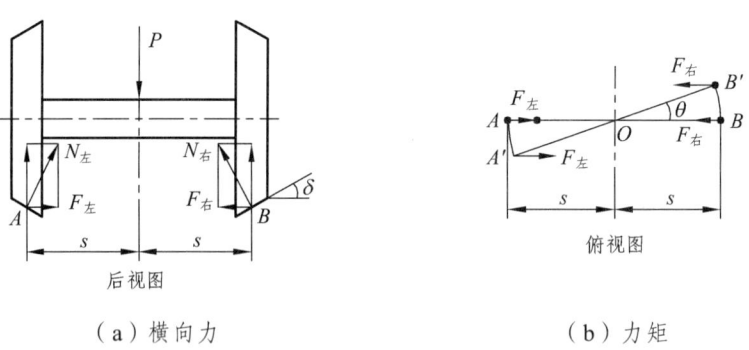

（a）横向力　　　　　　　（b）力矩

图 7.25　重力产生的横向力和力矩

$F_{重}$ 的作用方向与轮对的横移方向 y 相反，故冠以负号。显然，$F_{重}$ 有使轮对复原至中央位置的作用。由钢轨作用于轮对的横向力 $F_{重}$ 与与横移量的比值称为重力刚度 K_y。

$$K_{y} = \dfrac{F_{重}}{y} = \dfrac{P(\xi\delta_{0} + \varepsilon)}{s} \qquad (7.28)$$

当轮对逆时针方向偏转 θ 角时，$F_{左}$ 和 $F_{右}$ 形成逆时针方向的回转力矩 $M_{重}$。

$$M_{重} = F_{左}AA' - F_{右}BB' = Ps\delta_{0}\theta \qquad (7.29)$$

力矩 $M_重$ 是因轮对偏转角 θ 而产生的，其大小与 θ 成正比，方向与 θ 的方向相同，即有使偏转角 θ 增大的作用。力矩 $M_重$ 与轮对偏转角 θ 的比值称为重力角刚度 K_θ。

$$K_\theta = \frac{M_重}{\theta} = Ps\delta_0 \tag{7.30}$$

式中，ε 为接触角参数，表示接触面斜率对于轮对横移量的变化率；s 为左右两滚动圆间的距离之半。

计算表明，当轮对为 1/20～1/40 的锥形踏面，分析横向稳定性时，重力刚度和重力角刚度的效应很小，可以略去不计；但当采用磨耗形踏面时，重力刚度和重力角刚度的影响就较大，必须计及。

（3）自由轮对蛇行运动方程。

轮轨之间的作用力引起轮对蛇行运动，而这些作用力又是因为轮对蛇行引起的，所以这种运动称为自激蛇行运动。可写出轮对的运动方程式：

$$\left.\begin{array}{l} m\ddot{y} + 2\xi\left(\dfrac{\dot{y}}{r\omega} - \theta\right) + \dfrac{P}{s}(\xi\delta_0 + \varepsilon)y = 0 \\ m\rho_z^2 \ddot{\theta} + 2\xi\left(\dfrac{sj_\mathrm{e} y}{r} + \dfrac{s^2 \dot{\theta}}{r\omega}\right) - Ps\delta_0 \theta = 0 \end{array}\right\} \tag{7.31}$$

式中，m 为轮对质量；ρ_z 为轮对对 z 轴的回转半径；j_e 为等效斜率。

上述方程组的解为

$$\begin{array}{l} y = A\mathrm{e}^{\lambda t} \\ \theta = B\mathrm{e}^{\lambda t} \end{array} \tag{7.32}$$

将式（7.32）代入式（7.31），得

$$\left.\begin{array}{l} \left[m\lambda^2 + \dfrac{2\xi}{r\omega}\lambda + \dfrac{P}{s}(\xi\delta_0 + \varepsilon)\right]A - 2\xi B = 0 \\ 2\xi\dfrac{sj}{r}A + \left(m\rho_z^2 \lambda^2 + 2\xi\dfrac{s^2}{r\omega}\lambda - Ps\delta_0\right)B = 0 \end{array}\right\} \tag{7.33}$$

在上述方程组中，A、B 有非零解的条件为其系数行列式等于零。

$$\begin{vmatrix} m\lambda^2 + \dfrac{2\xi}{r\omega}\lambda + \dfrac{P}{s}(\xi\delta_0 + \varepsilon) & -2\xi \\ 2\xi\dfrac{sj}{r} & m\rho_z^2 \lambda^2 + 2\xi\dfrac{s^2}{r\omega}\lambda - Ps\delta_0 \end{vmatrix} = 0 \tag{7.34}$$

式（7.34）称为微分方程组的特征方程，在这里是 λ 的 4 次方程。λ 的 4 个根，称为特征根，也称为特征值。解式（7.34），得 λ 的 4 个根为

$$\lambda_1 = -\frac{2\xi}{mr\omega}, \quad \lambda_2 = -\frac{2\xi s^2}{m\rho_z^2 r\omega} \tag{7.35}$$

λ_1 及 λ_2 都是很大的负值，代入式（7.32），可知都是大阻尼重衰竭性运动，振幅单调缩小，即随时间的增加而单调收敛至平衡位置。这种运动没有周期性质，不会引起蛇行振动，可以不予考虑。

λ 的另两个根是一对共轭复根：

$$\lambda_{3,4} = \alpha \pm \mathrm{i}\beta \tag{7.36}$$

式中

$$\alpha = -\frac{r\omega}{4\xi s^2}[P s(\xi\delta_0 + \varepsilon - \delta_0) - \frac{j_e(r\omega)^2}{rs}(m\rho_z^2 + ms^2)], \quad \beta = r\omega\sqrt{\frac{j_e}{rs}}$$

此时，微分方程组的解为

$$\left.\begin{aligned} y &= A\mathrm{e}^{\lambda\alpha}\sin(\beta t + \varphi) \\ \theta &= B\mathrm{e}^{\lambda\alpha}\sin(\beta t + \varphi') \end{aligned}\right\} \tag{7.37}$$

式中，A、φ 为常数，取决于初始条件；B、φ' 分别与 A、φ 之间有一定的关系。

由式（7.37）可知，轮对蛇行运动是周期性的，其圆频率为 β，即为特征值的虚部。轮对蛇行运动线位移 y 及角位移 θ 的振幅不是常数，视 $\mathrm{e}^{\alpha t}$，即视特征值的实部而定。

（1）$\alpha > 0$，振幅将随时间 t 的延续而不断扩大，这时系统是失稳的，直至轮缘与钢轨相碰撞。

（2）$\alpha < 0$，振幅随时间 t 的延续而衰减，运动是稳定的。

（3）$\alpha = 0$，振幅为定值。通常轮对运行速度较低时，α 为负值，随着速度的增加，α 由负变为正，当 $\alpha = 0$ 时，为临界状态，振幅不扩大也不衰减，对应的速度称为临界速度。

因此，判别轮对蛇行运动稳定性的方法是视其特征值的实部是正值还是负值。分析可知，α 表达式的方括号中第一项为重力刚度及重力角刚度效应，第二项为踏面斜度及轮对惯性力的效应，当轮对运行速度 $v = r\omega$ 增大时，第二项迅速增大，α 就由负值变为正值，运动失稳。α 的正负，与运行速度密切相关。令 $\alpha = 0$ 时，得自由轮对的临界速度 v_c 为

$$v_c^2 = \frac{P(\xi\delta_0 + \varepsilon - \delta_0)rs^2}{j_e(m\rho_z^2 + ms^2)} \tag{7.38}$$

由式（7.38）可知，减小踏面等效斜率 j_e 及减轻轮对质量 m，能提高轮对蛇行运动稳定性。当 $j_e = 0$ 时，即用圆柱形踏面时，$v_c \to \infty$，即不会产生蛇行运动。磨耗形踏面轮对的临界速度比锥形踏面轮对低，这是因为虽然磨耗形踏面的重力刚度较大，有利于稳定性，但其等效斜率也较大，增加了失稳作用；两者相比，后者的效应大得多。

如果只计踏面的斜率 j_e，不计接触角变化时重力刚度的作用，即在式（7.38）中取 $\xi = 1$，$\varepsilon = 0$，则分子为零，$v_c = 0$，即自由轮对蛇行运动是不稳定的。通常，自由轮对的 v_c 确实是很低的。

2. 弹性定位轮对的蛇行运动

假定轮对弹性定位于等速直线运动的构架（见图 7.26），轮对每侧的纵向定位刚度为 K_x，

横向定位刚度为 K_y。构架以速度 $v=r\omega$ 沿直线轨道中心线行进。此时作用于轮对上的力，除轮轨之间的作用力外，还有定位弹簧力。作用于轮对的定位弹簧力仅是轮对位移的函数，它们和重力刚度所产生的复原力一样，对轮对的运动起稳定的作用。弹性定位轮对的运动方程式为

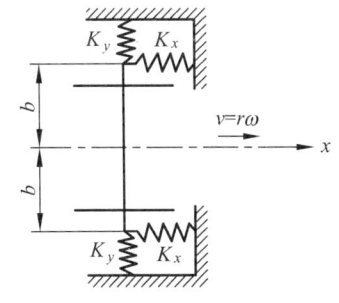

图 7.26 弹性定位轮对

$$\left.\begin{array}{l} m\ddot{y}+2\xi\left(\dfrac{\dot{y}}{r\omega}-\theta\right)+\dfrac{P}{s}(\xi\delta_0+\varepsilon)y+2K_y y=0 \\ m\rho_z^2\ddot{\theta}+2\xi\left(\dfrac{sj_e y}{r}+\dfrac{s^2\dot{\theta}}{r\omega}\right)-Ps\delta_0\theta+2b^2 K_x\theta=0 \end{array}\right\} \quad (7.39)$$

式中，b 为左右两定位弹簧间距离之半。

与处理自由轮对的方法相同，求上述微分方程组的特征方程，求特征根，其中有一对共轭复根 $\alpha\pm\mathrm{i}\beta$。α 为负时，运动是稳定的。随着速度的增加，α 由负变正，运动就失稳。当 $\alpha=0$ 时的速度就是临界速度 v_c。求得临界速度 v_c 为

$$v_c^2=\dfrac{rs[P(\xi\delta_0+\varepsilon-\delta_0)s+2K_y s^2+2K_x b^2]}{j_e(m\rho_z^2+ms^2)} \quad (7.40)$$

因为 K_x 和 K_y 的存在，弹性定位轮对的临界速度要比自由轮对高得多。式（7.40）说明，减小踏面等效斜率 j_e 及轮对质量，增大轮对定位刚度 K_x、K_y 及重力刚度，对稳定有利，即可增大临界速度 v_c。

7.3.2 转向架蛇行运动分析

1. 运动方程、特征方程、特征根

现在讨论二轴车或二轴转向架在直线轨道上的自激蛇行运动。这里假定轮对定位于一个有限质量的二轴车或二轴转向架。对于转向架车，还假定其车体为无限质量并以刚度接近零的横向弹性装置与转向架相连。在这种情况下，可以认为转向架就独立于进行直线运动的车体，二轴转向架的运动性质与二轴车的运动性质相同。

图 7.27 表示二轴转向架中的两根轴及构架的坐标。二轴转向架横向振动有 7 个自由度：第一轴横移 y_1；第一轴回转角 θ_1；第二轴横移 y_2；第二轴回转角 θ_2；转向架构架横移 y_t；转向架构架回转角 θ_t；转向架构架侧滚角 ϕ_t。

可以分别对 7 个自由度列出 7 个运动方程。注意：列轮对运动方程时，轮对受到的作用力有轮轨之间的作用力及轮对定位弹簧力。轮轨间的作用力包括蠕滑力、蠕滑力矩以及重力刚度和重力角刚度所产生的作用力。列构架的运动方程时，构架受到的作用力只有来自轮对的定位弹簧力。作用于轮对及构架的轮对定位弹簧力大小相等、方向相反，该力取决于轮对与构架间的相对位移。设一系悬挂无减振器阻尼，列 7 个运动方程如下：

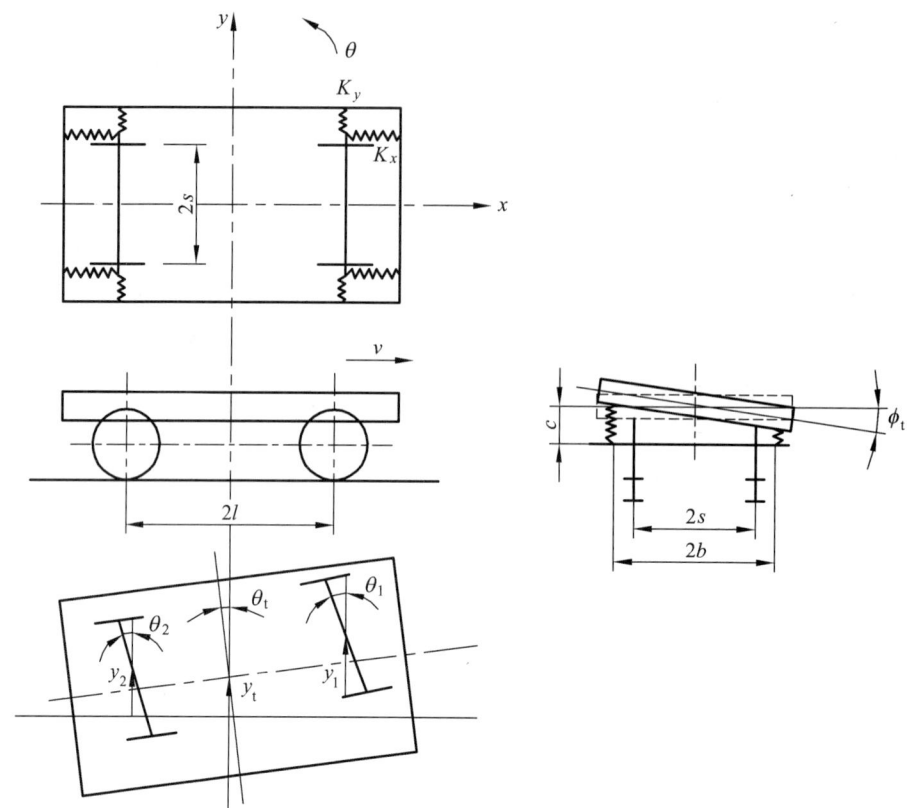

图 7.27 二轴转向架蛇行运动

$$\left.\begin{array}{l}\text{第一轴横移:} \quad m\ddot{y}_1 + 2K_y(y_1 - y_t - l\theta_t + c\phi_t) = -2\xi\left(\frac{\dot{y}_1}{r\omega} - \theta_1\right) - \frac{P}{s}(\zeta\delta_0 + \varepsilon)y_1 \\[2mm] \text{第一轴回转:} \quad m\rho_z^2\ddot{\theta}_1 + 2b^2 K_x(\theta_1 - \theta_t) - 2\xi\left(\frac{s\dot{\theta}_1}{r\omega} + \frac{j_e y_1}{r}\right)s + Ps\delta_0\theta_1 \\[2mm] \text{第二轴横移:} \quad m\ddot{y}_2 + 2K_y(y_2 - y_t - l\theta_t + c\phi_t) = -2\xi\left(\frac{\dot{y}_2}{r\omega} - \theta_2\right) - \frac{P}{s}(\zeta\delta_0 + \varepsilon)y_2 \\[2mm] \text{第二轴回转:} \quad m\rho_z^2\ddot{\theta}_2 + 2b^2 K_x(\theta_2 - \theta_t) - 2\xi\left(\frac{s\dot{\theta}_2}{r\omega} + \frac{j_e y_2}{r}\right)s + Ps\delta_0\theta_2 \\[2mm] \text{构架横移:} \quad m_t\ddot{y}_2 + 2K_y(2y_t - y_1 - y_2 - 2c\phi_t) = 0 \\[2mm] \text{构架回转:} \quad m_t\rho_{z,t}^2\ddot{\theta}_t + 2K_x l(2l\theta_t - y_1 + y_2) + 2K_x b^2(2\theta_t - \theta_1 - \theta_2) = 0 \\[2mm] \text{构架侧滚:} \quad m_t\rho_{x,t}\ddot{\phi}_t + 2K_y c(2c\phi_t + y_1 + y_2 - 2y_t) + 4b^2 K_z\phi_t = 0 \end{array}\right\} \quad (7.41)$$

式中，m 为轮对质量；m_t 为转向架构架的质量；ρ_z 为轮对的回转半径；$\rho_{z,t}$ 为转向架构架对垂轴的回转半径；$\rho_{x,t}$ 为转向架构架对纵轴的回转半径；K_x 为轮对每侧的纵向定位刚度；K_y 为轮对每侧的横向定位刚度；K_z 为轮对每侧的荷重簧刚度；b 为左右轴箱间距离之半；c 为转向架构架重心至车轴中心线的距离；l 为轴距之半。

式（7.41）的特征方程，是一个 λ 的 14 次代数方程。特征方程的 14 个根称为特征根或特征值。在自由度数目较大时，就必须用计算机求解。分别对不同运行速度求 14 个特征值。

在这里,这些特征值可能是 7 对共轭复数 $\lambda_k = \alpha_k + \mathrm{i}\beta_k$,也可能有几个是负的实数,其余为共轭复数,视转向架结构参数和运行速度而定。

λ 为负的实数表示大阻尼的重衰竭性运动,不会产生周期性振动,可以不予考虑。λ 为复数表示振幅变化的周期性振动。实部 α 为负时,振幅越振越小,运动稳定;α 为正时,振幅越振越大,运动失稳;$\alpha = 0$ 时,振幅不变,称为临界状态,对应的运行速度称为临界速度 v_c。λ 的虚部 β 表示振动的圆频率。

图 7.28 所示为某转向架的特征值中 3 对共轭复数的实部和虚部随速度变化的曲线。

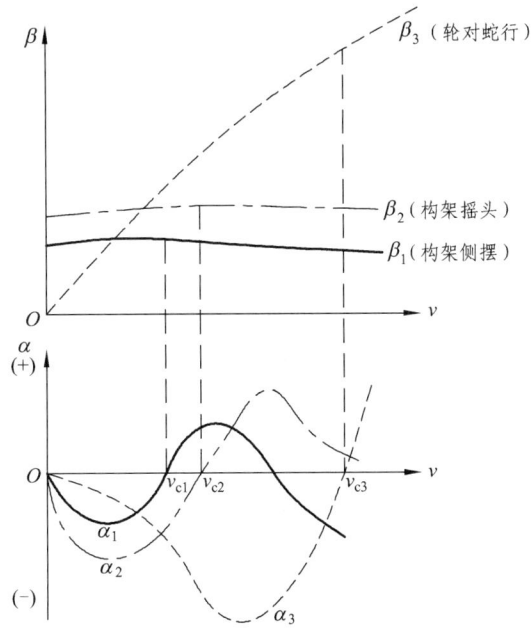

图 7.28 某二轴转向架的 3 对特征值与速度的关系

先看 λ_1。当速度由零增至 v_{c1} 时,α_1 由负变为 0,v_{c1} 为其临界速度。v 再继续增加,α_1 为正值,表示运动失稳;其失稳程度达最大值后逐渐减小,当 v 增至某值后又恢复到稳定区。

再看 λ_2。$\alpha_2 = 0$ 时的临界速度为 v_{c2},速度再继续增大,失稳程度逐渐增大达最高值后又逐渐减小,但始终是失稳的,没有再恢复到稳定区。如果改变有关结构参数,α_1 和 α_2 的变化规律也将改变,可能出现各种不同的情况。

再看 λ_3。$\alpha_3 = 0$ 时的临界速度为 v_{c3},速度再继续增大,α_3 为正值且不断增大,失稳程度不断增加。轮对蛇行失稳总有这样的特性。

图 7.28 中有 3 个临界速度,但转向架运行速度受最低临界速度 v_{c1} 的限制,因为只要 $v > v_{c1}$,由于一种振动的失稳,将导致整个转向架的失稳。故取转向架的临界速度 $v = v_{c1}$。

在稳定状态下,转向架横向振动轻微:侧摆很少超过 ±3 mm,摇头很少超过 ±2‰弧度,横向加速度不超过 (0.3~0.5)g。失稳后,转向架横向振动加剧,直到轮缘与钢轨侧面相碰,受到钢轨对轮缘的反作用力,使转向架趋于稳定,此时侧摆振幅达 6 mm 以上,摇头振幅达 8‰弧度以上,横向加速度达 (2~3)g。

到此为止,还遗留的一个重大问题是:当 $\alpha_1 = 0$ 时,临界速度为 v_{c1};当速度增加时,则 $\alpha_1 > 0$,运动失稳。究竟是哪一个振动开始失稳?这是必须判明的。此外,当 $\alpha_2 = 0$ 时,也要分别判别是哪个振动开始失稳。如果能判别在某速度下哪个振动失稳，就可以针对它采取一些措施，例如改变一些与之有关的结构参数，设法增大其临界速度，直至超出最高运行速度之外。

已知在某速度时某个特征值 $\lambda = \alpha + i\beta$ 的 $\alpha = 0$，要判别此时是哪个振动开始失稳，有两种方法：① 频率判别法；② 振型判别法。

现在介绍频率判别法。例如观察由计算机得到的 $\lambda_1 = \alpha_1 + i\beta_1$ 中的 α_1、β_1 随速度 v 的变化曲线（见图 7.28），其中 α_1 表示阻尼，β_1 表示振动圆频率，$\dfrac{\beta_1}{2\pi}$ 为频率（Hz）。从图上可以看出 β_1 随 v 的变化曲线几乎是常数，与构架在簧上的侧摆固有频率很接近。因为自激振动频率就是固有频率，因此可以判别对应 λ_1 的振动是构架侧摆。$v > v_{c1}$ 时，构架侧摆振动先失稳，导致整个转向架失稳。

再观察 $\lambda_2 = \alpha_2 + i\beta_2$ 中的 α_2、β_2 随速度的变化曲线，也几乎是常数，与构架在簧上的摇头固有频率很接近。因此可以判别对应 λ_2 的振动是构架摇头。

再观察 $\lambda_3 = \alpha_3 + i\beta_3$ 中的 α_3、β_3 随速度 v 的变化曲线，β_3 与轮对的蛇行运动学频率很接近，因此可以判别对应 λ_3 的振动是轮对蛇行，$v > v_{c3}$ 时，轮对蛇行失稳。

简单说来，频率判别法的计算步骤如下：

（1）计算构架的侧摆、摇头、侧滚等振动的固有频率及轮对蛇行运动学频率，备用。

（2）根据计算机求得的各复数特征值的实部与虚部随 v 的变化规律，当实部 $\alpha = 0$ 时，有一个振动开始失稳，分析对应此时的虚部 β 与上述备用的哪个固有频率比较接近，则就是那个振动失稳。

必须指出，随着运行速度增加，通常构架失稳在先，轮对失稳在后，亦即转向架的运行速度受构架失稳的限制。理论计算和实践都表明，改变有关的结构参数，例如选取恰当的轮对定位刚度和横向阻尼，可以使构架不失稳，而转向架的临界速度仅受轮对失稳的限制。

实际上，当 $v > v_{c1}$ 时，构架蛇行失稳，此时轮对的蛇行较小；当 $v > v_{c3}$ 时，轮对剧烈蛇行而构架蛇行却很微弱。上述只利用特征值的频率判别法，并不能反映这一情况。

2. 结构参数对临界速度的影响

通过上述对运动方程的计算和对结果的分析可以得知，转向架的结构参数对转向架的横向稳定性有下述影响：

（1）临界速度随轴距的增大而增高。为此不少高速二轴转向架车辆的轴距长达 2.8～3.0 m。

（2）临界速度与踏面等效斜率的平方根成反比（见图 7.29）。

（3）图 7.30 表示，提高重力刚度可以增进稳定。当轮对纵向定位刚度 K_x 很小或等于零时，重力刚度的影响十分显著；在正常的 K_x 值下，重力刚度的影响则大为减小。锥形踏面轮对的重力刚度较小，主要靠较大的定位刚度来保证其稳定性。

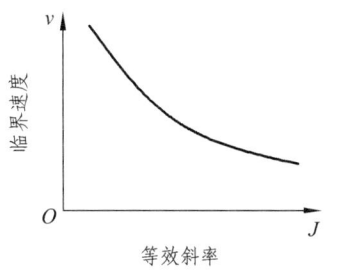 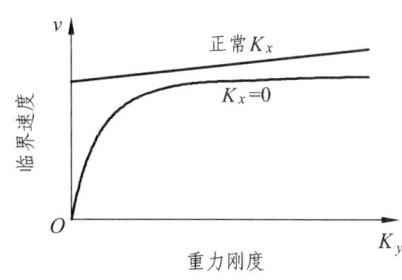

图 7.29　临界速度与踏面等效斜率的关系　　图 7.30　临界速度与重力刚度的关系

（4）随着轮对走行里程的增加，踏面磨耗增加，踏面曲率增大，使等效斜率和重力刚度增大。如果纵向定位刚度较大，则重力刚度的影响较小，临界速度会随着踏面磨耗使等效斜率增大而降低（见图 7.31）。采用磨耗形踏面的好处，在于在较长的走行里程内踏面形状变化较小，从而使车辆能在较长时期里保持比较稳定的运行品质。

（5）构架质量大，则构架侧摆的稳定性下降。为了提高稳定性而增大轴距时，要注意不使构架质量和回转半径显著增大。临界速度大致与转向架整个质量的平方根成反比（见图 7.32）。

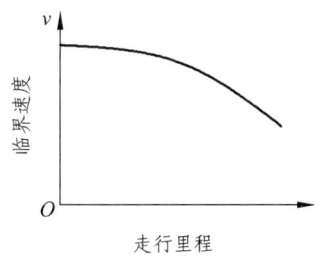 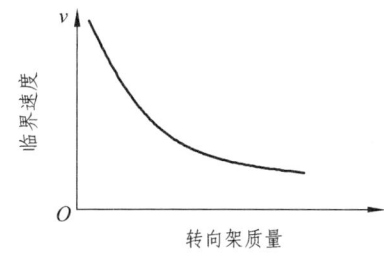

图 7.31　踏面磨耗对临界速度的影响　　图 7.32　转向架质量对临界速度的影响

（6）设计转向架时，结构参数中比较容易变更的是轮对定位刚度，而轮对定位刚度对于直线运行稳定性和曲线通过都有很大的影响，所以合理选取定位刚度对于转向架设计甚为重要。下面讨论这个比较复杂的问题。

图 7.33 所示为同时变更轮对纵向定位刚度和横向定位刚度对二轴转向架临界速度的影响。在小的定位刚度下，最低临界速度出现在轮对运动学频率接近构架在弹簧支悬上的固有频率。这时出现的是构架失稳。随着 K_x 及 K_y 的增大，构架失稳的现象消失，转向架的临界速度只受轮对蛇行失稳的限制。因为轮对失稳的临界速度较高，故转向架具有较高的临界速度。如果轮对纵向及横向定位刚度极大，则构架和轮对一起蛇行失稳，仿佛它们是刚体一样，即所谓转向架蛇行失稳，临界速度急剧下降。由此可见，就提高稳定性而言，轮对定位刚度也不是越大越好，定位刚度值中间偏大时，临界速度达最大值。因此，设计高速转向架的一种方法是：选用适当偏大的定位刚度（如较大的纵向定位刚度、中等的横向定位刚度），严格限制车轴与轴承的轴向游隙，并采用小斜率踏面。而这和利于曲线通过所要求采用较小的纵向定位刚度和较大斜率的踏面是相矛盾的。

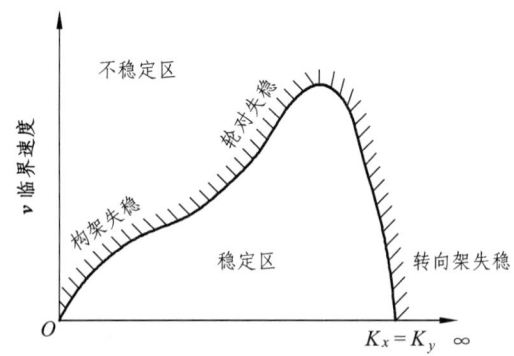

图 7.33 同时变更纵向定位刚度和横向定位刚度对二轴转向架横向稳定性的影响

对于车辆来说,轴箱定位装置要传递牵引力,纵向定位刚度必须足够大,但可以采用等效斜率较大的磨耗形踏面,以减小踏面和轮缘的磨耗率,同时在转向架与车体之间装用抗蛇行减振器,来达到较高的蛇行临界速度。

7.3.3 整车蛇行运动分析

1. 概 述

对转向架的横向动力学了解之后,再研究整车的横向动力学就比较方便了,因为运动方程的列出及其处理方法都是相同的,对方程处理所得结果的分析方法也是相同的。在这里,将介绍振型(特征向量)分析法的概念、用途及其优点。

假定车体与转向架连接的二系悬挂装置中有横动装置,即允许车体相对转向架构架横移,蛇行运动可分为:

(1)车体蛇行:车体剧烈侧摆并伴以摇头、侧滚,通常在速度不很高时可能出现。

(2)转向架蛇行:转向架构架侧摆和摇头振动很大,车体振动则相对较小,通常发生于较高速度。

(3)轮对蛇行:如果轮对在构架中的定位刚度较软,则在更高速度下会发生轮对的剧烈侧摆和摇头;如果轮对定位刚度很硬,则轮对和转向架一起蛇行,不易发生单独的轮对蛇行。

随着车辆运行速度自低速逐渐增加,车体蛇行首先发生,故通常又称为一次蛇行,而称转向架蛇行为二次蛇行。开始出现剧烈蛇行的速度称为临界速度。改变走行部的参数,临界速度就有变化。设计走行部参数时,必须使一次蛇行不发生,并使二次蛇行的临界速度超出车辆最高速度,并具有足够的余量。

2. 运动方程、特征值、特征向量

分析横向振动时,考虑横移、摇头、侧滚 3 种振动形式。整台车的横向振动,共有 17 个自由度,见表 7.1。

表 7.1 整台车横向振动的自由度

自由度	车体	前转向架构架	后转向架构架	轮对 1	轮对 2	轮对 3	轮对 4
横摆	y_B	y_{t1}	y_{t2}	y_1	y_2	y_3	y_4
摇头	θ_B	θ_{t1}	θ_{t2}	θ_1	θ_2	θ_3	θ_4
侧滚	φ_B	φ_{t1}	φ_{t2}				

要对 17 个自由度列出 17 个运动方程，组成一个二阶线性齐次微分方程组。每个方程中的各项都是坐标的一次项。把这个二阶线性齐次微分方程组写成矩阵的形式为

$$\underset{(17\times17)}{\boldsymbol{M}}\underset{(17\times1)}{\ddot{\boldsymbol{y}}} + \underset{(17\times17)}{\boldsymbol{R}}\underset{(17\times1)}{\dot{\boldsymbol{y}}} + \underset{(17\times17)}{\boldsymbol{K}}\underset{(17\times1)}{\boldsymbol{y}} = 0 \tag{7.42}$$

式中，$\boldsymbol{M}$ 为惯性矩阵；$\boldsymbol{R}$ 为阻尼矩阵；$\boldsymbol{K}$ 为刚度矩阵；$\boldsymbol{y}$ 为位移向量（列矩阵）。

其中，阻尼矩阵 $\boldsymbol{R}$ 除包含液压减振器黏滞性阻力和阻力矩外，还含有与位移对时间的一次导数成正比的蠕滑力和力矩；刚度矩阵 $\boldsymbol{K}$ 除包含悬挂系统的弹性力和力矩外，还包含有重力刚度和重力角刚度的力和力矩以及与位移成正比的蠕滑力和力矩。当走行部参数及车速一定时，$\boldsymbol{M}$、$\boldsymbol{R}$、$\boldsymbol{K}$ 都是常量矩阵。

为确定式（7.42）的振动特性，可以如同上节一样，推导出特征方程，它是 λ 的 34 次代数方程。求解特征方程的特征根，最多可以得到 17 对共轭复根。按照特征根实部的正负，判别在该速度下是失稳或稳定，其虚部就是此时的振动频率。分析方法和之前的方法一样，只不过自由度多些而已。

3. 判别运动失稳时的振型

当走行部参数一定时，特征值随运行速度而变化。当 λ 的实部为负值时，表示振动衰减，负值越大，衰减越快，亦即相对阻尼率越大。λ 的实部为正时，表示运动失稳；实部为零时的速度称为临界速度。λ 的虚部表示振动频率。

对于多自由度系统，任意一个坐标失稳，则整个系统失稳。所以通常以最先出现的失稳临界速度作为系统失稳的标志。因此，为确定车辆失稳临界速度，只要逐渐增大车辆速度，计算此时的 34 个特征值。当有一对共轭复数特征值的实部由负变为零时，表示运动即将开始失稳，虽然其他特征值的实部都是负值，却因一个坐标失稳而导致整车失稳。这时的速度就是车辆的临界速度。

当一个特征值 λ 的实部为零时，表示运动失稳。如何判别这时什么坐标开始失稳？可以用特征值虚部所表示的振动圆频率来判别。但由于自由度数目很大，频率判别法的整理工作不是一件轻而易举的事。如果利用计算机计算得到的对应该特征值的特征向量（振型），就可判别其中模为 1 的分量所代表的坐标振幅最大，最先开始失稳，同时还能知道其他坐标的振幅比及相位差，应用十分方便。

4. 走行部参数对横向稳定性的影响

对横向稳定性进行理论研究的目的就在于分析走行部参数对蛇行临界速度的影响，从而

在设计或改造车辆时，可能选择最合理的参数。必须指出，走行部参数很多，彼此之间又相互影响，不可能分别准确阐明各参数的影响，而只能根据具体计算结果为准。在不同的情况下各参数对稳定性影响的程度可能有相当大的出入，因此，下述各项只作为一般的分析，具体应用于某车辆，则不一定每一项都完全适用。

（1）踏面等效斜率 j_e 对横向稳定性是影响最显著的因素之一。增加等效斜率，易使轮对及转向架蛇行失稳。临界速度约与踏面等效斜率的平方根成反比。但等效斜率对车体蛇行的影响很小，因此为控制车体蛇行（一次蛇行），采取减小踏面斜度的措施是没有作用的。锥形踏面在运用过程中磨耗后，等效斜率增加，临界速度下降。此外，由于等效斜率增加，导致转向架蛇行频率增加、相对阻尼率减小，对稳定性也不利。

（2）增大一系轮对定位横向刚度对轮对及转向架的稳定性均有利；增大一系纵向刚度能显著改善轮对的蛇行稳定性，但对曲线通过不利。

（3）一系横向阻尼对转向架及轮对的稳定性有利，但作用不显著。

（4）减小二系横向刚度对转向架、车体及轮对的蛇行稳定性都是有利的。因此，现代速度较高的车辆都无例外地采用低的二系横向刚度。

（5）增大二系回转刚度（复原力矩）有利于转向架的摇头稳定性，但易使车体的摇头振型失稳。

（6）增大二系回转阻尼能使车体摇头失稳消失，对控制转向架摇头失稳也有较好的作用。

简而言之，车体蛇行失稳主要可以用二系悬挂中的阻尼和横向刚度来控制，使车体蛇行消除。转向架蛇行不可避免，但可以选择恰当的悬挂参数，使其临界速度超出车辆最高速度。减小踏面斜度、增大一系纵向及横向刚度、增大二系回转刚度及回转阻尼能使转向架蛇行临界速度增高，但对曲线通过不利。这就要按照具体情况，兼顾两方面的要求来选择悬挂参数。

7.4 曲线通过分析

曲线通过有两个相互联系的研究内容：几何曲线通过和动力曲线通过。几何曲线通过研究车辆与线路的几何关系和自身有关部分在曲线上的相互几何关系，研究几何曲线通过，也为研究动力曲线通过提供有关数据。动力曲线通过研究以不同速度通过曲线时与线路的相互作用，探讨安全通过曲线的条件和措施并为车辆和线路的强度计算以及轮缘磨耗提供有关数据。

7.4.1 几何曲线通过分析

关于转向架通过曲线时的转心位置、轮对所需横动量、车辆所能通过的曲线的最小半径、车辆车体与转向架的相互位置、车辆与建筑限界的接近程度等一系列的问题都可用几何法求解。

1. 几何曲线通过分析模型

为便于在研究转向架与曲线的几何关系时绘图，我们规定将左右两轮缘的外侧距 $B+2t$

缩为零，以半径为 $R_{外}=R+\sigma/2$ 的圆弧表示外轨内侧面，以 $R_{内}=R-\sigma/2-\Delta$ 的圆弧表示内轨外侧面，也就是用轮缘与钢轨在曲线上的全间隙 $\sigma+\Delta$ 来表示外轨内侧面与内轨外侧面的距离（见图7.34）。于是在这个图上，转向架构架就可用一条直线来表示，而轮对则用这条直线上的点来代表。如果代表某轮对的点不在两圆弧之间，则这个点至邻弧的距离就表示为使转向架几何通过这一轮对所需的横动量。

在一般情况下，转向架以任何速度通过曲线，其第一轮对的外轮总是靠紧外轨的（见图7.35），低速时，后轮对的内轮可能贴靠内轨，转向架在曲线上的这一位置称为转向架的最大偏斜位置。速度高些，后轮对的内轮不贴靠内轨，其外轮也不贴靠外轨，转向架在曲线上的这类位置称为自由位置。当速度高到一定值时，即离心力大到一定值时，后轮的外轮就贴靠外轨，这个位置称为转向架的最大外移位置。

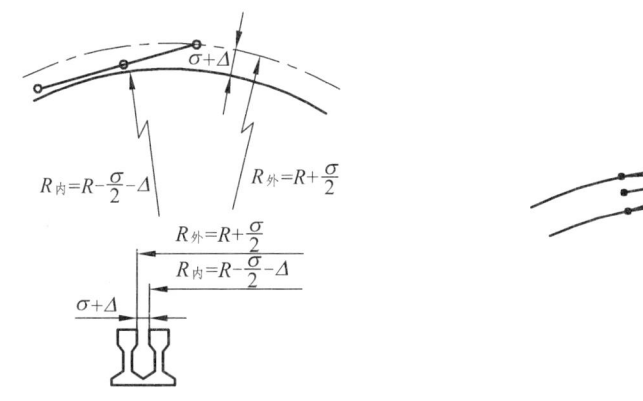

图7.34 几何曲线通过分析模型　　图7.35 转向架通过曲线时的可能位置

2. 几何曲线通过分析结果

下面用分析法求转心距、轮对对外轨的偏移量、能通过的最小曲线半径、前后转向架对车体的转角和转向架对外轨的冲角等。

（1）转向架转心的位置。

以转向架纵轴线为横轴，由曲线中心引向转向架纵轴线的垂线为纵轴，两线之间交点 Ω（转心）为坐标中心（见图7.36），并取坐标中心之右和上为正值，则第一轮对至转心的距离——第一轮对的转心距 X_1 可求得

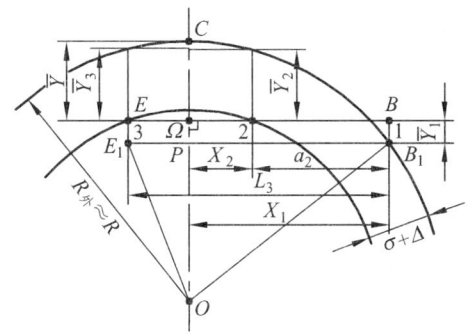

图7.36 三轴转向架的几何曲线通过（分析法）

$$X_1^2 = \overline{B_1O}^2 - \overline{OP}^2$$

$$\overline{OP}^2 = \overline{OE_1}^2 - \overline{PE_1}^2$$

式中，$\overline{B_1O} = R_{外} \approx R$（曲线半径）；$\overline{OE_1} \approx R - \overline{Y_3} - \overline{Y_1}$，其中，$\overline{Y_1}$ 为第一轮对对外轨的偏移量，为负值；$\overline{Y_3}$ 为决定转向架位置的另一轮对对于外轨的偏移量（图中第三轮对贴靠内轨）。

$$\overline{PE_1} = \overline{BE} - \overline{B\Omega} = L_3 - X_1$$

于是

$$X_1^2 = R^2 - [R - (\overline{Y_3} - \overline{Y_1})]^2 + (L_3 - X_1)^2$$

从而得

$$X_1 = \frac{L_3}{2} + \frac{R(\overline{Y_3} - \overline{Y_1})}{L_3} - \frac{(\overline{Y_3} - \overline{Y_1})^2}{2L_3}$$

略去微值 $\dfrac{(\overline{Y_3} - \overline{Y_1})^2}{2L_3}$ 不计，得

$$X_1 = \frac{L_3}{2} + \frac{R(\overline{Y_3} - \overline{Y_1})}{L_3} \tag{7.43}$$

求得第一轮对的转心距 X_1 也就是求得了转心在纵轴线上的位置，由此不难求得其他轮对的转心距。

（2）轮对对外轨的偏移量。

先求解弦长为 $2x$ 的弦 $\overline{AB}$ 矢高 y（见图 7.37）。依据几何定理可得

$$y = r - \sqrt{r^2 - x^2} \tag{7.43}$$

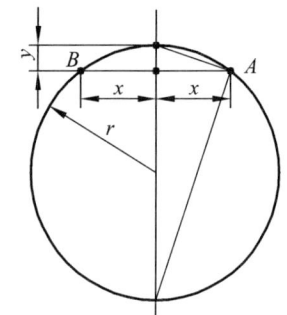

图 7.37　矢高与弦长的关系

将 $\sqrt{r^2 - x^2}$ 按牛顿二项式展开，代入式（7.43）得

$$y = \frac{x^2}{2r} + \frac{x^4}{2^3 \times r^3} + \frac{x^6}{2^4 \times r^5} + \cdots$$

略去微值 $\dfrac{x^4}{2^3 \times r^3}$ 等项，得

$$y = \frac{x^2}{2r} \tag{7.44}$$

利用这种矢高与弦长的关系，由图 7.36 求出转向架转心对于外轨的偏移量：

$$\overline{Y} = \overline{CP} - \overline{P\Omega} = \frac{X_1^2}{2R} + \overline{Y_1} \tag{7.45}$$

式中，$\overline{Y_1}$ 为给第一轮对的横动量；X_1 为第一轮对的转心距；R 为曲线半径。

任意轮对对于外轨的偏移量：

$$\overline{Y_i} = \overline{Y} - \frac{X_i^2}{2R} \tag{7.46}$$

式中，X_i 为任意轮对的转心距，如 $X_2 = X_1 - a_2$。

（3）转向架对车体的转角和转向架对外轨的冲角。

已知转向架在曲线上的位置以及连接转向架和车体的心盘的位置，就不难求得转向架对车体的转角——转向架纵轴线与车体纵轴线的夹角（见图 7.38）。

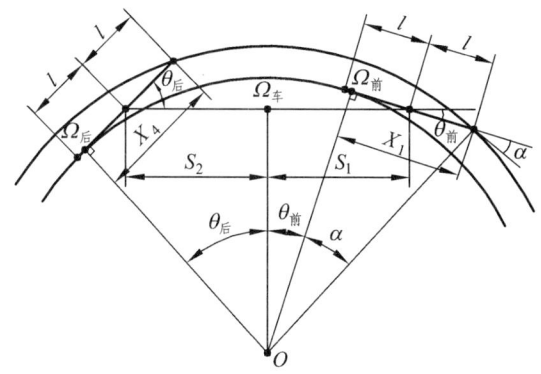

图 7.38　转向架对车体的转角和
转向架对外轨的冲角

设三轴转向架车辆的转向架全轴距 $= 2l$，前后转向架的转心分别为 $\Omega_{前}$ 和 $\Omega_{后}$，则依图 7.38 近似得前转向架对车体的转角：

$$\theta_{前} \approx \frac{S_1 + l - X_1}{R} \tag{7.47}$$

后转向架对车体的转角：

$$\theta_{后} \approx \frac{S_2 - l + X_4}{R} \tag{7.48}$$

式中，S_1、S_2 分别为前心盘和后心盘至车体转心的距离；X_1、X_4 分别为第一轮对和第四轮对的转心距。

这些公式也可用来校验在半径为 $R_{\min}$ 的曲线上，车体下部与转向架是否抵触。

转向架纵轴线与轨道的夹角称为冲角。按照图 7.38，转向架对外轨的冲角，亦即第一轮对的外轮对外轨的冲角：

$$\alpha \approx \frac{X_1}{R} \tag{7.49}$$

（4）能通过的最小曲线半径。

转向架式车辆能通过的最小曲线半径，受限于转向架在构造上容许的最大转角。当车辆在直线上时，转向架与车体同一纵轴线，转角为零。当车辆通过曲线时，转向架相对车体产生转角；曲线半径越小，转角越大。

图 7.39 表示车辆通过最小曲线半径 $R_{\min}$ 时的情况。此时，两转向架各自的端轴用尽了横动量之后，各转向架以外端轴贴靠外轨，内端轴贴靠内轨（此时转向架的转角 θ 最小）。为了简便，假定各轴均无横动量，根据几何关系得最小曲线半径为

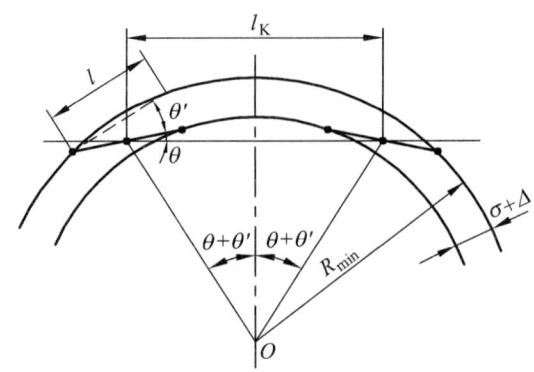

图 7.39 通过最小曲线半径 R_{min} 时的情况

$$R_{min} = \frac{L_K}{2\sin(\theta+\theta')} \quad (7.50)$$

式中，L_K 为两转向架心盘间距离；θ 为转向架构造上允许的最大转角；$\theta' = \arcsin\dfrac{\sigma+\Delta}{l}$，其中 $\sigma+\Delta$ 为轮缘与钢轨的总间隙，l 为转向架轴距。

3. 便利几何曲线通过的措施

从几何关系方面，便利车辆通过曲线采取的措施主要是：加宽曲线的轨距；给轮对以横动量；进行曲线通过校验。

（1）曲线加宽度。

为了保证车辆在曲线上顺利行进，轨距与轮缘外侧之间应保有一定的间隙（见图 7.40）

$$\sigma = A - (B+2t) \quad (7.51)$$

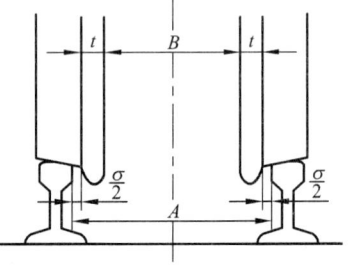

图 7.40 钢轨与轮缘的间隙

根据现行《铁路技术管理规程》：A 为直线上的轨距，A = 1 435 mm；B 为轮对的轮缘内侧距，B =（1 353±3）mm；t 为在离轮缘顶点 18 mm 处的轮缘厚度，$t = 33_{-10}^{+0}$ mm；σ 为直线上钢轨内侧与轮缘外侧的全间隙（mm）。

轨距的容许偏差与线路速度等级的关系见表 7.2。

表 7.2 轨距的容许偏差与线路速度等级的关系

线路速度等级/（km/h）	$v \leqslant 120$	$120 < v \leqslant 160$	$160 < v \leqslant 200$
轨距容许偏差/mm	+6，-2	+4，-2	±2

在曲线上，σ 能帮助车辆通过曲线。为更便于车辆的几何曲线通过，还将内轨适当内移。内轨内移量 Δ 叫曲线加宽度。根据我国现行《铁路技术管理规程》，加宽度与曲线半径的关系如表 7.3 所示。

表 7.3 加宽度与曲线半径的关系

曲线半径 R / m	< 300	$300 \leqslant R < 350$	$\geqslant 350$
加宽度 Δ / mm	15	5	0

（2）轮对横动量。

除了轮缘与钢轨的间隙外，为使轴距较长的三轴及四轴转向架能够纳入曲线，还给轮对以横动量，即允许轮对相对于轴箱和轴箱相对于转向架构架适当横动。

4. 曲线通过校验

有必要为半径为 $R_{\min}$ 的曲线校验车体较长的车辆的中部是否在曲线内侧，以及车辆的端部是否在曲线外侧与建筑限界相抵触。校验的方法是：将两转向架皆置于最大外移位置以校验车辆端部是否能通过限界（见图 7.41）；将两转向架皆置于最大偏斜位置以校验车辆中部是否能过限界（见图 7.42）。

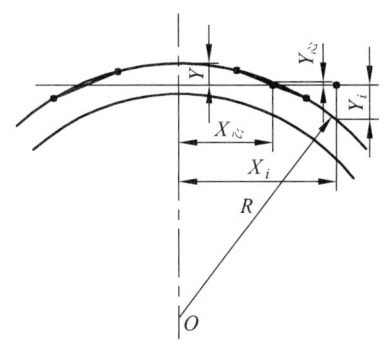

图 7.41 车体的偏移量
（两转向架都在最大外移位置）

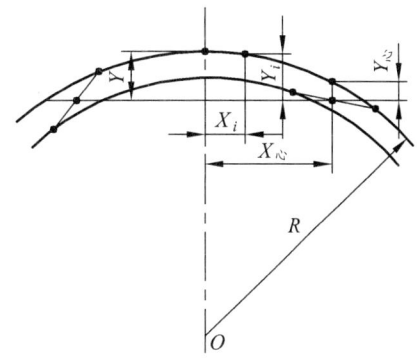

图 7.42 车体的偏移量
（两转向架都在最大偏斜位置）

计算方法是先求出车体转心对外轨的偏移量（在图 7.41 和图 7.42 中，以车体转心为坐标中心，坐标中心之上为正值）：

$$\overline{Y} = \frac{X_心^2}{2R} + \overline{Y}_心 \tag{7.52}$$

式中，$X_心$ 为车体转心至转向架心盘的距离；$\overline{Y}_心$ 为转向架心盘对外轨的偏移量；R 为曲线半径。

然后求出车体纵轴线上指定点对外轨的偏移量：

$$\overline{Y}_i = \overline{Y} - \frac{X_i^2}{2R} \tag{7.53}$$

式中，X_i 为车体纵轴线上指定点至车体转心的距离。

若指定点在外轨外侧（如车体端部），则 $Y_i + \dfrac{\sigma}{2}$ 加上一半车体宽度应小于一半限界宽度。

若指定点在内轨内侧（如车体中部），则 $Y_i - \dfrac{\sigma}{2}$ 加上一半车体宽度应小于一半限界宽度。

7.4.2 动力曲线通过分析及径向转向架

1. 轮缘力导向机理

（1）动力曲线通过分析模型。

下面讨论车辆以不同速度通过曲线时，轮轨之间的作用力及其对车辆通过曲线速度的限制。

为使问题简化，可在基本反映实际情况的条件下作如下假定：① 不考虑轨道横向变形。② 所有的水平力都作用在轨顶面内。③ 不考虑左右轮荷重的变化。④ 不计牵引力的影响。⑤ 轮箍踏面为圆柱形，即不计踏面斜率的影响。⑥ 踏面与轨顶面间的摩擦系数 μ 各轮相同，取 $\mu = 0.25$。⑦ 车辆稳态通过曲线，即车辆与曲线的相对位置不变。

通过曲线时，转向架所受作用力如图 7.43 所示。以两轴转向架为例，先设车辆以某速度通过指定半径的曲线时，转向架占最大偏斜位置（是否占偏斜位置，计算结束后即可判断），则作用在转向架上的力和力矩如图 7.43 所示，其中只有 F_1 和 F_2 是未知数。转向架的平衡方程式为

$$\left.\begin{array}{l}\sum F_Y = F_2 - F_1 + C + 2\sum u_i = 0 \\ \sum M_O = F_1 l_1 + F_2 l_2 - M_\text{复} - M_\text{摩} - 2S\sum H_i - 2\sum u_i l_i = 0\end{array}\right\} \quad (7.54)$$

式中，F_1、F_2 分别为第一轴和第二轴的轮缘力；l_1、l_2 分别为第一轴和第二轴至心盘 O 的距离；$M_\text{复}$、$M_\text{摩}$ 分别为转向架的复原力矩和摩擦力矩；u_i、H_i 分别为钢轨作用于各轮踏面摩擦力的横向分力和纵向分力。

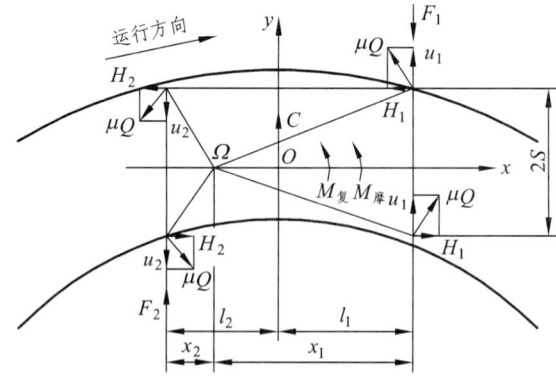

图 7.43 二轴转向架通过曲线时的受力分析（最大偏斜位置）

用方程组（7.54）求得两个未知数 F_1 和 F_2。F_2 为内轨作用于第二轴的轮缘力，若在所设的速度下求得的 F_2 为正值，则表明此时转向架确实占最大偏斜位置；若求得的 F_2 为负值，则说明在此速度下，车辆转向架不可能以最大偏斜位置通过该指定曲线，此时就需假定转向架在该曲线上占自由位置或最大外移位置，重新列出平衡方程式进行计算。

（2）改善动力曲线通过的措施。

改善动力曲线通过的目的在于：在行车速度较高的多弯道线路上，为尽量缩短全线的运行时间，在不显著增加侧压力或恶化运行舒适性的条件下，提高车辆通过曲线的速度；在曲线半径较小的线路上，为减少轮轨磨耗，设法降低轮缘磨耗因数。

为了减小侧压力和保证舒适度，在快速线路上要尽量放大曲线半径。

减少在小半径曲线上的轮缘磨耗在于减小轮缘与钢轨侧面的摩擦系数值；提高轮缘的耐磨性；减小轮缘力；降低轮缘与钢轨侧面的摩擦速度。为降低轮缘与钢轨侧面的摩擦系数，可以采用钢轨侧面润滑或轮缘润滑或二者兼施的方法。用这种方法可以使轮缘磨耗减少至一半到几分之一。目前润滑形式繁多，结构繁简不等，但多有因保养或使用不善而引起黏着恶化的缺点，往往不为乘务员所欢迎，而有待于认真总结和提高。但也须指出，采取润滑这种方法，无助于减少轮轨的相互作用力和冲角。

减少轮缘力和降低轮缘与钢轨侧面的摩擦速度是减少在小半径曲线上的轮缘磨耗的基本途径。这方面有许多措施，如在导向轮对的轴端设弹性横动装置或采用轴箱弹性定位；在车体和转向架间设横动装置；用抗蛇行的液压减振器代替摩擦旁承来控制转向架蛇行；给三轴转向架中间轮对以大的自由横动量；采用磨耗形踏面；两转向架横向弹性相连。

2. 蠕滑力导向机理

车辆良好的曲线通过性能意味着轮轨之间的相互作用力要小，一方面使作用在车辆上的轮对、构架（侧架）、车体等各部件的力可以降低，改善其受力状态，减少轮轨之间的磨耗、延长车辆和钢轨的使用寿命，提高通过曲线的运行速度；另一方面，对于线路，若存在过大的侧压力，会发生轨距扩宽、轨排横移或钢轨翻转、道床破坏等现象，危及行车安全，增加线路维修工作量，并由于线路质量的下降，会影响车辆运行平稳性，同时也降低了车辆的抗脱轨安全性。还有，较小的轮轨之间的相互作用力，也意味着较小的运行阻力，节约能源消耗。所以，具有良好曲线通过性能的车辆才能满足铁路运输的需要，提高铁路运输能力。

（1）通过曲线时自由轮对的纯滚线。

具有锥形踏面的自由轮对在通过曲线时，为了实现纯滚动，其一是外侧车轮所滚过的距离必须大于内侧车轮所滚过的距离。为此需要轮对产生偏离曲线中心线的横向外移，形成内侧车轮以小半径滚动、外侧车轮以大半径滚动，使之与曲线外轨半径大、内轨半径小相适应。其二是轮对轴向中心线应处于曲线径向位置。只有这样，才能实现轮对纯滚动。因此，轮对具有锥形踏面是轮对在曲线上实现纯滚动的必要条件。对于各型磨耗形踏面的轮对，同样具有这种特性。

轮对做纯滚动时，轮对中心所走过的轨迹在轨道平面内的铅垂投影称为纯滚线。纯滚线总是位于中心线的外侧。

在研究曲线通过时以纯滚线和与之相垂直的径向线作为坐标系统。这是因为当曲线半径、车轮滚动半径、车轮踏面斜度各参数值确定时，这个坐标系统也是确定的。同时，又因为最理想的曲线通过是轮对中心所经过的轨迹应该与纯滚线相一致，而车轴轴向中心线处于曲线径向位置，故用纯滚线与径向线为坐标系统，便于分析轮对、构架和车体的线位移和角位移，便于分析车辆在曲线上运行时的各作用力及建立运动方程式。这也是评价车辆曲线通过性能的标志。

纯滚线总是处于曲线线路中心线外侧，其偏移距离 y_0 与曲线半径 R、车轮踏面斜度 λ、车轮平均半径 r_0 及轮对左右两车轮滚动圆间的横向距离 $2b$ 等参数有关。

由图 7.44 中的几何关系可确定纯滚线距离线路中心线的距离 y_0 为

$$y_0 = -\frac{r_0 b}{\lambda_e R} \tag{7.55}$$

式中的负号表明纯滚线位于线路中心线的外侧。

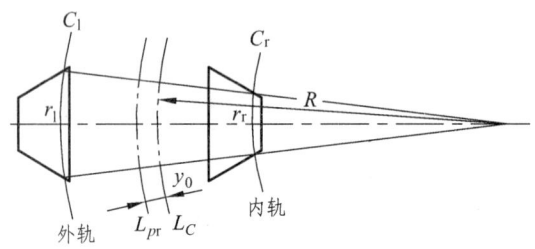

图 7.44　纯滚线、曲线中心线与轮轨参数的关系

可见，等效斜度 λ_e 值高，曲线的曲率半径 R 大，车轮半径 r_0 小，则纯滚线距离线路中心线的距离 y_0 小，即更易于实现纯滚动。

（3）通过曲线时作用在轮对上的蠕滑力。

具有弹性的钢质车轮在弹性的钢轨上以一定的速度滚动时，轮轨之间出现蠕滑。根据前面轮轨滚动接触理论，可由图 7.45 计算出轮对所受的蠕滑力和蠕滑力矩。

$$\begin{aligned} T_y &= 2\zeta\psi \\ M_z &= -2\xi\frac{\lambda b}{r_0}(y-y_0) \end{aligned} \tag{7.56}$$

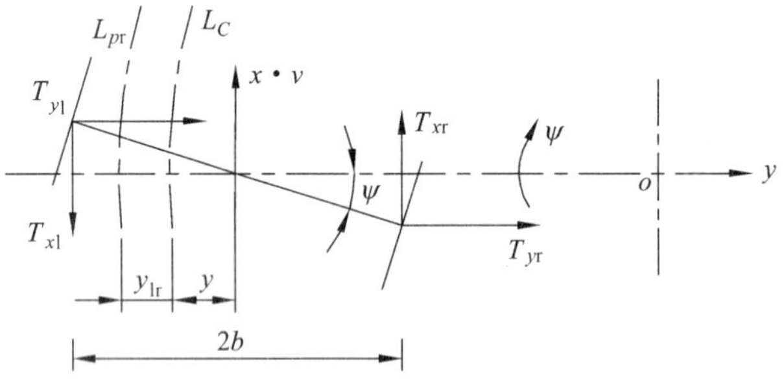

图 7.45　作用在轮对上的蠕滑力

可见，横向蠕滑力 T_y 是由轮对的摇头角位移 ψ 所产生，其大小与方向完全取决于 ψ。蠕滑力矩 M_z 则由轮对横移 y'（$y'=y-y_0$）引起，因此其大小与方向不仅与轮对相对线路中心线的横向位移 y 有关，而且还受纯滚线与线路中心线之间距离 y_0 的影响。若轮对处于 $y'=\psi=0$，则作用在轮对上的蠕滑力为零。而轮对处于该状态正是前述的理想的曲线通过。所以，可以这样说：轮对所受的蠕滑力为零时，车辆具有最好的曲线通过性能。

（4）蠕滑效应的导向。

如前所述，轮轨之间作用着蠕滑力和蠕滑力矩，为了说明这样的蠕滑效应怎样影响车辆在曲线上的运行，首先分析 4 种基本的简单工况，如图 7.46 所示。轮对的初始条件是轮对轴线同于曲线径向线方向，轮对中心在曲线纯滚线上。

第一工况：轮对通过曲线时，假定由于某种原因，使轮对轴线偏离其径向位置 $+\psi$（顺时针），而 $y'=0$，可根据式（7.56）进行分析，由于轮对存在偏转 $+\psi_1$ 角，产生作用于轮对的横向蠕滑力 T_{y1}，其方向指向曲线内侧。该瞬时作用在轮对上的蠕滑力矩 $M_z=0$；在 T_{y1} 作用下，轮对向曲线内侧横移 $+y_1$，由于 $+y_1$ 存在，使轮对受到 $-M_z$（逆时针）蠕滑力矩的作用，并相应产生逆时针的转角 $-\psi_2$，这个 $-\psi_2$ 角会使原 $+\psi_1$ 的角度减小，使轮对轴线趋向径向位置；同理可以继续分析，由于存在 $-\psi_2$ 角所产生的 $-T_{y2}$ 力，使轮对横移 $-y_2$，$-y_2$ 使原 $+y$ 减小，即使轮对趋向纯滚移动；依次作用下去，直至 $y'=\psi=0$，调整位置的过程结束。上述过程都是微小的、自动的、同时进行的，过程结束时轮轨之间的蠕滑力均为零。

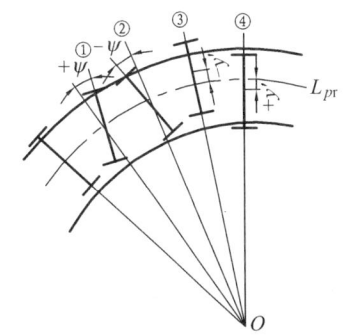

图 7.46　轮对在曲线上的 4 种情况

第二工况：轮对的偏移情况为 $y=0$，$\psi=-\psi_1$。可按第一工况相同的方法分析，只是注意相应的各位移、力、力矩的正、负号是与之相反即可。

第三工况：轮对的偏移情况为 $y'=-y_1$，$\psi=0$。根据式（7.56）来分析，由于轮对存在偏移 $-y_1$，产生作用于轮对的顺时针蠕滑力矩 $+M_{z1}$，该瞬时作用在轮对上的横向蠕滑力 T_{y1}。在 $+M_{z1}$ 的作用下，轮对顺时针转动 $+\psi_1$ 角，由于 $+\psi_1$ 的存在，轮对产生 $+T_{y2}$（指向曲线内侧）的作用而横移 $+y_2$。这个 $+y_2$ 位移会使原 $-y_1$ 的横移位减小，使轮对趋向纯滚线运动；同理可分析，由于存在 $+y_2$ 所产生的逆时针蠕滑力矩 $-M_{z2}$，会使轮对逆时针转动 $-\psi_2$ 角，这个 $-\psi_2$ 角位移会使原 $+\psi_1$ 角位移的值减小，即使轮对轴线趋向径向位置；轮对微小地调整位置的过程直至 $y'=0$、$\psi=0$ 时为止。此时轮轨之间的蠕滑力均为零。

第四工况：轮对的偏移情况为 $y'=+y_1$，$\psi=0$。可仿照第三工况进行分析，过程结束时，仍是 $y'=0$、$\psi=0$ 时为止。此时轮轨之间的蠕滑力均为零。

对于轮对偏移情况为 $y'\neq 0$，$\psi\neq 0$。各种工况可以同样进行分析。

从上述的分析过程及结果可以看出：

（1）车辆通过曲线时，蠕滑效应总是驱使轮对中心沿纯滚线、轮对轴线方向维持径向线的方向运行的。也就是说，轮轨间蠕滑力起着导向作用，有利于车辆曲线通过。

（2）如果只考虑蠕滑力的作用，不考虑其他作用力的影响，理论意义上的稳态运动通过曲线，对于自由轮对则必然是占纯滚线，轮对运动是以该固定形态在圆曲线上做匀速圆周运动；否则就不可能是稳态运动通过曲线。

（3）实际上，由于车辆结构中，影响车辆曲线通过的作用力主要有：在轮轨之间作用在轮对上的蠕滑力、由于重力刚度和重力角刚度产生的力和力矩、轮缘与钢轨接触时的轮缘力；在车辆悬挂系统中作用的弹性复原力；在车辆上作用有离心力、风力和由于曲线外轨超高引起的分力以及在车辆之间通过车钩缓冲装置作用在车辆底架上的横向分力等。上述这些力中，弹性复原力和蠕滑力对车辆通过曲线的性能具有十分重要的作用和影响。实际的轮对纯滚动的通过曲线都是不可能的。但是，为了使车辆具有良好的曲线通过性能，则需要选择合理的一系悬挂装置的刚度、轮对等效斜度、转向架固定轴距等参数，以使轮对轴线和对轴线的径向位置只存在小的偏转，轮对中心在纯滚线的附近做小的移动，而实现良好的曲线通过，并且还可能在一定的条件下（如曲率半径足够大等）使轮缘不接触钢轨，而仅仅依靠蠕滑力导向。

4. 径向转向架

（1）径向转向架的机理。

Wikens 指出：任何结构形式的转向架，可以用两个弹簧来代表轮对间的弯曲刚度和剪切刚度。例如，一台两系悬挂的三大件式转向架可按静力学观点把它等效于两个相互弹性约束的轮对。以弹簧悬挂装置在水平平面内的特性不变为前提，该弹性约束可用等效剪切刚度 K_s 为等效弯曲刚度 K_b 的两个弹簧来代换，如图 7.47 所示。

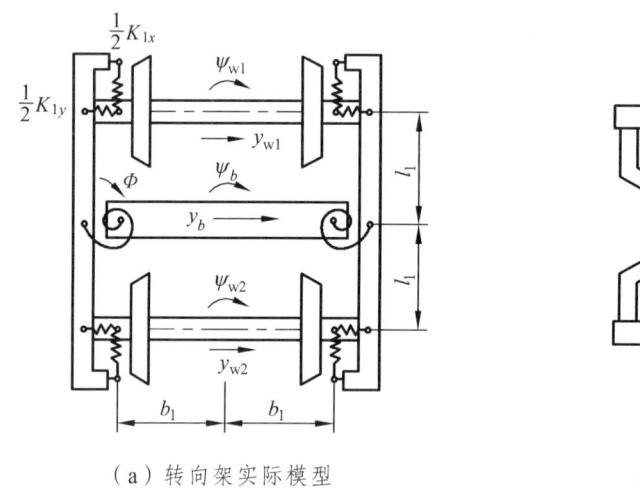 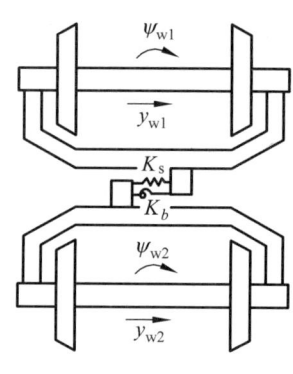

（a）转向架实际模型　　　　　　　　（b）转向架等效模型

图 7.47　二系悬挂三大件式转向架模型

等效剪切刚度 K_s 的定义是：前轮对做横向位移时，后轮对作用有弹性复原力，该单位位移所产生的力称为两轮对之间的等效剪切刚度。等效弯曲刚度 K_b 的定义依此类推。

K_s、K_b 的值可由实际转向架与等效模型两者的静力平衡方程求得。对于图 7.47（a）所示的转向架，有 7 个自由度。前轮对的横移为 y_{w1} 和摇头 ψ_{w1}；后轮对的横移为 y_{w2} 和摇头 ψ_{w2}；侧架和摇枕的整体横移为 y_k 和摇头 ψ_k；左右两片侧架的异向前后错动角为 φ，称为侧架的菱形变形，实际转向架系统的作用力为

前导轮对上的横向力：$F_1 = K_{1y}(y_{w1} - y_b - l_1\psi)$

后随轮对上的横向力：$F_2 = K_{1y}(y_{w2} - y_b - l_1\psi)$

前导轮对上的力矩：$M_1 = K_{1x}b_1^2(\psi_{w1} - \psi_b - \varphi)$

后随轮对上的力矩：$M_2 = K_{1x}b_1^2(\psi_{w2} - \psi_b - \varphi)$

侧架菱形变形力矩：$l_1F_1 - l_1F_2 = -2K_1\varphi$

式中，K_{1y} 和 K_{1x} 分别为轮对一系悬挂的横向刚度和纵向刚度；K_1 为两片侧架的抗菱形刚度；b_1 为一系悬挂弹簧的横向间距之半。

对于等效模型，有 4 个自由度：前轮对的横移为 y_{w1} 和摇头 ψ_{w1}；后轮对的横移为为 y_{w2}

和摇头 ψ_{w2}。该实际转向架系统的作用力为

前导轮对上的横向力：$F_1 = K_s(y_{w1} - l_1\psi_{w1} - y_{w2} - l_1\psi_{w2})$

后随轮对上的横向力：$F_2 = K_s(y_{w2} + l_1\psi_{w1} - y_{w1} - l_1\psi_{w2})$

前导轮对上的力矩：$M_1 = l_1 K_s(l_1\psi_{w1} - y_{w1} + y_{w2} + l_1\psi_{w2}) + K_b(\psi_{w1} - \psi_{w2})$

后随轮对上的力矩：$M_2 = l_1 K_s(l_1\psi_{w1} + y_{w2} - y_{w1} + l_1\psi_{w2}) + K_b(\psi_{w2} - \psi_{w1})$

两个系统都有平衡方程：

$$\begin{aligned} F_1 - F_2 &= 0 \\ M_1 + M_2 + F_1 l_1 - F_2 l_1 &= 0 \end{aligned} \tag{7.57}$$

为了使两系统一致，令 $y_b = 0$、$\psi_b = 0$。由以上各式推导可得

$$K_s = \cfrac{1}{2l_1^2\left(\cfrac{1}{K_{1\psi}} + \cfrac{1}{K_1}\right) + \cfrac{2}{K_{1y}}} \tag{7.58}$$

$$K_b = \frac{1}{2} b_1^2 K_{1x}$$

式中，$K_{1\psi}$ 为每个轮对的轮对摇头角刚度，$K_{1\psi} = 2K_b$。

分析式（7.58）可知，转向架的等效剪切刚度 K_s 由三部分刚度组成，即前后两个轮对的摇头角刚度、摇枕两个端部的抗菱形角刚度、前后两个轮对的横向刚度。其值类似是三部分的 6 个弹簧串联的效果。而转向架的等效弯曲刚度 K_b 是前后两个轮对摇头角刚度 $K_{1\psi}$ 的串联当量刚度。

研究表明，要提高转向架蛇行运动临界速度，就要增加 K_b，但 K_b 提高后会恶化曲线通过性能。最有效的措施是设计一种新型转向架——径向转向架。

（2）径向转向架类型。

在一般转向架设计中，为提高转向架横向运动稳定性，保证转向架在高速运行时的蛇行运动的稳定性，要求转向架的轮对与轮对间、轮对与构架间有足够的定位刚度及较小的车轮踏面斜度。这种刚性转向架在通过曲线时，由于两轮对在构架中保持平行配置，从而造成转向架的前位轮对的大冲角，轮对在通过曲线时除纯滚动的前进速度外，还产生横向的滑动速度，轮轨的接触面上要提供足够大的横向力，即蠕滑力，使转向架产生瞬时的回转。当蠕滑力不足时，势必使轮缘贴靠钢轨，产生轮缘力，加剧曲线钢轨磨耗、轮缘垂直磨耗和噪声等。

为了提高转向架通过曲线的能力，要求轮对与构架的定位尽量柔软，车轮的踏面有较大的斜率，以使转向架过曲线时其轮对能处于或接近纯滚动的径向位置，从而可最大限度地降低过曲线时钢轨和轮缘的磨耗以及噪声。解决转向架横向运动稳定性和曲线通过能力这一对矛盾的最有效措施就是采用径向转向架（Radial Truck，见图 7.48）。

径向转向架能保证具有足够的直线运动稳定性的同时减少过曲线时的轮对冲角，使轮对的轴线尽量指向曲线的半径方向，减少轮缘和钢轨的磨耗以及侧向力，降低动力消耗和过曲线时轮轨的摩擦噪声，特别适宜于小半径曲线上车辆运行的要求，具有较大的技术经济意义。径向转向架可分为自导向转向架（self-steering truck）和迫导向转向架（force-steering truck）。

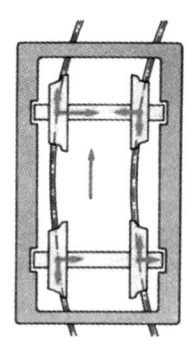 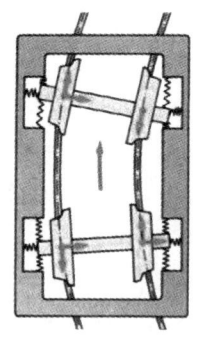

（a）普通二轴转向架　　　（b）径向二轴转向架

图 7.48　二轴转向架通过曲线的情况

（3）自导向的径向转向架工作原理。

自导向径向转向架是依靠轮轨间的蠕滑力进行导向的，它利用进入曲线时轮对间产生的蠕滑力，通过转向架自身导向机构的作用，使轮对"自动"进入曲线的径向位置。从转向架曲线运行的动力学分析可知，由于轮对的车轮支点所产生的滑动速度分量 W_i 必将在其反方向产生一个滑动摩擦阻力，即蠕滑力，从而使转向架受到一个与曲线运行方向相反的摩擦力矩 M_R 的作用（见图 7.49）。

$$\left. \begin{array}{l} \Phi_i = \mu \cdot Q \\ q_i = \sqrt{X_i^2 + S^2} \\ M_R = \sum (\Phi_i \cdot q_i) \end{array} \right\} \quad (7.59)$$

式中，Q 为车轮支反力；μ 为轮轨接触点的蠕滑系数；q_i 为回转中心至车轮支点的距离。

"卡滞-滑动"效应所引起的该滑动摩擦力矩使后轮对相对曲线中心的角偏移减少，使前轮对相对曲线中心的角偏移增大，从而使后轮对总是比前轮对更接近于曲线的径向位置。曲线运行时，作用在转向架车轮上的滑动摩擦力 Φ_i 可分解为纵向分量 Φ_{xi} 和横向分量 Φ_{yi}（见图 7.50）。显然，纵向分量所产生的后轮对上的径向回转摩擦力矩 $M_{R2} = \sum (\Phi_{x2} S)$，其值必大于作用于前轮对上的反径向回转力矩 $M_{R1} = \sum (\Phi_{x1} S)$。而横向分量 Φ_{yi} 被钢轨对轮缘的力 H_{yi} 所平衡，后轮对这个正的过剩力矩可由对角斜撑连接元件传递至前轮对，驱使前轮对也向着曲线的中心。这就是自导向径向转向架的作用原理。

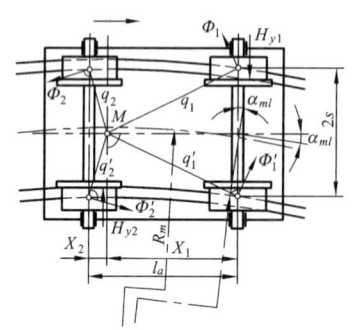 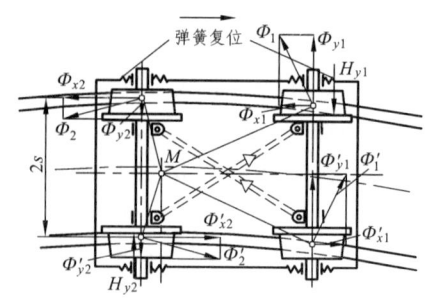

图 7.49　曲线运行摩擦力矩对轮对倾角的影响　　图 7.50　对角斜撑自导向转向架作用原理

自导向转向架区别于常规转向架的两个根本特点为：

① 两轮对间可以直接传递作用力，使轮对蛇行与车体转向架蛇行解耦，有利于车体的横向稳定性，临界速度可因此提高 10%~30%。

② 可以任意加大轮对间的相对剪切刚度而不影响曲线通过性能，这可以降低冲角，减轻轮缘磨耗。

对于运行速度较低，横向运动稳定性要求不高的情况，最简单的自导向转向架方案为采用一系柔性悬挂，降低轮对横移及摇头刚度，由于轮对车轮踏面锥度的存在，在过曲线时轮对就能自动趋于径向位置。

最先取得成功并已得到普遍应用的轮对自导向转向架是南非铁路的对角斜撑转向架，发明者是南非铁路工程师 Herbert Scheffel，所以也称 Scheffel 转向架（见图 7.51），这种转向架采用对角斜撑以确保直线运行时两轮对的可靠定位，而在曲线运行时轮对能沿曲线半径方向自由通过。其设计特点是：采用标准磨耗形踏面，等效斜率为 0.22，以比较小的水平回转约束将轮对弹性悬挂于构架，这是通过附加的橡胶垫来实现的，在轴箱承载鞍上有两块剪切刚度较小（0.17 MN/m）的橡胶垫，用以支承侧架并允许轮对做较小的横向位移；采用两根斜撑连接斜对角的轴箱承载鞍，允许轮对做径向或八字形位移，但限制菱形位移，这样就相当程度地提高了系统的稳定性。试验和运用情况表明，这种转向架有较好的曲线通过性能，轮缘磨耗很小，运行品质也显著改进，最高运行速度可达 120 km/h。该转向架上安装于侧架和轴箱承载鞍之间的橡胶元件起到了第一系悬挂的作用，有效地降低了簧下质量。

美国铁路工程协会 List 设计的 DR-1 型转向架是利用自导向径向转向架原理对现有三大件式转向架进行"径向改造"的一个例子。这种转向架的导向臂是由 Dresser 公司提供的。所以称为 DR-1 型转向架（见图 7.52），其基本结构为两个弓形导向臂分别固定于每一个车轴处的两个承载鞍上，并通过摇枕上的一个孔连接起来，以提供轮对间的对角控制，起稳定和导向作用。在承载鞍与转向架侧架间安装橡胶垫，提供第一系弹性悬挂并给轮对以较大的纵向自由度，允许其进入曲线的径向位置。

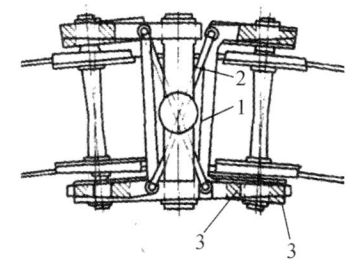

图 7.51 Scheffel 转向架

1—副构架；2—对角斜撑；3—承载鞍橡胶垫

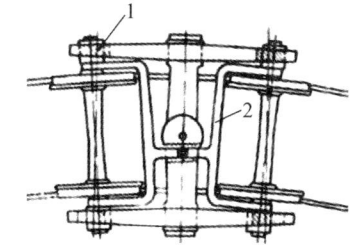

图 7.52 DR-1 型转向架

1—承载鞍橡胶垫；2—导向臂

另外，客车自导向径向转向架和机车三轴自导向径向转向架如图 7.53 和图 7.54 所示。

（4）迫导向的径向转向架。

自导向径向转向架有一定的局限性，它完全借助于蠕滑力导向，只有在曲线半径大于 1 000 m 时才能实现。在其他情况下，自导向只能部分地改善曲线通过性能，并受横向稳定性的制约。

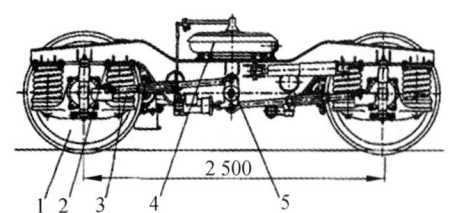

图 7.53 客车自导向径向转向架

1—轮对；2—构架；3—轴箱悬挂装置；
4—中央悬挂装置；5—自导向机构

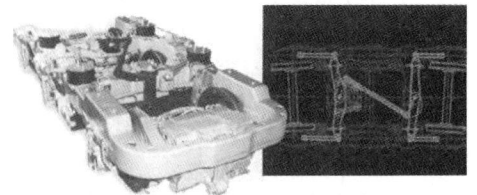

图 7.54 三轴径向转向架

迫导向转向架是利用进入曲线轨道时，车体与转向架之间的相对回转运动，通过专门的导向机构迫使轮对处于曲线的径向位置，或其他最佳位置。在某一曲线半径时，刚性转向架的冲角与曲线半径有关，跟车体与转向架之间的夹角成一定的比例关系，例如为 1 : 6 左右。所以，通过导向机构的不同设计，可以使轮对在任意曲线半径上均处于所要求的冲角，从正冲角到 0（完全径向），直至负冲角。

另外，计算表明，通过曲线时，车体与转向架间横向位移是超高不足度的函数，也可以通过车体与转向架的导向机构，使轮对得到一个可以抵消超高不足度的横向力，这同样有利于曲线通过。

所以，迫导向转向架的特点就是实现了由车体加于轮对的导向力或力矩的控制，轮对冲角或横移量的这种无源控制，显示了迫导向转向架的巨大优越性，尤其对于地下铁道、城市轻轨、城郊和山区铁路等小半径曲线线路，更能发挥自导向转向架所不能起到的作用。

由英国 Scales 发明设计，美国匹兹堡 Devine 公司制造的 Devine-Scales 转向架（见图 7.55）是迫导向径向转向架的一个例子。该转向架采用由高强度低合金钢焊接而成的刚性构架、标准 AAR 轴箱弹簧和摩擦减振器，在转向架构架四角的框架中各安装一个副构架，轴

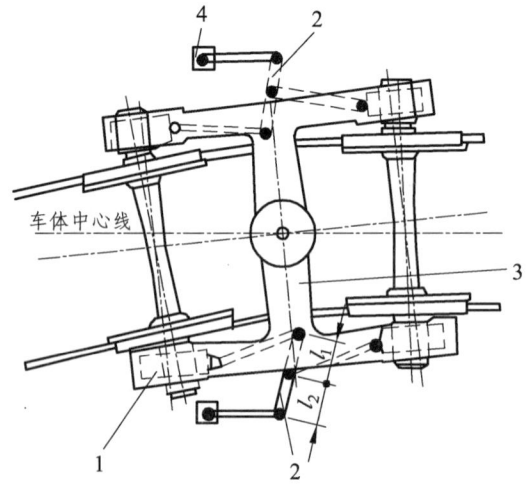

图 7.55 Devine-Scales 转向架

1—副构架及一系弹簧悬挂；2—导向杠杆系统；
3—刚性构架；4—车体支点

箱承载鞍、弹簧减振系统都位于副构架中,并且副构架可以在低摩擦系数的支承垫上做纵向滑动。转向架每侧的导向杠杆系统将副构架与车体连接起来。车辆进入曲线时,由于车体与转向架间的相对回转运动,导向杠杆系统使曲线外侧的轴距扩大,使曲线内侧的轴距缩小,从而使轮对处于径向位置;而在直线轨道上,刚性构架和导向杠杆系统使轮对保持在与轨道垂直的位置,增加横向稳定性,抑制转向架的蛇行运动。

7.4.3 曲线限速与摆式列车

1. 摆式列车的发展

列车以高速通过曲线时产生的离心力,会出现下列四方面的问题:
(1) 乘坐舒适性恶化。
(2) 线路外侧受到偏离力的作用,导致线路位置失常。
(3) 列车容易在曲线外侧脱轨。
(4) 列车有在曲线内侧翻车的危险。

根据上述情况,在改善(1)乘车舒适性的条件下,如果再针对(2)使车辆做到轻型化并强化轨道的话,则在(3)、(4)的富裕范围内,就能较为容易地实现曲线区间的高速化了。最根本的解决办法就是将线路改建成没有曲线或者使曲线半径很大。但改建新线还需挖通隧道,往往经济效益很低。在这种条件下,提出了以改良车辆的方法实现高速化,即采用摆式车体车辆。

2. 摆式车体的原理

列车运行在曲线区间时,产生离心加速度,车上乘客均受到了向曲线外侧的作用力,恶化了乘客乘坐舒适性。而旅客能忍受的离心力,一般认为不宜超过旅客自身重量的10%,亦即离心加速度不能超过$0.1g$。我国铁路设计标准规定:通过曲线时未平衡的离心加速度最大不能超过$0.077g$。因为旅客在离心加速度小于$0.04g$时一般不易察觉。为了减小离心加速度的影响,通常的做法是在轨道上将曲线外侧的钢轨增高,设置外轨超高是为了使车体向曲线内侧倾斜,利用重力分量使列车产生一个向心力,用以平衡列车在曲线段运行时产生的离心力。当向心力小于离心力时,则产生欠超高问题,而欠超高过大,会使旅客感到不舒适;当向心力大于离心力时,则会产生过超高问题,过超高将导致轮轨的磨耗加剧。在客运专线或货运专线上,外轨超高值的设置通常较为简单。而在客货混跑的既有线上,为了使运行速度较低的货物列车在通过曲线段时不出现大的过超高,需要减小外轨超高,但同时应避免旅客列车高速通过曲线段时出现较大的欠超高,解决这一问题的传统途径是加大曲线半径或规定旅客列车在曲线段限速运行。

列车在曲线段运行时的允许最高速度与曲线半径、最小外轨超高、允许欠超高、允许过超高等参数有关。设未平衡离心加速度为g_c,则

$$g_c = \frac{v^2}{R} - g\frac{h_实}{s} \quad \text{或} \quad h_欠 = \frac{g_c s}{g} = \frac{sv^2}{gR} - h_实 \tag{7.60}$$

式中，v 为运行速度；R 为曲线半径；g 为重力加速度；$h_{实}$ 为曲线外轨超高；s 为左右车轮滚动圆间距离。

一般情况下，列车在曲线上运行允许有一定的未平衡离心力存在，亦即可以有一定的超高不足。国外：$g_c < 0.05g$（较好线路），$g_c < 0.077g$（山区和提速线），$g_{c\max} < 0.1g$；国内：$h_{欠} < 70$ mm（等级线路），$h_{欠} < 90$ mm（一般线路），$h_{欠} < 110$ mm（提速线）。此时允许的曲线通过速度为

$$v_{限} = \sqrt{Rg\frac{h_{实} + h_{欠}}{s}} \tag{7.61}$$

习惯上速度以 km/h 为单位，外轨超高以 mm 为单位，并将 $g = 9.8$ m/s² 及准轨线路的 $s = 1\,493$ mm 代入式（7.61）得

$$v_{限} = \sqrt{\frac{R(h_{实} + h_{欠})}{11.8}} \quad (\text{km/h}) \tag{7.62}$$

可见，增大外轨超高，可以提高列车的曲线限速。但是，为了兼顾货物列车运行及旅客列车低速通过曲线，外轨超高应该受到限制。我国铁路规定曲线上的最大超高不能超过 110 mm。如果曲线外轨超高过大，最严重的情况是列车在曲线上停车时就有向内侧倾覆的危险。在既有线上，如列车速度越高，离心加速度就越大，仅仅利用曲线外轨超高使车体倾斜就不够了，因此最常见的做法是限制列车通过曲线段时的速度，但如能使车体向曲线内侧倾斜，也可以弥补外轨超高的不足，这就是摆式车体得以发展的原因。

摆式客车在曲线段运行时自动向曲线内侧倾斜，倾斜度为 3°～10°，摆式车体客车的倾斜量相当于加了一个附加的外轨超高量 $h_{附加}$（见图 7.56），使横向加速度减小，解决了列车通过曲线段时限速以及因欠超高过大而引起的乘坐不舒适问题。其曲线限速为

$$v_{限} = \sqrt{\frac{R(h_{实} + h_{欠} + h_{附加})}{11.8}} \quad (\text{km/h}) \tag{7.63}$$

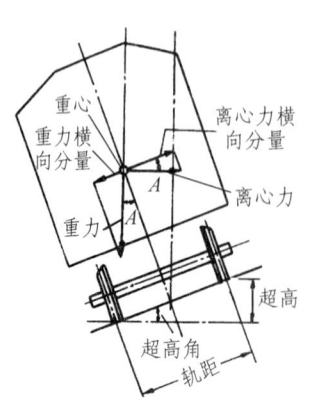
（a）普通列车

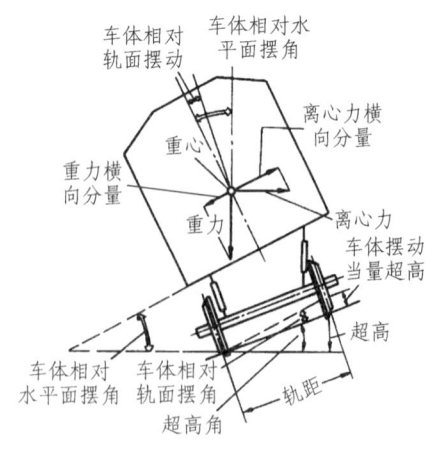
（b）摆式列车

图 7.56 列车通过曲线时的横向力

可见，要想进一步提高曲线通过速度，可以增加 $h_{附加}$，亦即通过增加摆式车体倾角得以实现。但实际上，车体倾角也是受到限制的，其理由有：

（1）自然摆式车体内倾角不可以过大，一般只能达 3.5°~5°；而另一些摆式车体，例如主动摆式车体，虽然从技术上可较大地增加倾角，但在极短的时间内使车体达到所要求的倾角，会加大车体倾斜角速度、倾斜角加速度，当超过 5°/s 时，乘客将感到不适。

（2）列车通过曲线时，若车体倾摆角过大，乘客在车厢内走动或站立时会感到不稳，在通过连续的 S 形曲线时，乘客会有头晕和恶心的感觉。

（3）车体倾角过大，会加大轮轨之间的动力作用。

研究表明，摆式车体列车有助于提高速度，但无益于改善轮轨之间的动力作用。因此，从列车、线路等整个系统来分析，完美的摆式车体列车必须辅以径向转向架、独立车轮及低轴重等措施，以降低轮轨之间的动力作用，但这将增大造价。

3. 摆式车体的分类

为了改善列车通过曲线时的乘坐舒适性，本着既要控制对轨道的过大投资，又要实现铁路高速化的目的，在 1970 年前后各国竞相开发了各种摆式车体列车。

按摆式车体倾斜方式的不同，摆式车体可分为下面两种：

（1）自然倾斜式，又称为被动倾斜式。自然摆是利用通过曲线时产生的离心力使车体自然地向曲线内侧倾斜，车体倾斜角度可达到 3.5°~5°。该摆式车体以西班牙的 Talgo 和日本的 381 系电动车组为代表。

自然摆倾斜装置的阻力大，在进入曲线或驶出曲线时，存在车体倾斜滞后现象，导致乘坐舒适性恶化，因而需要将倾斜中心调整一定高度，使倾斜装置的阻力适当。但由于在乘坐舒适性方面不断地出现问题，考虑到如果采用增加缓和曲线长度的解决办法，需追加投资，对线路的投资就会大大超过原先的计划，这将意味着采用自然摆方式是不成功的。为了解决这个问题，日本采用在倾斜机构中加装控制风缸的办法，辅助强制车体倾斜。

（2）强制倾斜式，又称为主动倾斜式，是用油缸等使车体倾斜，利用振动加速度计和回转仪来检测列车在曲线运行中的过离心力加速度和外轨超高，并将该过离心力加速度作为零或者跟踪缓和曲线的外轨超高来控制车体向曲线内侧的倾斜，车体最大倾斜角可达 8°~10°，能大体上与过离心力加速度相抵消。该摆式车体以意大利 ETR450 和瑞典 X2000 型列车为代表。

强制摆倾斜中心可较低，车体重心移动也小。但从乘坐舒适性和列车的安全性看，所发生的故障较多，目前主要存在以下问题：① 发生故障时的备用装置不足；② 在速度提高时，强制摆在缓和曲线上的运行时间缩短，车体倾斜角速度增大，导致急剧倾斜。较大的车体倾斜角和倾斜角速度，会造成乘客失去平衡感，发生"晕车"和"双足悬空"等感觉，这是摆式车体存在的特有的乘坐舒适性问题。

为了提高摆式列车的乘坐舒适度，一是要使车体倾斜动作与通过曲线同步而不滞后，二是要减少车体倾斜角，改善乘坐舒适性。对摆式列车的乘坐舒适性有影响的因素还有车体倾斜装置和车体支承枕簧的结构等。

车体支撑枕簧结构有簧间摆和簧上摆之分。簧上摆是将枕簧设置在车体倾斜装置下面的结构。采用簧间摆结构时，当通过曲线时，枕簧与车体一起，随着车体倾斜装置向内侧倾斜，受过离心力加速度的影响较小,乘坐舒适性好。簧间摆是指将枕簧设置在连杆和滚轮等上方的车体倾斜装置结构。簧上摆的枕簧与车体倾斜装置的倾斜无关,在高速通过曲线时,与一般车辆一样,要承受过离心力,导致乘坐舒适性变差。比较之下,采用簧间摆的结构能充分发挥摆式车体的优点,对改善高速通过曲线时的乘坐舒适性有利。

4. 西班牙的 Talgo 型摆式列车

在欧洲,意大利和瑞典成功地采用了强制车体倾斜控制装置,瑞士也采用了独特的强制车体倾斜控制。只有西班牙的 Talgo 高速列车使用自然摆倾斜装置,其轮对位于两车辆之间,因而易于抬高悬挂装置支承面。如图 7.57 和图 7.58 所示,带两根立柱的 U 形梁,将两个自由轮装在一起,形成 Talgo 轮对。空气弹簧固定在这两根缸柱的上端,悬挂装置大大高于重心,这样便得到了适当的倾摆力矩。

5. X2000 型摆式列车

X2000 型摆式列车的动车和拖车均采用自导向转向架。动车转向架上装有牵引电机和传动齿轮箱,不装倾摆装置。主控微处理机安装在动车和带驾驶室的拖车上,供司机操纵。受控微处理机安装在每辆拖车上,以接收主控微处理机的指令进行工作。倾摆机构置于转向架上、下摇枕之间,由 2 个油压作动器和 4 根斜吊杆(见图 7.59)组成。在列车两端的自导向转向架上(即动车和带驾驶室拖车转向架),装有两个加速度仪。传感器将进入弯道时测得的横向加速度信号传输到主控微处理机。主控微处理机将测得的加速度值、列车运行速度和各拖车所处位置等数值进行处理,得出车体倾斜最佳控制量,然后向每辆拖车受控微处理机发出指令。在数据修正后受控微处理机再按车辆进入曲线的先后顺序,依次启动各辆拖车的液压缸,使之适量伸长或缩短,从而使车体和上摇枕一道,在列车进入曲线后,根据曲线半径和运行速度的需要,使车体倾摆适当角度。车体摆动最大倾斜角度为 8°,最大有效倾角为 6.5°,摆动角速度为 4°/s。通过曲线时,车体可以抵消 70% 的离心力,提高了旅客的舒适度,改善了旅行环境。反之,在导向转向架驶离曲线时,受控微处理机按设定程序指令,再使每辆拖车体依次恢复到原来状态。

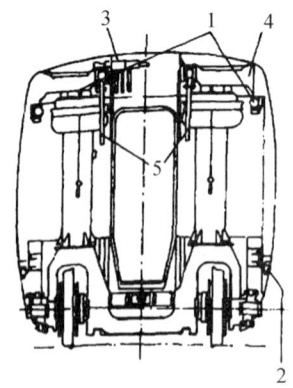

图 7.57 减振器各部分

1—两套垂直减振器;2—附装的两套横向减振器;3—电磁阀;4—车辆中间车上所示的盆形支承结构;
5—支承结构上悬吊的杆件

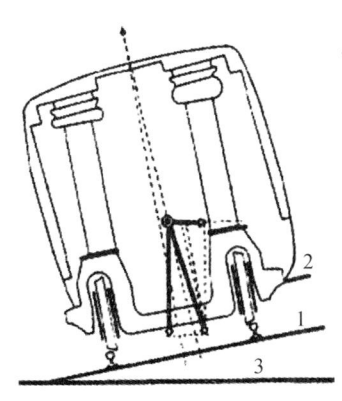

图 7.58 西班牙 Talgo 摆式车倾摆原理

1—轨面；2—乘客位置；3—水平面

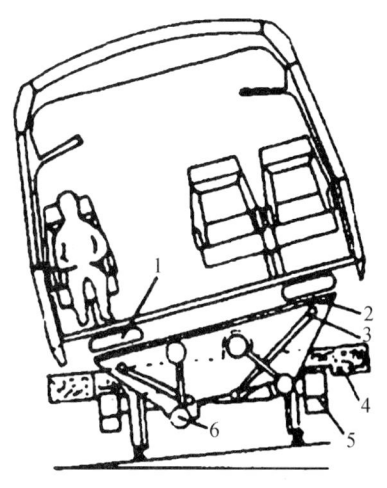

图 7.59 瑞典 X2000 摆式车倾摆原理

1—空气弹簧；2—上（摆）摇枕；3—液压缸；
4—下摇枕；5—转向架；6—吊杆

7.5 车辆系统动力学性能及其评价指标

7.5.1 概 述

当列车高速运行时，线路各种确定性不平顺、非确定性不平顺和动力不平顺等，都会加剧轮轨间的动力相互作用，影响行车的平稳性、舒适性和安全性。尤其是当车辆的激振频率与桥梁的固有频率相同或相近时，还将引发车桥共振，严重影响行车安全。因此，高速铁路动态安全性和行车舒适性的评价标准将直接影响线路结构设计的安全性。

车辆的动力学性能主要包括运行稳定性（安全性）、平稳性以及曲线通过能力 3 个方面。衡量这些性能的主要指标如表 7.4 所示。下面在给出运行安全性指标定义基础上，介绍目前国内外常用的安全性指标评估值及不同的评估方法。

表 7.4 车辆动力学性能及其主要评价指标

动力性能	平稳性	稳定性（安全性）	曲线通过能力
涉及内容	旅客乘坐舒适性 装运货物的完整性	防止蛇行运动稳定性 防止脱轨稳定性 防止车辆倾覆稳定性	防止脱轨稳定性 防止车辆倾覆稳定性 磨耗性能
评价指标	乘坐指标（Sperling 指标、ISO 标准、车体振动加速度等）	临界速度、脱轨系数、减载率、倾覆系数、轮轨横向力、轮轴横向力、磨耗指数	

7.5.2 车辆运行安全性评价

1. 运行安全性的定义及其评价目的

车辆在线路上运行时受到各种力的作用，在最不利的组合情况下，这些力会破坏车辆的正常运行条件，使轮轨脱离接触，造成车辆脱轨或倾覆事故，这种情况称为车辆失去运行安全性。影响车辆运行安全的有车体簧上倾覆、车辆倾覆和车轮脱轨等事故。为了保证车辆在线路上运行安全，不发生任何倾覆和脱轨等重大事故，在车辆设计、制造、维修运用工作中，应采取各种措施保证轮轨之间正常接触，使车辆上所受的力保持在安全范围之内。运行安全性评价的目的是通过理论分析和试验研究查明影响车辆脱轨和倾覆的主要因素，制定安全评定指标及其允许限度，提出改善措施，确保行车安全。

2. 抗脱轨稳定性

（1）定义与分类。

当车辆进入曲线时，由于各种横向力，如风力、离心力等作用，使前轮对外侧车轮的轮缘贴靠钢轨侧面，车轮给钢轨的横向作用力为 Q，将钢轨给车轮的横向反力称为导向力。在导向力作用下，轮对连同转向架顺着曲线方向前进，在某特定条件下，车轮给钢轨的横向力 Q 很大，而车轮给钢轨的垂向力 P 很小，导致车轮在转动过程中新的接触点逐渐移向轮缘顶部，车轮逐渐升高。如果轮缘接触点的位置到达轮缘圆弧面上的拐点，即轮缘根部与中部圆弧连接处轮缘倾角最大的一点时，就到达爬轨的临界点。如果在到达临界点以前 Q 减小或 P 增大，则轮对仍可能向下滑动，恢复到原来的稳定位。如果接触点超过临界点以后 Q、P 的变化不大，由于轮缘倾角变小，车轮有可能逐渐爬上钢轨，直到轮缘顶部达到钢轨顶面而脱轨，这种脱轨方式称为爬轨，一般发生在车辆低速情况。另一种脱轨方式发生在高速情况，由于轮轨之间的冲击力造成车轮跳上钢轨，这种脱轨方式称跳轨；此外，当轮轨之间的横向力过大，使轨距扩大，车轮落入轨道内侧而脱轨，这种脱轨方式称掉道。评定抗脱轨安全性的指标很多，从转向架设计角度考虑主要有两项指标：脱轨系数、轮重减载率。

（2）脱轨系数。

评定防止车轮脱轨稳定性用的脱轨系数，为某一时刻作用在车轮上的横向力 Q 和垂向力 P 的比值，即 Q/P。

最初由法国科学家 Nadal 根据爬轨侧车轮在脱轨临界状态时轮轨接触点上力的稳定条件，推导出了脱轨系数的表达式，其后为世界各国铁路部门所采用。

假设车轮与钢轨接触点位于轮对中心线的垂直平面内，则有图 7.60（a）所示的车轮处于脱轨临界状态时的轮轨受力关系，接触斑处车轮轮受力情况如图 7.60（b）所示，各作用力分别向轮轨接触点 A 的切线方向和法线方向投影可得

$$\left.\begin{array}{l} N = P\cos\alpha + Q\sin\alpha \\ T = P\sin\alpha - Q\cos\alpha \end{array}\right\} \tag{7.64}$$

式中，Q 为作用于轮线上的横向力；P 为作用于车轮上的垂向；N 为钢轨对车轮的法向反力；T 为钢轨对车轮的切向反力；α 为车轮的轮缘角。

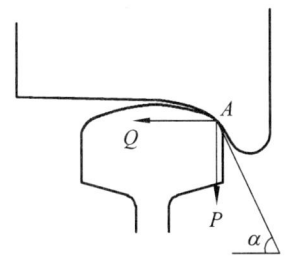 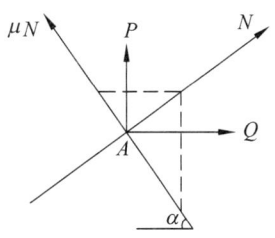

（a）临界状态轮轨作用　　　　　（b）接触斑作用力分解

图 7.60　车轮脱轨临界状态作用力关系

轮与轨道是在所谓的"滚动接触"状态下相互接触的。车轮与轨道间的作用力被称为"蠕滑力"。根据蠕滑理论，该力的大小不会超过摩擦力。在切向力 T 达到摩擦力 μN 大小时必须取最小值。即是说，在该极限状态下，$T = \mu N$。由此可得脱轨系数的临界值为[由式（7.64）得]

$$\frac{Q}{P} = \frac{\tan\alpha - (T/N)}{1 + (T/N)\tan\alpha} = \frac{\tan\alpha - \mu}{1 + \mu\tan\alpha} \tag{7.65}$$

为了便于测量，通常用轮对和轴箱之间的横向力进行脱轨系数的表达，即

$$\frac{H + \mu P_2}{P_1} = \frac{Q_1}{P_1} = \frac{\tan\alpha - \mu}{1 + \mu\tan\alpha} \tag{7.66}$$

我国《铁道车辆动力学性能评定和试验鉴定规范》（GB 5599—1985）制定的脱轨系数标准为第一限度≤1.2，为合格标准；第二限度≤1.0，为安全裕度的标准。

（3）跳轨安全系数。

在日本标准中，还考虑了轮轨间发生冲击时车轮的脱轨安全性问题。前面规定的脱轨系数标准限定值为 0.8，其基本思路是认为横向力作用时间大于 0.05 s 以上，当横向力作用时间小于 0.05 s 时，用 0.04 s 计算所得的值作为标准值。即 $Q/P = 0.04/t$，t 为横向力 Q 的作用时间。

（4）轮重减载率。

对于脱轨安全性指标来说最基本的就是脱轨系数。但是，仅依靠脱轨系数来判定安全性，却并不充分。其主要原因是：

① 轮重较小时，与其对应的横向力也就较小，计算脱轨系数时受到轮重和横向力测量误差的影响就较大，因此要获得正确的脱轨系数比较困难。

② 垂向力较小时，使用该垂向力和与其对应的横向力得到的脱轨系数很容易达到脱轨限界值。另一方面，单侧车轮的轮重减少时，另一侧车轮轮重一般就会增大，此时极小的轮对冲角变化会导致较大的横向力，从而加大了脱轨的危险性。

③ 根据多次线路试验来看，与其说脱轨系数值较大容易导致列车脱轨，还不如说轮重减少得越多越容易导致列车脱轨。

因此，除了脱轨系数以外，还有必要对显示轮重减少程度的指标进行限定，并以此来判断车辆/动车组脱轨的安全性问题，该指标称为轮重减载率。

轮重减载率为评定车辆在轮对横向力为零或接近于零的条件下，因一侧车轮严重减载而

脱轨的安全性指标。定义轮重减载率为轮重减载量 $\Delta P = (P_2 - P_1)/2$ 与左右轮平均轮重 $P = (P_1 + P_2)/2$ 之比，即 $\Delta P/P$。

令轮对横向力 $H = 0$，将其代入脱轨系数公式得

$$\frac{\Delta P}{P} = \frac{\dfrac{\tan\alpha_1 - \mu_1}{1 + \mu_1 \tan\alpha_1} - \dfrac{\tan\alpha_2 + \mu_2}{1 - \mu_2 \tan\alpha_2}}{\dfrac{\tan\alpha_1 - \mu_1}{1 + \mu_1 \tan\alpha_1} + \dfrac{\tan\alpha_2 + \mu_2}{1 - \mu_2 \tan\alpha_2}} \tag{7.67}$$

我国《铁道车辆动力学性能评定和试验鉴定规范》（GB 5599—1985）制定的轮重减载率的第一限度≤0.65；第二限度≤0.60。

需要指出的是，脱轨系数和轮重减载率分别是在轮对横向力 $H > 0$ 和 $H = 0$ 的条件下，根据车轮垂向力和横向力的平衡条件得出的，是在两种不同情况下评价车轮脱轨的指标。不能单靠轮重减载率来确保安全性，只有在脱轨系数和轮重减载率一起使用的前提下，该数值才能够充分地确保车辆运行的安全性。

（5）轮轨横向力。

铁路轨道结构在垂直方向具有相当的强度储备，而在横向基本上是在保证线形圆滑的前提下凭经验来保证轨道有一个适当的强度。但是，当线路状态恶化时，过大的轮轨横向力可能导致扣件破损、轨道不平顺出现，甚至出现钢轨转动引发列车脱轨。轮轨横向力的限值主要根据木枕线路道钉所能承受的横向力极限、钢轨弹性和扣件的横向设计载荷来确定。木枕钩头道钉轨道在过大的轮轨横向力作用下，表现为道钉被挤出引起轨距扩大、道钉上拔引起钢轨转动（挤翻钢轨）两种破坏形式。日本对此进行详细研究后，提出了道钉挤压横向力 $Q \leqslant 29 + 0.30P$（kN，屈服极限），$Q \leqslant 19 + 0.30P$（kN，弹性极限），拔起的横向力极限 $Q \leqslant 17.3 + 0.30P$（kN）。

3. 车辆抗倾覆安全性评价

（1）车辆倾覆系数。

倾覆系数用于评价车辆在侧向风力、离心力等最不利组合下是否会导致车辆向一侧倾覆。设车辆外轨侧的轮轨压力为 P_2，内轨侧的轮轨压力为 P_1，定义倾覆系数 D 为

$$D = \frac{P_2 - P_1}{P_2 + P_1} \tag{7.68}$$

当车辆一侧车轮轮重减载至零时（$P_1 = 0$），车辆达到倾覆的临界状态。此时，$D = 1$。因此，为防止车辆倾覆，必须满足 $D < 1$ 条件。我国《铁道车辆动力学性能评定和试验鉴定规范》（GB 5599—1985）、《高速试验列车强度及动力学性能规范》[95J01-L（M）] 中规定 $D < 0.8$。

（2）车体浮心高度。

车体抗倾覆的稳定性条件为

$$\frac{b_2^2}{f_2} - h_1 > 2 \ (\text{m}) \tag{7.69}$$

式中，b_2 为中央弹簧横向间距的一半；f_2 为中央弹簧的静挠度；h_1 为车体中心到中央弹簧上支撑面的距离。

7.5.3 车辆运行平稳性评价

车辆的振动水平在怎样的范围内才可以被接受呢？这应当针对旅客、乘务人员、货物以及车辆本身等不同的对象，分别提出相应的要求。

"乘坐舒适度"这一用语的含义非常广泛。对于狭义的乘坐舒适度来说，仅限于与轨道状态有关的车辆振动引起的人体感受，并将这种狭义的乘坐舒适度简称为"乘坐舒适度"。

评价车辆乘坐舒适性最直接的指标就是车体振动加速度。为了更准确地对舒适区进行评价。不仅要考虑加速度的大小，还要考虑加速度振动频率的影响。当采用考虑频率的车体加速度来评定舒适度时，世界各国有着不同的评价指标，在不同时期，曾采用过多种不同的评估方法和标准。其中较典型的有 Sperling 的"平稳性指标"和 SNCF 的"疲劳时间"。近年来则一般都倾向于靠拢国际标准 ISO2631。我国铁路对车辆运行的平稳性（旅客乘坐的舒适性）分别按平稳性指标和车体振动加速度来评定。

1. Sperling 平稳性指标

用平稳性指标来评价车辆运行性能的方法在国际上获得广泛的应用。Sperling 基于大量实验而制定的平稳性指标用于车辆本身的运行品质和旅客乘坐舒适度，运行品质由车辆本身来衡量，而舒适度则还与旅客对振动环境的敏感度有关。Sperling 平稳性指标（ride index）的实质是通过单一的判据以评估车辆的"走行品质"（ride quality）和"舒适度"（comfort）。前者的对象是车辆本身，后者的对象是人，是人体对机械振动的反映。

平稳性指标 W 由下式表示：

用于运行品质的评价：

$$W = 0.896 \sqrt[10]{\frac{a^3}{f}} \tag{7.70}$$

用于舒适度的评价：

$$W = 0.896 \sqrt[10]{\frac{a^3}{f} F(f)} \tag{7.71}$$

式中，a 为振动加速度；f 为振动频率（Hz）；$F(f)$ 是与振动频率有关的修正系数。

以上是根据单一频率的等幅振动得到的。$F(f)$ 的引入是考虑到人体对各种振动频率的敏感度不同，在常用的频率范围内，垂向和横向的 $F(f)$ 值是不同的。研究表明：就垂向振动而言，人对频率为 4~8 Hz 的振动最敏感；就水平向而言，则对频率在 2 Hz 以内的振动最敏感。在 3.5 Hz 以内，人对水平向振动的敏感性高于对垂向振动的敏感性；在 3.15 Hz 以上时则相反。

Sperling 平稳性指标等级一般分为 5 级，Sperling 乘坐舒适度指标一般分为 4 级。但在两等级之间可按要求进一步细化。根据 W 值来评定平稳性的等级见表 7.5。

表 7.5 车辆运行平稳性及舒适度指标与等级

W 值	运行品质	W 值	乘坐舒适度
1	很好	1	刚能感觉
2	好	2	明显感觉
3	满意	2.5	更明显，但无不快
4	可以运行	3	强烈，不正常，但还能忍受
4.5	运行不合格	3.25	很不正常
5	危险	3.5	极不正常，烦恼，不能长时忍受
		4	极烦恼，长期忍受有害

《铁道车辆动力学性能评定和试验鉴定规范》规定采用 Sperling 平稳性指标法对客车以及货车的走行品质进行定量评估。只是在对指标的分级上作了简化，仅分为"优""良好"和"合格"三级，见表 7.6。

表 7.6 车辆运行平稳性指标与等级

平稳性等级	评定	平稳性指标与等级		
		客车	车辆	货车
1	优	<2.5	<2.75	<3.5
2	良好	2.5~2.75	2.75~3.10	3.5~4.0
3	合格	2.75~3.0	3.10~3.45	4.0~4.25

2. 疲劳时间

当人体连续受到机械振动时，经一段时间后便因疲劳而使工作效能下降。至于疲劳到何种程度使工作效能下降则取决于众多因素，如振动的加速幅值、振动的频率等，且因人而异。国际标准化组织（ISO）在综合大量有关人体振动研究工作的基础上，制定了国际标准《人体承受全身振动的评价指南》（ISO2631—74）。该标准把振动对人体的影响用疲劳时间来表示。疲劳时间是指人们在旅途中从乘车到开始疲劳所经历的时间。目前，英法等欧洲国家以此作为评价客车平稳性的依据。从维持工作效能、健康和舒适度出发，相应提出了下列 3 种限度：工效下降限度（令人感到疲倦的限度）、承受限度和舒适度下降限度。

图 7.61、图 7.62 表明工效下降时间限度与振动加速度和频率间的关系，这是根据对飞行员和汽车驾驶员大量测试研究而得到的。图中曲线表明了人体全身暴露在不同频率振动环境中能够保持持续工作时间的振动强度限界。

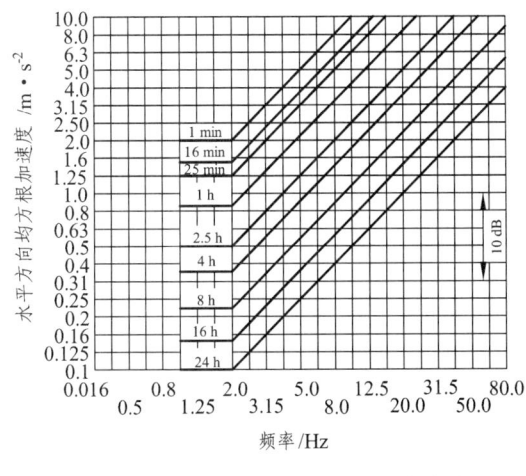

图 7.61 ISO 疲劳时间与水平振动的关系

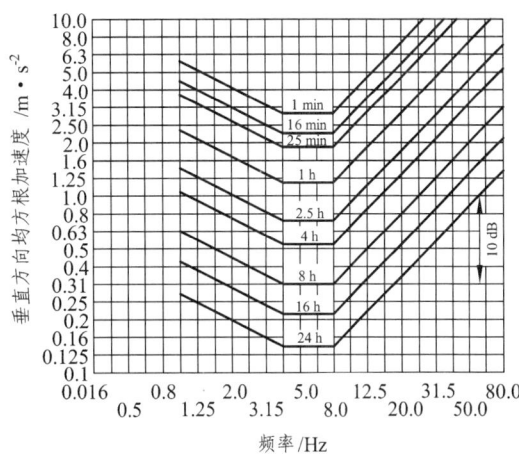

图 7.62 ISO 疲劳时间与垂直振动的关系

人体疲劳试验表明，人体对振动的敏感度随振动形式的不同而变化，一般是对纵向振动的敏感度大于对垂直振动的敏感度，对横向振动的敏感度最大。由两图可见，就水平向振动而言，人对频率在 2 Hz 以下的振动最敏感；就垂向振动而言，人对频率在 4~8 Hz 的振动最敏感。因此，如果振动频率较低，那么人体对水平振动的敏感性大于对垂直振动的敏感性；如果振动频率升高，则这一趋势呈相反状态。

实际应用时，通过对频率在 1~80 Hz 间每一频带内振动加速度的功率谱密度进行频率加权后，再确定经过加权后整个振动信号总的均方根值。由此获得加权后总的均方根加速度，并由图中查得与工效下降限度相对应的感受时间。

另外两种限度曲线都与工效下降限度曲线的形状相同，将工效下降曲线的振动加速度乘以 2 [即提高 6 dB（分贝）]，可得承受限度曲线。超过这一曲线范围，将会对人体健康产生危害。将工效下降曲线的加速度除以 3.15 [即降低 10 dB（振动强度降低 70%）]，可得舒适度下降限度曲线。超过这一曲线范围，就会影响人体的舒适性。平稳性指标与疲劳时间的对应关系见表 7.7。还有其他各种评价车辆运行性能的方法，如法国的疲劳时间法、英国的平稳性指数法和日本的等舒适度曲线法等。

表 7.7 平稳性指标与疲劳时间的对应关系

平稳性指标	评价等级	疲劳时间/h
1	优	
2	良好	24
2.5	接近良好	12~13
3	客车合格	5~6
3.25		4
3.5	客车接近合格	2.8
4		1.5
4.5	客车不合格	1.08

7.5.4 曲线通过性能评价

具有良好曲线通过性能的机车车辆,在通过曲线时轮轨间的相互作用力小,这就能减轻车轮与钢轨的磨耗,作用在机车车辆各部件上的力也较小。机车车辆在曲线上的运行阻力也会随之下降,由此减少了机车的牵引力,节约了能耗。对线路来说,过大的侧向力将导致轨距扩宽、轨排横移或钢轨翻转,使线路的维修工作量大大增加,甚至危及行车安全。此外,还可能扩大线路的横向不平顺,从而影响机车车辆的运行平稳性。车轮上较大的侧向力与较小的垂向载荷联合作用时,将使机车车辆的抗脱轨安全性下降。

机车车辆通过曲线时所产生的车轮踏面、轮缘和钢轨的磨耗是评价机车车辆技术经济指标的一项重要内容,通常采用轮缘摩擦功或磨耗指数来衡量。

1. 轮缘摩擦功

轮缘摩擦功定义为轮缘与轨侧接触处的法向力、轮缘摩擦速度及轮缘与轨侧面摩擦系数三者的乘积。轮缘摩擦功实际上是轮缘摩擦功率,因此,它标志轮缘磨耗的快慢。计算公式为

$$W = \mu F v \tag{7.72}$$

式中,W 为轮缘摩擦功(W);μ 为轮缘与钢轨侧面的摩擦系数;F 为轮缘与轨侧接触的法向力(N);v 为轮缘摩擦速度(m/s)。

2. 磨耗指数

磨耗指数指轮轨接触处的法向力、轮轨间的摩擦系数及车轮冲角(或轮缘角)三者按一定的公式计算而得的乘积。磨耗指数用来衡量轮轨的磨耗程度。计算公式为

$$W_1 = \mu F \psi \tag{7.73}$$

式中,W_1 为磨耗指数(N·m);μ 为轮轨间的摩擦系数;F 为作用于轮缘上的法向力(N);ψ 为车轮冲角(rad)。

复习思考题

1. 简述车辆动力性能评价的目的、内容及类型。
2. 车辆的激振原因有哪些?基本振动包括哪几种?耦合振动有哪几种?
3. 简述弹簧静挠度与固有频率和共振临界速度的关系。
4. 简述设置减振器的作用。
5. 简述蛇行运动临界速度的影响因素及其提高措施。
6. 简述车辆运行平稳性评价指标和允许限度。
7. 危及车辆运行安全的恶性事故有哪些?简述车辆运行稳定性评价指标和允许限度。
8. 简述曲线通过研究的内容及改善曲线通过的措施。
9. 简述径向转向架和摆式转向架的类型与作用原理。

第8章 车辆现代设计技术

8.1 概 述

8.1.1 车辆开发过程

1. 典型产品的开发过程

典型的产品设计过程包含四个阶段：概念开发和产品规划阶段、详细设计阶段、小规模生产阶段、增量生产阶段。

（1）概念开发与产品规划阶段，将有关市场机会、竞争力、技术可行性、生产需求的信息综合起来，确定新产品的框架。这包括新产品的概念设计、目标市场、期望性能的水平、投资需求与财务影响。在决定某一新产品是否开发之前，企业还可以用小规模实验对概念、观点进行验证。实验可包括样品制作和征求潜在顾客意见。

（2）详细设计阶段，一旦方案通过，新产品项目便转入详细设计阶段。该阶段基本活动是产品原型的设计与构造以及商业生产中使用的工具与设备的开发。详细产品工程的核心是"设计—建立—测试"循环。所需的产品与过程都要在概念上定义，而且体现于产品原型中（可在计算机中或以物质实体形式存在），接着应进行对产品的模拟使用测试。如果原形不能体现期望性能特征，工程师则应寻求设计改进以弥补这一差异，重复进行"设计—建立—测试"循环。详细产品工程阶段结束以产品的最终设计达到规定的技术要求并签字认可作为标志。

（3）小规模生产阶段，在生产设备上加工与测试的单个零件已装配在一起，并作为一个系统在工厂内接受测试。在小规模生产中，应生产一定数量的产品，也应当测试新的或改进的生产过程应付商业生产的能力。正是在产品开发过程中的这一时刻，整个系统（设计、详细设计、工具与设备、零部件、装配顺序、生产监理、操作工、技术员）组合在一起。

（4）开发的最后一个阶段是增量生产。在增量生产中，开始是一个相对较低的数量水平上进行生产；当组织对自己（和供应商）连续生产能力及市场销售产品的能力的信心增强时，产量开始增加。

2. 缩短产品开发设计时间的途径

当今时代，产品成熟过程越来越快，为了保持企业在市场上的竞争优势，必须加快新产品的开发设计过程，缩短新产品的开发设计的周期时间。但实际资料表明，许多企业的设计开发周期往往很长，一般要占到总生产周期的 60%，因而成为企业生产经营的"瓶颈"。如何大力缩短设计开发周期时间已成为当今制造企业的一项重要课题。目前已有不少方法可用来缩短新产品的开发设计时间，下面列举介绍几种主要的方法：

（1）提高产品"三化"程度，扩大产品结构继承性：产品"三化"是指产品系列化、零部件的通用化和标准化。产品系列化以减少产品品种，简化设计。零部件通用化可以大大减少零部件的品种数，从而减少了大量的产品设计工作量；相应地又可减少工艺准备工作量，因而能极大地缩短它们的生产技术准备周期。零部件标准化可减少设计和加工制造的工作量，缩短生产技术准备周期。

（2）产品结构模块化设计：另一种简化设计、减少零部件总数的设计合理化措施。它是将产品部件按功能特征分解成相对独立的功能单元，并使它们的接口（结合要素形状、尺寸）标准化，使它们成为可以互换、可按不同用途加以选用组合的标准模块。这些模块的不同结合，或模块与其他部件的组合就能构成各种变形产品，以满足不同的订货需要。

（3）计算机辅助设计：将新产品设计开发过程中的大量烦琐的重复性劳动，如插表、计算、绘图、制表等，交给计算机来处理，从而大大提高了设计开发工作的效率，缩短了新产品设计开发周期。

（4）并行工程：把分阶段顺序进行（串行）的过程变为并行进行的过程，使产品开发不再是产品设计一个部门的工作，而是所有对产品开发具有重要影响的部门都参与的集体工作。实现并行工程的技术手段是利用产品模型，在计算机上进行仿真，产生软样品。通过各种人员对软样品的分析、评估，来改进设计。在开发设计新产品时，同步地设计产品生命周期的有关过程，力求使产品开发人员在设计阶段就考虑到整个生命周期的所有因素，包括设计、分析、制造、装配、检验、维护、可靠性和成本等。

3. 车辆产品开发过程

轨道车辆产品开发过程如下：调查研究与初始决策→制定设计技术任务书→车辆设计→工厂组织试制、试验和鉴定→小批量生产及运用考验→铁路总公司组织鉴定→批量生产。

（1）技术任务书。

设计任务书是确定产品设计方案的基本文件，是设计工作的指令性文件。设计任务书也被称为技术任务书，是指导新产品设计的基础文件。编制设计任务书是对新产品进行选型，确定最佳设计方案，合理选择新产品的类型、结构和决定设计原则，确定新产品的用途、技术要求及基本结构，以此作为后阶段的设计依据。

编制技术任务书是产品设计的一个重要阶段。它要求在设计调查的基础上，明确设计某种新产品的必要性，正确选择结构类型和决定设计方案的原则，确定产品的技术结构，说明设计该产品的现实性，并为产品的技术设计制定目标。设计任务书是产品设计工作的依据，一般设计任务书的内容包括 6 项：

（1）产品用途（客运/货运、高速/普速）。

（2）基本技术条件（轨距、构造速度、限界、通过最小曲线半径等）。

（3）主要技术参数（固定轴距、车辆定距等）。

（4）车辆零部件的形式与要求：

- 车体的形式与要求。
- 转向架的形式与要求。
- 制动装置的形式与要求。

- 车钩缓冲装置的形式与要求。
- 车辆设备的形式与要求（客车的供电设备、采暖及空调设备、卫生及给水设备等）。

（5）材质要求。

（6）其他要求。

4. 车辆设计过程

任何产品的问世都必须经历设计和制造两个环节。设计（design）是以社会需求为目标，在设计准则的约束下，基于设计方法的指导，通过人的创造性思维活动，利用一定手段描述具有特定功能和规定性能的产品结构的过程，其结果是定义产品形状和大小的设计图纸。制造（manufacturing）是以设计图纸为依据，利用加工设备和制造资源，将原材料转换为产品实物的过程。

车辆设计工作由设计技术任务书下达后开始，一般经过方案设计、技术设计和工作图设计阶段。

（1）方案设计段应完成的工作：

- 车辆主要规格和性能说明文件；
- 车辆总体布置图：客车应包括平面布置图、立面布置图、车下设备布置图和钢结构梁柱布置图等；
- 特殊的或关键性的零部件；
- 必要的结构性能参数及强度计算（或估算），车辆纳入限界和车辆进入曲线计算，客车的质量均衡估算等；
- 车辆主要技术经济指标，并与国内外同类产品进行比较；
- 新技术新结构及关键性零部件的先期试验计划、试验结构的设计、试验大纲的编制，并进行必要的性能试验；
- 材料的主要规格，以及标准化的综合要求等。

（2）技术设计段应完成的工作：

技术设计阶段进一步确定产品结构和技术经济指标，以图、系统图、明细表、说明书等形式表示出来。技术设计阶段应完成的工作有：

- 车辆总体及主要零部件的强度、刚度及性能参数计算、分析和实验；
- 确定设计产品的零部件具体结构、尺寸和配合，并绘制出车辆总图、必要的大部件组成图、主要零件图、零部件间的关系尺寸和运动位置图；
- 传动、液压、电气和冷却系统图；
- 产品部件、附件、备件、外购件、协作件等明细表及特殊材料明细表；
- 编写设计说明书，说明产品结构特点和配合关系及主要零件强度、刚度等的计算、技术经济指标、制造劳动量、工艺性比较数据等；
- 制定产品加工和装配的程序及产品验收、交货的技术条件；
- 设计中采用新结构、新原理的试验记录及结论；
- 对新产品进行技术经济分析；
- 外贸车辆的包装、吊运技术要求以及所需的主要材料估算表。

（3）工程图设计段应完成的工作：

车辆设计图纸和技术文件直接表达了产品的技术水平和对产品的质量要求，规定了产品的性能和使用维修条件，是组织车辆生产的主要依据之一。工作图设计是产品设计的完成阶段。它是在批准的技术设计的基础上，设计和绘制生产所需的全套图纸和技术文件，为产品试制提供确切的依据。施工设计阶段应完成的工作有：

- 绘制车辆全部零部件图纸，制定其加工制造技术要求，包括绘制全部零件的工作图、详细注明尺寸、公差配合、材料和技术条件，在零件图基础上绘制产品总图、部件装配图、安装图；
- 编写零件一览表，编制图纸目录；
- 编写通用件、标准件、外购件、外协件及材料等明细表；
- 编写备件及易损件清单；
- 编写各种必需的技术文件，包括产品设计说明书和使用维护说明书等。

5. 车辆设计的内容

动车组设计的内容包括动车组总体设计、总成设计和零件设计。

（1）动车组总体设计又称总布置设计，其任务是使所设计的产品达到设计任务书所规定的整列车参数和性能指标的要求，并将这些整车参数和性能指标分解为有关总成的参数和功能；

（2）动车组总成设计，其主要任务是满足整列车设计对总成功能和布置的要求，也有一个是否易于维修、保养的人-机关系问题；

（3）零件设计，主要是满足总成的设计要求并解决强度、寿命和生产技术问题。

6. 车辆设计原则

车辆是铁路运输的基本工具，设计制造出更多更好的车辆以适应铁路运输的要求，是铁道车辆生产部门的重要任务。车辆设计是车辆生产的第一道工序，车辆设计应贯彻下述原则：

（1）要求运用安全、经济合理、技术先进；
（2）做到保证使用、方便修造、美观舒适；
（3）积极采用和发展"三新"，即新技术、新工艺、新材料；
（4）必须重视产品的"三化"，即标准化、通用化、系列化工作；
（5）在保证可靠性的前提下尽可能轻量化；
（6）设计要在有关标准和法规的指导下进行。

7. 车辆试制、试验和鉴定任务

车辆设计完毕之后，一般应立即投入试制，并进行必要的试验，以便及时发现问题，改进设计，然后进行厂级鉴定，在小批生产和试运良好的基础上组织部级鉴定。设计人员应做好下列工作：

（1）搞好试制工作的现场服务，做好图纸和技术文件的验证工作；
（2）进行必要的样品强度试验和性能试验工作；
（3）为厂级鉴定提出设计工作报告和标准化审查报告；
（4）搜集整理小批生产和试运考验资料，为部级鉴定作准备；

（5）此外在车辆生产中和出厂后，车辆设计人员还应该做好技术服务工作，认真积累车辆生产、运用、检修方面的资料，及时正确地处理有关产品质量问题。

8. 新产品试制各阶段标准化审查内容

（1）设计研究阶段的审查内容：
- 设计图样和技术文件贯彻使用各类有关标准的正确性。
- 设计图样和技术文件的清晰、完整和统一性。
- 零部件、元器件和结构要素的标准化程度。
- 材料标准的贯彻情况。

（2）样机试制阶段的审查内容：
- 审查设计图样和技术文件的质量水平。
- 新产品名称、型号的审查。
- 审查产品标准化指标是否达到"综合要求"所规定的水平，如标准化系数、标准化经济效果。
- 设计图样和技术文件贯彻使用各类标准的审查。
- 材料标准的贯彻情况。

（3）小批件试制阶段：
- 审查工艺文件是否正确、完整、统一。
- 审查标准化指标是否达到"综合要求"规定的水平，如工装标准化系数及工装的继承性。
- 样机鉴定时，标准化意见采纳改进情况。
- 工艺文件贯彻执行情况，工装设计图样、文件的审查。
- 审查产品标准草案制定情况。

8.1.2 车辆设计技术发展

1. 动车组设计理论的作用

动车组设计理论是指导动车组设计实践的，而动车组设计实践经验的长期积累和动车组生产技术的发展与进步，又使动车组设计理论得到不断的发展与提高。动车组设计技术是动车组产品设计的方法和手段，是动车组设计实践的软件和硬件。

由于动车组是一种包罗了各种典型机械元件、零部件、各种金属与非金属材料及各种机械加工工艺的典型的机械产品，因此其设计理论显然要以机械设计理论为基础，并考虑到其结构特点、使用条件的复杂多变以及大批量生产等情况。它涉及许多基础理论、专业基础理论及专业知识，例如：工程数学、工程力学、热力学与传热学、流体力学、空气动力学、振动理论、机械制图、机械原理、机械零件、工程材料、机械强度、电工学、电控与微机控制技术、液压技术、车辆系统动力学、车辆构造、车身美工与造型、车辆制造工艺与维修等。

动车组设计技术在近百年中也经历了由经验设计发展到以科学实验和技术分析为基础的设计阶段，进而自20世纪60年代中期在设计中引入电子计算机后又形成了计算机辅助设计（CAD）等新方法，并使设计逐步实现半自动化和自动化的演变。

经验设计是以已有产品的经验数据为依据，运用一些带有经验常数或安全系数的经验公式进行设计计算的一种传统的设计方法。这种设计由于缺乏精确的设计数据和科学的计算方法，使所设计的产品不是过于笨重就是可靠性差。一种新车型的开发往往要经过设计—试制—试验等二次或多次循环，反复修改图纸，完善设计后才能定型，该方法设计周期长、质量差、消耗大。

随着测试技术的发展与完善，在动车组设计过程中引进新的测试技术和各种专用的试验设备，进行科学实验，从各方面对产品的结构、性能和零部件的强度、疲劳寿命进行测试，同时广泛采用近代数学物理分析方法，对产品及其总成、零部件进行全面的技术分析、研究，这样就使动车组设计发展到以科学实验和技术分析为基础的阶段。

电子计算机的出现和在工程设计中的推广应用，使动车组设计技术飞跃发展，设计过程完全改观，实现了可视化。动车组结构参数及性能参数等的优化选择与匹配、零部件的强度核算与疲劳寿命预测、产品有关方面的模拟计算或仿真分析、车身的流线和美工造型等设计方案的选择及定型、设计图纸的绘制，均可在计算机上进行。计算机作为分析计算手段，由于其计算速度很快且数据容量很大，就可采用较准确的多体数学模型来模拟动车组在各种工况下的运动，采用现代先进的数学方法进行分析，可取得较准确的结果，这就为设计人员分析多种方案进行创造性的工作提供了很大的方便。当前，由于计算机的外部设备及人机联系方面的成就，已可将计算机的快速计算和逻辑判断能力、大容量的数据存储及高效的数据处理能力、计算结果的动态图像显示功能与人的创造性思维能力及经验结合起来，实现人机对话式的半自动化设计，或与产品设计的专家系统相结合，实现自动化设计。其设计过程可由电子计算机对有关产品的大量数据、资料进行检索，对有关设计问题进行高速的设计计算，通过计算机屏幕显示其设计图形和计算结果，设计人员亦可用光笔和人机对话语言直接对图形进行修改，取得最佳设计方案后，再由与计算机联机的绘图设备绘出产品图纸。这种利用计算机及其外部设备进行产品设计的方法，统称为计算机辅助设计。

现代设计方法大都以计算机技术为基础，由不同层次的计算机应用软件来支撑，对大量的公式和推导死记硬背是没有必要的，也是不可取的。学习现代设计方法最主要的任务是掌握其理论与原理，了解其作用与局限性，并学会用 CAD/CAE 软件来解决工程实际问题。

2. 虚拟样机技术

（1）虚拟样机技术简介。

传统的产品开发，常常需要花费大量的时间、人力、物力来制作实物模型进行各种装配实验研究，力求在产品的可行性、实用性和产品性能等方面进行各种测试分析。现代的虚拟样机技术将产品研制工作中的方案选择、技术设计、部件装配、结构分析和性能优化在计算机虚拟环境下进行，充分利用先进的计算机软硬件技术，提高产品的性能，缩短产品的设计周期，进而降低产品开发成本，提高市场竞争力。例如，美国波音公司777飞机的虚拟原形机，就是利用虚拟产品设计进行全数字化三维描述，实现了产品设计的虚拟模型和无纸工程等。

虚拟样机技术是以并行工程思想为指导，建模仿真理论为核心，以各领域 CAx（如 CAD、CAM、CAE 等）/DFx（如 DFA、DFM 等）/仿真为工具的一种综合应用技术。虚拟样机是由分布的、不同工具开发的、甚至异构的子模型组成的模型联合体，虚拟样机贯穿产品全生命周期，如图 8.1 所示。

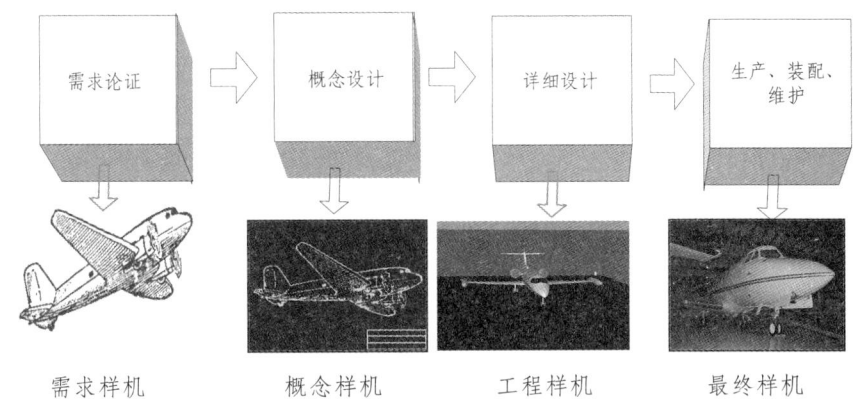

| 需求样机 | 概念样机 | 工程样机 | 最终样机 |

图 8.1 虚拟样机的类型

（2）虚拟样机技术在铁路产品开发中的应用。

德国机器人和系统动力学研究所的研究人员将 CAD 软件、有限元分析软件 ANSYS、多体动力学仿真软件 SIMPACK，以及疲劳寿命预测分析软件 FATIGUE 有效地集成在一起，通过建模/仿真对铁路车辆转向架进行疲劳寿命预测分析。具体步骤如下：

① 首先利用多体动力学仿真计算出作用到转向架的动态负载。转向架框架被作为弹性体进行考虑，而高度非线性的轮轨接触则被建模为准弹性体。

② 利用有限元分析计算出在动态负载作用下，转向架应力元集中地方的应力。

③ 将这些应力值输入到疲劳寿命预测分析软件中，进行转向架疲劳寿命的预测。

虚拟样机技术在铁道车辆设计中的应用涉及强度、动力学、空气动力学等多个领域，如图 8.2 所示。

图 8.2 铁路车辆虚拟样机技术设计的分析内容

虚拟样机制造技术在铁道设计过程中的应用过程如图 8.3 所示。具体内容如下：应用实体造型软件，如 Pro/e、SolidWorks 等进行三维实体造型；实体模型可以直接引入动力学软件中作为动力学系统的体单元进行几何干涉的检验，避免车辆系统部件之间碰撞的出现。在不需要进行干涉检查时，可以将实体模型中精确计算到的部件质量和转动惯量作为参数输入动力学模型中，进行动力学参数的优选和方案制订。在考虑物体的弹性时，可以将这些三维实体模型引入有限元软件中进行网格划分，建立有限元模型，并将其引入动力学模型中建立多柔度系统，从而更为精确地求解系统的动态特性；应用疲劳分析软件，直接利用有限元网格和边界条件，在设计阶段系统的载荷谱可以根据以往车辆实验数据进行初算。在疲劳寿命分析中不能满足要求时，可以修改系统结构模型以提高构件强度或修改系统的动力学参数，以降低系统动态载荷作用。

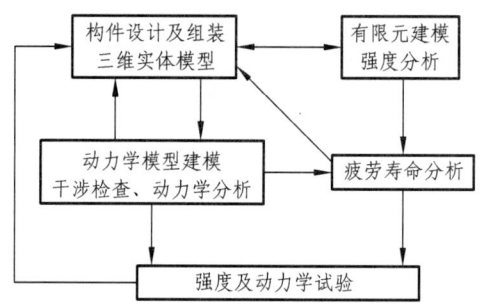

图 8.3　虚拟样机技术在铁道车辆设计中的应用过程

8.2　动车组车辆总体设计

8.2.1　车辆总体设计原则与内容

1. 车辆总体设计原则

在车辆总体设计时必须满足以下要求：

（1）应满足设计任务书所提出的基本要求。这些要求包括必须保证车辆具有合理的技术经济参数、车辆与线路相互作用的条件、运行的安全性、结构的运用可靠性和耐久性。此外，还应考虑车辆限界、允许轴重、车钩纵向中心线距轨面的高度等因素。

（2）设计上要做到安全可靠、方便使用、利于修造、美观舒适、经济合理、技术先进，应具有现代化气息和时代感。

（3）要积极采用和发展新技术、新工艺、新材料；要贯彻一切通过试验的原则。

（4）设计中应尽量采用标准件、通用件。简化配件规格，考虑成批生产的可能性。

（5）选用材料的规格、牌号要力求统一简化，要立足于国内市场供应，学习和借鉴国外的先进技术和经验要同创新相结合的原则。

（6）节省能源和轻量化设计，适应环境影响的各种要求设计。

2. 车辆总体设计的内容

动车组总体设计确定了动车组的组成方式、牵引与制动性能、结构形式、规格尺寸、主要参数和性能等。总体设计是动车组设计的关键性环节。动车组总体设计内容包括：

(1) 确定动车组的组成方式、牵引与制动性能、结构形式、主要参数和性能等。

(2) 选好标准部件和专用部件，如转向架、牵引电机、车钩缓冲装置的选用等。

(3) 绘出动车组、各车辆总图和断面图，包括客车平面布置图、立面布置图、梁柱布置图以及车外设备的布置图，进行质量均衡估算。确定各组成部分的尺寸和位置。

(4) 考虑特殊零部件的结构形式、主要尺寸，活动部件的运动范围分析；确定部件间连接形式或安装方式等。

(5) 制定各主要组成部件的设计要求。

(6) 调和解决各组成部件在设计中出现的矛盾和问题。

(7) 车辆的美工造型是动车组设计过程中不可缺少的组成部分，通过美工造型使车辆新结构能在功能、运用、工艺的美学上都达到最佳效果。

(8) 各种有关的分析计算工作，如系统动力学、空气动力学、强度、刚度、性能参数等的分析计算。

(9) 对车辆的某些部件应广泛采用试验研究的方法，广泛应用模型试验和计算机辅助设计。

可见，车辆总体设计主要包括两个方面的内容：(1) 车辆总体参数设计；(2) 车辆总体布置设计。

8.2.2 车辆技术参数设计

车辆的技术参数是指车辆技术规格的某些指标，是从总体上表征车辆性能及结构的一些数字。车辆的主要技术参数，一般包括性能参数和主要尺寸，常用类比方法确定。

1. 车辆性能参数确定

性能参数主要指其技术经济指标，它是一种由许多因素影响的综合性指标，因此必须统筹兼顾影响它的各种因素，同时全面考虑运输成本，提高车辆运行速度，应有适当的技术储备。车辆主要技术经济参数包括车辆载重、自重、轴数/轴重、客车定员、车辆最高试验速度/最高运行速度等。为了能对各种车辆的性能进行比较，可采用一些比参数，如车体比容积、每延米轨道载重、客车每一定员所占车辆自重等参数。

车辆技术经济指标设计的确定原则如下：

(1) 合理选定自重系数。自重系数是运送每单位标记载重所需的车辆自重。从单纯的技术观点来看，因为机车牵引的车辆自重是一种无效质量，并不产生经济效益，车辆的自重系数显然越小越好。

(2) 合理选定比容系数。比容系数是标记容积与标记载重的比值，比容系数的确定与该货车装运的货物有关。

(3) 尽量达到每延米轨道载重的允许值。

（4）合理确定车辆的轴重、轴数和定员。国际铁路联盟将动车的最大轴重限定为 17 t（最高运行速度为 160～300 km/h），拖车的最大轴重限定为 16 t（最高运行速度为 160～250 km/h）。各型客车的定员不同、舒适性不同和为旅客所提供的方便条件不同，其部分技术经济参数可能相差很大，我国 CRH 系列动车组车辆和城市轨道交通车辆的主要参数见表 8.1 和表 8.2。

表 8.1 CRH 系列动车组参数表

型 号	CRH1	CRH2（250 km/h） CRH2（300 km/h）	CRH3	CRH5
外 形				
特 点	适合城际	适合长途	高速动车	适合长途
国内厂家	BSP	四方	唐山	长春
编组形式	8 辆	8 辆	8 辆	8 辆
动力配置	5 动 3 拖	4 动 4 拖/6 动 2 拖	4 动 4 拖	5 动 3 拖
空车编组质量/t	420	360/370.8	479.36	451.3
定员载荷质量/t	474	480.5/419.6	536	500
编组长度/m	214	201.4	200.67	211.5
定员/人	668/750	610	600	622
总牵引功率/kW	5 500	4 800/7 200	8 800	5 500
动轴数	20	16	16	20
最高运营速度/(km/h)	200	250/300	300	250
起动加速度/(m/s^2)	0.62	0.6/0.39	0.38	0.5
定员时轴重/t	≤16	≤14	≤17	≤17(动)/16(拖)
车辆宽度/mm	3 331	3 380	3 265	3 200
车辆高度/mm	4 040	3 700	3 890	4 270
车门处地板面高度/mm	1 250	1 300	1 260	1 270
中间车长度/mm	26 600	25 000	24 175	25 000
头车长度/mm	26 950	25 700	25 520	27 600
转向架轮径/mm	915	860	920	890
转向架固定轴距/mm	2 700	2 500	2 500	2 700

表 8.2 城市轨道车辆车型及主要参数

序号	项目名称		A 型车	B 型车	C 型车		
			四轴车	四轴车	四轴车	六轴车	八轴车
1	车辆基本长度/m		22	19	18.9	22.3	29.5
2	车辆基本宽度/m		3	2.8	2.6		
3	车辆高度/m	受流器车（加空调/无空调）	3.8/3.6	3.8/3.6	3.7/3.25		
		受电弓车（落弓高度）	3.8	3.8	3.7		
		受电弓工作高度	3.9～5.6				
4	车内净高/m		2.10～2.15				
5	地板面高/m		1.1		0.95		
6	车辆定距/m		15.7	12.6	11	7.2	
7	固定轴距/m		2.2～2.5	2.1～2.2	1.8～1.9		
8	车轮直径/mm		ϕ840		ϕ760		
9	车门数（每侧）/个		5	4	4	4	5
10	车门宽度/m		≥1.3				
11	车门高度/m		≥1.8				
12	定员人数/人	单司机室车	295	230	200	240	315
		无司机室车	310	245	210	250	325
13	车辆轴重/t		≤16	≤14	≤11		
14	站立人员标准	定员/(人/m²)	6				
		超员/(人/m²)	9				
15	最高运行速度/(km/h)		≥80		≥70		
16	起动平均加速度/(m/s²)		≥0.9		≥0.85		
17	常用制动减速度/(m/s²)		1.0		1.1		
18	紧急制动减速度/(m/s²)		1.2		1.3		
19	噪声/dB(A)	司机室内	≤80		≤70		
		客室内	≤83		≤75		
		车外	80～85（站台）		≤82		

2. 车辆总体尺寸设计

由于各种车辆运输的对象不尽相同，它们各自对运输环境、运输空间有不同的要求；另外，铁路限界、车钩高度、每延米轨道载重的允许值、轴重、现有站台高度、装卸设备以及地磅衡等称重设备的特点等，也都对车辆总体尺寸设计起制约作用。

（1）长度方向尺寸的确定。

① 车体内长。车体内长与运输对象有密切关系。对于客车来说，无论座车、卧车、硬

席车、软席车，其座席及铺位之间均有必要的间隔距离。因此，客车车体的长度主要由客室长度（等于若干个间隔距离之和）或包房总长所决定，其余的面积则是辅助性的。厕所、通过台、盥洗室及乘务员室等辅助面积并不因座席或铺位数略有增减而变化。因此，客车发展的趋势也是为增多载客量而增长车体。

② 车辆其他长度尺寸。车辆全长与车体外长这两个尺寸之间的关系，主要与用什么形式的牵引缓冲装置有关。车体外长与转向架中心距之间的关系，如车辆过曲线时，其端部偏向曲线外侧而中部偏向曲线内侧，为使这两个偏移量尽量相等，则车体外长与两转向架中心距之比必须符合准轨铁道限界中的规定。

车辆定距的选择要考虑它对整车其他尺寸参数、质量参数和使用性能的影响。车辆定距短一些，车辆总长、质量、最小通过曲线半径就小一些。但车辆定距过短也会带来一系列问题，如车厢长度不足、列车振动加大、高速运行性能恶化等。因此，在选择车辆定距时应综合考虑对相关方面的影响。现有动车组车辆定距一般取 18 000 mm 左右。

车辆停在曲线上时，其中部向曲线内侧偏移，端部向曲线外侧偏移，偏移量的大小与车辆长度、车辆定距、转向架固定轴距以及曲线半径有关，可按下列公式进行计算：

如图 8.4 所示，有转向架的四轴车端部偏移量 W_e 和中部偏移量 W_m 分别为

$$W_e = \frac{l^2 - S^2}{8R} \quad (8.1)$$

$$W_m = \frac{L^2 - l^2 - S^2}{8R} \quad (8.2)$$

式中，L 为车体长度；l 为车辆定距；S 为转向架固定轴距；R 为线路曲线半径。

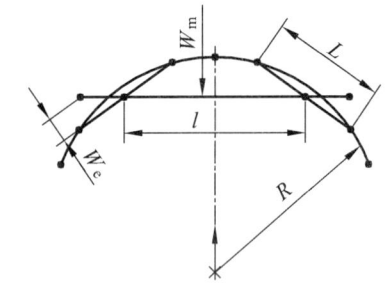

图 8.4 有转向架的四轴车偏移量

为了更充分合理地利用限界，应尽量使车辆中部的偏移量和端部的偏移量相等。由以上两式得

$$L/l = \sqrt{2} \approx 1.4 \quad (8.3)$$

也就是说在设计车辆时，其车体长度与车辆定距之比等于 1.4 左右比较合理。

车体内长与运输对象有密切关系。对于客车来说，无论座车、卧车、硬席车、软席车，其座席及铺位之间均有必要的间隔距离。因此，客车车体的长度主要由客室长度（等于若干个间隔距离之和）或包房总长所决定，其余的面积则是辅助性的。厕所、通过台、盥洗室及乘务员室等辅助面积并不因座席或铺位数略有增减而变化。因此，客车发展的趋势也是为增多载客量而增长车体。

车辆全长与车体外长间的关系主要与用什么形式的牵引缓冲装置有关。对于使用 15 号车钩的车辆，其钩舌内侧面距车体外缘为 468.5～469.5 mm。

（2）宽度方向尺寸的确定。

车辆宽度方向的尺寸主要受限界的严格控制。原则上，在设计机车车辆时只要在限界的允许范围内，都应想办法把车体设计得尽可能宽些。车辆宽度方向的尺寸主要受限界的严格控制。原则上，在设计机车车辆时只要在限界的允许范围内，都应想办法把车体设计得尽可

能宽些，车体最宽处尺寸为 2.6 m。

（3）高度方向尺寸的确定。

① 车辆上部高度的确定。客车内部希望有较高的净空，因此车顶必须有一个合适的高度，不同国家的客车车顶高是不同的。对于低速车，空气阻力还不够明显，并且旅客随身携带的物品较多，座、卧车的行李架经常堆满物品，所以应尽量利用限界上部空间，普通客车车顶最高点至轨顶面距离为 3.25 m。高速动车组为减小空气阻力等原因适当降低了车顶高度。

② 车钩高的确定。车钩连挂后为了安全可靠，列车中各辆车的钩高应基本一致。

车钩缓冲装置装在底架中梁前端的牵引梁内，同时底架又放置在两台转向架上，故车钩高及转向架空气弹簧上表面高度也成为控制地板面高度的一个因素。转向架空气弹簧上表面距轨面的高度并非标准值，它既与轮径有关，更与结构有关。

各国因其历史原因形成不同的钩高，我国车辆在新造或修竣时空车状态的钩高标准值为 880 mm，CRH 系列动车组的车钩高约 1 000 m，这是保证正常传递力及动车组运行时不会发生脱钩事故所必需的。

③ 车辆地板面高度的确定。地板面距轨面高度将受到站台高度、车钩高度及转向架心盘面高度等多种因素的制约，而且这些因素对每一种车的影响又不完全一致。客车中的地铁车辆的地板面与站台高度基本一致，这是适应地铁客流量大，上下车要求迅速方便的结果。一般客车的地板面均高于站台面，旅客可以借助车门内的脚蹬装置上下车，故客车站台高度对客车地板面高度影响不大。货物站台高度为 1.1 m，客车通过台处渡板距轨面高度均为 1.3 m。通常，动车组车辆地板面应与站台高度基本一致，这是为了方便旅客上下车。

8.2.3 车辆总体布置设计

1. 车辆总体布置设计原则

- 质量均：必须保证质量分配均匀，以利于牵引力的充分发挥。

在设备布置时要进行质量分配计算：根据各种设备的位置、轻重、车体与转向架的支撑情况，按力矩平衡原理进行计算，计算结果要保证各转向架载荷前后左右相等，各轴重在规定的偏差之内。

- 空间够：要充分满足设备的安装、拆卸、检查和检修的方便。

如司机室设备布置要求作业范围合适、操纵方便、视线合理，易于观察各种仪器、仪表和信号灯指示。

- 费用省：应注意节约导线、电缆和压缩空气、冷却空气管路。

合理地布置电器线路的导线、电缆和空气管路，不仅可以节约大量材料、降低成本，还可使布置简捷、集中，便于查找故障，减少空间占用和减少风阻。

- 环境美：安全和舒适。

要有必要的隔热、隔音设施。各机器间的设备要便于检查、维修和保养，要注意设备布置的规律化，便于熟记各设备的位置，对危及人身安全的电器设备，要有严格的安全联锁防护装置等，要留有必要的工作空间。

2. 车辆总体布置设计的内容

(1) 设计依据及设计内容。

铁道车辆是一种运输机械,本身并不需专人操纵,结构也不算复杂,但是在其工作过程中处处要与多种作业人员打交道;并且,客车的运送对象是人(旅客)。如何在车上为旅客提供一个良好的环境及通过某些视觉标志避免旅客盲目流动也是客车总体设计的一个重要课题。因此车辆总体布置时必须考虑人机工程设计,常用的标准是 GB/T 10000—88 中国成年人人体尺寸。车辆的人机工程设计主要考虑各种作业人员所需的作业空间和作业环境,以及在某些特定姿势中能否发挥人的正常体力,以便使有关作业能高效而安全地进行。客车的人机工程设计除了要考虑工作人员的作业空间和作业环境外,主要是室内环境设计,力求创造一个符合旅客生理和心理所需的旅行环境。

(2) 车辆作业空间的分析与设计。

车辆在运用过程中需要与多种专业的作业人员接触,每一种专业人员有其职责范围和作业方式,这些都必须在车辆总体设计时加以协调和解决,否则某专业的作业人员会感到这种车不便使用,甚至会因为作业不便而造成事故。

① 车辆列检人员的作业空间分析。车辆在运用过程中必须要有专职人员时时监护其技术状态,一旦发现技术状态不良,必须及时予以处理或排除。货车列检人员的具体作业部位主要在车辆下部及端部,作业时常需弯腰或下蹲,甚至钻过车底。客车列检分两种情况:其一是在始发站发车前及在各大站停车时间较长且设有客列检之处,由车站上的客列检人员与随车的乘检人员共同进行列车技术状态的检查,旅客列车虽比货物列车短,但安全性要求更高,其检查的范围和方式与货列检基本相同。其二是在列车到达终点后,空车底送入客车技术检查站进行库列检。这两种情况中第一种作业时间短,且列车有一边靠站台,使作业空间缩小,作业较困难。因此,在设计车辆时,要考虑列检人员在站台下能有检查、更换部分配件及行走的可能性。

② 货车装卸作业空间分析。货车中敞、棚、保、罐、平等车种装的货物各不相同,有的必须用机械才能装卸,如在平车、敞车上装运集装箱;有的既可用机械装卸也可用人力装卸,如用敞车装运煤等散碎货物;有的目前基本上用人力或半人力装卸,如在棚车或保温车内装卸小箱(篓、袋等)的日用品或农副产品。此外,旅客列车中的邮政车、行李车目前也是靠人力装卸行包及邮件,餐车上的主、副食品也靠人力搬运。设计车辆时,如需靠人力装卸货物,则要详细分析每一种可能承运的货物是如何装卸的,如我国使用的敞车多不设端门或底开门,仅有侧门,如一整车煤靠人力用铁锹卸,就需分析人的动作,从一开始卸直至最后卸尽,人的动作或使用工具上有哪些变化。特别需要注意的是在车辆结构上要考虑如何有利于卸尽墙角、柱脚处的残煤,因未卸尽的残煤不仅会污染其他货物,还可能因其疏松的空隙长期保持一些积水而引起金属结构的腐蚀。又如棚车、保温车的地板面一定和货站站台的高度配合好,便于搬运小车进出等。

③ 连接调车人员的作业分析。车辆运用中,总离不开机车与车辆或车辆与车辆间车钩的摘挂作业。在车站、编组场等处进行车钩及车辆间其他连接物摘挂作业的人员为连接调车员。由于调车作业中车辆是在运动的,连接调车员时而需跟车跑步前进,时而需攀附在车侧脚蹬处随车前进,有时亦需攀援至手制动处,双手操纵手制动盘以控制车辆溜放速度。故车

辆总体设计时要考虑设置供人攀附的脚蹬、手把（机车端部尚需设置踏板）。对货车来说，手制动手轮、钩提杆均设置在人面对车端的左方，折角塞门虽在车端右方，但离车钩较近，两软管接头在车钩下方，连接调车员位于车前方左端即可操纵有关手柄，完成各个动作。为了连接调车员能熟悉这样一种作业环境，货车上的这些装置的位置不能因车种、车型的变化而任意更改。客车没有溜放作业，手制动手把设在一位端端墙内侧，钩提杆设在人面对车端的右方，与货车正好相反。所有车辆折角塞门的位置基本不变。

以上仅对车辆常见的作业作了粗浅的分析，在设计时必须在调查的基础上对该车所需进行的作业作详尽分析，力求使操作环境在许可的范围内变得更合理一些。

（3）客车客室设计。

客车的车种繁多，除编在旅客列车中常见的车种外，还可能遇到试验车、文教车、公务车、发电车等。这里有两种情况：一种是生产批量较大的客车，其车窗大小及客室安排在设计时应与钢结构统一考虑；另一种是利用现在大量生产车种的钢结构改变内部布置，设计成某些特殊用途的客车。对于后者，其窗户的大小及间距都是无法改变的。

客室设计要充分分析该客室应该提供什么功能，完成这些功能应该用什么设备，以及这些设备的形状、大小及表面质感、色彩、放置的位置等。客室设计的分析一方面要通过人机工程学中提供的人体尺寸、视觉分析、色彩知识等；另一方面还要研究现有结构的优缺点，借鉴国外的资料，参考客运飞机、大客车、小轿车中客室设计的成功经验，处理和协调好车内的各种关系；还要在列车乘务、服务人员及旅客中广为调查，征求意见，有些意见在设计人员看来十分苛刻，一时的确难以办到和实现，但毕竟为客室设计提供了一个努力的方向。下面以座车客室设计为例说明客室设计应该考虑的一些问题。

① 主客室设计。座车的主客室设计关键在于座席的安排与布置，而座席的安排和布置又与定员数和车种有关。

从人体尺寸可知，椅子的间距与坐垫距地板面的高度有关。当坐垫较低矮时，小腿易往前伸，柔软的脊椎并不会因靠垫陡直而取端直的坐姿，一般都容易取臂部外移自动调节脊椎倾斜的姿势，因此椅子的坐垫矮，间距就应该宽；反之，当坐垫较高时，如果没有专门的搁脚，小腿容易取自然下垂的姿势，故椅子坐垫高间距就可以窄一些，但不能让人的脚跟踩不着地板面，显然椅子坐垫高的舒适性要比坐垫矮的差一些。

客室设计中还应充分考虑便于列车乘务人员清扫客室。客室中不易清扫抹擦的部分是：两层玻璃窗的内侧；座椅下部；座椅与侧墙间的间隙等处。对于可开启的窗户，如能考虑可拆卸或其内层可翻转一个角度都将对擦玻璃窗的内侧面提供了方便。如为不可开启的车窗，则宜注意密封，防止灰尘侵入此夹层而黏附在玻璃内侧面上。地板与侧墙、地板与椅脚尽量采用大圆角过渡，以便于清扫。

从客车防火要求来说，不仅要设法用其他阻燃、不燃的材料取代传统的木板及木结构，还应对车内使用的涂料、窗帘、椅面覆盖材料等选用不燃、难燃的材料，且在受热时这些材料应尽量少地排出烟雾及有毒气体。

② 厕所、盥洗室的设计。我国生产的硬、软座车及卧车中均设有供旅客使用的厕所及盥洗室。厕所和盥洗室设计中必须考虑以下几个问题：

a. 这两个小间内的设备、附件必须为良好的耐蚀、防蚀制品，如不锈钢制品、铝制品、玻璃钢等塑料制品。

b. 这两个小间的结构应尽量简洁,避免沟槽,以便擦抹。其地板及侧墙护板应采用玻璃钢或不锈钢等无蚀制品做成整体盆状构件,要从结构上杜绝水渗入地板下的可能性,尤其是厕所,其蹲式便池就应直接做在该盆状构件的最低凹处,侧墙护脚板应与地板无明显分界,采用大圆角过渡,当用水冲洗时要易于从便池处把污水排走。

c. 厕所的窗玻璃必须采用毛玻璃,而盥洗室的窗玻璃是否也采用毛玻璃则必须根据其功能而定。如盥洗室有门且兼更衣室、化妆室的功能,可用毛玻璃,否则用光玻璃。

d. 在设计这些小间时应充分考虑其空间和面积的利用,使其结构紧凑。例如门,若不考虑残疾人轮椅的进出,其宽度仅容一人进出即可。

3. 车辆总体布置图绘制

在新车型的开发、研制的初始阶段,首先是绘制总布置草图,以便将整列车设想成具体的总体方案,并校核初步选定的各总成及部件的结构、尺寸、质量和性能指标等能否满足列车的要求。

如图 8.5 所示,车辆总图应反映出该车的结构特点、主要尺寸及各大部件之间的位置安排、连接关系等;应画出车钩等选型设计部件的结构特点及位置安排;应反映车体钢结构等要具体设计部件的基本组成及截面尺寸;应反映车辆内部设备的布置情况。

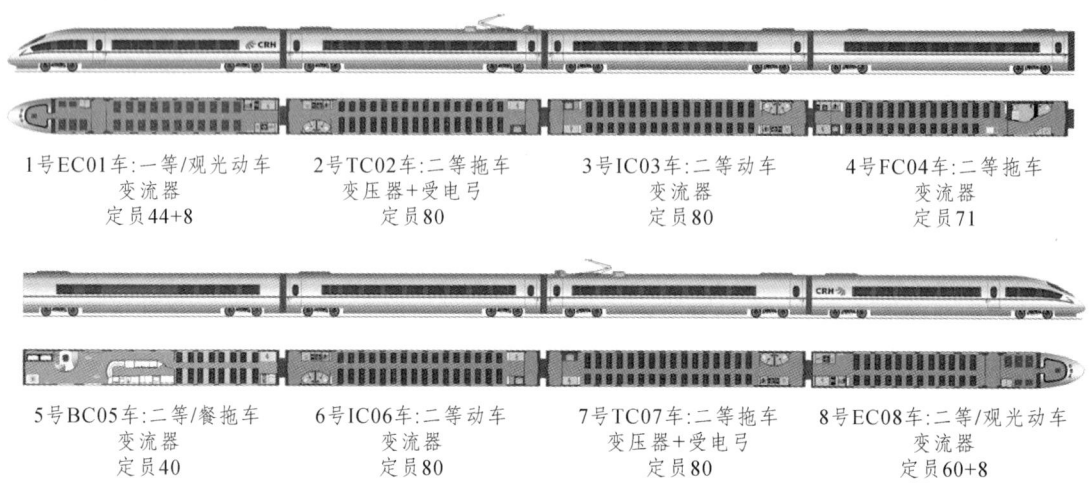

图 8.5　CRH380B 型动车组的总体布置

车辆侧视图和俯视图是总布置草图及总布置尺寸控制图的主要视图,同时还需要辅以反映车辆外形的前视图以及必要的横向和纵向剖面图与剖视图。

车辆总布置草图的绘制要点如下:

(1)搜集和绘制有关总成、部件的外形图。

(2)选择绘图的基准线(面)。通常选择转向架、轮对、车体中心线、轨面中心和水平线等作为基准线(面)。

(3)车内布置。一般可由客室布置开始,主要是解决乘客与座椅等的空间尺寸布置,涉及人机工程学。

(4)转向架及其他车外设备布置。一般按照车辆定距与车体进行布置装配。

(5)相关计算与校核,包括确定各总成、部件的质量和质心位置;将各总成、部件的质心和质量值标在总布置草图上，并量出各质心离车体质心的距离，根据力矩平衡原理可算出各轴的轴重；绘制有关零部件的运动校核图，对各相对运动的零部件进行有无运动干涉的校核。

总图绘制分为总布置草图绘制、总布置方案优化（各总成及部件的结构、尺寸、质量及其轴重分配以及性能指标等方面的最佳匹配）与总布置尺寸控制图绘制（控制各总成、部件的尺寸及车组的安装尺寸）等步骤。

8.2.4 车辆总体设计相关计算

由以上车辆总体设计可见：车辆技术参数的确定等内容的设计方法均为类比选择，所以为了验证设计结果必须进行必要的计算。主要内容包括限界校验、相关间隙校验和重心位置确定等。

1. 直线限界校验

机车车辆限界是一个和线路中心线垂直的极限横断面轮廓。机车车辆无论空车还是重车；无论是具有最大标准公差的新车，还是具有最大公差和磨耗到限的旧车，当停放在水平直线上无侧向倾斜及偏移时，除电力机车升起的受电弓外，其他任何部分均应容纳在线路轮廓之内，不得超越。使用方法为：

- 所有竖直高度均从轨面算起。
- 所有横向宽度均从中垂线向两侧计算。
- 一辆车在某个横截面处的总宽虽然不超限，但是只要某侧半宽超限即为超限。

2. 校 验

如图 8.6 所示，车辆几何曲线通过校验的内容为：
① 将两转向架皆置于最大外移位置以校验车体端部是否能通过限界；
② 将两转向架皆置于最大偏斜位置以校验车体中部是否能通过限界。

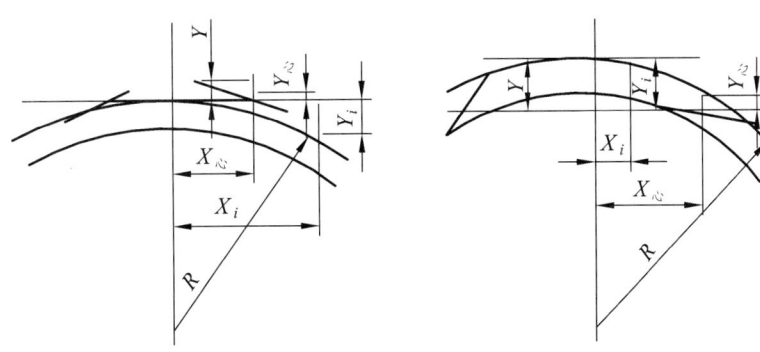

（a）两转向架都在最大外移位　　（b）两转向架都在最大偏斜位

图 8.6　车体偏移量

计算方法为：先求出车体转心对外轨的偏移量，然后求出车体纵轴线上指定点对外轨的偏移量。若指定点在外轨外侧（如车体端部），则（偏移量 + 全间隙/2 + 车体宽度/2）应小于一半限界宽度；若指定点在内轨内侧（例如车体中部），则（偏移量 − 全间隙/2 + 车体宽度/2）应小于一半限界宽度。

由图 8.7 分析可得，转向架转心的位置 X_1、车体转心对外轨的偏移量 $\overline{Y}$ 和车体纵轴线上指定点对外轨的偏移量 $\overline{Y}_i$ 分别为

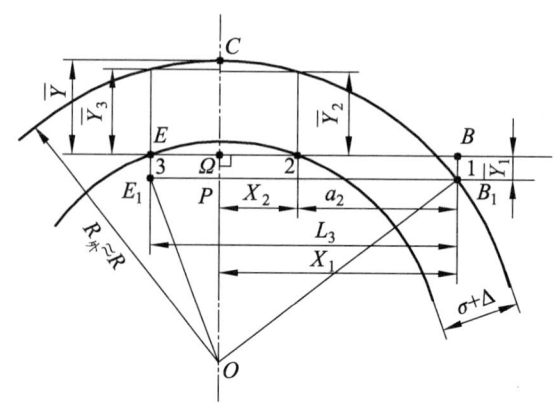

图 8.7　车体与转向架相对位置

$$X_1 = \frac{L_3}{2} + \frac{R(\overline{Y}_3 - \overline{Y}_1)}{L_3} \tag{8.4}$$

$$\overline{Y} = \overline{Y}_{心} + \frac{X_{心}^2}{2R} \tag{8.5}$$

$$\overline{Y}_i = \overline{Y} - \frac{X_i^2}{2R} \tag{8.6}$$

式中，R 为曲线半径；$\overline{Y}_{心}$ 为转向架转心对外轨的偏移量；$\overline{X}_{心}$ 为转向架转心至车体转心的距离；X_i 为车体纵轴线上指定点至车体转心的距离。

3. 车辆相关部件之间间隙的确定

当列车通过曲线或变坡点时，一辆车的某些部件之间以及相邻的两车辆之间，均会产生相对运动，故需要通过必要的计算以确定各部合理的间隙。主要考虑以下 3 种情况：

（1）曲线上车体和转向架的最大转角。

车辆通过平面曲线时，车体与转向架间的相对转动。车辆底架下部及转向架上部可能有些凸出物，当车辆处于直线区段时两者间有足够的间隙，但当车辆通过曲线时车体与转向架产生相对转动，此凸出部分可能与有关部位相碰，以致损坏车辆构件或引起行车事故。因此在总体设计时应防止这种相碰的可能，为此要算出车辆过曲线时底架与转向架间的相对转角。

转向架在车辆通过曲线时可能形成 3 种位置，且当运行速度较低时必然取得最大倾斜位置，车体与转向架之间相对转动的最大夹角就产生在前、后两台转向架均处于最大倾斜位置时，如图 8.8 所示。

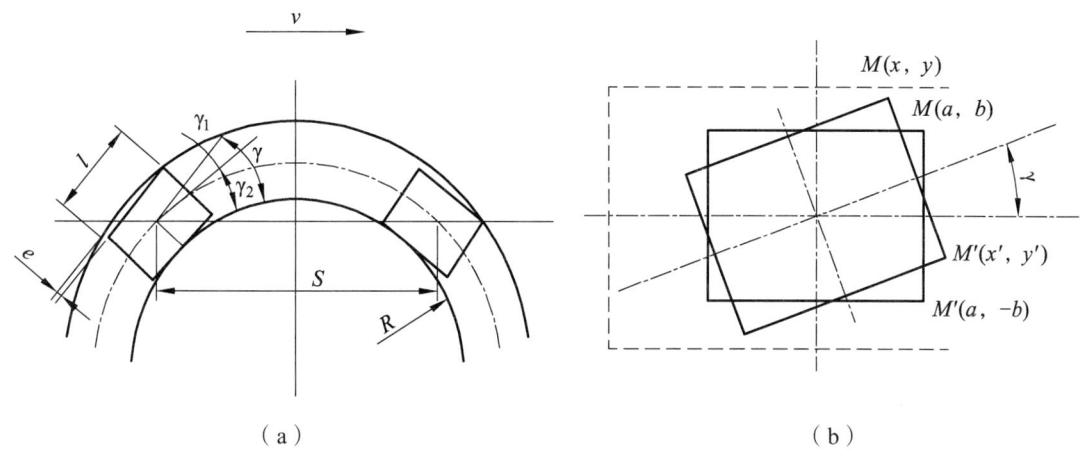

图 8.8 车体与转向架相对位置

当不考虑转向架本身的各种游间，即把轮对作为刚性定位考虑时可以使问题简化。此时车体与转向架之间的夹角由 γ_1 及 γ_2 两部分构成。γ_1 是转向架处于最大倾斜位置时，转向架纵向中心线与线路纵向中心线之间的夹角；γ_2 是车体纵向中心线与线路纵向中心线之间的夹角。其值可由下式求得，即

$$\gamma = \gamma_1 + \gamma_2 = \frac{e}{l} + \frac{S}{2R} \tag{8.7}$$

式中，e 为曲线外轨间总游间；l 为固定轴距；S 为车辆定距；R 为曲线半径。

（2）曲线上两车端部最小间隙及车钩的水平摆角。

如图 8.9 所示，车辆通过平面曲线时，两车端部的最小间隙及车钩的摆角。当列车通过曲线区段时，为了确保相邻两车在通过曲线时端部不会相碰，间隙必须大于相邻两个缓冲器的行程及钩缓装置各部分最大纵向磨耗量之和，且应留有必要的安全裕量。

如图 8.10 所示，为了确保相邻两车车通过曲线时端部不会相碰，间隙 Δ 必须大于相邻两个缓冲器的全压缩行程之和加上钩提装置各部分最大纵向磨耗量，且由留有必要的安全裕量。

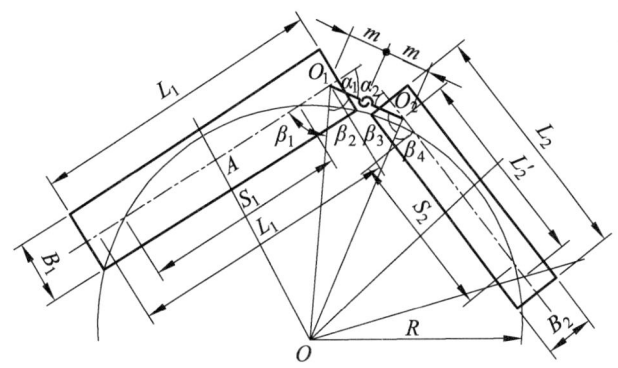

图 8.9 相邻两车辆在曲线上的位置

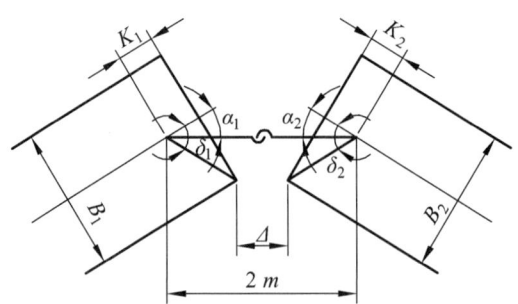

图 8.10 相邻两车辆的端部间隙

(3) 变坡点处两车端部最小间隙及车钩的垂直摆角。

在变坡点处，车钩力为拉伸力，两相连车钩拉紧呈一直线，车钩与车体以钩尾销处为铰节点而转动，车体与车钩之间的间隙和夹角如图 8.11 所示。动车组中车钩最大摆角：水平约 ±12°；垂直约 ±3°。

(4) 车辆相关部件之间间隙的参数化校核。

可以利用 SolidWorks 等三维 CAD 软件尺寸驱动的特点在软件中进行几何图形绘制，直接读取相关参数进行校验。曲线上车体和转向架最大转角参数化校核如图 8.12 所示。

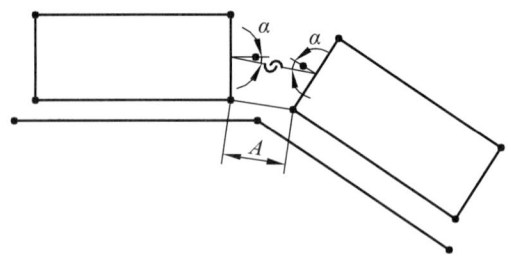

图 8.11 变坡点处车钩与车体间隙

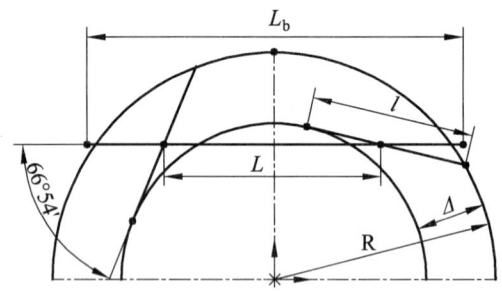

图 8.12 曲线上车体和转向架的转角参数化校核

4. 车体质量均衡计算

车体偏重会引起转向架弹簧受力不均，车体发生倾斜，车辆动力性能变坏，因此设计车辆时，特别是设计客车时，一定要注意车辆前后和左右的质量均衡。

车辆偏重主要是由车内设备（采暖锅炉、卧铺、间壁车内水箱等）和车下悬挂设备的分布不均引起的。在车辆总体设计时，要对车辆重且大的设备进行合理布置，并做质量均衡的概略计算。

（1）质量均衡计算方法。

计算的方法是：以车体平面内纵、横两个中心线作为参考轴（x 和 y 轴），把引起重量不均衡的那些部件、内部设备和悬挂物的质量对参考轴取矩，看是否能得到近似的平衡，即合力矩是否接近零。

$$\sum G_i \cdot x_i \approx 0 \quad \sum G_i \cdot y_i \approx 0 \tag{8.8}$$

可利用 Excel 的单元格调用功能完成质量均衡计算，图 8.13 是某机车车下机器配置示意图，表 8.3 为某车原始布置和调整变压器位置后车辆质量均衡计算所得结果。由表中计算结果可见，通过将变压器的 y 坐标由 -0.21 m 调整到 -0.10 m，设备布置关于 x 轴的合力矩由 -392.15 kg·m 变为 -18.15 kg·m，车辆质量均衡性得到极大的提高。

表 8.3 车辆质量均衡计算表

序号	部件名称	部件质量 T_i/kg	部件重心位置 x_i/m	部件重心位置 y_i/m	$T_i \cdot x_i$	$T_i \cdot y_i$
1	空调接触器箱	50	-6.5	-0.74	-325	-37
2	蓄电池箱	400	-4.9	-0.56	-1 960	-224
3	变压器	3 400	-2.5	-0.21 (-0.10)	-8 500	-714 (-340)
4	硅机组风机	250	0.45	-0.8	112.5	-200
5	供给风缸	85	2.86	-0.9	243.1	-76.5
6	调压开关组合箱	120	4.7	-0.55	564	-66
7	水箱	900	6.15	0	5 535	0
8	集便箱	650	11.37	0.19	7 390.5	123.5
9	空调接触器	50	4.89	0.74	244.5	37
10	制动电气箱	60	3.7	0.69	222	41.4
11	制动空气箱	130	2	0.69	260	89.7
12	硅机组	500	0.45	0.25	225	125
13	变压器二次保护箱	100	-1	0.4	-100	40
14	风机	150	-3.45	0.4	-517.5	60
15	换流电抗器	300	-4.9	0.6	-1 470	180
16	充电装置箱	305	-6.3	0.75	-1921.5	228.75
∑					2.6	-392.15 (-18.15)

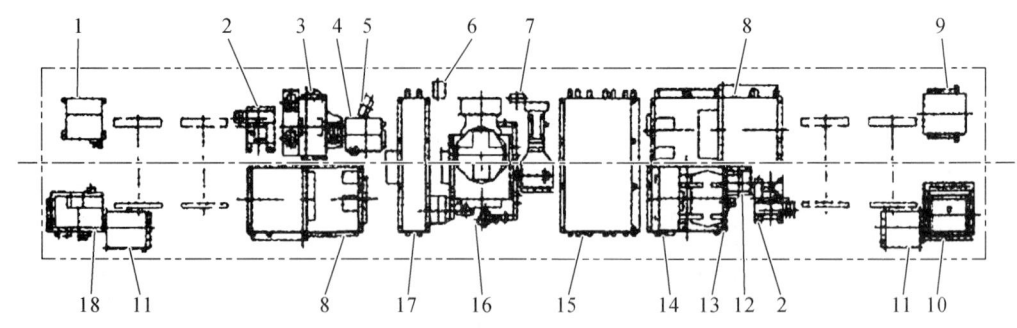

图 8.13 机车车辆设备配置

1—辅助电动空气压缩机；2—主电机冷却用鼓风机；3—换气装置；4—换气装置逆变器箱；5—原边电流互感器；
6—外部电源用连接器；7—辅助绕组电流互感器；8—空调装置；9—接触器箱；10—蓄电池箱；
11—控制电路接线箱；12—接地电阻箱；13—踏面清扫用电磁阀；14—制动控制装置；
15—牵引变流器；16—牵引变压器；17—高压机器箱；18—水箱

（2）车辆配重。

所谓车辆配重，是在车辆的水平投影面上安排其重心位置的问题。调整车辆设备安放的位置，使车辆簧上部分的重心落在水平投影面的纵、横中心轴线相交点的附近。

若此重心位置离纵横中心轴线交点较远，将产生一些不良的后果。因为车体一般是置于两台性能相同的转向架上的，重心偏移将引起车体偏斜，在运行中不仅容易超过限界，或因各轴质量分配不均而引发行车事故，而且因各种振动形式相互耦合而使车辆运行性能恶化，所以配重是总体设计中必须考虑的问题之一。但并不是所有车辆均需作配重计算，仅对车内设备较多又质量不一的客车及某些货车作此计算。

5. 车辆重心高度计算

车辆垂直静载荷、垂直动载荷、离心惯性力和制动惯性力的合力等均作用在车辆重心上，车辆的重心高度也直接影响其运行平稳性和稳定性，因此确定车辆重心位置是必要的。对于一般车辆，其结构是对称的，载重也认为是对称的，故车辆重心是处在车体纵、横二垂直对称面的交线上，因此确定重心位置，只需计算其距轨面的垂直高度，即确定车辆的重心高。重心高的计算公式如下（参见图8.14）：可以利用SolidWorks等三维CAD软件的质量属性测试功能确定重心高度。

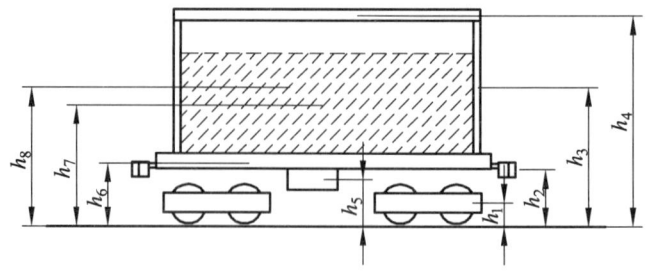

图 8.14 车辆重心高计算简图

$$h = \frac{\sum(T_i h_i + W_i h_{0i})}{T + W} \quad (\text{m}) \tag{8.9}$$

式中，h 为车辆重心距轨面的高度，m；h_i 为车辆各部件重心距轨面的高度，m；h_{0i} 为乘客重心距轨面的高度，m；T_i 为车辆各部件的质量，t；W_i 为乘客自重，t；T 为车辆自重，t；W 为乘客总重，t。

8.2.5 转向架总体设计

1. 转向架设计的具体要求

（1）应具有一定裕度的运行安全性。

转向架在列车运行速度范围内应具有适当裕度的抗脱轨、抗倾覆安全性和抗蛇行运动的稳定性。

（2）应具有符合速度要求的运行平稳性。

在转向架设计中，要注意避免垂向、横向和纵向振动在运行的速度范围内发生共振。其平稳性指标应符合要求。

（3）零部件应具有足够的强度和合适的刚度。

在力求减轻自重的前提下，要符合"车辆强度设计规范"的强度要求并有合适的刚度。

（4）具有承载和传递牵引力与制动力的能力

转向架主要零部件应能保证车体的载荷尽可能均匀地通过各个轮对传给钢轨，并能无间隙、无冲击地传递牵引力与制动力。另外，对运行中来自线路的垂向、横向和纵向的干扰位移和冲击，在向车体传递时，能起缓和、减振和抑制作用。

（5）轮轨磨耗量少并具有通过曲线的导向能力。

设计转向架结构和车轮踏面外形应注意尽量减小轮轨间的接触应力和侧向力，以减少车轮踏面和轮缘的磨耗，使其对线路的破坏作用最小。转向架固定轴距在满足运行稳定性的前提下应尽可能小，以便转向架能灵活地通过规定的最小曲线半径。

（6）尽可能小的簧下质量。

转向架结构中未被弹簧缓和的簧下质量，在车辆通过线路的凸起或凹陷部分时，将产生很大的轮轨冲击力。因此，应尽量减少簧下质量，以减小轮轨间的动态作用力。

（7）能在规定的制动距离内安全停车。

考虑列车最高运行速度、信号装备情况、线路状态等，所设计的转向架制动装置应具有足够的制动能力，保证列车能在规定距离内安全停车。

（8）具有减少噪声、吸收高频振动的能力。

转向架零部件之间和具有相对位移的地方，要尽可能采用无间隙结构或用橡胶元件填充，以减少噪声的发生和传递。橡胶元件还能吸收高频振动，起减振作用。

2. 转向架设计的设计内容

转向架是车辆的一个主要部件，对整个车辆的运行平稳性及运行安全性影响极大，且大多数转向架具有一定的通用性，能适合多种车型的需要。因此，设计出性能良好的转向架就为设计性能优良的车辆奠定了重要的基础。由于转向架一般具有通用性，设计转向架的机会比设计车辆或车体少得多，故更应该精心加以考虑。

转向架设计的步骤分为方案设计、技术设计与施工设计 3 个阶段。其设计的依据仍然是上级下达的设计任务书，或本部门提出的设计建议书经上级批准后作为任务书下达。在为地方工矿企业等部门设计转向架时，经双方协商拟定的对转向架的技术要求亦可作为设计任务书。转向架总体设计工作的重点在于根据该转向架预期达到的功能及技术要求，在综合考虑继承性与先进性的基础上提出切实可行的结构方案。通过总体设计绘制的转向架总图及部分部件图说明该转向架的结构形式及主要尺寸；还要通过适当的计算与校核，论证该方案是现实可行的，并能达到预期的技术要求。

转向架总体设计应遵循的原则与车辆总体设计基本一致，仍然是在统筹兼顾、讲求效益的基础上尽量使其结构便于保养与维修，并尽量降低维修和保养的费用；尽量使其结构的制造工艺性良好；所使用的材料来源充足；其技术性能应满足设计要求，并有适当的技术储备；保证转向架各构件本身及相互间结合可靠；保证运行安全，使转向架引起的行车事故的可能性减至最小；在满足设计要求的前提下尽量采用标准件及通用件，或借用其他转向架中成熟的零、部件；转向架总体及组成的各零、部件均应符合各种标准。

（1）选定转向架的结构形式。

通过使用条件及功能分析能初步确定转向架的结构形式，如轮径、轴型、转向架与车体底架的接口形式、转向架与制动装置的接口形式等。

（2）初步确定转向架技术参数。

通过类比选定悬挂装置的性能参数，然后进行运行性能的分析对比计算。

3. 转向架结构形式的选择

（1）转向架的使用条件分析。

通用转向架与专用转向架在总体设计中是不完全一样的。专用转向架只适用于一种车或很少几种车，转向架的使用条件比较单纯，工况比较明确，可按具体车辆的使用条件来设计转向架。如动车组中的动车转向架、轨道起重机及轨道车等所用的转向架均属专用转向架。

通用转向架则不同，它适应的车种比较多。为了保证这种通用性，通常要考虑以下几个问题：

① 作用于转向架上的载荷。为了保证转向架有足够的强度与刚度，要确定出最大可能的计算载荷。如垂向静载荷，应根据转向架选定的轴型、轴数按轴重乘以轴数减去转向架全部或部分自重作为作用在心盘（或旁承）上的载荷或作用在转向架某个零、部件上的载荷。在确定风力引起的侧向载荷时，则应以侧面积最大的棚车作为计算标准。

② 转向架与车辆其他部件的接口。转向架与车辆其他部件的接口主要有两个：一个是传递车体上的载荷至轨面的接口，最常见的形式是心盘与旁承；另一个是连接空气制动装置及手制动装置的接口。

③ 转向架零、部件的安全可靠性。因零、部件在运用中突然失效而导致重大行车事故或恶性事故的事例中，以转向架零、部件失效所占的比例最大。目前在列检及修理中重点抓"三裂、二切、一脱落"的预防工作。"三裂"指的是底架中梁、侧架及摇枕因裂纹引起的断裂；"二切"是指切轴，即冷切与热切；"一脱落"指的是转向架基础制动装置中一些零部件（如制动梁等）的脱落。

（2）转向架的功能分析。

明确转向架及配用该转向架的车辆的运用条件是转向架功能分析的基础，而功能分析又将为转向架结构选型提供依据。运用条件包括列车最高可能运行速度、通常运行的速度范围、使用环境及车辆的运输对象等。运行速度是转向架的主要技术指标，也是转向架设计的重要依据。在通常运行的速度范围内车辆应该具有较好的或尽可能好的动力性能。构造速度是构件强度计算的依据，同时还需要考虑将来列车速度普遍提高后有提高该转向架动力性能的可能性。

运输对象不同也会对转向架提出不同的要求，如客车中的市郊通勤车、地下铁道车辆、双层客车中的硬座车等属于载质量大、载质量变化也大的客车。既为客车，就要求有较高的运行平稳性，故要求转向架具有较大的静挠度。这时若采用等刚度钢弹簧则可能因载质量的变化过大而使钩高的变化超出允许的范围，若采用变刚度弹簧虽可控制钩高的过大变化，但当量静挠度又可能不足，唯有采用带高度调整阀的空气弹簧才是较好的解决办法。

转向架必须具有的功能，包括走行、减振缓冲、承载及制动等。走行功能主要体现在车辆直线运行的蛇行稳定性及通过曲线的能力上，不仅在厂矿或站场中能通过最小的曲线半径，还能以较大的速度通过正线上的曲线及进出站时的道岔；主要靠轮缘导向还是主要靠蠕滑力导向；如何能减少轮缘的磨耗；如何使转向架具有足够的抗脱轨稳定性等。承载能力主要表现在转向架零、部件所具有的强度和刚度，除与轴重、运行速度有关外，车体不同对转向架的承载能力亦有影响，如用于双层客车的转向架，由于车体重心高，侧面积大，因此将比同轴重的普通客车所受侧向载荷大。制动能力主要表现在能否在规定的距离内停得下车来，它与基础制动装置的结构以及闸瓦材料等有关。磁轨制动装置也只有高速客车转向架才需要。对减振缓冲能力要求的不同将在很大程度上影响转向架的结构，弹簧、减振器、轴箱定位装置、摇动台等均为改善减振与缓冲的性能而设，具体选择时必须根据使用条件来确定。

（3）高速转向架的结构形式特点。

随着世界铁路高速化的不断发展和完善，高速转向架的结构形式逐步趋向于类同，它们的主要特点表现为无摇枕结构、采用空气弹簧悬挂装置、有回转阻尼、加装弹性定位等。图8.15显示了这些结构形式特征。表8.4～8.6分别示出了国外和我国典型高速动车组转向架的结构形式及参数。

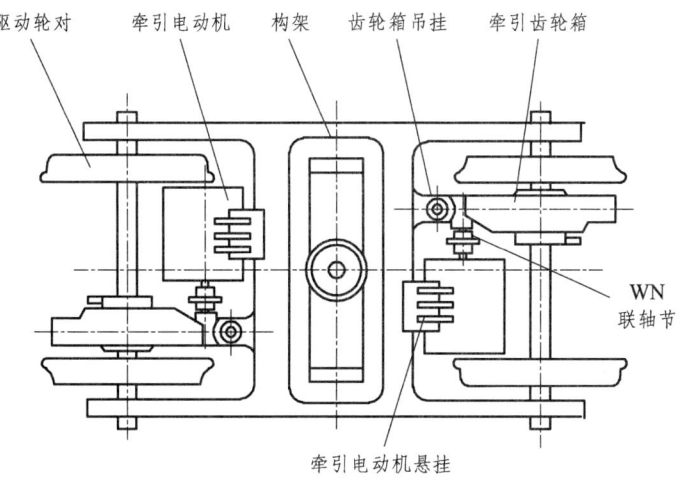

图 8.15 典型高速转向架结构形式示意图

表 8.4 我国客车转向架的技术参数

项 目	SW-200	CW-200	CW-200G	PW-200
轴型	RD3			
固定轴距/mm	2 600	2 500	2 500	2 500
中央簧横向间距/mm	2 400	2 000	1 956	2 320
轴箱簧横向间距/mm	2 000	2 000	2 000	2 000
构架形式	U 形焊接构架	H 形焊接构架		
摇枕弹簧装置形式	空簧无摇动台	空簧无摇枕	空簧有摇动台	空簧有摇动台
中央阻尼形式	油压减振器	油压减振器	油压减振器	油压减振器
回转阻尼	旁承支重	空气弹簧支重	旁承支重	旁承支重
抗侧滚装置	扭杆			
轴箱定位形式	转臂式			导柱式橡胶堆定位
基础制动装置	盘形制动+防滑器			

表 8.5 国外典型高速动车组转向架主要结构形式及参数

转向架型号	动车 TDT204 /拖车 TR7002	WDT205	SF500	Y237A
使用车辆	日本 700 系	日本 500 系	德国 ICE3	法国 TGV-2N
最高速度/(km/h)	285	300	330	300
使用年份	2000	1997	1999	1995
轴重/t	11.3	11.2	16/15	17
自重/t		6.5	动 9.2/拖 7.5	7.0
轴距/mm	2 500	2 500	2 500	3 000
轮径/mm	$\phi860/\phi790$	$\phi860/\phi790$	$\phi920$	$\phi920/\phi850$
踏面形式	圆弧踏面	圆弧踏面	圆弧踏面	锥形踏面
轴箱定位	圆导筒式	转臂式	转臂式	转臂式
二系悬挂	空气弹簧+减振器	空气弹簧+减振器	空气弹簧+减振器	空气弹簧+减振器
牵引装置	单拉杆牵引	单拉杆牵引	双拉杆牵引	双拉杆牵引
制动方式	再生、盘形、盘式涡流	再生、盘形	再生、盘形、磁轨	盘形、盘式

表 8.6 国内典型高速动车组转向架主要结构形式及参数

转向架型号	CRH1	CRH2	CRH5
最高速度/(km/h)	250	250	250
轴重/t	16	14	17/16
轴距/mm	2 700	2 500	2 700
轮径/mm	$\phi 915/\phi 835$	$\phi 860/\phi 790$	$\phi 890/\phi 810$
踏面形式	LMA 型	LMA 型	XP55 型
一系悬挂	单组钢弹簧+减振器+转臂式定位	单组钢弹簧+减振器+转臂式定位	双组钢弹簧+减振器+对角双拉杆定位
二系悬挂	空气弹簧+减振器+抗侧滚扭杆	空气弹簧+减振器	空气弹簧+减振器+抗侧滚扭杆
牵引装置	单拉杆牵引	单拉杆牵引	双拉杆牵引
制动方式	空气制动	空/液制动	空气制动

4. 转向架零部件选型与设计

在选择转向架零、部件时，应根据以上分析进行，要注意所选择的零、部件必须安全可靠，性能稳定，成本低廉，来源充足。

（1）弹簧。

在选定弹簧类型的同时要确定静挠度值及客车转向架静挠度在两系弹簧中的分配，同时要考虑结构上能否安排得下，并考虑空重车静挠度的差值加上适当的磨耗量不得超过车辆运行时允许的车钩最低高度。

（2）轮对形式。

轮对是转向架最重要的部件之一，它直接关系到车辆运行的安全性和平稳性。它是车辆与钢轨直接接触的部件，它对钢轨的静动力作用关系到钢轨的应力大小与磨损状况。

轮轴的主要尺寸、化学成分及机械性能可参见相关的标准。现在使用的车轴钢材及形状尺寸均有标准可循，如选用标准以外的材质及形状，就必须特殊订购钢材和加工毛坯，其成本显著增高，还需经过特殊申请和审批手续后才能在铁路上运行。因车轴对行车安全关系极大，万一因切轴而造成行车事故，其后果无疑是十分严重的。设计时应根据车辆的总重（自重+载重），按轴重去选择轴型及轮型，同时根据采用轴承的形式去选择相应的型号。

轮对属于转向架簧下部分，减小其质量不仅能减轻车辆自重，而且能改善车辆振动性能，减小轨道所受的冲击力。因此在保证轮对结构具有足够的强度与刚度、轮轨接触应力较小的前提下，可考虑采取以下措施：

采用空心车轴能节省金属材料；提高车轴的疲劳强度；改善运行中轴颈发热时的导热性能。此外，有些国家考虑或试验采用断开的车轴，以达到尽量减小簧下质量的目的。

国外动车组转向架大多采用小直径车轮，缩小车轮直径可以减小簧下质量，降低车辆重心。但是轮子受垂直载荷后，使轮轨间产生很大的接触应力，它是引起踏面、轨面磨耗剥离的主要原因。因此，轮径的选择应综合协调各相关因素的影响。

把车轮辐板减薄（国外最薄的只有 8 mm），并做成波浪形使其具有一定的弹性也可以减小簧下质量。

车辆蛇行运动是一种特有的自激振动，它是由系统结构本身（轮对踏面等效斜度、悬挂等）引起的。从改善车辆失稳性考虑，踏面等效斜度越小越有利于提高失稳的临界速度。但为了改进转向架通过曲线的导向性能，必须充分利用踏面斜度导向，也就是利用钢轨作用于轮对踏面的纵向蠕滑力矩对转向架起导向作用。当实际曲线半径小于轮对能自由的通过曲线半径时，作用于转向架各轮对踏面的纵向蠕滑力矩，迫使轮对紧靠外轨而增大轮对的轮缘力。为使轮对自由通过小半径曲线，可采用大斜度踏面的车轮。

由此可见，改进转向架通过曲线的导向性能和提高直线运行的横向稳定性所要求的车轮踏面斜度是相互矛盾的。因而当设计和选择时必须综合考虑，慎重选择。

轮对的偏重和椭圆度给车辆的平稳性带来不良的影响，尤其是车辆高速运行时，将引起巨大的惯性力。另外，钢轨上将承受谐振力的作用。这样，不但对钢轨的动态作用力增加了，而且对车辆振动、轴承寿命、轮轨力均有不良的影响。所以在实现列车高速运行时，注意轮对加工和组装的精度，以提高其动平衡性。

（3）构架。

构架是安装转向架其他零、部件的基础，每种转向架均需专门设计构架。构架是把转向架各部件组合成总体的一个重要承载部件，其结构形式的选择与结构尺寸的设计应根据转向架总体设计、相关部件（弹簧悬挂装置、轴箱定位装置、轮对及基础制动装置等）的结构形式及其对安装和检修空间的需要、构架的强度、刚度条件和采用的工艺方式等来确定。

动车组转向架构架主要采用 H 形。在制造工艺上主要采用钢板、铸件焊接组合而成，也有采用铸钢一体铸造形式。

（4）一系悬挂定位方式。

一系轴箱悬挂定位刚度是转向架临界速度最敏感的参数，不同的定位方式决定了其参数确定的方式。按照不同的设计要求，一系悬挂定位方式有很多不同的结构，但都是为了实现轮对轴箱在纵向、横向和垂向 3 个方向适当的定位刚度。转向架定位装置作为悬挂元件的发展方向是实现多功能一体化结构，在各个方向都起作用，并在各向都能提供准确的阻尼，达到结构紧凑、质量轻、无磨耗、低维修的效果。根据高速转向架的设计原则，轮对轴箱定位方式中，无磨耗弹性导柱式、单拉板式、液力橡胶弹簧式以及单转臂式定位均是最佳的选择之一，设计中应该根据转向架结构空间、质量条件、组装条件等进行综合分析，确定最适合的技术措施。至于最佳定位刚度的匹配和选择应进行理论分析、多方案计算比较，根据各种影响因素进行综合考虑，最后可通过动力学试验加以合理确定。

4. 转向架主要技术参数确定

通过上述使用条件及功能分析，已能初步确定出部分技术参数及结构形式，如轮径、轴型、转向架与车体底架的接口形式、转向架与制动装置的接口形式等。另外一些技术参数，如弹簧装置的形式及其柔度或刚度，轴箱定位装置的形式及刚度，抑制蛇行运动的阻尼形式及技术参数，各种减振的阻尼形式及参数等，仅凭经验来确定是远远不够的，要把初步确定出来的技术参数，进行运行性能的分析对比计算。例如设计通用货车转向架，我们可以选定某种确定技术状态的线路，确定几种常见的通用货车，把拟设计的转向架与现有转向架的技术参数作对比计算，在相同的运行条件下对比其运行平稳性指数、脱轨系数、轮重减载率、倾覆系数、蛇行运动的临界速度等，据此判定拟设计的转向架在性能上是否达到了一定的水平。当然，在确定转向架的技术参数时必须注意它们是合理的、可行的。

转向架总体设计时在垂向、横向及纵向均有一些控制尺寸必须注意。

带心盘的转向架的心盘面距轨面的高度，还有旁承与心盘面的高度差都是需要控制的尺寸。还须注意构架的侧梁以及侧架上弦杆在上、下旁承接触时是否会碰着底架上的零件。如果是旁承支重或摇枕弹簧直接支承车体的结构，亦可以参照以上要求检验转向架上的零、部件在运用中是否会与底架相碰。转向架下部的高度控制尺寸是限界中的车限，不仅在新设计时不能超限，在考虑了弹簧最大变形以及轮辋等最大磨耗后亦不能超限。

横向两轴颈中心的横向间距是一控制尺寸。例如，由于传递垂向力的关系，构架两侧梁中心线的横向间距或两侧架中心线的横向间距均要和两轴颈中心的横向间距一致。此外，转向架横向最外端零件的尺寸必须容纳在限界之内，特别是横向最外端的下部零件，可能正处在限界附近，必须在考虑最大可能磨耗后，转向架两侧下部不会超出限界。

在纵向转向架的固定轴距虽然是一个技术参数，但它是设计后由摇枕弹簧装置、轮对、基础制动装置在长度方向安排的结果，并不能在设计前就规定死。此外，还必须考虑列检人员作业时如何便于检查及更换易损零、部件，从这几方面统筹兼顾，就可以确定出较合理的固定轴距。

8.3 车辆动力性能仿真

8.3.1 车辆动力性能设计方法

高速转向架是列车高速运行最重要的基础条件之一，在保证列车高速稳定运行时承担列车的减振降噪作用；作为承载结构，高速转向架在各种振动工况下确保结构的强度安全可靠性。研究铁路高速转向架技术的目的在于：

（1）确定列车在线路上各种运用工况下的安全运行条件；

（2）研究列车悬挂装置的结构、参数和性能对振动和动载荷传递的影响，并为这些装置提供设计依据，以保证列车高速、安全、平稳地运行；

（3）确定动载荷特征，为分析列车及其部件的动作用力提供依据。

高速转向架技术的研究方法可以分为采用数字样机分析、试验测试研究和综合性能研究3种方法。这3种研究分别处于产品研发的不同阶段。数字样机分析侧重于产品的开发阶段，以列车系统动力学理论、模态分析和强度分析理论为基础，对转向架的性能特性进行预测；试验测试研究侧重于产品的验证与验收阶段，以测试和辨识技术为基础，对转向架的性能特性进行评估。而转向架综合性能研究方法则是将上述停留在相互独立层面上的两个环节结合起来，运用实测试验数据对理论模型进行验证分析，并再次利用验证后的系统分析模型指导转向架的研究和设计。研究内容和相互关系见图8.16。

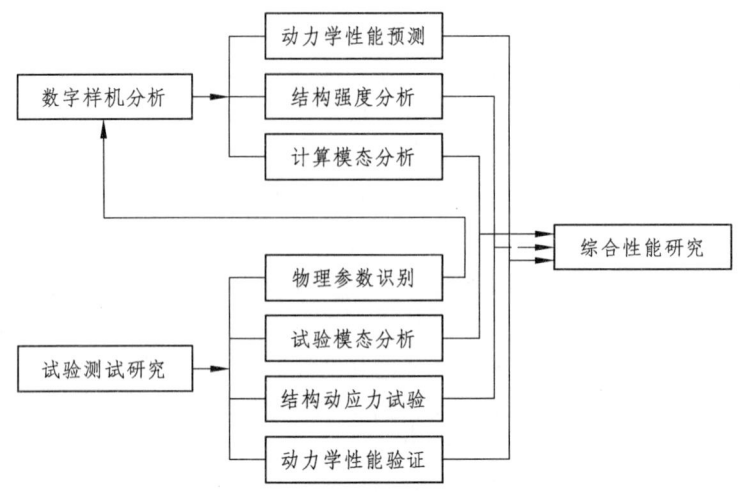

图 8.16　各种研究方法的关系图

数字样机分析事实上与产品设计过程相同，也应该是个闭环的、逐步修正完善的过程，以转向架动力学理论模型为例，闭环过程为:理论建模（数字样机）→动力学性能预测→产品样机（真实样机）→动力学性能在线或实验室试验→研究、修正理论模型→动力学性能预测。

8.3.2　车辆动力学仿真分析

随着列车运行速度的提高，为确保设计出来的动车组的运行品质，提高设计、研发的可靠性，降低新产品开发的成本，缩短研制周期，大量的虚拟样机技术在高速动车组的开发研制过程中得到了广泛应用。动车组系统动力学仿真分析就是其中的一个重要环节:动车组系统动力学仿真分析就是利用计算机仿真技术，对前述各节描述的动车组动力学问题进行求解并得出各动力学性能指标的一项技术。该技术以高速动车组的动力学问题为研究背景，以考虑动车组高速运行时与线路（包括路桥、接触网等固定设施）和周围气流等的相互耦合作用为重点，以高速轮轨接触仿真分析为基础，建立全服役环境下的仿真分析。

1. 动力学仿真分析的内容

目前，高速动车组动力学仿真分析具体包括以下几项仿真分析内容:
（1）动车组蛇行运动的临界速度求解；
（2）动车组脱轨安全性分析；
（3）动车组横向和垂向振动的响应分析；
（4）动车组运行平稳性和舒适性指标分析；
（5）动车组曲线通过性能分析；
（6）动车组悬挂参数优化分析；
（7）动车组弓网耦合动力学分析；
（8）动车组空气动力学性能分析；
（9）动车组车-桥-线路耦合动力学分析等。

不管具体的仿真分析内容是什么，都必须将动车组的物理模型转化为仿真分析用的数学模型，然后利用相关的动力学仿真分析软件进行动力学性能的仿真分析。

2. 动车组系统动力学仿真分析模型

高速列车转向架作为高速列车的关键部件之一，对列车的安全性、可靠性和舒适性有较大影响，为了实现我国机车车辆的高速化，必须对高速列车转向架进行研究和开发。在研制开发高速转向架的过程中，首先需要确定其基本的设计方案，并在此基础上合理选择其悬挂参数和结构参数，使其在线路上运行时具有平稳的运行特性和良好的动力学性能。

机车车辆动力学是一门与铁路机车车辆同步成长的学科，是研究机车车辆运动规律的科学。其主要任务就是通过分析机车车辆和线路之间的相互作用，研究机车车辆在各种速度时不同线路条件下的振动规律。本部分主要讲解在动力学理论研究的指导下，根据实际应用条件，包括运行速度、线路半径、超高以及线路不平顺等，综合考虑机车车辆各方面的动力学性能，协调后优化转向架的结构参数和悬挂参数的内容。

动车组系统动力学研究的内容很多，在进行各种不同目的的仿真分析时，仿真分析的模型可以不尽相同。但是不管哪种情况，都要求仿真分析的模型尽可能全面反映所要研究的动车组动力学性能的真实情况。例如，研究动车组车辆横向和垂向随机激扰响应的仿真分析模型和研究动车组空气动力学的仿真分析模型就可以不一样，但是都要能够反映动车组的基本性能和结构形式。

建立动车组系统动力学仿真分析的模型通常基于以下原则：

（1）根据分析目的，忽略影响程度较小的次要因素。

高速动车组是一个非常复杂的系统，哪怕是把线路和气流等排除在外，单纯的动车组车辆系统也是一个复杂的机电复合、刚柔复合的繁杂系统。如果不加思考地将所有因素都考虑在仿真分析模型中，将不能突出研究的重点，甚至可能由于次要因素的影响导致仿真分析出现很大的偏差。例如在进行悬挂参数的优化分析时，由于车体、构架、轮对等结构的刚度较悬挂系统的刚度大很多，其弹性的影响较悬挂系统元件的影响可以忽略不计，因此可以把车体、构架和轮对等结构当作刚体进行考虑，而忽略其弹性影响。

（2）适当采用线性化模型。

如前所述，动车组系统中存在大量的非线性因素，如橡胶弹性悬挂元件的刚度、液压减振器的阻尼特性、各种弹性止挡等。如果全部按非线性进行考虑的话，会导致动力学系统方程非常复杂，求解困难。因此通常对某些元件和特征采用适当的线性化，从而在不影响问题本质的情况下，简化求解过程。例如在考虑常规车辆系统动力学性能的仿真分析时，通常将线路等轨道方面的非线性因素排除在外。

线性化模型的方法较多，前面也有所说明。但是当系统的某些元件非线性很强时，采用简单线性化的方法可能会使整个系统的仿真分析结果失真。此时就必须采用非线性模型。例如在分析车辆曲线通过性能的时候，可以近似线性地把线路曲线半径的变化、超高角度的变化等采用线性化处理，但是其轮轨几何接触关系和轮轨蠕滑力和蠕滑率之间的关系就必须采用非线性修正才能得到比较符合实际情况的结论。

（3）选择合适的自由度。

动车组系统中有若干零部件，如果每个零部件都按空间 6 个自由度进行考虑的话，会导致系统方程数量过大,从而影响问题的求解。因此需要根据仿真分析的目的,对动车组系统中的零部件数目进行简化,同时根据问题主要研究垂向、横向还是纵向等因素,将各物体的自由度也进行分别处理。

图 8.17 就是某型动车组车辆进行参数优化仿真分析时所采用的模型。在该模型中,将动车组考虑为轮对、转向架构架、车体三刚体,各刚体之间采用弹性悬挂系统元件进行连接。由于不考虑纵向运动的影响,其自由度中均不考虑伸缩自由度。同时考虑轮对不允许脱离钢轨,因此忽略轮对的浮沉自由度。

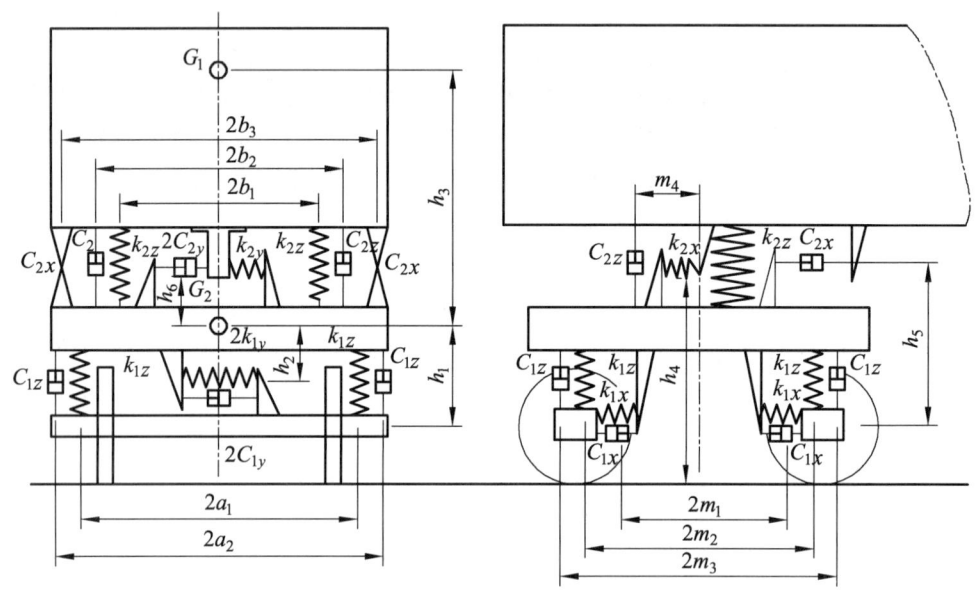

图 8.17 动车组车辆系统动力学模型示意图

3. 动车组系统动力学的数值仿真基本流程

不管是采用什么样的动车组系统动力学仿真软件,其基本的流程都一样,如图 8.18 所示。具体包括以下内容:

(1)根据需要进行分析的动车组研究对象,建立动车组系统的数学模型,主要是确定动车组的几何结构参数、悬挂系统参数、各部件之间的相互连接位置等;

(2)建立合适的轮轨接触模型,包括车轮踏面外形、钢轨轨头外形、轨底坡等;

(3)构建合适的线路模型,针对不同的分析任务,设计不同的线路数据,如选择直线、曲线或者道岔模型,设定线路的不平顺形式及其等级等;

(4)将车辆模型、轮轨接触模型和线路模型进行集成,形成可供分析的整车(或整列)组合模型;

(5)进行静力平衡分析,确定各参数的平衡点,同时检验模型静态是否稳定;

(6)进行车辆系统运动学或动力学各项分析及其数值结果的后处理分析,得出需要的运动学和动力学性能指标;

(7)进行车辆系统动力学性能的分析与评价,确定车辆结构参数、悬挂系统参数等的优化方案,进行优化分析;

（8）车辆整体系统的评价与改进。

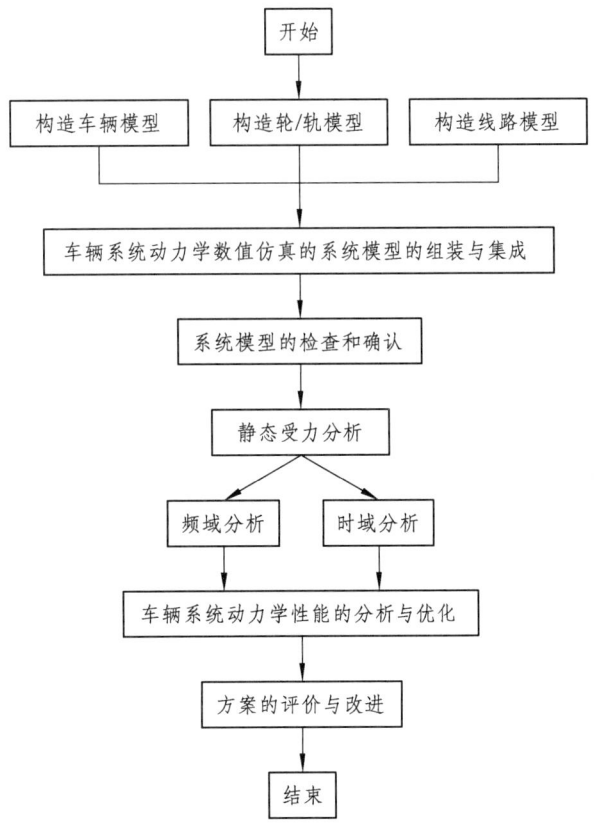

图 8.18　车辆系统动力学的数值仿真基本流程

4. 车辆系统动力学的数值仿真基本过程

进行车辆系统动力学数值仿真需要构造动车组车辆系统动力学的数值仿真模型。如前所述，车辆系统动力学的数值仿真模型主要由车辆模型、轮轨接触模型和线路模型三部分组成。

（1）建模。

车辆动力学模拟分析首先需要建立车辆系统力学模型及其数学描述，称之为"建模"。

（2）提供分析时的系统参数（这些参数主要包括几何、质量和悬挂参数）。

- 几何参数：车轮直径、转向架轴距、转向架中心距。
- 质量参数：电机、车体、构架、齿轮箱、轮对及轴箱等部件的质量和转动惯量。
- 悬挂参数：一系、二系定位刚度和悬挂刚度；一系、二系的阻尼特性曲线。
- 其他参数：轮/轨接触几何状态、接触点锥度及其变化曲线。

（3）提供线路轨道激励。

分析时需要输入的外加激励按线路条件确定。

（4）输出数据。

相对每一组系统参数和一种线路不平顺激扰可以求解出列车在不同速度下的下列数据：

- 各车轮的轮/轨相互作用力 Y，Q；
- 轮/轨垂向力及其变化、轮轨最大载荷和减载率、最大脱轨系数；

- 车体 x、y、z 三个方向的振动加速度；
- 振动平稳性指数（统计值）；
- 转向架构架的振动加速度；
- 轮/轨磨耗指数。

5. 常用车辆系统动力学仿真软件

（1）车辆系统动力学仿真软件的基本功能。

一个成熟的车辆系统动力学仿真软件应该能够完成车辆系统动力学研究的基本内容，应包括车辆系统的静力平衡计算、车辆系统的频域分析和模态计算、车辆系统的临界速度计算、车辆系统的直线运行平稳性计算和动态曲线通过安全性计算。通过这些仿真计算可以深入研究车辆系统的动力学性能、对车辆结构参数和悬挂参数进行优化分析。针对动车组高速运行的特点，还应能进行编组后的列车动力学计算，并且将列车运行的一些环境条件包括在内。与此同时，还应有可变轨道结构模型，以进行轨道结构和线路设计的研究，即能够进行车辆-线路耦合系统动力学分析和车辆-线路-桥梁耦合系统的动力学分析。目前已发展了许多大型通用性商业化软件可供选择，它们各具特色，可针对不同的分析目的和载荷（激励）条件选择不同的软件。可供选择并已经证明应用有效的软件有：

- NUCARS，由美国 AAR 研究开发的铁道车辆与轨道动力学分析软件。
- MEDYNA，由德国研制的甚于多刚体动力学车辆动力学分析软件。
- ADAMS/Rail，是通用动力学软件 AIIAMS 吸收了 MDYNA 中轮/轨关系部分而开发的用于铁道车辆与轨道动力学分析的专用软件包。
- VAMPIRE，由英国铁道研究中心开发的用于铁道车辆动力学及车体模态分析软件。
- SIMPACK，由德国研制的基于多体（包含柔体）车辆系统动力学分析软件。

此外，各国还自主开发了各种专用软件，也都比较成功地用于高速车辆设计。

（2）ADAMS/Rail 简介。

ADAMS/Rail 是目前世界上最流行的铁道车辆系统动力学数值仿真软件之一。1993年，MDI 与荷兰铁路技术咨询公司合作，将基于现代轮轨理论的计算方法加入 ADAMS。1995年，ADAMS/Rail 开始进入铁道车辆动力学仿真计算领域。1996年，MDI 与德国 Argecare 公司合作，在 ADAMS/Rail 中采用 MEDYNA 软件的轮/轨接触单元。2002年，MDI 与英国 AEA 铁道技术公司达成战略合作关系，进一步增强了 ADAMS/Rail 的轮/轨计算能力。2002年，MSC.Software 公司收购了 MDI。之后，MSC 不断改进 ADAMS 的功能，使 ADAMS 融入 MSC.Software 的软件系统。

ADAMS/Rail 是基于模板的专用于铁道车辆动力学仿真的软件包，包括 3 个最基本的解题程序模块：ADAMS/Rail（View，界面模块）、ADAMS/Rail（Solver，求解器）和 ADAMS/Postprocessor（后处理器）。

ADAMS/Rail（View，界面模块）含有各种预设模板，提供了一个直接面向用户的基本操作对话环境和进行动力学分析的前处理功能。它提供了标准界面和模板建立器两种界面，来满足不同权限的使用者。标准界面 ADAMS/Rail（View）提供了丰富的零部件数据库，帮助用户快捷地建立参数化的零部件模型，如弹簧、阻尼器和车轮等。模板建立器界面则是用来创建模板的几何拓扑结构，就是创建一系列元件，如轮对、构架、车体、悬挂元件、空气弹簧、阻尼器，以及定义子系统需要的参数。ADAMS/Rail 利用模块和分析工具箱，快速建立和分析铁路车辆动力学系统的仿真模型。

ADAMS/Rail 通过对车辆系统进行装配的方法建立动力学系统的集成模型。铁道车辆的子系统主要包括前、后转向架（包括轮对、构架、悬挂系统和抗侧滚扭杆等）和车体。ADAMS/Rail 提供了通用的铁道车辆转向架和车体的标准模板。具有专家用户（expert-user）权限的用户，可以利用 ADAMS/Rail 模板建立器创建用户自己的模板，并在此基础上建立自己的子系统。当用户对铁道车辆系统动力学的集成模型进行分析时，ADAMS/Rail 根据用户指定的输入参数和分析方式进行相应的仿真计算。利用 ADAMS/Rail 可以快速地建立铁路车辆系统动力学模型，并且通过对动力学模型进行仿真计算分析其性能。ADAMS/Rail 可以完成如下数值仿真任务：

（1）预载计算、线性分析、稳定性分析和动态分析。
（2）车辆舒适性和曲线通过能力分析。
（3）列车牵引和制动计算。
（4）车辆悬挂系统设计。
（5）钩缓装置设计。
（6）牵引传动装置设计。
（7）动态轮/轨接触分析，轮轨蠕滑与磨耗计算。
（8）车辆脱轨和倾覆分析。

6. ADAMS/Rail 实例

本实例通过调用现有模板创建铁路车辆子系统、装配集成模型，并且进行仿真计算分析的过程，帮助用户了解和熟悉 ADAMS/Rail 的标准界面。内容如下：
- 启动 ADAMS/Rail 标准界面口和熟悉 ADAMS/Rail 窗口。
- 创建子系统。
- 创建整车系统集成模型。
- 执行预载分析。
- 执行线性化分析。
- 执行动态分析。
- 执行稳定性分析。

（1）建立前转向架子系统。

① 建立前转向架子系统。基于保存在 Erri_bogie.tpl 标准模板库中的 Erri_bogie 模板来建立前转向架子系统，并且保存它。建立前转向架子系统的步骤如下：

从 File 菜单选择 New，然后选择 Subsystem 新建子系统对话框，就会出现如图 8.19 所示的界面。在 Subsystem Name 文本框，输入 Erri_Front_bogie。把 Miner Role 设为 Front，Minor Role 定义了子系统的函数和在集成模型中的位置（如 front 或者 rear）。这里选择 front 是因为要创建一个前转向架。右击 Template Name 文本框，指向 Search，然后选择 shared database，出现选择文件对话框。双击 Erri_Bogie.tpl，Template Name 文本框现在包含了文件 Erri_Bogie.tpl 和它的路径。把 Wagon Order 设为 1。使用 Wagon order 选项以便对多个车辆使用同一个模板（转向架、附属机构、车体）。确定 Translate from default position 被选中。把

Fore Translation 值设为 21，选择 OK 按钮，MSC.ADAMS/Rail 利用模板中缺省的数据来创建悬架子系统。

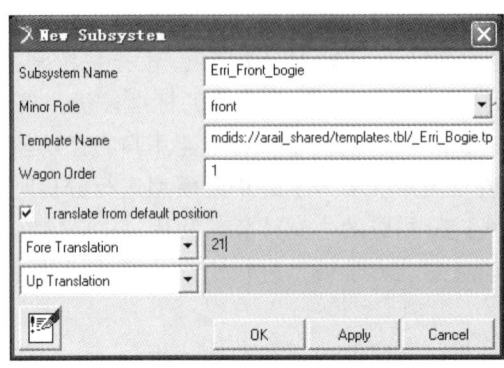

图 8.19　前转向架参数

② 保存前转向架子系统。保存前转向架子系统的步骤如下：从 File 菜单选择 Save as，然后选择 Subsystem，出现保存子系统对话框。Erri_Front_Bogie 子系统应该一直显示在子系统名字的文本框中，因为它是当前打开的唯一的子系统。确认 Close subsystem after save 被选中，以便于 MSC.ADAMS/Rail 在存盘后能关闭该子系统。单击 OK 按钮，MSC.ADAMS/Rail 把该子系统保存在缺省可写数据库中。

（2）建立后转向架子系统。

① 建立后转向架子系统。基于保存在 Erri_Bogie.tpl 标准模板中的 Erri_Bogie 模板来建立后转向架子系统，并且保存它。建立后转向架子系统的步骤如下：

从 File 菜单选择 New，然后选择 Subsystem，出现新建子系统对话框（见图 8.20）。在 Subsystem Name 文本框输入 Erri_Rear_Bogie，把 Minor Role 设为 rear。这里选择 rear，是因为要创建一个后转向架。右击 Template Name 文本框，指向 Search，然后选择 shared databases，出现选择文件对话框。双击 Erri_Bagie.tpl，Template Name 文本框现在包含了文件 Erri_Bogie.tpl 和它的路径。把 Wagon Order 设为 1。确定 Translate from default position 被选中。选择 OK 按钮。

② 移动抗蛇行阻尼器硬点。通过移动抗蛇行阻尼器硬点的方法来旋转后转向架的两个抗蛇行阻尼器，修改后转向架的抗蛇行阻尼器。

从 Adjust 菜单选择 Hardpoint，然后选择 Modified，出现修改硬点位置的对话框（见图 3.21）。右击 Hardpoint 文本框，指向 Hardpoint，然后选择 Browse，出现数据库导航器。选中 Erri_Rear_Bogie.ground 中的 hpl_att_YD_body，并单击 OK 按钮，硬点文本框就会包含有 Erri_Rear_Bogie.ground.hpl_att_YD_body。在 Location 文本框，输入 1.106，−1.41，−0.63，确认 Symmetric 被设为 Yes，选择 Apply 按钮。

右击 Hardpoint 文本框，指向 Browse，出现数据库导航器。选中 Erri_Rear_Bogie.ground.hpl_att_YD_bfra,硬点文本框就会包含有 Erri_Rear_Bogie.ground.hpl_att_YD_bfra 在 Location 文本框，输入 0.23，−1.41，−0.525，确认 Symmetric 被设为 Yes，单击 OK 按钮。

③ 移动后转向架子系统。如图 3.22 所示，移动后转向架子系统步骤如下：从 Adjust 菜单选择 Shift，把 Fore Translation 设为 2，单击 OK 按钮。

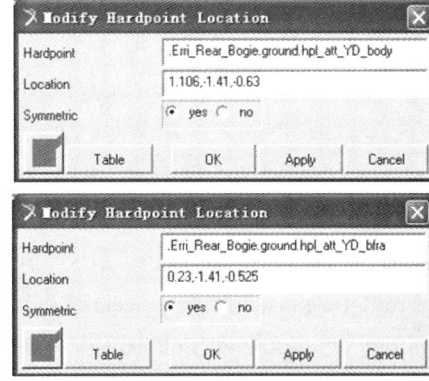

图 8.20　后转向架模型　　　　　　　　图 8.21　修改硬点位置

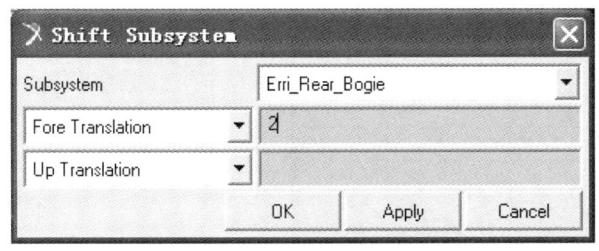

图 8.22　移动后转向架子系统

④ 保存后转向架子系统。保存后转向架子系统的步骤如下：

从 File 菜单选择 Save as，然后选择 Subsystem，出现保存子系统对话框。Erri_Rear_Bogie 子系统应该一直显示在子系统名字的文本框中，因为它是当前打开的唯一的子系统。确认 Close subsystem after save 被选中，以便于 MSC.ADAMS/Rail 在存盘后能关闭该子系统。单击 OK 按钮，MSC.ADAMS/Rail 把该子系统保存在缺省可写数据库中。

(3) 创建车体子系统。

① 创建车体子系统。利用存储在标准模板 Erri_Car_Body.tpl 中的 Erri Carbody 模板来创建车体子系统，并且保存它。创建车体子系统步骤如下：

从菜单 File 选择 New，选择 Subsystem，出现 New Subsystem 对话框（见图 3.23）。在 Subsystem Name 文本框，输入 Erri_Car_Body。把 Minor Role 设为 any（在本例中，因为将建立一个车体，所以要选择 any）。

右击 Template Name 文本框，指向 Search，然后选择 shared database，出现文件选择对话框，双击 Erri_Car_Body.tpl，模板名字文本框就会包含有文件 Erri_Car_Body.tpl 和它的路径。把 Wagon Oder 设为 1。确认 Translate from default position 被选中。把 Fore Translation 设为 11.5，单击 OK 按钮，MSC.ADAMS/Rail 就利用模板中缺省的数据创建了车体子系统。

② 保存车体子系统。保存车体子系统的步骤如下：

从菜单 File 选择 Save，选择 Subsystem，Erri_Care_Body 子系统应该一直显示在子系统名字的文本框中，因为它是当前打开的唯一的子系统。确认 Close subsystem after 没有被选中，以便 MSC.ADAMS/Rail 在保存子系统之后不把它关闭。单击 OK 按钮，MSC. ADAMS/Rail 把子系统保存在缺省的可写数据库中。

（4）创建整车系统集成模型。

MSC.ADAMS/Rail 可以把分散的前、后转向架和车体子系统组装为一个车辆系统集成模型。这个装配过程简化了子系统的打开和存盘。装配整个铁路车辆系统集成模型的步骤如下：从菜单 File 选择 New，选择 Wagon Assembly，出现 New Wagon Assembly 对话框（见图 8.24）。在 Assembly Name 文本框输入 ERRI_Wagon，选择 Body Subsystem 下的文件夹图标，出现新创建的车体子系统的名字：ERRI_Car_Body。右击 Other Subsystems 文本框，指向 Search，接着选择 mdids：//Private 数据库，出现选择一个或多个文件的对话框。选中 Erri_Front_Bogie.sub 和 Erri_Rear_Bogie.sub，单击 Open，Other Subsystem 文本框现在包含了 Erri_Front_Bogie.sub 和 Erri_Rear_Bogie.sub 及它们的路径。单击 OK 按钮，出现信息窗口，提示创建集成模型时 MSC.ADAMS/Rail 采用的步骤。最后 MSC.ADAMS/Rail 在主窗口显示整个铁路车辆的集成模型。

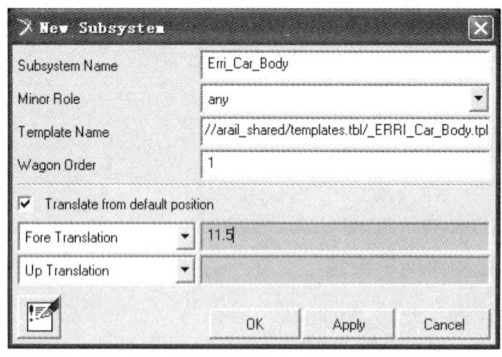
图 8.23　创建车体子系统对话框

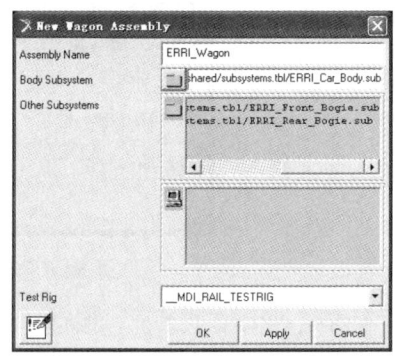
图 8.24　装配车辆对话框

（5）执行预载分析。

① 执行预载分析的步骤。

从 Simulation 菜单单击 Preload Analysis，然后选择 Submit，出现 Rail Analysis Preload Submit 对话框。Erri_Wagon 应该出现在集成模型文本框内，因为它是当前打开的唯一集成模型。在 Analysis Name 文本框输入 Erri_Wagon。为了计算模型中所有悬挂单元的预载值，把 Analysis Name 下的可选菜单设为 All Suspensions Elements。选择 Apply The Preloads Automatically，单击 OK 按钮，MSC.ADAMS/Rail 计算预载值并且把结果写入文件名为 [Analysis name]_Preload.pre 文件中。然后 MSC.ADAMS/Rail 自动把计算后的预载值加在选定的悬架上，信息窗口会出现并且显示计算的预载值。关闭信息窗口。

② 保存车辆系统集成模型的步骤。

从菜单 File 单击 Save as，选择 Assembly，确认 Close Assembly after save 没有被选中，以便 MSC.ADAMS/Rail 在保存后不把集成模型关闭。确认 Save modified subsystems 被选中，以便被修改后的包含有预载值的转向架子系统和整个集成模型一起被存入缺省的数据库中。单击 OK 按钮，在保存装配和子装配前，MSC.ADAMS/Rail 会提示是否对文件进行备份。单击 NO 按钮，MSC.ADAMS/Rail 覆盖集成模型和子系统文件，并且把文件写入可写的缺省数据库中。

（6）执行线性化分析。

可以对铁路车辆集成模型执行模态分析。通过计算车辆模型的特征值和特征向量，可以对系统的固有频率和振型有一个更好的了解。执行完线性化分析后，可以检查系统的特征值并且对模态进行动画显示。

① 进行线性化分析。

进行线性化分析的步骤：从 Simulate 菜单单击 Linear Analysis，出现 Rail Analysis Linear Submit 对话框（见图8.25），在 Analysis Name 文本框，输入 Erri_Wagon，单击 OK 按钮，出现信息窗口，提示执行分析时 MSC.ADAMS/Rail 采用的步骤。单击 Close。

② 浏览线性化分析结果。

浏览线性化分析结果的步骤：从 Review 菜单选择 Linear Modes Controls，出现 Linear Modes Controls 对话框。从对话框的底部选择 Table，出现信息窗口，并且显示计算的模态。

为动画选择车辆模态对应的非零频率值，如大约0.58 Hz 频率的模态对应的车体的下心侧滚。为了动画显示模态，选择 Animate 工具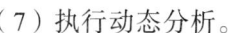。

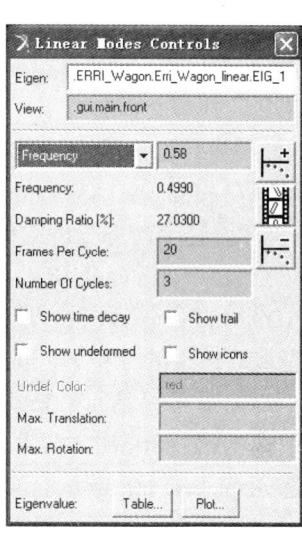

图 8.25 Linear Modes Controls 对话框

（7）执行动态分析。

① 进行动态分析。

进行动态分析的步骤：从 Simulate 菜单单击 Dynamic Analysis，出现 Rail Analysis Dynamics Submit 对话框（见图8.26）。在 Analysis Name 文本框输入 Erri_Wagon_Curve，在

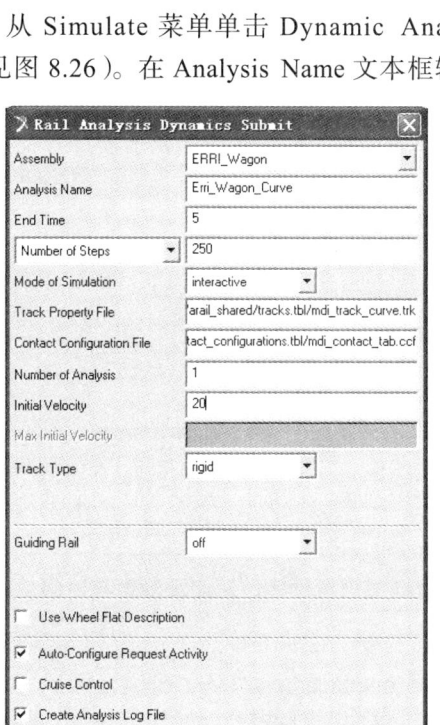

图 8.26 Dynamics Submit 对话框

End Time 文本框输入 5,在 Number of Steps 文本框,输入 250,右击 Track Property File 文本框,指向 Search,然后选择 shared database。双击 mdi_track_curve.trk,Track Property File 对话框现在出现了文件 mdi_track_curve.trk 和它的路径。这个文件包含了对路径的描述。右击 Contact Configuration File 文本框,指向 Search。然后选择 shared database,双击 mdi_contacte_tab.ccf,Track Property File 对话框现在出现了文件 mdi_contacte_tab.ccf 和它的路径。这个文件包含了对车辆激路接触模型的描述。在 Initial Velocity 对话框输入 20,单击 OK 按钮,出现信息窗口,提示当执行分析时 MSC.ADAMS/Rail 采用的步骤。当分析完成时,可以在 MSC.ADAMS Postprocessor 对结果进行绘图表示。

② 显示动态分析结果。

显示动态分析结果的步骤:从 Review 菜单选择 Postprocessor Window,出现 MSC.ADAMS Postprocessor 对话框,利用 MSC.ADAMS Postprocessor 对结果信息进行图形处理,完成对结果的分析后,按 F8 键可以回到 MSC.ADAMS/Rail。

如图 8.27 所示,依次在 Simulation 列表框中选 Erri_Wagon_Curve_dyn,在 Filter 列表框中选 User_defined,在 Request 列表框中选 User_PVD_Front1_data,在 Component 列表框中选 displacement_front 选项,然后单击 Add Curves,分析前垂向减振器的位移与时间的关系。同理,在 Component 列表框中选择 force_front 选项,然后单击 Add Curves,分析前垂向减振器受力随时间的关系。

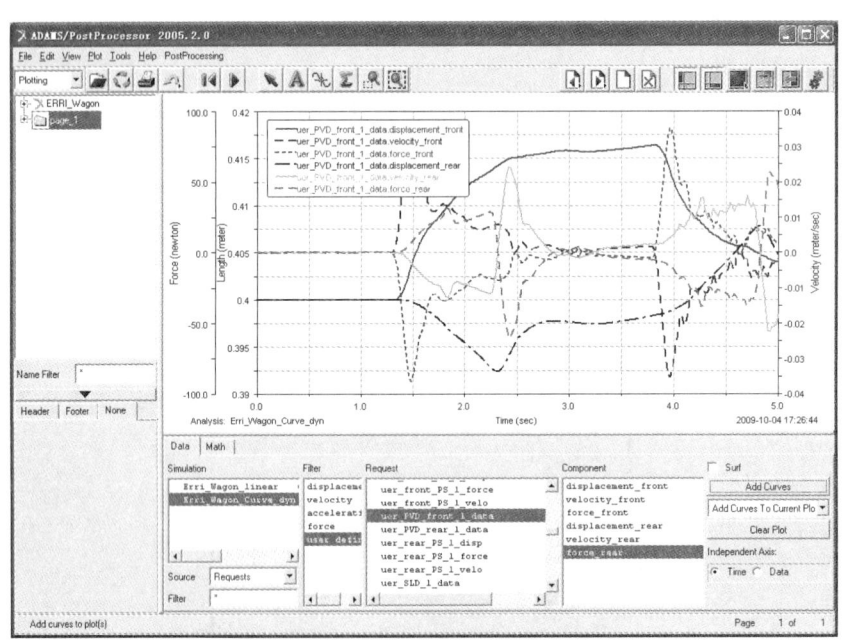

图 8.27 前垂向减振器位移、速度及受力与时间之间的关系曲线

为了更加清楚地分析位移与受力之间的关系,用户可以建立这两者之间的关系图,方法是在 Component 列表框中选择 displacement_front 选项,然后选中 Independent Axis 选项区域中的 Data 单击按钮,弹出独立坐标轴对话框(见图 8.28),选择 force_front 作为另外一个坐标轴,单击 OK 按钮,最后单击 Add Curves 按钮,显示位移与受力之间的关系图,如图 8.29 所示。从图中可以看出前竖向阻尼器在 0.4 与 0.42 之间上下跳动。

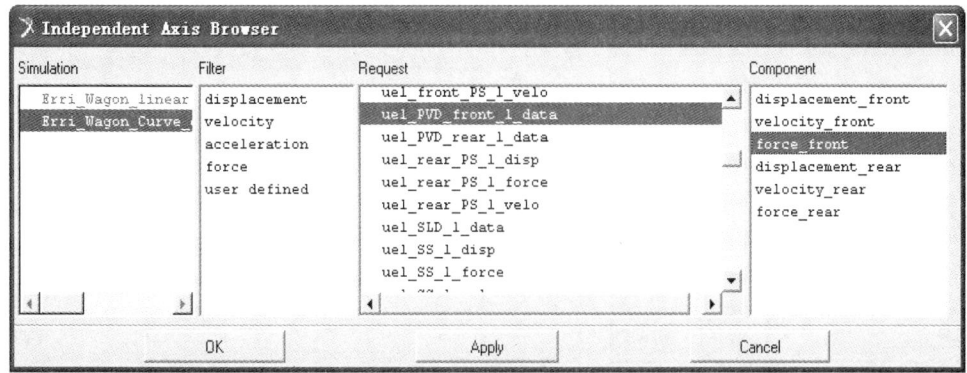

图 8.28 独立坐标轴对话框

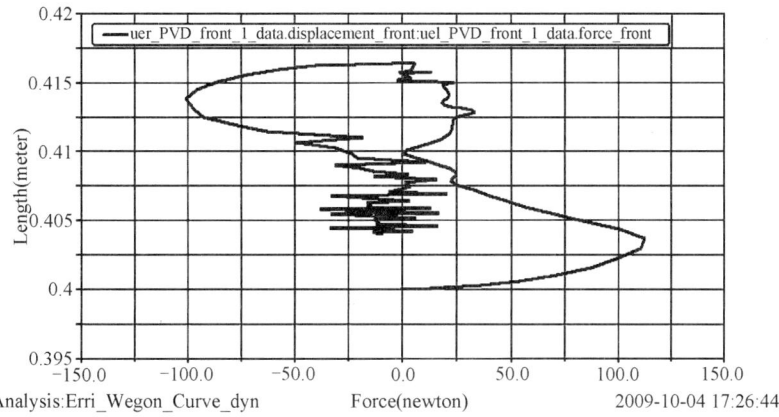

图 8.29 位移与受力之间的关系图

（8）执行稳定性分析。

① 执行稳定性分析的步骤。

从 Simulate 菜单选择 Stability Analysis，接着选择 Open Loop，出现 Rail Analysis Stability Open Loop Submit 对话框（见图 8.30）。在 Analysis Name 文本框输入 Erri_wagon，右击 Contact Configuration File 文本框，指向 Search。然后选择 shared database，出现 Select File 对话框，双击 mdi_contact qlt.ccf，对话框就会包含文件 mdi_contact qlt.ccf 和它的路径。该文件包含了对车轮/轨道接触模型的描述。在 Number of Analyses 文本框输入 10；在 Initial Velocity 对话框输入 40；在 Final Velocity 对话框输入 30。单击 OK 按钮。

② 查看稳定性分析结果图形的步骤。

从 Review 菜单选择 Postprocessor Window，启动 MSC.ADAMS Postprocessor，从 Postprocessor 菜单单击 Stability Toolkit，并且选择 Stability Plots，右击 Analysis Name 文本框，指向 Analysis，指向 Guesses，然后选择 Erri_Wagon-stability，在 Plot Subtitle 文本框输入 Stability Map with Shared CCF File（见图 8.31）。在 Min Frequency 文本框输入 0.1，在 Max Frequency 文本框输入 30，单击 OK 按钮。MSC.ADAMS/Rail 为该分析绘制稳定性分析结果的图谱，利用该稳定性图谱可以分析在轮轨接触属性文件 mdi_contact_qlt.ccf 对应的情况下，车辆模型的临界速度。

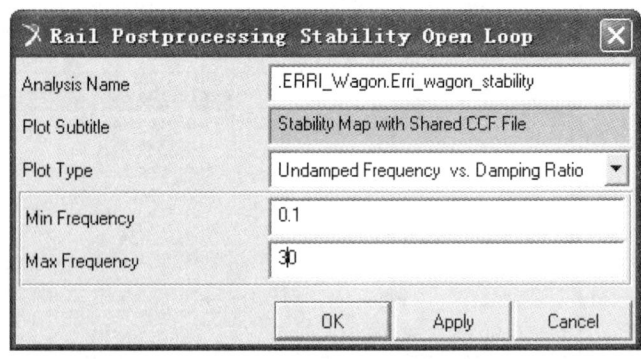

图 8.30 稳定性分析对话框　　图 8.31 稳定性分析后处理设置对话框

8.3.3 车辆动力学性能试验

1. 动车组动力学性能试验标准

各国对于铁道机车车辆的动力学性能均有自己的试验标准,我国对于常规铁道机车车辆的动力学性能采用的标准为 GB/T 5599—85《铁道车辆动力学性能评定和试验鉴定规范》,GB/T 17426—98《铁道特种车辆和轨行机械动力学性能评定及试验方法》、TB/T 2360—93《铁道机车动力学性能试验鉴定方法及评定标准》和 TB/T 2370—93《铁路旅客列车纵向动力学试验方法与评定指标》等。由于我国目前对高速列车的动力学还没有公布正式的试验标准,因此本节采用中国铁路总公司颁布的《200 km/h 及以上速度级电动车组动力学性能试验鉴定方法及评定标准》(以下简称《暂行标准》)进行说明。高速动车组动力学性能试验的评定主要考虑运行稳定性、运行平稳性和运行品质三个方面。

高速转向架的动态运行行为相当复杂,理论分析是研制阶段非常重要的一个方面,但样机完成后的试验研究及理论的验证工作是必不可少的,是保证高速转向架安全平稳运行的重要手段。试验研究分实验室试验和线路运行试验两类,实验室试验作为线路运行试验的前期工作,具有成本低、便于多方案比较、易发现问题、可模拟极端工况等特点。而线路试验是在实际运行条件下进行的,因此,更符合实际,可用来最终检验和评价转向架的运行性能。

2. 高速转向架动力学性能的台架试验研究

机车车辆动态模拟试验技术的研究经历了一个从小比例滚动试验台、单转向架试验台到整车试验台的过程,为了满足机车车辆动力学性能试验研究的需要,西南交通大学牵引动力国家重点实验室研制了先进的机车车辆整车滚动振动试验台,该试验台模拟轨道的滚轮,可同时进行滚动、横向和垂向激振,以模拟车辆在实际线路上的运行工况,其滚动即模拟车辆沿轨道向前的运动速度,其激振则可模拟轨道的任意不平顺输入。台架试验可根据 TB/T 3115—2005《机车车辆动力学性能台架试验方法》进行。

(1) 蛇行运动稳定性试验研究。蛇行运动稳定试验主要是利用滚动振动试验台测定转向架的临界速度,包括线性、非线性和实际临界速度,而临界速度很难采用线路试验得到。

(2) 运行平稳性试验研究。对于运行平稳性试验,可根据车辆的设计要求和运行条件采用不同等级的线路谱或实测的线路谱来进行，试验台的各滚轮（模拟轨道）可单独横向和垂向激振来模拟轨道 4 个方向的不平顺，即垂向不平顺、水平不平顺、方向不平顺和轨距不平顺。可在车体、构架、轴箱、电机、齿轮箱等部件相应位置布置加速度或位移传感器来测量需要的振动加速度或绝对和相对位移。采样时间、信号的采样和滤波频率等可根据需要确定。

（3）悬挂系统自振特性试验。车辆系统是一个多自由度系统，根据多自由度振动系统的特性，作为质量体的车体、构架应具有振型和自振频率，一般称之为悬挂自振特性。根据车体和构架运动自由度，对相应自由度进行强迫激振，便可测出相应自振频率。根据激振信号的不同，对车辆悬挂自振频率的测定采用变频扫描法或随机激振法。变频扫描法是通过连续改变正弦激振的频率，记录连续变化的响应曲线，根据车体和构架的最大振动响应点的振动频率，确定该振型下的自振频率。而随机激振法是采用白噪声随机信号对轮对进行激振，测定车体和构架响应，计算出响应振型下传递频响函数，则对应的峰值响应频率点即为自振频率。

（4）结构振动模态试验。通过模态试验可获取车体或构架结构模态参数（模态频率、模态振型），检验其动态设计状态，可为车辆整车动态性能设计提供依据。

下面以构架为例说明其模态试验的方法。

构架模态特性试验分析系统由激振系统、测量系统、数据采集与分析系统组成。构架模态试验的加速度传感器的测点布置、支撑位置和激振位置如图 8.32 所示，采用 4 点激振。测得构架的前几阶模态频率为：一阶扭转为 33.44 Hz，阻尼比为 0.11，一阶弯曲为 68.77 Hz，阻尼比为 0.18。

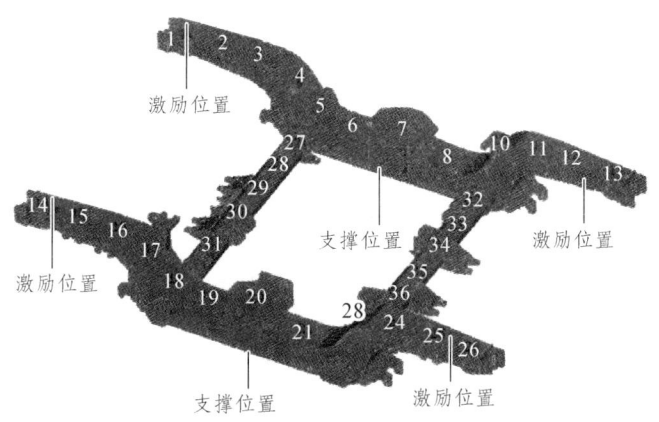

图 8.32　构架模态试验

3. 线路动力学性能试验

通过进行动车组线路动力学性能试验，可以确定其在运用线路条件下（包括直线、道岔、曲线及缓和曲线）的横向运动稳定性、运行平稳性和安全性等动力学性能。

下面以 CRH 动车组为例介绍其动力学性能试验情况。

线路动力学性能试验是在胶济线娄山至蔡家庄区间进行的，由铁道科学研究院主持完成，最高试验速度级为 250 km/h，实际最高试验速度为 252.9 km/h。被试动车组由 2 个动力单元组成，每个动力单元包括 2 辆动车和 2 辆拖车，被试车辆为动车组中的 5 号车、7 号车和 8 号车,见图 8.33。试验测试系统为基于计算机网络的集散式测试系统,各被试车的测点通过屏蔽信号线连接到分散在各被试车的数据采集系统上,数据采集系统通过网络线与集中的试验控制计算机相连。

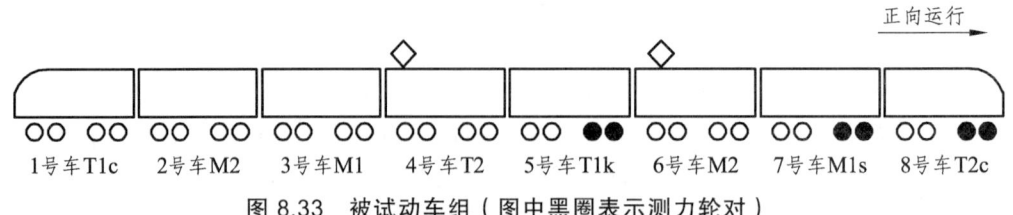

图 8.33 被试动车组(图中黑圈表示测力轮对)

(1)运动稳定性试验。

因为在实际线路上车辆系统的振动是随机的,即使出现蛇行失稳也较难观察到像在台架上出现的等幅极限环运动,尤其是当存在小幅度的蛇行失稳时,其会被由轨道激扰引起的随机响应信号所淹没。因此,在线路运行时可采用构架横向振动加速度来判定是否出现蛇行失稳。构架加速度滤波 10 Hz,当加速度峰值由连续振动 6 次以上达到或超过极限值 8~10 m/s² 时,即判定转向架失稳,这样就必须停止继续提速。

表 8.7 所示为测得的在直线和曲线上的构架横向加速度最大值,其值均小于 0.8g。说明被试车辆在所试验的速度范围内都没有出现横向失稳现象。

表 8.7 构架横向加速度最大值试验结果

车号	直线		R2 200 m 曲线		R2 800 m 曲线		R6 000 m 曲线	
	最大值	速度/(km/h)	最大值	速度/(km/h)	最大值	速度/(km/h)	最大值	速度/(km/h)
5 车	0.44g	220	0.27g	160	0.32g	200	0.50g	250
7 车	0.44g	250	0.23g	195	0.32g	220	0.55g	230
8 车	0.48g	230	0.23g	180	0.45g	210	0.63g	220

(2)运行安全性试验。

运行安全性以脱轨系数、轮重减载率、轮轴横向力等指标来判断。

在直线和曲线上的运行安全性试验结果见表 8.8。在直线上,被试车的轮轴横向力最大值都低于限度值;脱轨系数普遍较小;在 160 km/h 速度级,轮重减载率最大值都未超过 0.65,超过 180 km/h 后,最大值仍普遍小于 0.80,有少量超过 0.90。

在所试验的速度范围内,被试车辆通过 R2 200 m、R2 800 m 和 R6 000 m 曲线时脱轨系数和轮轴横向力最大值都低于允许限度。

(3)运行平稳性试验。

① 舒适度指标。

舒适度指标以连续 5 min 采样数据为一段进行计算,对应的速度是指 5 min 内的平均试验速度。试验速度在 200 km/h 以下,被试车各测点舒适度指标的平均值都低于 2.0。试验速度超过 200 km/h 之后,只有 8 车的二位端车体(司机室)舒适度指标的平均值在 230 km/h,速度级略高于 2.5,而其他测点舒适度指标平均值都低于 2.5。

表 8.8 直线上的运行稳定性试验结果

轴 位		5 车		7 车		8 车	
		最大值	速度/(km/h)	最大值	速度/(km/h)	最大值	速度/(km/h)
3 轴	脱轨系数	0.39g	210	0.17g	230	0.37g	220
	轮重减载率	0.89g	230	0.88g	220	0.87g	220
	轮轴横向力/kN	21.68	240	12.80	240	21.87	220
	垂向力/kN	146.53	250	136.57	240	141.00	230
4 轴	脱轨系数	0.81g	220	0.26g	230	0.46g	220
	轮重减载率	0.87g	230	0.88g	230	0.92g	230
	轮轴横向力/kN	36.21	220	11.34	220	12.09	230
	垂向力/kN	145.03	240	127.29	250	145.53	240

② 平稳性指标。

在胶济线直线、直岔和曲线区段，在所试验的速度范围内，三辆被试车辆的横向平稳性和垂向平稳性指标的最大平均值都小于 2.50（见表 8.9）。

表 8.9 在直线上的平稳性指标

位置		5 车		7 车		8 车	
		最大平均值	速度/(km/h)	最大平均值	速度/(km/h)	最大平均值	速度/(km/h)
车体一位	横向平稳性	2.16	250	2.17	250	2.10	250
	垂向平稳性	2.17	250	2.18	250	2.14	250
车体二位	横向平稳性	2.06	250	2.14	250	2.10	230
	垂向平稳性	2.06	250	2.19	250	2.15	230

（4）模态试验。

为了获得车辆的刚体模态参数和车体结构模态参数，由同济大学负责对 CRH2 动车组 4 号车进行了在线测试与分析，试验线路为胶济线。整备状态下被试车的模态参数的测试结果见表 8.10。由表 8.10 可知，除了车体的下心滚摆振动的阻尼比以外，几次的测试结果接近，测试的重复性较好。车体的点头和下心滚摆振动有较大的阻尼比，而车体垂向一阶弯曲振动也有足够的自振频率（大于 12 Hz）。

表 8.10 车体模态参数试验结果

车体振型	第一次		第二次		平均值	
	频率/Hz	阻尼比/%	频率/Hz	阻尼比/%	频率/Hz	阻尼比/%
点头	1.06	11.41	1.071	11.88	1.065	11.64
下心滚摆	0.744	9.14	0.743	8.72	0.743	8.93

8.4 结构强度设计基础

8.4.1 概述

1. 车辆结构强度分析的意义

随着列车运行速度和载质量的不断提高，为了改善车辆动力学性能、提高旅客乘坐舒适性、降低铁路线路维修成本、减小列车运行阻力、降低承载结构的工作载荷和振动冲击能量，车辆承载结构相继采用了轻量化技术设计，高速列车承载结构疲劳破坏事件的屡屡发生，其结构的疲劳可靠性的研究就显得越来越重要了。

在现有商业运营的世界各国高速列车中，1998 年 6 月 4 日德国第一代 ICE 高速列车客车转向架弹性车轮的轮箍在铁路桥上发生疲劳断裂，给德国铁路运输业造成巨大损失，也在世界各国引起巨大震动。在我国，近年来投入运营的重载列车、准高速和高速列车中，也时有影响列车安全运行的关键承载部件发生疲劳破坏，给我国车辆制造产业及铁路运输带来巨大的经济损失。

随着国内外重载列车及提速、准高速和高速列车承载结构疲劳破坏事件的屡屡发生，加强铁道车辆承载结构动力学性能和疲劳强度可靠性的研究就显得越来越重要了。近年来，以重载列车及提速、准高速和高速列车承载结构的轻量化设计、疲劳强度可靠性和列车系统动力学的研究为主题的科技文献也比比皆是。

2. 车辆承载件强度分析现状

从 20 世纪 80 年代开始，日本学者对高速列车轻量化承载结构疲劳强度和可靠性问题进行了广泛的理论、实验室试验和线路试验研究，提出了承载结构疲劳设计的工程方法和延长其使用寿命的理论方法。在工程上，对于设计阶段的车辆承载结构，主要依据 JIS 标准规定的载荷工况及载荷组合，利用 Haigh 形式的 Goodman 曲线对整体结构进行静强度和疲劳强度分析；对焊接结构细节根据日本钢结构协会疲劳设计指南给出的疲劳设计曲线（即 S-N 曲线）进一步考核。同时进行概率设计或按疲劳损伤理论计算当量应力实施评估。

在欧洲，通过大量的车辆线路运行试验，国际铁路联盟（UIC）和欧洲标准（EN）试验中心专家委员会发布了大量车辆承载结构设计载荷、载荷工况组合和强度试验的研究报告，制定出了相关的设计和试验标准。在车辆承载结构设计阶段，在上述相关标准的基础上，各国结合自身实际情况对承载结构进行强度考核。

我国在高速列车关键技术预研究阶段，由于结构强度设计和试验标准滞后于车辆技术发展，在承载结构设计阶段，主要根据服役环境和现有相关设计标准对设计产品进行静强度和疲劳强度分析。

3. 车辆强度分析的目的和内容

车辆强度分析的目的是为了确定车辆承载结构在运用载荷作用下具有的承载能力，保证其在使用期间内的安全性和可靠性；同时应尽可能减小车辆及其部件的结构自重，充分发挥结构的整体承载能力。强度分析的目的包括：

（1）设计：进行结构参数设计，确定最优方案。

在进行结构设计时，可以通过对可能的结构方案进行有限单元法计算。根据对方案计算结果的分析和比较，按强度、刚度和稳定性要求，对原方案进行修改补充，得到较合理的应力、变形分布，从而获得较好的结构设计方案。

（2）校核：分析结构损坏原因，寻找改进途径。

当结构件在工作中发生故障时，如裂纹、断裂、磨损过大等，可应用有限单元法进行计算，研究结构损坏的原因，找出危险区域和部位，提出改进设计的方案，并进行相应的计算分析，直至找到合理的结构为止。

4. 强度计算步骤

强度计算步骤通常为：分析机车车辆在运用中零部件所承受的载荷，包括在机车车辆运用中各种不同载荷的随机叠加；采用不同的计算方法，确定上述载荷在零部件上所产生的应力大小和性质；确定零部件在安全性和耐久性条件下运用时所允许产生的最大应力和最大变形，判断零部件能否满足设计要求。其主要内容包括：

（1）载荷确定：根据相关的结构强度设计和试验鉴定标准，确定车辆在运行中承载结构所承担的各种载荷的大小、作用方式、作用位置以及各种载荷的组合情况等。

（2）应力计算：计算载荷作用下产生的应力和变形状态，必要时，还应校核其稳定性。

（3）强度评定：确定保证运输安全及耐久条件的评估方法和许用应力等。

8.4.2 载荷确定

1. 载荷分类

车辆在各种运行条件下，其主要承载零部件承受多种载荷的作用。作用在车辆上的载荷按其作用性质一般可分为静载荷和动载荷两大类。

静载荷在运用中具有确定不变的数值和作用方向。如车辆在整个使用过程中一直受到本身质量的作用，车辆本身质量称为自重。车辆在装载和卸载之间的时期内，受到所装运的货物或旅客质量的作用，即车辆的载重。

动载荷是指在运用中其数值和作用方向均随时间而变化的载荷，其中包括由于列车起动、变速、制动和调车作业所引起作用在牵引缓冲装置和车辆有关零部件上的力；车辆在运用中由于轮轨接触状态不良引起钢轨对车轮的垂直冲击和车辆簧上部分的振动，从而造成作用在车辆零部件上的垂直动载荷；车辆通过曲线时产生的离心力和轮轨之间的相互作用力；自然的风力以及车辆制造和修理工艺而造成的作用在有关零部件上的力等。其中，包括幅值不随时间而变的恒幅载荷、幅值随时间而变的变幅载荷和载荷的幅值大小、作用频率都随时间变化不能用确定函数表示的随机载荷。对承受随机载荷作用的部件进行疲劳强度计算或对其疲劳寿命进行评估时，必须首先确定部件上关键危险部位的应力-时间历程，通过统计计数法，编制载荷谱。

上述所列作用载荷（或力）可归结为下列几种主要计算作用方式：垂向方式、纵向方式、侧向方式和自相平衡的一些力组[由于线路和车辆构件的名义尺寸存在偏差（在允许限度内），以及某些其他原因（通过缓和曲线区段等），整个车辆或其某些部件可能承受一组自相平衡的力系的作用，例如，扭转载荷及斜对称载荷就属于这种力系]。除自相平衡的力组外，3种计算作用方式中，垂向和纵向是主要的，即垂向总载荷和纵向力是考察车辆结构强度的主载荷，通常垂向和纵向作用方式所产生的应力可占整个应力总成的90%以上。

除了上述车辆及其零部件在运行中受到的各种静、动载荷之外，在车辆制造（组装、焊接等过程）和维修（如用千斤顶顶起车体）时，车辆及其部件还要受到由于修造工艺所引起的作用力。

在进行车辆结构强度设计时，一般情况下均应考虑以下作用载荷（或力）：① 垂向静载荷，包括结构自重、载重和整备质量；② 垂向动载荷；③ 侧向力，包括离心惯性力和风力；④ 纵向冲击力及由它所产生的纵向惯性力；⑤ 制动时产生的力，包括制动系统中的力和制动时产生的惯性力；⑥ 车辆通过曲线时所受的钢轨横向作用力；⑦ 修理时加于车辆上的载荷；⑧ 扭转载荷及垂直斜对称载荷。

2. 作用在车体上的载荷

（1）垂向静载荷。

作用在车体上的垂向静载荷 P_{st} 包括车体自重、车辆载重和整备质量。

$$P_{st} = 车体自重 + 整备质量 + 车辆载重 \tag{8.10}$$

在进行强度计算时，车体自重包括车体钢结构、木结构的质量以及固定安装在车体上的车辆其他零部件的质量。车辆载重包括旅客及其自带行李的质量以及乘务人员的质量等。按沿地板面均布，车辆载重 = 定员数 × 每个定员折算质量，每个定员标准质量按相关规范取值，一般为 60 kg（城轨）、90 kg（干线）；定员数 = 座位数 + 地板自由面积 × 单位面积人数（6~9 人/m²），地板自由面积不包括座椅及其边缘起 200 mm 内的面积。整备质量包括水、取暖用的煤（或油）以及餐车的燃料、水和餐料的质量，其数值以装满备足的情况考虑。

（2）垂向动载荷。

垂向动载荷 P_d 是由于轨面不平、钢轨接缝等线路原因以及由于车辆本身状态不良等因素，引起轮轨间冲击和车辆簧上振动而产生的。由于上述因素变化复杂，垂向动载荷很难从理论分析得到，通常可由垂向静载荷 P_{st} 乘以从动力学试验测得的垂向动载荷系数 K_{dy} 得到，即

$$P_d = K_{dy} P_{st} \tag{8.11}$$

垂向动载荷系数 K_{dy} 与车辆的运行速度、转向架弹簧装置的静挠度以及所要计算的零部

件在弹簧悬挂系统中的位置等因素有关,一般根据有关规范取值。

(3)垂向总载荷。

垂向静载荷和垂向动载荷之和称为垂向总载荷,由下式计算:

$$P = P_{st} + P_d = (1 + K_{dy})P_{st} \tag{8.12}$$

(4)侧向力。

作用在车体上的侧向力包括风力与离心力。车辆运行时受到自然界风力的作用。当风从车辆侧面吹来并垂直于车体侧壁,而车辆又运行在线路的曲线区段时,车体所受的侧向力为风力与离心力之和。

① 风力。风力按风压力乘以车体侧向投影面积计算。我国风压力取值系根据建筑界有关全国风压分布图的研究而得,风压力取为 550 Pa,风力的合力作用于车体侧向投影面积的形心上。

② 离心力。车辆运行在线路的曲线区段时,将承受离心惯性力(俗称离心力)的作用,整个车辆的离心力作用在车辆的重心上,其方向沿径向指向曲线外侧。为了减小离心力 H_1 对车辆的作用,在线路的曲线区段上外轨铺设得比内轨高出一个 h 值,h 通常称为外轨超高,就使得车辆内倾,这样,车体垂向静载荷 P_{st}(包括车体自重、载重等)就会在与离心力 H_1 相反的方向上产生一个分力 H_2,它可以抵销一部分离心力的作用。考虑到外轨超高影响后,在曲线区段车体仍承受着未抵消的离心作用,把 H_1、H_2 力沿着垂直于车体侧壁的方向(即 H_2 的方向)投影,两者之差为

$$H = H_1 + H_2 = P_{st}\left(\frac{v^2}{12.96gR} - \frac{h}{2b_1}\right) \tag{8.13}$$

式中,P_{st} 为车体垂向静载荷;g 为重力加速度,通常取 10 m/s²;R 为曲线半径(m);v 为通过曲线时车辆最大允许速度(km/h);h 为曲线区段的外轨超高量(mm),它与曲线半径 R 以及通过曲线时列车的平均速度有关;$2b_1$ 为轮对两滚动圆之间的距离(mm),其值为 1 493 mm。

由于离心力和风力均属空间力,且风压力是一种分布面力,故要精确计算(或试验)出它们对车体零部件应力的影响较为复杂。为了简化计算,通常在评定车体侧壁的强度时,把由垂直静载荷 P_{st} 产生的应力增大一定数值(如 10%)作为考虑侧向力的影响。

(5)扭转载荷。

车辆制造的几何误差、线路不平顺等,即使是静止的重载车体也可以形成扭转。在运动过程中,蛇行运动、车辆进出曲线或道岔侧线均可以使车体扭转。如由于车体重心距心盘面有一定的高度,当第一个转向架进入缓和曲线,而后面转向架仍处于平直道,或当第一个转向架驶出曲线,而后面的转向架仍处于缓和曲线时,都将使车体产生扭转。TB/T 1335—96 规定扭转载荷 M 取值为 40 kN·m,此扭矩作用在车体枕梁所在垂直平面内。

(6)纵向力。

当列车运动状态发生变化时,车辆牵引缓冲装置上,因相邻车辆间发生速度差,就会导致纵向拉伸或压缩作用力的产生,它经由车辆底架的前后从板座作用于车体,使其产生偏心拉伸(或压缩)变形。

纵向动力的作用性质相当复杂，不仅不同工况下其作用力的大小与性质不同，即使同一工况也不是都有统一的特性可言。尤其应当指出的是，不管哪一种工况下发生的纵向动力，其沿列车长度方向的分布都不是均匀的。即当列车发生纵向冲击时，车辆所处位置不同，其所受力的大小是不等的。

为了计算车辆强度，在 TB/T 1335—96 中规定了 3 种计算工况：第一种工况纵向力取为 2.5 MN，适用于客车受压，货车既受压又受拉的情况，它是在列车起动、使车辆退行或低速制动时出现的，与该工况纵向力相组合的载荷仅为垂直总静载荷；第二种工况取纵向拉伸力为 1.5 MN，它用来反映客车混编入货物列车中运行的情况，与本工况纵向力相组合的载荷为垂直静载荷（仅为自重，不包括载重）和运行速度为 14 m/s 时的垂直动载荷；第三种工况纵向拉伸和压缩力均取为 1.0 MN，它体现了列车以最高允许速度运行的运用条件，本工况的纵向力应考虑与垂直总静载荷、垂直动载荷、侧向载荷相组合。

（7）特种载荷。

所谓特种载荷，指的是在特定条件下出现的载荷，主要包括敞车承受的散粒货物动侧压力、罐车罐体的内压力、车辆在机械化装卸时所受的载荷和高速客车上承受的气密性载荷等。

3. 作用在转向架上的载荷

用于计算转向架零件的载荷有：垂直静载荷、垂直动载荷、由于车辆通过曲线时出现的离心力和风力作用所引起的侧向载荷、惯性力、制动载荷和斜对称载荷。

（1）垂直静载荷。

垂直静载荷包括车辆自重、载重和整备质量。

（1）作用在心盘上的垂直静载荷 P_j。

车体的自重、载重和整备质量通过下心盘作用在转向架上，其数值通常用两种方法计算。

对于专用的客、货车转向架，作用在转向架心盘上的垂直静载荷 P_j 是按照车体的实际质量来考虑（俗称"自上而下"的计算方法）的，即

$$P_j = (车体自重 + 载重 + 整备质量)/2 \tag{8.14}$$

对于通用型客、货车转向架，作用在转向架心盘上的垂直静载荷是按照转向架所用轮对压于钢轨上的允许载荷（轴重）来考虑（俗称"自下而上"的计算方法）的，即

$$P_j = nP_R - P_T \tag{8.15}$$

式中，P_R 为一个轮对压于钢轨上的允许载荷（轴重）；P_T 为转向架自重；n 为转向架轴数。

（2）作用在转向架任一构件上的垂直静载荷 P_{ji}。

求得了作用在转向架心盘上的垂直静载荷 P_j，就可根据转向架的具体结构形式（见图 8.34）按下列通式计算作用在转向架任一构件上的垂直静载荷 P_{ji}。

$$P_{ji} = (P_j + P_{Ti})/m \tag{8.16}$$

式中，P_{Ti} 为垂直静载荷自心盘传递至要计算的构件所经过的所有构件的自重之和（包括计算构件本身的自重）；m 为一台转向架中平行受力的同名计算构件的数目。

按式（8.16）计算时，计算构件的自重已包括在垂直静载荷之中，并以集中力表示而不

取分布载荷形式,这样将使计算简化,对计算结果影响也不大,而且是偏于安全的。

(a)转向架结构

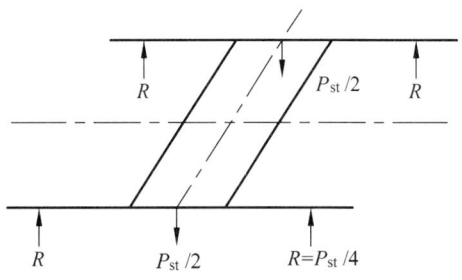

(b)构架受力简图

图 8.34 构架受力分析

(2)垂直动载荷。

转向架上的垂直动载荷仍按垂直静载荷乘以相应位置的动载荷系数计算。

(3)侧向力。

图 8.35 所示为车辆车体承受侧向力的情况。H_k 表示作用在车体上的侧向力;$2H_z$ 表示两台转向架的离心力,则每台转向架上承受的侧向力为

$$H = H_k/2 + H_z \tag{8.17}$$

为了简化计算,TB/T 1335—96 中规定转向架的未平衡离心力取为垂向静载荷的 7.5%,高速客车取为垂向静载荷的 10%。

(4)侧向力引起的垂直附加载荷。

由于车体侧向力和转向架的支反力不在同一水平面内,故将引起垂直附加载荷,见图 8.35 和图 8.36。

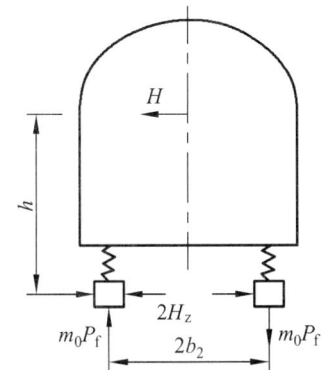

图 8.35 侧向力引起的轴箱垂向增减载荷

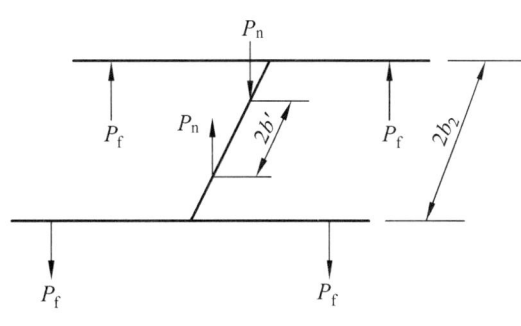

图 8.36 侧向力引起的构架垂向增减载荷

由图 8.35 得一个轴箱上垂直附加载荷 P_f,由图 8.36 得构架上侧向力引起的垂直附加载荷 P_n。

$$P_f = \frac{H_k h}{m_0 2b_2} \tag{8.18}$$

$$P_n = \frac{2P_f 2b_2}{2b'} \tag{8.19}$$

式中，m_0 为车辆一侧的轴箱数；$2b'$ 为旁承距。

（5）垂向斜对称载荷。

因线路及转向架的缺陷等原因引起构架上的 4 个轴箱支反力不相等。其中，弹簧高度误差引起的垂向斜对称载荷如图 8.37 所示。

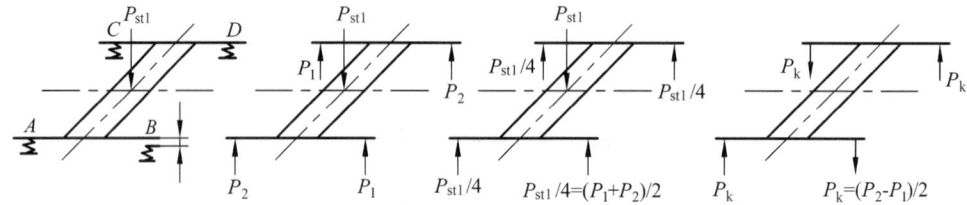

图 8.37 垂直斜对称载荷的产生

由于影响 P_k 的因素众多，很难一一考虑，为了求得 P_k 的数值，根据实践经验，通常把上述诸因素的综合影响当量地看成转向架上某一车轮在轨道上升起或下沉一个 z 值，而其他因素均认为是正常的。经过分析推导，得到垂向斜对称载荷 P_k 的计算公式：

$$P_k = \frac{1}{4}\left(\frac{2b_2 z}{2b_1}\right)\frac{K_1 K_2}{K_1 + K_2}(\text{N}) \tag{8.20}$$

式中，K_1 为一个轴箱上弹簧的总刚度；K_2 为构架抵抗垂向斜对称载荷的刚度（构架的抗扭刚度）（N/cm），其值为 $K_2 = \frac{1}{\delta}$；δ 为构架在一组 $P_k = 19$ N 的力的作用下，构架上 P_k 力的作用点沿 P_k 力的作用方向的位移（cm）；$2b_2$ 为轮对两轴径中心线之间的水平距离（cm）；$2b_1$ 为轮对滚动圆之间的距离。实际计算时，推荐取 $z = 1.6$ cm。

8.4.3 应力计算

目前，车辆承载结构强度分析方法主要采用经典的力学方法和有限元法进行静态分析、固有特性分析和动态分析，对工程实际问题的分析已从原来的静态分析为主转到要求以模态分析和动态分析为主。对于结构形状简单的零部件（如车轴、弹簧），用材料力学和结构力学为基础进行疲劳强度的分析；对于结构复杂的零部件（如车辆车体结构、构架、摇枕、侧架、车轮和轴箱等）用商业有限元软件进行分析计算。

1. 有限元分析的步骤

应用有限元法借助电子计算机对车辆结构进行强度分析时，首先必须合理地确定计算程序（它包括结构几何图形的确定、结构对称性的利用、结构的离散化、载荷处理以及边界约束的设置等），其次是正确选用或编制合适的结构分析程序，然后上机运算。

有限元的基本思想是"化整为零、积零为整"，大型有限元分析软件的主要步骤包括前处理、求结果及后处理三大步。具体内容如下：
(1) 前处理：定类型、画模型、设属性、分网格。
(2) 求结果：添约束、加载荷、查错误、求结果。
(3) 后处理：列结果、绘图形、显动画、下结论。

2. 车辆有限元计算时应考虑的主要问题

(1) 合理地简化确定计算模型。

由于实际结构物的构造和受力往往是很复杂的，且不适合直接采用有限元法进行计算（如边界支承和载荷条件不适合等），这就要求在建立计算模型的过程中，进行种种必要的简化。模型简化的基本原则是在保证计算精度的前提下，尽可能地降低计算规模。

(2) 正确选用结构分析软件。

选用程序时，首先应考虑该程序的计算结果是否正确可靠，这可以通过一些考题验证，验证的依据是试验结果。当然，也可以与其他公认的程序计算结果对比，间接验证。其次，应考虑该程序的解题范围、规模、速度以及前后处理功能、与其他软件的连接等。前者是选用程序时必须要考虑的，后者则应根据具体条件灵活考虑。

(3) 计算结果的整理。

对于车辆主要零部件来说，计算后经整理所得到的结果至少应包括车体主要梁件（底架的中梁、侧梁，敞车侧立柱和上端梁等）和转向架主要部件（侧架和构架等）的挠度曲线，车体主要横截面上的应力分布，计算构件中若干个（一般可取 10 个）绝对值最大的应力值及其发生部位。

8.4.4 强度评定

1. 强度评定的内容

车辆承载结构强度评定分为静强度和疲劳强度评定。车辆承载结构在相关标准规定的载荷作用下，其静强度满足设计和运行的条件为：

(1) 在正常运行载荷作用下，其最大应力不大于制造材料的许用应力，即 $\sigma_{max} \leqslant [\sigma]$。

(2) 在运行中最大载荷（发生行车事故时承担的载荷）作用下，其最大应力不大于制造材料的屈服极限，即 $\sigma_{max} \leqslant \sigma_s$。

2. 车辆结构强度试验

(1) 车辆结构试验的意义及类型。

车辆不但结构复杂，而且在运用过程中承受着各种载荷的作用，其变形状态和动力过程是相当复杂的，单靠理论分析计算不能完全掌握其各方面的规律性，还须借助专门的试验，把理论分析和试验研究结合起来，并广泛利用同类结构的运用经验，才能创造出合理的车辆结构。

根据试验的目的和要求不同，车辆结构试验通常可分为三大类：车辆结构强度试验；车辆动力品质试验；车辆结构的可靠性和耐久性试验。每类试验还可分为一些具体的试验项目。

① 车辆结构强度试验。

车辆结构强度试验主要测定车辆结构在各种载荷作用下的强度、刚度和稳定性，从应力状态和变形的观点来评价车辆结构的合理性。它主要包括车辆静强度试验、车辆动强度试验、车辆纵向冲击强度试验、车辆零部件破坏强度试验。

② 车辆动力品质试验。

车辆动力品质试验主要测定车辆在运用过程中与线路间的相互作用力、车辆振动特性及车辆的动态特性参数等。它主要包括车辆平稳性试验、车辆脱轨稳定性和倾覆稳定性试验、车辆特性参数测定试验。

③ 车辆结构的可靠性和耐久性试验。

车辆结构的可靠性和耐久性试验的主要目的是确定车辆可靠性指标的数值，查明出现故障的时间规律性，确定结构的疲劳强度等。它主要包括车辆及其构件的振动疲劳试验、车辆纵向冲击疲劳试验。

（2）车辆强度试验的目的及要求。

① 试验目的是鉴定车辆及其主要零部件的设计质量或检验其制造质量。

② 试验加载应最大限度地模拟实际运用时的受力状态。

③ 试验载荷应不小于基本作用载荷，但鉴定标准载荷仍需按基本作用载荷换算。

④ 试验对象的制造质量应具有代表性。其技术状态应符合有关图纸和技术文件的规定。

3. 车辆结构强度规范

（1）强度规范的特点。

① 强制性：强度规范是车辆结构设计、强度计算和试验的法律准则。

② 时效性：强度规范应反映解决车辆在发展中遇到的新问题的最新科学技术成就，而且应符合本国的技术政策和实际情况。因此，各国的规范不尽相同，并且每隔几年就会修订一次。

③ 适用性：强度规范按车辆的功能分为机车的、客车的、货车的和特种车辆的 4 类；按线路轨距分为米轨、准轨和宽轨 3 类。

（2）强度规范的主要内容。

车辆强度规范规定了对车辆结构的实际要求、载荷和环境条件以及研制程序。在最早提出的静强度规范中，主要规定各种典型的实际载荷情况，内容包括载荷大小和分配，有时还规定详细的载荷分布。

强度规范对车辆结构设计规定为三级载荷：使用载荷、试验载荷和设计载荷。使用载荷或称为限制载荷，是车辆正常运行时可能承受的最大载荷；试验载荷是使用载荷与载荷系数的乘积，它介于使用载荷和设计载荷之间；设计载荷或称为极限载荷，是使用载荷与安全系数的乘积。根据强度规范中对安全系数和载荷系数的规定可以算出载荷的大小。

我国在车辆行业的标准是中华人民共和国铁路标准（TB/T），其他标准包括国际铁路联盟标准（UIC）、欧洲标准（EN）、国际标准（ISO）、德国工业标准（DIN）和日本工业标准（JIS）等。在车辆强度计算中，目前主要使用的标准和报告有：

- TB/T 1335—1996《铁道车辆强度设计及试验鉴定规范》

- TB/T 2368—2005《动力转向架构架强度试验方法》
- TB/T 2395—1993《机车车轴设计与强度计算方法》
- TB/T 2705—1996《车辆车轴设计与强度计算方法》
- UIC 510-3—1989《货车——二轴和三轴车转向架在试验台上的试验》
- UIC 510-5—2003《整体车轮技术条件》
- UIC 515-4—1993《客车/转向架——走行部/转向架构架强度试验》
- UIC 615-4—1994《动力车/转向架及走行部/转向架构架强度试验》
- UIC 566—1992《客车车体及其上安装部件的载荷》
- UIC 515-3—1994《铁道车辆/转向架——走行部/车轴计算方法》
- UIC 615-1—1994《动力车/转向架——走行部/组成部分的一般规定》
- EN 13103—2002《轮对和转向架/4F 动力车轴——设计方法》
- EN 13104—2002《轮对和转向架/动力车轴——设计方法》
- EN 13979-1—2003《铁路应用轮对和转向架车轮技术验收程序》第一部分：锻制和轧制车轮
- EN 12663—2000《铁路应用——铁道车辆车体结构的强度要求》
- DIN 6700-3—2003《铁道车辆和铁路车辆部件的焊接》第三部分：设计准则
- JIS E 4501—1995《铁道车辆——车轴强度设计方法》
- JIS E 4207—2004《车辆用转向架构架设计通用规则》
- JIS E 4208—1988《铁道车辆用转向架的载荷试验方法》

8.5 转向架零部件设计

8.5.1 悬挂元件设计

1. 圆弹簧设计

（1）单卷弹簧结构参数设计。

如图 8.38 所示，圆柱螺旋压缩弹簧的主要参数有簧条直径 d、弹簧中径 D、有效圈数 n、自由高度 H_0/静挠度 f_v 共 4 个基本参数和全压缩高度 H_{min}、弹簧指数 $m = D/d$、垂向刚度 K_v 等导出参数。其主要计算公式如下：

刚度：$K_v = \dfrac{Gd}{8nm^3} = \dfrac{Gd^4}{8nD^3}$ （8.21）

挠度：$f_v = \dfrac{8P_v m^3 n}{Gd} = \dfrac{P_v}{K_v}$ （8.22）

应力：$\tau_{max} = \dfrac{8P_{max}DC}{\pi d^3} \leqslant [\tau]$ （8.23）

簧条直径：$d_{计算} = \sqrt{\dfrac{8P_{max}mC}{\pi[\tau]}}$ （8.24）

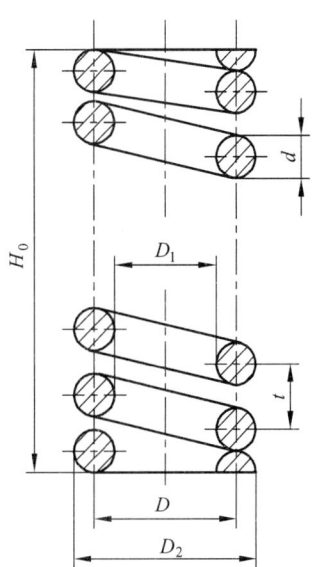

图 8.38 圆柱压缩螺旋弹簧

有效圈数：$n = \dfrac{Gd}{8K_v m^3}$ （8.25）

总圈数：$N = n + 1.5$ （两端并紧、磨平） （8.26）

弹簧全压缩高度：$H_{\min} = (n+1)d$ （8.27）

弹簧自由高度：$H_0 = H_{\min} + f_{\max}$ （8.28）

弹簧稳定性校核：$H_0 \leqslant 3.5D$ （8.29）

式中，G 为剪切弹性模数，弹簧钢 $G = 80\text{ GPa}$；P_v 为作用于弹簧上的垂向静载荷；$P_{\max}$ 为作用于弹簧上的最大垂向载荷，其值为 $P_{\max} = P_v(1 + k_{vd})$；$D$ 为弹簧平均直径，是弹簧内外径的平均值；m 为弹簧指数，其值为 $m = D/d$；C 为应力修正系数，其值为 $C = \dfrac{4m-1}{4m-4} + \dfrac{0.615}{m}$；$f_{\max}$ 为最大挠度，其值为 $f_{\max} = f_v(1 + k_{vd})$；$n$ 为弹簧有效圈数；N 为弹簧总圈数，为工作圈数与支持圈圈数之和；$H_{\min}$ 为弹簧圈压缩高度，即弹簧在全压缩状态下的高度；H_0 为弹簧自由高度，为无载荷状态下的高度；k_{vd} 为弹簧挠度裕量系数，是弹簧在静载重作用下各簧圈之间的间隙总和（即弹簧最大挠度）与静挠度 f_{st} 之比值。计算时规定取值：在弹簧装置中有减振器并且 f_{st} 较大时，客车取 $k_{vd} \geqslant 0.5$；动车组转向架弹簧装置中有减振器，所以取 $k_{vd} = 0.5$。

铁路车辆弹簧一般取弹簧指数 $m = 4 \sim 7$。根据标准簧丝直径系列（见表 8.11），一般来讲，弹簧的簧条直径 d、中径 D、有效圈数 n 及自由高度 H_0 为标准值。

根据上述公式的基本参数，可在 Excel 中通过单元格调用，在表格中计算相关参数。

表 8.11 圆截面弹簧材料直径系列   mm

第一系列	0.1	0.15	0.2	0.25	0.3	0.35	0.4	0.45	0.5
	0.6	0.8	1.0	1.2	1.6	2	2.5	3	3.5
	4	4.5	5	6	8	10	12	16	20
	25	30	35	40	45	50	60	70	80
第二系列	0.7	0.9	1.4	(1.5)	1.8	2.2	2.8	3.2	3.8
	4.2	5.5	7	9	14	18	22	(27)	28
	32	36	38	42	(55)	65			

注：（1）优先采用第一系列；（2）括号内直径只限于不能更换的产品使用。

（2）弹簧优化设计模型建立。

弹簧优化设计，是指在保证满足工作能力要求的前提下，优选一组设计参数，使弹簧的某项或某些技术经济指标达到最优，比如"质量最轻""承载能力最大"或者是"刚度最大"等。弹簧的优化设计问题是多变量函数的有约束的优化问题。

① 确定设计变量。

决定螺旋弹簧性能和结构的主要参数是弹簧钢丝直径 d、弹簧中径 D、弹簧有效圈数 n。故取上述 3 个参数作为设计变量，即

$$\boldsymbol{X} = [d\ D\ n]^{\text{T}}$$

② 建立目标函数。

圆柱螺旋弹簧质量越轻，经济性越好。取"圆柱螺旋弹簧体积最小"作为目标函数，即

$$V = \frac{\pi}{4}d^2(\pi D)n \tag{8.30}$$

③ 确定约束条件。

圆柱螺旋弹簧能满足性能规格要求的前提条件是该弹簧满足以下约束条件：

弹簧静强度约束：$K_v S_m \leq [S]$

弹簧疲劳强度约束[5]：$(K+0.2)S_m \leq [S_{-1}]$

弹簧刚度约束：$f \geq [f]$

弹簧无共振约束：$p \geq 13 p_r$

弹簧旋绕比约束：$C = D/d \geq [C]$

弹簧不碰圈约束：$[H_0 - (n+1.5)d] \geq f_{\max}$

弹簧稳定性约束：$[(n+1.5)d + f_{\max}]/D \leq 3.5$

弹簧中径范围：$D_{\min} \leq D \leq D_{\max}$

弹簧有效圈数范围：$n_{\min} \leq n \leq n_{\max}$

式中，S_m 为弹簧静应力；K_v 为弹簧裕度系数；K 为弹簧动荷系数；f 为弹簧静挠度；$f_{\max}$ 为弹簧最大挠度；p 为弹簧固有频率；C 为弹簧旋绕比；H_0 为弹簧自由高；$[S]$、$[S_{-1}]$、$[f]$、$[C]$、p_r 分别为弹簧许用应力、疲劳许用应力、许用挠度、许用旋绕比及其工作频率。

④ Matlab 优化工具箱求解。

Matlab 中的分析步骤为：建立优化模型并转成标准格式→生成"优化目标函数"m 文件→生成"优化约束条件"m 文件→生成"优化求解程序"m 文件→执行求解程序。

【算例】已知某机车弹簧的相关参数为：$P_{st} = 119.428$ kN，$[f_{st}] = 106.0$ mm，$H_0 = 490$ mm。材料为 60Si2CrVAT，许用应力 $[\tau] = 1\,050$ MPa，疲劳许用应力 $[\tau_{-1}] = 370$ MPa。取机车弹簧裕度系数 $K_{vd} = 0.5$，动荷系数 $K_d = 0.25$。用 Matlab 进行优化设计。

（3）螺旋弹簧 CAD/CAE 分析。

螺旋弹簧卷制工艺过程（见图 8.39）为修正下料→端部加热→锻尖→加热→卷绕→淬火→回火→强化处理（喷丸、强压、渗碳）→磨平端面→试验或验收。参照上述工艺过程可确定出在 SolidWorks 中采用三段直线扫描法的造型过程为：先簧条（簧条圆草图）→后卷滚（三段滚子中心线的 3 张草图、沿路径扭转扫描）→再磨圈（矩形草图、完全贯穿反侧切除，所建模型见图 8.40）→配置（配置自由高和工作高两种状态，见图 8.41）。

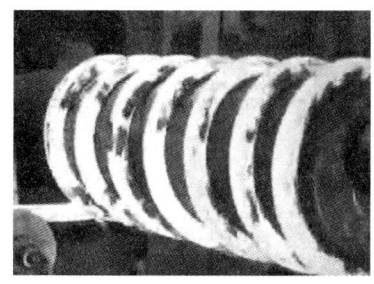

图 8.39 弹簧热卷过程

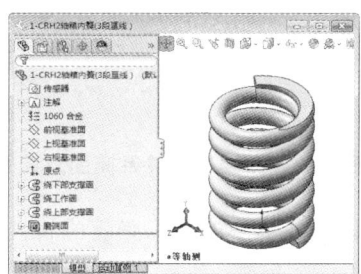

图 8.40 弹簧模型　　　图 8.41 弹簧配置

完成弹簧 CAD 建模后，如图 8.42 所示，约束弹簧下端支撑圈，在上端支撑圈端面上沿弹簧轴线方向施加单位位移，得到约束反力即是弹簧刚度；在上端支撑圈端面上沿弹簧轴线方向施加最大承载位移后，得到当量应力即是最大工作应力。

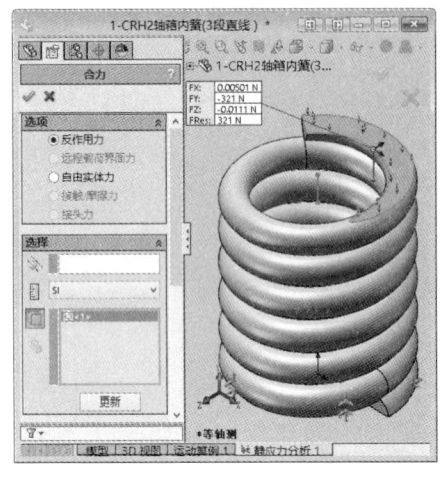
（a）弹簧刚度（$f = 1$ mm）

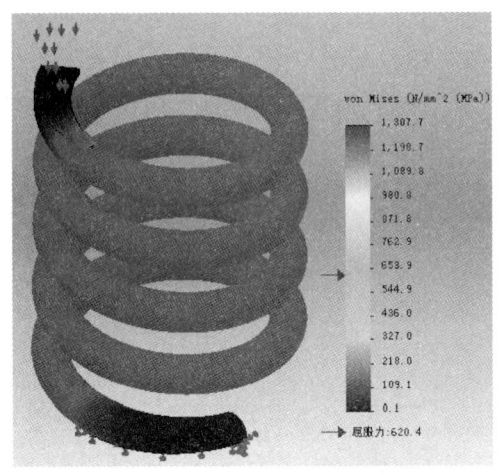
（b）弹簧应力（$f = 47.2$ mm）

图 8.42 弹簧 CAE 分析结果

（4）一级刚度双卷弹簧结构参数设计。

在承载与弹性特性相同的条件下，一级刚度双卷弹簧的结构更紧凑，所占的空间小。由于车辆的空间限制，常采用作用相同的一级刚度双卷弹簧来代替一级刚度单卷弹簧。其结构关系简图及装置图如图 8.43 所示。d 为一级刚度单卷弹簧的簧丝直径，D 为一级刚度单卷弹簧的中径，d_1、d_2 分别为承载与弹性特性相同的条件下一级刚度双卷弹簧的外卷、内卷簧丝直径，D_1、D_2 分别为外卷、内卷弹簧的中径。

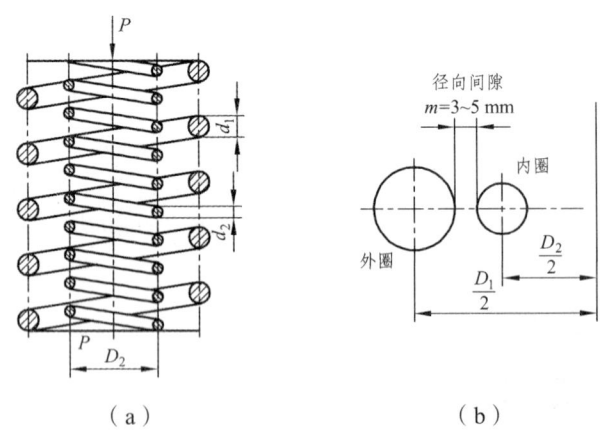

图 8.43 双卷弹簧关系简图及装置图

采用双卷弹簧代替单卷弹簧时，为不改变原弹簧的特性，必须满足以下条件：双卷弹簧的外卷和内卷的弹簧指数 m_1 和 m_2、应力 τ_1 和 τ_2、挠度 f_1 和 f_2 要分别等于单卷弹簧的 m、τ、和 f，即

$$\left.\begin{array}{l}m=m_1=m_2\\f=f_1=f_2\\\tau=\tau_1=\tau_2\end{array}\right\} \tag{8.31}$$

m 相等，说明挠曲程度相同，由挠曲引起的应力修正系数也相同；τ 相等，意味着充分利用了材料的强度；f 相等，以保证双卷弹簧与单卷弹簧性能相同。为满足上述 3 个条件，经过推导，弹簧结构参数应满足以下 3 个等式：

$$\frac{D}{d}=\frac{D_1}{d_1}=\frac{D_2}{d_2} \tag{8.32}$$

$$d^2=d_1^2+d_2^2 \tag{8.33}$$

$$nD=n_1D_1+n_2D_2 \tag{8.34}$$

为了不使内、外卷弹簧相互接触，其间应保持一定的间隙：$S=\dfrac{d_1-d_2}{2}$，有时为调整内、外卷弹簧的有关参数，使之符合设计要求，可适当加大其值。综上所述，可得到 d_1、d_2 之间的补充关系式：

$$d_1=\frac{d}{\sqrt{1+\alpha^2}}+\frac{2\alpha\beta}{1+\alpha^2} \tag{8.35}$$

$$d_2=\frac{\alpha d}{\sqrt{1+\alpha^2}}-\frac{2\beta}{1+\alpha^2} \tag{8.36}$$

$$\alpha=\frac{m-1}{m+1} \tag{8.37}$$

$$\beta=\frac{S}{m+1} \tag{8.38}$$

$$S=\frac{d_1-d_2}{2} \tag{8.39}$$

【例】 CRH2 动车组轴箱弹簧结构强度分析。

（1）确定每卷弹簧的最大计算载荷。

CRH200EMU 动车组当定员 100 人时，定员质量为 56 t，则有

$$P_v=56.0\times1\,000\times9.8/8=68\,600\text{ (N)}$$

$$P_{\max}=P_v(1+k_{vd})=68\,600\times(1+0.5)=102\,900\text{ (N)}$$

（2）根据强度条件确定单卷弹簧簧条直径 d 和平均直径 D。

60Si2GrVAT 弹簧钢的最大许用应力 $[\tau_{\max}]=950$ MPa，许用应力 $[\tau]\leqslant[\tau_{\max}]$，取 $[\tau]=850$ MPa。

初取弹簧指数 $m=5.5$，应力修正系数 $C=\dfrac{4m-1}{4m-4}+\dfrac{0.615}{m}=1.278$。

$$d_{计算} = \sqrt{\frac{8P_{max}mC}{\pi[\tau]}} = \sqrt{\frac{8 \times 102\,900 \times 5.5 \times 1.278}{3.14 \times 850 \times 10^6}}(m) = 0.046\,6(m) \approx 47\,(mm)$$

$$D = md = 5.5 \times 47 = 258.5\,(mm)$$

(3) 计算弹簧的有效圈数。

由 $P_v = 68\,600\,N$，知 $f_v = 55.11\,mm$，则刚度为

$$K_v = \frac{P_v}{f_v} = \frac{68\,600}{55.11}(N/mm) = 1\,244.8\,(N/mm)$$

有效圈数为

$$n = \frac{Gd}{8K_v m^3} = \frac{80 \times 10^9 \times 47 \times 10^{-6}}{8 \times 1244.8 \times 5.5^3} = 2.3\,（圈）$$

(4) 双卷弹簧簧条直径的计算。

初取簧圈间隙 $S = 7.5\,mm$，由式（8.35）～（8.39）确定簧条直径：

$$\alpha = \frac{m-1}{m+1} = \frac{5.5-1}{5.5+1} = 0.69,\quad \beta = \frac{S}{m+1} = \frac{7.5}{6.5} = 1.15$$

$$d_1 = \frac{d}{\sqrt{1+\alpha^2}} + \frac{2\alpha\beta}{1+\alpha^2} = \frac{47}{\sqrt{1+0.69^2}} + \frac{2 \times 0.69 \times 1.15}{1+0.69^2} = 39.8\,(mm)$$

查圆截面弹簧材料直径系列，取 $d_1 = 40\,mm$。

$$d_2 = \frac{\alpha d}{\sqrt{1+\alpha^2}} - \frac{2\beta}{1+\alpha^2} = \frac{0.69 \times 47}{\sqrt{1+0.69^2}} - \frac{2 \times 1.15}{1+0.69^2} = 25\,(mm)$$

查圆截面弹簧材料直径系列，取 $d_2 = 25\,mm$。

(5) 双卷弹簧中径及圈数。

$$D_1 = md_1 = 5.5 \times 40\,(mm) = 220\,(mm)$$

$$D_2 = md_2 = 5.5 \times 25\,(mm) = 137.5\,(mm)$$

$$n_1 = \frac{nD}{D_1} = \frac{2.3 \times 258.5}{220} = 2.7\,（圈）$$

$$n_2 = \frac{nD}{D_2} = \frac{2.3 \times 258.5}{137.5} = 4.3\,（圈）$$

核算内外圈之间的间隙，由图 8.43（a）推导出以下公式：

$$S = \frac{D_1 - D_2}{2} - \left(\frac{d_1 + d_2}{2}\right) = \frac{220 - 137.5}{2} - \frac{40 + 25}{2} = 8.75\,(mm)$$

结果比 7.5 mm 大 1.25 mm，为此将外圈平均直径减少 $2 \times 1.25\,mm = 2.5\,mm$。

于是外圈中径：$D_1' = 220 - 2.5 = 217.5\,(mm)$

外簧内径：$D_3 = D_1' - d_1 = 217.5 - 40 = 177.5$ (mm)
内簧外径：$D_4 = D_2 + d_2 = 137.5 + 25 = 162.5$ (mm)

加大外簧簧圈直径后，弹簧刚度应保持不变。当 D 变更时，应调整圈数 n 使刚度保持不变。设变更后的有效圈数为 n_1'，则

$$K = \frac{Gd_1^4}{8n_1 D_1} = \frac{Gd_1^4}{8n_1' D_1'}$$

故有

$$n_1 D_1^3 = n_1' D_1'^3$$

所以

$$n_1' = \frac{n_1 D_1^3}{D_1'^3} = \frac{2.7 \times 220^3}{217.5^3} = 2.79 \text{（圈）}$$

查《弹簧手册》有效圈数标准系列，取 $n_1 = 3$ 圈，$n_2 = 4.5$ 圈。所以总圈数：

$$N_1 = n_1 + 1.5 = 3 + 1.5 = 4.5 \text{（圈）}$$
$$N_2 = n_2 + 1.5 = 4.5 + 1.5 = 6 \text{（圈）}$$

（6）内外圈弹簧刚度的计算。

$$K_1 = \frac{Gd_1^4}{8n_1 D_1'^3} = \frac{80 \times 10^9 \times 40^4}{8 \times 3 \times 217.5^3 \times 10^5} = 829.4 \text{ (N/mm)}$$

$$K_2 = \frac{Gd_2^4}{8n_2 D_2^3} = \frac{80 \times 10^9 \times 25^4}{8 \times 4.5 \times 137.5^3 \times 10^5} = 333.9 \text{ (N/mm)}$$

（7）载荷在双卷弹簧中的分配。

作用在双卷弹簧内外圈的载荷分配为

$$P_v = P_1 + P_2 \tag{8.40}$$

由内外卷弹簧变形相等条件有

$$\frac{P_1}{K_1} = \frac{P_2}{K_2} \tag{8.41}$$

而 $P_v = 68\,600$ N，由式（8.40）和式（8.41）解得 $P_1 = 48\,909$ N，$P_2 = 19\,691$ N，因此

$$P_{\max 1} = P_1 \times 1.5 = 73\,363.5 \text{ (N)}$$

$$P_{\max 2} = P_2 \times 1.5 = 29\,536.5 \text{ (N)}$$

（8）弹簧自由高的计算。

$$f_{\max} = f_v(1 + k_{vd}) = 55.11 \times (1 + 0.5) = 82.665 \text{ (mm)}$$

$$H_{\min 1} = (n_1' + 1)d_1 = (3+1) \times 40 = 160 \text{ (mm)}$$

$$H_{\min 2} = (n_2+1)d_2 = (4.5+1)\times 25 = 137.5 \text{ (mm)}$$

由 $H_0 = H_{\min} + f_{\max}$ 得

$$H_{01} = 160 + 82.665 \approx 242.7 \text{ (mm)}$$

$$H_{02} = 137.5 + 82.665 \approx 220.2 \text{ (mm)}$$

查弹簧自由高标准系列表，取 $H_{01} = 240$ mm，$H_{02} = 220$ mm。

（9）弹簧稳定性校核。

$$H_{01} < 3.5D_1 = 3.5 \times 217.5 = 761.25 \text{ (mm)}$$

$$H_{02} < 3.5D_2 = 3.5 \times 137.5 = 481.25 \text{ (mm)}$$

所以满足稳定性条件。

2. 空气弹簧设计

如图 8.43 所示，空气弹簧由上下盖板、橡胶囊和橡胶垫等组成，空气弹簧的橡胶囊由内、外橡胶层，帘线层和成型钢丝圈组成。其中，空气弹簧的荷载主要是有帘线承受，而帘线的材质对空气弹簧的耐压性和耐久性起着决定性作用，故采用高强度人造丝、维尼龙或卡普龙作为帘线。

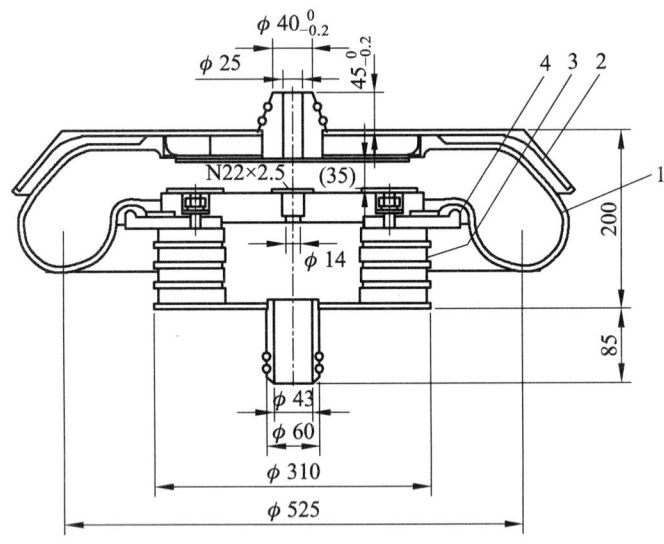

图 8.44　空气弹簧

1—橡胶气囊；2—上盖板；3—橡胶堆；4—下盖板

（1）空气弹簧的垂直刚度。

$$k = \chi(p+p_a)\frac{A^2}{V} + p\frac{\mathrm{d}A}{\mathrm{d}x}$$

$$F = \pi R^2 p \qquad A = \pi R^2 \tag{8.42}$$

式中，χ 为多变指数，在等温过程 $\chi=1$，在绝热过程 $\chi=1.4$，在一般动态过程 $1<\chi<1.4$。设 $dA/dx = \Delta A$。A 是垂直形状参数。

（2）空气弹簧的横向刚度。

$$k_{\mathrm{m}} = bAp + d_0$$
$$b = \frac{1}{2R} \frac{\sin\theta\cos\theta + Q(\sin^2\theta - \cos^2\theta)}{\sin\theta(\sin\theta - \theta\cos\theta)} \quad (8.43)$$

式中，k_{m} 为空气弹簧的横向刚度；b 为空气弹簧横向变位系数；A 为空气弹簧有效面积；p 为空气弹簧胶囊内压；d_0 为胶囊本身的横向刚度；θ 为胶囊圆弧角。

（3）空气弹簧 CAD/CAE 分析。

应用 CAD 技术建立空气弹簧模型，利用 ABAQUS 等非线性有限元分析软件可以计算和研究其各项力学特性。分析时一般用到气体单元、实体单元和多层材料单元，涉及充气过程、装配分析、承载分析 3 个工况，相关模型见图 8.45。

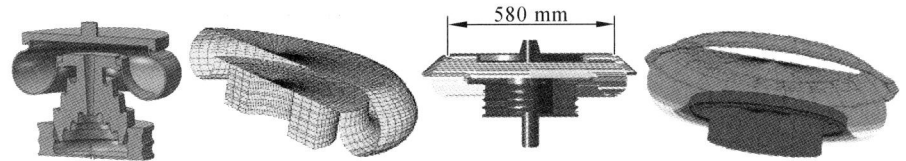

图 8.45 空气弹簧 CAE 分析

3. 橡胶堆设计

橡胶堆起减振和缓冲作用，通常都采用矩形橡胶块的夹层结构，其自由面为圆弧状，通过硫化工艺将钢板和橡胶弹性体乳结在一起。中间隔板除结构需要外还起到散热作用，一般为多层，厚度不小于 2 mm，目前以 4 mm 居多。上下端板稍厚，一般为 6 mm 或 8 mm。

（1）刚度计算。

矩形橡胶的受力情况如图 8.46 所示，设 a、b 为矩形的两边，则其垂向刚度和横向刚度分别为

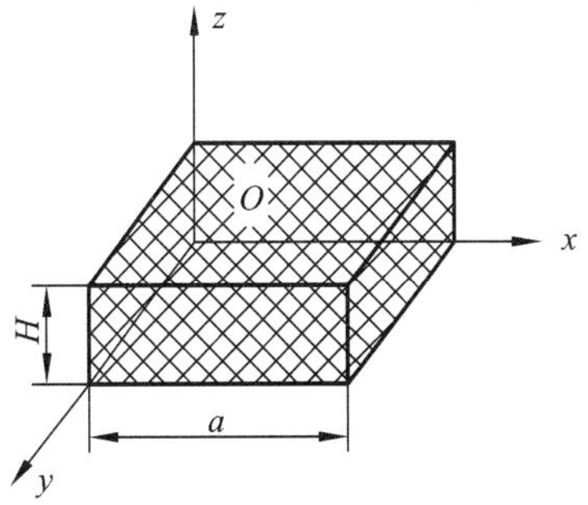

垂向刚度：$K_{\mathrm{I}} = \dfrac{A_{\mathrm{L}} \mu E}{H}$ (N/mm) $\quad (8.44)$

横向刚度：$K_{\mathrm{II}} = \dfrac{A_{\mathrm{L}} j(y) G}{H}$ (N/mm) $\quad (8.45)$

图 8.46 矩形橡胶

纵向刚度：$K_{\mathrm{III}} = \dfrac{A_{\mathrm{L}} j(x) G}{H}$ (N/mm) $\quad (8.46)$

式中，承载面积 $A_{\mathrm{L}} = ab$；自由面积 $A_{\mathrm{F}} = 2(a+b)H$；面积比 $S = \dfrac{A_{\mathrm{L}}}{A_{\mathrm{F}}} = \dfrac{ab}{2(a+b)H}$；垂向系数 $\mu = 1 + 2.2S^2$；纵向形状系数 $j(x) = \dfrac{1}{1+0.29(H/a)^2}$；横向形状系数 $j(y) = \dfrac{1}{1+0.29(H/b)^2}$。

【例】 设某机车的二系悬挂采用 6 个橡胶堆，每个橡胶堆都具有 8 层矩形橡胶。已知每层橡胶的参数如下：矩形尺寸 $a \times b = 183\ \mathrm{mm} \times 228\ \mathrm{mm}$，厚度 $H = 28\ \mathrm{mm}$，橡胶肖氏硬度 HS =

60。端板厚度 10 mm，中间板厚 8 mm，该橡胶堆在垂向加载 $P = 78$ kN 的条件下，当横向力为 8 kN 时，横向挠度为 60 mm，求橡胶堆的垂向刚度和水平刚度。

解 （1）橡胶堆的垂向刚度。

橡胶承载面积： $A_L = a \times b = 183 \times 228 = 41\ 724\ (\text{mm}^2)$

橡胶自由面积： $A_F = 2(a+b)H = 2 \times (183 + 228) \times 28 = 23\ 016\ (\text{mm}^2)$

面积比： $S = \dfrac{A_L}{A_F} = \dfrac{41\ 724}{23\ 016} = 1.81$

垂向形状系数： $\mu = 1 + 2.2S^2 = 1 + 2.2 \times 1.81^2 = 8.2$

硬度 HS = 60 时， $E = 4.6\ \text{N/mm}^2$， $G = 1.2\ \text{N/mm}^2$，则单层橡胶的垂向刚度为

$$K_1 = \frac{A_L \mu E}{H} = \frac{41\ 724 \times 8.2 \times 4.6}{28} = 56\ (\text{kN/mm})$$

因此，橡胶堆的垂向刚度：

$$K_\Sigma = \frac{K_1}{8} = \frac{56}{8} = 7\ (\text{kN/mm})$$

橡胶堆的垂向挠度：

$$f_1 = \frac{78}{7} = 11.1\ (\text{mm})$$

（2）橡胶堆的水平刚度。

橡胶堆的水平刚度是由剪切变形和弯曲变形串联而得。

① 剪切刚度。

橡胶堆的形状系数：

$$j(y) = \frac{1}{1 + 0.29(H/b)^2} = \frac{1}{1 + 0.29 \times (28/228)^2} = 0.996$$

橡胶堆的剪切刚度：

$$K_{y\Sigma} = \frac{A_L j(y) G}{nh} = \frac{41\ 724 \times 0.996 \times 1.2}{8 \times 28} = 222.6\ (\text{N/mm})$$

② 弯曲刚度。

由于橡胶堆一般高度较大，所以因计入它的弯曲变形，长边方向的弯曲挠度可以用下式计算：

$$y_b = \frac{F_y t^3}{36 A_L G_1 k_{ry}}\ (\text{mm})$$

式中，F_y 为横向力；t 为橡胶堆的计算高度（mm）；A_L 为承载面积；$k_{ry} = b^2/12\ (\text{mm}^2)$；$G_1$ 为橡胶的计算剪切模量，可用下式计算。

$$G_1 = \frac{G}{1+\dfrac{t^2}{36k_{ry}^2}} = \frac{1}{1+\dfrac{247^2}{36 \times 4\,332}} = 0.86 \text{ (N·mm}^2)$$

所以橡胶的弯曲刚度为

$$K_{by} = \frac{F_y}{y_b} = \frac{36 A_L G_1 k_{ry}}{t^3} = \frac{36 \times 41\,724 \times 0.86 \times 4\,332}{247^3} = 371 \text{ (N/mm)}$$

③ 橡胶堆的水平刚度。

由弯曲变形与剪切变形串联而得

$$K'_{y\Sigma} = \frac{K_{y\Sigma} K_{by}}{K_{y\Sigma} + K_{by}} = \frac{222.6 \times 371}{222.6 + 371} = 139 \text{ (N/mm)}$$

已知橡胶堆在垂向力 78 kN 和横向力 $Q = 8$ kN 作用下的实测水平位移 $f_L = 60$ mm，则实测水平刚度为

$$\frac{Q}{f_L} = \frac{8\,000}{60} = 133.3 \text{ (N/mm)}$$

故实际测量值与计算值比较吻合，误差为 4.3%。

（2）橡胶堆静刚度 CAD/CAE 分析。

本实例的研究对象是某型电力机车的二系橡胶堆旁承，其基本尺寸如图 8.47 所示。基本技术条件如下：

（1）最大垂向载荷 120 kN，要求垂向载荷在 70～100 kN 时的垂向刚度为 6×(1±20%) kN/mm；

（2）垂向预压 85 kN 时，要求横向载荷在 1～16 kN 时的横向刚度为 183×(1±15%) kN/mm。

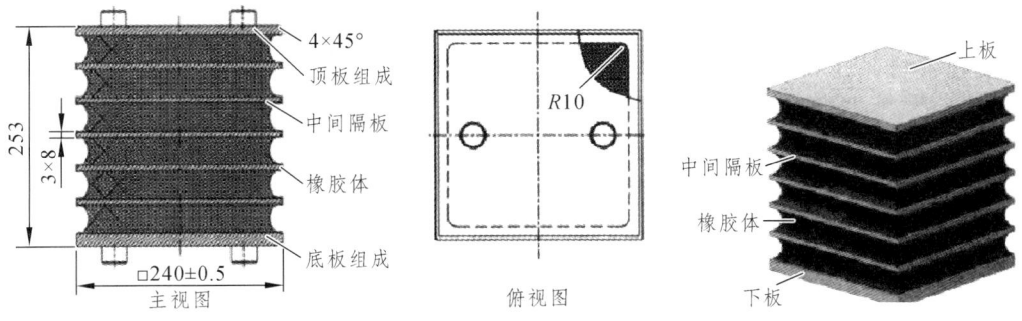

图 8.47 橡胶堆旁承示意图和实体模型

如图 8.48 所示，在 SolidWorks 中，利用其拉伸凸台、扫描切除和分割特征完成橡胶堆多实体建模，并进行网格划分。然后，为钢板和橡胶板分别赋予相应的材料，约束橡胶堆下端支撑面，在上端支撑面上沿轴线方向分别施加载荷进行有限元分析，即可得到其刚度和最大工作应力。

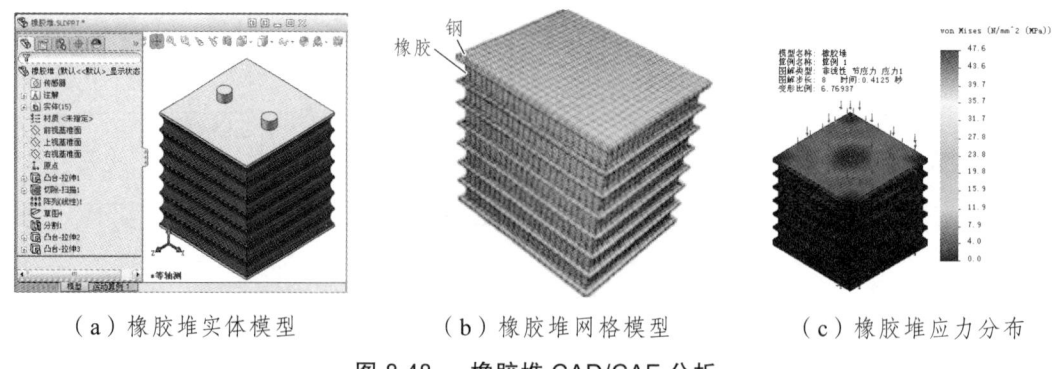

(a) 橡胶堆实体模型　　(b) 橡胶堆网格模型　　(c) 橡胶堆应力分布

图 8.48　橡胶堆 CAD/CAE 分析

4. 橡胶弹性关节设计

橡胶弹性关节具有结构简单，减振隔声性能好，易实现不同方向、不同弹性特性要求等特点，广泛应用于铁道机车车辆，其结构形式如图 8.49 所示。对橡胶弹性关节的有限元分析主要包括其金属部分的强度分析和产品在四个方向：径向、轴向、偏转及扭转的刚度匹配，如图 8.50 所示。

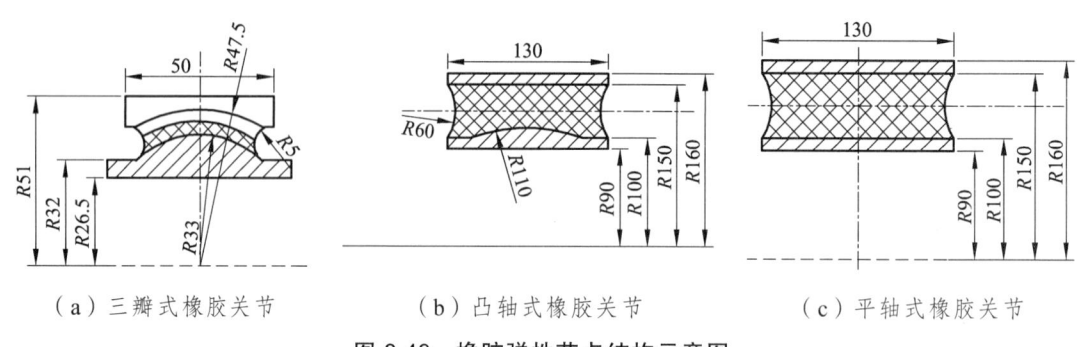

(a) 三瓣式橡胶关节　　(b) 凸轴式橡胶关节　　(c) 平轴式橡胶关节

图 8.49　橡胶弹性节点结构示意图

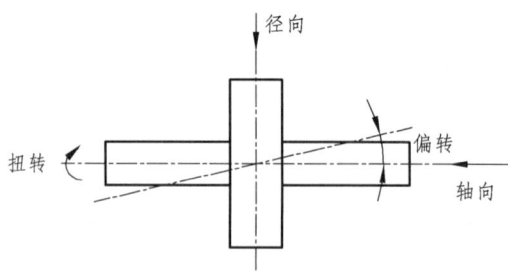

图 8.50　橡胶关节变形定义

【算例】本实例的研究对象是某转向架上应用的 0000571 型球铰，其基本尺寸如图 8.51 (a) 所示。基本技术条件如下：球铰的挤压量为 1.6 mm；最大径向载荷为 40 kN，最大轴向载荷为 12 kN；径向位移在 0.25~2 mm 之间时的径向刚度为 $24\times(1\pm10\%)$ kN/mm；轴向位移在 0.5~2 mm 之间时轴向刚度为 $3\times(1\pm10\%)$ kN/mm。

有限元分析的基本任务是：

（1）计算在最大径向加载和最大轴向加载作用下金属件的强度；

（2）计算产品的径向刚度；

（3）计算产品的轴向刚度。

在 SolidWorks 中，利用多实体建模命令（不选中特征中的合并结果即可），在零件环境中完成 CAD 模型 [见图 8.51（b）]，然后，在 Simulation 模块中进行刚度计算，具体约束见图 8.51（c）和图 8.51（d）。橡胶关节刚度测试结果见表 8.12。

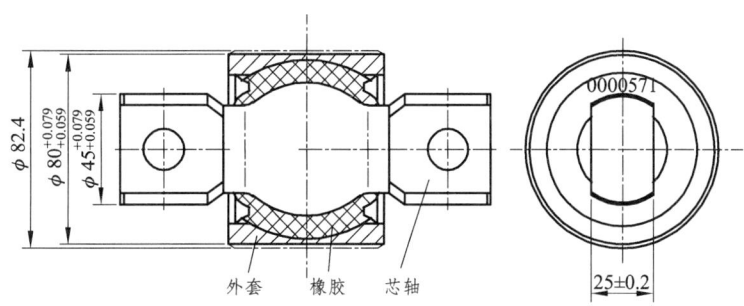

（a）球铰结构简图

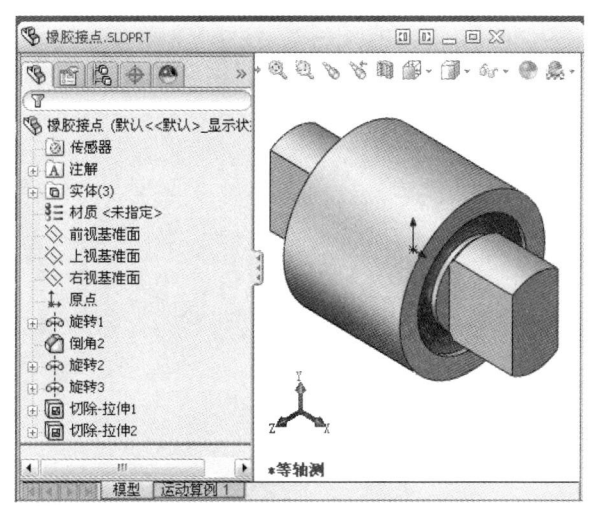

（b）橡胶关节实体模型

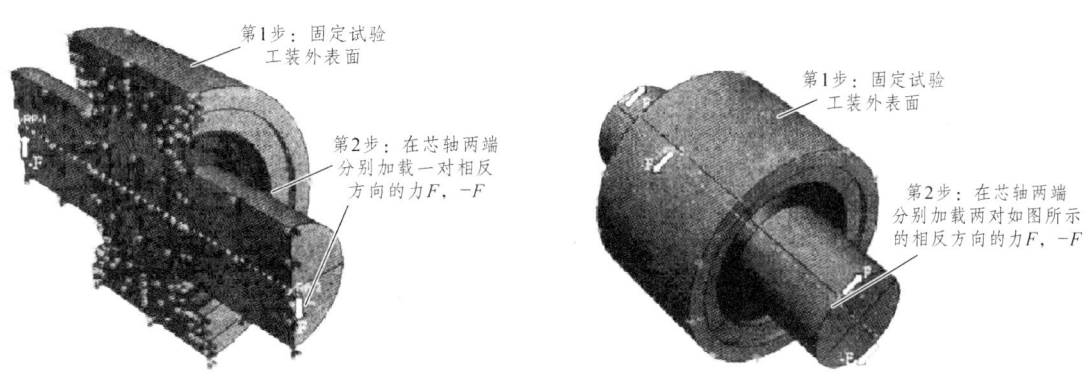

（c）偏转刚度计算的加载步骤　　　　　（d）扭转刚度计算的加载步骤

图 8.51　橡胶关节刚度 CAD/CAE 分析

表 8.12 橡胶关节刚度测试结果

序号	试验名称	试验载荷	刚度测试结果	刚度要求
1	径向刚度试验	0~50 kN	45.22 kN/mm	50×(1±15%) kN/mm
2	轴向刚度试验	0~30 kN	4.45 kN/mm	5.0×(1±20%) kN/mm
3	偏转刚度试验	±6°	44.26 N·mm/°	40×(1±20%) N·mm/°
4	扭转刚度试验	±6°	42.61 N·mm/°	42.2×(1±20%) N·mm/°

5. 抗侧滚扭杆系统设计

如图 8.52（a）所示，抗侧滚扭杆系统主要包括扭杆轴、扭转臂、连杆、安装座等部件。车体侧滚时，扭杆轴因承受扭矩而发生扭转变形，同时提供扭转反力矩来抵抗车体的侧滚。扭杆轴和扭转臂之间采用过盈配合，扭转臂和垂向连杆之间采用关节连接，支撑座和扭杆之间采用关节连接。

首先，在 SolidWorks 中分别建立抗侧滚扭杆系统各零件的 CAD 模型，并进行虚拟装配。然后，在装配环境中利用 Simulation 模块进行强度分析，其中在扭杆和安装座之间设置"无穿透"接触，在连接杆处施加载荷，在安装座处施加约束，具体过程见图 8.52。

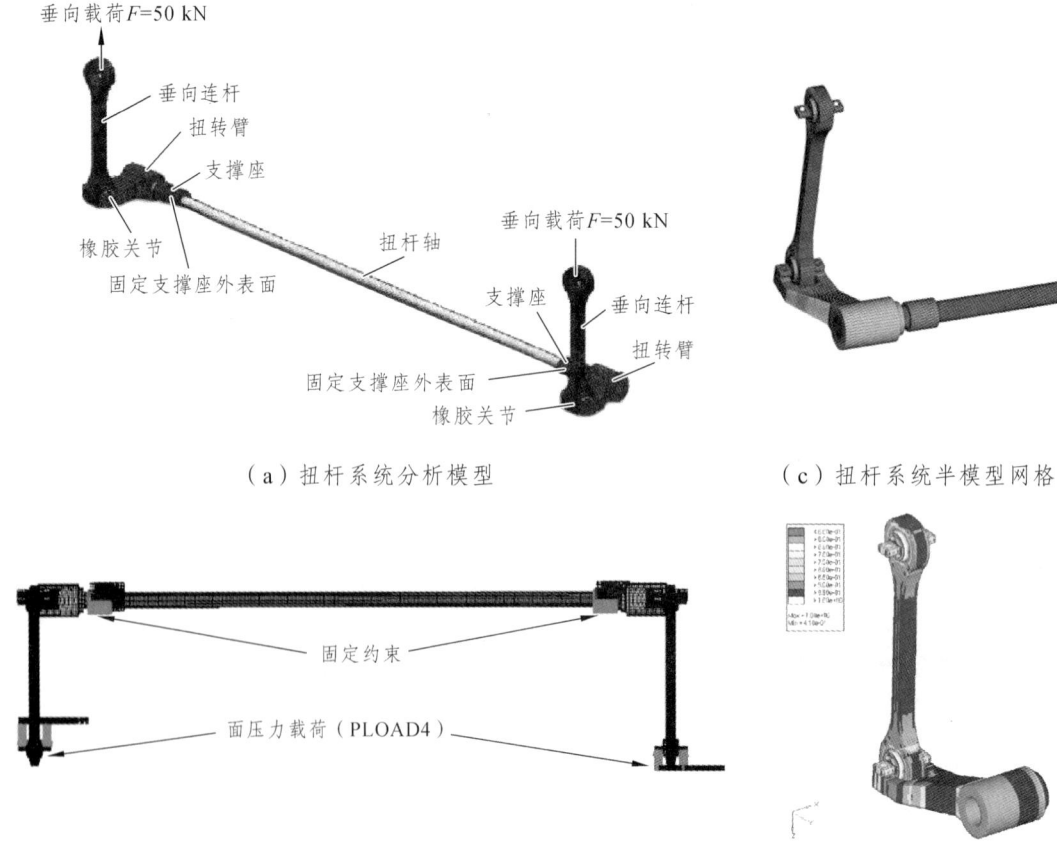

（a）扭杆系统分析模型　　　（c）扭杆系统半模型网格

（b）载荷边界条件示意图　　（d）扭杆系统分析结果示意图

图 8.52　抗侧滚扭杆系统 CAD/CAE 分析

6. 液压减振器计算与分析

减振器结构和参数设计的主要内容如下：

（1）阻尼特性的选择。根据减振器的安装部位和被衰减振动的性质来确定其阻尼特性：通常对一系和二系悬挂（垂向和横向）选用对称的线性阻尼特性；对抗蛇行减振器和车体间的纵向减振器选用摩擦型阻尼特性。

（2）端部弹性连接结构的选型。根据减振器两端相对运动的形式和受力大小选择端部连接结构的形式和规格。

（3）活塞行程及外部尺寸的确定。根据减振器所在的部位，考虑最不利的运动工况，对其两端作运动学分析从而来确定活塞的最大行程，再根据所选用减振器的品牌、型号及其固定结构尺寸来确定减振器的安装长度，其直径则从系列尺寸中选取。根据这些尺寸可进行减振器空间位置的布置。

（4）阻尼率（系数）的设计计算。悬挂系统设计中有两项参数最重要：一是弹簧的静挠度值，一是阻尼率值。弹簧静挠度值应设计得尽可能地大，以降低振动系统的自振频率。而阻尼率值过大或过小都不利，它有一个优化值或优化范围，此值与系统的其他参数有关，阻尼优选值需通过转向架悬挂系统的振动理论分析来获得。设计师的任务在于：根据此优选值并考虑悬挂系统的其他参数计算出所需的阻尼率，并连同上述项内容，以完成减振器的参数设计。

8.5.2 轮对设计

1. 车轴设计

（1）车轴结构设计。

车轴的基本结构形式和结构尺寸见图 8.53。车轴结构设计应该满足以下基本原则。

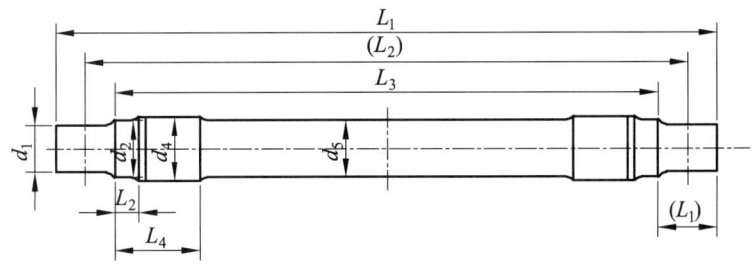

图 8.53 车轴形式

① 应尽量选用标准规定的车轴。当标准规定的车轴不能满足需要、必须设计新车轴时，应首先根据车辆用途，选定车轴材质。

② 为使新设计的车轴具有良好的疲劳强度性能，设计中宜采用有突悬量的阶梯形车轴。压装配合部位应使用阶梯轴形式，其阶梯比应选择合理；轮毂内端面应突出车轴阶梯部台肩，有效突悬量应选择合理；阶梯轴轮座内侧圆弧曲率半径应选择合理；选择合适的配合过盈量。

③ 根据车辆需求提出的有关参数，按照规范进行车轴受力分析。计算车轴的受力和计算截面上的力矩。凡具有装配应力集中，截面尺寸变化造成的几何应力集中，最大弯矩区域或最小直径截面处均应列为计算截面。

④ 选择轴身直径和轴颈直径，计算其他截面直径。

⑤ 计算截面上的应力应小于许用应力。

在国际上，机车车辆车轴结构设计主要采用两种设计方法：日本工业标准 JIS E 4501—1995《铁道车辆-车轴强度设计方法》和国际铁路联盟标准 UIC 515-3—1994《铁道车辆/转向架-走行部/车轴计算方法》或欧洲标准 EN 13103—2002《轮对和转向架/非驱动车轴-设计方法》和 EN13104—2002《轮对和转向架/驱动动车轴-设计方法》。我国目前机车车辆车轴的设计方法主要采用 UIC515-3、EN13103 和 EN13104 给出的方法。

如图 8.54 所示，两种设计方法的主要区别在于车轴压装部位的结构不同。日本国铁采取了大的过渡圆弧半径 $r=100$ mm 和小的直径比 $D/d=1.10$。欧洲采用小的过渡圆弧半径 $r=15\sim75$ mm 和大的直径比 $D/d=1.15$（TGV）、1.19（ICE）。轮座配合部位的结构参数比较见表 8.13。在独立轮座部位，为了确保车轴的安全使用，在极限磨损状态下，车轮座直径与轴身直径之比至少要达到 1.12；在车轴的初始状态下，建议这个比值保证为 1.15。为了实现在轴身和车轮座、齿轮座间的过渡区域结构具有最小的应力集中，在靠近轴身处设计一个半径为 $R75$ mm 的过渡圆弧。特别是在靠近轴身的端面，为了进一步降低轮轴配合表面的微动磨损，轮毂的长度要超出轮座 $2\sim7$ mm。如果两相邻轮座的距离较小，为了避免压装零件的轮毂孔端面在该区域造成应力集中，在两轮座间设计一个平滑的应力释放槽将二者分开，应力释放槽的最小深度应略大于轮座的磨损极限，过渡区域的最小圆弧半径应达到 $R16$ mm；如果两相邻轮座的距离较大，两过渡区域分别独立轮座部位结构实施，两过渡圆弧区域用圆柱形结构连接。

在轴颈部位，出于标准化的考虑，密封环座的直径（d_2）尽可能大于轴颈直径（d_1）30 mm，轴颈和密封环座间的过渡区域结构按图 8.54（b）所示的结构设计。与轴承内圈端面相对应的轴身处设计一个非常平缓的应力释放槽（深度为 $0.1\sim0.2$ mm），避免在该区域出现应力集中；密封环座和轮座之间的过渡区域可由几个 $R=25$mm 的圆弧半径构成。

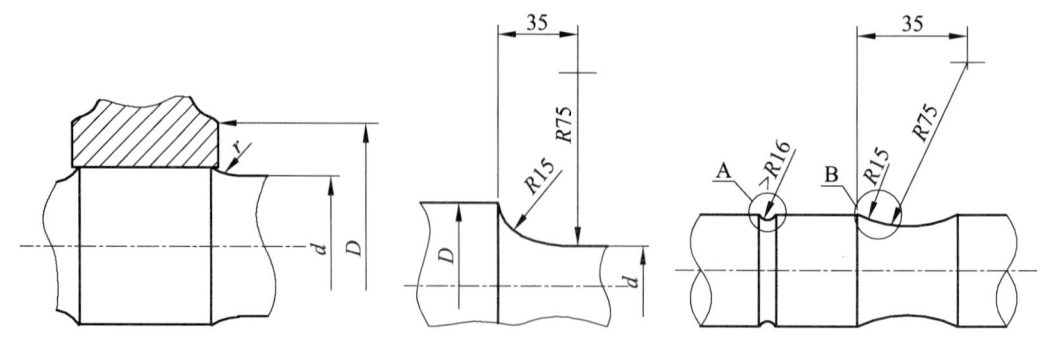

（a）轮轴压装部位设计实例

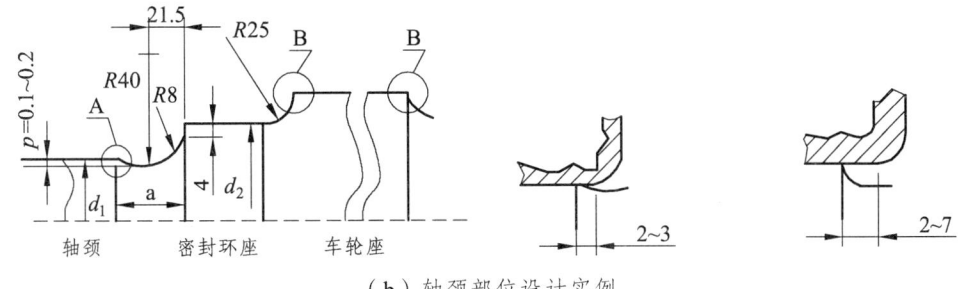

（b）轴颈部位设计实例

图 8.54 车轴结构设计实例

表 8.13 轮座配合部位车轴结构尺寸

参数项		新干线	TGV	ICE
直径	D/mm	209	212	190
	d/mm	190	184	160
直径比 D/d		1.10	1.15	1.19
圆弧半径 r/mm		100	15.70	15.75

（2）车轴计算载荷。

车轴承受的载荷主要包括：① 一系悬挂系统传递到轴箱上的垂向载荷、横向载荷和纵向载荷；② 轮轨接触点作用在车轮上的垂向载荷、横向载荷和纵向载荷；③ 驱动系统或制动系统产生的载荷。国内一般采用 TB/T 2705《车辆车轴设计与强度计算方法》、日本标准 JIS E 4501《铁道车辆车轴强度-设计方法》和欧洲标准 EN 13103《铁路应用-轮对轴箱-非动轴设计方法》3 种标准对已确定的车轴基本结构设计进行强度计算。

根据欧洲标准 EN 13104 和日本标准 JIS E 4501 对车轴进行计算，加载方案如图 8.55 所示。依据相关标准，动车拖车车轴的疲劳许用应力取值为：① 154 MPa，无装配区；② 85 MPa，有装配区；③ 72 MPa，轴颈处；④ 62 MPa，空心车轴内表面。

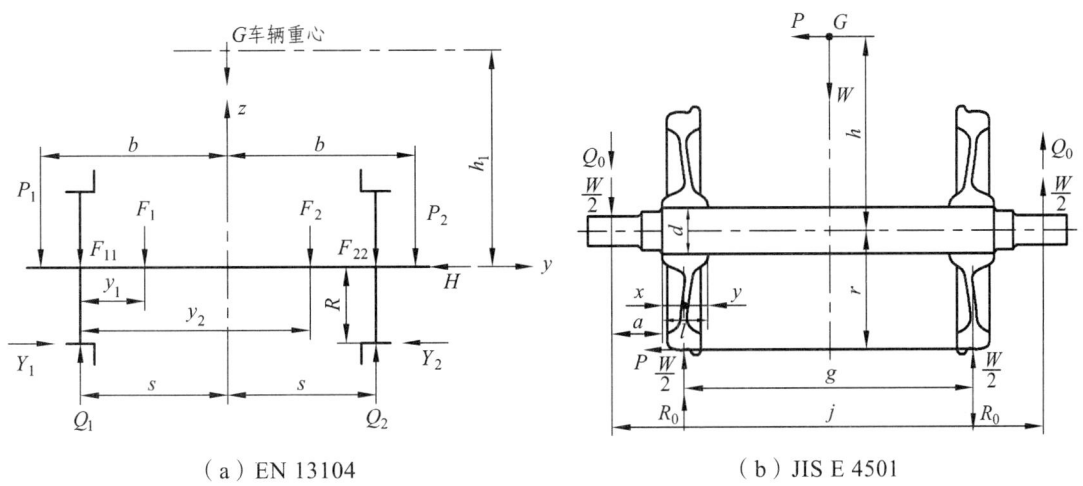

（a）EN 13104　　　　　　　　（b）JIS E 4501

图 8.55 车轴设计载荷图

（3）非动力车轴强度计算分析。

如图 8.56 所示，非动力车轴采用空心车轴，孔径为 60 mm，轴径直径为 130 mm。其他参数为：$m_1 = 12\ 400$ kg，$h_1 = 1\ 055$ mm，$b = 1\ 000$ mm，$s = 747$ mm，$R = 430$ mm，$y_1 = 393$ mm，$y_2 = 1\ 093$ mm。按照欧洲的 EN13104 对该车轴进行疲劳强度分析。

在车轴上划分了 11 个截面，各截面尺寸变化处的应力集中系数计算结果见表 8.14，各截面弯矩和应力计算结果见表 8.15。上述工作可以在 Excel 中设计工作表完成计算。

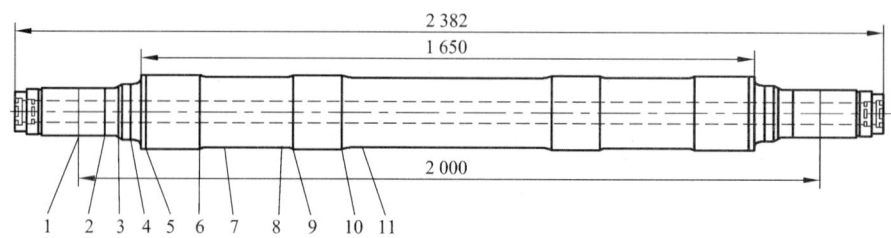

图 8.56　CRH2 动车组拖车车轴的结构和计算截面

表 8.14　车轴各截面尺寸变化处的应力集中系数

截面号	y/mm	d/mm	D/mm	r/mm	k
1	67.0	129.6	130.0	40.0	1.000 3
2	82.8	129.6	138.6	40.0	1.005 7
3	105.6	138.6	152.0	60.0	1.002 9
4	140.3	152.0	162.2	42.0	1.007 3
5	165.0	162.2	190.0	10.0	1.162 6
6	329.0	196.0	192.0	0.0	1.000 0
7	344.4	192.0	240.0	60.0	1.020 8
8	550.5	192.0	243.0	200.0	1.000 0
9	585.0	198.0	192.0	0.0	1.000 0
10	715.0	198.0	192.0	0.0	1.000 0
11	749.5	192.0	243.0	200.0	1.000 0

表 8.15　车轴各截面弯矩和应力计算结果

截面号	M_x/kN·mm	M_y/kN·mm	M_z/kN·mm	M_R/kN·mm	σ_{sur}/MPa	σ_{bore}/MPa
1 轴颈	6 567.2	0.0	589.2	6 593.6	32.3	15.0
2 轴身	8 115.9	0.0	728.2	8 148.5	40.2	18.6
3 轴身	10 350.7	0.0	928.7	10 392.3	41.3	17.9
4 轴身	13 751.9	0.0	1 233.9	13 807.1	41.3	16.3
5 轴身	16 172.9	0.0	1 451.1	16 237.9	45.9	17.0
6 轮座	42 918.2	18 705.0	2 229.5	46 870.2	64.0	19.6
7 轴身	42 873.7	18 705.0	2 229.5	46 829.5	69.5	21.7
8 轴身	42 278.4	18 705.0	2 229.5	46 285.1	67.3	21.7
9 轴盘座	42 178.8	18 705.0	2 229.5	46 194.1	61.1	18.5
10 轴盘座	41 425.3	18 705.0	2 229.5	45 507.1	60.2	18.2
11 轴身	41 132.4	18 705.0	2 229.5	45 240.7	65.7	20.5

由表 8.15 可知，车轴各截面弯矩和应力计算结果：① 无装配区，最大应力为 69.5 MPa，出现在车轴截面 7，即车轴左侧轮座右侧圆弧过渡处，该应力值低于无装配区疲劳许用应力（154 MPa）；② 装配区，轮座和轴盘座等有装配区应力最大值分别是 64 MPa 和 61.1 MPa，均低于有装配区疲劳许用应力（85 MPa）；③ 轴颈处的应力为 32.3 MPa，低于轴颈处疲劳许用应力（72 MPa）；④ 车轴内表面的最大应力为 21.7 MPa，出现在截面 7 处，即车轴左侧轴盘座右侧圆弧过渡处，该应力值低于车轴内表面许用应力（62 MPa）。故车轴的疲劳强度满足要求。

（4）车轴 CAD/CAE。

如图 8.57 所示，首先，参照车轴的主要加工过程（车轴颈、防尘板座、轮座、制动盘座和轴身）按照"拉伸轴坯→反侧拉伸切除轴颈→反侧拉伸切除防尘板座→反侧拉伸切除轴身→镜像"完成车轴 CAD 建模；然后按照相关标准规定的工况，在车轴左右轴颈上施加相应载荷，在轮座处施加弹性约束，进行车轴 CAE 应力分析。

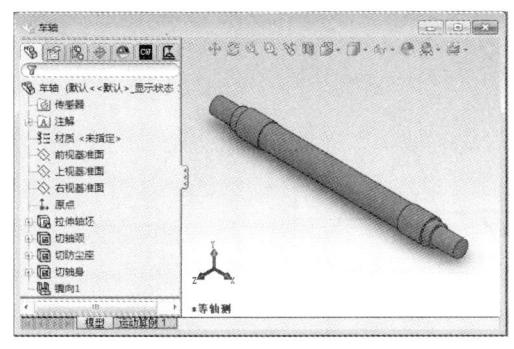

（a）车轴 CAD 模型　　　　　　　　　（b）车轴有限元模型

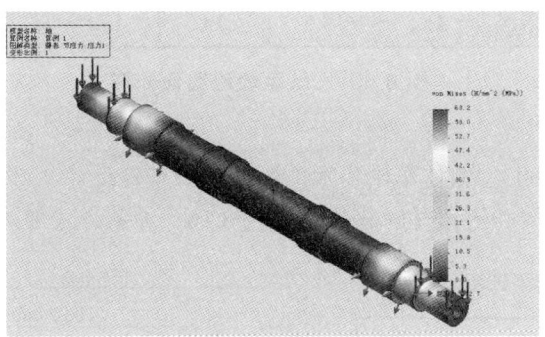

（c）车轴应力分布

图 8.57　车轴 CAD/CAE 分析

2. 车轮设计

车轮的结构及踏面形状分别见图 8.58 和图 8.59。车轮是轮对的重要组成部分，其疲劳强度直接关系到动车组运行的安全性、可靠性、稳定性等，故动车组车轮需进行车轮静强度、动强度和轮轴过盈配合强度 3 个方面的分析。

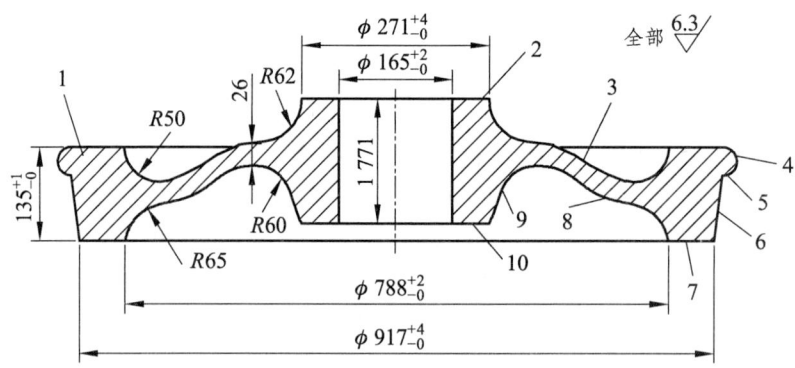

图 8.58 车轮结构

1—内辋面；2—内壳面；3—内辐板；4—轮缘；5—喉部；6—踏面；7—外辋面；
8—轮辐；9—外辐板；10—外壳面

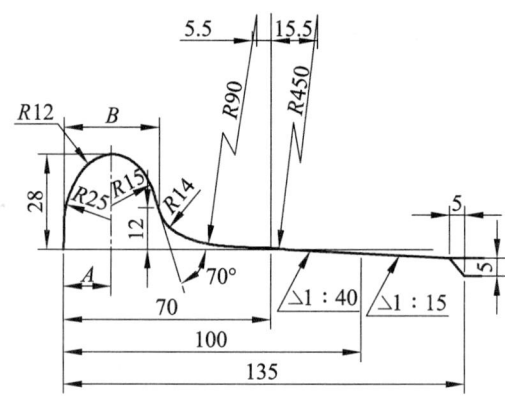

B/mm	32	31.5	31	30.5	30	29.5	29	28.5	28
A/mm	16	15.5	15	14.5	14	13.5	13	12.5	12

图 8.59 LM 型轮缘踏面外形

（1）载荷条件。

根据 UIC 510-5—2003（整体车轮技术）标准进行车轮设计，对于安装到动轴上的车轮，考虑车轮通过直线、曲线和道岔时的载荷，见表 8.16，加载方式如图 8.60 所示。

表 8.16 车轮载荷工况

载荷工况	垂向力	横向力
直线运行	$F_{z1}=1.25Q$	$F_{y1}=0$
曲线运行	$F_{z2}=1.25Q$	$F_{y2}=0.7Q$
过道岔	$F_{z3}=1.25Q$	$F_{y3}=0.42Q$

注：Q 为每个车轮承担的重量。

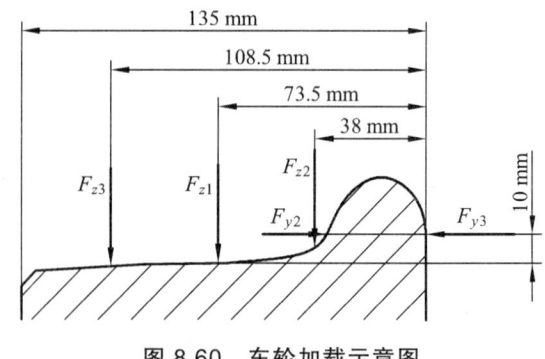

图 8.60 车轮加载示意图

计算施加在车轮上的载荷时,按直线、曲线和道岔 3 种工况(分别命名为工况 1、2 和 3),使用 UIC 510.5 规程中的公式计算各工况的载荷值。

(2)评价准则。

车轮辐板上所有节点的动应力范围应低于许用应力,即:① 用加工中心加工的车轮 < 360 MPa;② 未用加工中心加工的车轮 < 290 MPa;③ 最大 Von Mises 应力低于车轮材料弹性极限(355 MPa)。

(3)车轮 CAD。

车轮一般由两道工序加工完成,即先加工内壳面、内辐板、轮缘、内辋面;然后翻身找正加工外壳面、外辐板、外辋面、踏面及孔,其中轮缘、踏面在喉部接刀。参照上述加工过程得出车轮 CAD 建模过程为:拉伸轮坯→切左辐板→切右辐板→冲轮毂孔→镟踏面,所建立的车轮模型见图 8.61。

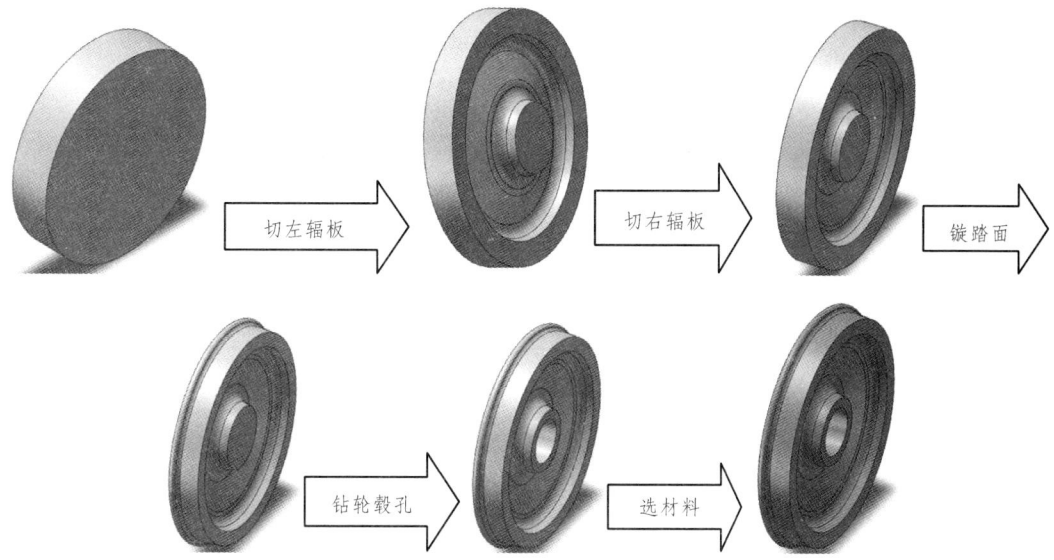

图 8.61 车轮 CAD 建模过程

踏面形状与车轮直径无关,为此可在 CAD 软件中按照"先已知、后中间、再连接"的原则绘制出图 8.62 所示磨耗型踏面草图,并将该草图添加为库特征后,即可在重复使用。

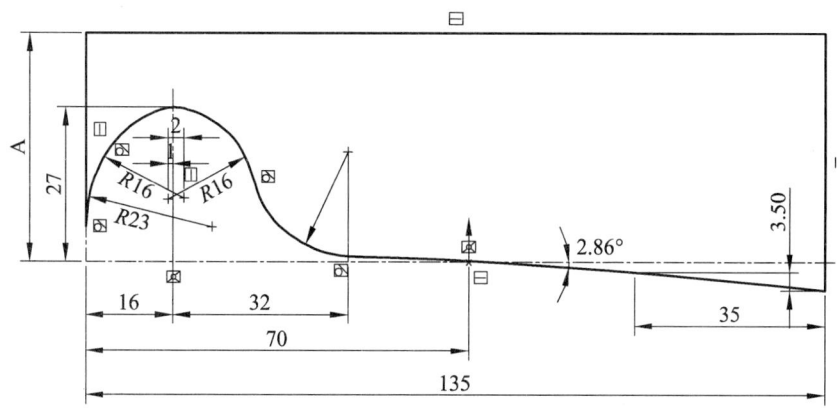

图 8.62 步骤 5-完成磨耗型踏面草图特征

（4）车轮 CAE。

车轮是三向应力状态，应使用块体单元进行网格划分，用 SolidWorks 等软件的分割线功能在踏面上分出接触斑，并施加载荷，在轮毂孔中施加约束，计算所得 Mises 等效应力，见图 8.63。

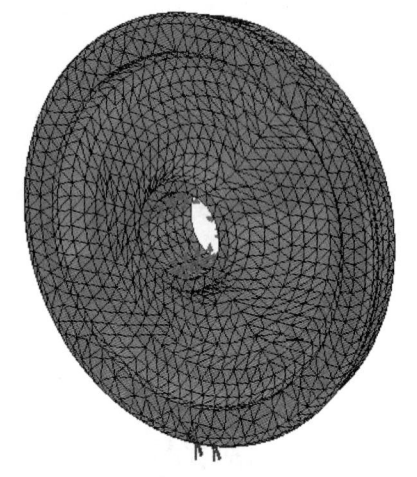
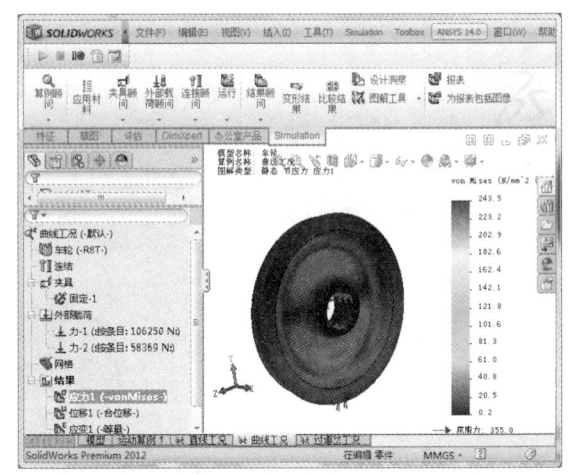

（a）车轮有限元模型　　　　　　　　　　（b）车轮等效应力分布示意图

图 8.63　车轮 CAE 分析

3. 轮对 CAD/CAE 设计

（1）轮对 CAD。

轮对的基本结构和常用货车轮对的基本参数见图 8.64。轮对压装位置要求：（1）轮对内侧距离 $L = (1\,353 \pm 2)$ mm，且任意 3 处距离差不大于 1 mm。当内侧距离 L 不符合规定时，不得向外侧调压，但当轮对内侧距离比规定的最小距离小 1 mm 以下时，或因车轮辗制不均匀而致使任 3 处距离差超过规定时，可以通过镟削轮辋内侧面进行调整。（2）轮对轮位差 $L_1 - L_2 \leqslant 3$ mm。

参照轮对压装工艺，可得到轮对虚拟装配的过程及其配合关系，见表 8.17。按表中要求在 SolidWorks 中完成的轮对虚拟装配模型，见图 8.65。

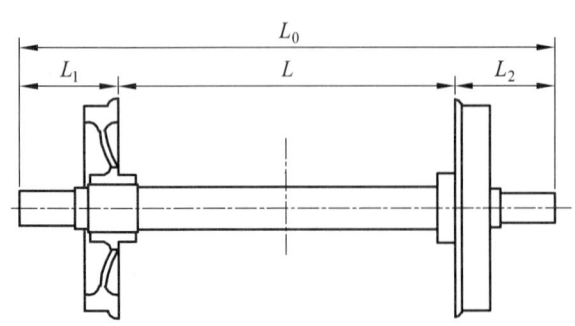
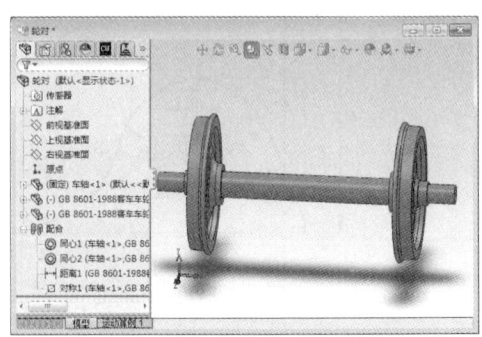

图 8.64　轮对基本结构　　　　　　　　　图 8.65　轮对装配模型

表 8.17 轮对虚拟装配过程及其配合关系

序号	名称	配合关系
1	装车轴	车轴零件坐标系与轮对装配坐标系重合
2	装左车轮	轮毂孔与左轮座同轴心并锁定
3	装右车轮	轮毂孔与右轮座同轴心并锁定
4	车轮定位	轮缘内侧面相距 1 353 mm 且关于车轴轴面对称

（2）轮对装配应力分析。

为保证运行过程中，车轮不会与车轴发生相对转动或脱离，轮轴之间应有足够的接触压应力。接触强度计算公式如下：

$$\sigma \geqslant \sigma_{\min} = \frac{\sqrt{H^2 + (M/R)^2}}{2\pi R L \mu} \tag{8.47}$$

式中，H 为轮对所受的横向力；M 为轮对所受的扭矩；R 为轮毂孔半径；L 为轮对装配长度；μ 为轮轴配合面摩擦系数。

根据材料力学有关厚壁圆筒的计算理论，接触压应力计算公式为

$$\sigma = \frac{\Delta}{d\left(\dfrac{C_1}{E_1} + \dfrac{C_2}{E_2}\right)} \tag{8.48}$$

式中，d 为配合的公称直径；E_1、E_2 分别为被包容件与包容件材料的弹性模量；C_1、C_2 分别为被包容件和包容件的刚性系数，其中

$$C_1 = \frac{d^2 + d_1^2}{d^2 - d_1^2} - \mu_1$$

$$C_2 = \frac{d_2^2 + d^2}{d_2^2 - d^2} - \mu_2$$

式中，d_1、d_2 分别为被包容件的内径和包容件的外径；μ_1、μ_2 分别为被包容件与包容件材料的泊松比。对于钢，$\mu = 0.3$；对于铸铁，$\mu = 0.25$。

在标准 EN13260—1998 对轮对轮轴过盈量 j 有如下规定：① 采用收缩装配：$0.000\ 9d_m \leqslant j \leqslant 0.001\ 5d_m$；② 采用压力装配：$0.001\ 0d_m \leqslant j \leqslant 0.001\ 5d_m + 0.06$；其中：$d_m$ 表示轮座位置轴的平均直径，单位符号为 mm。$d_m = 194$ mm 时，0.174 mm $\leqslant j \leqslant 0.291$ mm。常用动车组轮对压装接触应力计算结果见表 8.18。

表 8.18 计算结果　　　　　　　　　　　MPa

类　型	CRH2	CHR3	CRH5
$\sigma_{\min}$	14.2	16.7	19.2
σ	49.979	54.864	39.484

（3）轮对压装接触应力 CAE 分析。

如图 8.66 所示，采用 SolidWorks 中的 Simulation 模块提供的"冷缩配合"方式仿真得到的轴直径为 192.3 mm、轮毂孔径为 192 mm 时的配合应力。

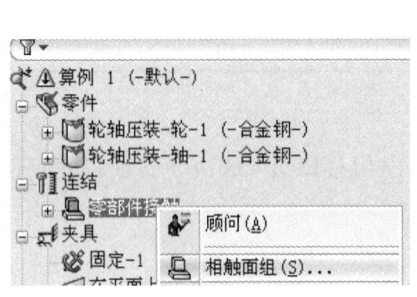

（a）接触面组设置　　　　　　　　（b）冷缩配合设置

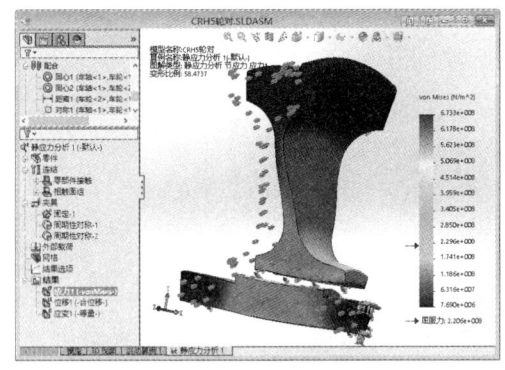

（c）过盈配合应力示意图

图 8.66　轮对压装 CAE 分析

4. 轮轨接触应力

（1）轮轨接触应力分析。

车轮在轨道上运行时，由于轮轨接触区弹性变形而产生很小的接触面积，两个弹性体的任意曲面在荷载作用下接触时，两弹性体间产生的接触压力称之为轮轨接触应力，如图 8.67 所示。图中 J 表示轮轨接触应力，P 为车轮作用在钢轨面上的竖直力（即轮载），H 为作用在轨头上的侧向力。

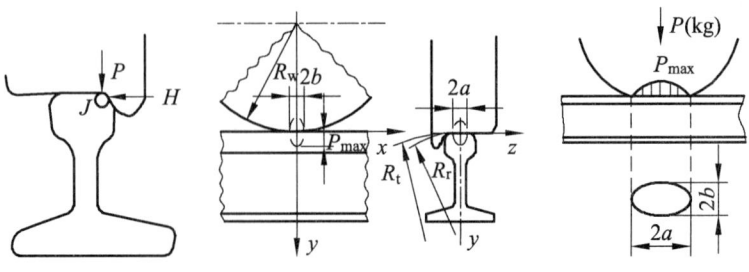

图 8.67　轮轨接触示意图

根据赫兹公式，假定应力不超过材料的屈服点，且接触面上的压力分布与半椭圆体的纵坐标成比例，在接触椭圆中心，最大的接触压应力可由下列方程求得：

$$P_{\max} = \frac{1.5W}{\pi \cdot a \cdot b} \tag{8.49}$$

$$a = \alpha \cdot \sqrt[3]{\frac{3 \cdot W \cdot (1-\mu^2)}{4 \cdot E \cdot (1/R + 1/r)}}, \quad b = \frac{\beta}{\alpha} \cdot a \tag{8.50}$$

式中，W 为轮重；a、b 分别为接触椭圆的长、短半径。E 和 μ 分别为材料的弹性模量和泊松比；R 为车轮半径；r 为钢轨接触半径；α 和 β 由 θ 查表 8.19 确定，$\theta = \arccos[(R-r)/(R+r)]$。

表 8.19 α 和 β 参数

$\theta/(°)$	30	35	40	45	50	55	60	65	70	75	80	85	90
$\alpha/(°)$	2.73	2.38	2.14	1.93	1.75	1.61	1.49	1.38	1.28	1.20	1.13	1.06	1.00
$\beta/(°)$	0.49	0.53	0.57	0.61	0.64	0.68	0.72	0.76	0.80	0.85	0.89	0.95	1.00

（2）轮轨接触应力 CAE 仿真。

采用 SolidWorks 中的 Simulation 模块提供的"无穿透"接触方式仿真得到轴重 16 t、直径为 915 mm 的车轮与 60 kg 钢轨之间的轮轨接触应力，如图 8.68 所示。

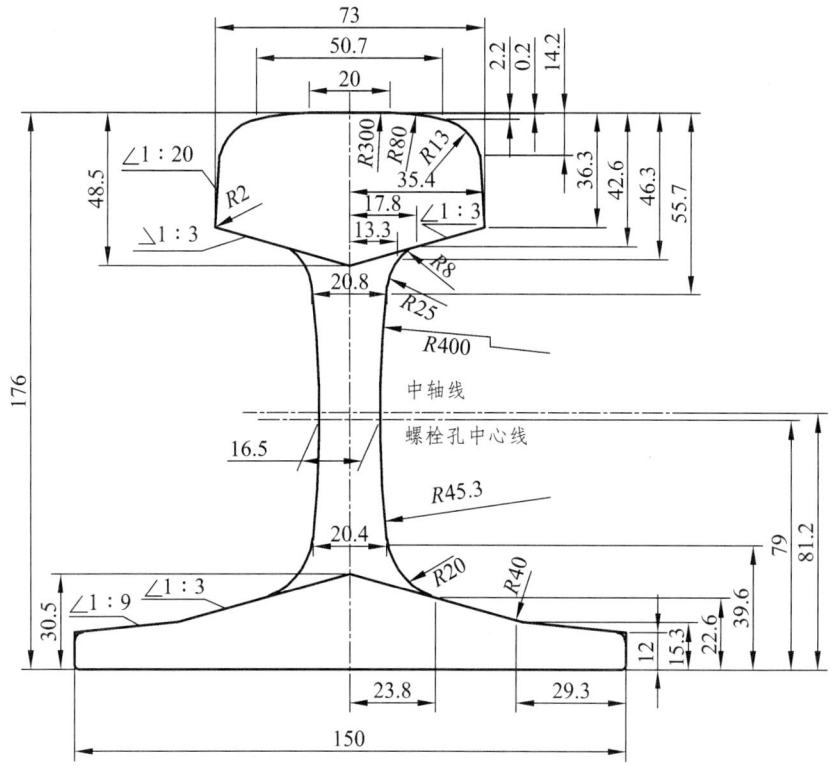

（a）60 kg/m 钢轨轨头尺寸

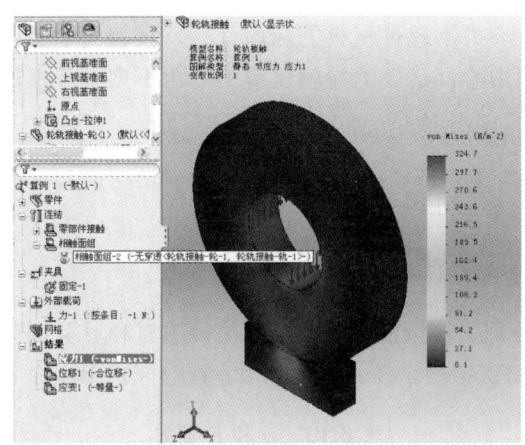

(b)轮轨接触应力示意图

图 8.68　轮轨接触应力 CAE 分析

8.5.3　构架设计

目前,高速转向架焊接构架强度设计规范包括 UIC515/ UIC615 规程、JISE 4207《铁道车辆转向架构架设计通用条件》和我国的 TB/T 2368—2005《动力转向架构架强度试验方法》。

1. UIC515/UIC615 规程

(1)分析内容。

UIC515/UIC615 规程内容如图 8.69 所示。

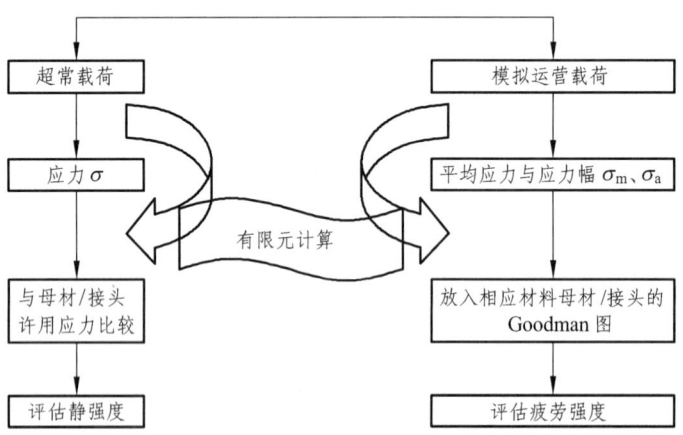

图 8.69　UIC515/UIC615 规程内容

(2)计算载荷。

在转向架结构分析中应区别以下两种载荷:① 超常载荷,指运用中可能发生的最大载荷,在车辆使用寿命期中出现次数极少,甚至只有一次或数次,但其数值甚大;② 模拟运营载荷,指实际运用中经常发生的载荷,如构架上的大部分交变载荷,出现极为频繁,对使用寿命有着重要影响。

进行构架疲劳载荷分析是 UIC 615-4 中规定了模拟运营载荷和模拟运用中的个别特殊载荷，如表 8.20 和表 8.21 所示。

表 8.20 构架运营载荷工况组合表（$\alpha=0.1$，$\beta=0.2$；载荷单位符号为 kN）

工况	垂向载荷		横向载荷	斜对称力
	左侧梁	右侧梁		
1	F_z	F_z	0	0
2	$(1+\alpha-\beta)F_z$	$(1-\alpha-\beta)F_z$	0	0
3	$(1+\alpha-\beta)F_z$	$(1-\alpha-\beta)F_z$	$+F_y$	0
4	$(1+\alpha+\beta)F_z$	$(1-\alpha+\beta)F_z$	0	0
5	$(1+\alpha+\beta)F_z$	$(1-\alpha+\beta)F_z$	$+F_y$	0
6	$(1-\alpha-\beta)F_z$	$(1+\alpha-\beta)F_z$	0	0
7	$(1-\alpha-\beta)F_z$	$(1+\alpha-\beta)F_z$	$-F_y$	0
8	$(1-\alpha+\beta)F_z$	$(1+\alpha+\beta)F_z$	0	0
9	$(1-\alpha+\beta)F_z$	$(1+\alpha+\beta)F_z$	$-F_y$	0
10	$(1+\alpha-\beta)F_z$	$(1-\alpha-\beta)F_z$	$+F_y$	F_n
11	$(1+\alpha+\beta)F_z$	$(1-\alpha+\beta)F_z$	$+F_y$	F_n
12	$(1-\alpha-\beta)F_z$	$(1+\alpha-\beta)F_z$	$-F_y$	F_n
13	$(1-\alpha+\beta)F_z$	$(1+\alpha+\beta)F_z$	$-F_y$	F_n

垂向载荷：F_z = 转向架一侧的基本垂向载荷；横向载荷：$F_y=0.5(F_z+0.5M_b g)$，M_b 为一台转向架的质量；斜对称载荷：F_n 按轨道最大扭曲量 5‰ 考虑；系数 α：表示车体在曲线上滚摆运动引起的垂直载荷的动态变化；系数 β：表示车体浮沉运动引起的垂直载荷的动态变化。

表 8.21 个别特殊载荷

分类	动载荷
牵引电机惯性力	（1）在主横梁安装点处：电机重量×2 （2）在端横梁安装点处：电机重量×3
驱动载荷	（1）模拟构架作用的驱动载荷均施加于轴箱平面内 （2）模拟电机的反作用扭矩均作用于构架上支撑平面内
制动力	闸片作用于制动盘上的力
减振器力	作用在安装座上，减振器在额定速度时产生的力
纵向载荷	$0.1(F_z+0.5M_b g)$

（3）动应力确定。

按表 8.20 所示的各种载荷工况计算得到应力 σ_1，σ_2，…，σ_{13}，从中确定其最大值 $\sigma_{\max}$ 和最小值 $\sigma_{\min}$。按下式计算平均应力 σ_m 和应力幅值 σ_a：

$$\left.\begin{array}{l}\sigma_{m}=\dfrac{\sigma_{\max}+\sigma_{\min}}{2}\\[2mm]\sigma_{a}=\dfrac{\sigma_{\max}-\sigma_{\min}}{2}\end{array}\right\} \quad (8.51)$$

对于各种特殊载荷，首先沿一个方向施加载荷，然后再沿反方向施加，这样就可以得出构架上某部位的最大和最小应力，由此确定对应的应力幅值和平均应力。

（4）Goodman 图。

UIC515/UIC615 规程采用 Goodman 疲劳极限线图（见图 8.70）进行疲劳强度评估。将构架上由模拟运营载荷工况计算得出的动应力与同一部位由特殊载荷工况计算得出的动应力相叠加，验证是否在 Goodman 疲劳极限线图范围内，从而进行疲劳评估。

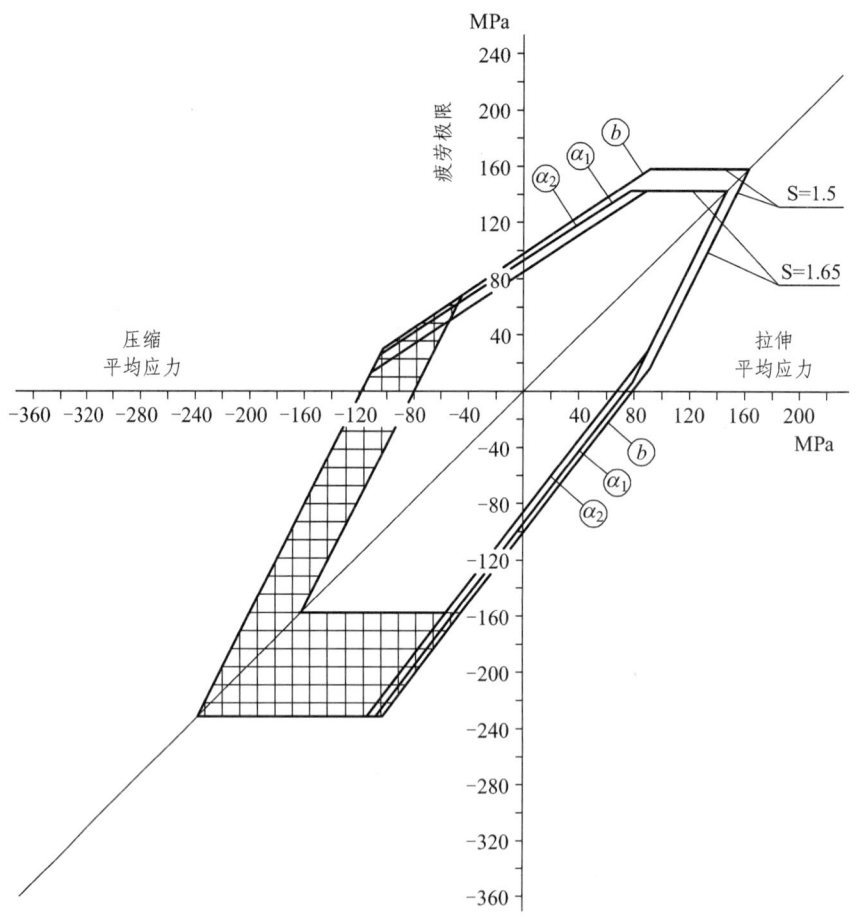

图 8.70　UIC515/UIC615 规程 Goodman 图

抗拉强度 > 520 MPa 钢的 Goodman 疲劳极限线图 ORE B12/RP17（82）采用 UIC-ORE B12/RP17 提供的 Goodman 图，共有 3 张：母材抗拉强度不低于 370 MPa（St37 钢）；母材抗拉强度不低于 420 MPa；母材抗拉强度不低于 520 MPa（St52 钢）。

2. JIS 技术条件

（1）JIS 技术条件内容。

日本工业标准 JIS E 4207《铁路车辆-转向架-转向架构架设计通则》主要有载荷、应力计算、疲劳极限图和疲劳评价等。具体内容如图 8.71 所示。

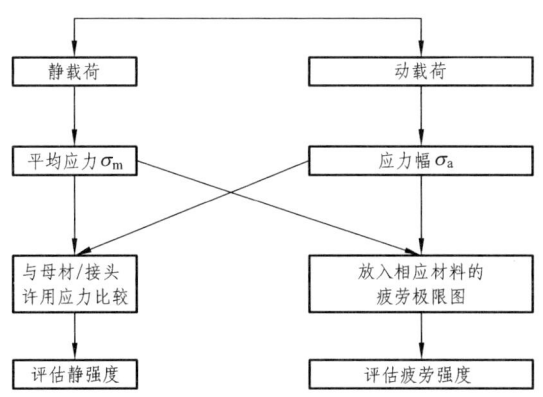

图 8.71 JIS 技术条件内容

（2）计算载荷。

动载荷条件是指车辆在运行状态下，转向架构架所承载的载荷，分为静载荷与动荷系数的乘积所表示的载荷以及根据安装部件的特性所决定的载荷。

另外，实际适用的动荷系数的大小以及安装部件的特性所决定的载荷大小需要考虑线路条件以及车辆的实际振动和预测振动的大小，见表 8.22。

表 8.22　转向架构架动载荷说明

分类	起　因		动载荷	备注（例）
垂直方向	由静载荷垂直振动产生的载荷		$(0.2 \sim 0.5) \times W$	
	由安装的零部件的振动引起的载荷	侧梁上	$(1 \sim 2) \times L_p$	制动件
		横梁上	$(3 \sim 5) \times L_p$	牵引电机、驱动装置
		端梁上	$(5 \sim 10) \times L_p$	制动件、排障器
	由驱动引起的载荷		$(0.2 \sim 0.4) \times L_a$	
	由制动引起的载荷		$P \times f$	
横向	由横向振动和离心力引起的载荷		$(0.2 \sim 0.3) \times W$	
	由安装的零部件振动引起的载荷		$(2 \sim 4) \times L_p$	牵引电机、制动件
纵向	由纵向振动和牵引力引起的载荷		$(0.2 \sim 0.4) \times W$	
	由安装的零部件振动引起的载荷		$(1 \sim 3) \times L_p$	牵引电机、制动件
	由制动引起的载荷		P	
扭转	由外轨超高等引起的载荷		按转向架对角车轮相对水平位置变位 $10 \sim 15$ mm 时的静载荷计算	

注：W 为构架上的静载荷；L_p 为安装零部件的自重；L_a 为轴重；P 为闸片压力；f 为闸片与制动盘间的摩擦系数。

(3) 动应力确定。

动载荷产生的动应力 σ_a 为由各动载荷计算的应力 σ_1，σ_2，…，σ_n，按下式进行计算：

$$\sigma_a = \sqrt{\sigma_1^2 + \sigma_2^2 + \cdots + \sigma_n^2} \tag{8.52}$$

(4) 疲劳评估。

判断由转向架构架静载和动载计算所得构架各处的平均应力和动应力是否均在疲劳极限图（见图 8.72）的界限之内。疲劳极限图中 σ_b 为材料的抗拉强度（MPa），σ_0 为材料的屈服许用应力（MPa）；σ_{W1}、σ_{W2}、σ_{W3} 为母材、未修磨和修磨后焊接接头在对称循环下的疲劳许用应力，而且这些值与母材静强度无关（MPa）。

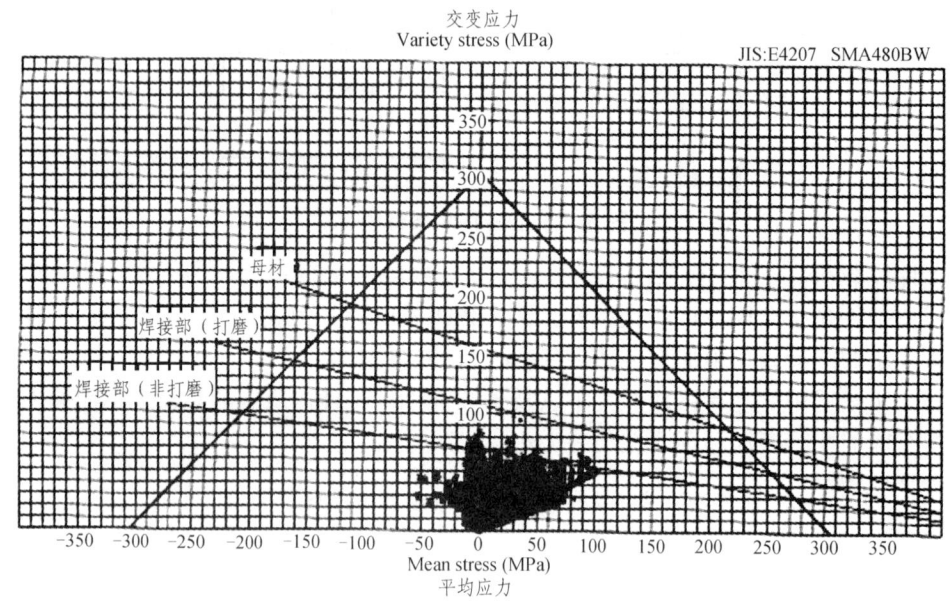

图 8.72　JIS 疲劳极限图

3. CRH5 动车组转向架构架结构强度设计

强度计算的目的是检验 CA250 转向架构架在超常载荷和模拟运营条件下的强度是否满足设计要求。载荷条件和方法参照如下标准：EN 13749、UIC 515-4 和 UIC 615-4 进行，许用应力和评估方法依据 ERRI B12/RP17（第 8 版）确定。

(1) 有限元模型。

非动力车转向架构架与动力车转向架构架主体承载结构相同，而动力车转向架构架的承载工况更为恶劣，因此针对动力车转向架构架，采用有限元分析软件 ANSYS 进行了应力计算，其中选用实体单元建立有限元离散模型。

(2) 载荷工况。

① 超常载荷工况。作用在侧梁上的垂向载荷 $F_z = 1.4g(m_v + C_1 - 2m^+)/4 = 174.226$ kN；作用在构架上的横向载荷 $F_y = 2[10\,000 + (m_v + C_1)g/12] = 123.892$ kN；10‰ 轨道扭曲车轮的垂向位移为 27 mm。这里，g 为重力加速度，m_v 为车体整备后质量，C_1 为乘客质量，m^+ 为转向架自重。构架加载方式如图 8.73 所示。

② 5g 纵向加速度引起的异常载荷工况。本工况载荷由转向架 5g 纵向加速度而产生，其载荷与约束情况如图 8.74 所示。

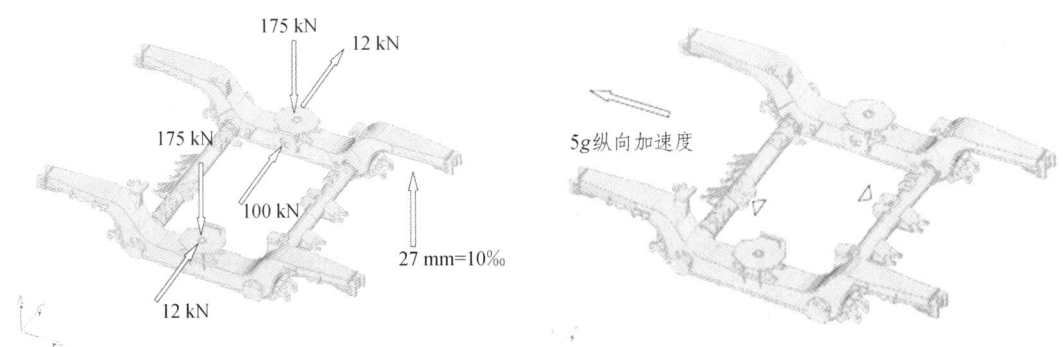

图 8.73　超常载荷加载方式　　　　图 8.74　5g 纵向加速度施加方式

③ 模拟运营载荷工况。用于定义疲劳载荷循环的载荷工况组合，作用方式如图 8.75 所示。

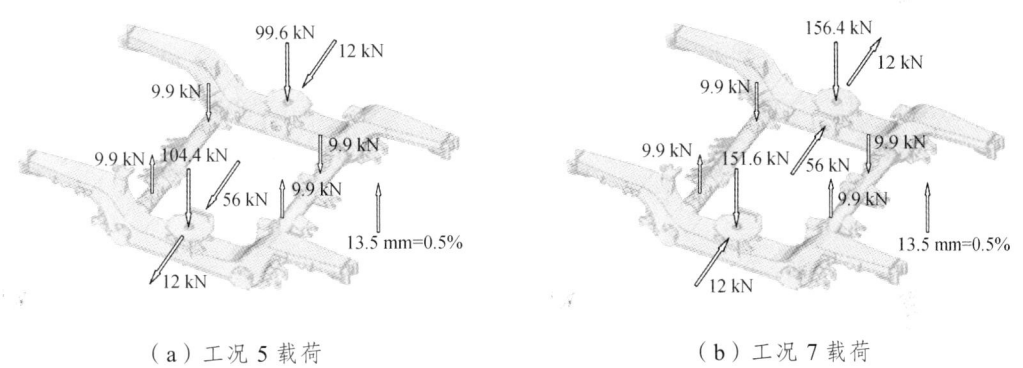

（a）工况 5 载荷　　　　　　　　（b）工况 7 载荷

图 8.75　模拟运营载荷加载方式

（3）计算结果。

构架钢板材质为 S355J2G3，横梁材质为 S355J2H，其母材区的屈服强度为 355 MPa；焊接区取 1.1 的安全系数，屈服强度为 320 MPa。图 8.76 给出了 S355J2G3 材料的 Goodman 曲线示意图。计算结果表明，在超常载荷以及纵向 5g 加速度异常载荷工况下，静强度均满足 UIC 615-4 标准规定要求；焊接和母材区域安全系数均充分大于 1，满足疲劳强度设计要求。

8.5.4　制动盘设计

1. 热机耦合计算载荷

盘形制动装置实质就是一个能量转换器。制动热机耦合计算载荷有：（1）热量载荷：制动过程中制动

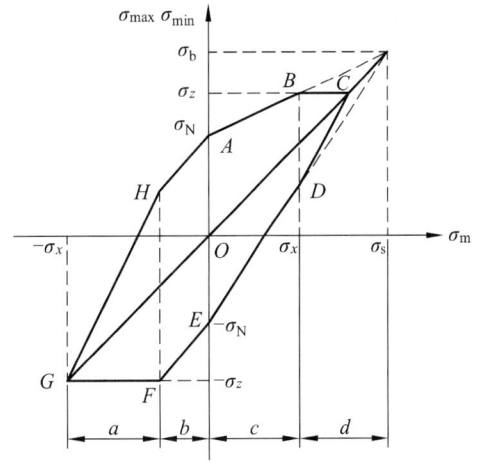

图 8.76　材料的 Goodman 曲线示意图

盘和闸片摩擦生热,在盘体和盘毂上产生热应力和热变形;(2)对流载荷: 制动过程中制动盘表面对空气散热;(3)压力载荷:盘体受到闸片的压力;(4)摩擦力载荷:盘体受到闸片的摩擦力;(5)旋转离心力:制动盘高速旋转产生离心力,导致盘毂产生变形和应力;(6)振动载荷:车辆运行时,由于轮轨作用导致盘毂受到振动载荷的作用;(7)压装载荷:盘毂和车轴的过盈配合使盘毂发生变形而产生应力。

2. 假设条件

针对高速列车制动盘的失效问题,一般选取不同的边界条件,对紧急制动工况下制动盘温度场和应力场进行耦合分析,确定机械载荷对制动盘温度场和应力场影响。制动过程是一个非常复杂的多种物理场耦合过程,为了降低仿真的难度,主要做以下几点假设:(1)制动为匀减速;(2)当考虑机械载荷的时候,闸片压力是均匀施加在摩擦面上,且保持不变,不考虑闸片材料热物理参数随温度变化;(3)忽略材料磨损的影响;(4)制动盘散热只考虑对流换热,忽略辐射的影响;(5)材料弹性变形;(6)初始温度为室温,不考虑环境因素的影响。

3. 制动过程中的热流密度

在制动过程中,车辆的动能大部分转化为制动盘与闸片之间摩擦产生的热能,摩擦热以热流密度的形式加载于摩擦环面上。制动过程每个盘上产生的热量 $Q(t)$ 对时间求导,再除以摩擦环的面积,即得到制动过程任意时刻的热流密度 $q(t)$:

$$Q(t) = \frac{1}{2}mv_0^2 - \frac{1}{2}mv_t^2 \tag{8.53}$$

$$q(t) = ma(v_0 + at)/A \tag{8.54}$$

式中,m 为每个盘担当的制动质量,即轴重除以盘数;v_0 为制动初速度;A 为闸片扫过的面积;a 为平均减速度;t 为制动时间。

由于制动盘与闸片的材料属性(密度、比热、传热系数等)随温度的变化会有一定的变化,热量分配存在一个系数需要对热流密度进行修正,通常取修正系数为 0.85,这样热流密度函数就可以写成:

$$q(t) = 0.85ma(v_0 + at)/A \tag{8.55}$$

表 8.23 和表 8.24 分别为车轮和制动盘的材料参数。

表 8.23 车轮的材料参数

参数名称	车轮	参数名称	车轮
弹性模量/GPa	200	线膨胀系数/$10^{-6} \cdot K^{-1}$	12
泊松比	0.3	导热率/W·(m·°C)	43.2
密度/kg·m^{-3}	7 790	抗拉强度/MPa	915
比热容/J·(kg·K)$^{-1}$	470	屈服强度/MPa	605

表 8.24 制动盘其余相关材料参数

参数名称	制动盘	参数名称	制动盘
弹性模量/GPa	210	线膨胀系数/$10^{-6} \cdot K^{-1}$	12
泊松比	0.3	屈服强度/MPa	785
密度/$kg \cdot m^{-3}$	7 620	抗拉强度/MPa	930

4. 对流换热系数

对流换热系数是一个仅仅与空气流速和制动盘几何形状有关的参数。在不同空气流速下，制动盘不同部位的对流换热系数随时间的变化而变化。根据传热学可知，制动盘和车轮对周围空气的平均对流换热系数均为：

$$h(t,r) = 0.037 \mathrm{Pr}^{0.35} \left(\frac{\lambda}{v^{0.8}} \right) [\omega(t)r]^{0.8} / L^{0.2} \tag{8.56}$$

式中，Pr 为普朗特常数；λ 为空气导热系数；v 为空气的运动黏度；r 为径向尺寸；L 为壁面长度。

$$\omega(t) = (v_0 + at)/R \tag{8.57}$$

式中，v_0 为列车的初始速度；a 为制动减速度；t 制动时间；R 车轮直径。

5. 参数确定

制动盘与车轮的主要几何参数有：制动盘内径 460 mm，外径 750 mm，摩擦面中心半径 301 mm，车轮直径 915 mm。

根据上述相关参数，由式（8.57）得到制动盘的初始角速度为

$$\omega_0 = \frac{v_0}{R} = \frac{300}{3.6 \times 0.4575} \approx 182 \text{ (rad/s)} \tag{8.58}$$

式中，ω_0 为车轮的初始角速度。

300 km/h 高速列车紧急制动时，纯空气制动距离为 $S = 4\ 500$ m，而在列车设计阶段，制动距离一般取纯空气制动距离的 95%，取空走时间 $t_k = 2.5$ s，则列车实际制动距离：

$$S_e = 0.95S - \frac{v_0}{3.6} \cdot t_k \approx 4\ 067 \text{ m} \tag{8.59}$$

假设闸片压力恒定，则平均转动角减速度为

$$\beta = -\frac{\left(\dfrac{v_0}{3.6}\right)^2}{2S_e R} \approx -1.866 \text{ rad/s}^2 \tag{8.60}$$

实施制动的时间为

$$t = \frac{\omega}{\beta} = \frac{182}{1.866} \approx 97.5 \text{ s} \tag{8.61}$$

制动减速度为

$$a = \frac{v}{t} = \frac{300/3.6}{97.5} = 0.853 \,(\text{m/s}^2) \qquad (8.62)$$

6. 建立有限元模型

制动过程中，制动盘转动一周，由于闸片在制动盘上移动的速度相对较快，摩擦面上的热流可以简化为同时施加，摩擦面上的散热可以简化为同时散热，这样制动盘温度场计算的边界条件就近似看成循环对称的，而高速列车动车制动盘是轮盘式制动盘，其结构是循环对称的，整个问题可以近似简化为循环对称问题，可选取制动盘与车轮装配体的1/12（周向取1/6，轴向简化为对称的）建立有限元模型。在 ANSYS 中采用 solid5 单元对制动盘和车轮装配体进行网格划分，在摩擦面上建立 surfl52 表面效应单元，如图 8.77（a）所示。该模型共有 6315 个单元（其中热表面效应单元 225 个），8 048 个节点。

7. 载荷与约束

制动前，制动盘和车轮都是处在环境温度条件下，在有限元模型各节点上施加均匀的初始温度。制动过程中，摩擦产生的热量，以热流密度的形式施加在摩擦面上；在除摩擦面外的模型实体表面上施加对流换热系数，而在摩擦面的表面效应单元上施加对流换热系数。制动盘和车轮的截面都认为是绝热的，且施加对称约束。对车轮轮毂孔面进行全约束，约束如图 8.77（b）所示。

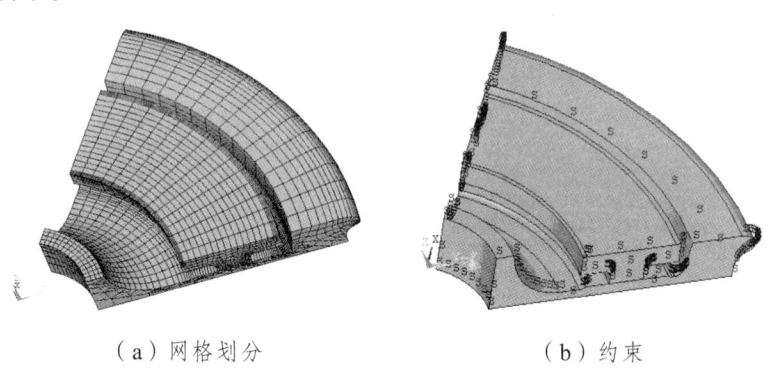

（a）网格划分　　　　　　　（b）约束

图 8.77　网格划分和约束

8. 不考虑机械载荷制动盘的仿真结果

（1）温度场仿真结果分析。

制动开始时，由于闸片与盘体相对速度较大，来不及传热，在 5 s 左右升温区域布满整个摩擦面。4.875 s 左右制动盘的温度分布如图 8.78 所示。

（2）应力场仿真结果分析。

在紧急制动过程中，制动盘不同位置的热应力变化有较大的不同，其中制动盘的摩擦面和制动盘与车轮过渡处变化最大，而在其他位置，其应力变化比较平缓。制动初期，制动盘与闸片的摩擦面上的温度持续增大，但是在短时间内制动盘表面产生的热量不能迅速传至制动盘盘体内，因而在制动盘摩擦面的外表面和内表面之间温差较大，制动盘表面出现较高的压应力，在 44 s 左右时，摩擦面上的压应力达到最大值 453 MPa，如图 8.79 和图 8.80 所示。

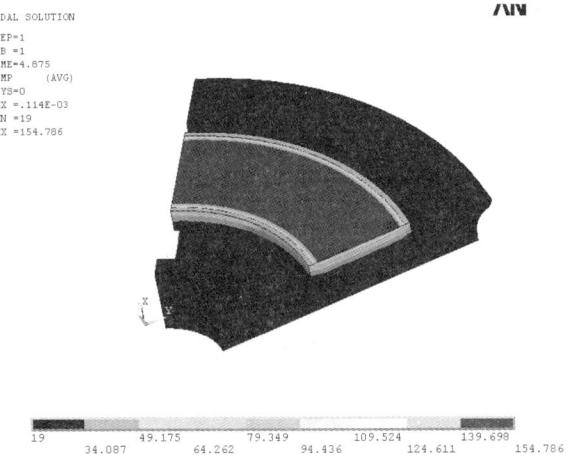

图 8.78　4.875 s 制动盘温度场的分布

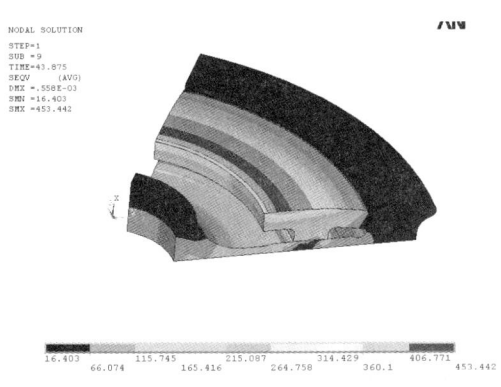

图 8.79　44 s 制动盘应力场的分布

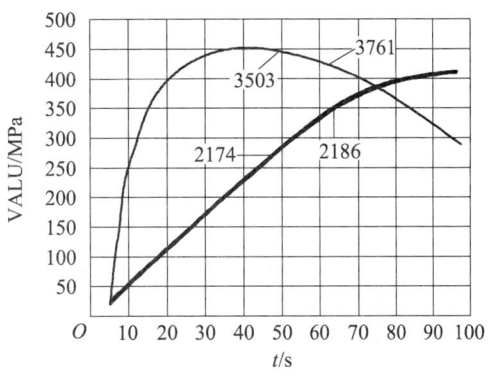

图 8.80　不同节点在制动过程的应力曲线

9. 考虑机械载荷制动盘的仿真结果

本书主要考虑的机械载荷有闸片压力、摩擦力和制动盘的旋转离心力。

（1）机械应力载荷的计算。

① 制动盘的闸片压力，计算公式如下：

$$K_{11} = \left(\frac{A_1 \times P_Z}{10\,000} - F_1 \right) \times n_{11} \times \eta_1 \quad (8.63)$$

式中，P_Z 为制动缸最高压力；F_1 为制动缸复原弹簧力，取 0.5；η_1 为杠杆传动效率，取 0.9；n_{11} 为杠杆倍率，取 1.116；A_1 为单元缸截面面积 $\pi d^2 / 4$；d 为单元缸直径。

② 闸片摩擦力。

取闸片平均摩擦系数为 0.29，根据摩擦定理有：

$$F = 0.29 K_{11} \quad (8.64)$$

③ 旋转离心力。

列车在高速运行时，制动盘随车轮高速旋转，从而承受巨大的离心力。

（2）考虑机械载荷下温度场的仿真结果。

当考虑离心力和闸片压力时，在 58 s 左右时，制动盘摩擦面上达到最高温度 387 ℃，其温度分布如图 8.81 所示。

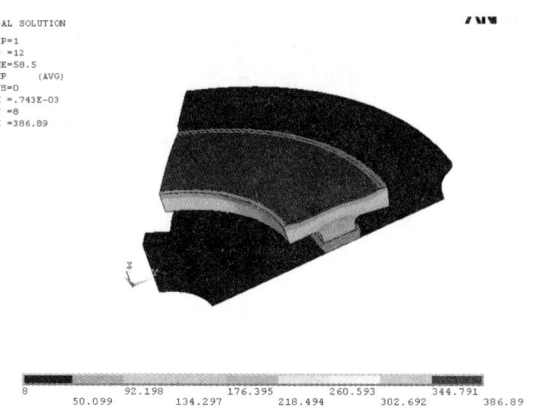

图 8.81　58 s 制动盘温度场的分布

（3）考虑机械载荷下应力场的仿真结果。

整个制动过程中最大应力在 44 s 左右时，出现在制动盘的摩擦面上，最大值达到 471 MPa 应力分布如图 8.82 所示。

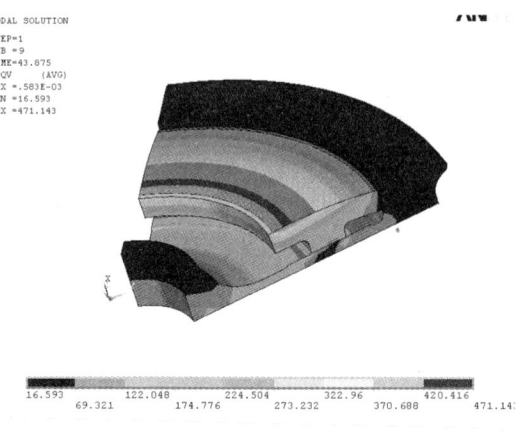

图 8.82　44 s 制动盘应力场的分布

8.6　动车组车辆车体设计

8.6.1　车体设计概述

车体设计人员需要考虑的技术因素：车体外形设计、车体强度、车体轻量化、降低车辆重心、保证焊接质量。具体设计流程如图 8.83 所示。

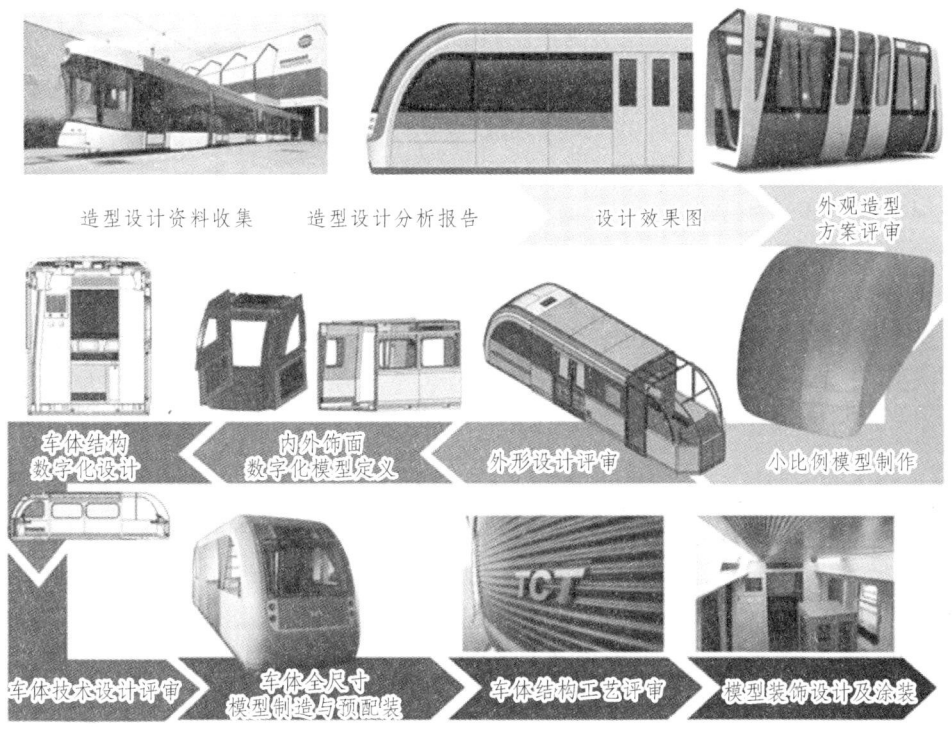

图 8.83　车体设计流程

8.6.2　车体外形设计

动车组的空气动力性能与列车外形有着密切的关系。列车外形包括头部形状、车体截面外廓形状和车身外形。其中，头车的流线型将直接影响到整个列车的空气动力性能。好的头形设计可以有效地减少运行空气阻力、列车交会压力波并解决好运行稳定性等问题。典型的列车头部形状主要有 4 类，如图 3.48 所示，依次为扁宽形、椭球形、梭形和钝体。

（a）扁宽形　　　　（b）椭球形　　　　（c）梭形　　　　（d）钝体

图 8.84　典型的列车头部形状

对于高速列车来说，列车头形设计非常重要，研究车辆空气动力学的主要目的就是对车体外壳的形状进行最优化选择。

1. 列车头形设计要求

（1）空气阻力的基本要求。

① 阻力系数。一些高速铁路发展比较早的国家，通过试验研究和理论计算，明确提出了自己的列车阻力系数指标值。如"德国联邦铁路城际间特快列车-ICE 技术任务书"中规定要求做到：列车前端的驱动头车空气阻力系数为 0.17，列车末端的驱动头车空气阻力系数为 0.19，中间车辆空气阻力系数为 0.07。

我国在研制第一列高速试验列车时，在"高速试验列车外形及空气动力学性能技术条件"中也选用了上述取值。

② 头形系数。长细比可以简述为车头前端鼻形部位长度与车头后部圆柱部分断面半径之比。头、尾车阻力系数与流线化头部长细比直接有关，高速列车的长细比一般要求达到 3 左右，或更大。细尖的车头头形不仅可减小阻力，还有利于减小会车时的压力波，由表 8.25 可以看出日本高速列车头形的变化。图 8.85 为动车组减少空气阻力的措施。

表 8.25 动车组头形对比

车头形式	头部长度/m	阻力系数
0 系	4.4	0.28
100 系	5.5	0.25
300 系	6.0	0.20
700 系	9.2	

图 8.85 动车组减少空气阻力的措施

（2）尽量减小列车交会压力波。

前面已经讲到了当两列车交会时，特别是在隧道内两列车交会，车体表面的瞬时压力可在正负数千帕之间变化，这一压力波动产生的冲击力可造成门窗密封的破坏，车窗玻璃破碎；压力波传入车内，引起乘客耳感不舒适，而且影响周围环境。我国广深线准高速列车开通后，运行不到一年的时间内，在列车交会时，由于气压突变造成 2 次机车前窗玻璃振坏，客车侧窗玻璃破坏 81 块。列车头尾端采用扁梭形，侧墙不垂直于底架和加大头车长细比都将有利于降低列车交会压力波。

（3）解决好高速列车运行稳定性问题。

列车高速运行时，除空气阻力外，作用在列车的气动力还有上升力、横向力、侧滚力矩、扭摆力矩和纵向摆动力矩，见图 8.86。这些力和力矩特别是侧向力和侧滚力矩对列车的运行平稳性和稳定性有较大影响。这些气动力，除了注意头部外形设计外，车身横截面形状的设计十分关键。侧墙上下应向车体内倾，与车顶和车底部的连接应用大圆弧过渡，即成为鼓形断面，另外还应注意头部下方的导流板设计。

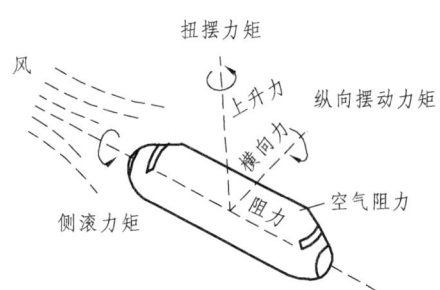

图 8.86　列车所受气动力

2. 列车头部流线化形状设计

如图 8.87 所示，车体外形轮廓线由纵向对称面上的外形轮廓线和俯视最大轮廓线两组主型线组成。纵向对称面上的外形轮廓需要满足司机室净空高、前窗几何尺寸以及瞭望条件。在此基础上，尽可能降低该轮廓线的垂向高度，使头部趋于扁形，这样可以减小压力冲击波，并改善尾部涡流影响。同时，将端部鼻锥部分设计成椭圆形状，可以减少列车运行时的空气阻力。俯视图最大轮廓线形在设计时，首先要满足司机室的宽度要求，然后再将鼻堆部分设计为带锥度的椭圆形状，这样既考虑了有利于减小列车交会压力波和改善尾部涡流影响的梭形，又兼顾到有利于降低空气阻力的椭球面形状。此外，还应设计凹槽形的导流板，将气流引向车头两侧。在主型线设计完成后，还要做到头部外形与车身外形严格相切，头部外形中，一任意选取的两曲面之间也要严格相切，以保证头部外形的光滑性，这样既减少空气阻力，又可以降低列车交会压力波幅值。

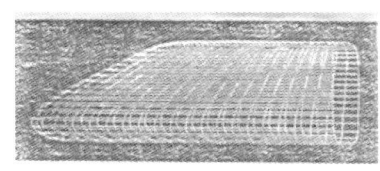  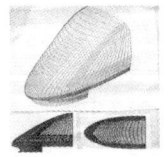

（a）一拱方案　　　　　　（b）二拱方案　　　　　（c）设导流板方案

图 8.87　动车组头形设计方案

动车组头形常采用 CAD 软件进行设计，其设计思路一般是根据 SolidWorks 等 CAD 中 NURBS 曲线便于控制与修改的特点，在特定的水平剖面、横剖面和纵剖面上生成若干控制型线，构建高速列车头部外形基本轮廓的三维线框和光顺的 NURBS 曲面，实现驱动尺寸及特征属性值的参数化变量设置，建立高速列车头部外形曲面模型。构成高速列车头部外形曲面的控制型线包括基本控制型线和辅助控制型线，主要是纵向、横向和水平方向的剖面轮廓线。其中，基本控制型线有纵向对称面型线、最大横剖面型线和最大宽度线。所有型线可分为两类，即（1）平面型线：是用各方向的平面与外形曲面剖切所得到的轮廓线，如纵向对称面型线、最大横剖面型线等，用 NURBS 曲线生成这些型线时应满足控制尺寸要求及几何形状特点。（2）空间型线：是难以直接用平面与外形曲面剖切来得到的三维曲线，如最大宽度线。为便于控制，先用 NURBS 曲线分别生成其水平投影及纵剖面投影线，然后通过插值获得相应的空间型线。

列车头部形状一般通过外形控制参数与控制型线来描述，控制参数包括流线型头部长度、宽度、高度、倾斜度等；控制型线主要有纵向、横向、水平方向的剖面最大轮廓线，又分为主控制型线和辅助控制型线。主控制型线包括纵向对称面最大控制型线、俯视最大控制型线和车体截面外廓型线。

（1）流线型头部长度。

头、尾车阻力系数与流线型头部的长度直接有关，同时流线型头部长度变化对列车交会压力波、列车空气阻力、升力均有影响。增加流线型头部长度，可以有效地改善列车的空气动力性能。如日本新干线动车组头部长度从 0 系的 4.4 m，100 系的 5.5 m，发展到 300 系的 6.0 m。其中，0 系的阻力系数为 0.28；100 系由于头部长度增加，使形状更尖，阻力系数降为 0.25；300 系除增加头部长度外，头车用全封闭低位裙板，车体高度又降低了 400 mm，因此其阻力系数降为 0.20。有关研究表明，头、尾车的阻力系数、升力系数的绝对值均随流线型头部长度增加而减小，其中头车阻力系数与流线型头部长度几乎呈线性关系，而尾车与长度的平方成比例。列车交会压力波亦会随着流线型长度的增加而减小，但它们之间的关系不属于线性关系。随着长度的不断增加，压力波下降的幅度会减小，因此无限制增加流线型长度并不是降低列车交会压力波的好方法。

（2）流线型头部纵向对称面最大控制型线。

研究表明，纵向对称面最大控制型线从外凸到内凹，头车空气阻力会略微增大，尾车稍微减小；对空气升力的影响不明显；列车交会压力波幅值会逐渐减小，但效果也不明显。但减小鼻尖部位过渡曲线的曲率半径对降低列车交会压力波效果比较明显。

（3）流线型头部俯视最大控制型线。

在设计俯视图最大轮廓型线时，发现宽形的流线型头部对降低交会压力波非常有效；而尖棱形的流线型头部对降低空气阻力、升力非常有效。

综上所述，减小列车空气阻力和降低列车交会压力波既矛盾又统一，在动车组头部外形设计中需要综合考虑各种因素的影响。此外，在流线型头部下方还应设计凹槽形的导流板，将气流引向车头两侧。另外在主型线设计完成后，还要做到头部外形与车身外形严格相切；头部外形中，任意选取的两曲面之间也要严格相切，以保证头部外形的光滑性，这样既减少空气阻力，又可以降低列车交会压力波幅值。

3. 列车外形设计要求

高速列车车身（包括动力车和拖车），主要考虑列车交会压力波及气动侧向力、侧滚力矩的作用，侧壁设计尽可能靠近腰鼓形，并要求车体外壳表面平整光滑。

一般来说，动力车和拖车的车体长、宽、高根据内部布置的要求由设计任务书规定，所以车身气动外形设计工作主要是横截面形状设计。

在设计车身横截面形状时应作如下考虑：

（1）根据风洞试验结果来看，车辆底部形状对空气阻力的影响很大，为了避免地板下部机器部件的外露，应采用车底封闭外罩。

（2）研究结果表明车辆底面离地面越近，空气阻力越小。

（3）车顶为圆弧形，侧墙下方向内倾斜并以圆弧过渡到车底，侧墙上部向内倾斜并以圆弧过渡到车顶，即整个断面成为一个腰鼓形，这将有利于交会压力波及气动侧向力、侧滚力矩作用的缓解。

图 8.88 是车体断面外廓的比较。另外就整个列车而言，还要求车体表面光滑平整，车辆间的连接处要求平滑过渡，以减小列车阻力。

4. 车身横断面形状特点

如图 8.89 所示，动车组车身横断面形状设计有以下特点：

（1）整个车身断面呈鼓形，即车顶为圆弧形，侧墙下部向内倾斜（5°左右）并以圆弧过渡到底架，侧墙上部向内倾斜（3°左右）并以圆弧过渡到车顶。这不仅能减小空气阻力，而且有利于缓解列车交会压力波及横向阻力、侧滚力矩的作用。

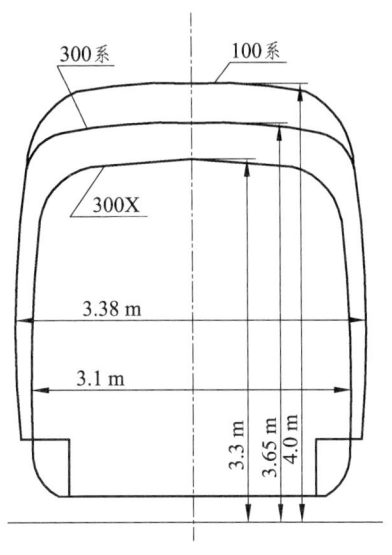

图 8.88 车体断面比较

（2）车辆底部形状对空气阻力的影响很大，为了避免地板下部设备的外露，采用与车身横断面形状相吻合的裙板遮住车下设备，以减少空气阻力，也可防止高速运行带来的沙石击打车下设备。

（3）车体表面光滑平整，尽量减少突出物。如侧门采用塞拉门；扶手为内置式；胸蹬做成翻板式，使侧门关闭时可以包住它。

（4）两车辆连接处采用橡胶大风挡，与车身保持平齐，避免形成空气涡流。

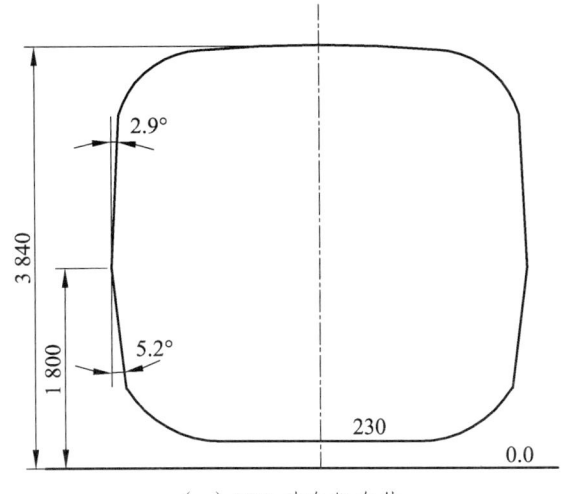

（a）ICE 动车组车体

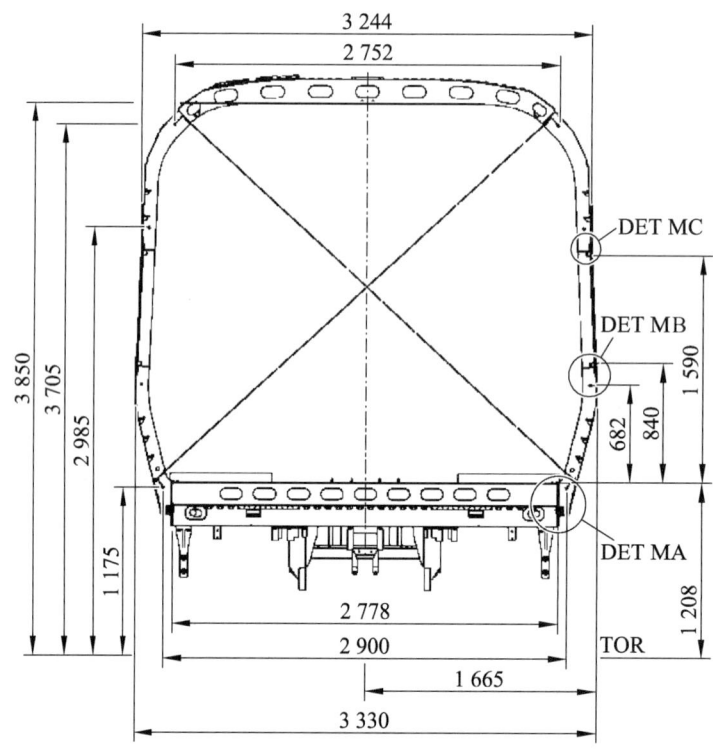

(b) CRH1 动车组车体

图 8.89 动车组车体断面形状

5. 车体外形设计方法

现代高速列车头形的设计方法一般是先拟定出各种头形方案，再通过计算法和试验法进行比较选择，最后根据运营条件进行设计完善。

(1) CFD 计算法。

计算机的出现给流体力学带来了巨大影响，继理论流体力学、实验流体力学之后，产生了数值流体力学 CFD（Computatianal Fluid Dynamics），利用计算机对流体的流动和动力方程式进行数值求解，对流动状况进行数值仿真。计算法主要包括两方面内容：一方面是对列车头形进行数字模拟；另一方面是用数值流体力学的方法，对露天和隧道条件下的压力波进行数值仿真。

(2) 空气动力学试验法。

高速动车组空气动力学试验的目的是为动车组空气动力性能验收及评估提供依据，为动车组产品设计提供空气动力性能方面的依据，验证数值计算的正确性和精度，进行列车空气动力性能研究。试验类型包括：

① 风洞试验：包括列车空气动力、力矩、列车表面压力分布、侧风影响和尾部空间流场等。

② 动模型模拟试验：用于测定列车在明线和隧道内交会空气压力波、列车通过隧道时隧道内空气压力变化。

③ 实车试验：包括列车表面压力分布、列车交会空气压力波、列车交会时车厢内空气

压力变化、列车过隧道时隧道内空气压力变化、列车风影响、对周围环境噪声影响等。列车交会试验应实时测定两交会列车侧壁间距和相对速度。

8.6.3 车体结构设计

1. 车体结构设计流程

车体结构强度设计基本流程如图 8.90 所示。

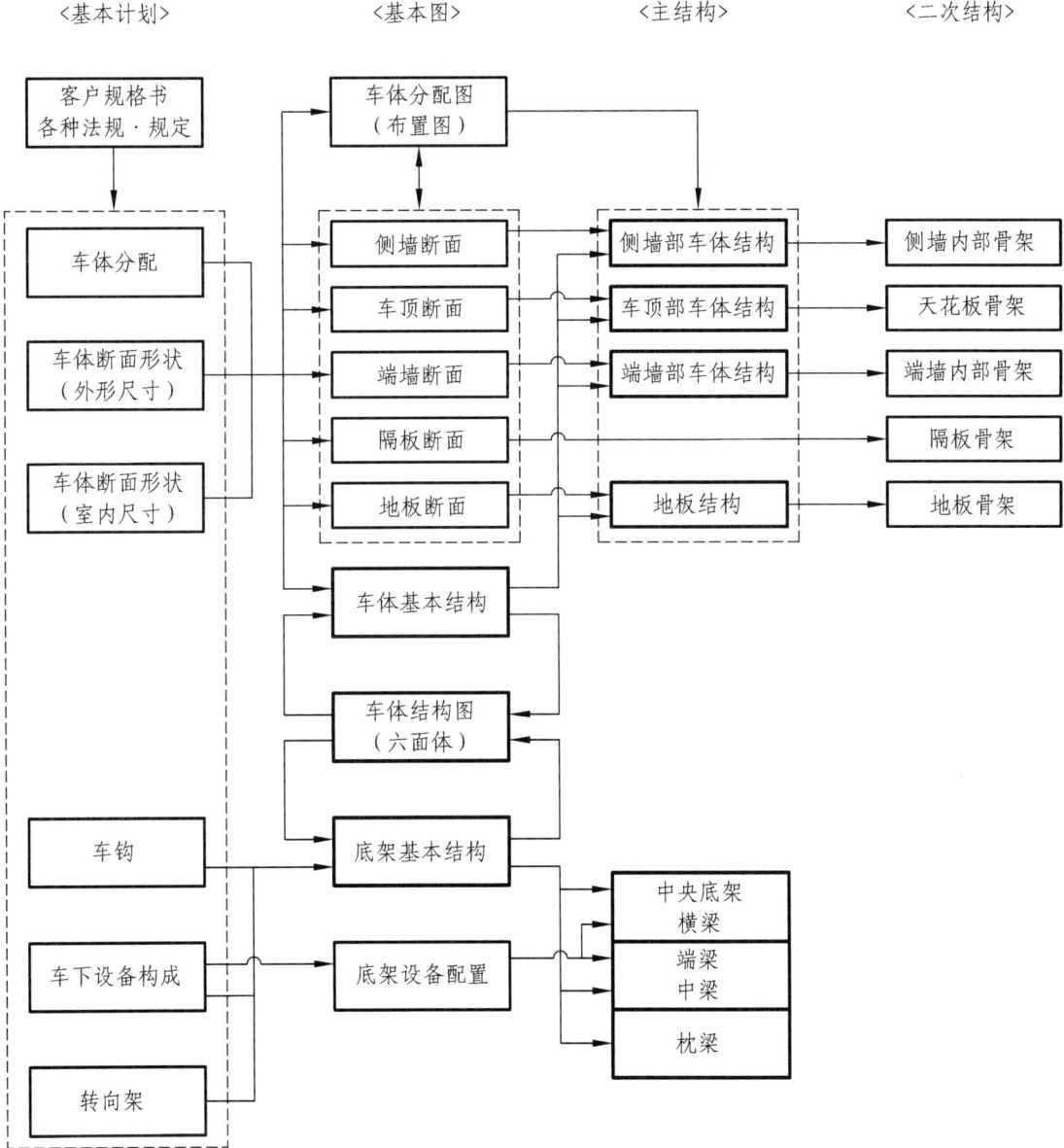

图 8.90 车体结构设计流程

2. 车体结构设计要求

在车体设计中必须考虑以下几个方面的要求。

（1）车体强度：为保证车辆在运行中有足够的强度，必须能承受一定的载荷工况，以符合车辆的强度设计规范。需校核车体结构的强度和刚度，同时要进行结构疲劳设计。

（2）车体刚度：这主要是控制车体的垂向位移和扭转角位移。

（3）车体自振频率：这与车辆运行品质和安全密切相关，因此，规范中对车体第一阶垂向弯曲模态有一定的限制。

（4）车体的耐碰撞安全防护：即要求设计一个更强的客室结构，同时在车体的非乘客区设置能量吸收区，以吸收撞击动能，保证乘客安全。

（5）结构轻量化：在保证安全和使用寿命的前提下，尽量做到结构的轻量化，车体结构所占车辆自重的比例很大，因此设计时尤其应注意减轻其自重。

3. 强度设计标准

车体结构强度，如果在设计任务中有具体的记录，则以此为基准；如果没有记录，在得到客户许可的基础上，依据适当的规格或与此类似的方法制定强度标准。

这里以面向 200 km/h EMU 的强度设计标准为例。该强度设计标准以 JIS E7105《铁路车辆车体结构的载荷试验方法》为基准，并结合车辆运用状态的实际情况进行了部分改进。各项目如表 8.26 所示。此外，没有特别记录的，以 JIS E7105 的规定为准。

表 8.26 车体结构强度设计标准

工 况	载荷种类	载荷的大小	评价的标准值
垂直载荷	垂直载荷	（车体重量+最大乘客重量）×1.1	应力值不超过材料的弹性极限
车端压缩载荷	垂直载荷	车体重量	应力值不超过材料的弹性极限
	车端压缩载荷	980 kN	
扭转载荷	扭转载荷	39 kN·m	应力值不超过材料的疲劳强度
三点支持	垂直载荷	车体重量	应力值不超过材料的弹性极限。JIS 中，为"不发生永久变形及塑性纵弯曲"，左边是评价的大致标准
气密载荷	内压载荷	8.0 kPa（相当于压力变动范围）	针对 8.0 kPa 的一半（4.0 kPa）的应力值不超过材料的疲劳强度。8.0 kPa 是任务书中的规定
弯曲振动固有频率			一次弯曲固有振动频率为 10 Hz 以上。10 Hz 是任务书中的规定
扭转振动固有频率			无

针对各载荷条件，高应力通常出现在如下部位。

（1）垂直载荷：枕梁上部的侧窗开口角部。

（2）车端压缩载荷：中梁车钩的安装部周围、中梁与枕梁的接合部、端部底架、中央底架的接合部。

（3）扭转载荷：枕梁上部的侧窗开口角部。

（4）三点支持：顶车位、顶车位上部的侧墙的下墙部及侧窗开口角部。

（5）气密载荷：侧窗开口角部、窗间部位、侧墙的车檐部、侧墙的下墙部与侧梁接合部、单壳车体结构的侧墙支柱上下端部。

这些都是结构上容易集中应力的部位，在强度研究上应特别注意。计算的结果中应力超过标准值时，处理办法如下：（1）增加板厚。（2）增加加强材。通过重叠板或三角形的加强材来分散载荷。（3）变更材质。使用更高强度的材质。但是，要注意高强度材质的加工性不好。（4）该部位是焊接部位的情况下，变更材料接续的位置，使其成为母材部位。而且，在探讨增加板厚、追加强化板时，为了能够有效发挥其作用，应认真确认其发挥作用时的载荷状态（载荷方向、载荷的种类是否为拉伸、压缩或弯曲等）。

此外，虽然在 JIS E7105 中没有涉及，但通常应该留意以下几点：（1）高速车辆行驶时，加上平时作用着的垂直载荷，与气密载荷重叠。因此，必须达到垂直载荷时的最大应力 + 气密载荷时的最大应力 < 材料的疲劳极限。（2）压缩应力不得超过结构的纵弯曲强度。在纵弯曲强度不足的情况下，要调整该部位的板厚及周围骨架材料的螺距。计算梁及板的强度时，参照适合的设计标准。（3）存在异常的集中载荷及偏心载荷时，要在规格书的规定或与客户协商的基础上，另外设定载荷条件。注意，有时也根据乘车舒适度的相关规定间接地决定车体的固有振动频率的评价值。

4. 寿命设定方法

车体结构的寿命是根据相对于由上下振动产生的载荷、密封载荷反复施加的外力，车体结构的强度来决定。该标准值的决定方法有以下两种：

（1）时间强度标准。

疲劳载荷下产生的应力如果在材料的疲劳强度以下则正好。此方法适用于以下任何情况：简单进行强度评价的情况；反复载荷的次数非常多的情况；没有特别规定车体结构的寿命的情况；车辆的使用条件（行驶线路区间的隧道数量及列车的运行频度等）不明的情况。通常，由上下振动引起的载荷，反复次数非常多，因此以时间强度标准来评价。

（2）累积损伤标准。

由上下振动产生的载荷引起的应力按照上述以时间强度为标准、全部在疲劳强度以下的原则进行设计，因此，直接影响车体结构寿命的是由气密载荷引起的反复载荷。在规定了车体结构寿命的情况下，如果能够推算出作用于该车辆的压力变动的大小和频度，可以通过计算车体结构内积累的累积损伤来求出相对于车体结构寿命的许用应力。通过这样的考虑方法，如果频度小就能够容许在疲劳强度以上的应力发生，因此车体结构设计会更现实。

① 载荷的确定。以既往的实测数据为基础，求出该车辆产生的压力变动（差压）的大小和频度。作为研究对象的车辆有实际测量的数据时，使用该数据；如果是新设计的情况，以既往的其他列车的实测数据为基础，考虑隧道的断面积、车体的断面积、列车的速度等因素，推定该车种的差压及其发生频度。

② 工作应力分析。进行车体结构的 FEM 分析，求出针对压力载荷的发生应力。将该发生应力与载荷产生的差压/频度的数据结合，求出发生应力及其频度。

③ 累积损伤。根据该列车的运行条件（如1日往返2次，一年的实际开动率为10/12），结合材料的 S-N 曲线图，使用局部法则，能够求出相对于运行年数的疲劳损伤。

④ 许用应力。根据上述求疲劳受害度的方法，设定相对于使用年数的许用应力比较方便，因此要求出许用应力，再用于设计。使用年数如果是 20 年的话，该许用应力按照下述方法求得。也就是说，针对各种水平的发生应力范围 $\Delta\sigma$，从累积受害度倒算出疲劳寿命 L。求出各发生应力水平与其寿命 L 的曲线图。根据该曲线图，以寿命 L 为例，能够求出 20 年时的许用应力范围。

5. 头车车体有限元分析

（1）结构分析。

CRH2 动车组头车车体主要由司机室头部结构、底架、侧墙、车顶、端墙、车体附件（车下设备舱、前罩开闭装置和前头排障装置）等组成。1 号车（T1c）平面布置如图 8.91 所示。地板面积 = 16.1 m^2；站席乘客数 = 16.1 m^2/（0.2 m^2/人）= 81 人。最大乘客数取 136 人。

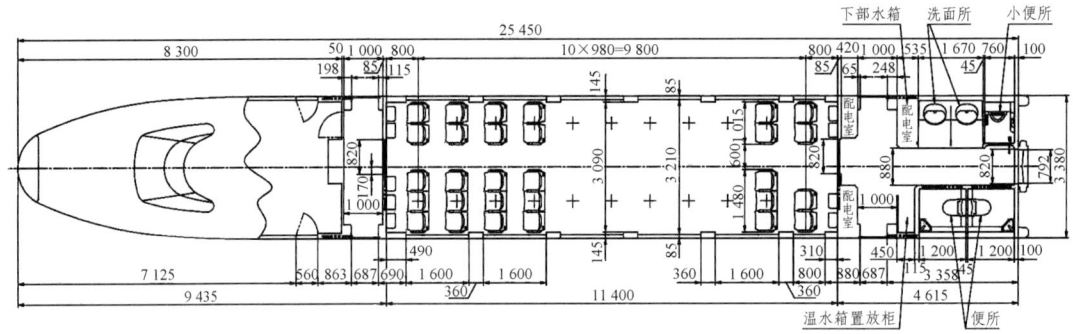

图 8.91　1 号车（T1c）平面布置

（2）计算工况。

根据 JIS E7106《铁路机车车辆客车车体设计一般要求》的有关要求，确定 CRH2 动车组头车车体结构静强度、疲劳强度分析的载荷条件和评价标准。计算工况见表 8.27，各工况载荷和约束施加方式如图 8.92 所示。

表 8.27　车体结构强度设计及验证计算工况

项　目	载荷条件	判定标准
垂直载荷	垂直载荷 =［（车体重量）+（最大乘客重量）］× 1.1	材料屈服强度
车端压缩	垂直载荷 =[车体重量] 车端压缩载荷 = 980 kN	材料屈服强度
扭转载荷	垂直载荷 = 无 扭转载荷 = 39 kN·m	材料疲劳强度
三支点	垂直载荷 =[车体重量]	不得产生永久变形及塑性压屈
气密（密封）强度	内压载荷（相当于压力变动范围）= 8.0 kPa	对于试验压力的二分之一（4.0 kPa）的应力值为材料的疲劳强度以下
弯曲固有振动频率	激振的载荷	一次弯曲固有振动频率为 10 Hz 以上
扭转固有振动频率	激振的载荷	无

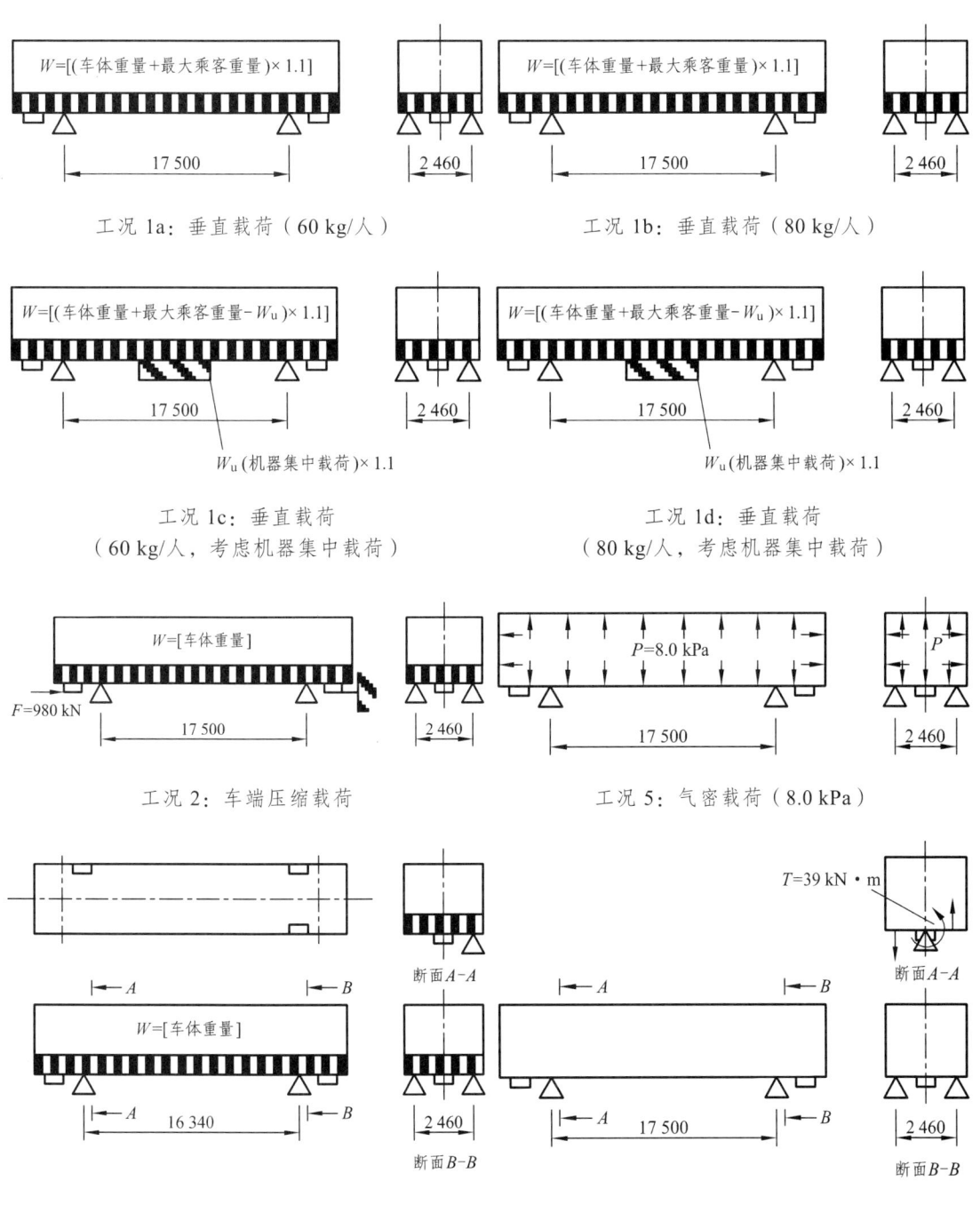

图 8.92 计算载荷工况

（3）网格划分。

对 1 号车（T1c）主要使用板壳单元，只有在门角铁等处采用实体单元，共划分 69 000 节点，103 000 个单元。网格模型如图 8.93 所示。计算结果如图 8.94 所示。

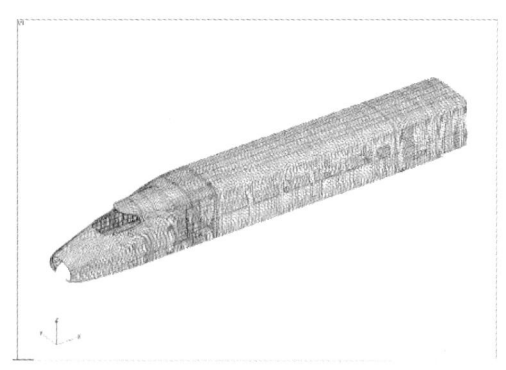

图 8.93 网格模型

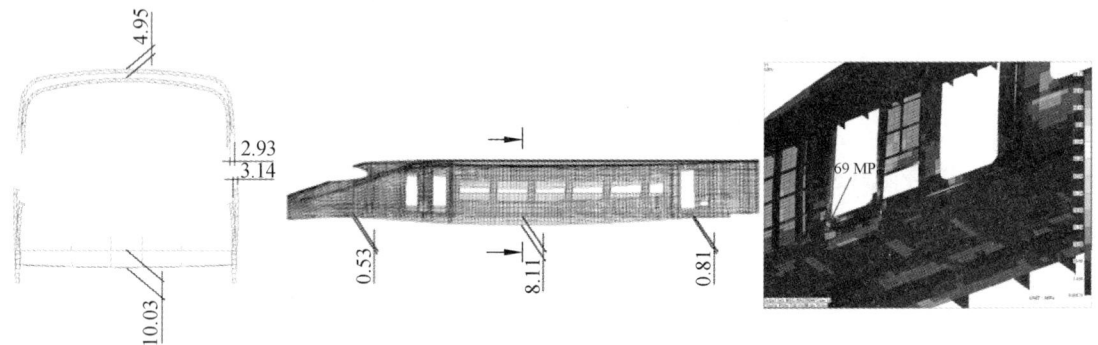

图 8.94 变形图、Mises 应力

(4)结果评价。

车体是由多种材料的铝合金焊接组成的,每一种材料的性能都不相同,焊接工艺以及焊接方法也不相同,因此有可能出现整体强度满足要求,局部不满足相应材料强度要求的情况,所以对有些关键部位的局部应力应给予高度的注意,对其进行相关分析。关键部位主要有以下几个位置:

(1)流线型车头、边梁、底架连接部位。

① 在垂直载荷作用条件下,应力最大位置出现在流线型车头加强筋与边梁连接处,应力值为 64.02 MPa,小于相应材料焊接区的许用应力 120 MPa。

② 在压缩载荷作用条件下,应力最大位置出现在底架顶车位内侧边梁与横梁连接处,应力值为 71.66 MPa,小于相应材料焊接区的许用应力 205 MPa。

③ 在三点支撑载荷作用条件下,应力最大位置出现在车门门角下的加强筋板与边梁连接处,应力值为 75.37 MPa,小于相应材料焊接区的许用应力 120 MPa。

④ 在扭转载荷作用条件下,最大主应力出现在车门门角下的加强筋板与边梁连接处,应力值为 13.16 MPa,小于相应材料焊接区的疲劳许用应力 39 MPa;最小主应力出现在车门门角下的加强筋板与边梁连接处,应力值为-13.44 MPa,小于相应材料焊接区的疲劳许用应力 39 MPa。

⑤ 在气密载荷作用条件下,最大主应力出现在边梁上,应力值为 34.83/2 MPa,小于相应材料的疲劳许用应力 103 MPa;最小主应力出现在门框下的边梁处,应力值为-28.57/2 MPa,小于相应材料焊接区的疲劳许用应力 39 MPa。

（2）侧墙、边梁、底架连接部位。

① 在垂直载荷作用条件下，应力最大位置出现在车门门角附近的侧墙与边梁连接处，应力值为 72.90 MPa，小于相应材料焊接区的许用应力 120 MPa。

② 在压缩载荷作用条件下，应力最大位置出现在底架顶车位内侧 T 形加强梁、边梁、横梁连接处，应力值为 89.97 MPa；车门门角附近的侧墙与边梁连接处应力为 79.74 MPa，小于相应材料焊接区的许用应力 205 MPa。

③ 在三点支撑载荷作用条件下，应力最大位置出现在底架顶车位内侧与边梁连接处，应力值为 81.47 MPa，小于相应材料焊接区的许用应力 120 MPa。

④ 在扭转载荷作用条件下，最大主应力出现在底架顶车位内侧 T 型加强梁、边梁、横梁连接处，应力值为 7.7 MPa；车门门角附近的侧墙与边梁连接处应力为 5.8 MPa，小于相应材料焊接区的疲劳许用应力 39 MPa；最小主应力出现在底架顶车位内侧 T 形加强梁、边梁、横梁连接处，应力值为-8.77 MPa；车门门角附近的侧墙与边梁连接处应力为-5.93 MPa，小于相应材料焊接区的疲劳许用应力 39 MPa。

⑤ 在气密载荷作用条件下，最大主应力出现在筋板与边梁连接处，应力值为 34.95 MPa，小于相应材料焊接区的疲劳许用应力 39 MPa；最小主应力出现在边梁与底架连接处，应力值为 - 59.53 MPa，小于相应材料焊接区的疲劳许用应力 39 MPa。

（3）端墙及其与侧墙、边梁、底架连接部位。

① 在垂直载荷作用条件下，应力最大位置出现在门立柱与底架连接处，应力值为 9.67 MPa，小于相应材料焊接区的许用应力 125 MPa。

② 在压缩载荷作用条件下，应力最大位置出现在端墙与底架连接处，应力值为 30.98 MPa，小于相应材料焊接区的许用应力 125 MPa。

③ 在三点支撑载荷作用条件下，应力最大位置出现在端墙门角处，应力值为 19.17 MPa，小于相应材料焊接区的许用应力 125 MPa。

④ 在扭转载荷作用条件下，最大主应力出现在端墙门角处，应力值为 5.28 MPa，小于相应材料焊接区的疲劳许用应力 39 MPa；最小主应力出现在端墙门角处，应力值为 - 5.31 MPa，小于相应材料焊接区的疲劳许用应力 39 MPa。

⑤ 在气密载荷作用条件下，最大主应力出现在端墙加强筋板上，应力值为 137.93 MPa，小于相应材料的疲劳许用应力 103 MPa；最小主应力出现在端墙加强筋板连接处，应力值为 - 76.0 MPa，小于相应材料焊接区的疲劳许用应力 39 MPa。

由此可见，车体流线型车头、边梁、底架连接部位，侧墙、边梁、底架连接部位，端墙及其与侧墙、边梁、底架连接部位强度都满足要求。

6. 铝合金车体碰撞仿真研究

国外于 20 世纪 80 年代开发了许多可用于车辆碰撞模拟分析的有限元程序，如 LS-DYNA、MSC/DYTRAN、PAM-CRASH、AUTODYN 等，这就使这些程序能够很好地用于车辆碰撞的仿真研究，具有很强大的功能，在碰撞领域的工程应用也十分普遍。

（1）碰撞仿真模型的建立。

根据以上的理论，使用有限元法首先需要对碰撞模型进行离散，通过有限元分析软件，建立头车与刚性墙、头车与头车碰撞的有限元模型，如图 8.95 和图 8.96 所示。其中头车与刚性墙碰撞有限元模型共有 15 997 个节点，15 423 个单元，头车与头车碰撞有限元模型共有 31 862 个节点，30 805 个单元。均采用从对称面处取一半模型进行计算，对称面处加对称约束，初始条件设置初速度为 36 km/h，刚性墙和前车钩缓安装座处约束不动，碰撞时间设置为 250 ms，进行计算。

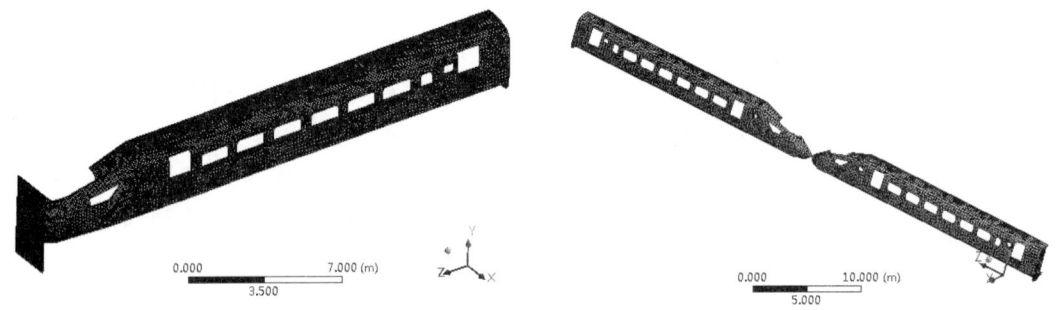

图 8.95　头车与刚性墙碰撞有限元模型　　　图 8.96　头车与头车碰撞有限元模型

如图 8.97 显示了头车与刚性墙碰撞的变形情况，依次为碰撞发生 50 ms、100 ms、150 ms、200 ms 和 250 ms 后的变形图。碰撞的变形结果显示，车体可以在该碰撞条件下，使得司机和乘客都有生存空间，车体的整体变形不大。

如图 8.98 的碰撞的变形结果显示，车体在该碰撞条件下，使得司机和乘客都有生存空间，车体的整体变形不大，而后车也仅仅有一点发生爬车（即碰撞发生以后，后车抬起，爬过前车）的趋势，可以满足要求。

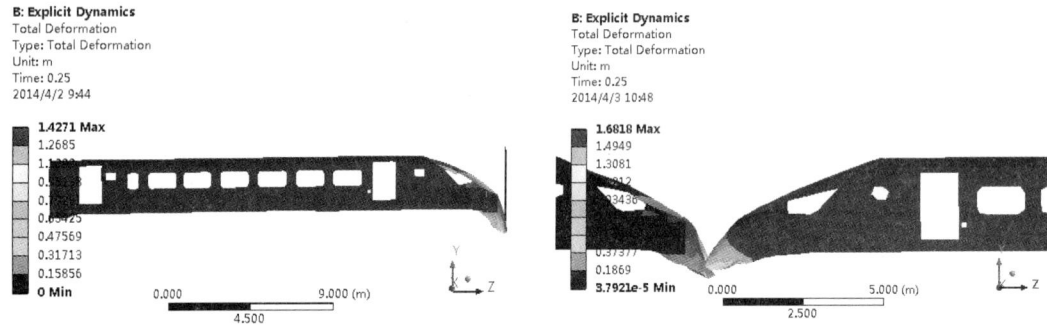

图 8.97　与刚性墙碰撞 250 ms 时车体变形　　　图 8.98　250 ms 对碰时车体变形

复习思考题

1. 简述车辆开发流程及提高设计效率的方法。
2. 简述车辆设计任务书的内容。
3. 简述车辆设计的原则、步骤及任务。
4. 简述车辆设计类型及设计内容。
5. 简述虚拟样机技术的定义。
6. 简述车辆总体设计的内容。

7. 车辆控制参数有哪些？简述车体尺寸确定的依据。
8. 简述车辆总体布置原则及总体布置图的内容。
9. 简述室内环境和作业空间设计的要求及依据。
10. 简述转向架设计的具体要求及内容。
11. 为何要进行曲线通过校验，车辆相关间隙、质量均衡及车体重心位置等如何计算？
12. 使用 SolidWorks 等三维 CAD 软件完成曲线通过校验，车辆相关间隙、质量均衡及车体重心位置等计算。
13. 简述高速转向架技术的研究方法。
14. 简述高速动车组动力学试验的目的和内容。
15. ADAMS/Rail 包括哪几个最基本的解题程序模块？试用 ADAMS/Rail 自带整车模型进行车辆动力学仿真分析。
16. 简述车辆强度计算的目的、内容和计算步骤。
17. 作用在车体和转向架上的载荷分别有哪些？因何引起？简述其三要素。
18. 简述有限元软件分析三部曲及车辆有限元计算时应考虑的主要问题。
19. 简述车辆结构试验的类型及其主要试验内容。
20. 简述车辆强度试验的目的和类型。
21. 简述车辆强度规范的作用。简述车辆承载结构的强度评定准则。
22. 简述螺旋弹簧设计内容、建立弹簧优化设计的数学模型。
23. 简述橡胶堆、橡胶定位节点和抗侧滚装置的设计内容。
24. 简述减振器结构设计的主要内容。
25. 简述车轮、车轴、轮对设计的内容。
26. 简述构架设计标准规定的设计内容。
27. 简述制动热机耦合计算载荷的组成。
28. 在抗侧滚装置、轮对压装和轮轨接触分析中设置了哪几种接触形式？
29. 按相关标准完成车轮等车辆主要承载零件的 CAD/CAE 设计。
30. 简述车体设计的内容。
31. 简述动车组外形设计的基本要求及基本参数。
32. 简述动车组车体结构设计项目及其基本内容。
33. 简述车体结构强度设计标准 JIS E7105 的内容。

参考文献

[1] 中国铁路总公司. 高速动车组概论[M]. 北京：中国铁道出版社，2013.
[2] 吴作伟. 动车组车体结构与车内设备[M]. 北京：北京交通大学出版社，2012.
[3] 中国铁路总公司. 高速动车组技术[M]. 北京：中国铁道出版社，2016.
[4] 张卫华. 动车组总体与转向架[M]. 北京：中国铁道出版社，2011.
[5] 王文静. 动车组转向架[M]. 北京：北京交通大学出版社，2012.
[6] 王伯铭. 高速动车组总体及转向架[M]. 2版. 成都：西南交大出版社，2014.